내신 잡는 필수 개념서

이 책과 함께 미래를 디자인하는 나를 위해 응원의 한마디를 적어 보세요.

NEW 올리드

한국지리

CONCEPT

개념 이해부터 내신 대비까지 완벽하게 끝내는
필수 개념서

BOOK GRADE

WRITERS

김상현	잠실여고 교사 | 고려대 지리교육과
이강준	홍대부고 교사 | 한국교원대 지리교육과
조성호	중동고 교사 | 고려대 지리교육과
최종현	고잔고 교사 | 고려대 지리교육과

COPYRIGHT

인쇄일 2023년 11월 1일(1판9쇄)
발행일 2018년 8월 1일

펴낸이 신광수
펴낸곳 ㈜미래엔
등록번호 제16-67호

교육개빌2실징 김용균
개발책임 김문희
개발 정은주, 박경화, 김하나, 공햇살

디자인실장 손현지
디자인책임 김기욱
디자인 진선영

CS본부장 강윤구
CS지원책임 강승훈

ISBN 979-11-6233-561-1

Introduction _{머리말}

지금 여러분이 가는 길이 맞는지 하루에도 몇 번씩 생각할 거예요.

내가 하는 공부가 어떤 도움이 될지 의심도 생기고,

이 공부가 끝나기는 할까 막막하기도 할 거예요.

여러분이 하는 모든 고민을

올리드는 함께하고 있어요.

여러분은 지금 뭐든지 할 수 있는 중요한 시기에 있어요.

여러분의 이 중요한 시간을 올리드가 함께할 수 있어 참 다행이에요.

앞으로 어떤 분야에서 어떤 꿈을 펼치든

올리드와 함께 배우고 익히는 모든 것이

여러분의 삶을 더욱 빛나게 할 거예요.

올리드가 믿음을 줄게요.

오늘도 올리드와 함께 하루를 알차게 만들고

꿈을 향한 여행이 더 즐거울 수 있도록 노력해요.

Structure
구성과 특징

01 핵심 개념과 필수 자료로 개념 완성하기

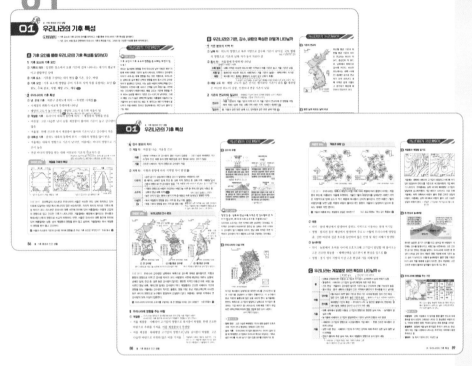

핵심 개념 정리&필수 자료 분석
꼭 알아야 할 핵심 개념을 일목요연하게
정리하고, 꼭 챙겨야 할 필수 자료를 엄
선하여 분석하였습니다.

개념 더하기 자료 채우기
내용 이해를 돕는 보충 개념과 시험에
잘 나오는 알짜 자료만 모아 수록하였
습니다.

질문 있어요
개념을 익히면서 생기는 질문에 친절히
답하여 보충 설명하였습니다.

용어사전
어려운 용어를 설명하여 내용 이해를 돕
도록 구성하였습니다.

02 다양한 단계별 문제로 유형 파악하기

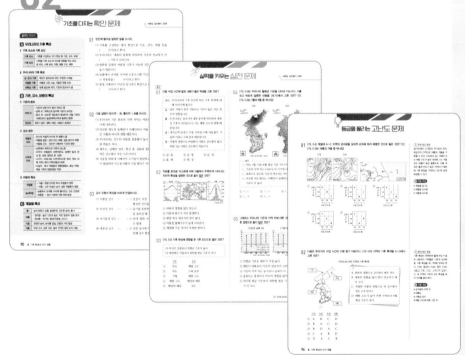

기초를 다지는 확인 문제
개념을 이해하고 있는지 확인할 수 있
는 문제로 구성하여 빠르게 기초를 다질
수 있습니다.

실력을 키우는 실전 문제
실제 학교 시험과 유사한 형태의 문제
로 구성하여 단단하게 실력을 키울 수
있습니다.

등급을 올리는 고난도 문제
까다로운 고난도 문제와 새로운 유형의
문제로 구성하여 완벽하게 1등급을 공략
할 수 있습니다.

03 올리드만의 학습 비법과 수능 공략법 전수받기

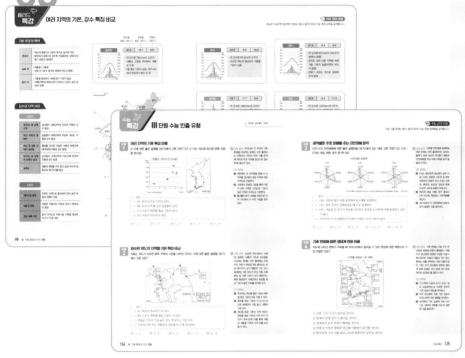

올리드 특강
시험에 자주 나오는 주제의 자료들을 모아 효과적으로 정리하였습니다.

수능 특강
단원별 수능 빈출 유형 문제를 제시하고 유형 분석과 함께 올리드만의 수능 공략법을 공개하였습니다.

04 구조화된 개념 정리와 실전 문제로 마무리하기

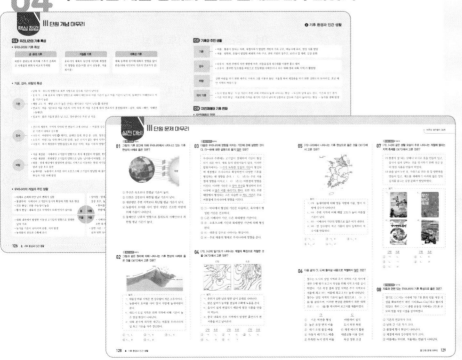

핵심 점검 단원 개념 마무리
단원의 핵심 개념을 구조화하여 한눈에 파악할 수 있도록 구성하였습니다.

실전 대비 단원 문제 마무리
단원의 핵심 개념을 실전 문제로 최종 점검할 수 있도록 구성하였습니다.

Contents ^{차례}

올리드 한국지리는
대단원 일곱 개로
구성되어 있어요.

단원 찾기
Search

내 교과서와 올리드를 비교해 보자!

┤ 교과서 단원 찾는 방법 ├

❶ 내가 가지고 있는 교과서의 출판사명과 공부할 단원을 확인한 후, 올리드에서 해당 쪽수를 찾아 공부한다.

❷ 예 미래엔 한국지리 교과서의 'Ⅱ. 지형 환경과 인간 생활' 단원에서 '1. 한반도의 형성과 산지의 모습' 부분 34~41쪽은 올리드 38~49쪽을 공부하면 된다.

올리드	미래엔	비상교육	천재교육
010~017	010~022	010~023	012~025
020~027	023~027	024~029	026~031
038~049	034~041	036~043	036~043
050~061	042~051	044~053	044~055
062~073	052~055	054~059	056~061
086~097	062~069	066~071	066~075
100~111	070~075	072~077	076~081
112~123	076~083	078~083	082~089
134~145	090~097	090~095	094~099
146~157	098~108	096~111	100~113
160~167	109~113	112~115	114~119
178~189	120~127	122~129	124~129
190~201	128~137	130~139	130~141
204~215	138~145	140~149	142~149
226~237	152~161	156~165	154~163
240~247	162~167	166~171	164~169
258~269	172~182	176~187	174~187
270~281	183~195	188~201	188~203
282~293	196~207	202~213	204~219

한국지리에서는 무엇을 배울까요?

한국지리는 우리 국토 위에서 전개되어 온 인간과 자연의 상호 관계에 대한 이해를 바탕으로, 북한 지방을 포함한 국토 전체 및 지역에 대한 이해와 애정을 높일 수 있는 과목이다. 즉, 한국지리를 공부하면 우리 국토에 대한 올바른 인식과 이해를 바탕으로 세계화, 지역화에 필요한 지리적 안목을 기르며 국토의 의미와 소중함을 느낄 수 있다.

I. 국토 인식과 지리 정보

국토의 의미와 중요성을 인식하고 우리나라의 위치와 영역 특성, 영토 관련 현안 등이 우리에게 미치는 영향과 이와 관련한 우리의 역할 및 대응 방안을 모색한다.

꼭 알아둬!

위치와 영역, 독도 주권과 동해 표기, 전통 지리 사상, 지리 정보 시스템(GIS)

II. 지형 환경과 인간 생활

산지 지형을 중심으로 한반도의 형성 과정을 이해하며, 우리나라 하천 지형과 해안 지형의 형성 과정 및 특성, 화산 및 카르스트 지형과 관광 자원으로 활용되는 지형 경관의 특성을 파악한다.

꼭 알아둬!

한반도의 형성 과정, 산지 지형, 하천 지형, 해안 지형, 화산 지형, 카르스트 지형

III. 기후 환경과 인간 생활

우리나라의 기후 특성과 우리의 생활 양식이 유기적인 상호 관련을 맺고 있음을 살펴보고, 자연재해 및 기후 변화가 생활과 환경이 미치는 영향을 파악한다.

꼭 알아둬!

우리나라의 기후 특성, 기후 요소, 기후 요인, 식생과 토양, 자연재해, 기후 변화

IV. 거주 공간의 변화와 지역 개발

우리나라 촌락의 변화, 도시 체계, 도시 내부 구조의 특징을 파악한다. 또한 대도시권의 형성과 확대 과정, 도시 계획 및 재개발 과정이 도시 경관과 주민들의 삶에 미치는 영향을 이해한다.

꼭 알아둬!

도시 체계, 도시 내부 구조, 대도시권, 도시 재개발, 지역 개발

V. 생산과 소비의 공간

자원의 의미와 특성, 농업 구조의 변화, 공업화 과정에서 나타난 공업 입지와 공업 지역의 변화, 상업 및 서비스 산업의 변화가 공간에 미치는 영향, 교통과 통신의 발달이 주민 생활 및 국토 공간에 미치는 영향을 파악한다.

꼭 알아둬!

농업 구조의 변화, 공업의 발달, 공업 지역 변화, 상업 및 서비스 산업의 변화, 교통·통신의 발달

VI. 인구 변화와 다문화 공간

우리나라 인구 분포의 특성을 파악하고, 인구 구조의 변화 요인 및 과정, 저출산·고령화를 비롯한 인구 문제의 특성과 이에 따른 국토 공간의 변화상을 살펴본다.

꼭 알아둬!

인구 분포, 인구 이동, 인구 구조, 저출산, 고령화, 다문화 공간

VII. 우리나라의 지역 이해

우리 국토에 분포하는 주요 지리적 사상의 위치와 입지에 대한 이해를 바탕으로 우리나라를 여러 지역으로 구분할 수 있는 능력을 기르며 다양한 지역 구분의 의미를 파악한다.

꼭 알아둬!

북한의 자연환경 및 인문 환경, 북한의 개방 지역, 남북 교류, 여러 지역의 특성, 통일 국토의 미래상

I 국토 인식과 지리 정보

자~! 힘을 내서 차근차근 시작해요.

01 국토의 위치와 국토 인식의 변화

학습길잡이 • 우리나라의 위치와 영역의 특성을 알아보고, 독도의 지리적 특색과 가치를 알아본다.
　　　　　　• 고문헌과 고지도 속에 나타난 국토관과 근대 이후 국토관의 변화를 살펴본다.

A 우리 국토의 위치를 확인하고 영역의 특성을 알아보자

1 우리나라의 위치 고유한 역사와 문화 등 국민의 다양한 삶이 누적된 공간이며, 국민의 행복과 국가의 번영이 실현되는 공간이자 미래 세대에게 물려주어야 하는 공간이다.

수리적 위치	• 위도(기후, 식생, 토양 분포 등에 영향)와 경도(시간대 결정)로 표현되는 위치 • 위도 : 북위 33°~43°(북반구 중위도)에 위치 → 계절 변화가 뚜렷한 냉·온대 기후 • 경도 : 동경 124°~132°에 위치, 동경 135°를 표준 경선으로 사용 → 본초 자오선이 지나는 영국의 표준시보다 9시간 빠름 ❶
지리적 위치	• 대륙, 해양, 반도 등 지형지물을 기준으로 표현되는 위치 ❷ • 유라시아 대륙 동안에 위치 : 대륙성 기후, 계절풍 기후가 나타남 • 반도적 위치 : 대륙과 해양 양방향으로의 진출에 유리 ┈대륙의 영향을 받아 기온의 연교차가 큰 기후이다.
관계적 위치	• 주변 국가와의 관계로 파악되는 상대적인 위치 • 근대 이전 : 대륙 세력과 해양 세력이 만나는 곳 • 제2차 세계 대전 이후 : 자본주의 진영과 공산주의 진영이 대립하는 공간 • 현재 : 태평양 시대의 중심 국가로 발돋움하고 있음

2 동아시아의 중심지, 우리나라 : 동아시아의 중심부에 위치 → 교통과 물류의 중심지 및 동아시아 경제권의 핵심 지역으로 주목받고 있음

3 우리나라의 영역

① **영역** : 국가의 주권이 미치는 범위로 영토, 영해, 영공으로 구성
　　　┌ 우리 국토는 동서로 약 300km, 남북으로는 약 1,100km에 이른다.

영토	• 헌법에 '한반도와 그 부속 도서'로 규정하고 있음 • 총면적 : 약 22.3만 km², 남한은 약 10만 km²(서·남해안의 간척으로 면적 확대)
영해 ❸	• 일반적으로 기선에서 12해리까지의 수역으로 연안국이 주권적 권리를 가짐 • 통상 기선에서 12해리까지 : 대부분의 동해안, 제주도, 울릉도, 독도 • 직선 기선에서 12해리까지 : 서·남해안, 동해안 일부(영일만, 울산만) • 직선 기선에서 3해리까지 : 대한 해협의 일정 수역
영공	• 영토와 영해의 수직 상공(통상적으로 대기권까지 인정) • 최근 항공 교통 및 인공위성의 발달로 중요성이 커짐

② **배타적 경제 수역** ┈예 자원 탐사 및 개발, 어업 활동, 환경 보호, 인공 섬 설치 등

• 영해 기선에서 최대 200해리까지의 수역 중 영해를 제외한 수역
• 해수면에서 해저까지 연안국의 경제적 권리를 인정하는 수역

4 독도의 주권과 동해 표기 맑은 날이면 울릉도에서 맨눈으로 볼 수 있을 만큼 우리나라와 가깝다.

① **우리 땅 독도** ┈ 울릉도·제주도보다 먼저 형성되었으며 경사가 급하다.

지리적 특색	• 우리나라의 최동단, 동도와 서도 및 89개의 부속 도서로 구성 • 신생대 제3기 해저 화산 활동으로 형성, 기온의 연교차가 작은 해양성 기후
가치	• 경제적 가치 : 조경 수역으로 어족 자원 풍부, 해양 심층수와 메탄하이드레이트 분포 • 생태적 가치 : 해저 화산의 진화 과정이 잘 나타남, 섬 전체가 천연 보호 구역 • 영역적 가치 : 배타적 경제 수역 설정의 기준, 태평양을 향한 해상 전진 기지 역할 　　　　　　　　　　　　　　　　　　　　　　　　┈천연기념물 제336호
역사	• 신라 시대 이사부가 우산국을 편입한 이후 우리 영토가 됨 • 『세종실록지리지』와 동국지도 등의 고문헌과 고지도에서 우리 영토로 표기함

② **동해 표기의 당위성** : 일본국 성립보다 700여 년 먼저 '동해' 지명을 사용
┈일제 강점기에 일본해로 등록되었으나 정부와 민간단체의 노력으로 일본해 대신
동해를 표기하거나 동해와 일본해를 병기하는 지도가 늘어나고 있다.

개념 더하기 자료 채우기

❶ 경도와 시간대

지구는 하루에 360° 회전하므로 경도 15° 간격마다 1시간의 시차가 발생한다. 우리나라의 중앙 경선은 동경 127° 30′이지만 표준 경선은 독도보다 동쪽에 위치한 동경 135°를 사용한다. 이 때문에 우리나라는 실제 시각보다 약 30분 가량 이른 시간을 사용하여 동경 127° 30′에 태양이 남중할 때 낮 12시 30분이 된다.

❷ 우리나라의 위치와 4극

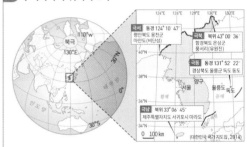

우리나라는 북반구 중위도에 위치해 있고, 위도상으로 북위 33°~43°, 경도상으로는 동경 124°~132°에 위치한다. 우리나라 4극의 경우 극서는 마안도(비단섬), 극북은 온성군 북단, 극동은 독도 동단, 극남은 마라도 남단이다.

❸ 우리나라의 영해 설정

우리나라는 섬이 많고 해안선이 복잡한 서해안과 남해안, 동해안의 일부에서는 직선 기선을, 동해안의 대부분과 울릉도, 독도, 제주도에서는 통상 기선을 기준으로 영해를 설정하고 있다. 대한 해협은 일본과 거리가 가까워 공해 확보를 위해 직선 기선에서 3해리까지만을 영해로 설정하였다.

용어사전

* **표준 경선** 국가나 지역별 표준시의 기준이 되는 경선
* **본초 자오선** 영국 런던의 그리니치 천문대를 기준으로 설정된 경도 0°의 경선
* **기선** 영해 설정의 기준선으로, 통상 기선은 연안의 최저 조위선(썰물 때 드러난 해안선)에 해당하는 선, 직선 기선은 영해 기점(주로 최외곽 도서)을 이은 직선을 의미함
* **조경 수역** 한류와 난류가 만나는 수역으로, 플랑크톤이 풍부하여 좋은 어장이 형성됨

B 전통적인 국토 인식과 그 변화 과정을 살펴보자

1 풍수지리 사상

① 산줄기의 흐름, 산의 모양과 기복, 바람과 물의 흐름 등을 파악하여 좋은 터(명당)를 찾으려는 사상 **4** 뒤에는 산이 있고 앞에는 하천이 흐르는 곳으로, 일사량이 풍부한 산지의 남사면에 입지한 경우가 많다.

② *지모(地母) 사상과 음양오행설이 결합하여 발전함 → 집터(배산임수), 마을, 도읍지, 묏자리 등의 입지에 영향을 미침

★ 2 고문헌에 나타난 국토관 : 저술 주체에 따라 다르게 나타남

관찬 지리지	사찬 지리지
• 조선 전기, 국가 주도로 제작 • 국가 통치에 필요한 자료를 수집하여 제작 • 항목별로 백과사전식의 기술	• 조선 후기, 주로 실학자가 제작 • 국토의 객관적·실용적인 파악 • 특정 주제를 설명식으로 기술
예 『세종실록지리지』, 『동국여지승람』, 『신증동국여지승람』 등	**예** 이중환의 『택리지』, 신경준의 『도로고』, 정약용의 『아방강역고』 등 **질문**

사민총론·팔도총론·복거총론·총론으로 구성되어 있으며, 사람이 살만한 곳(가거지)의 조건을 네 가지로 제시하였다.

★ 3 고지도에 나타난 국토관

혼일강리역대국도지도 (1402) **5**	• 조선 전기 국가 주도로 제작, 현존하는 우리나라의 가장 오래된 세계 지도 • 지도의 중앙에 중국이 위치 → 중화사상 반영 • 조선이 상대적으로 크게 표현, 아시아·유럽·아프리카 표현, 아메리카 없음
천하도 **6**	• 조선 중기 이후 민간에서 제작된 관념적인 세계 지도 • *천원지방 세계관, 중화사상 반영 • 상상의 국가와 지명 표현 → 도교적 세계관 반영
대동여지도 (1861)	• 조선 후기 실학자 김정호가 제작 • 목판본(지도의 대량 생산 가능), 분첩 절첩식(휴대와 열람이 편리) 지도 • 지도표(기호)를 사용하여 좁은 지면에 많은 지리 정보를 수록함

자료로 보는 대동여지도 읽기

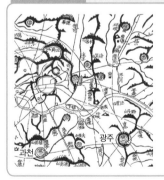

자료 분석 대동여지도는 고을과 고을을 잇는 도로에 10리마다 방점을 찍어 대략적인 거리를 파악할 수 있도록 하였다. 과천과 광주 사이에는 방점이 세 개 있으므로 두 지역 간의 거리는 약 40리이다. 산줄기는 굵은 선으로 표현하여 전통적인 산줄기 인식 체계를 표현하였는데, 산지의 해발 고도를 알 수는 없으나 하천 유역 생활권을 파악할 수 있다. 배가 다닐 수 있는 하천은 쌍선으로 표현하여 당시의 수운 범위를 파악할 수 있다.

4 근대 이후의 국토관 국토 개발에서 경제적 효율성을 우선적으로 추구하였으며, 간척 사업, 댐·고속국도·공업 단지 건설 등의 국토 개발이 이루어졌다.

① 일제 강점기의 왜곡된 국토관 : 식민 지배의 정당화·강화를 위해 일제가 우리 국토를 소극적·부정적으로 해석 **예** 나약한 토끼 형상을 한 땅 등

② 산업화 시대의 경제적 국토관 : 국토를 적극적으로 개발·이용하려는 국토관 강조 → 지역 간 불균형 성장과 환경 오염 심화 등의 문제 발생

③ 생태 지향적 국토관의 중요성 증대 : 지속 가능한 발전, 삶의 질 향상 추구
성장 위주의 개발 정책으로 훼손된 생태 공간의 회복을 중시하여 생태 공원과 생태 하천 조성, 국립 공원 관리, 습지 보호 지역 지정 등의 노력을 하고 있다.

---

4 풍수지리에서의 명당

풍수에서의 명당은 장풍득수(藏風得水)의 지점을 의미한다. 장풍득수는 바람을 가두고 물을 얻는다는 뜻으로, 산이 사방을 둘러싸고, 앞쪽으로 들이 있고, 들 사이로 물이 감싸고 흐르는 곳을 명당으로 보았다. 조상들은 이곳에 자리를 잡으면 땅의 좋은 기운을 받을 수 있다고 생각하였다.

✊ 질문 있어요

가거지(可居志)의 네 가지 조건은 무엇인가요?

풍수지리의 명당에 해당하는 지리(地理), 땅의 비옥도와 물자 교류의 편리성 등 경제적으로 유리한 곳과 관련 있는 생리(生利), 이웃의 인심이 온순하고 순박한 곳과 관련된 인심(人心), 산과 물의 경치가 좋은 곳과 관련된 산수(山水)입니다.

5 혼일강리역대국도지도

유럽 / 아프리카 / 서남아시아 / 우리나라 / 중국 / 일본

국가 주도로 제작된 세계 지도로, 중국의 성교광피도와 혼일강리도를 바탕으로 하여 우리나라와 일본을 추가하여 제작한 것으로 추정된다.

6 천하도

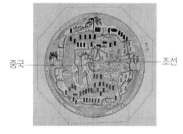

중국 / 조선

천하도는 지도 가운데의 중국을 기준으로 세계가 원형으로 표현되어 있으며, 가장 안쪽부터 내대륙─내해─외대륙─외해의 구조로 그려져 있다. 외대륙에는 여인국, 삼수국 등 상상의 국가와 지명 등이 등장한다.

✲ 용어사전

* **지모 사상**(地 땅, 母 어미, 思 생각하다, 想 생각하다) 땅을 어머니에 비유하여 신성하게 여기는 것

* **중화사상** 중국에서 나타난 자문화 중심주의로, 중국이 천하의 중심이며 가장 발달한 문화를 가지고 있다고 믿는 것

* **천원지방**(天 하늘, 圓 둥글다, 地 땅, 方 네모) '하늘은 둥글고, 땅은 네모나다'라고 보는 세계관

* **지속 가능한 발전** 미래 세대인 후손들의 삶까지 생각하면서 현재 세대의 필요를 충족시키는 발전

A 국토의 위치와 영역

1 우리나라의 위치

수리적 위치	• 북위 33°~43° → 뚜렷한 계절 변화 • 동경 124°~132° → 영국의 표준시보다 9시간 빠름
지리적 위치	• 대륙, 해양, 반도 등의 지형지물로 표현되는 위치 • 유라시아 대륙 동안에 위치한 반도국 → 대륙성 기후, 계절풍 기후, 대륙과 해양 진출에 유리
관계적 위치	• 주변 국가와의 관계로 파악되는 상대적 위치 • 최근 경제 성장과 정치적 역량 증대 등으로 태평양 시대의 중심 국가로 발돋움

2 우리나라의 영역

영토	헌법에서 '한반도와 그 부속 도서'로 규정
영해	• 동해안·제주도·울릉도·독도 : 통상 기선에서 12해리 • 서·남해안, 동해안 일부 : 직선 기선에서 12해리 • 대한 해협의 일정 수역 : 직선 기선에서 3해리
영공	영토와 영해의 수직 상공

3 독도의 주권과 동해 표기

독도	화산 활동으로 형성, 우리나라의 최동단, 지리적·역사적·생태적으로 중요한 우리 영토
동해 표기	일본국 성립 시기보다 700여 년 전부터 사용

B 국토 인식의 변화

1 풍수지리 사상 : 산줄기의 흐름, 산의 모양과 기복, 바람과 물의 흐름 등을 파악하여 명당을 찾는 사상

2 고문헌과 고지도에 나타난 국토관

고문헌	• 관찬 지리지 : 주로 조선 전기, 백과사전식 기술, 통치를 위한 기초 자료 ◉『세종실록지리지』,『동국여지승람』,『신증동국여지승람』 • 사찬 지리지 : 주로 조선 후기, 객관적·실용적 국토 파악 ◉ 이중환『택리지』, 정약용『아방강역고』
고지도	• 혼일강리역대국도지도 : 조선 전기, 중화사상 • 천하도 : 조선 중기 이후, 민간 제작, 관념적 지도 • 대동여지도 : 조선 후기, 목판본, 분첩 절첩식

3 근대 이후의 국토관 변화

일제 강점기	식민 지배 목적 → 일제가 만든 소극적이고 부정적인 국토관 ◉ 나약한 토끼 형상을 한 땅
산업화 시대	국토를 개발의 대상으로 인식 → 지역 간 불균형 성장과 환경 오염 심화 등의 문제 발생
최근	생태 지향적 국토관 강조 → 지속 가능한 발전, 삶의 질 향상 추구

---

01 다음 설명이 맞으면 ○표, 틀리면 ×표를 하시오.

(1) 우리나라가 유라시아 대륙 동안에 위치하여 대륙성 기후가 나타나는 것은 수리적 위치 특성 때문이다. ( )

(2) 우리나라의 표준시는 영국의 표준시보다 9시간이 이르다. ( )

(3) 영해 설정 시 동해안의 대부분은 직선 기선, 서·남해안은 통상 기선이 적용된다. ( )

(4) 대한 해협은 공해를 확보하기 위해 직선 기선으로부터 3해리까지 영해로 설정하였다. ( )

(5) 우리나라 영토의 극동은 독도이고, 극남은 마라도이다. ( )

(6) 산업화 시대에는 생태 지향적 국토관이 강조되었다. ( )

02 빈칸에 들어갈 알맞은 말을 쓰시오.

(1) 제주도, 울릉도, 독도는 ( ) 기선에서 12해리까지를 영해로 설정한다.

(2) ( ) 사상은 산줄기의 흐름, 산의 모양과 기복, 바람과 물의 흐름을 파악하여 좋은 터를 찾으려는 사상이다.

(3) 『택리지』에서 제시하는 가거지의 조건 네 가지는 ( ), 생리, 인심, 산수이다.

(4) 김정호가 제작한 고지도인 (㉠)은/는 목판본으로 제작되어 대량 생산이 가능하며, (㉡)(으)로 제작되어 휴대 및 열람이 용이하다.

03 각 고지도의 특징을 바르게 연결하시오.

(1) 천하도 • • ㉠ 현존하는 우리나라에서 가장 오래된 세계 지도

(2) 대동여지도 • • ㉡ 지도표를 활용해 각종 지리적 현상을 좁은 지면에 효과적으로 표현

(3) 혼일강리역대국도지도 • • ㉢ 민간에서 제작된 관념적인 세계 지도

중요

01 지도를 통해 알 수 있는 우리나라의 위치에 관한 설명으로 옳은 것은?

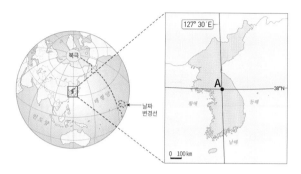

① 중위도에 위치해 계절풍 기후가 나타난다.
② 대륙 동안에 위치해 기온의 연교차가 작다.
③ 반도국으로 대륙과 해양 양방향으로의 진출에 유리하다.
④ 우리나라의 표준시는 날짜 변경선보다 세 시간이 빠르다.
⑤ A 지점과 주야(晝夜) 및 계절이 정반대인 지점은 38°S, 127° 30′W이다.

02 다음은 한국지리 수업 장면의 일부이다. (가)에 들어갈 내용으로 가장 적절한 것은?

> 교사 : 우리나라의 위치 특성에 대해 발표해 볼까요?
> 학생 : 우리나라는 유라시아 대륙 동안에 위치합니다.
> 교사 : 이러한 위치 특성 때문에 나타나는 현상은 어떤 것이 있을까요?
> 학생 : _____(가)_____

① 영국보다 표준시가 9시간이 빠릅니다.
② 태평양 시대의 중심 국가로 발돋움하였습니다.
③ 기온의 연교차가 큰 대륙성 기후가 나타납니다.
④ 사계절의 변화가 뚜렷한 냉·온대 기후가 나타납니다.
⑤ 남반구에 위치한 뉴질랜드와 계절이 반대로 나타납니다.

03 지도를 보고 설명한 내용으로 옳은 것은?

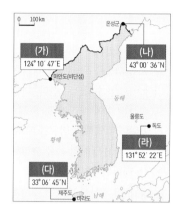

① (다)에는 종합 해양 과학 기지가 건설되어 있다.
② (가)는 (라)보다 일출 시각이 이르다.
③ (나)는 (다)보다 최한월 평균 기온이 높다.
④ (다)는 (라)보다 우리나라의 표준 경선과의 직선 거리가 가깝다.
⑤ (다)와 (라)는 화산 활동으로 형성되었다.

04 그림의 A~D에 관한 설명으로 옳은 것은?

〈영역과 배타적 경제 수역 모식도〉

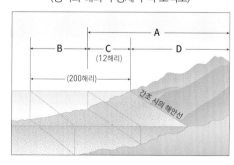

① A의 수직 상공 범위는 대기권을 넘어 우주 공간까지이다.
② B에서는 외국 선박의 이동이 제한된다.
③ C는 우리나라 모든 해안에서 통상 기선이 적용된다.
④ 우리나라는 현재 남한과 부속 도서를 D로 규정하고 있다.
⑤ 간척 사업으로 D는 확대되었지만, C는 변화가 없다.

05 다음은 영해와 관련된 법 조항의 일부이다. ⊙~⑩에 관한 설명으로 옳은 것은?

> 제1조(영해의 범위) 대한민국의 영해는 ⊙기선(基線)으로부터 측정하여 그 바깥쪽 12해리의 선까지에 이르는 수역으로 한다. 다만, ⓒ대통령령으로 정하는 바에 따라 일정 수역의 경우에는 12해리 이내에서 영해의 범위를 따로 정할 수 있다.
>
> 제2조(기선) ① 영해의 폭을 측정하기 위한 ⓒ 은/는 대한민국이 공식적으로 인정한 대축척 해도(海圖)에 표시된 해안의 저조선(低潮線)으로 한다. ② ⓔ지리적 특수 사정이 있는 수역의 경우에는 대통령령으로 정하는 기점을 연결하는 직선을 기선으로 할 수 있다.
>
> 제3조(내수) ⑩영해의 폭을 측정하기 위한 기선으로부터 육지 쪽에 있는 수역은 내수(內水)로 한다.

① ⊙은 배타적 경제 수역에 포함된다.
② ⓒ의 사례로는 독도 근해의 영해 설정이 있다.
③ ⓒ은 대부분의 서·남해안에 적용된다.
④ ⓔ은 영일만, 울산만 등 동해안 일부에서 적용한다.
⑤ ⑩에서는 외국 선박의 자유로운 어로 활동이 가능하다.

06 지도의 A~E 수역에 관한 설명으로 옳지 않은 것은?

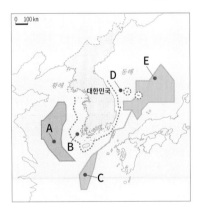

① A에서 일본 어선은 어업 활동을 할 수 없다.
② B의 수직 상공은 우리나라 영공이다.
③ C에서는 우리나라와 중국의 어선이 모두 이로 활동을 할 수 있다.
④ D에서는 우리나라 어선만 어업 활동을 할 수 있다.
⑤ E에서는 러시아 여객선이 자유롭게 통항할 수 있다.

07 다음은 학생이 작성한 지리 학습 카드이다. (가)에 들어갈 옳은 내용을 〈보기〉에서 고른 것은?

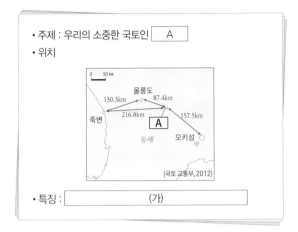

> · 주제 : 우리의 소중한 국토인 A
> · 위치
> · 특징 : (가)

┤ 보기 ├
ㄱ. 행정 구역상 강원도에 속한다.
ㄴ. 신생대 화산 활동으로 형성되었다.
ㄷ. 천연 보호 구역으로 지정되어 있다.
ㄹ. 우리나라에서 일몰 시각이 가장 늦다.

① ㄱ, ㄴ ② ㄱ, ㄷ ③ ㄴ, ㄷ
④ ㄴ, ㄹ ⑤ ㄷ, ㄹ

08 (가), (나) 지도에 대한 설명으로 옳은 것은?

(가)

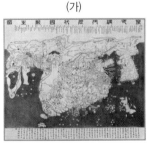

(나)

① (가)는 관념적인 세계관을 표현한 대표적인 세계 지도이다.
② (나)는 최초로 축척을 사용하여 제작하였다.
③ (가)는 (나)보다 제작 시기가 늦다.
④ (가)는 민간에서, (나)는 국가에서 제작되었다.
⑤ (가), (나) 모두 중화사상이 반영되어 있다.

★★ 중요

09 지도는 조선 시대에 제작된 대동여지도의 일부이다. 이에 관한 설명으로 옳지 <u>않은</u> 것은?

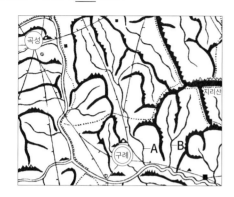

① A 하천 유역이 B 하천 유역보다 넓다.

② 곡성은 겨울철 북서풍을 막기 유리한 곳에 위치한다.

③ 구례에서 가장 가까운 육상 교통 시설은 남동쪽에 있다.

④ 곡성에서 구례로 도로를 따라 이동하려면 고개를 두 개 이상 넘어야 한다.

⑤ 구례에서 곡성으로 도로를 따라 30리 이동하면 배가 다닐 수 있는 하천이 있다.

10 (가), (나)는 조선 시대에 편찬된 지리지의 일부이다. 이에 관한 설명으로 옳은 것은? (단, (가), (나)는 『택리지』, 『신증동국여지승람』 중 하나임)

(가) 이 고을은 청주와 견주어 들이 적고 산이 많다. 산골이 겹쳐졌고, 또 큰 내가 많다. 그러나 모두 화창한 기운이 있고 땅이 제법 기름지다. 서북쪽으로 대문령(大門嶺)을 넘으면 안성, 직산 땅이다. 바다와 겨우 100리 거리인 까닭으로 생선, 소금의 이익이 있다.

(나) 【풍속】 사람들이 순박하여 다른 생각이 없으며, 힘써 농사짓는 것을 업으로 한다.
【형승】 모든 산이 북으로 향하였다.
【토산】 전복, 숭어, 은어, 오징어, 낙지, 굴, 김, 황각, 비자 등

① (가)는 백과사전식으로 기술되었다.

② (나)는 사람이 살만한 가거지(可居地)의 조건을 제시하였다.

③ (가)는 (나)보다 제작 시기가 이르다.

④ (나)는 (가)보다 지역에 대한 저자의 해석이 많다.

⑤ (가)는 개인이, (나)는 국가가 제작하였다.

11 다음은 한국지리 수업의 한 장면이다. 물음에 답하시오.

그림은 우리 조상들의 전통 지리 사상인 ［(가)］ 사상의 명당도를 나타낸 것입니다.

(1) (가)에 들어갈 내용을 쓰시오.

(2) (가)의 특징과 이것이 끼친 영향을 서술하시오.

12 (가), (나)를 보고 물음에 답하시오.

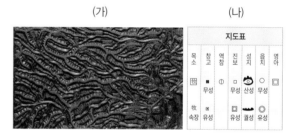

(1) 자료와 관련된 고지도의 명칭을 쓰시오.

(2) (1)의 특징을 (가), (나)와 관련하여 각각 서술하시오.

13 (가), (나)는 조선 후기에 제작된 지리지의 일부이다. 물음에 답하시오.

(가) 집터를 잡고자 할 때에는 반드시 물줄기가 모여 흘러가는 곳은 꼭 닫힌 듯하고, 그 안에 들이 있어야 한다.

(나) 사람이 살아갈 터로는 비옥한 땅이 제일이고, 배와 수레와 사람과 물자가 모여 필요한 물건들이 서로 교류되는 곳이 그 다음이다.

(1) (가), (나)와 관련된 지리지의 명칭을 쓰시오.

(2) (가), (나)가 의미하는 것을 쓰고, 이는 무엇을 설명하기 위한 요소인지 서술하시오.

01 (가)~(라) 지역에 대한 설명으로 옳은 것은?

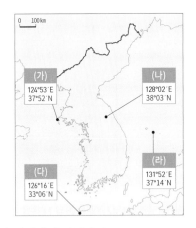

① (가)는 우리나라 영토의 최서단에 위치한다.
② (나)에서는 지리적 위치 특성을 이용한 배꼽 축제가 열린다.
③ (다)는 영해 설정 시 직선 기선의 기점이 된다.
④ (라)는 (가)보다 일출 시각이 이르다.
⑤ (다), (라) 주변 해역에는 모두 조경 수역이 나타난다.

문제 접근 방법

지역별로 제시된 위도와 경도를 통해 위치적 특징을 파악하고, 해당 지역의 위치적 특성과 영해 설정 방법 등을 적용해 본다. 한편, 우리나라가 북위 33°~43°, 동경 124°~132°에 위치하고 있음을 알면 자료에 제시된 경위도 값을 통해 대략적인 위치를 파악할 수 있다.

적용 개념

수리적·지리적·관계적 위치
독도와 마라도
영해 설정 방법

02 (가)~(다) 지도에 관한 옳은 설명만을 골라 있는 대로 ○ 표시한 학생을 고른 것은?

(가) 조선방역지도   (나) 동국대지도   (다) 대동여지도

내용 \ 학생	갑	을	병	정	무
(가)는 두 지점 간의 대략적인 거리를 알 수 있다.	○		○	○	
(나)에는 백두대간이 표시되어 있다.	○	○	○	○	○
(가)는 (나)보다 제작 시기가 이르다.		○	○		○
(다)는 (가)보다 북부 지방이 상세히 표현되어 있다.				○	○

① 갑   ② 을   ③ 병   ④ 정   ⑤ 무

문제 접근 방법

이 문제는 고지도를 통해 우리 조상들의 국토 인식의 변화를 파악해 보고, 시기별로 고지도에 표현된 지역의 특성을 비교하고 있다. 또한 고지도에 표현된 지리 정보를 분석할 수 있는지를 묻고 있다.
(가)는 (나), (다)보다 북부 지방에 대한 지리 정보가 많이 수록되어 있지 않으므로, 상대적으로 북부 지방에 대한 정보가 부족한 시기에 제작된 것으로 추론할 수 있다.

적용 개념

조선방역지도, 동국대지도, 대동여지도의 특징
백리척의 사용
백두대간의 특징

03 다음 자료는 조선 시대에 제작된 지리지의 일부이다. 이에 대한 설명으로 옳은 것은? (단, (가)~(다)는 『택리지』, 『세종실록지리지』, 『신증동국여지승람』 중 하나임)

> (가) 간전(墾田)이 3천 9백 77결이요, 논이 31결이다. …(중략)… 토공이 대모·표고·감귤·유자 …(중략)… 좋은 말이다. …(중략)… 이상한 일은 고려 목종 5년 임오 6월에 탐라산에 구멍 네 개가 뚫려서 시뻘건 물이 치솟아 올랐고, 10년 정미에는 바다 가운데 산 하나가 솟아 나왔다.
>
> (나) 충청도는 금강 하나가 발원지가 멀다. 그러나 ㉠공주부터 동쪽은 물이 얕고 여울이 많아서 배가 다니지 못하고, 부여와 은진에서 비로소 바다 조수와 통하여 ㉡백마강 이하 진강 일대는 모두 배가 다닌다.
>
> (다) 【건치 연혁】본래 백제의 웅천으로 문주왕이 북한산성에서 이곳으로 옮겨 도읍하였다가 성왕에 이르러 남부여로 옮겼다.
> 【관원】목사·판관·교수 각 1인
> 【토산】수철(水鐵)·동철(銅鐵) : 모두 마현에서 생산된다. 잣[海松子]·눌치[訥魚]·게[蟹]

① ㉠은 ㉡보다 하구로부터의 거리가 가깝다.
② (나)는 『택리지』의 '지리' 편에 수록된 내용이다.
③ (가)에서 설명하는 지역은 (다)에서 설명하는 지역보다 고위도에 위치한다.
④ (가)와 (나)는 개인의 주관적 관점이 많이 반영되었다.
⑤ (가)와 (다)는 국가 통치 목적에 부합하도록 제작하였다.

🔍 **문제 접근 방법**

(가), (다)는 밭(간전), 논, 토공과 토산 등이 백과사전식으로 기술되어 있고, (나)는 하천의 특징이 기술되어 있는 것을 통해 어떤 지리지에 해당하는지를 유추하면 된다. 그리고 (가)에서 대부분의 경지가 밭(간전)으로 이루어져 있고, 토공 중 감귤이 있으며, 탐라산에서 화산 활동이 기록되어 있는 것을 바탕으로 어느 지역인지 추론해 본다.

✏️ **적용 개념**

조선 전기와 후기의 지리지 특징
관찬 지리지와 사찬 지리지
『택리지』의 가거지 요소

04 다음은 조선 시대에 제작된 대동여지도와 어느 지리지의 일부이다. 이에 관한 설명으로 옳지 않은 것은?

(가)

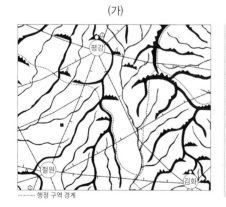

········· 행정 구역 경계

(나)

> 동쪽으로는 김화현 경계까지 36리, 서쪽으로는 같은 도의 연천현 경계까지 43리 …
> 【건치 연혁】궁예가 군사를 일으켜 고구려의 옛 땅을 침략해 차지하고 송악군에서 여기로 와서 도읍을 정하고 ……
> 【누정】부의 동남쪽으로 30리에 고석정이 있다. 바윗돌이 우뚝이 서서 동쪽으로 못물을 굽어본다.

① 철원과 평강은 40리 이상 떨어져 있다.
② 철원에서 김화 사이의 하천은 선박의 운항이 가능하다.
③ (가)는 (나)보다 제작 시기가 늦다.
④ (나)에서 설명하는 지역은 (가)의 철원이다.
⑤ (가)는 개인이, (나)는 국가가 제작하였다.

🔍 **문제 접근 방법**

대동여지도를 통해 지리 정보를 파악하고, 조선 시대에 제작된 지리지의 내용을 통해 해당 지역을 추론해야 한다. 대동여지도는 도로를 직선으로 표시하였고, 10리마다 방점을 찍어 대략적인 거리를 알 수 있게 하였다. 또한 대동여지도에서 수운이 가능한 하천은 쌍선으로 표현하였음에 유의한다. (나)에서 '궁예', '고석정' 등을 통해 해당 지역이 어디인지를 추론해 본다.

✏️ **적용 개념**

대동여지도 읽기
『신증동국여지승람』의 특징
조선 시대 국토관의 변화

우리의 국토와 전통적 국토관

우리나라와 주변국 간의 어업 협정

어업 협정의 체결 해양법에 관한 국제 연합 협약에 따르면 영해 기선에서 최대 200해리까지의 수역 중에서 영해를 제외한 부분에 대하여 연안국은 배타적 경제 수역을 설정할 수 있다. 연안국 간에 배타적 경제 수역이 중첩될 경우 국제법에 따라 관계국과의 합의로 획정한다. 이에 따라 우리나라는 1998년에 일본과 '한·일 어업 협정'을 체결하였고, 2001년에는 중국과 '한·중 어업 협정'을 체결하였다.

- **한·일 중간 수역** 한·일 간에 200해리 배타적 경제 수역을 설정할 경우 겹치게 되는 부분이 생기기 때문에 한·일 양국 사이에 경계를 긋기 어려운 곳에 설정한 수역으로, 공동으로 어업 자원을 보존하고 관리한다.
- **한·중 잠정 조치 수역** 우리나라와 중국의 200해리가 겹치는 황해의 일부를 좌표로 지정한 수역으로, 이 수역에서는 양국의 어선이 함께 조업을 하되, 양국 정부가 수산 자원을 공동으로 관리한다.

우리의 영토, 독도와 마라도

⊙ **독도** 37° 14′N, 131° 52′E

⊙ **마라도** 33° 06′N, 126° 16′E

- **주요 특징** 독도는 우리나라 극동으로 일출·일몰 시각이 가장 빠르다. 독도는 종 모양의 화산섬으로 동도와 서도 및 암초로 구성되어 있고, 주변 해역은 한류와 난류가 만나는 조경 수역이 형성되어 있다. 또한 천혜의 자연환경이 나타나 섬 전체가 천연 보호 구역으로 지정되었다. 마라도는 방패 모양의 화산섬으로 우리나라의 극남에 해당하며, 주변 해역에 연중 난류가 흐른다.
- **독도와 마라도의 공통점** 신생대 화산 활동으로 형성된 화산섬으로, 통상 기선을 적용해 영해를 설정한다. 또한 두 섬 모두 유인도이다.

이어도

⊙ 이어도의 위치

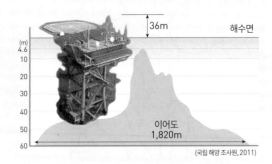

(국립 해양 조사원, 2011)

이어도는 우리나라 최남단인 마라도에서 남서쪽으로 149km, 중국의 서산다오에서 287km 떨어져 있는 수중 암초이다. 우리나라는 2003년 이곳에 기상과 해양의 조사 및 연구를 위해 종합 해양과학 기지를 세웠다. 이어도는 한국과 중국의 배타적 경제 수역이 중첩되는 곳인데, 우리 정부는 양국 간 중간선 원칙에 따라 배타적 경제 수역의 경계를 획정하면 이어도가 자연히 우리 측 수역에 들어온다는 입장이다.

고지도를 통해 보는 전통적 국토관

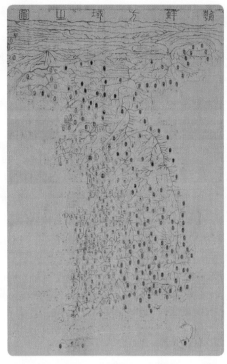

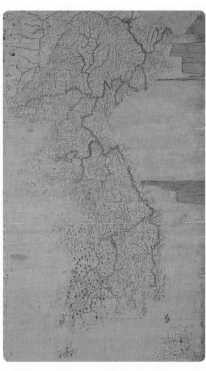

⚿ **조선방역도**(61cm×132cm) 조선 8도의 주현(州縣)과 수영(水營) 및 병영(兵營)이 표시되어 있다. 특히 각 군과 현마다 색을 다르게 하여 알아보기 쉽게 하였고, 산줄기는 풍수적 지리 인식에 기초해 연속적으로 표시되어 있다. 북쪽으로는 만주 지역과 남쪽으로는 제주도, 쓰시마섬까지 표시한 것에서 조선 전기의 영토 인식을 엿볼 수 있다.

⚿ **동국대지도**(147cm×272cm) 정상기의 동국지도에 기초하여 제작한 지도로, 백리척이라는 축척을 활용하여 지도의 정확도를 높였다. 북부 지방의 지형을 획기적으로 개선하여 우리나라 모양을 실제에 가깝게 그렸다.

⚿ **지구전후도**(지구전도와 지구후도, 각각 지름 37.3cm) 중화사상을 극복한 지도로, 경위선이 표현된 것으로 보아 지구를 구(球)체로 인식하였음을 엿볼 수 있다. 지구전도는 구대륙(유럽, 아시아, 아프리카)을 중심으로, 지구후도는 아메리카 대륙을 중심으로 표현되어 있다.

풍수지리 사상과 한양의 풍수지리

⚿ 풍수지리 사상의 명당도   ⚿ 한양과 풍수지리

풍수지리는 산줄기의 흐름, 산의 모양, 바람과 물의 흐름을 파악하여 좋은 터, 즉 명당을 찾는 사상이다. 풍수에서 명당은 산이 사방을 에워싸고, 앞쪽으로 들이 펼쳐져 있으며, 들 사이로 물이 감싸고 흐르는 곳이다. 우리 조상들은 이곳에 자리를 잡으면 땅의 좋은 기운을 받아 복을 얻을 수 있다고 보았으며, 이는 집터, 마을, 도읍지, 묏자리 등의 입지에 영향을 주었다.

조선의 정궁인 경복궁의 입지 선정에도 풍수지리 사상이 고려되었는데, 경복궁은 북악산, 인왕산, 낙산, 남산의 네 개 산으로 둘러싸인 곳에 터를 잡았다. 청계천은 명당수, 관악산은 조산에 해당한다.

I. 국토 인식과 지리 정보

O2 지리 정보와 지역 조사

(🧭 학습길잡이) • 지리 정보의 의미와 종류를 파악해 본다.
• 지역 조사를 통해 지리 정보를 수집하고, 실생활에 활용하는 방법을 살펴본다.

A 지리 정보의 특징과 활용 방법을 알아보자

1 지리 정보의 의미와 유형

① 지리 정보의 의미 ┌─ 여행 계획 수립, 경제 활동의 의사 결정 등
└─ 인간의 다양한 행동과 의사 결정에 영향을 준다.

• 의미 : 우리가 생활하는 공간과 지역에 관한 정보로, 지표상에 나타나는 지리적 현상을 확인 및 분석하고 특성을 파악하는 데 필요한 정보

• 구분 : 자연 정보(기후, 지형, 식생 등), 인문 정보(인구, 문화, 경제 등)

② 지리 정보의 유형 🔟 ┌─ 위도·경도의 좌표 정보 등이 해당한다.

공간 정보	어떤 장소나 현상의 위치 및 형태에 대한 정보
속성 정보	장소나 현상의 인문적·자연적 특성을 나타내는 정보
관계 정보	다른 장소나 지역과의 상호 작용 및 관계를 나타내는 정보

└─ 지형·기후, 산업·인구 등의 정보가 이에 해당한다.

2 지리 정보의 수집과 표현

┌─ 설문 조사, 면담, 실측 등을 통한
└─ 지리 정보 수집 방법을 말한다.

① 지리 정보의 수집 방법 : 지도, 문헌, 통계 자료나 야외 조사 등을 통해 수집, 최근에는 원격 탐사 기술의 발달로 항공 및 인공위성 사진 등을 활용 🔟 🔟

② 지리 정보의 표현 방법 : 도표, 그래프, 지도 등 다양한 방법으로 표현함

③ 통계 지도의 유형

유형	표현 방법	예
점묘도	통계 값을 일정한 크기의 점으로 찍어 분포를 표현	인구 분포
등치선도	동일한 값을 가진 지점을 선으로 연결하여 표현	봄꽃 개화일
단계 구분도	통계 값을 여러 단계로 구분해 표현	출산율, 경지율
도형 표현도	통계 값을 막대, 원 등 다양한 도형을 이용하여 표현	에너지 소비량
유선도	지리적 현상의 이동 방향과 이동량을 화살표의 방향과 굵기로 표현	인구 이동

자료로 보는 통계 지도의 유형

(가)	(나)	(다)	(라)	(마)

자료 분석 (가)는 인구 분포를 점으로 표현한 점묘도, (나)는 벚꽃 개화일이 같은 지점을 선으로 연결하여 표현한 등치선도, (다)는 도(道)별 경지 이용률을 단계로 구분해 표현한 단계 구분도, (라)는 통계 값에 따라 원의 크기를 달리하여 표현한 도형 표현도, (마)는 지역 간 인구 이동을 화살표의 방향과 굵기를 이용해 표현한 유선도이다.

개념더하기 자료채우기

🔟 지리 정보의 유형과 표현

공간 정보			속성 정보			관계 정보	
점	선	면	인구	면적	연평균기온	인접성	계층
●	●–●	◼	990만 명	605 km²	12℃		

공간 정보는 '어디에'와 관련된 정보로, 점, 선, 면의 형태로 표현된다. 속성 정보는 무엇이 '어떻게' 있는가를 보여 주며, 주로 수치로 표현된다. 관계 정보는 인접성, 계층성, 연결성 등으로 표현될 수 있다.

🔟 원격 탐사

관측해야 할 대상과 직접적인 접촉 없이 원거리에서 대상의 정보를 얻어내는 기술로, 항공기나 인공위성을 이용해 정보를 얻는 것이 대표적이다.

🔟 지형도와 위성 사진의 차이

⚫ 1 : 50,000 지형도   ⚫ 위성 사진

지형도는 축척, 기호 등을 이용해 지표 기복, 토지 이용 등을 표현하였는데, 수시로 변하는 지표 공간의 정보를 바로 반영하기 어렵고, 축소 및 확대가 불편하다. 반면, 위성 사진은 지표 위의 지리 정보를 실제 모습으로 보여 주고, 사람이 접근하기 어려운 지역의 정보를 주기적으로 수집할 수 있으며, 축소 및 확대가 쉽다.

✚용어사전

* **속성**(屬 무리, 性 성질) 사물의 특성이나 성질
* **지도** 지표면의 다양한 현상을 기호나 문자를 사용하여 평면에 축소하여 나타낸 것으로, 어떤 지역의 지리 정보를 파악하는 데 기본이 되는 자료
* **통계 지도** 특정 지리 현상에 관한 통계 정보를 표현한 주제도

3 지리 정보 체계(GIS)

① **의미** : 지표 공간의 지리 정보를 <u>수치 지도</u>와 통계 자료 등의 디지털 데이터로 컴퓨터에 입력·저장하고 사용 <u>목적에 따라 이를 가공·처리·활용할 수 있도록 만든 종합 정보 시스템</u>

└ 자료의 수정과 변환이 쉽고, 확대와 축소, 이동, 검색 등이 가능하다.

② **장점**

- 사용 목적에 따라 자료를 수집·분석하고 가공할 수 있음 ┐ 신속한 공간적 의사 결정을 │ 가능하게 한다.
- 복잡하고 다양한 지리 자료를 지도상에 신속하고 정확하게 표현할 수 있음 ┘
- 수작업으로 지도를 제작하는 것보다 인력, 시간, 비용 등을 줄일 수 있음

③ **활용** : 중첩 분석을 통해 입지 선정, 도시 계획 및 관리, 상권 분석, 자원 탐사, 재난·재해 예방, 산림 및 하천 관리 등에 활용 **4** [질문]

└ 최근 컴퓨터의 급속한 발달과 통신 기술 및 인터넷 발달 등으로 일반인의 실생활 문제 해결 및 의사 결정을 돕는 과정까지 사용 범위가 확대되고 있다.

B 지역 조사는 어떻게 이루어질까

1 지역 조사의 의미와 필요성

의미	지역의 다양한 지리 정보를 수집, 분석, 종합하여 지역성을 파악하는 활동
필요성	조사 지역의 특성과 문제점을 파악하여 합리적인 의사 결정에 도움이 됨

2 지역 조사의 절차 및 방법

조사 주제 및 지역 선정		• 조사 주제를 정하고 조사 주제를 잘 설명할 수 있는 지역을 선정 • 조사 계획을 구체적으로 설정
지리 정보의 수집	실내 조사	• 지도·문헌·통계 자료 등을 통해 지리 정보 수집 • 야외 조사 경로와 일정 등을 계획, 설문지 제작 등
	야외 조사	실제로 지역을 방문하여 관찰, 측정, 면담, 설문, 촬영 등을 통해 지리 정보 수집
지리 정보의 분석		수집한 지리 정보를 항목별로 분류·분석한 후 도표, 그래프, 지도 등으로 표현
보고서 작성		조사 주제에 대한 결론 도출, 보고서 작성

└ 실내 조사를 통해 얻은 지리 정보를 보완하고 그 외에 필요한 정보를 수집한다.

자료로 보는 — 지역 조사의 과정

조사 목적 → 조사 주제 선정 → 지리 정보의 수집 → 지리 정보의 분석

- 조사 목적
  - 지역 특성 확인
  - 지역 문제 발견과 대책 모색
- 조사 주제 선정
  - 조사 지역 선정
- 지리 정보의 수집
  - 실내 조사
  - 야외 조사
- 지리 정보의 분석
  - 분석·자료 정리
  - 도표·주제도 작성

조사 보고서 작성 ← 토의

자료 분석 지역 조사는 지역의 변화를 파악하거나 어떤 지역에서 발생한 문제를 해결하는 데 필요하다. 지역 조사를 할 때는 조사 목적을 정하고, 목적에 맞는 조사 주제와 지역을 선정한 다음, 실내 조사와 야외(현지) 조사를 통해 자료를 수집하는데, 이들은 상호 보완적이다. 수집된 지리 정보는 분석을 통해 도표나 주제도로 정리하고, 정리 내용을 토대로 토의를 한 후 조사 보고서를 작성한다.

Q 지역 조사 중 주민과의 면담, 사진 촬영 등이 이루어지는 단계는 언제인가? **A** 야외 조사

---

4 중첩 분석과 입지 선정

[분석 과정]
- 경사도
- 고도
- 인구수
- 토지 이용

각종 지리 정보를 종류별로 구분하여 파일 형태로 저장한 후, 필요한 자료가 저장된 데이터 층을 결합해 원하는 조건에 만족하는 지역을 선별하는 중첩 분석 기법을 통해 최적 입지를 선정한다.

질문 있어요

지리 정보 시스템은 일상생활에서 어떻게 활용되고 있나요?

실시간 교통 상황을 반영하여 가장 빠른 길을 안내하는 스마트폰 길안내기(내비게이션)가 널리 이용되고 있어요. 또한 버스 도착 시각, 날씨 정보 등을 원하는 장소에서 쉽게 얻는 것도 지리 정보 시스템이 활용되고 있는 사례입니다. 이 밖에도 홍수나 산사태 예측, 지진 감시 등과 같은 재해 관리, 국토 및 환경 관리 등 다양한 분야에서 활용되고 있어요.

△ 지리 정보 체계의 재해 관리 기능 산사태가 발생할 가능성이 큰 지역을 위험도 순으로 구분하여 제시한다. 이러한 정보를 활용하면 산사태 예방 사업을 수행할 수 있다.

✱용어사전

- **✱수치 지도** 종이 지도와 달리 지리 정보를 수치화된 데이터로 입력하여 전산 처리가 가능하도록 만든 디지털 지도
- **✱중첩(重 무겁다, 疊 겹치다)** 거듭 겹치거나 포개어짐, 즉 서로 다른 지리 정보를 포개어 보는 것을 의미함
- **✱지역성** 지역의 정체성, 지역의 고유한 속성으로 고정된 것이 아니고 다른 지역과의 교류 과정에서 변화함

기초를 다지는 확인 문제

올리드 포인트

A 지리 정보의 특징과 활용

1 지리 정보의 유형

공간 정보	어떤 장소나 현상의 위치와 형태에 대한 정보 ⓓ 위도와 경도
속성 정보	장소의 특성을 나타내는 정보 ⓓ 지형, 기후, 인구, 산업
관계 정보	다른 장소 및 현상들의 관계를 나타내는 정보 ⓓ 통근권, 통학권

2 지리 정보의 수집

정보 수집	지도, 문헌, 통계 자료, 현지 답사 등을 통해 수집, 최근 항공 및 인공위성 사진 이용
정보 표현	도표, 그래프, 통계 지도 등 다양한 방법으로 표현

3 통계 지도의 유형

점묘도	통계 값을 일정한 크기의 점으로 찍어 표현
등치선도	같은 값을 가진 지점을 선으로 연결하여 표현
단계 구분도	통계 값을 몇 단계로 구분하여 표현
도형 표현도	통계 값을 다양한 도형을 이용하여 표현
유선도	지역 간 이동을 화살표의 방향과 굵기를 이용하여 표현

4 지리 정보 체계(GIS)

의미	지표 공간의 지리 정보를 수치 지도와 통계 자료 등의 디지털 데이터로 컴퓨터에 입력·저장한 후 사용자의 요구에 따라 분석·종합하는 정보 처리 시스템
특징	• 복잡한 지리 정보를 컴퓨터를 활용하여 다양한 형태와 크기로 지도화할 수 있음 • 지리 정보의 수정 및 분석이 용이하여 신속하고 합리적인 공간적 의사 결정이 가능함
활용	입지 선정, 차량용 내비게이션, 인터넷 지도 검색 서비스, 재난·재해 예방, 산림 및 하천 관리 등

B 지역 조사

조사 주제 및 지역 선정		조사 주제와 주제에 적합한 조사 지역 선정
지리 정보의 수집	실내 조사	지도·문헌·통계 자료 등을 통해 지리 정보 수집, 야외 조사 준비
	야외 조사	조사 지역에서 관찰, 측정, 면담, 설문, 촬영 등을 통해 지리 정보 수집
지리 정보의 분석		수집한 지리 정보를 분석하여 지도나 통계, 그래프로 표현
보고서 작성		결론 도출과 보고서 작성

---

01 다음 설명이 맞으면 ○표, 틀리면 ×표를 하시오.

(1) 지리 정보 중에서 어떤 장소의 위치나 형태를 나타내는 정보를 속성 정보라고 한다. ( )

(2) 지리 정보는 지도, 문헌, 통계 자료, 야외 조사 등을 통해 수집할 수 있다. ( )

(3) 통계 값을 일정한 크기의 점으로 찍어 표현한 지도는 단계 구분도이다. ( )

(4) 굵기가 다른 선으로 지역 간 흐름을 표현한 통계 지도는 유선도이다. ( )

(5) 지역 조사 과정에서 야외 조사는 실내 조사보다 먼저 이루어진다. ( )

02 빈칸에 들어갈 알맞은 말을 쓰시오.

(1) 지리 정보 중에서 장소나 현상이 갖고 있는 인문적·자연적 특성을 나타내는 정보를 ( )(이)라고 한다.

(2) 인공위성이나 항공기를 이용하여 관측하고자 하는 대상과의 접촉 없이 먼 거리에서 측정하여 정보를 얻는 정보 수집 방법을 ( )(이)라고 한다.

(3) 통계 지도 중에서 통계 값이 같은 지점을 선으로 연결하여 표현한 지도를 ( )(이)라고 한다.

(4) 다양한 지리 정보를 수집·분석하고 이를 가공·활용하도록 만든 시스템을 ( )(이)라고 한다.

03 각 지역 조사 단계에서 이루어지는 활동을 바르게 연결하시오.

(1) 실내 조사 •

(2) 야외 조사 •

(3) 지리 정보의 분석 •

• ㉠ 관찰, 실측, 촬영, 면담 등을 통해 정보를 수집한다.

• ㉡ 지리 정보를 다양한 그림이나 그래프, 통계 지도 등으로 표현한다.

• ㉢ 지도, 문헌, 인터넷 등을 통해 정보를 수집한다.

01 다음 글의 ⊙~ⓒ에 해당하는 지리 정보 유형으로 옳은 것은?

> 강원도 양구군은 ⊙ 위도와 경도를 기준으로 할 때 우리나라의 정중앙 부근에 위치한다. 양구군은 2016년 기준으로 인구는 약 2만 4천여 명이고, ⓒ 군사 지역이어서 성비는 116이다. 이곳은 교통 환경이 크게 개선되면서 ⓒ 주요 관광지의 관광객 수가 증가하고 있으며, 지역 농산물의 수송도 원활해지고 있다.

	⊙	ⓒ	ⓒ
①	공간 정보	관계 정보	속성 정보
②	공간 정보	속성 정보	관계 정보
③	관계 정보	속성 정보	공간 정보
④	속성 정보	공간 정보	관계 정보
⑤	속성 정보	관계 정보	공간 정보

02 다음 글의 ⊙에 들어갈 지리 정보 수집 방법에 대한 옳은 설명만을 〈보기〉에서 있는 대로 고른 것은?

> 오늘날에는 과학 기술의 발달로 과거보다 지리 정보의 유형이 다양해지고 지리 정보의 양도 매우 증가하였다. 또한 (⊙) 기술이 발달하면서 항공사진이나 위성 사진 등을 이용해 지리 정보를 수집하기도 한다. (⊙) 기술은 관측해야 할 대상과 직접적인 접촉 없이 원거리에서도 대상의 정보를 얻을 수 있다는 장점이 있다.

┤ 보기 ├
ㄱ. 정보 수집 능력의 국가 간 차이가 크다.
ㄴ. 사람이 접근하기 어려운 곳의 정보를 수집할 수 있다.
ㄷ. 특정 지역의 제조업 출하액 변화를 파악하는 데 활용된다.
ㄹ. 특정 지역의 토지 이용 변화를 주기적으로 파악할 수 있다.

① ㄱ, ㄴ ② ㄱ, ㄷ ③ ㄷ, ㄹ
④ ㄱ, ㄴ, ㄹ ⑤ ㄴ, ㄷ, ㄹ

03 (가), (나)와 같은 형태의 지리 정보에 대한 설명으로 가장 적절한 것은?

(가)

(나)

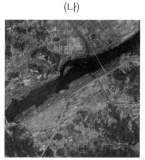

① (가)는 (나)보다 표현된 정보에 대한 정보 추가 및 수정이 쉽다.
② (가)는 (나)보다 지명 파악에 유리하다.
③ (나)는 (가)보다 행정 구역 경계 파악에 유리하다.
④ (나)는 (가)보다 산림의 분포 범위 파악에 불리하다.
⑤ (가)는 (나)를 제작하기 위한 기초 자료로 많이 이용한다.

[★★중요]
04 (가), (나) 통계 지도 유형의 특징에 대한 옳은 설명을 〈보기〉에서 고른 것은?

(가)

(나)

┤ 보기 ├
ㄱ. (가)는 도형의 크기를 달리하여 통계 값의 공간적 차이를 표현하였다.
ㄴ. (나)는 물자나 인구의 이동을 나타내기에 적합하다.
ㄷ. (가)는 (나)보다 연속적인 통계 값을 표현하기에 유리하다.
ㄹ. (나)는 (가)보다 단위 지역에 대해 표현 가능한 지리 정보의 양이 많다.

① ㄱ, ㄴ ② ㄱ, ㄷ ③ ㄴ, ㄷ
④ ㄴ, ㄹ ⑤ ㄷ, ㄹ

05 다음은 통계 지도에 대한 학습지의 일부이다. 학생의 답이 옳게 표기된 문항을 고른 것은?

학습지

다음 사례를 통계 지도로 표현하고자 할 때, 가장 적절한 유형을 A~C에서 골라 기호를 쓰시오.

문항	사례	적절한 유형
㉮	시·군별 인구 밀도	A
㉯	시·도 간 인구 이동	A
㉰	시·도별 쌀, 과실, 채소 생산량	B
㉱	시·도별 초·중·고등학교 학생 수	C

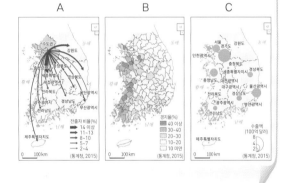

| A | B | C |

① ㉮, ㉯   ② ㉮, ㉰   ③ ㉯, ㉰

④ ㉯, ㉱   ⑤ ㉰, ㉱

06 다음에 제시된 정보만을 이용한다고 할 때, 지리 정보 체계를 활용하여 분석할 수 있는 내용을 〈보기〉에서 고른 것은?

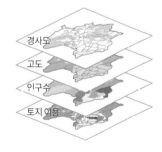

경사도
고도
인구수
토지 이용

보기

ㄱ. 해발 고도별 인구 현황

ㄴ. 경사별 토지 이용 현황

ㄷ. 연령 및 직업별 토지 이용 현황

ㄹ. 해발 고도별 토지 소유 인구 현황

① ㄱ, ㄴ   ② ㄱ, ㄷ   ③ ㄴ, ㄷ

④ ㄴ, ㄹ   ⑤ ㄷ, ㄹ

07 다음 글의 ㉠, ㉡에 들어갈 내용으로 옳은 것은?

(㉠)은/는 지표 공간의 다양한 지리 정보를 수치화하여 컴퓨터에 입력·저장하고, 사용자의 요구에 따라 가공·분석·처리하여 다양하게 표현해 준다. 이를 통해 복잡한 지리 정보를 빠르고 정확하게 처리할 수 있는데, 특히 중첩 분석을 통해 (㉡)을/를 할 수 있다.

	㉠	㉡
①	원격 탐사	지역의 산업 구조 파악
②	원격 탐사	지역의 상권 분석
③	지역 조사	도시 계획 및 관리
④	지리 정보 체계	지역의 상권 분석
⑤	지리 정보 체계	지역의 산업 구조 파악

중요 ★★

08 다음 〈조건〉을 고려하여 편의점의 입지를 선정할 때 가장 적절한 곳을 A~E에서 고른 것은?

조건

1. 인구가 5,000명보다 많아야 함

2. 주민의 월평균 소득이 100만 원 이상이어야 함

3. 간선 도로로부터 거리가 200m 이하여야 함

4. 기존에 편의점이 없던 곳이어야 함

5. 조건 1~4를 모두 만족할 경우 주민의 월평균 소득이 높은 곳을 최적 입지 지역으로 함

〈인구〉

6	4	5	5	6
6	4	4	7	6
6	7	6	5	6
7	4	5	4	5
6	4	6	4	6

(단위: 천 명)

〈주민의 월평균 소득〉

25	15	15	20	6
15	8	7	8	7
13	12	10	9	12
20	12	8	11	12
8	10	8	12	13

(단위: 십만 원)

〈기존 편의점과 간선 도로의 위치〉

〈입지 후보 지역〉

			A	
				B
			C	
	D			
			E	

기존 편의점

*방안 1칸의 길이는 100m임

① A   ② B   ③ C   ④ D   ⑤ E

09 그림은 지리 조사 과정을 나타낸 것이다. ㉠~㉣ 단계에 관한 옳은 설명만을 〈보기〉에서 있는 대로 고른 것은?

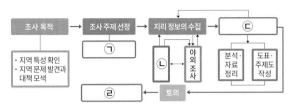

┤ 보기 ├
ㄱ. ㉠에서는 조사 목적이 잘 드러나는 지역을 선정한다.
ㄴ. ㉡은 조사 지역에 가서 다양한 정보를 수집한다.
ㄷ. ㉢에서는 수집된 정보를 정리하고, 이를 다양한 통계 지도로 나타낸다.
ㄹ. ㉣에서는 조사 주제에 대한 결론을 도출하고 보고서를 작성한다.

① ㄱ, ㄴ   ② ㄱ, ㄷ   ③ ㄴ, ㄹ
④ ㄱ, ㄷ, ㄹ   ⑤ ㄴ, ㄷ, ㄹ

10 다음은 '시멘트 공장 주변 마을 주민들의 피해 사례'에 관한 지리 조사 과정이다. (가)~(라)를 조사 순서에 맞게 나열한 것은?

(가) 수집된 정보를 토대로 마을 주민의 피해 사례를 유형화한다.
(나) 인터넷 지도를 통해 시멘트 공장의 위치를 확인하고, 주변 마을의 범위를 선정한다.
(다) 시멘트 공장 주변 주민을 대상으로 피해 사례에 대한 면담 조사와 함께 오염 실태 현황을 촬영한다.
(라) 해당 지역 자치 단체의 누리집에서 시멘트 공업 현황과 마을 피해 사례 등의 정보를 수집한다.

① (가) → (나) → (다) → (라)
② (가) → (나) → (라) → (다)
③ (나) → (다) → (가) → (라)
④ (나) → (라) → (다) → (가)
⑤ (다) → (라) → (나) → (가)

11 (가)~(다)는 지리 정보의 유형을 나타낸 것이다. 물음에 답하시오.

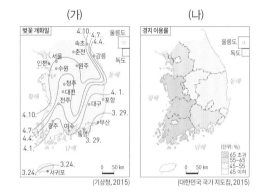

(가)			(나)			(다)	
점	선	면	인구	면적	연평균 기온	인접성	계층
			990 만 명	605 km²	12.3℃		

(1) (가)~(다)에 해당하는 지리 정보 유형을 각각 쓰시오.

(2) (가)~(다)의 특징을 각각 간략히 서술하시오.

12 (가), (나) 통계 지도를 보고, 물음에 답하시오.

(1) (가), (나) 통계 지도의 유형을 각각 쓰시오.

(2) (가), (나) 지도의 지리 정보 표현 방법을 각각 서술하시오.

13 다음 자료를 보고 물음에 답하시오.

〈 (가) 을/를 활용한 상권 분석〉

(1) (가)에 들어갈 개념을 쓰시오.

(2) (가)를 이용할 때 유리한 점을 서술하시오.

01 다음은 지리 조사 계획서의 일부이다. ㉠~㉫에 관한 설명으로 옳지 <u>않은</u> 것은?

> - 조사 목적 : ○○ 지역의 ㉠관광 산업과 지역 변화
> - 조사 항목 및 조사 방법
>   - ○○의 ㉡위성 사진 및 항공 사진을 통해 주요 경관의 변화 모습을 조사한다.
>   - ㉢관광객이 어느 지역에서 얼마나 이동해 왔는지 조사한다.
>   - ㉣지역 주민을 대상으로 관광 산업 발달로 인한 생활 변화에 대해 면담 조사를 실시한다.
> - ⟨ ㉫ ⟩ : 수집한 지리 정보를 조사 목적에 따라 분석하고, 그래프와 통계 지도 등으로 작성하여 정리한다.

① ㉠은 지리 정보 중 속성 정보에 해당한다.
② ㉡은 원격 탐사를 통해 수집된 자료이다.
③ ㉢의 결과는 등치선도로 표현하는 것이 적절하다.
④ ㉣은 야외 조사 단계에서 수행된다.
⑤ ㉫은 '지리 정보 분석 및 정리' 단계에 해당한다.

🔍 문제 접근 방법
지리 조사 계획서를 보고 지리 정보의 유형, 지리 조사 수집 방법, 통계 지도의 종류 및 특징, 지리 조사 과정 등을 종합적으로 파악해 보는 문제이다.
지리적 현상의 이동 방향과 이동량을 나타내는 것은 화살표의 방향과 굵기로 표현한다.

✏️ 적용 개념
지리 정보 유형
지리 정보 수집 방법
통계 지도의 유형 및 특징
지역 조사의 절차

02 (가), (나) 자료를 각각 한 장의 지도로 나타내고자 할 때, 가장 적합한 통계 지도의 유형을 〈보기〉에서 고른 것은?

(가)

지역	식량 작물(톤)		
	쌀	맥류	두류
경기도	379,991	146	8,446
강원도	148,347	294	9,623
충청북도	179,837	388	13,745
충청남도	720,554	327	327
⋮	⋮	⋮	⋮

(나)

지역	경지 이용률(%)
경기도	94.5
강원도	100.0
충청북도	103.0
충청남도	99.5
⋮	⋮

(통계청, 2017)

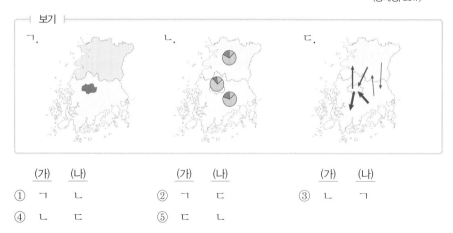

보기
ㄱ. ㄴ. ㄷ.

	(가)	(나)		(가)	(나)		(가)	(나)
①	ㄱ	ㄴ	②	ㄱ	ㄷ	③	ㄴ	ㄱ
④	ㄴ	ㄷ	⑤	ㄷ	ㄴ			

🔍 문제 접근 방법
제시된 통계 값을 어떠한 통계 지도로 표현하는 것이 가장 적절한지를 파악하는 문제이다.
지역별로 통계 값이 여러 개 제시되어 있는 경우 도형 표현도로 표현하는 것이 가장 적절하며, 유선도는 인구나 물자의 이동을 나타낼 때 주로 이용함을 알고 있으면 문제 해결에 도움이 된다.

✏️ 적용 개념
통계 지도의 유형 및 특징

03 (가), (나) 통계 지도에 관한 설명으로 옳지 <u>않은</u> 것은?

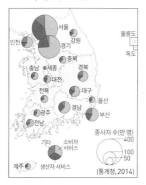
(가) 서비스업 분포

(나) 지역 내 총생산

① (가) 지도에서 원형 그래프의 반지름이 2배이면, 서비스업 종사자 수도 2배이다.

② (가) 지도에서 생산자 서비스업 종사자 수가 가장 많은 곳이 서비스업 종사자 수도 가장 많음을 알 수 있다.

③ (나) 지도에서 시·도의 음영이 진할수록 시·도의 지역 내 총생산이 많다.

④ (나) 지도에서 범례 등급의 범위를 조정하면 지도의 음영 분포가 달라질 수 있다.

⑤ (가)와 (나) 지도 제작 시 시·도별 통계 값 계산에 행정 구역의 인구수 정보는 필요하지 않다.

문제 접근 방법

(가), (나) 통계 지도의 제작 방법을 이해하고, 이를 통해 다양한 지리 정보를 분석할 수 있는지를 묻고 있다.

(가)는 시·도별 서비스업 종사자 수와 서비스업 유형별 종사자 수를 나타낸 것이다. (나)는 시·도별 지역 내 총생산을 나타낸 것으로, 음영이 짙을수록 해당 통계 값이 높게 표현된 것이다.

적용 개념

\# 도형 표현도의 특징
\# 단계 구분도의 특징

04 다음 〈조건〉을 고려하여 유치원의 입지 지점을 선정하려고 한다. 적합한 지역을 지도의 A~E에서 고른 것은?

조건

1. 평가 항목별 점수는 표와 같으며, 각 평가 항목 점수의 합이 가장 큰 지역에 입지함

지역 내 유치원 원아 수(명)	점수	1인당 지역 내 총생산(백만 원)	점수	지역 내 유치원 수(개)	점수
10,000 이상	3	50 이상	3	100 미만	3
5,000~10,000	2	20~50	2	100~300	2
5,000 미만	1	20 미만	1	300 이상	1

2. 평가 항목 점수의 합이 동일한 경우, 1인당 지역 내 총생산이 많은 지역을 선정함

구분	지역 내 유치원 원아 수(명)	1인당 지역 내 총생산(백만 원)	지역 내 유치원 수(개)
대구	36,951	19.8	392
울산	19,177	59.7	194
포항	8,519	33.1	116
거제	5,320	119.8	57
안동	2,225	19.6	42

(통계청, 2015)

① A   ② B   ③ C   ④ D   ⑤ E

문제 접근 방법

A~E 지역을 주어진 조건에 맞게 평가 점수를 계산한 후 점수가 가장 큰 지점을 찾고, 1인당 지역 내 총생산을 비교해 최적 입지 지점을 고르면 된다.

단, 이 문항의 경우 대구, 울산, 포항, 거제, 안동의 지도상 위치를 알고 있어야 해결할 수 있다.

적용 개념

\# 입지 선정
\# 중첩 분석
\# 지역별 지도상의 위치

 유형 1 **영해 및 배타적 경제 수역의 특성 이해**

지도의 A~C 지점에서 이루어질 수 있는 행위로 적절하지 <u>않은</u> 것은? (단, 모든 행위는 국가 간 사전 허가가 없었음을 전제로 함)

① A : 우리나라 자원 탐사선이 탐사 활동을 함

② B : 외국 화물선이 항해함

③ C : 우리나라 해군 함정이 항해함

④ A, C : 우리나라 어선이 고기잡이를 함

⑤ B, C : 외국이 인공 섬을 설치함

>> **유형 분석** 영해와 배타적 경제 수역에서 이루어지는 행위의 적절성을, 영해와 배타적 경제 수역의 특징과 관련해 파악해 보는 문제이다. 영해는 국가의 주권이 미치는 곳으로, 정치·경제·군사 등의 모든 권한을 연안국이 갖고 있다. 배타적 경제 수역은 영해 기선에서 최대 200해리까지의 수역 중 영해를 제외한 수역으로 연안국의 경제적 권리만이 인정되는 수역임을 기억해 둘 필요가 있다.

☑ **공략법**

❶ A, B는 우리나라의 배타적 경제 수역에 해당하고, C는 우리나라의 영해에 해당한다.

❷ 우리나라의 영해와 배타적 경제 수역에서 이루어질 수 없는 활동을 골라낸다.

 유형 2 **조선 전기와 조선 후기의 지리지 비교**

조선 시대에 편찬된 (가), (나) 지리지에 대한 옳은 설명을 〈보기〉에서 고른 것은? (단, (가), (나)는 『신증동국여지승람』, 『택리지』 중 하나임)

(가) 【건치 연혁】 본래 백제의 남한산성이다. 성종(成宗) 2년에 처음으로 12목(牧)을 두었는데 광주(廣州)는 그 하나이다.
【군명】 남한산·한산주·한주·회안(淮安)·봉국군(奉國軍)
【형승】 한수(漢水)의 남쪽으로 토양이 기름지다. 백제 시조 온조의 말이다. 고적(古跡) 편에 나타나 있다. 면이 모두 높은 산이다.

(나) 여주 서쪽이 광주(廣州)이다. 석성산(石城山)에서 나온 한 가지가 북쪽으로 한강 남쪽에 가서 된 고을인데 읍은 만 길 산꼭대기에 있다. ㉠광주의 서편은 수리산이며 안산(安山) 동쪽에 있다. 여기에서 서북쪽으로 뻗은 산맥이 수리산맥 중에서 가장 긴 맥이다.

┤ 보기 ├

ㄱ. (가)는 백과사전식으로 서술되었다.

ㄴ. (가)는 국가 통치 목적으로 편찬되었다.

ㄷ. (나)는 조선 전기에 저술되었다.

ㄹ. (나)의 ㉠은 가거지의 조건 중 생리(生利)에 해당된다.

① ㄱ, ㄴ   ② ㄱ, ㄷ   ③ ㄴ, ㄷ

④ ㄴ, ㄹ   ⑤ ㄷ, ㄹ

>> **유형 분석** 조선 전기와 후기 지리지의 특징을 비교하는 문항으로, 이는 출제 빈도가 매우 높다. 지리지는 제작 주체에 따라 국가 주도로 제작한 관찬 지리지와 개인이 제작한 사찬 지리지로 구분하는데, 조선 전기에는 주로 관찬 지리지가, 조선 후기에는 사찬 지리지가 주로 제작되었다.

☑ **공략법**

❶ (가)는 항목별로 백과사전식으로 기술되어 있으므로 어느 시기에 제작된 지리지인지를 판단한다.

❷ (나)는 서술식으로 기술되어 있으므로 어느 시기에 제작된 지리지인지를 파악한다.

❸ 선지에서 각 지리지에 대해 옳게 설명한 것을 골라낸다.

유형 3 대동여지도의 분석과 이해

대동여지도의 일부와 지도표를 보고 알 수 있는 내용으로 옳지 않은 것은?

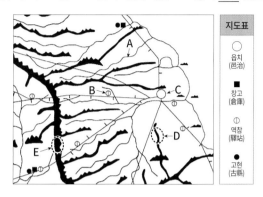

① A는 수운 교통로로 이용되는 하천이다.
② C는 관아가 있는 행정의 중심지이다.
③ C에서 B까지의 거리는 10리 이상이다.
④ E는 하천 유역을 나누는 분수계의 일부이다.
⑤ E는 D보다 규모가 큰 산지이다.

>> 유형 분석 대동여지도의 일부를 제시하고 이를 분석할 수 있는지를 묻는 문항으로, 출제 빈도가 매우 높다.

☑ 공략법
❶ 대동여지도에서 하천을 나타내는 선의 모양이나 산줄기를 나타내는 선의 굵기가 의미하는 바를 파악한다.
❷ 직선으로 표현된 도로에서 거리를 나타내는 방법을 분석한다.

유형 4 지리 정보 체계의 중첩 분석 적용

다음 〈조건〉을 고려하여 ○○ 시설의 입지를 선정하고자 할 때, 가장 적절한 곳을 후보지 A∼E에서 고른 것은?

┌ 조건 ┐

1. 평가 항목별 점수는 표와 같으며, 각 평가 항목 점수의 합이 가장 큰 곳에 입지함

고도(m)	점수	생태 등급	점수
50 미만	1	2등급	1
50 이상∼80 미만	2	3등급	2
80 이상	3	4등급	3

2. 후보지에 이웃한 8개 면의 고도가 후보지보다 모두 높으면 입지하지 못함

〈고도 정보〉

40	45	55	50	40
40	35	60	55	50
55	65	80	75	70
60	50	85	90	85
55	60	85	85	80

〈생태 등급 정보〉

4	4	3	3	3
4	3	3	3	3
4	4	3	3	3
4	4	2	2	2
4	4	2	4	2

〈입지 후보지〉

	A		B	
		C		
	D		E	

① A   ② B   ③ C   ④ D   ⑤ E

>> 유형 분석 지리 정보 체계의 중첩 분석 원리를 이해하여, 최적 입지 선정에 활용해 보는 문항이다.

☑ 공략법
❶ 두 번째 조건을 토대로 적합하지 않은 지역을 먼저 제외하면, 점수를 산정해야 하는 지역을 줄일 수 있다.
❷ 이웃한 8개 면의 고도가 후보지보다 모두 높은 지역, 즉 이웃한 8개 면보다 고도가 낮은 지역은 A와 D인데, 이들 두 지역에는 ○○ 시설이 입지할 수 없다.

단원 개념 마무리

01 국토의 위치와 국토 인식의 변화

• 우리 국토의 위치

수리적 위치	• 위도 : 북위 33°~43°에 위치 → 사계절의 변화가 뚜렷한 냉·온대 기후가 나타남 • 경도 : 동경 124°~132°에 위치, 동경 135°를 표준 경선으로 사용 → 영국보다 9시간이 빠름
지리적 위치	• 유라시아 대륙 동안에 위치 : 기온의 연교차가 큰 대륙성 기후, 계절풍 기후가 나타남 • 반도적 위치 : 대륙과 해양 진출에 모두 유리
관계적 위치	태평양 시대의 중심지로 성장할 수 있는 위치, 동아시아의 중심지

• 소중한 우리 국토

우리나라의 영역

영토	한반도와 그 부속 도서로 구성됨, 총면적 약 22.3만 km², 남한은 약 10만 km²
영공	영토와 영해의 수직 상공(통상적으로 대기권까지 인정)
영해	• 기선으로부터 12해리까지의 수역 • 제주도, 울릉도, 독도, 동해안 대부분 : 통상 기선으로부터 12해리 적용 • 서·남해안과 동해안 일부 : 직선 기선으로부터 12해리 적용 • 대한 해협 : 직선 기선으로부터 3해리 적용

배타적 경제 수역	기선에서 최대 200해리까지의 수역 중 영해를 제외한 수역, 연안국의 경제적 권리 인정

독도	• 우리 국토의 최동단에 위치(→ 일출·일몰 시각이 우리나라에서 가장 빠름)한 화산섬 • 풍부한 어족 자원(조경 수역), 동해상의 활동 거점 확보에 유리, 섬 전체가 천연 보호 구역으로 지정
동해 표기	• 동해는 수많은 고문헌, 고지도에 기록되어 있던 지명임 • 우리나라는 현재 국제 사회에 일본해 대신 동해, 또는 동해와 일본해를 병기해야 함을 주장하고 있음

• 전통적인 국토관

풍수지리 사상	• 산의 모양과 기복, 바람과 물의 흐름 등 땅의 성격을 파악하여 좋은 터전(명당)을 찾는 사상 • 지모(地母) 사상과 음양오행설이 결합하여 발전하였으며, 이를 우리나라의 상황에 맞게 체계화함 • 집터(배산임수), 마을, 도읍지 등 인간의 삶터를 선정하는 데 영향을 줌 → 인간과 자연이 조화를 이루는 삶 지향

• 고문헌에 나타난 국토관

조선 전기	조선 후기
• 국가 주도로 관찬 지리지가 제작됨 • 국가 경영 및 효율적인 통치가 목적 • 각 지역의 인구, 역사, 산천, 토산품 등을 백과사전식으로 기술 •『세종실록지리지』,『신증동국여지승람』 등	• 실학자들에 의한 사찬 지리지가 제작됨 • 국토를 객관적·실용적·주체적으로 인식 • 특정한 주제를 설명식으로 기술 • 이중환의『택리지』, 정약용의『아방강역고』 등

- **고지도에 나타난 국토관**

혼일강리역대국도지도(1402년)	천하도	대동여지도(1861년)
• 조선 전기, 현존하는 우리나라의 가장 오래된 세계 지도 • 중화사상 반영, 조선이 실제보다 크게 표현 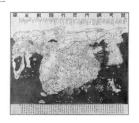	• 조선 중기 이후 민간에서 제작된 관념적 세계 지도 • 중화사상 반영, 도교 사상 → 상상 속의 지명과 국가 표현 	• 조선 후기 김정호가 제작 • 목판본(→ 대량 생산 가능), 분첩 절첩식(→ 휴대 및 열람 편리), 지도표(기호)를 활용하여 각종 지리 정보를 표현 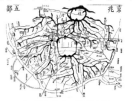 ⚠ 대동여지도 한양 부근

- **국토 인식의 변화**

일제 강점기		산업화 시대		최근
식민 지배를 목적으로 부정적이고 소극적인 국토관 강요	≫	국토를 적극적으로 개발·이용하려는 국토관 강조	≫	자연과 인간의 조화를 추구하는 생태 지향적 국토 인식의 확산

02 지리 정보와 지역 조사

- **지리 정보의 유형과 수집**

지리 정보 유형	공간 정보(장소의 위치와 형태), 속성 정보(장소의 인문적·자연적 특성), 관계 정보(지역 간의 상호 관계)
지리 정보 수집	지도, 문헌, 통계 자료나 야외 조사 등을 통해 수집, 오늘날은 원격 탐사를 널리 이용함

- **통계 지도의 유형**

점묘도	통계 값을 일정한 크기의 점으로 찍어 분포를 표현
등치선도	통계 값이 같은 지점을 선으로 연결하여 표현 → 공간 상에 연속적으로 변하는 지리 정보를 나타내는 데 적합
단계 구분도	통계 값을 몇 단계로 나누어 서로 다른 색이나 패턴으로 표현 → 지리 현상의 분포를 단계별로 나타내는 데 적합
도형 표현도	지역별 통계 값을 막대, 원 등 다양한 형태의 도형으로 표현 → 두 가지 이상의 통계 자료를 동시에 표현
유선도	선의 굵기와 방향으로 이동량 및 이동 방향을 표현 → 물자나 인구의 이동을 나타내는 데 적합

- **지리 정보 체계(GIS)**

의미	다양한 지리 정보를 수치화하여 컴퓨터에 입력·저장하고 필요에 따라 분석·활용하는 종합 정보 처리 시스템
장점	지리 정보 변화의 신속한 파악 가능, 복잡하고 다양한 지리 정보를 지도상에 정확하게 표현
활용	최적 입지 선정(중첩 분석 활용), 환경 변화 예측, 위치나 이동 경로 파악, 도시 계획 및 관리에 이용 등

- **지역 조사 과정**

주제 및 지역 선정	'무엇(조사 주제)'을 '어디(조사 지역)'에서 조사할 것인지 선정
실내 조사	문헌·인터넷 등을 통한 조사, 야외 조사 준비
야외 조사	관찰, 면담, 촬영 등
자료 분석	수집된 지리 정보 정리, 필요한 정보 선별 및 분석
보고서 작성	조사 주제에 대한 결론 도출, 보고서 작성

01 다음 자료는 우리나라의 위치와 관련된 판서 내용의 일부이다. ㉠~㉤과 관련된 특징으로 옳은 것은?

> 1. 수리적 위치
> • 위도 : ㉠ 북위 33°~43°에 위치
> • 경도 : 동경 124°~132°에 위치, ㉡ 표준 경선은 동경 135°를 사용
> 2. 지리적 위치 : ㉢ 유라시아 대륙 동안에 위치, ㉣ 반도적 위치
> 3. ㉤ 관계적 위치 : 태평양 시대의 중심 국가로 발돋움을 할 수 있음

① ㉠ - 기온의 연교차가 큰 대륙성 기후가 나타난다.
② ㉡ - 표준시가 영국보다 9시간 느리다.
③ ㉢ - 냉·온대 기후가 나타난다.
④ ㉣ - 대륙과 해양 진출에 불리하다.
⑤ ㉤ - 주변 정세에 따라 달라지는 상대적 위치이다.

02 그림은 영해 및 주변 수역의 모식도이다. 이에 관한 설명으로 옳은 것은?

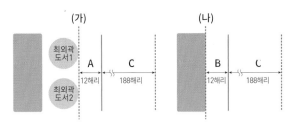

① 동해에는 (가)의 직선 기선이 적용되는 곳이 없다.
② (가), (나)는 평균 해수면을 기준으로 한다.
③ 우리나라 서해안은 간척 사업으로 B의 범위가 확대되고 있다.
④ 대한 해협은 (가)를 기준으로 A를 3해리까지 적용한다.
⑤ A, C에서는 외국 군함이 자유롭게 통행할 수 없다.

개념 피드백 10쪽

03 (가)~(다)에 해당하는 지점을 지도의 A~D에서 고른 것은?

> (가) 우리나라와 일본을 제외한 제3국의 어선은 허가를 받아야만 조업이 가능한 곳이다.
> (나) 우리나라의 주권이 미치는 곳의 수직 상공으로, 우리나라의 허가 없이 다른 나라 비행기가 통과할 수 없다.
> (다) 천연자원의 탐사·개발·보존 및 관리, 해수·해풍 등을 이용한 에너지 생산, 인공 섬 및 기타 구조물 설치 및 사용 등에 대해 우리나라가 주권적 권한을 갖지만, 외국 선박이 자유롭게 항행할 수 있다.

	(가)	(나)	(다)
①	A	B	C
②	A	C	D
③	B	A	D
④	C	A	B
⑤	C	B	D

04 (가)~(다) 지역에 대한 설명으로 옳은 것은?

(가)	(나)	(다)
125° 10′E, 32° 07′N	126° 15′E, 33° 06′N	131° 52′E, 37° 14′N

① (가)에는 국토 최남단 표지석이 있다.
② (나)는 세계 자연 유산으로 등재되어 있다.
③ (다)는 우리나라에서 일출 시각이 가장 늦다.
④ (나)는 (다)보다 인접한 유인도와의 직선 거리가 멀다.
⑤ (나)와 (다)는 영해 설정에 통상 기선이 적용된다.

05 다음 검색 화면에서 ㉠~㉣ 중 옳은 것은?

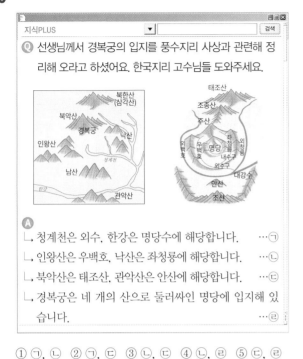

지식PLUS ▼ [검색]

❓ 선생님께서 경복궁의 입지를 풍수지리 사상과 관련해 정리해 오라고 하셨어요. 한국지리 고수님들 도와주세요.

Ⓐ
ㄴ 청계천은 외수, 한강은 명당수에 해당합니다. …㉠
ㄴ 인왕산은 우백호, 낙산은 좌청룡에 해당합니다. …㉡
ㄴ 북악산은 태조산, 관악산은 안산에 해당합니다. …㉢
ㄴ 경복궁은 네 개의 산으로 둘러싸인 명당에 입지해 있습니다. …㉣

① ㉠, ㉡   ② ㉠, ㉢   ③ ㉡, ㉢   ④ ㉡, ㉣   ⑤ ㉢, ㉣

🔎 개념 피드백 11쪽

06 (가), (나)에 대한 옳은 진술에 모두 '∨' 표시한 학생은? (단, (가), (나)는 『택리지』와 『신증동국여지승람』 중 하나임)

(가) 이 고을은 청주와 견주어 들이 적고 산이 많다. 산골이 겹쳐졌고, 또 큰 내가 많다. 그러나 모두 화창한 기운이 있고 땅이 제법 기름지다. 서북쪽으로 대문령(大門嶺)을 넘으면 안성, 직산 땅이다. 바다와 겨우 100리 거리인 까닭으로 생선, 소금의 이익이 있다.

(나)【건치 연혁】 본래 고구려의 평원군이다.
【토산】 옥돌은 원주의 서쪽 탑전골에서 난다.
【학교】 향교는 원주의 서쪽 3리에 있으며, 청풍루가 있다.

진술 \ 학생	갑	을	병	정	무
(가)는 조선 전기에 제작되었다.	∨	∨	∨		
(가)는 (나)보다 지역에 대한 저자의 해석이 많이 반영되어 있다.	∨			∨	
(나)는 (가)를 요약하여 편찬하였다.			∨		∨
(가)는 개인이, (나)는 국가가 주도하여 편찬하였다.				∨	∨

① 갑   ② 을   ③ 병   ④ 정   ⑤ 무

07 다음은 조선 시대에 제작된 어느 지리지의 목록이다. (가)~(다)에 해당하는 내용을 A~C에서 고른 것은?

目錄(목록)

四民總論(사민총론) ／ 忠淸道(충청도)
八道總論(팔도총론) ／ 京畿(경기)
平安道(평안도) ／ 卜居總論(복거총론)
咸鏡道(함경도) ／ (가) 地理(지리)
黃海道(황해도) ／ (나) 生利(생리)
江原道(강원도) ／ 人心(인심)
慶尙道(경상도) ／ (다) 山水(산수)
全羅道(전라도) ／ 總論(총론)

A	10리 밖, 또는 한나절 걸을 수 있는 거리에 좋은 산과 물이 있어야 한다.
B	먼저 수구(水口)를 보고, 다음 들의 형세를 본다. 다음에 산의 모양을 보고, 다음에는 흙의 빛깔, 다음은 조산(朝山)과 조수(朝水)를 본다.
C	땅이 기름진 것이 제일이고, 배와 수레와 사람과 물자가 모여 들어서, 있는 것과 없는 것을 서로 바꿀 수 있는 곳이 그 다음이다.

	(가)	(나)	(다)			(가)	(나)	(다)
①	A	B	C		②	A	C	B
③	B	A	C		④	B	C	A
⑤	C	B	A					

08 (가), (나)에 들어갈 고지도에 관한 설명으로 옳은 것은?

(가)	(나)
• 청구도를 토대로 각종 전국 지도와 읍 지도 등을 집대성하여 제작함 • 분첩 절첩식으로 제작되어 휴대와 열람이 편리함	• 도교적 세계관이 반영되어 상상의 국가와 지명이 다수 표현되어 있음 • 천원지방(天圓地方)의 세계관이 반영되어 있음

① (가)는 조선 전기 국가 주도로 제작되었다.
② (가)는 우리나라 최초로 축척의 개념이 적용되었다.
③ (나)는 현존하는 우리나라에서 가장 오래된 세계 지도이다.
④ (나)는 지도표를 이용해 각종 지리 정보를 효과적으로 표현하였다.
⑤ (나)는 (가)보다 중화사상이 많이 반영되어 있다.

09 (가), (나) 지도에 대한 옳은 설명을 〈보기〉에서 고른 것은?

(가)

(나)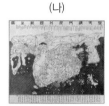

| 보기 |
ㄱ. (가)의 제작에는 실학사상이 영향을 주었다.
ㄴ. (나)에는 아메리카 대륙이 표현되어 있다.
ㄷ. (가)는 (나)보다 지도 제작 시기가 늦다.
ㄹ. (가)는 국가, (나)는 개인이 주도하여 제작하였다.

① ㄱ, ㄴ   ② ㄱ, ㄷ   ③ ㄴ, ㄷ
④ ㄴ, ㄹ   ⑤ ㄷ, ㄹ

▶ 개념 피드백 11쪽

10 지도는 조선 시대에 제작된 고지도의 일부이다. 이에 대한 설명으로 옳지 <u>않은</u> 것은?

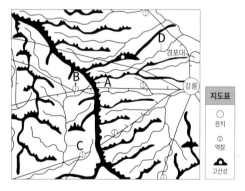

① 강릉에서 북쪽으로 도로를 따라 이동하면 약 20리 보다 더 가서 고개를 넘어야 한다.
② A는 영동 지방과 영서 지방을 구분하는 기준이다.
③ B는 당시 교통 시설이었다.
④ C 하천의 하구는 D 하천의 하구보다 조차가 작다.
⑤ 지도의 지역에서는 선박의 운항이 가능한 하천이 없다.

11 ㉠~㉣에 대한 옳은 설명을 〈보기〉에서 고른 것은?

국토관은 ㉠ 시대의 상황에 따라 자연스럽게 변화하지만, 때로는 의도적으로 변화되기도 하며 국가의 정책 방향에 따라서 달라지기도 한다. 일제 강점기에 일제는 ㉡ 왜곡된 국토관을 강요하였으며, 1960년대 이후에는 경제 개발이 추진되면서 ㉢ 국토를 경제적인 관점에서 바라보게 되었다. 최근에는 개발과 보존이 조화와 균형을 이루는 ㉣ 생태 지향적 관점에서 바라보아야 한다는 국토관이 확산되고 있다.

| 보기 |
ㄱ. ㉠ - 조선 전기 중화사상에서 조선 후기 주체적인 국토관으로 변화하였다.
ㄴ. ㉡ - 근역강산맹호기상도에 표현된 한반도의 모습에서 확인할 수 있다.
ㄷ. ㉢ - 간척 사업, 댐·고속국도·공업 단지 건설 등의 배경이 되었다.
ㄹ. ㉣ - 수도권의 과도한 집중과 환경 오염 문제 발생의 원인이 되었다.

① ㄱ, ㄴ ② ㄱ, ㄷ ③ ㄴ, ㄷ ④ ㄴ, ㄹ ⑤ ㄷ, ㄹ

12 (가)~(라)의 지역 조사 과정에 대한 설명으로 옳은 것은?

(가) '○○ 지역의 1인 가구와 주거 형태 변화'를 조사 주제로 결정한다.
(나) ○○ 지역의 ㉠ 행정 구역이 나온 백지도에 행정 구역별 1인 가구 수 변화를 나타내고 보고서를 작성한다.
(다) 통계청 누리집에 들어가 ㉡ ○○ 지역의 1인 가구 수 변화를 조사한다.
(라) 1인 가구가 많은 지역을 방문하여 ㉢ 1인 가구를 대상으로 주거 형태 및 생활 모습 등을 묻는 설문 조사를 실시한다.

① ㉠은 통계 지도의 유형 중 등치선도로 표현하는 것이 가장 적절하다.
② ㉡은 지리 정보의 유형 중 공간 정보에 해당한다.
③ ㉢은 지리 정보 수집 단계 중 실내 조사에 해당한다.
④ (다) 단계에서는 관찰, 측정 등도 함께 이루어진다.
⑤ 지역 조사는 (가) → (다) → (라) → (나)의 순서로 진행된다.

개념 피드백 20쪽

13 (가), (나) 자료를 각각 한 장의 지도로 표현하기에 가장 적절한 통계 지도 유형을 〈보기〉에서 고른 것은?

(가) 수도권의 시·도 간 이동자 수 (단위 : 만 명)

전입지 전출지	서울	인천	경기
서울	–	4.0	34.2
인천	3.2	–	6.7
경기	23.4	6.1	–

(통계청, 2017)

(나) 수도권 시·도의 연령층별 인구 비율 (단위 : %)

시·도 연령층별	서울	인천	경기
0~14세	11.7	14.0	15.1
15~64세	75.3	74.9	73.9
65세 이상	13.0	11.1	11.0

(통계청, 2016)

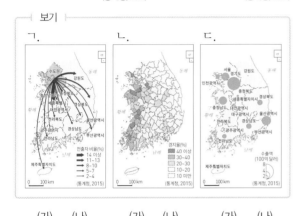
보기

ㄱ. ㄴ. ㄷ.

	(가)	(나)		(가)	(나)		(가)	(나)
①	ㄱ	ㄴ	②	ㄱ	ㄷ	③	ㄴ	ㄱ
④	ㄴ	ㄷ	⑤	ㄷ	ㄴ			

개념 피드백 21쪽

14 다음 〈조건〉을 고려해 편의점의 입지 지역을 선정할 때, 1위와 2위 후보지를 A~E에서 고른 것은?

조건

1. 입지 선정 평가 점수는 '(교통 접근성 지수×2)+(지가 평가 점수×1)+(유동 인구 평가 점수×2)'의 식으로 구한다.
2. 평가 항목 점수의 합이 가장 높은 지점이 최적 입지 지점인데, 입지 평가 점수가 같을 경우 교통 접근성 점수가 높은 지역을 입지 지역으로 선정한다.

〈교통 접근성 점수〉 〈지가 평가 점수〉 〈유동 인구 평가 점수〉 〈입지 후보 지역〉

	1위	2위		1위	2위		1위	2위
①	A	E	②	B	A	③	B	D
④	C	E	⑤	D	C			

15 다음 두 지도의 공통적인 특징을 서술하시오.

〈일본도〉

〈조선일본유구국도〉

16 그림은 국가의 영역을 모식적으로 나타낸 것이다. 물음에 답하시오.

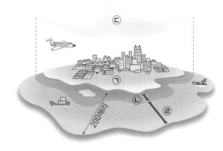

(1) ㉠~㉣의 명칭을 쓰시오.

(2) 서·남해안과 동해안에서 ㉡의 설정 방법이 다른 이유를 서술하시오.

17 다음은 지리 골든벨의 한 장면이다. 물음에 답하시오.

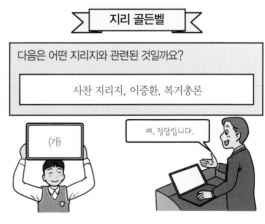
지리 골든벨

다음은 어떤 지리지와 관련된 것일까요?

사찬 지리지, 이중환, 복거총론

(가)

예, 정답입니다.

(1) (가)에 들어갈 내용을 쓰시오.

(2) (가)의 복거총론에 기술된 내용은 주로 무엇과 관련 있는지 서술하시오.

챔피언처럼 행동하라

챔피언이 되기 위해서는
챔피언처럼 행동해야 한다.

어떻게 이겨야 하는지를 배워야 하고,
졌을 때는 도망치지 않아야 한다.

모든 사람들은 어려운 시기를 겪을 때도 있고
성공을 누리기도 한다.
어떤 쪽이든지

자신감을 잃지 않도록 해야 하며
자만심으로 가득차지 않도록 해야 한다.

– 낸시 캐리건, 이가출판사 〈지금 이 순간 나에게 꼭 필요한 한 마디〉 중에서

II 지형 환경과 인간 생활

자신! 힘을 내서
차근차근 시작해요.

01 한반도의 형성과 산지의 모습

학습길잡이 • 지체 구조를 중심으로 한반도의 형성 과정을 이해하고, 산지 지형의 특성을 지각 운동과 관련지어 파악한다.
• 우리나라 산지의 형성 과정과 특징을 파악한다.

A 한반도의 지체 구조와 형성 과정을 알아보자

1 한반도의 지체 구조 ❶
한반도는 오랜 기간에 걸친 다양한 지형 형성 작용을 받아 복잡한 지체 구조가 나타난다.

시·원생대	• 평북·개마 지괴, 경기 지괴, 영남 지괴
	• 기존의 암석이 지하 깊은 곳에서 열과 압력에 의해 변성된 후 지표에 노출된 편마암이 주로 분포 — 오늘날에는 공원이나 정원의 조경석으로 많이 활용한다.
	• 생성 시기가 오래된 안정 지괴 → 한반도의 바탕을 이룸
고생대층 하부 **고생대** 고생대층 상부	• 평남 분지, 옥천 습곡대 : 시·원생대의 지괴 사이에 분포
	• 조선 누층군 : 고생대 초기, 얕은 바다에서 형성된 해성층, 석회암 매장
	• 평안 누층군 : 고생대 말기~중생대 초기, 해안 습지에 식물 등의 퇴적으로 형성된 육성층, 무연탄 매장
중생대	• 경상 누층군 : 중생대 중기~말기의 거대한 호소를 중심으로 육성층 형성
	• 경상 분지를 중심으로 남해안 일대와 영남 지역에 넓게 분포
	• 공룡 발자국과 뼈 화석 발견
신생대	• 신생대 제3기 말 : 두만 지괴, 길주·명천 지괴 → 한반도의 일부가 바다에 잠겨 형성됨, 갈탄 매장
	• 신생대 제3기 말~제4기 초 : 마그마 분출 → 화산과 용암 대지 형성

한반도에서 신생대에 형성된 지층의 비중은 매우 낮다.
점성이 약한 마그마가 분출하여 넓은 지역을 평탄하게 만든 지형이다.

자료로 보는 지질 시대별 암석 구성

신생대 1.5
중생대 30.0
중생대 12.7
화성암 34.8
퇴적암 22.6
고생대 8.4
신생대 4.8
변성암 42.6
원생대 2.2
시생대 40.4(%)
(한국지리지, 2008)
⊙ 지질 시대별 암석 구성

자료 분석 암석은 형성 원인에 따라 퇴적암, 화성암, 변성암 등으로 구분된다. 변성암은 화성암이나 퇴적암이 오랜 기간 동안 열이나 압력 등의 변성 작용을 받아 성질이 변화한 암석으로 편마암이 대표적이다. 화성암은 마그마가 지표면 위로 분출하여 형성된 화산암(현무암, 안산암 등)과 마그마가 지하에 관입하여 형성된 심성암(화강암, 반려암 등)으로 구분된다. 퇴적암은 퇴적물이 호수나 바다 밑에 쌓여 형성된다. 한반도에서 가장 넓은 면적에 분포하고 있는 암석은 시·원생대의 편마암으로 약 40%를 차지하고 있다. 중생대의 화강암은 약 30%, 고생대와 그 이후의 퇴적암이 약 20%를 차지한다.

Q 한반도에서 가장 넓은 면적을 차지하는 암석은 무엇인가?
A 편마암

2 한반도의 지형 형성 : 고생대까지 안정 유지, 중생대의 세 차례 지각 변동과 신생대의 경동성 요곡 운동 등의 영향으로 지형의 골격 형성 ❷

융기의 중심축이 한쪽으로 치우쳐 비대칭적으로
기울고 휘어져 올라온 지각 운동

① 중생대의 지각 변동

송림 변동	• 중생대 초기에 발생, 주로 북부 지방에 영향을 줌	지각 운동 때문에 형성되는 것으로 절리에서 단층선에 이르기까지 다양하며 암석이나 산맥, 하천의 배열 등에 영향을 끼친다.
	• 랴오둥 방향(동북동~서남서)의 지질 구조선 형성	
대보 조산 운동	• 중생대 중기에 발생, 중·남부 지방에 영향을 줌	
	• 중국 방향(북동~남서)의 지질 구조선 형성	
	• 넓은 범위에 많은 양의 마그마가 관입하여 대보 화강암 형성	
불국사 운동	• 중생대 말기에 발생, 경상도 일대에 영향을 줌	
	• 소규모의 마그마가 관입함	

개념 더하기 자료 채우기

❶ 한반도의 지체 구조와 주요 암석

시·원생대
■ 변성암류 0 100 km
■ 상원계
평북·개마지괴
경기 지괴

고생대
■ 평안 누층군 (생대대 말~중생대 초) 0 100 km
■ 조선 누층군 (고생대 초)

조산 운동을 거의 받지 않고 오랜 침식을 받아 비교적 평탄한 지형으로, 주로 편마암이 분포한다.

침강과 융기를 반복하며 오랜 침식을 받아 저평한 지형이 형성되었고, 초기에 석회암이 형성되었다.

중생대
백악기
■ 불국사 화강암
쥐라기
■ 대동계
■ 대보 화강암
트라이아스기
■ 평안계 상부
경상 분지

신생대
■ 제4기 (현무암) 0 100 km
■ 제3기 (퇴적암)
백두산
명천
길주
제주도

대보 조산 운동과 불국사 변동으로 화강암이 관입하였고, 경상 분지의 호수 밑에 퇴적층이 형성되었다.

제3기 동해안 일부 지역에 퇴적층이 형성되었고, 제3기 말~제4기 초의 화산 활동으로 현무암이 분포한다.

❷ 경동성 요곡 운동

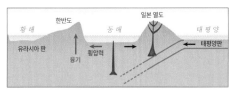

황해 한반도 동해 일본 열도 태평양
유라시아 판 융기 횡압력 태평양판

신생대 제3기에 한반도와 일본 사이의 동해 지각이 확장되면서 한반도에 강력한 횡압력이 작용하였고, 그 결과 강한 압력을 받은 동해안을 중심으로 지각이 융기한 운동이다.

용어사전

* **지괴**(地 땅, 塊 덩어리) 형성 시기와 특징이 유사하여 다른 지역과 구분이 가능한 지각의 한 덩어리로, 육괴라고도 함
* **관입**(貫 꿰다, 入 들어가다) 마그마가 암석의 틈을 따라 들어가 화성암으로 굳어지는 과정

② 신생대의 지각 변동

경동성 요곡 운동 질문	• 시기 : 신생대 제3기 • 경동 지형 형성 : 동해안을 중심으로 한 지각의 융기로 형성 → 함경산맥, 낭림산맥, 태백산맥 등 형성, 한국 방향의 구조선 형성에 영향
화산 활동	• 시기 : 신생대 제3기 말~제4기 초 • 화산 지형 형성 : 백두산, 신계 – 곡산, 철원 – 평강, 울릉도, 독도, 제주도 등

└ 용암 대지가 형성된 지역

3 기후 변화와 지형 형성 : 신생대 제4기에 빙기와 간빙기가 반복되면서 해수면 변동이 나타남 → 지형의 형성 및 변화에 영향을 줌

해수면은 하천 침식이 이루어지는 기준면으로 침식 기준면이라고도 한다.

① 빙기의 지형 형성

• 상류 : 한랭 건조한 기후로 식생 빈약, 하천 유량 감소, 수분의 동결과 융해 작용으로 암석의 물리적 풍화 작용 활발 → 퇴적 작용 우세 **3**

• 하류 : 해수면 하강으로 침식 작용 활발 → 깊은 골짜기 형성

② 후빙기의 지형 형성

• 상류 : 온난 습윤한 기후로 식생 번성, 하천 유량 증가 → 빙기에 퇴적된 물질 제거 → 하상이 낮아짐

• 하류 : 해수면 상승으로 퇴적 작용 활발 → 충적 지형(범람원, 삼각주 등) 형성, 서·남해안에 리아스 해안과 많은 섬 형성, 동해안의 석호 형성

질문 있어요

동해 지각의 확장은 지각 변동에 어떤 영향을 끼쳤나요?

약 2,300만 년 이전

약 2,300만 년~1,500만 년 전

약 1,500만 년 전

단층　　해양
현재의 육지　　판 경계
쪼개진 대륙 조각

(한반도의 조구조진화, 2006)

신생대 제3기 이후 동해 지각의 확장으로 일본이 한반도에서 분리되면서 그 사이에 동해가 형성되었어요. 이때 한반도에는 강한 횡압력이 작용하여 경동성 요곡 운동이 진행되었습니다.

자료로 보는 **기후 변화에 따른 지형 형성**

ⓐ 빙기와 현재의 해안선

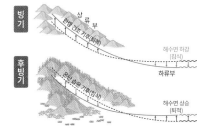
ⓐ 기후 변동에 따른 지형 형성

구분	빙기	후빙기
기후 변화	한랭 건조	온난 습윤
해수면 변동	해수면 하강	해수면 상승
풍화 작용	물리적 풍화 작용 활발	화학적 풍화 작용 활발
하천 상류	퇴적 작용 활발	침식 작용 활발
하천 하류	침식 작용 활발	퇴적 작용 활발
지형 형성	하안 단구 발달	충적 평야, 석호

자료 분석 신생대 제4기에는 빙기와 간빙기가 수차례 반복되었다. 최종 빙기 중 빙하가 가장 확대되었던 약 2만 년 전에는 해수면이 현재보다 약 100m 이상 낮았으며, 이로 인해 중국, 우리나라, 일본이 육지로 연결되었다. 빙기에는 한랭 건조하여 산지의 식생이 빈약하고, 암석의 물리적 풍화 작용이 우세하였다. 반면, 후빙기에는 빙기에 비해 온난 습윤하여 산지의 식생이 번성하고, 화학적 풍화 작용이 우세하였다.

3 물리적(기계적) 풍화 작용과 화학적 풍화 작용

물리적 풍화 작용은 암석이 동결, 융해 등의 물리적 힘에 의해 점차 작은 입자로 파괴되는 현상이다. 반면, 화학적 풍화 작용은 암석을 구성하는 광물에 화학적 변화가 일어남으로써 암석이 부서지거나 녹는 현상이다. 빙기는 후빙기에 비해 한랭 건조한 환경이므로 암석의 물리적 풍화 작용이 우세하며, 후빙기는 빙기보다 온난 습윤하여 암석의 화학적 풍화 작용이 우세하다.

용어사전

* **하상**(河 하천, 床 평상) 하천의 바닥

* **퇴적**(堆 쌓다, 積 쌓다) 진흙, 모래, 자갈 등이 흐르는 물에 실려 강이나 바다로 운반되다가 물의 흐름이 느려지는 강바닥이나 바다 밑에 닿으면 차차 쌓이는 현상

* **충적**(沖 깊다, 積 쌓다) 흙과 모래가 흐르는 물에 운반되어 쌓임

01 한반도의 형성과 산지의 모습

B 우리나라의 산지는 어떻게 형성되었을까

1 1차 산맥과 2차 산맥

① **1차 산맥** : 신생대 제3기 이후 경동성 요곡 운동의 영향으로 형성
- 특징 : 해발 고도가 높고 연속성이 뚜렷함
- 산맥 : 함경산맥, 낭림산맥, 태백산맥 등 → 동쪽은 급사면, 서쪽은 완사면인 비대칭적 지형이 나타남

② **2차 산맥** : 지질 구조선을 따라 차별적 풍화와 침식 작용으로 형성 **1** 질문
- 특징 : 1차 산맥보다 고도가 낮고 연속성이 뚜렷하지 않은 편임
- 산맥 : 강남산맥, 묘향산맥, 멸악산맥, 차령산맥 등 → 1차 산맥에서 뻗어 나간 남서 방향의 산맥들
  - **왜?** 산줄기가 하천에 의해 끊기는 경우가 많기 때문이다.

2 산맥의 방향에 따른 구분 **2**

라오동 방향	• 주로 중생대 초기의 송림 변동 시기에 형성 • 분포 : 주로 북부 지방에 위치함 • 방향 : 동북동~서남서 방향 예 함경산맥, 강남산맥, 묘향산맥 등
중국 방향	• 주로 중생대 중기의 대보 조산 운동 시기에 형성 • 분포 : 주로 중·남부 지방에 위치함 • 방향 : 북동~남서 방향 예 마식령산맥, 차령산맥, 소백산맥 등
한국 방향	• 주로 신생대에 형성 • 특징 : 동쪽 사면은 급경사, 서쪽 사면은 완경사 • 방향 : 북북서~남남동 방향 예 마천령산맥, 낭림산맥, 태백산맥 등

자료로 보는 | 우리나라 산지의 형성 과정

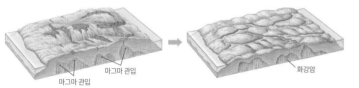

중생대의 대규모 지각 변동으로 습곡·단층·구조선이 형성되었고, 지질 구조선을 따라 마그마가 관입하여 화강암을 형성하였다.

중생대의 지각 변동 이후 오랜 기간 동안 침식 작용이 이루어져 한반도가 평탄해졌다.

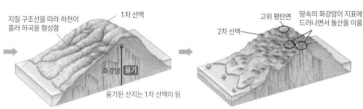

신생대 제3기 경동성 요곡 운동으로 1차 산맥의 골격이 형성, 이후 구조선을 따라 황해 쪽으로 하곡이 발달하기 시작하였다.

하곡을 따라 차별 침식이 일어나 하곡 주변의 산지는 2차 산맥을 형성하였고, 지속적인 침식에 의해 지하의 화강암이 지표로 드러났다.

자료 분석 우리나라는 국토의 70% 정도가 산지이며, 오늘날 우리나라 산지의 기본 골격은 신생대의 지각 변동으로 형성되었다. 1차 산맥은 융기에 의해 직접적으로 형성되었으며, 2차 산맥은 1차 산맥 형성 이후 지질 구조선을 따라 풍화와 차별 침식으로 형성되었다.

개념 더하기 자료 채우기

1 우리나라의 지질 구조선

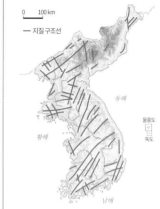

지괴가 충돌하는 지각 운동 과정에서 발생한 에너지가 지각에 영향을 미쳐 한반도의 지질 구조선을 형성하였다. 지질 구조선의 형태는 절리에서 단층선까지 규모가 다양하다.

(한국 지질자원연구원, 2016)

질문 있어요

차별적 풍화와 침식은 무슨 의미인가요?
단단한 암석과 연한 암석의 풍화와 침식 속도가 불균등하게 일어나는 작용을 의미해요. 그중 차별 침식은 풍화와 침식에 대한 저항성의 차이가 있는 두 가지 종류 이상의 암석 사이에 침식이 불균등하게 진행되는 것을 말합니다. 즉, 암석이 단단하고 무른 정도에 따라 침식되는 정도가 달라져요.

2 우리나라의 산맥 분포

우리나라는 산지는 1차 산맥과 2차 산맥으로 구분할 수 있다. 1차 산맥은 동해안을 따라 평행하게 배열된 함경산맥과 태백산맥 등이고, 2차 산맥은 1차 산맥에서 남서 방향으로 뻗어 나간 멸악산맥과 차령산맥 등이다.

✳ 용어사전

✳ **연속성** 끊어지지 않고 이어지는 성질
✳ **하곡**(河 강, 谷 골짜기) 하천이 흐르는 골짜기

C 우리나라 산지는 어떤 특징이 나타나며 어떻게 이용할까

1 우리나라 산지의 특징 국토 면적의 약 70%가 산지이지만 주로 고도가 낮은 산지가 많다는 것을 의미한다.

① **저산성 산지** : 해발 고도 200m~500m의 저산성 산지가 국토의 40% 이상을 차지함, 해발 고도 1,000m 이상의 고지대는 약 10% 정도임

② **동고서저의 경동 지형** : 높은 산지는 대부분 북동쪽에 분포, 낮은 산지나 평야는 남서쪽에 분포 – 산지가 동쪽에 치우쳐 있어 주요 하천은 주로 황·남해로 흐른다.

자료로 보는 우리나라의 산맥 분포

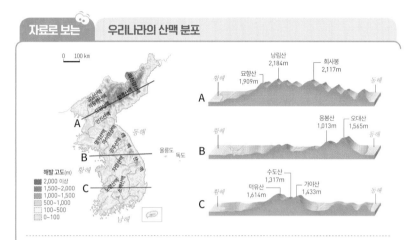

자료 분석 단면도에서 A는 묘향산맥을 지나면서 높아져 낭림산맥, 개마고원, 함경산맥을 지나기 때문에 높은 산지가 연속되고, 동해안에서 급경사가 나타난다. 단면도 B는 태백산맥을 지나면서 높아지는 경향이 뚜렷한데, 중부 지방은 태백산맥이 동쪽에 치우쳐 있어 동고서저의 지형이 뚜렷하다. 단면도 C를 보면, 남부 지방은 호남 지방과 영남 지방의 경계가 되는 소백산맥이 중앙부에 남북으로 뻗어 있어 중앙부가 높다.

Q 우리나라 지형의 단면도에서 동쪽은 급사면, 서쪽은 완사면의 비대칭적인 지형을 무엇이라고 하는가?

A 경동 지형

---

2 주요 산지 지형

① 고위 평탄면 ③

- **형성 과정** : 과거 오랜 기간 침식을 받아 평탄해진 곳이 융기 이후에도 남아 있는 지형 → 해발 고도는 높지만 경사가 완만함

- **주요 지역** : 대관령 일대와 진안고원 등지 고위 평탄면은 평지보다 기온이 낮고 습도가 높아 목초 재배에 유리하여 목장이 많이 분포한다.

- **이용** : 여름철에 서늘한 기후를 이용한 고랭지 농업 발달 여름철에 채소를 재배하여 도시에 판매한다.

② 돌산과 흙산 ④

돌산	중생대에 관입한 화강암이 오랫동안 침식을 받아 지표에 드러나 형성된 산지로, 뾰족한 봉우리들의 바위로 이루어짐 ⓔ 북한산, 설악산, 금강산 등
흙산	시·원생대에 형성된 암석이 오랜 시간에 걸쳐 풍화와 침식을 받으면서 두꺼운 토양으로 덮인 산지로, 토양층이 두꺼워 식생 발달에 유리함 ⓔ 지리산, 덕유산 등

3 산지 지형의 이용 및 보전 노력

① **이용** : 각종 자원의 공급지, 관광 산업 발달로 현대인의 휴식처 역할

② **보전 생태** : 인간 생활에 이로운 방향으로 개발 → 자연 휴식년제 확대, 생태 통로 건설, 환경 영향 평가 실시 등

---

③ 고위 평탄면

비교적 경사가 완만한 곳에서 감자, 배추 등을 재배하고 있다.

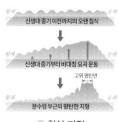

신생대 중기 이전까지의 오랜 침식

↓

신생대 중기부터 비대칭 요곡 운동

↓

분수령 부근의 평탄한 지형

△ 형성 과정

△ 매봉산 일대 지형도

우리나라의 고위 평탄면은 태백산맥의 대관령 일대와 소백산맥의 진안고원 등지에 나타난다. 고위 평탄면은 경동성 요곡 운동을 받아 융기되기 이전의 한반도가 평탄하였음을 알려 주는 지형이다. 고위 평탄면에서는 목초 재배가 유리하여 목축업이 발달하였으며, 여름철 서늘한 기후를 이용하여 감자, 배추 등의 고랭지 작물 재배가 활발하다.

④ 돌산과 흙산

△ 돌산(설악산)

△ 흙산(지리산)

설악산은 정상부에 바위가 많이 돌출된 돌산으로, 중생대에 형성된 화강암이 주를 이룬다. 화강암은 지하 깊은 곳에서 관입한 마그마가 굳어 형성된 암석으로 오랜 세월 침식을 받으면서 지표에 노출되었다. 지리산은 산세가 부드러운 흙산으로, 시·원생대에 형성된 편마암이 주를 이룬다. 편마암은 암질이 단단하여 풍화층이 고르게 발달하고, 오랜 기간의 풍화로 두꺼운 토양층을 형성하여 식생이 발달한다.

✳ 용어사전

✳ **고랭지 농업** 산간 지역의 여름철에 나타나는 선선한 기후와 많은 강우량을 활용한 농업 형태로, 해발 고도 400m~1,000m 정도에서 채소·감자·화훼류 등을 재배함

✳ **자연 휴식년제** 자연의 생태계를 보존하기 위해 훼손의 우려가 있는 지역을 지정하여 일정 기간 출입을 통제하는 제도

✳ **생태 통로** 도로나 댐 등의 건설로 야생 동물의 서식지가 단절되는 것을 막기 위해 야생 동물이 지나갈 수 있도록 인공적으로 만든 길

✳ **환경 영향 평가** 대규모 개발 사업 계획을 수립할 때 개발이 환경에 미칠 영향을 사전에 예측, 평가, 검토하여 환경 오염을 예방하는 제도

올리드 포인트

A 한반도의 지체 구조와 형성 과정

1 한반도의 지체 구조

시·원생대	편마암, 평북·개마 지괴, 경기 지괴, 영남 지괴
고생대	• 조선 누층군 : 고생대 초기, 해성층, 석회암 분포 • 평안 누층군 : 고생대 말기~중생대 초기, 육성층, 무연탄 분포
중생대	중생대 중기~말기, 두꺼운 육성층, 경상 누층군
신생대 제3기	두만 지괴, 길주·명천 지괴, 갈탄 매장

2 한반도의 지형 형성

중생대	• 송림 변동 : 중생대 초기, 랴오둥 방향 • 대보 조산 운동 : 중생대 중기, 중국 방향, 대규모 마그마 관입(→ 대보 화강암) • 불국사 운동 : 중생대 말기, 소규모의 마그마 관입
신생대	• 제3기 경동성 요곡 운동 : 경동 지형, 한국 방향 • 제3기 말~제4기 초 화산 활동 : 화산 지형 형성

3 기후 변화와 지형 형성

빙기	한랭 건조, 물리적 풍화, 상류－퇴적, 하류－침식
후빙기	온난 습윤, 화학적 풍화, 상류－침식, 하류－퇴적

B 우리나라 산지의 형성

1 1차 산맥과 2차 산맥

1차 산맥	융기에 의해 형성, 고도가 높고 연속성이 뚜렷함
2차 산맥	차별 침식에 의해 형성, 고도가 낮고 연속성이 약함

2 산맥의 방향에 따른 구분

랴오둥 방향	중생대 초기 송림 변동 시기 **예** 함경, 묘향산맥
중국 방향	중생대 중기 대보 조산 운동 시기 **예** 소백산맥
한국 방향	주로 신생대에 형성 **예** 마천령, 낭림, 태백산맥

C 우리나라 산지의 특징 및 이용

1 특징 : 저산성 산지, 동고서저의 경동 지형

2 고위 평탄면 : 오랜 침식으로 평탄해진 곳이 융기 후에도 남아 있음 → 고랭지 농업, 목축업, 스키장 및 휴양지

3 돌산과 흙산

돌산	중생대에 관입한 화강암이 오랜 침식을 받아 지표에 드러남 **예** 설악산, 북한산, 금강산 등
흙산	시·원생대에 형성된 편마암이 오랜 풍화와 침식을 받아 토양으로 덮인 산지 **예** 지리산, 덕유산 등

01 다음 설명이 맞으면 ○표, 틀리면 ×표를 하시오.

(1) 한반도에 분포하는 암석은 중생대에 관입한 화강암이 가장 많다. ( )

(2) 고생대 초기에 형성된 해성층인 조선 누층군에는 석회암이 주로 분포한다. ( )

(3) 중생대 초기에 일어난 송림 변동으로 인해 중국 방향(북동~남서)의 지질 구조선이 형성되었다. ( )

(4) 2차 산맥은 지질 구조선을 따라 차별적인 풍화와 침식 과정을 거쳐 형성되었다. ( )

(5) 고위 평탄면은 과거 오랜 기간 침식을 받아 평탄해진 곳으로 융기한 후에도 남아 있는 지형이다. ( )

02 빈칸에 들어갈 알맞은 말을 쓰시오.

(1) 고생대 말기에서 중생대 초기에 형성된 ( )에는 주로 무연탄이 매장되어 있다.

(2) 중생대 중기에 일어난 ( )(으)로 인해 넓은 범위에 걸쳐 많은 양의 마그마가 관입하였다.

(3) (㉠)에는 지금보다 기후가 한랭 건조하여 식생이 빈약하였고, 암석의 (㉡) 풍화 작용이 활발하였다.

(4) ( )차 산맥은 신생대 3기 이후 횡압력을 받은 동해안이 비대칭적으로 융기하면서 형성되었다.

(5) 우리나라는 해발 고도 1,000m 이상의 산지가 약 10%에 불과하며, 해발 고도 200~500m의 ( )이/가 40% 이상을 차지한다.

03 각 산지의 특징을 바르게 연결하시오.

(1) 돌산 •

(2) 흙산 •

(3) 화산 •

• ㉠ 시·원생대에 형성된 암석이 오랜 시간에 걸쳐 풍화와 침식을 받아 형성 **예** 지리산, 덕유산

• ㉡ 신생대 제3기 말~제4기 초에 걸쳐 형성 **예** 백두산과 그 주변 지역, 한라산

• ㉢ 중생대에 관입한 화강암이 오랫동안 침식 작용을 받아 지표에 드러나면서 형성 **예** 북한산, 설악산

01 표는 한반도 지체 구조와 특징을 정리한 것이다. (가)~(다)에 들어갈 암석으로 옳은 것은?

지질 시대	특징
시·원생대	• 지반이 견고한 편이며, 형성 시기가 오래됨 • [(가)]이 주로 분포함
고생대	• 고생대 초 : 해성 퇴적층인 조선 누층군이 형성됨 → [(나)]이 분포함 • 고생대 말 : 육성 퇴적층인 평안 누층군이 형성됨 → 무연탄이 분포함
중생대	호소 밑에서 형성된 두꺼운 [(다)]인 경상 누층군이 분포함

	(가)	(나)	(다)
①	변성암	화강암	퇴적암
②	변성암	석회암	퇴적암
③	퇴적암	석회암	변성암
④	퇴적암	화강암	변성암
⑤	퇴적암	화강암	석회암

02 그림은 우리나라의 암석 구성을 나타낸 것이다. 이를 보고 분석한 내용으로 옳지 <u>않은</u> 것은?

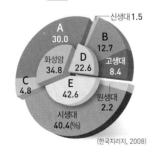

(한국지리지, 2008)

① A와 B는 동일한 지질 시대를 의미한다.
② D에는 퇴적암, E에는 변성암이 들어갈 수 있다.
③ A 시대의 암석은 주로 지질 구조선을 따라 관입하였다.
④ B 시대의 지층에는 무연탄층이 포함되어 있다.
⑤ C 시대의 암석은 주로 심성암의 형태로 존재한다.

03 다음 글에서 설명하고 있는 지체 구조를 지도의 A~E에서 고른 것은?

> 고생대 초기에는 해성 환경에서 해침을 받아 조선 누층군이 형성되었으며, 이 지층에는 석회암이 주로 분포한다. 고생대 말기부터 중생대 초기에는 대부분이 육성층인 평안 누층군이 형성되었으며, 이 지층에는 무연탄이 매장되어 있다.

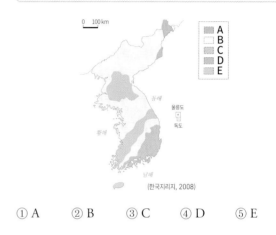

(한국지리지, 2008)

① A ② B ③ C ④ D ⑤ E

04 지도는 어느 지질 시대의 암석 분포를 나타낸 것이다. A, B 암석에 관한 설명으로 옳지 <u>않은</u> 것은?

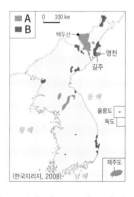

(한국지리지, 2008)

① A는 화성암 중 분출암으로 이루어져 있다.
② B에는 갈탄이 매장되어 있다.
③ B는 육성 퇴적층으로 이루어져 있다.
④ A가 B보다 먼저 형성된 암석층이다.
⑤ A, B 모두 신생대에 형성된 암석층이다.

실력을 키우는 실전 문제

05 지도는 (가), (나) 지질 시대의 주요 암석 분포를 나타낸 것이다. 이에 관한 옳은 설명을 〈보기〉에서 고른 것은?

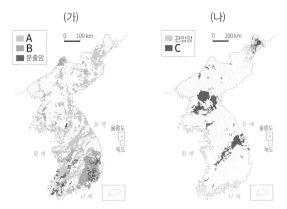

(가)　(나)

보기
ㄱ. B는 퇴적암, C는 화성암에 해당한다.
ㄴ. C의 형성 과정에는 조륙 운동이 개입되었다.
ㄷ. A의 분포에는 지질 구조선이 큰 영향을 주었다.
ㄹ. (가)는 (나)보다 이른 시기에 형성된 지체 구조이다.

① ㄱ, ㄴ　② ㄱ, ㄷ　③ ㄴ, ㄷ
④ ㄴ, ㄹ　⑤ ㄷ, ㄹ

06 지도에 관한 옳은 설명을 〈보기〉에서 고른 것은?

(한국 지질자원연구원, 2016)

보기
ㄱ. 2차 산맥의 방향성에 큰 영향을 주었다.
ㄴ. 주로 신생대의 지각 변동으로 형성되었다.
ㄷ. 지질 구조선 형성 과정에서 화강암이 관입되었다.
ㄹ. 동해안에 치우쳐 한국 방향의 구조선이 발달하였다.

① ㄱ, ㄴ　② ㄱ, ㄷ　③ ㄴ, ㄷ
④ ㄴ, ㄹ　⑤ ㄷ, ㄹ

★★★ 중요

07 (가), (나) 두 암석에 관한 설명으로 옳지 않은 것은?

(가)　(나)

△ 경상남도 고성군　△ 제주특별자치도

① (가)는 퇴적암, (나)는 화성암에 속한다.
② (가)는 (나)보다 이른 시기에 형성된 암석이다.
③ (가)는 우리나라의 남동부 지역을 중심으로 분포한다.
④ (가)는 생물에서 기원한 유기질의 탄산 칼슘이 다량 포함되어 있다.
⑤ (나)는 짙은 흑갈색을 띠고 표면에 기공이 많은 것이 특징이다.

[08~09] 그림은 어느 시기에 일어난 지각 운동을 나타낸 것이다. 물음에 답하시오.

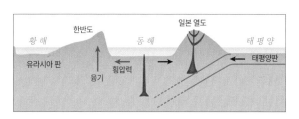

08 위 그림과 같은 지각 운동이 일어난 시기는?

① 고생대 초기
② 중생대 트라이아스기
③ 중생대 쥐라기 말
④ 중생대 백악기
⑤ 신생대 제3기 말

09 위 그림과 같은 지각 운동을 통해 형성된 지형을 〈보기〉에서 고른 것은?

보기
ㄱ. 울릉도, 독도, 한라산 등의 화산
ㄴ. 동해안을 따라 발달한 해안 단구
ㄷ. 황해로 유입되는 대하천 하구의 범람원
ㄹ. 태백산맥 정상 부근에 형성된 고위 평탄면

① ㄱ, ㄴ　② ㄱ, ㄷ　③ ㄴ, ㄷ　④ ㄴ, ㄹ　⑤ ㄷ, ㄹ

중요

10 자료는 지질 시대별 주요 지각 운동을 나타낸 것이다. A~E에 관한 옳은 설명을 〈보기〉에서 고른 것은?

고생대			중생대			신생대	
캄브리아기	…	석탄기-페름기	트라이아스기	쥐라기	백악기	제3기	제4기
조선 누층군	결층	평안 누층군		대동누층군	경상누층군	제3계	제4계
↑				↑	↑	↑	↑
A				B	C	D	E 화산활동

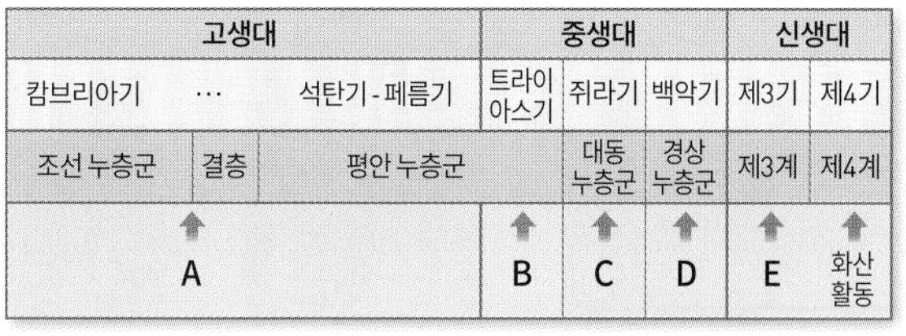

보기
ㄱ. A는 지반이 융기하는 조륙 운동이었다.
ㄴ. B는 C보다 넓은 지역에 영향을 미쳤다.
ㄷ. C와 D는 공통적으로 화강암을 관입시켰다.
ㄹ. E는 주로 중국 방향과 한국 방향의 구조선을 형성시켰다.

① ㄱ, ㄴ ② ㄱ, ㄷ ③ ㄴ, ㄷ
④ ㄴ, ㄹ ⑤ ㄷ, ㄹ

11 ㉠~㉣에 관한 옳은 설명을 〈보기〉에서 고른 것은?

신생대 제4기에는 ㉠ 빙기와 ㉡ 간빙기가 여러 차례 반복해서 나타났으며, 이러한 기후 변화는 ㉢ 해수면 변동을 가져와 ㉣ 다양한 지형의 형성과 변화에 영향을 주었다.

보기
ㄱ. ㉠ - 하천의 상류에서는 퇴적 작용이 우세하게 나타났다.
ㄴ. ㉡ - 하천의 하류에서는 깊은 골짜기가 형성되었다.
ㄷ. ㉢ - ㉠ 시기에는 낮아지고, ㉡ 시기에는 높아지기를 반복하였다.
ㄹ. ㉣ - 조산 운동과 조륙 운동을 통한 지형 변화가 두드러지게 나타났다.

① ㄱ, ㄴ ② ㄱ, ㄷ ③ ㄴ, ㄷ
④ ㄴ, ㄹ ⑤ ㄷ, ㄹ

12 표는 빙기와 후빙기의 지형 형성 작용을 비교한 것이다. ㉠~㉤ 중 옳지 않은 것은?

구분	빙기	후빙기	
기후 변화	한랭 건조	온난 습윤	…㉠
풍화 작용	화학적 풍화 작용 활발	물리적 풍화 작용 활발	…㉡
하천 상류	퇴적 작용 활발	침식 작용 활발	…㉢
하천 하류	침식 작용 활발	퇴적 작용 활발	…㉣
지형 형성	하안 단구 발달	충적 평야 및 석호 발달	…㉤

① ㉠ ② ㉡ ③ ㉢ ④ ㉣ ⑤ ㉤

13 다음 글은 우리나라 산지에 관한 것이다. ㉠~㉤에 관한 설명으로 옳지 않은 것은?

우리나라는 국토의 약 70%가 산지로 구성되어 있으나, 비교적 해발 고도가 낮은 산지가 많다. 북동부 지역의 ㉠ 낭림산맥과 태백산맥에는 해발 고도 1,000m 이상의 높은 산지가 많으나, 서남부 지역은 대부분 ㉡ 구릉성 산지가 분포하며 높은 산지가 거의 없다. 중부 지방의 단면도를 보면, ㉢ 태백산맥의 동쪽은 급경사면을 이루고 서쪽은 완경사면을 이루어 동서 간의 지형이 비대칭적이다. 태백산맥에서 남서 방향으로 뻗은 ㉣ 광주산맥과 차령산맥 등은 오랫동안 풍화와 침식 작용을 받아 비교적 해발 고도가 낮으며, 그 흐름이 뚜렷하지 않다. 태백산맥과 소백산맥의 약 800~1,000m 되는 곳에는 ㉤ 고원이 발달해 있다.

① ㉠ - 1차 산맥에 해당한다.
② ㉡ - 화산 활동으로 형성된 산지가 대부분이다.
③ ㉢ - 신생대 제3기에 동해 지각의 확장 과정에서 형성되었다.
④ ㉣ - 중국 방향의 구조선을 반영하고 있다.
⑤ ㉤ - 융기 이전의 평탄면이 융기 이후에도 남아 있는 것이다.

중요

14 지도의 A~D 산맥에 관한 설명으로 옳은 것은?

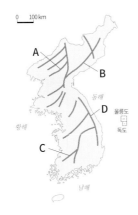

① B와 D는 한국 방향의 산맥이다.
② A는 B보다 먼저 형성된 산맥이다.
③ 평균 해발 고도는 A보다 B가 높다.
④ A, B는 1차 산맥, C, D는 2차 산맥이다.
⑤ A, C는 조산 운동의 영향을 받아 형성되었다.

15 지도의 A 지형에 관한 옳은 설명을 〈보기〉에서 고른 것은?

┤ 보기 ├
ㄱ. 융기 운동 이전에 이미 평탄하였던 지형이다.
ㄴ. 신생대 중기부터 비대칭 요곡 운동을 받아 형성되었다.
ㄷ. 지형이 평탄하고 토양이 비옥하여 벼농사가 발달하였다.
ㄹ. 1차 산맥보다는 2차 산맥의 정상 부근에서 주로 나타난다.

① ㄱ, ㄴ　　② ㄱ, ㄷ　　③ ㄴ, ㄷ
④ ㄴ, ㄹ　　⑤ ㄷ, ㄹ

중요

16 그림은 어느 산지 지형의 형성 과정을 나타낸 것이다. 이에 관한 옳은 설명을 〈보기〉에서 고른 것은?

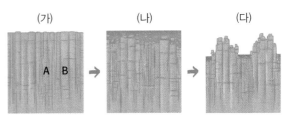

┤ 보기 ├
ㄱ. (가)의 A 부분은 B 부분에 비해 풍화와 침식 작용을 잘 받을 것이다.
ㄴ. 지리산, 오대산 등은 이와 같은 과정을 통해 형성된 산지이다.
ㄷ. 암석의 차별 침식을 가져오는 주요 원인은 절리 밀도의 차이이다.
ㄹ. (가)~(다)의 과정은 주로 시·원생대에 관입한 암석에서 이루어진다.

① ㄱ, ㄴ　　② ㄱ, ㄷ　　③ ㄴ, ㄷ
④ ㄴ, ㄹ　　⑤ ㄷ, ㄹ

17 자료는 지도의 A 지역 일대를 답사하고 작성한 글의 일부이다. ㉠~㉤ 중 내용이 옳지 않은 것은?

A 지역은 해발 고도가 대체로 높기 때문에 ㉠ 동위도의 저지대에 비해 여름철은 서늘하고 겨울철은 몹시 춥다. 따라서 이 지역에서는 ㉡ 과거에 감자, 메밀 정도만 일부 재배되었으나, 교통로가 개설되면서부터는 ㉢ 배추, 무 등의 채소를 비닐하우스와 같은 시설 농업의 형태로 재배하는 고랭지 농업지로 탈바꿈하였다. 또한 ㉣ 목초 재배에 유리해 목축업이 발달하기도 하며, ㉤ 바람이 비교적 일정한 세기와 방향으로 불기 때문에 풍력 발전 단지가 조성되기도 한다.

① ㉠　　② ㉡　　③ ㉢　　④ ㉣　　⑤ ㉤

18 다음과 같은 제도의 실시를 통해 얻고자 하는 효과를 〈보기〉에서 고른 것은?

> **산간 계곡의 자연 휴식년제 실시 안내**
>
> 이 계곡은 사람들의 무분별한 출입으로 자연환경이 훼손 또는 오염되고 있어 자연 휴식년제를 실시하고 있습니다.
>
> • 기간 : 2018. 5. 18 ~ 2021. 5. 17.(3년 간)
> • 실시 이유 : 자연 생태계 보호 및 계곡 수질 보전
> • 금지 행위 : 야영, 취사, 야유회, 세차, 낚시 등
> • 위반 시 벌칙 : 과태료 20만 원 이하
> - 벌칙 근거 : 산림보호법 제 57조(과태료) 4항
>
> 2018. 5. 18. ○○군수

┤ 보기 ├
ㄱ. 생태계 복원   ㄴ. 관광지 폐쇄
ㄷ. 계곡 수질 보전   ㄹ. 유해 조수 포획

① ㄱ, ㄴ   ② ㄱ, ㄷ   ③ ㄴ, ㄷ
④ ㄴ, ㄹ   ⑤ ㄷ, ㄹ

19 ㉠~㉤에 관한 설명으로 옳지 <u>않은</u> 것은?

> 산지는 ㉠ 해발 고도가 높고 경사가 급하며 ㉡ 평야보다 복잡하고 다양한 기상 현상이 나타난다. 따라서 ㉢ 산지를 기반으로 살아가는 사람들은 이러한 ㉣ 자연환경을 극복하거나 ㉤ 활용해야 하는 과제를 안고 있다.

① ㉠ - 교통과 통신이 발달하기 전까지 다른 지역과의 교류가 상대적으로 힘들었다.
② ㉡ - 평균 기온이 낮고 강수량은 적은 편이다.
③ ㉢ - 과거에는 주로 화전을 일궈 농업을 하거나 임업에 종사하였다.
④ ㉣ - 산지를 연결하는 교통망 확충이 대표적인 사례이다.
⑤ ㉤ - 산지는 스키장, 골프장 등으로 활용 가치가 높다.

20 (가) 산지에 대한 (나) 산지의 상대적인 특성을 서술하시오. (단, 조건에 제시된 내용을 포함하여 서술할 것)

(가)    (나)

┤ 조건 ├
• 식생 밀도
• 토양층의 두께
• 기반암의 형성 시기

21 지도를 보고 물음에 답하시오.

(1) A 지형의 명칭을 쓰시오.

(2) A 지역에서 이루어지는 농업의 특징을 서술하시오.

22 그림은 우리나라의 산지 형성 과정을 나타낸 것이다. (가)~(다) 단계에서 이루어진 과정을 서술하시오.

(가)   (나)   (다)

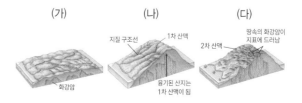

등급을 올리는 고난도 문제

01 (가)~(다)의 지각 변동과 관련된 옳은 설명을 〈보기〉에서 고른 것은?

(가)　　　　　　(나)　　　　　　(다)

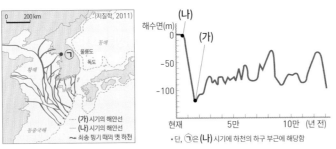

[단층] [해양] [현재의 육지] [판 경계] [쪼개진 대륙 조각]

(한반도의 조구조 진화, 2006)

┤ 보기 ├

ㄱ. 지각 변동은 (가) → (다) → (나) 순으로 진행되었다.

ㄴ. (가)~(다)는 신생대 제3기 이후에 나타난 지각 변동이다.

ㄷ. (가)~(다) 지각 변동의 결과로 한반도에서는 경동성 요곡 운동이 진행되었다.

ㄹ. (가)~(다) 지각 변동으로 인해 한반도에서는 랴오둥 방향과 중국 방향의 구조선이 형성되었다.

① ㄱ, ㄴ　　　　② ㄱ, ㄷ　　　　③ ㄴ, ㄷ

④ ㄴ, ㄹ　　　　⑤ ㄷ, ㄹ

> **🔎 문제 접근 방법**
>
> 우리나라와 일본의 위치를 파악한 뒤 시기별로 어떤 변화를 나타내고 있는지를 살펴본다. 신생대 제3기 이후 동해 지각이 확장하면서 나타난 변화를 바탕으로 문제를 해결한다.
>
> **🖋 적용 개념**
>
> \# 동해 지각의 확장
> \# 경동성 요곡 운동
> \# 동고서저의 경동 지형

02 (가), (나) 시기에 ㉠ 지점에서 일어났을 지형 변화를 〈보기〉에서 고른 것은?

(지질학, 2011)

해수면(m)

현재　　5만　　10만 (년 전)

• 단, ㉠은 (나) 시기에 하천의 하구 부근에 해당함

┤ 보기 ├

ㄱ. 지반의 융기로 고위 평탄면이 형성되었다.

ㄴ. 하천의 하방 침식으로 깊은 골짜기가 형성되었다.

ㄷ. 조류(潮流)가 드나들면서 넓은 갯벌이 형성되었다.

ㄹ. 하천의 범람으로 자연 제방과 배후 습지가 형성되었다.

	(가)	(나)		(가)	(나)
①	ㄱ, ㄴ	ㄷ, ㄹ	②	ㄴ	ㄱ
③	ㄴ	ㄷ, ㄹ	④	ㄴ, ㄷ	ㄱ, ㄹ
⑤	ㄴ, ㄷ	ㄹ			

> **🔎 문제 접근 방법**
>
> 이 문제는 (가), (나) 시기가 각각 빙기와 후빙기 중 어디에 해당하는지를 먼저 파악하는 것이 중요하다. 이후 빙기와 후빙기에 나타나는 지형 형성 작용을 연계하여 문제를 해결한다.
>
> **🖋 적용 개념**
>
> \# 기후 변화
> \# 빙기와 후빙기의 지형 변화

03 (가), (나) 산지에 관한 옳은 설명을 〈보기〉에서 고른 것은?

> (가) '이 산' 봉우리의 숫자를 혹은 일만 이천 봉이라고 하고 혹은 구만 육천 봉이라 하는데, …(중략)… 그 봉우리들은 혹은 큰 것도 있고 혹은 작은 것도 있으며, 혹은 둥근 것도 있고 혹은 뾰족한 것도 있으며, …(중략)… 이 산의 봉우리들이 사람의 눈에 많이 나타나는 곳은 오직 헐성루뿐이다.
>
> (나) '이 산'은 흙의 성질이 두텁고 기름져서 온 산이 모두 사람이 살기에 적당하다. 산 안에는 백 리나 되는 긴 골짜기가 많은데, …(중략)… 땅이 남해에 가깝기 때문에 기후가 따뜻해서 산중에는 대나무가 많으며, 또 감이나 밤도 매우 많아서 저절로 열렸다가 떨어진다. 높은 봉우리 위에 기장이나 조를 심어도 잘 자란다.
>
> – 이중환, 「택리지」 –

┤ 보기 ├
ㄱ. (가)의 산지는 주로 중생대에 관입한 화강암이 기반암을 이룬다.
ㄴ. (나)의 산지는 백두대간의 일부를 이루고 있다.
ㄷ. (나)의 산지는 유동성이 큰 용암이 분출하여 경사가 완만하다.
ㄹ. (가)와 (나) 모두 국립 공원으로 지정되어 관리되고 있다.

① ㄱ, ㄴ   ② ㄱ, ㄷ   ③ ㄴ, ㄷ
④ ㄴ, ㄹ   ⑤ ㄷ, ㄹ

ⓟ 문제 접근 방법
제시된 글을 통해서 각각의 '이 산'의 특징을 파악하고 종류를 구별할 수 있어야 한다. 산의 종류 중 교과서에서는 '돌산'과 '흙산'의 특징을 다루고 있으므로 글의 내용을 통해 이를 먼저 파악해야 한다.

ⓘ 적용 개념
돌산과 흙산
화강암 산지와 변성암 산지

04 (가)~(다)는 한반도 세 부분의 단면을 나타낸 것이다. 이에 관한 옳은 설명을 〈보기〉에서 고른 것은? (단, (가)~(다)는 A~C 지역 중 하나임)

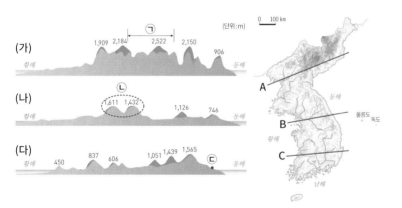

┤ 보기 ├
ㄱ. ㉠은 2차 산맥에 해당한다.
ㄴ. ㉡은 영·호남 지방을 나누는 경계이다.
ㄷ. ㉢은 영동 지방에 해당한다.
ㄹ. (가)는 A, (다)는 C의 단면도이다.

① ㄱ, ㄴ   ② ㄱ, ㄷ   ③ ㄴ, ㄷ
④ ㄴ, ㄹ   ⑤ ㄷ, ㄹ

ⓟ 문제 접근 방법
우리나라의 산지 분포 특징을 파악해야 한다. 1차 산맥과 2차 산맥의 위치, 방향 등에 관해 기억하고 있다면 쉽게 해결할 수 있다.

ⓘ 적용 개념
1차 산맥, 2차 산맥
산지 분포의 특징

02 하천 지형과 해안 지형

🔎 **학습길잡이** • 우리나라 하천의 특색 및 하천 지형과 해안 지형의 특성을 파악한다.
• 하천 및 해안 지형을 이용한 인간의 생활 모습이 어떻게 나타나는지 알아 둔다.

🅰 우리나라의 하천은 어떤 특색이 나타날까

1 황해와 남해로 흐르는 주요 하천 ─ 동해로 유입하는 하천(두만강 제외)은 대부분 유역 면적이 좁고, 유량이 작으며, 경사가 급하고, 유로가 짧다.

① **원인** : 경동 지형과 남서 방향의 지질 구조선이 하계망에 영향을 미침 **1**

② **특징** : 넓은 유역 면적, 풍부한 유량, 경사가 완만하고 긴 유로

2 유량의 변화가 큰 하천

① **특징** : 계절별 유량 변동이 큼 → *하상계수가 큼* **질문**

② **원인** : 여름철에 강수량 집중, 세계의 대하천보다 좁은 유역 면적

3 바닷물이 역류하는 감조 하천

① **의미** : 밀물과 썰물에 따라 하천의 수위가 주기적으로 오르내리는 하천, 밀물 때 바닷물이 역류하는 하구 부근에 *감조 구간이 나타남*

② **영향** : 가뭄 시 바닷물의 역류로 하천 주변 지역에 *염해 발생, 홍수 시 밀물과 겹치면 하류 지역에 홍수 피해 증가

③ **대책** : 하굿둑 건설 → 염해 방지, 물 자원 확보, 교통로 등에 활용
밀물 때 바닷물이 하천을 따라 역류하는 것을 막아 준다.

자료로 보는 🔍 우리나라의 주요 하천의 분포

자료 분석 우리나라는 산맥과 지질 구조선의 영향을 받아 두만강을 제외한 대부분 큰 하천이 황해나 남해로 흐르는데, 이들 하천은 대체로 유역 면적이 넓고 유량이 풍부하다. 반면 동해로 흐르는 하천은 유역 면적이 좁고 유량이 적다. 한강의 하계망을 보면 태백에서 시작하여 북한강과 남한강이 한강으로 유입하면서 강폭이 넓어진다.

(한국 수자원 공사, 2016)

🅱 하천 유역에는 어떤 지형이 발달할까

1 하천 중·상류에 발달하는 지형 ─ 신생대 제3기 이후 경동성 요곡 운동의 영향

① **감입 곡류 하천** : 지반의 융기로 하방 침식이 진행되면서 하천 바닥을 깎아 깊은 골짜기를 형성한 산지 사이를 흐르는 곡류 하천

② **하안 단구** : 감입 곡류 하천 주변의 계단 모양의 지형, 비교적 평탄하고 홍수 시 침수 위험이 낮음 → 마을 형성, 농경지, 교통로 등으로 이용

③ **침식 분지** : 두 개 이상의 하천이 합류하거나 화강암이 관입한 지역에서 암석의 차별 침식으로 형성 → 주거지와 농경지로 이용 ─ 마을이 형성되고 농경이 발달하여 지역의 중심지로 성장한 곳이 많다.

④ **선상지** : 산지에서 평지로 이어지는 골짜기 입구에 유속의 감소로 하천의 운반 물질이 쌓여 형성된 부채 모양의 지형 **2**

📋 개념 더하기 자료 채우기

1 하계망과 분수계

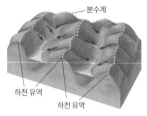

하천은 여러 지류가 합쳐져 하나의 본류를 이루는데, 이를 통틀어 하계망이라고 한다. 하계망을 통해 물이 모여드는 전체 범위를 그 하천의 유역이라고 하며, 유역과 유역의 경계를 분수계라고 한다.

🖐 질문 있어요

하상계수가 크다는 것은 무슨 의미인가요?

우리나라는 여름철에 하천의 유량이 증가하지만, 겨울철이나 가뭄이 지속되는 시기에는 유량이 급감해요. 이처럼 계절에 따라 하천의 최대 유량 비율이 많이 차이 날 때 하상계수가 크다고 말해요. 우리나라 하천은 하상계수가 커서 홍수와 가뭄의 발생 가능성이 높고, 수운 발달과 수력 발전에 불리하며, 물 자원의 안정적 공급이 어려워요.

주요 하천의 하상계수

센강(프랑스)
나일강(이집트)
창장강(중국)
미시시피강(미국)
섬진강
낙동강
금강
영산강
한강

0 50 100 150 200 250 300
(물과 미래, 2016)

2 선상지(전라남도 구례군)

△ 지형도

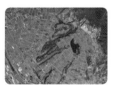
△ 항공 사진

우리나라는 높은 산지가 많지 않고 오랜 침식으로 경사 급변점이 적어 선상지 발달이 미약한 편이다.

⚙ 용어사전

* **하상계수** 하천의 최소 유량을 1로 했을 때의 최대 유량 비율

* **수운**(水 물, 運 옮기다) 강이나 바다를 이용하여 사람이나 물건을 배로 실어 나름

* **감조 구간** 조석의 영향을 크게 받는 하천의 하구나 하류부의 구간 또는 해당 하천

* **염해**(鹽 소금, 害 해하다) 토양이나 공기 중에서 염분으로 인해 농작물과 건축물, 시설 등이 받는 피해

자료로 보는 하천 중·상류에 발달하는 지형

주변 산지는 대체로 변성암이다.

⊙ 감입 곡류 하천과 하안 단구

분지 바닥은 화강암이다.

⊙ 침식 분지와 침식 분지 형성 과정

자료 분석 대하천의 중·상류에는 감입 곡류 하천이 발달하는데, 이는 신생대 제3기 이후 발생한 경동성 요곡 운동으로 하천의 하방 침식이 우세해지면서 발달한다. 침식 분지는 시·원생대에 형성된 편마암이 기반암을 이루는 곳에 중생대의 화강암이 관입한 이후, 화강암이 편마암보다 빠르게 침식을 받아 형성된 지형이다.

Q 산지로 둘러싸인 분지로, 기반암의 차별 침식으로 형성된 지형은 무엇인가? 침식 분지 **A**

2 하천 중·하류에 발달하는 지형 ③

자유 곡류 하천	• 하방 침식보다 측방 침식이 활발함 → 유로 변경이 쉬움 질문 • 유로 변경 과정에서 하중도, 우각호, 구하도 등의 지형 발달 ④ • 농경지 보호, 홍수 피해 감소 목적 등의 이유로 유로 직선화 사업 진행
범람원	• 하천의 범람으로 운반 물질이 퇴적되어 형성, 자연 제방과 배후 습지로 구성 • 자연 제방 : 주로 모래로 구성 → 배수가 양호하여 밭이나 과수원 등으로 이용, 홍수 피해가 적어 취락 입지 • 배후 습지 : 주로 점토질로 구성 → 배수가 불량하여 배수 시설을 갖춘 후 논으로 활용
삼각주	하천이 바다로 유입되는 하구 부근에서 유속의 감소로 하천의 운반 물질이 퇴적되어 형성

— 우리나라의 큰 하천은 대부분 조차가 큰 황해와 남해로 유입되어 삼각주 발달이 미약하지만, 낙동강 하구는 퇴적 물질이 많이 공급되어 삼각주가 발달하였다.

ⓒ 해안 지형의 형성 과정과 특성을 알아보자

1 복잡한 서·남해안과 단조로운 동해안

서·남해안	• 후빙기에 해수면의 상승으로 리아스 해안과 다도해를 이루고 있음 • 산맥과 해안선이 교차하는 형태 → 높은 산지 부분은 곶·반도·섬으로 남음, 산지 사이의 골짜기는 침수되어 만으로 발달함
동해안	해안선과 가까이 평행하게 뻗은 함경산맥과 태백산맥의 영향 → 해안선이 단조롭고 섬이 적음

2 해안 지형의 형성 요인

해안에서 바다 쪽으로 돌출한 육지를 곶이라 하고, 육지 쪽으로 들어간 바다를 만이라고 한다.

파랑	• 곶 : 침식 작용이 활발하여 암석 해안 발달 • 만 : 퇴적 작용이 활발하여 모래 해안이나 갯벌 해안 발달
연안류 ⑤	• 의미 : 해안선을 따라 평행하게 이동하는 바닷물의 흐름 • 지형 형성 작용 : 곶에서 침식된 물질이나 하천에서 공급된 모래와 자갈을 운반하여 퇴적 지형 형성
조류	• 의미 : 태양과 달의 인력에 의해 발생하는 바닷물의 흐름 • 지형 형성 작용 : 조차가 큰 해안에 조류의 퇴적 지형인 갯벌 형성

개념 더하기 자료 채우기

③ 하천 중·하류에 발달하는 지형

⊙ 자유 곡류 하천   ⊙ 범람원

⊙ 삼각주

하천의 중·하류 지역에서는 측방 침식이 활발하여 평야 위를 자유롭게 흐르는 자유 곡류 하천이 나타나며, 범람원, 삼각주와 같은 하천 퇴적 지형이 발달한다.

질문 있어요

하방 침식과 측방 침식은 어떤 차이가 있나요?
하방 침식은 하천의 바닥을 깎는 작용으로 하천 상류에서 하곡을 깊게 만들어요. 반면 측방 침식은 하천의 측면을 깎는 작용으로 하천 하류에서 활발합니다.

대부분의 하천은 굽이쳐 흐르면서 유속이 빠른 공격사면과 유속이 느린 퇴적사면이 번갈아 가며 나타난다.

④ 하천의 유로 변경에서 형성되는 지형

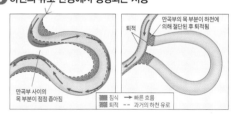

하천이 유로를 변경하면서 곡류의 목 부분이 절단되어 형성된 소뿔 모양의 호수를 우각호라고 하며, 과거에는 하천이 흘렀지만 유로가 변경되어 현재는 하천이 흐르지 않는 곳을 구하도라고 한다.

⑤ 연안류에 의한 모래의 이동

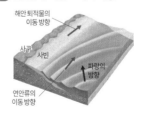

모래 등의 해안 퇴적물이 연안류를 따라 해안선과 수평으로 이동하면서 사빈, 사취 등과 같은 해안 퇴적 지형이 형성된다.

✱ 용어사전

* **하중도**(河 하천, 中 가운데, 島 섬) 하천의 유속 감소 혹은 유로 변경 과정에서 하천 바닥에 퇴적물이 쌓여 섬으로 남은 곳
* **리아스 해안** 육지의 침강 또는 해수면 상승으로 육지의 일부가 바다 속에 잠겨 이루어진 복잡한 해안
* **조차** 조석 현상에 의한 만조 시와 간조 시의 해수면 높이의 차

02 하천 지형과 해안 지형

3 해안 침식 지형 질문

해식애	해안에 있는 산지나 구릉이 파랑 에너지에 의해 침식된 절벽
파식대	파랑의 침식으로 해식애 앞쪽에 형성된 완경사의 침식 평탄면
해식동(해식동굴)	해식애의 약한 틈이 파랑의 침식 작용을 받아 형성된 동굴
시 스택	파랑의 침식 작용으로 파식대에서 분리된 돌기둥
시 아치	해식동이 계속 침식되어 맞뚫릴 경우 생기는 아치 형태의 지형
해안 단구 **1**	파식대가 지반의 융기나 해수면의 하강으로 파식대 형성 당시의 해수면보다 높아지면서 형성된 계단 모양의 지형 → 취락 형성, 농경지와 교통로로 이용

└ 지반의 융기량이 많았던 동해안에서 잘 나타난다.

4 해안 퇴적 지형

왜? 서해안은 겨울철 북서풍의 영향을 많이 받아 대규모 해안 사구의 발달에 유리하기 때문이다.

사빈	파랑에 의해 침식된 물질이나 하천에 의해 공급된 모래가 해안을 따라 퇴적된 지형 → 주로 해수욕장으로 이용
사주	사빈의 모래가 연안류를 따라 이동하여 길게 퇴적된 지형
해안 사구	• 사빈의 모래가 바람에 날려 배후에 퇴적된 지형. 주로 서해안에 발달 **2** • 모래가 마을이나 농경지로 날아가는 것을 막기 위한 방풍림 조성
육계도	섬과 육지 사이의 얕은 바다에 모래가 퇴적하여 사주를 형성하고, 이 사주가 육지와 연결된 섬 예 성산 일출봉 육계사주라고 한다.
석호 **3**	후빙기 해수면 상승으로 골짜기에 바닷물이 들어와 만이 형성되고, 만의 입구를 사주가 막아서 형성된 호수 예 영랑호, 청초호, 경포호
갯벌	• 하천에 의해 운반된 물질이 조류에 의해 퇴적되어 형성 ─ 밀물 때는 잠기고 썰물 때는 드러난다. • 갯벌의 기능 : 오염 물질 정화 기능, 다양한 생물 종의 서식처, 태풍이나 해일 등의 피해를 완화시키는 역할, 양식장이나 염전 등으로 이용

└ 조차가 크고 파랑이 약하며 해저 경사가 완만한 해안에 발달하며, 조차가 큰 서해안과 남해안은 세계 5대 갯벌 가운데 하나로 꼽힌다.

자료로 보는 다양한 해안 지형

해안 침식 지형

⊙ 해식애와 파식대 (전라북도 부안군 채석강)

⊙ 해식동굴 (전라남도 완도군)

⊙ 해안 단구 (강원도 강릉시)

해안 퇴적 지형

⊙ 신두리 해안 사구 (충청남도 태안군)

⊙ 석호 (강원도 강릉시)

⊙ 갯벌 (인천광역시)

자료 분석 해안 침식 지형은 바다로 돌출된 곳에 파랑 에너지가 집중되면서 침식 작용이 활발하게 이루어져 형성된 지형으로, 해식애, 파식대, 시 스택, 해식동굴, 해안 단구 등이 있다. 해안 퇴적 지형은 만에 모래나 자갈이 파랑 또는 조류에 의해 퇴적되어 형성된 지형으로, 사빈, 사주, 해안 사구, 육계도, 석호, 갯벌 등이 있다.

Q 해안 단구 외에 지반이 융기하면서 형성된 지형을 말해 보자.

▲ 을 나누 다양이 '랑산 일출봉, 화산도 등이 있다.

질문 있어요

해안 침식 지형은 그대로 남아 있나요?

해안 침식 지형은 파랑의 침식으로 형성되기도 하고 제거되기도 합니다. 해식애는 파랑의 침식으로 계속 후퇴하며, 이때 파식대는 넓어질 수 있습니다. 시 스택이나 시 아치도 지속적인 파랑의 침식 작용으로 무너져서 없어질 수 있어요.

1 해안 단구의 형성 과정

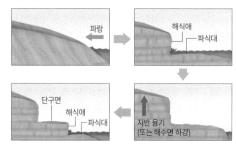

파식대가 지반의 융기 또는 해수면의 하강에 의해 육지로 드러나면 계단 모양의 해안 단구가 형성된다.

2 해안 사구의 형성과 역할

해안 사구는 겨울철 북서 계절풍이 탁월한 서해안 지역에서 잘 발달한다. 해안 사구는 파도나 해일 피해를 완화하는 자연 방파제 역할을 하며 다양한 동식물의 서식지가 되기도 한다. 또한 사구 밑에는 모래에 정수된 지하수가 있어 생활용수로 유용하게 이용된다.

3 석호의 형성 과정

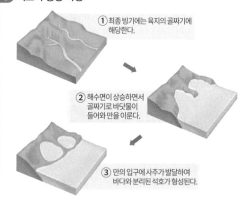

① 최종 빙기에는 육지의 골짜기에 해당한다.

② 해수면이 상승하면서 골짜기로 바닷물이 들어와 만을 이룬다.

③ 만의 입구에 사주가 발달하여 바다와 분리된 석호가 형성된다.

석호는 후빙기 해수면 상승으로 만의 입구가 사주로 막히면서 형성된다. 석호는 하천으로부터 유입되는 퇴적물이 쌓여 수심이 얕아지고 규모가 축소된다.

✱ 용어사전

* **방풍림**(防 막다, 風 바람, 林 수풀) 바람이 불어오는 것을 막기 위해 조성한 숲
* **해일**(海 바다, 溢 넘치다) 바다의 큰 물결이 육지로 갑자기 넘쳐 들어오는 현상

D 인간의 간섭으로 하천과 해안에는 어떤 변화가 나타날까

1 하천 지형의 이용

① 하천의 이용 : 물 자원의 공급처, 교통로와 휴식 공간 등으로 이용

② 인간에 의한 하천 지형의 변화

- 중·상류의 댐 건설 : 홍수 예방, 각종 용수 확보, 전력 생산 → 수몰 지역 발생, 안개 발생으로 농작물 생산성 저하 등
- 중·하류의 범람원 개간 : 농지 확보 → 습지 파괴, 생태계 변화 등
- 하구의 방조제 및 하굿둑 건설 : 용수 확보, 염해 방지 → 하천의 흐름을 막아 물 오염 심화

③ **도시 하천** : 대부분 *복개되어 교통로로 이용, 콘크리트 제방 공사와 직선화 사업이 진행되어 홍수 위험 증가, 무분별한 습지 매립으로 생태계 변화 **④**

④ **하천 관리 및 보전** : *생태 하천 복원 사업 진행, 다양한 생물의 서식지인 하천 주변의 습지 보호를 위해 노력함

2 해안 지형의 이용

① 인간에 의한 해안 지형의 변화

> 방조제, 방파제 등은 파랑 에너지를 반사하여 주변의 사빈을 침식하거나 도로와 제방을 붕괴시키기도 한다.

- 간척 사업을 통한 국토 면적 확대 : 서·남해안에서 대규모로 진행 → 단조로워진 해안선, 해양 생태계 교란으로 어족 자원 감소, 해양 오염 심화
- 해안 시설물의 설치 : 항구, 방조제 및 방파제, 도로 등의 건설 → 해안 침식 심화, 바닷물의 흐름에 영향을 주어 해안 지형 파괴 **질문**
- 교통로 및 관광지 개발 : 해안의 모래 유실, 해안 사구와 방풍림 파괴

② 해안 관리 및 보존을 위한 노력

- 갯벌 복원 사업 : 생태계의 기능 회복과 생태 관광 조성을 목적으로 함 **⑤**
  > 역간척 사업이라고도 한다.
- 모래 포집기, 그로인 설치 : 사빈의 모래가 침식되는 것을 방지함
- 환경 영향 평가 : 개발 이전에 장기적인 안목과 예측을 목적으로 함

자료로 보는 ─ 해안 침식의 실태와 보존 노력

(총 개소)
A등급(양호) ■ B등급(보통)
D등급(심각) C등급(우려)

부산 울산 인천 경기 충남 전북 전남 경남 강원 경북 제주
(해양 수산부, 2015)

⊙ **시·도별 연안 침식 현황**

⊙ **그로인** 연안류에 의해 운반되는 모래가 그로인 양쪽에 퇴적된다.

⊙ **모래 포집기** 바람이나 연안류의 속도를 감소시켜 움직이는 모래나 갯벌을 고정시킨다.

자료 분석 우리나라의 모든 바다에서 해안 침식이 나타나고 있으며, 특히 동해안은 해안 침식이 많이 진행되었다. 이는 너울성 파도나 해일 발생 증가 등의 자연적 요인과, 무분별한 해안 개발과 같은 인위적 요인이 복합적으로 작용한 것이다. 따라서 해안 침식을 방지하기 위해 해안과 수직이 되도록 바다 쪽으로 설치한 인공 구조물인 그로인을 설치하여 모래 유실을 줄이고, 모래 포집기를 설치하여 모래의 퇴적을 유도하고 있다.

개념 더하기 자료 채우기

④ 도시화에 따른 하천의 유출량 변화

(Introducing Physical Geography, 2013)

하천 수위

도시화 후의 하천 유출 곡선

도시화 전의 하천 유출 곡선

강우 발생   강우 시작 후 경과 시간 →

도시화가 진행된 지역은 도시화 전보다 하천 유출량이 최고점에 이르는 시간이 짧고, 하천 수위도 높게 나타나 홍수 위험이 증가한다.

질문 있어요

조차가 크고 갯벌이 발달한 곳에도 항구가 있나요?
서해안은 조차가 커서 갯벌이 발달하였지만, 항구 발달에는 불리하여 특수 시설을 설치한 항구가 있습니다.

⊙ **갑문** 조차가 심한 해안은 항만 입구에 갑문을 설치하여 수위를 일정하게 유지해야 선박을 접안할 수 있다.

⊙ **뜬다리 부두** 썰물 때 물이 빠지더라도 다리가 바닷물의 수위에 따라 내려가 부두에 배가 정박할 수 있게 해 준다.

⑤ 갯벌의 기능과 복원

갯벌
습지 보호 구역

옹진 장봉도 갯벌
인천광역시·서울특별시
송도 갯벌
시흥 갯벌
충청북도
세종특별자치시
충청남도
대전광역시
서천 갯벌
경상북도
부안 줄포만 갯벌
대구광역시
고창 갯벌
무안 갯벌
광주광역시
울산광역시
중도 갯벌
경상남도
순천만 갯벌
보성 벌교 갯벌
진도 갯벌
마산만 봉암 갯벌

(해양 수산부, 2015)

갯벌은 다양한 생물의 서식지, 각종 오염 물질의 정화, 태풍과 해일로부터 해안을 보호하는 완충 역할 등을 한다. 때문에 최근 갯벌을 연안 습지 보호 지역으로 지정하여 보호하거나 복원하는 사업이 활발하다.

용어사전

* **복개**(覆 덮다, 蓋 덮다) 흐르는 하천 위를 콘크리트로 덮는 것으로, 복개된 하천을 복개천이라고 함
* **생태 하천** 하천 내외의 인공적인 생태계 교란 요인을 제거하여 하천이 지닌 본래의 자연성과 생태적 기능이 최대화될 수 있도록 조성된 하천

기초를 다지는 확인 문제

바른답·알찬풀이 13쪽

올리드 포인트

A 우리나라 하천의 특색

1 대부분의 큰 하천이 황·남해로 흐름 : 경동 지형의 영향

2 유량의 변화가 큰 하천 : 여름철 강수 집중, 큰 하상계수

3 바닷물이 역류하는 감조 하천 : 염해 발생, 하굿둑 건설

B 하천 지형

1 하천 중·상류에 발달하는 지형

감입 곡류 하천	지반 융기의 영향으로 하방 침식이 활발해지면서 형성되어 산지 사이를 흐르는 곡류 하천
하안 단구	감입 곡류 하천 주변에 나타나는 계단 모양의 지형
침식 분지	기반암의 차별 침식으로 형성
선상지	골짜기 입구의 경사 급변점에서 하천의 유속 감소로 운반 물질이 부채꼴 형태로 퇴적되어 형성

2 하천 중·하류에 발달하는 지형

자유 곡류 하천	측방 침식에 의한 자유로운 유로 변경으로 형성된 하천 → 하중도, 구하도, 우각호 발달
범람원	홍수 시 하천 범람으로 형성, 자연 제방과 배후 습지
삼각주	하구에 유속 감소로 운반 물질이 퇴적되어 형성

C 해안 지형

1 해안 침식 지형

해식애	파랑의 침식에 의해 형성된 해안 절벽
파식대	해식애 아랫부분과 연결된 완경사의 침식 평탄면
해식동굴	해식애의 약한 부분이 집중 침식되어 형성된 동굴
해안 단구	지반의 융기로 형성된 계단 모양의 지형

2 해안 퇴적 지형

사빈	파랑이나 연안류에 의한 퇴적으로 형성된 모래밭
해안 사구	사빈의 모래가 바람에 의해 운반되어 퇴적된 지형
석호	후빙기 해수면 상승으로 형성된 만이 사주에 의해 막혀 형성된 호수
갯벌	조류에 의해 점토 등이 퇴적되어 형성된 지형

D 하천 지형과 해안 지형의 이용

1 하천의 이용 및 보존 노력 : 댐 건설, 직강화 공사, 하굿둑 건설, 습지 매립 등 → 생태 하천으로 복원 노력, 하천 주변의 습지 보호를 위한 노력

2 해안의 이용 및 보존 노력 : 대규모 간척 사업, 항구 및 인공 구조물 설치 등 → 갯벌 복원 사업, 모래 포집기 및 그로인 설치, 환경 영향 평가 등

---

01 다음 설명이 맞으면 ○표, 틀리면 ×표를 하시오.

(1) 우리나라의 동해로 흐르는 하천은 두만강을 제외하고는 대부분 유역 면적이 좁고 유로가 짧다. (　　)

(2) 우리나라의 하천은 하상계수가 크기 때문에 수운 발달에 유리하다. (　　)

(3) 두 개 이상의 하천이 합류하거나 화강암이 관입한 지역에서는 침식 분지가 형성되기도 한다. (　　)

(4) 우리나라는 여름철에 강수량이 집중되어 많은 양의 토사가 운반되므로 삼각주가 발달한다. (　　)

(5) 우리나라의 서·남해안은 후빙기 해수면이 상승하여 침수되면서 해안선이 복잡한 리아스 해안을 이룬다. (　　)

02 빈칸에 들어갈 알맞은 말을 쓰시오.

(1) 우리나라는 강수가 여름철에 집중되기 때문에 하천의 최소 유량을 1로 했을 때 최대 유량의 비율인 (　　　)이/가 큰 편이다.

(2) (　　　)은/는 감입 곡류 하천 주변에서 볼 수 있는 계단 모양의 지형으로, 비교적 평탄하며 홍수 때에도 침수의 위험이 낮다.

(3) 사빈의 배후에는 모래가 바람에 날려서 퇴적된 (　　　)이/가 형성되기도 하는데, 우리나라는 서해안에 큰 규모로 발달해 있다.

(4) (　　　)은/는 해안을 따라 평행하게 이동하는 바닷물의 흐름으로, 해안 퇴적 지형을 형성한다.

03 각 해안 지형의 특징을 바르게 연결하시오.

(1) 해식애　·

(2) 해안 단구　·

(3) 갯벌　·

(4) 석호　·

· ㉠ 후빙기 해수면 상승으로 형성된 만을 사주가 막으면서 형성

· ㉡ 지반 융기 또는 해수면 하강으로 형성된 계단 모양의 해안 지형

· ㉢ 조류에 의해 점토 등이 퇴적되어 형성된 지형

· ㉣ 파랑의 에너지에 의해 침식되어 형성된 해안 절벽

01 그래프는 우리나라 하천의 월별 평균량을 나타낸 것이다. 이를 통해 파악할 수 있는 내용으로 옳은 것은?

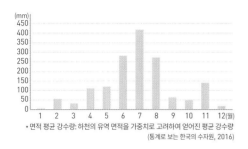

• 면적 평균 강수량: 하천의 유역 면적을 가중치로 고려하여 얻어진 평균 강수량
(통계로 보는 한국의 수자원, 2016)

① 수력 발전에 유리하다.
② 하천의 하상계수가 작은 편이다.
③ 대부분의 하천이 황해로 유입된다.
④ 하천을 이용한 수운 발달이 어렵다.
⑤ 하천의 하류에서 감조 구간이 나타난다.

02 세계 주요 하천과 우리나라 하천의 하상계수가 큰 차이를 보이는 이유로 옳은 것을 〈보기〉에서 고른 것은?

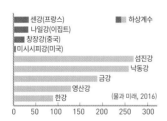

(물과 미래, 2016)

┤ 보기 ├
ㄱ. 하천의 유역 면적이 좁은 편이다.
ㄴ. 계절별 강수량의 차이가 큰 편이다.
ㄷ. 하천 주변에 식생의 발달이 미약한 편이다.
ㄹ. 하천의 유로가 지질 구조선의 영향을 받았다.

① ㄱ, ㄴ ② ㄱ, ㄷ ③ ㄴ, ㄷ ④ ㄴ, ㄹ ⑤ ㄷ, ㄹ

03 ㉠에 공통으로 들어갈 말로 적절한 것은?

황해나 남해로 유입하는 하천의 하구 부근에서 밀물 때 바닷물이 역류하여 내륙 깊숙한 곳까지 들어오는 구간이 있는데, 이러한 하천을 (㉠)(이)라고 한다. (㉠)은/는 하구에서 구배가 완만하고 조차가 큰 경우에 잘 발달한다.

① 구하도   ② 지류 하천
③ 감조 하천   ④ 감입 곡류 하천
⑤ 자유 곡류 하천

04 다음 자료의 ㉠ 지점에 비해 ㉡ 지점에서 나타나는 상대적인 특징을 그림의 A~E에서 고른 것은?

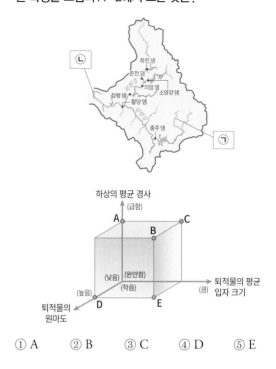

① A   ② B   ③ C   ④ D   ⑤ E

05 지도에 나타난 (가), (나) 지점을 분석한 내용으로 옳은 것은?

① 하천의 폭은 (나) 지점이 (가) 지점보다 넓다.
② 하천의 유량은 (나) 지점이 (가) 지점보다 많다.
③ (가), (나) 두 지점은 동일한 하천 유역에 속한다.
④ 퇴적 물질의 입자 크기는 (가) 지점이 (나) 지점보다 크다.
⑤ 하천 수위의 일 변동 폭은 (가) 지점이 (나) 지점보다 크다.

06 (가), (나) 지형에 관한 설명으로 옳지 <u>않은</u> 것은?

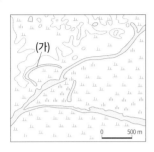 

① (가)는 우각호를 이루고 있다.
② (나)는 하안 단구의 일부로 간주된다.
③ (나)는 현재의 하도보다 고도가 높다.
④ (가), (나) 모두 과거에 하천이 흘렀던 곳이다.
⑤ (가)는 (나)보다 하천의 상류 지역에서 주로 발달한다.

07 그림은 어느 하천의 단면을 나타낸 것이다. 이를 보고 분석한 내용으로 옳지 <u>않은</u> 것은?

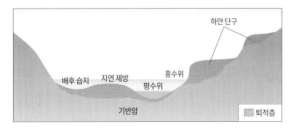

① 자연 제방과 배후 습지는 평수위에도 침수가 일어난다.
② 이 지역은 한 차례 이상 지반의 융기 운동이 일어났었다.
③ 자연 제방은 배후 습지보다 하천과 가까운 곳에 위치한다.
④ 하안 단구는 범람원에 비해 홍수에 따른 침수 빈도가 낮다.
⑤ 자연 제방과 배후 습지 중 침수 가능성은 배후 습지가 더 크다.

08 (가)~(다)에 나타난 지형의 공통적인 형성 과정으로 옳은 것은?

> • (가)는 두 가닥 물이 옷깃처럼 합류하는 그 안쪽에 위치하였다. 비록 두메 복판이지만 멀리 펼쳐져서 시원하고 명랑하며, 또 강 하류에는 배가 통하여 이익이 있다.
> • (나)는 들판이 아주 넓고 산이 맑고 화려하다. 세 가닥 큰 냇물이 들 복판에서 합류하여 관개할 수가 있다.
> • (다)는 산이 사방을 높게 둘러싸 복판에 넓은 들을 만들었으며, 들 복판에는 금호강이 동에서 서로 흐르다가 낙동강 하류로 흘러 들어간다.
> － 이중환, 『택리지』 －

① 기반암의 화학적인 용식 작용
② 과거에 형성된 평탄면의 융기 작용
③ 유동성이 큰 용암의 열하 분출 작용
④ 암석의 경연 차에 따른 차별 침식 작용
⑤ 지반 융기에 따른 하천의 하방 침식 작용

09 (가) 지형에 관한 설명으로 옳은 것은?

> 강이 실어 온 토사가 바다로 흘러 들어가 퍼지기도 하지만, 바다의 힘에 부딪혀 퇴적되기도 한다. 흙이나 모래 등 강이 실어 나르는 물질은 특히 여름철 장마에 많아 지형 변화도 이때 집중적으로 일어난다. 입자가 작은 가벼운 퇴적물은 멀리 흘러가고, 모래 등 무게가 있는 퇴적물이 사주 지역에 쌓인다. 퇴적물을 연안류가 육지 방향으로 밀어붙여 [(가)] 지형이 점차 바다 쪽으로 성장한다. 이 지역은 민물과 바닷물이 만나는 수역으로 철새가 많으며, 농경지로 이용되었으나 최근 개발로 시가지화되고 있다.
> － ○○신문, 2013. 10. 31. －

① 조차가 클수록 넓게 발달한다.
② 하천 퇴적물이 많은 하구에서 발달한다.
③ 하천의 하방 침식이 활발한 곳에서 발달한다.
④ 하천 수위의 일 변동 폭이 클수록 잘 발달한다.
⑤ 현재의 위치에서 최종 빙기에 크게 발달하였다.

10 (가), (나) 지도에 나타난 지형의 형성 과정을 〈보기〉에서 고른 것은?

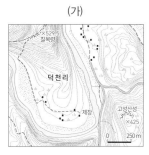

(가)

(나)

┌─ 보기 ├─
ㄱ. 암석의 차별적인 풍화·침식 작용
ㄴ. 지반의 융기와 하천의 하방 침식 작용
ㄷ. 유속 감소로 인한 하구에서의 퇴적 작용
ㄹ. 하천의 측방 침식을 통한 자유로운 유로 변경

	(가)	(나)		(가)	(나)
①	ㄱ	ㄴ	②	ㄱ	ㄹ
③	ㄴ	ㄱ	④	ㄴ	ㄷ
⑤	ㄷ	ㄹ			

11 사진에 나타난 하천 지형에 관한 설명으로 옳지 <u>않은</u> 것은?

① 하천 주변에 하안 단구가 발달한다.
② 지반의 융기가 활발한 곳에서 잘 나타난다.
③ 하천의 하방 침식력이 증가하는 과정에서 발달한다.
④ 조류의 영향으로 하천의 수위가 주기적으로 오르내린다.
⑤ 측방 침식에 의해 유로가 절단되어 구하도가 나타나기도 한다.

12 다음은 어느 지형에 대해 학생과 교사가 스무고개를 하고 있는 장면이다. (가)에 들어갈 내용으로 옳은 것은?

〈학생〉	〈교사〉
한 고개 : 하천의 퇴적 작용으로 형성 되었나요?	→ 예
두 고개 : 하천의 퇴적 지형 중에서 가장 보편적으로 널리 분포하는 지형인가요?	→ 아니요
세 고개 : ⟨⟨⟨ (가) ⟩⟩⟩	→ 예
네 고개 : 복류하는 하천을 관찰할 수 있나요?	→ 예

① 자연 제방과 배후 습지가 뚜렷하게 구별되나요?
② 과거의 하상이나 범람원이 융기하여 형성되었나요?
③ 하천 하류의 감조 구간에서 잘 나타나는 지형인가요?
④ 경사 급변점이 나타나는 골짜기 입구에서 잘 발달하나요?
⑤ 대하천으로 유입되는 지류 하천의 하류 부근에서 잘 발달하나요?

13 다음은 유란이의 한국지리 노트 중 일부이다. ㉠~㉣에 관한 옳은 설명을 〈보기〉에서 고른 것은?

〈하안 단구〉
• 의미 : ㉠ 하천 주변에 분포하는 계단상의 평탄지
• 형성 원인 : 과거 하천의 ㉡ 하상이나 범람원의 융기
• 지형 특색 : 하천에 비해 단구면의 고도가 높고 평탄함, ㉢ 토양층에 모래나 둥근 자갈이 분포함
• 이용 : ㉣ 농경지, 취락 입지

┌─ 보기 ├─
ㄱ. ㉠ - 주로 대하천 하류의 자유 곡류 구간에서 발달한다.
ㄴ. ㉡ - 하천의 하방 침식보다 측방 침식이 증가하는 원인이 된다.
ㄷ. ㉢ - 과거에 하상이었다는 증거가 될 수 있다.
ㄹ. ㉣ - 하천이 자주 범람하지 않는 것이 입지에 영향을 준다.

① ㄱ, ㄴ ② ㄱ, ㄷ ③ ㄴ, ㄷ
④ ㄴ, ㄹ ⑤ ㄷ, ㄹ

14 그림에 나타난 파랑의 이동을 보고 옳게 분석한 내용만을 〈보기〉에서 있는 대로 고른 것은?

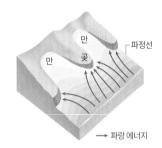

┤ 보기 ├
ㄱ. 파랑의 에너지가 집중되는 곳은 주로 곶이다.
ㄴ. 침식은 파랑, 퇴적은 조류에 의해 일어나고 있다.
ㄷ. 파랑 에너지는 파정선의 직각 방향으로 작용한다.
ㄹ. 만에서는 에너지가 분산되면서 퇴적 작용이 일어난다.

① ㄱ, ㄴ   ② ㄴ, ㄷ   ③ ㄷ, ㄹ
④ ㄱ, ㄴ, ㄹ   ⑤ ㄱ, ㄷ, ㄹ

15 ⊙~㉣에 관한 옳은 설명을 〈보기〉에서 고른 것은?

⊙ 해식애와 ⓒ 파식대는 산지를 끼고 있는 암석 해안에 모식적으로 발달한다. 해식애는 높건 낮건 ⓒ 파식에 의해 형성, 유지되는 해안의 급사면이다. 해식애가 파식을 받아 후퇴할 때 ㉣ 암석의 단단한 부분은 암초, 즉 시 스택으로 남으며 약한 부위는 뚫려서 해식동굴이 형성된다. 시 아치도 암석 해안에서 볼 수 있는 경이로운 지형이다.

┤ 보기 ├
ㄱ. ⊙ - 파랑의 퇴적 작용으로 형성되는 지형이다.
ㄴ. ⓒ - 해식애가 후퇴하면 파식대가 넓어진다.
ㄷ. ⓒ - 만보다는 곶에서 잘 발달한다.
ㄹ. ㉣ - 암석 종류의 차이에 따른 경연 차가 주요 원인이다.

① ㄱ, ㄴ   ② ㄱ, ㄷ   ③ ㄴ, ㄷ
④ ㄴ, ㄹ   ⑤ ㄷ, ㄹ

16 ⊙~㉤ 중 옳지 않은 것은?

석호는 ⊙ 신생대 제4기 후빙기 때 해수면이 상승하면서 ⓒ 빙기 때 파인 골짜기에 바닷물이 들어와 생긴 만의 입구를 사주가 막아 형성된 호수이다. 보통 석호는 소하천의 하곡을 따라 발달하는데, 이는 큰 하천의 하곡은 이미 퇴적물에 의해 매립이 완료되었을 가능성이 크기 때문이다. ⓒ 현재 석호는 유입하는 하천의 토사에 의해 서서히 매립이 진행되어 크기가 작아지고 있다. 특히 ㉣ 경지 개간과 도시화에 따른 개발로 인해 경관과 모양이 크게 변하고 있고, 수질 오염이 심해지고 있다. 서해안에도 밀물 때 호소를 이루고 썰물 때에는 갯벌이 드러나는 석호를 볼 수 있는데, ㉤ 최근 들어 그 수가 크게 늘어나고 있다.

① ⊙   ② ⓒ   ③ ⓒ   ④ ㉣   ⑤ ㉤

17 그림의 A 지형에 관한 설명으로 옳지 않은 것은?

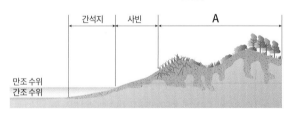

① 주로 모래가 퇴적되어 있다.
② 곶보다는 만의 안쪽에 잘 형성된다.
③ 지표수를 정수하여 저장하는 기능이 있다.
④ 서해안보다는 해풍이 강한 동해안에서 잘 발달한다.
⑤ 마을과 농경지를 보호하기 위해 방풍림을 조성하기도 한다.

중요 ★★★

18 (가), (나)의 지형을 볼 수 있는 지역을 지도의 A~C에서 고른 것은?

(가) 규모가 작은 하천으로 조류의 영향을 받아 해안 지역뿐만 아니라 내륙 깊숙이 갯벌 흙이 퇴적되어 있는 것을 확인할 수 있다.

(나) 우리나라의 대표적인 내륙 습지로 낙동강이 만들어 낸 범람원상에 위치해 있다. 이곳은 다양한 동식물이 서식하는 생태계의 보고이다.

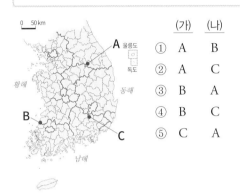

	(가)	(나)
①	A	B
②	A	C
③	B	A
④	B	C
⑤	C	A

19 ㉠의 구체적인 사례로 적절한 것을 〈보기〉에서 고른 것은?

해안의 이용은 단기적으로 경제적 이익과 편리함을 주지만, 장기적으로는 생태계에 악영향과 큰 피해를 가져올 수 있다. 무분별한 해안의 개발로 해양 생태계가 파괴되고 있으며, 특히 해안에 설치한 시설물들은 해안 침식을 심화하여 해안 지형을 파괴하고 있다. 따라서 최근에는 ㉠해안의 보존을 위해 다양한 노력이 이루어지고 있다.

┤ 보기 ├

ㄱ. 간척되었던 갯벌을 다시 복원한다.
ㄴ. 사구 위에 정착하는 식생을 제거한다.
ㄷ. 해안을 따라 모래 포집기나 그로인을 설치한다.
ㄹ. 하천 하구의 위치를 변경하여 퇴적 물질의 양을 조절한다.

① ㄱ, ㄴ ② ㄱ, ㄷ ③ ㄴ, ㄷ
④ ㄴ, ㄹ ⑤ ㄷ, ㄹ

20 다음은 우리나라의 서해안과 동해안의 위성 사진이다. 두 해안선의 차이점을 서술하시오.

⊘ 서해안　　　　⊘ 동해안

21 지도에서 (가) 호수의 명칭을 쓰고, 형성 과정을 서술하시오.

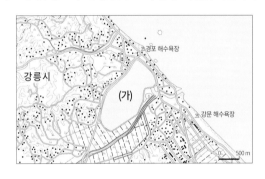

22 그래프는 도시화에 따른 하천의 유출량 변화를 나타낸 것이다. 이를 보고 도시화 이후 하천의 유출 곡선이 변화하게 된 이유를 서술하시오.

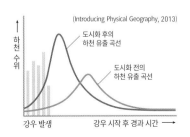

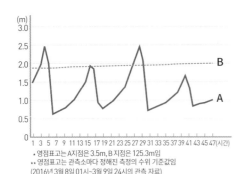

등급을 올리는 고난도 문제

01 그래프는 지도에 표시된 임진강의 A, B 지점 수위 변화를 나타낸 것이다. 이에 관한 옳은 설명을 〈보기〉에서 고른 것은?

•영점표고는 A지점은 3.5m, B지점은 125.3m임
••영점표고는 관측소마다 정해진 측정의 수위 기준값임
(2016년 3월 8일 01시~3월 9일 24시의 관측 자료)

| 보기 |

ㄱ. 평균 유량은 A 지점보다 B 지점에서 더 많다.
ㄴ. 조류의 영향이 A 지점을 거쳐 B 지점에 미치고 있다.
ㄷ. 퇴적 물질의 평균 입자 크기는 A 지점보다 B 지점에서 더 크다.
ㄹ. 침식 기준면으로부터의 고도 차이는 A 지점보다 B 지점에서 더 크다.

① ㄱ, ㄴ ② ㄱ, ㄷ ③ ㄴ, ㄷ
④ ㄴ, ㄹ ⑤ ㄷ, ㄹ

문제 접근 방법
황해로 유입되는 하천의 하구 부근에서 수위의 일 변화와 관련된 내용은 감조 하천에 대한 질문인 경우가 대부분이다. 감조 구간은 하구에서부터 상류 쪽으로 가면서 길게 나타나는데, 조류의 영향은 상류 쪽으로 갈수록 줄어들게 된다. 일정 지점을 지나게 되면 조류의 영향을 받지 않게 된다.

적용 개념
\# 감조 구간
\# 하천 상류와 하류 비교
\# 침식 기준면

02 ㉠~㉢에 관한 설명으로 옳지 <u>않은</u> 것은?

(㉠)은/는 산지와 평야 사이의 경사가 급변하는 곳에서 하천의 운반력이 감소하여 다량의 운반 물질이 퇴적되어 형성된다. (㉡)은/는 자연 제방과 배후 습지로 구성되어 있는데, 상대적으로 굵은 입자가 퇴적된 자연 제방에서는 밭농사를 주로 하며, 그 뒤의 배후 습지는 개간하여 논으로 활용하고 있는 경우가 많다. 하천 하구에서는 미세한 입자들이 바다 쪽으로 퇴적되어 (㉢)이/가 만들어진다.

① ㉡과 ㉢은 후빙기 해수면 상승의 영향을 크게 받았다.
② ㉢은 압록강과 낙동강 하구에서 볼 수 있다.
③ ㉢의 지형 단면은 ㉡과 매우 흡사하게 나타난다.
④ ㉠~㉢ 중 가장 널리 발달해 있는 것은 ㉠이다.
⑤ ㉠~㉢ 중 퇴적 물질의 평균 입자는 ㉠이 가장 크다.

문제 접근 방법
이 문제는 ㉠~㉢에 들어갈 지형을 먼저 파악하는 것이 중요하다. 제시된 글을 읽고 해당 지형을 파악한 후, 선지에서 옳지 않은 내용을 고르도록 한다.

적용 개념
\# 충적 지형
\# 후빙기 해수면 상승
\# 퇴적 물질의 입자

03 다음은 어느 지형에 관한 학생과 교사의 스무 고개의 일부이다. (가)에 들어갈 내용으로 옳은 것을 〈보기〉에서 고른 것은?

학생	교사
한 고개 : 외해로 돌출된 바다에서 주로 형성되는 지형입니까?	아니요
두 고개 : 후빙기에 해수면이 상승한 이후 발달한 지형입니까?	예
세 고개 : 바람에 의해 모래가 이동 및 퇴적되어 형성되는 지형입니까?	예
네 고개 : (가)	예

┤ 보기 ├
ㄱ. 만조 시에는 침수되고, 간조 시에는 노출되는 지형입니까?
ㄴ. 태풍이나 해일에 의한 피해를 완화시켜 주는 역할을 합니까?
ㄷ. 과거의 해수면에 의해 형성된 지형이 화석 지형으로 남아 있는 것입니까?
ㄹ. 지형의 아래에 담수로 이루어진 다량의 지하수층을 포함하고 있습니까?

① ㄱ, ㄴ ② ㄱ, ㄷ ③ ㄴ, ㄷ
④ ㄴ, ㄹ ⑤ ㄷ, ㄹ

🔍 문제 접근 방법
각 질문에 대한 답을 참고하면서 지형을 찾아내는 것이 가장 중요하다. 첫번째 질문에서 지형의 범위를 줄이고, 두 번째와 세 번째 질문에서 그 폭을 더욱 줄일 수 있다.

✏️ 적용 개념
해안 퇴적 지형
해안 사구

04 A, B 지형에 관한 옳은 설명만을 〈보기〉에서 있는 대로 고른 것은?

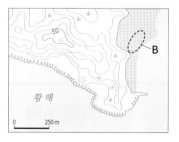

┤ 보기 ├
ㄱ. A는 B보다 퇴적 물질의 평균 입자 크기가 크다.
ㄴ. B는 조류에 의한 퇴적 작용으로 형성된다.
ㄷ. A는 빙기, B는 후빙기에 퇴적되어 형성된 지형이다.
ㄹ. A는 동해안, B는 서·남해안에서만 나타나는 지형이다.

① ㄱ, ㄴ ② ㄴ, ㄷ ③ ㄷ, ㄹ
④ ㄱ, ㄴ, ㄷ ⑤ ㄴ, ㄷ, ㄹ

🔍 문제 접근 방법
지도를 보고 A, B 지형의 종류를 먼저 파악하는 것이 중요하다. 지형을 파악하는 데 있어 동해, 황해 등의 정보를 활용하는 것도 매우 중요하다.

✏️ 적용 개념
사빈, 갯벌
해안 퇴적 지형

03 화산 지형과 카르스트 지형

🔍 **학습길잡이** • 우리나라에 나타나는 화산 지형의 형성 시기와 각 특징을 파악해 두어야 한다.
　　　　　　• 우리나라에 나타나는 카르스트 지형의 형성 과정과 분포, 이용 등에 대해 파악해 두어야 한다.

A 우리나라에는 어떤 화산 지형이 나타날까

1 화산 지형의 형성
└ 화산 지형은 지표로 분출한 마그마의 점성과 폭발 형태 등에 따라 화산, 용암 대지, 화구호, 칼데라, 주상 절리, 용암동굴 등 다양한 모습으로 나타난다.

① **화산 지형** : 지하 깊은 곳의 마그마와 가스가 지표로 분출하여 형성

② **우리나라의 화산 지형** : 대부분 신생대 제3기 말~제4기 초에 마그마의 분출로 다양한 화산 지형이 형성됨
└ 중생대에 형성된 것도 일부 있다.　　예 광주 무등산 입석대의 주상 절리

2 백두산 일대의 화산 지형

① **용암 대지** : 유동성이 큰 현무암질 용암이 지각 운동으로 갈라진 지표면의 틈새를 따라 다량 분출하여 기존의 평야와 하천 등을 메워 형성된 대지 → 백두산과 그 주변에 분포, 우리나라에서 가장 넓은 화산 지대

② **완경사의 지형**

• 산정부 : 유동성이 작은 조면암질 용암의 분출로 경사가 급함

• 산록부 : 유동성이 큰 현무암질 용암의 여러 차례 분출로 경사가 완만함

③ **천지** : 화산의 분화 이후 화구가 함몰된 곳에 생긴 칼데라에 물이 고인 칼데라호 **1**
└ 현무암질 용암은 유동성이 커서 지표로 분출한 후 바르게 흘러가 경사가 완만해진다.

3 신계 – 곡산, 철원 – 평강의 용암 대지

① **용암 대지의 형성** : 신생대 제4기에 추가령 구조곡을 따라 분출한 현무암질 용암이 하곡을 메워 형성 **2**

② **주상 절리의 발달** : 지표면으로 분출한 용암이 급격히 식으면서 수직 균열이 발생하여 형성된 기둥 모양의 절리, 협곡이 발달한 한탄강 주변에서 발달

③ **벼농사 발달** : 주변의 수리 시설을 바탕으로 벼농사가 이루어짐

자료로 보는 　**철원 용암 대지와 한탄강**

△ 용암 대지의 지형도

논으로 이용되고 있는 용암 대지

△ 철원평야

△ 한탄강 협곡

자료 분석 　한탄강을 따라 발달한 주상 절리와 수직 절벽은 경관이 매우 뛰어나서 이를 감상하며 래프팅을 즐기기 위해 많은 관광객이 찾는다. 용암 대지 위에 형성된 철원평야는 하천의 퇴적 작용으로 형성된 충적층으로, 수리 시설을 이용하여 논농사가 이루어진다.

개념 더하기 자료 채우기

1 칼데라호의 형성 과정

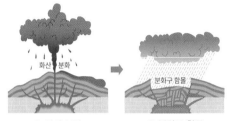
△ 화산 분화　　　△ 분화구 함몰

△ 함몰 분화구에 호수 형성

칼데라는 화산 폭발 이후 분화구 주변이 붕괴·함몰되면서 생긴 대규모 원형의 우묵한 지형을 말한다. 백두산의 천지는 이렇게 형성된 칼데라에 물이 고여 생긴 칼데라호이다.

2 철원 용암 대지의 형성 과정

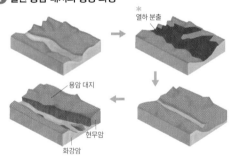

철원 일대의 용암 대지는 신생대 제4기에 추가령 구조곡을 따라 분출한 현무암질 용암이 당시의 계곡과 분지를 메워 형성된 것이다. 이후 한탄강의 하방 침식 작용을 받아 협곡을 이루었다.

⚹ **용어사전**

* **유동성**(流 흐르다, 動 움직이다, 性 성질) 액체와 같이 흘러서 움직이는 성질

* **구조곡** 단층이나 습곡 등의 지각 운동으로 생긴 골짜기

* **열하 분출** 지각의 틈을 따라 유동성이 큰 현무암질 용암이 분출하는 현상

4 제주도의 화산 지형 ③

① 한라산

	유동성이 크다.　　　　　　　　　경사가 완만하다.
형태	• 현무암질 용암의 수차례 분출로 만들어진 방패 모양의 화산 • 정상부 일부는 종 모양의 화산으로 이루어짐
백록담	화구에 물이 고여 형성된 화구호 질문
기생 화산(오름)	한라산의 산록부에 용암과 화산 쇄설물의 분출로 생긴 작은 화산

② 용암동굴 : 용암이 지표면을 흘러내릴 때 상층의 용암은 굳고, 하층 내부에는 용암이 계속 흐르면서 동굴 형성 예 만장굴, 협재굴, 김녕굴

③ 주상 절리 : 분출한 용암이 굳는 과정에서 수축이 일어나 다각형의 기둥 모양으로 형성된 절리 예 중문 대포 해안 주상 절리대

④ 취락 형성 : 절리가 많은 현무암이 기반암으로 빗물이 지하로 쉽게 스며듦
→ 지하수가 지표로 솟아오르는 해안가의 용천대에 취락이 집중함
└ 절리가 발달해 있어 하천의 발달이 미약하고 밭농사가 이루어진다.

자료로 보는 **제주도의 기생 화산**

등고선이 동심원 형태로 나타난다.

자료 분석 한라산의 화산체가 완성된 이후 산록 주변의 틈새를 타고 쌓인 화산 쇄설물로 이루어진 분석구를 말한다. 기생 화산의 지형학적 용어는 측화산이지만, 제주도에서는 '오름' 또는 '악'으로 불린다. 제주도에는 약 360여 개의 기생 화산이 분포하며, 최근에는 트래킹, 산악자전거 타기, 패러글라이딩 등 다양한 여가 활동을 오름에서 즐기기도 한다.

Q 한라산의 산록부에 용암과 화산 쇄설물의 분출로 생긴 작은 화산은?
A (름오)산화 생기 :

5 울릉도와 독도 : 동해 해저에서 분출된 마그마가 굳어 형성된 화산섬

울릉도	• 종 모양의 화산섬 : 점성이 큰 조면암과 화산 쇄설물로 이루어짐 → 전체적으로 경사가 급함 • 이중 화산체 : 칼데라 분지인 나리 분지 + 분지 내부의 중앙 화구구인 알봉
독도	화산체의 대부분은 해저에 있음, 해수면 위에 일부 노출됨

└ 제주도·울릉도보다 형성 시기가 이르다.

자료로 보는 **울릉도의 칼데라 분지**

화구 함몰 당시에 함몰되지 않고 남은 화산체의 일부

△ 칼데라 분지의 지형도　　　　　△ 나리 분지

자료 분석 울릉도는 점성이 큰 조면암과 화산 쇄설물로 이루어져 있으며, 경사가 급한 종 모양의 화산섬이다. 섬의 북쪽 중앙부에 칼데라 분지인 나리 분지가 있고, 분지 안에서 알봉이 분화하여 이중 화산의 형태를 띠고 있다.

개념더하기 자료채우기

③ 제주도의 화산 지형

국내 최대의 관광지인 제주도는 섬 전체가 '화산 박물관'이라고 불릴 정도로 다양한 화산 지형으로 이루어져 있다.

△ 한라산　　　　　　　　△ 오름

△ 용암동굴(만장굴)　　　△ 주상 절리(중문 대포 해안)

△ 분화구(성산 일출봉)　　　△ 용천
수중 분화 활동으로 화산재와 화산 쇄설물이 분화구 주변에 쌓여 형성되었다.

질문 있어요

백두산 천지와 한라산 백록담은 어떻게 다른가요?
백두산과 한라산은 모두 정상부에 호수가 있지만 그 형성 과정은 다릅니다. 백두산의 천지는 화산의 분화 이후 정상부가 무너지면서 형성된 칼데라에 물이 고인 칼데라호이고, 한라산의 백록담은 화산 분화 후 굳은 화구에 물이 고인 화구호입니다.

△ 칼데라호(백두산 천지)　　　△ 화구호(한라산 백록담)

용어사전

* **화산 쇄설물** 화산 폭발에 의하여 방출된 크고 작은 파편으로, 화산가스와 함께 분출함
* **점성**(粘 끈끈하다, 性 성질) 액체의 끈끈한 성질

화산 지형과 카르스트 지형

6 화산 지형의 이용과 보전

① 화산 지형의 이용 : 독특하고 다양한 지형 경관을 관광 자원으로 활용, 무기질이 풍부하여 농경에 유리한 화산회토* 이용

② 화산 지형의 보전 : 국가 지질 공원 지정, 훼손 지형의 복원 사업 진행, 환경 영향 평가 실시 **❶**

B 카르스트 지형의 형성 과정과 이용 모습을 알아보자

1 카르스트 지형의 형성과 분포

① 형성 과정 : 석회암의 주성분인 탄산 칼슘이 빗물과 지하수의 용식 작용을 받아 형성된 지형 **❷** **질문**

② 분포 : 고생대 초기의 조선 누층군에 발달 → 평안남도, 강원도 남부, 충청북도 북동부, 경상북도 북부 일대 ─ 평남 분지, 옥천 습곡대

★ 2 우리나라의 카르스트 지형 ❸

① 석회동굴

형성 과정	지하로 침투한 빗물과 지하수에 석회암이 용식되고 난 후 지하수가 빠져나가면서 드러난 공간 → 동굴 내부에 탄산 칼슘의 침전으로 다양한 지형 발달
동굴 내부 지형	• 종유석 : 석회동굴 천장에 고드름처럼 매달려 있는 것 • 석순 : 석회 동굴 바닥에 쌓여 위로 자란 것 • 석주 : 종유석과 석순이 연결된 것

자료로 보는 **석회동굴의 분포**

Ⓐ 고수동굴(충청북도 단양군)

Ⓐ 천연기념물로 지정된 석회동굴

Ⓐ 백룡동굴(강원도 평창군)

자료 분석 천연기념물로 지정된 석회동굴은 옥천 습곡대의 조선 누층군이 나타나는 지역에 집중 분포하며, 대표적인 석회동굴로는 단양의 고수동굴, 삼척의 환선굴 등이 있다. 이러한 석회동굴은 동굴 내부에 다양한 동굴 생성물과 미지형이 분포하여 학술 및 관상적 가치가 높아 천연기념물로 지정되었으며, 관광 자원으로 활용되고 있다.

② 돌리네

• 석회암 지대에서 빗물이 지하로 스며드는 배수구 주변이 빗물에 용식되어 형성된 깔때기 모양의 오목한 지형

• 돌리네 내부는 주변에서 모여든 토사가 쌓여 두꺼운 토양층을 형성하며 배수가 잘 되기 때문에 주로 밭으로 이용

③ 우발라 : 돌리네가 커지면서 다른 돌리네와 합쳐져 규모가 커진 지형

---

❶ 국가 지질 공원

국가 지질 공원은 지질학적 중요성뿐만 아니라 생태학적·고고학적·역사적·문화적 가치도 함께 지니는 지역을 말한다. 우리나라의 제주도, 울릉도, 독도, 한탄강, 임진강 등이 국가 지질 공원으로 지정되어 있고, 이곳들은 교육 및 관광을 통해 지역 경제 발전에 이바지하고 있다.

❷ 석회암의 분포

석회암은 주로 고생대 초기의 조선 누층군에 분포하는데, 산호나 조개껍데기 등의 유기물로 이루어진 탄산 칼슘 성분이 주를 이룬다.

질문 있어요

침식 작용과 용식 작용은 어떤 차이가 있나요?

침식 작용은 바람, 물, 눈, 얼음 등에 의해 지표면이 깎이는 작용을 의미해요. 반면, 용식 작용은 암석 중 여러 가지 광물 성분이 물과 접했을 때 화학적 변화를 일으켜 용해되는 일종의 화학적 풍화 작용을 의미해요.

❸ 용암동굴과 석회동굴의 비교

우리나라의 용암동굴은 주로 제주도에 분포하고, 석회동굴은 강원도 남부와 충청북도 동부, 경상북도 북부 지역 등에 주로 분포한다.

구분	용암동굴	석회동굴
기반암	현무암	석회암
형성 시기	신생대 제4기	고생대 초기
형성 과정	용암이 흘러내릴 때 상층 표면은 굳고 하층은 계속 흐르면서 공간이 생김	빗물이나 지하수에 석회암이 용식되고 지하수가 빠져나간 공간
이용 현황	관광지	관광지, 시멘트 공장, 밭

용어사전

* **화산회토** 화산재, 화산진 등이 바람에 날려 지표나 수중에 퇴적되어 생긴 토양

④ 석회암 풍화토

- 석회암이 용식되면서 석회암에 포함된 불순물이 녹지 않고 풍화되면서 형성된 붉은색의 토양 **4**
- 배수가 잘 되고 알칼리성 토양으로 비옥하여 주로 밭으로 이용

자료로 보는 카르스트 지형

단양에서는 돌리네를 '못밭'이라고 하였으며, 삼척에서는 '움밭'이라고 하였다.

⚘ 카르스트 지형의 지형도

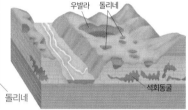

⚘ 카르스트 지형의 모식도

자료 분석 석회암 지대에는 빗물이 지하로 스며드는 배수구가 있으며, 그 주변이 빗물에 용식되어 깔때기 모양의 오목한 지형이 형성되는데, 이를 돌리네라고 한다. 돌리네는 지형도에서 ⌣ 형태로 표시된다. 돌리네 주변은 토사가 두껍게 퇴적되고 배수가 잘 되기 때문에 주로 밭농사가 이루어진다. 돌리네는 규모가 커지면서 다른 돌리네와 합쳐지기도 하는데, 이를 우발라라고 한다. 지표 아래에는 지하수의 용식 작용으로 인해 석회동굴이 형성되고, 동굴의 내부에는 종유석, 석순, 석주 등이 형성된다. 석회암 중 용식되지 않은 부분이 남아서 이룬 봉우리를 탑 카르스트라고 하는데, 충청북도 단양의 도담삼봉이 대표적이다. **5**

🅠 석회암의 주성분인 탄산 칼슘이 빗물과 지하수의 용식 작용을 받아 형성된 지형을 무엇이라고 하는가?

🅐 카르스트 지형

3 카르스트 지형의 이용

① **관광 자원으로 활용** : 지하에 형성된 자연 경관인 석회동굴은 관광지로 개발됨 → 관람객 증가로 동굴 환경이 훼손되어 동굴의 보존을 위해 관람 시간과 인원을 제한하기도 함 (질문)

② **시멘트 공업 발달**

- 석회암 이용 : 주로 시멘트를 만드는 원료로 이용, 제철 공업에도 이용 → 석회암 채굴로 카르스트 지형 훼손, 분진·소음 등의 문제 발생, 수질 오염
- 원료 지향 공업 : 원료의 공급지가 가까운 곳에 공장이 입지하는 공업
제조 과정에서 부피나 무게가 줄어드는 시멘트 공업과 통조림 공업이 대표적이다.

자료로 보는 석회석 광산과 시멘트 공장

⚘ 석회석 광산
(강원도 동해시)

⚘ 시멘트 공장
(충청북도 단양군)

자료 분석 시멘트 공업은 석회암 매장지에서 주로 발달하는 원료 지향 공업이다. 석회석 광산은 노천 광산의 형태로 채굴되므로, 채굴이 진행되면서 지형 경관이 파괴된다.

4 석회암 풍화토의 이용

석회암이 용식되고 난 후 남은 철분 등이 산화되면 붉은색을 띠는 석회암 풍화토가 형성된다. 이 지역은 배수가 양호하여 주로 밭으로 이용하고 있다.

5 단양군의 카르스트 지형

충청북도 단양군은 충청북도 북동부에 위치한 곳으로 고수 동굴 외에도 석문, 도담삼봉 등과 같은 다양한 카르스트 지형이 나타나 관광 산업이 발달해 있다.

⚘ 석문 석회동굴이 붕괴되고 천장의 일부가 남아 형성된 것으로 추정한다.

⚘ 도담삼봉 석회암 중 용식되지 않은 부분이 남아서 이룬 봉우리이다.

질문 있어요

석회동굴과 돌리네 외에 카르스트 지형으로는 무엇이 있나요?

⚘ 파묵칼레(터키)

⚘ 구이린(중국)

파묵칼레는 석회화 단구라는 지형으로, 탄산 칼슘이 용해된 물이 침전되어 만들어진 계단 모양의 지형이에요. 구이린은 빗물과 강물에 의해 용식되면서 만들어진 석회암 봉우리로, 봉우리의 형상이 우뚝 솟은 탑과 같다 하여 탑 카르스트 지형이라고 해요.

✱용어사전

- ✱**채굴**(採 캐다, 掘 파다) 땅을 파고 땅속에 묻혀 있는 광물 등을 캐내는 행위
- ✱**노천**(露 이슬, 天 하늘) 사방·상하를 덮거나 가리지 않은 곳, 노천 광산은 산의 정상부부터 깎아 내려오는 광산

올리드 포인트

A 화산 지형

1 우리나라의 화산 활동

형성	땅속에 있는 마그마와 가스가 지표로 분출
시기	대부분 신생대 제3기 말에서 제4기 초에 형성

2 백두산 일대의 화산 지형

백두산	정상부는 급경사, 전체적으로는 완경사
천지	칼데라에 물이 고인 칼데라호

3 신계-곡산, 철원-평강의 용암 대지

형성	현무암질 용암이 하곡을 메워 형성 → 벼농사
경관	수직 절벽과 주상 절리 예 한탄강 주변

4 제주도의 화산 지형

한라산	• 백록담 : 화구에 물이 고여 형성된 호수인 화구호 • 기생 화산 : 용암과 화산 쇄설물이 분출하여 생긴 작은 화산
용암동굴	용암이 지표면을 흘러내릴 때 형성된 동굴
주상 절리	분출한 용암이 굳는 과정에서 수축하여 형성
용천대	지하수가 솟아 오르는 용천대를 따라 취락 형성

5 울릉도와 독도

형성	해저에서 분출된 마그마가 굳어서 형성된 화산섬
울릉도	종 모양의 화산섬, 이중 화산체(나리 분지와 알봉)
독도	화산체의 대부분은 해저에 있음

B 카르스트 지형

1 카르스트 지형의 형성과 분포

형성	석회암이 빗물과 지하수의 용식 작용을 받아 형성
분포	고생대 조선 누층군 예 강원도 남부, 충청북도 북동부

2 카르스트 지형의 종류

석회동굴	• 지하로 침투한 빗물과 지하수에 석회암이 용식되고 난 후 지하수가 빠져나가면서 드러난 공간 • 동굴 내부에 종유석, 석순, 석주 등 발달
돌리네	빗물이 지하로 스며드는 배수구 주변이 빗물에 용식되어 형성된 깔때기 모양의 오목한 지형
석회암 풍화토	석회암이 용식되면서 석회암에 포함된 불순물이 녹지 않고 풍화되어 형성된 붉은색의 토양

3 카르스트 지형의 이용

관광 자원	석회동굴이 관광지로 개발됨
시멘트 공업	석회암이 매장된 지역에서 주로 발달

01 다음 설명이 맞으면 ○표, 틀리면 ×표를 하시오.

(1) 우리나라의 화산 지형은 대부분 신생대 제3기 말에서 제4기 초에 형성되었다. ( )

(2) 백두산 정상에는 화구에 물이 고여 형성된 화구호인 천지가 있다. ( )

(3) 기생 화산은 큰 화산체의 중턱에 용암과 화산 쇄설물이 분출하여 생긴 작은 화산체이다. ( )

(4) 우리나라의 카르스트 지형은 대부분 고생대의 평안 누층군에서 발달한다. ( )

(5) 석회암이 용식되면서 석회암에 포함된 불순물이 녹지 않고 풍화되면 붉은색의 토양이 형성된다. ( )

02 빈칸에 들어갈 알맞은 말을 쓰시오.

(1) 철원의 한탄강 유역에는 유동성이 큰 현무암질 용암의 분출로 형성된 평탄한 지형인 ( )이/가 발달해 있다.

(2) ( )은/는 화구의 함몰로 형성된 칼데라 분지로, 울릉도에서 거의 유일한 평지이며, 밭농사가 이루어진다.

(3) ( )은/는 화산 활동으로 분출된 용암이 굳는 과정에서 수축이 일어나면서 다각형 모양의 수많은 틈이 생기고, 이 틈이 길게 연장되면서 만들어진 기둥 모양의 지형이다.

(4) 빗물과 지하수가 암석을 용해하여 침식하는 일종의 화학적 풍화 작용을 ( )(이)라고 한다.

(5) ( )은/는 땅속의 석회암이 빗물이나 지하수에 녹으면서 타원형으로 움푹 파인 와지이다.

03 각 지형에 관한 설명을 바르게 연결하시오.

(1) 오름 •

(2) 칼데라호 •

(3) 탑 카르스트 •

(4) 우발라 •

• ㉠ 석회암 중 용식되지 않은 부분이 남아서 이룬 봉우리

• ㉡ 분화구 부근이 함몰되어 형성된 지형에 물이 고여 생긴 호수

• ㉢ 화산 중턱에 용암과 화산 쇄설물이 분출하여 생긴 작은 화산

• ㉣ 돌리네의 규모가 커지면서 다른 돌리네와 결합된 지형

01 그림과 같은 과정을 통해 형성된 지형을 〈보기〉에서 고른 것은?

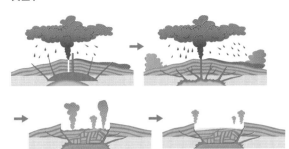

보기
ㄱ. 제주도의 오름 ㄴ. 백두산의 천지
ㄷ. 철원의 용암 대지 ㄹ. 울릉도의 나리 분지

① ㄱ, ㄴ ② ㄱ, ㄷ ③ ㄴ, ㄷ
④ ㄴ, ㄹ ⑤ ㄷ, ㄹ

02 (가), (나)에 해당하는 지역을 지도의 A∼C에서 고른 것은?

(가) 산 정상에는 분화구가 함몰된 부분에 물이 고인 칼데라호가 발달해 있는데, 이 호수는 해발 고도 2,000m 이상의 높은 봉우리들로 둘러싸여 있다.

(나) 산의 정상부는 종 모양을 하고 있으며, 화구에는 호수가 형성되어 있다. 산의 산록부는 방패 모양을 하고 있으며, 용암의 분출이나 화산 쇄설물에 의해 형성된 소규모 화산이 나타난다.

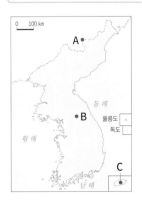

	(가)	(나)
①	A	B
②	A	C
③	B	A
④	B	C
⑤	C	A

03 다음은 유란이의 답사 보고서 중 일부이다. ㉠∼㉤ 중 옳지 않은 것은?

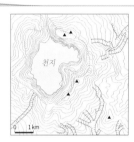

1. 답사 지역 : ㉠ 백두산 일대
2. 화산의 특징
   • 형태 : ㉡ 산정부는 종모양 화산, ㉢ 산록부는 방패 모양 화산
   • 칼데라호 : ㉣ 분화구 부근의 함몰로 형성된 칼데라에 물이 고인 천지
   • 중앙 화구구(알봉) : ㉤ 칼데라 내부에서 용암이 분출하여 형성

① ㉠ ② ㉡ ③ ㉢ ④ ㉣ ⑤ ㉤

중요

04 ○○동굴과 그 주변에서 관찰할 수 있는 경관으로 옳지 않은 것은?

〈○○동굴의 위치〉 〈○○동굴의 내부〉

① 용암이 수축하는 과정에서 발달한 절리
② 물이 복류하면서 바닥이 드러나 있는 건천(乾川)
③ 주변에서 흔히 볼 수 있는 돌로 담을 쌓은 집과 밭
④ 소규모의 용암이 분출하여 형성된 언덕 모양의 화산
⑤ 기반암이 용식되고 남은 물질이 포함되어 붉은색을 띠는 토양

★★ 중요

05 다음 글의 내용과 관계 깊은 지형을 고른 것은?

> 철원부는 태봉 왕이었던 궁예가 도읍하였던 곳으로, 강원도에 속하지만 야읍(野邑)이고 서쪽은 경기도의 장단과 맞닿았으며 토지가 비록 척박하나 큰 들과 작은 산이 모두 평활하고 맑고 아름답고, 두 강 안쪽에 있으면서도 또한 두메 가운데에 도회를 이룬다. 그러나 들 가운데를 흐르는 내는 절벽을 이루어 매우 깊고 그 연안에 쌓은 검은 돌은 마치 벌레를 먹은 것 같다.
>
> – 이중환, 『택리지』 –

①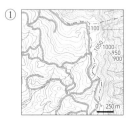

②

③

④

⑤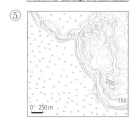

06 지도에 나타난 지형과 가장 관련이 적은 것은?

① 칼데라
② 이중 화산
③ 용암 대지
④ 해안 급경사
⑤ 중앙 화구구

07 (가), (나) 지형에 관한 설명으로 옳은 것은?

(가)  (나)

① 정상 부근의 해발 고도는 (가)보다 (나)가 높다.
② (가)의 호수는 칼데라호, (나)의 호수는 화구호이다.
③ (가), (나)의 호수는 모두 대하천의 발원지를 이룬다.
④ (가), (나) 모두 정상부는 현무암질 용암이 분출하여 형성되었다.
⑤ (가), (나) 모두 1회성 분화로 형성된 소형 화산체가 많이 분포한다.

08 ㉠에 들어갈 내용으로 적절한 것을 〈보기〉에서 고른 것은?

- 조사 주제 : [㉠]
- 조사 지역 : 제주도 일대

| 보기 |

ㄱ. 오름의 구성 물질과 기반암의 차이
ㄴ. 오름의 분화구가 칼데라로 발달하는 과정
ㄷ. 한라산의 형성 과정 중 오름이 주로 형성된 시기
ㄹ. 하천에 의한 차별 침식이 오름의 발달에 미친 영향

① ㄱ, ㄴ ② ㄱ, ㄷ ③ ㄴ, ㄷ
④ ㄴ, ㄹ ⑤ ㄷ, ㄹ

09 (가), (나) 지역에 관한 내용 중 옳은 것에만 ○ 표시한 학생을 고른 것은?

내용 \ 학생	갑	을	병	정	무
A. (가), (나)의 하천 주변에서는 동일한 암석을 볼 수 있다.	○	○		○	
B. (가)의 오름과 (나)의 산지는 변성암으로 이루어져 있다.	○		○		○
C. (가)에서는 밭농사, (나)에서는 논농사가 주로 이루어진다.		○		○	○
D. (가) 지역은 (나) 지역보다 위도가 낮고, 연평균 기온이 높다.			○	○	○

① 갑　　② 을　　③ 병　　④ 정　　⑤ 무

10 (가), (나) 지역의 기반암으로 옳은 것은?

(가)　　　　(나)

	(가)	(나)		(가)	(나)
①	석회암	현무암	②	석회암	화강암
③	현무암	석회암	④	현무암	화강암
⑤	화강암	편마암			

11 그림과 같은 지형의 형성 작용으로 옳은 것은?

① 석회암의 용식 작용
② 화산 분화 이후 화구의 함몰
③ 신생대 제3기 이후 지반의 융기 운동
④ 암석의 경연 차에 따른 차별 침식 작용
⑤ 홍수 시 하천의 범람에 의한 충적 작용

12 다음은 사례 지역에 관한 학습 장면이다. A 마을에 대한 교사의 질문에 옳게 대답한 학생은?

A 마을은 강원도 정선군 민둥산 기슭에 있다. 커다란 구덩이가 8개 있다고 해서 이름 붙은 이 마을은 사람이 많이 살지 않는 오지이다. 어떤 작물을 심어도 잘 자랄 만큼 토양이 좋아 1970년대만 해도 30가구 이상이 살았지만, 땅이 계속 꺼져 내려 많은 사람이 산 아래에 있는 마을이나 주변 도시로 떠났다고 한다. 지형학자들은 이곳에 돌리네가 많고, 지하에 거대한 동굴이 있을 것으로 추정하고 있다. 실제로 이곳의 땅은 아직도 가라앉고 있으며, 자잘한 구덩이가 끊임없이 생겨나고 있다.

A 마을에 관해 발표해 볼까요?

 토양은 주로 붉은색을 띠고 있을 것 같아요.

 논농사보다는 주로 밭농사가 이루어집니다.

 하천에 의한 차별적인 침식 작용이 활발하게 일어나는 지역입니다.

 하천에 의한 충적 작용으로 넓은 범람원이 발달했습니다.

갑　　　을　　　병　　　정

① 갑, 을　　② 갑, 병　　③ 을, 병
④ 을, 정　　⑤ 병, 정

13 지도의 지역을 답사한 후 학생들이 발표한 내용으로 옳지 않은 것은?

① 갑 : 곳곳에서 움푹하게 파인 와지 형태의 지형을 볼 수 있었습니다.

② 을 : 기반암은 회백색을 띠고 있었으나, 토양은 대개 붉은색이었습니다.

③ 병 : 경사가 완만한 지역에서는 주로 고추나 마늘을 심은 밭을 볼 수 있었습니다.

④ 정 : 일부 하천에는 물이 거의 없고, 강바닥에 자갈과 모래만 있는 경우도 있었습니다.

⑤ 무 : 용암의 냉각 속도 차이에 따라 형성된 용암동굴에 대한 안내판을 볼 수 있었습니다.

14 다음은 석회동굴에 관한 내용을 정리한 것이다. ㉠~㉤ 중 옳지 않은 것은?

〈석회동굴〉
• 형성 : 빗물과 지하수에 의한 석회암의 용식 작용으로 형성 ·················· ㉠
• 특징 : 일반적으로 용암동굴에 비해 단순하며, 수평적인 터널 형태의 동굴을 이룸 ·········· ㉡
• 주요 지형 : 동굴 내부에 종유석, 석순, 석주 등이 생성되어 있음 ·················· ㉢
• 분포 : 삼척의 환선굴, 울진의 성류굴, 영월의 고씨굴, 단양의 고수굴 등 ·················· ㉣
• 활용 : 과거에는 주거지나 피난처 등으로 이용되기도 하였으나, 오늘날에는 관광 자원으로 이용 ······ ㉤

① ㉠   ② ㉡   ③ ㉢   ④ ㉣   ⑤ ㉤

15 (가), (나)에 들어갈 내용으로 가장 적절한 것은?

• 답사 장소 : 충청북도 단양군 매포읍과 가곡면 일대

곳곳에 웅장한 규모를 자랑하는 시멘트 공장들이 들어서 있었고, 공장을 드나드는 트럭들을 볼 수 있었다. A 지역에서는 움푹 패인 지형에서 농사를 짓는 것을 볼 수 있었는데, 붉은색을 띠고 있는 토양이 인상적이었다. 이 지역은 ⟨(가)⟩이 ⟨(나)⟩ 작용을 받아 형성된 지형이 분포하는 것을 알 수 있었다.

	(가)	(나)
①	석회암	빗물과 지하수에 의한 용식
②	석회암	암석의 경연 차에 따른 차별 침식
③	현무암	빗물과 지하수에 의한 용식
④	현무암	절리 밀도의 차이에 따른 차별 침식
⑤	현무암	암석의 경연 차에 따른 차별 침식

★★★
중요

16 자료는 A 지형의 분포와 단면도이다. A 지형에 관한 설명으로 적절한 것은?

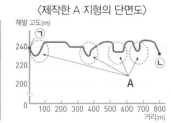

〈A 지형의 분포〉   〈제작한 A 지형의 단면도〉

① 소규모 화산 분화에 의해 형성되었다.

② 하천에 의한 차별적인 침식 작용으로 형성되었다.

③ 용식 작용으로 시간이 지날수록 규모가 커질 수 있다.

④ 습지를 이루고 있으며, 보호의 필요성이 큰 지형이다.

⑤ 유동성이 큰 용암 분출로 형성된 대지 위에 발달하였다.

17 (가)→(나)→(다)의 여행 경로를 지도의 A~E에서 고른 것은?

★★
중요

(가) 넓은 평야에서 누렇게 벼가 익어가고 있었다. 평야 가운데에는 수직에 가까운 절벽 아래 큰 강이 굽이쳐 흐르고 있다. 수직 절벽을 이루고 있는 암석은 마치 벌레 먹은 것처럼 구멍이 뚫린 검은 돌이다.

(나) 커다란 수저로 아이스크림을 퍼낸 것처럼 움푹움푹 파인 지형들을 곳곳에서 볼 수 있다. 이런 웅덩이들은 붉은색을 띠는 흙으로 덮여 있었는데, 대부분 밭으로 이용되고 있었다.

(다) 다각형의 기둥 모양으로 절리가 발달한 모습이 장관을 이루고 있었다. 절리는 수직으로 발달해 있었는데, 파랑의 침식을 받아서 그런지 바위기둥의 높이가 제각각 다른 것이 인상적이었다.

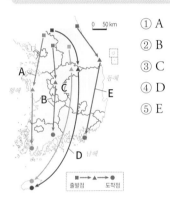

① A
② B
③ C
④ D
⑤ E

18 (가), (나) 동굴에 관한 설명으로 옳지 <u>않은</u> 것은?

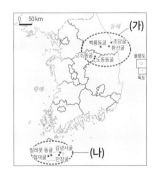

① 용식 작용으로 형성된 동굴은 (가)이다.
② (나)는 화산 활동으로 형성된 동굴이다.
③ (나) 중 일부 동굴은 세계 자연유산에 등재되었다.
④ (가), (나) 모두 관광 자원으로 활용되고 있다.
⑤ 기반암의 형성 시기는 (가)보다 (나)가 이르다.

19 A 지형의 형성 과정을 서술하시오.

20 지도를 보고 물음에 답하시오.

(1) 지도에 표시된 동굴의 형성 과정을 서술하시오. (단, 〈조건〉에 제시된 내용을 포함하여 서술할 것)

┌─ 조건 ┐

•용식   •지하수위
└─────────┘

(2) 지도에 표시된 동굴 내부의 특징을 서술하시오.

21 석회암 지대에서 사진과 같은 와지가 형성되는 과정을 서술하시오.

01 A~D 지형에 관한 설명으로 옳은 것은?

(가)

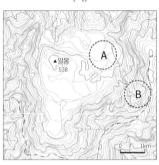

(나)

① A는 화구가 함몰한 지형에 형성된 호수이다.
② B의 산지는 각각의 봉우리마다 화구를 갖고 있다.
③ D의 분화구는 칼데라를 이루고 있다.
④ B와 C는 모두 현무암으로 이루어져 있다.
⑤ (가), (나)는 모두 화산 활동으로 형성된 섬의 일부이다.

문제 접근 방법
제시된 지도를 통해 지역의 위치와 특징 등을 파악해야 한다. 화산 지형은 그 사례가 적기 때문에 교과서에서 다루고 있는 지역에 대해서는 철저한 학습이 필요하다.

적용 개념
\# 화산 지형
\# 칼데라
\# 기생 화산

02 (가), (나) 지형에 관한 옳은 설명을 〈보기〉에서 고른 것은?

(가)

(나)

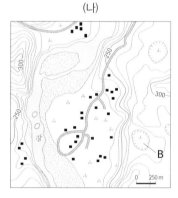

| 보기 |
ㄱ. A는 칼데라 분지에 속한다.
ㄴ. B는 기반암의 용식 과정을 통해 형성되었다.
ㄷ. 기반암은 (가)보다 (나)가 먼저 형성되었다.
ㄹ. (가)는 논농사, (나)는 밭농사가 주로 이루어진다.

① ㄱ, ㄴ   ② ㄱ, ㄷ   ③ ㄴ, ㄷ
④ ㄴ, ㄹ   ⑤ ㄷ, ㄹ

문제 접근 방법
지도에서 특징적인 지형 등을 통해 어떤 지역인지, 어떤 종류의 지형인지를 파악해야 한다. (가)에서는 오름, (나)에서는 돌리네 등이 지형의 종류와 특징을 파악하는 데 중요한 역할을 하고 있다.

적용 개념
\# 기생 화산
\# 돌리네

03 A~C 지역에 관한 설명으로 옳은 것은?

(가)

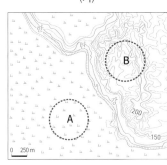

(나)

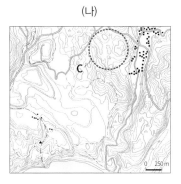

① A의 기반암은 한반도에서 유일하게 (가) 지역에서만 볼 수 있다.

② A의 평탄면은 중생대 이후 오랜 기간 동안 침식 작용을 받은 것이다.

③ B의 기반암은 A의 기반암보다 이른 시기에 형성된 것이다.

④ 한탄강의 강변에서는 B의 기반암이 주상 절리를 형성하고 있다.

⑤ C의 와지는 지하수가 풍부하여 습지를 이룬다.

문제 접근 방법

제시된 지도의 지역이 어떤 지역이며, 어떤 지형이 분포하는지를 먼저 파악해야 한다. (가)는 한탄강 등의 지명이 있는 것으로 보아 철원 일대이며, 용암 대지가 분포하고 있음을 알 수 있다. (나)는 돌리네가 분포하고 있음을 통해 카르스트 지형임을 알 수 있다.

적용 개념

\# 용암 대지
\# 카르스트 지형

04 다음은 학생이 작성한 수행평가 보고서의 일부이다. ㉠~㉢ 중 옳은 내용만을 있는 대로 고른 것은?

〈수행평가 보고서〉

• 주제 : 카르스트 지형　　　　　　　　　　　○학년 ○반 이름 ○○○

탐구 항목	조사 내용
지형 발달	• 석회암 지대에서 ㉠ 빗물과 지하수에 의한 용식 작용으로 형성
분포	• ㉡ 고생대 후반부에 형성된 육성층인 석회암이 기반암을 이루는 곳 • 강원도 남부, 충청북도 북동부, 경상북도 북서부 등에 분포
주요 지형	• 돌리네, 우발라, 석회동굴(동굴 내에 종유석, 석순, 석주 등이 형성되어 있음)
토양	• 기반암의 구성 물질 중에서 ㉢ 불용성 물질(Fe, Al 등)이 산화되어 지표에 남아서 붉은 색을 띰
이용	• 점성이 크고 보수력이 높은 토양의 특징을 반영하여 ㉣ 농경지는 주로 논으로 이용됨

① ㉠, ㉢　　　　　　② ㉡, ㉣　　　　　　③ ㉢, ㉣

④ ㉠, ㉡, ㉣　　　　⑤ ㉡, ㉢, ㉣

문제 접근 방법

작성한 보고서의 주제가 '카르스트 지형'이라고 제시되었음을 먼저 인식하고 문제에 접근해야 한다. 탐구 항목별로 제시된 내용이 카르스트 지형의 특징과 부합하는지 살펴본다.

적용 개념

\# 카르스트 지형
\# 용식 작용

우리나라의 주요 지형 총 정리

갯벌

① 인천 영흥도
조차가 크고 파랑이 약하며 바닷속의 경사가 비교적 완만한 해안에서 주로 갯벌이 발달한다.

돌산

② 서울의 도봉산
중생대에 관입한 화강암이 지표에 드러나 있는 돌산이다.

해안 사구

③ 충청남도 태안군
사빈의 모래가 바람에 날려 형성된 모래 언덕이다. 겨울철 북서 계절풍의 영향을 크게 받는 서해안에 발달한다.

용암 대지

④ 강원도 철원평야
현무암의 용암 대지 위에 하천의 퇴적 작용으로 형성된 충적층에서 농업이 이루어지고 있다.

감조 하천

⑤ 전라북도 금강 하구
황·남해로 흘러드는 하천 하구에서는 조류의 영향으로 수위가 주기적으로 오르내리는 감조 하천이 나타나며, 염해 방지를 위해 하굿둑을 건설하기도 한다.

범람원

⑥ 전라북도 김제시
하천의 범람에 의해 자연 제방과 배후 습지로 이루어진 범람원은 우리나라 주요 평야 지대의 하천 양안에서 흔히 볼 수 있고, 농경지로 이용된다.

선상지

⑦ 전라남도 구례군
산지에서 평지로 이어지는 골짜기의 입구에서 유속의 감소로 하천 운반 물질이 쌓여 부채 모양의 선상지가 형성된다.

⑧ 제주도 서귀포시
지표면으로 분출한 용암이 식는 과정에서 수직 균열이 발생하여 형성된 기둥 모양의 절리대이다.

주상 절리

⑨ 제주도 만장굴
용암이 분출할 때 상층의 용암은 고화되고 하층 내부의 용암이 흘러가면서 틈을 만들어 형성된 용암동굴이다.

용암동굴

⑩ 제주도 성산 일출봉
수중의 분화 활동으로 형성된 거대한 분화구로, 사주의 발달로 육지와 연결된 육계도이기도 하다.

육계도와 육계 사주

침식 분지

⑪ 강원도 양구군
시·원생대에 형성된 편마암이 기반암을 이루는 곳에 중생대 화강암이 관입한 이후, 화강암이 편마암보다 빠르게 침식을 받아 형성되었다.

고위 평탄면

⑫ 강원도 대관령
지표의 기복이 작고 경사가 완만한 평탄면으로, 여름철 서늘한 기후를 이용하여 배추와 무 등의 고랭지 작물을 재배한다.

감입 곡류 하천과 하안 단구

⑬ 강원도 영월군
하천의 중·상류 지역은 하방 침식 작용이 활발하여 감입 곡류 하천이 발달하며, 주변에 계단 모양의 지형인 하안 단구가 발달한다.

석호

⑭ 강원도 강릉시
해수면이 상승하면서 골짜기에 만이 형성되고, 이후 만의 입구에 사주가 발달하면서 막혀 바다와 분리된 호수를 석호라고 한다.

0 50 km

동해

해

남해

⑮ 경상북도 울릉군
울릉도는 경사가 급한 종 모양의 화산섬으로, 섬의 북쪽 중앙부에는 칼데라 분지인 나리 분지가 있고, 분지 안에서 알봉이 분화하여 이중 화산의 형태를 띤다.

칼데라 분지

⑯ 강원도 동해시
파랑의 차별 침식 작용으로 주변부가 침식되고 남아 있는 돌기둥 또는 바위섬이다.

시 스택

⑰ 충청북도 단양군
고수동굴은 지하수의 용식 작용으로 형성된 동굴로, 석순, 석주 등을 관찰할 수 있다. 동굴 보존을 위해 관광 시간과 인원을 제한하기도 한다.

석회동굴

⑱ 경상남도의 지리산
시·원생대의 변성암이 풍화되어 토양층이 두꺼운 흙산이다.

⑲ 부산 해운대
하천이나 주변의 암석 해안으로부터 공급된 토사가 파랑과 연안류에 의해 퇴적되어 형성된다.

⑳ 낙동강 하구
하천이 바다로 유입되는 큰 하천의 하구에서 유속의 감소로 하천의 운반 물질이 퇴적되어 형성되었다.

흙산

사빈(모래사장)

삼각주

 유형 1 중생대 주요 지각 변동의 특징 이해

다음 글의 ㉠~㉤에 대한 설명으로 옳은 것은?

> 한반도는 중생대에 여러 차례 지각 운동을 겪었다. 중생대 초 송림 변동에 이어 중생대 중엽에는 가장 격렬했던 ㉠ 대보 조산 운동이 일어나 구조선이 만들어졌다. 이 과정에서 마그마의 관입이 일어나 한반도의 ㉡ 화강암 분포에 영향을 주었다. ㉢ 관입된 암석과 주변 암석 간의 차별 침식은 특징적인 지형을 만들기도 했다. 중생대 후기에는 ㉣ 불국사 변동으로 ㉤ 경상 분지 곳곳에 마그마가 관입되었다.

① ㉠의 영향으로 남북 방향의 1차 산맥이 형성되었다.
② ㉡이 산 정상부를 이루는 경우 주로 흙산으로 나타난다.
③ ㉢의 결과로 침식 분지가 형성되었다.
④ ㉣은 동고서저 지형 형성의 주요 원인이다.
⑤ ㉤에는 갈탄이 광범위하게 매장되어 있다.

》 유형 분석 중생대와 신생대에 있었던 주요 지각 운동의 특징과 그 결과로 형성된 지형 등을 묻는 문제가 자주 출제된다. 각 지각 운동의 발생 시기와 특징, 그로 인한 영향 등을 체계적으로 정리해 두어야 한다.

☑ **공략법**
❶ 각 지각 운동의 특징과 그로 인한 영향을 파악한다.
❷ 각 지각 운동으로 인해 형성된 지형과 지하자원 등을 파악한다.

유형 2 주요 하천 지형의 비교 분석

(가), (나) 지역에 대한 설명으로 옳지 않은 것은? (단, (가), (나)는 동일한 하계망에 속함)

(가)

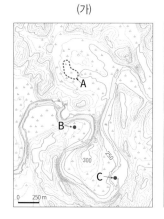

(나)

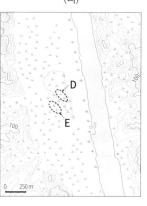

① 하천의 하방 침식은 (나)보다 (가)에서 활발하다.
② A는 과거에 하천의 유로였다.
③ B는 C보다 인근 하상과의 고도 차가 크다.
④ C는 E보다 퇴적물의 평균 입자 크기가 크다.
⑤ E의 토양은 D의 토양보다 배수가 양호하다.

》 유형 분석 하천의 상류 지역과 하류 지역을 비교하는 문제가 자주 출제된다. 상류와 하류는 하폭과 유량, 하천의 형태가 다를 뿐 아니라 형성되는 지형과 퇴적 물질의 크기, 원마도 등 다양한 면에서 차이를 보이므로 이에 대한 비교 분석이 필요하다.

☑ **공략법**
❶ 동일한 하계망이라고 하였으므로 어느 지역이 상류이고, 어느 지역이 하류인지를 먼저 파악해야 한다.
❷ 곡류 하천의 종류를 구분하고, 그 특징을 살펴본다.
❸ 선택지에서 상류 지역 하천과 하류 지역 하천의 특징을 살펴본 후 답지를 골라낸다.

유형 **3** **다양한 해안 지형의 비교**

지도의 A~E에 대한 설명으로 옳지 **않은** 것은?

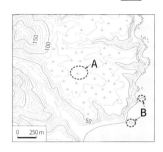 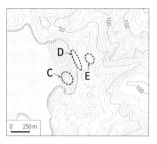

① A는 과거의 파식대가 융기된 지형이다.

② B는 해식애가 후퇴하면서 육지에서 분리된 지형이다.

③ C는 주로 조류에 의해 퇴적되는 지형이다.

④ D는 주로 파랑과 연안류의 퇴적 작용으로 만들어진 지형이다.

⑤ E는 D보다 퇴적물의 평균 입자 크기가 크다.

>> **유형 분석** 해안 지형에서는 해안 침식 지형과 해안 퇴적 지형을 비교하거나 각각의 특징을 묻는 문제가 자주 출제된다. 특히 지형도를 활용한 문제의 출제 빈도가 높으므로 평소에 지형도를 읽는 훈련이 필요하다.

☑ **공략법**

❶ 지형도를 보고, A~E가 각각 어떤 지형인지를 파악해야 한다.

❷ 각 지형과 관련하여 설명한 선지 중에서 옳지 않은 것을 골라낸다.

유형 **4** **화산 지형과 카르스트 지형의 비교**

(가), (나) 지형이 나타나는 지역의 공통적인 특징으로 옳은 것은?

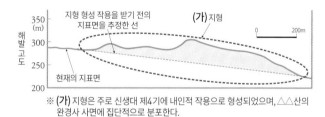

※ (가) 지형은 주로 신생대 제4기에 내인적 작용으로 형성되었으며, △△산의 완경사 사면에 집단적으로 분포한다.

※ (나) 지형은 주로 빗물과 지하수가 암석에 화학 작용을 일으켜 형성되며, 서로 연결되어 규모가 커지기도 한다.

① 기반암의 특성으로 인해 건천이 나타난다.

② 기반암이 용식되어 형성된 동굴이 나타난다.

③ 분화구에 물이 고여 형성된 호수가 나타난다.

④ 기반암이 풍화되어 주로 검은색의 토양이 나타난다.

⑤ (가), (나) 지형의 형성은 해발 고도를 높이는 작용을 한다.

>> **유형 분석** 화산 지형과 카르스트 지형에서 발달하는 다양한 지형의 특징을 비교·분석하는 문제가 자주 출제된다. 두 지형은 전혀 다른 과정을 통해 발달하지만, 천연 동굴, 지형의 이용, 토양의 특징 등에서 유사한 부분이 나타난다. 따라서 이에 대한 비교와 분석이 필요하다.

☑ **공략법**

❶ (가), (나) 지형이 각각 무엇을 의미하는지 파악한다.

❷ 두 지형이 형성된 지역의 기반암을 파악한다.

❸ 선택지에서 두 지형의 특징을 살펴보고, 옳은 답지를 골라낸다.

‖ 단원 개념 마무리

01 한반도의 형성과 산지의 모습

• 한반도의 지체 구조

지질 시대	주요 지체 구조	특징
시·원생대	평북·개마 지괴, 경기 지괴, 영남 지괴	• 생성 시기가 오래된 안정된 지각, 한반도의 기본 바탕 • 열과 압력에 의해 변성된 변성암이 주로 분포
고생대	평남 분지, 옥천 습곡대	• 고생대 초기 : 해성층인 조선 누층군, 석회암 분포 • 고생대 말기~중생대 초기 : 육성층인 평안 누층군, 무연탄 분포
중생대	경상 분지	• 거대한 호수였던 경상 분지를 중심으로 두꺼운 육성층 형성 • 공룡 발자국과 뼈 화석 발견
신생대	두만 지괴, 길주·명천 지괴	• 한반도에는 신생대에 형성된 지층이 적음 • 신생대 제 3기에 형성, 갈탄 매장

• 한반도의 지형 형성

중생대	송림 변동	중생대 초기에 발생, 북부 지방에 영향, 랴오둥 방향(동북동~서남서)의 지질 구조선 형성
	대보 조산 운동	중생대 중기에 발생, 중남부 지방에 영향, 중국 방향(북동~남서)의 지질 구조선 형성, 넓은 범위에 많은 양의 마그마가 관입하여 대보 화강암 형성
	불국사 운동	중생대 말기에 발생, 경상도 일대에 영향, 소규모의 마그마 관입
신생대	경동성 요곡 운동	신생대 제3기 동해안을 중심으로 지각이 융기하여 비대칭의 경동 지형 형성, 한국 방향의 구조선 형성에 영향, 함경산맥과 낭림산맥, 태백산맥 등 1차 산맥 형성
	화산 활동	신생대 제3기 말부터 제4기 초에 걸쳐 발생, 화산 지형 형성
	기후 변동 — 빙기	한랭 건조한 기후, 물리적 풍화 작용 활발, 해수면 하강(침식 기준면 하강), 육지 면적 확대, 하천 상류는 퇴적, 하천 하류에서는 침식 작용 활발
	기후 변동 — 후빙기	온난 습윤한 기후, 화학적 풍화 작용 활발, 해수면 상승(침식 기준면 상승), 육지 면적 축소, 하천 상류는 침식, 하천 하류에서는 퇴적 작용 활발

• 1차 산맥과 2차 산맥

1차 산맥	2차 산맥
• 신생대 제3기 이후 경동성 요곡 운동의 영향을 받아 형성 • 동쪽으로는 급사면, 서쪽으로는 완사면의 비대칭적 지형 • 해발 고도가 높고 연속성이 뚜렷함 • 함경산맥, 낭림산맥, 태백산맥 등	• 지질 구조선을 따라 차별적인 풍화와 침식 과정을 거쳐 형성 • 1차 산맥보다 고도가 낮고 연속성이 뚜렷하지 않은 편 • 1차 산맥에서 뻗어나간 산맥들이 이에 속함 • 강남산맥, 묘향산맥, 멸악산맥, 차령산맥 등

• 돌산과 흙산

돌산	흙산
• 중생대에 관입한 화강암이 오랫동안 침식을 받아 지표에 드러나 형성된 산지로, 뾰족한 봉우리들의 바위로 이루어짐 • 북한산, 설악산, 금강산 등	• 시·원생대에 형성된 암석이 오랜 시간에 걸쳐 풍화와 침식을 받으면서 두꺼운 토양으로 덮인 산지로, 식생 발달에 유리함 • 지리산, 덕유산 등

02 하천 지형과 해안 지형

• 하천 지형

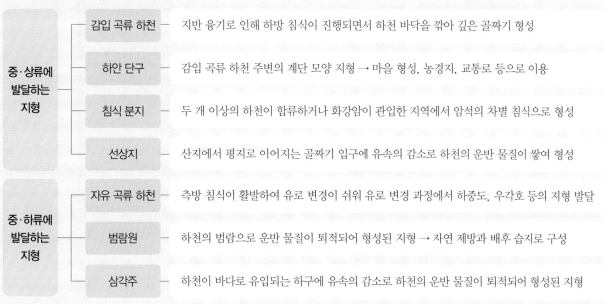

중·상류에 발달하는 지형	감입 곡류 하천	지반 융기로 인해 하방 침식이 진행되면서 하천 바닥을 깎아 깊은 골짜기 형성
	하안 단구	감입 곡류 하천 주변의 계단 모양 지형 → 마을 형성, 농경지, 교통로 등으로 이용
	침식 분지	두 개 이상의 하천이 합류하거나 화강암이 관입한 지역에서 암석의 차별 침식으로 형성
	선상지	산지에서 평지로 이어지는 골짜기 입구에 유속의 감소로 하천의 운반 물질이 쌓여 형성
중·하류에 발달하는 지형	자유 곡류 하천	측방 침식이 활발하여 유로 변경이 쉬워 유로 변경 과정에서 하중도, 우각호 등의 지형 발달
	범람원	하천의 범람으로 운반 물질이 퇴적되어 형성된 지형 → 자연 제방과 배후 습지로 구성
	삼각주	하천이 바다로 유입되는 하구에 유속의 감소로 하천의 운반 물질이 퇴적되어 형성된 지형

• 해안 지형

해안 침식 지형	해안 퇴적 지형
• 해식애 : 해안의 산지나 구릉이 파랑 에너지에 의해 침식된 절벽 • 파식대 : 파랑의 침식으로 해식애가 후퇴하면서 형성된 완경사면 • 시 스택 : 파랑의 침식에 견디고 남은 돌기둥 • 해식동굴 : 해식애가 파랑의 침식을 받아 형성된 동굴 • 해안 단구 : 파식대가 지반 융기(또는 해수면 하강)로 파식대 형성 당시의 해수면보다 높아지면서 형성된 계단 모양의 지형	• 사빈 : 파랑과 연안류에 의해 모래가 해안을 따라 퇴적된 지형 • 사주 : 사빈의 모래가 연안류를 따라 이동하여 길게 퇴적된 지형 • 해안 사구 : 사빈의 배후에 모래가 바람에 날려 퇴적된 지형 • 석호 : 후빙기 해수면 상승으로 골짜기에 바닷물이 들어와 만이 형성되고, 만의 입구를 사주가 막아서 형성된 지형 • 갯벌 : 조차가 크고 경사가 완만한 해안에서 주로 발달

03 화산 지형과 카르스트 지형

• 화산 지형

백두산 일대	경사가 급한 산 정상부를 제외하고 전체적으로 경사가 완만한 지형, 천지(칼데라호)
신계-곡산, 철원-평강	현무암질 용암이 하곡을 메워 형성, 하천을 비롯한 여러 작용으로 운반된 물질들이 쌓여 넓은 평야를 이룸
제주도	• 한라산 : 산록부는 완만한 경사, 화구호(백록담), 한라산 중턱에 기생 화산(오름) 분포 • 용암동굴, 주상 절리 등 다양한 화산 지형 발달, 용천대에 취락 형성, 밭농사
울릉도, 독도	• 울릉도 : 이중 화산체 → 중앙에 칼데라 분지인 나리 분지와 중앙 화구구인 알봉 • 독도 : 화산체의 대부분은 해저에 있으며, 해수면 위에는 매우 적은 부분이 드러나 있음

• 카르스트 지형

석회동굴	• 지하로 침투한 빗물과 지하수에 석회암이 용식되고 난 후 지하수가 빠져나가면서 드러난 공간 • 석회동굴 내부에 종유석, 석순, 석주 등의 미지형 발달
돌리네	빗물이 지하로 스며드는 배수구 주변이 용식되어 형성된 깔때기 모양의 오목한 지형, 돌리네가 합쳐지면 우발라
석회암 풍화토	석회암이 용식되면서 석회암에 포함된 불순물이 녹지 않고 풍화되어 형성된 붉은색의 토양
시멘트 공업	석회암이 매장된 지역에서 주로 발달 → 원료 지향 공업

01 지도는 어느 지질 시대에 형성된 암석 분포를 나타낸 것이다. A~E 암석에 관한 설명으로 옳지 <u>않은</u> 것은?

① A와 B는 모두 관입암을 이루고 있다.
② A보다 B의 분포 면적이 훨씬 넓다.
③ C는 퇴적암으로 고생대로부터 이어져 온 지층이다.
④ D는 화강암으로 우리나라에서 분포 면적이 가장 넓다.
⑤ E는 퇴적암으로 일부 지역에 갈탄이 매장되어 있다.

개념 피드백 38쪽
02 지도는 (가)~(라) 지질 시대의 암석 분포를 나타낸 것이다. 이를 보고 옳게 분석한 내용을 〈보기〉에서 고른 것은?

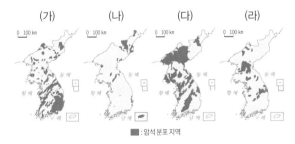

■ : 암석 분포 지역

┌─ 보기 ┐
ㄱ. 석탄층은 주로 (가), (나), (라)에서 발견된다.
ㄴ. (라)는 (다)보다 이른 시기에 형성되었다.
ㄷ. 화강암의 분포 비중이 가장 큰 것은 (가)이다.
ㄹ. (나)는 바다 밑에서 퇴적된 해성층이 주를 이룬다.
└────────────────────┘

① ㄱ, ㄴ   ② ㄱ, ㄷ   ③ ㄴ, ㄷ
④ ㄴ, ㄹ   ⑤ ㄷ, ㄹ

개념 피드백 40쪽
03 (가)~(마) 지형에 관한 옳은 설명을 〈보기〉에서 고른 것은?

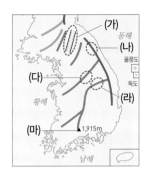

┌─ 보기 ┐
ㄱ. (가)에는 중국 방향의 구조선을 따라 흐르는 하천이 발달하였다.
ㄴ. (나)는 1차 산맥, (다)는 2차 산맥에 해당한다.
ㄷ. (라)는 한강과 금강의 분수계를 이룬다.
ㄹ. (마)는 화강암이 기반암을 이루는 돌산이다.
└────────────────────┘

① ㄱ, ㄴ   ② ㄱ, ㄷ   ③ ㄴ, ㄷ
④ ㄴ, ㄹ   ⑤ ㄷ, ㄹ

04 (가)에 비해 (나) 산지가 갖는 특성을 A~E에서 고른 것은?

(가)   (나)

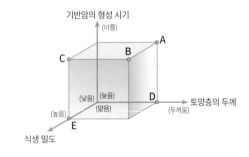

① A   ② B   ③ C   ④ D   ⑤ E

개념 피드백 41쪽

05 그림은 우리나라 세 지역의 동서 단면도이다. 이에 관한 옳은 설명만을 〈보기〉에서 있는 대로 고른 것은?

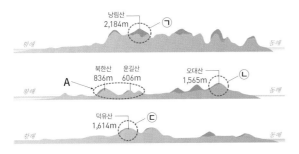

보기

ㄱ. ㉠은 ㉢보다 위도가 높다.

ㄴ. ㉠, ㉡은 1차 산맥에 속한다.

ㄷ. A는 신생대 지각 운동의 결과로 형성되었다.

ㄹ. A는 한국 방향의 지질 구조선을 반영한 산지이다.

① ㄱ, ㄴ   ② ㄴ, ㄷ   ③ ㄷ, ㄹ

④ ㄱ, ㄴ, ㄷ   ⑤ ㄴ, ㄷ, ㄹ

07 그림은 하천 지형의 모식도이다. A~E에 관한 설명으로 옳은 것은?

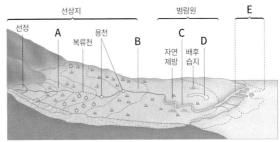

① A - 퇴적된 물질의 입자가 작아 물 빠짐이 좋지 않다.

② B - 피수를 목적으로 하는 취락의 입지로 이용된다.

③ C - 측방 침식력보다는 하방 침식력이 강하게 작용한다.

④ D - 시간이 흐를수록 크기가 점점 확대된다.

⑤ E - 낙동강 하구에 넓게 형성되어 있다.

06 지도의 (가) 지역에서 볼 수 있는 경관으로 옳은 것은?

① 지평선이 보일 정도로 넓게 펼쳐진 논

② 배수가 불량한 습지에 형성된 넓은 초지

③ 넓은 구릉성 평탄면을 덮고 있는 배추 밭

④ 도로를 따라 끝이 없이 펼쳐진 비닐하우스

⑤ 구릉지를 이용하여 계단식으로 조성된 차밭

개념 피드백 50쪽

08 그림은 우리나라 중부 내륙 어느 지역의 지형 단면을 나타낸 것이다. 이 지역을 분석한 내용으로 옳지 <u>않은</u> 것은?

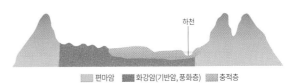

편마암   화강암(기반암, 풍화층)   충적층

① 옛날부터 취락의 입지로 널리 이용되었다.

② 하천에 의한 차별 침식 작용으로 형성되었다.

③ 지질 구조선이 만나는 지역에서 잘 발달한다.

④ 화강암은 편마암 산지 사이에 관입한 암석이다.

⑤ 우리나라는 노년기 산지가 많아 이러한 지형이 발달하기 어렵다.

개념 피드백 51쪽

09 A~E에 관한 내용으로 옳지 <u>않은</u> 것은?

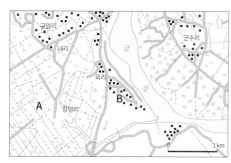

① A는 B보다 미립질의 물질로 이루어져 있다.
② A, B는 후빙기 해수면 상승 이후 형성된 지형이다.
③ C는 공격 사면, D는 퇴적 사면에 해당한다.
④ E에서는 둥근 자갈을 발견할 수 있다.
⑤ E는 D보다 홍수 시에 침수될 가능성이 크다.

10 A, B 지형에 관한 옳은 설명만을 〈보기〉에서 있는 대로 고른 것은?

| 보기 |

ㄱ. A는 B보다 퇴적 물질의 평균 입자 크기가 크다.
ㄴ. B는 조류에 의한 퇴적 작용으로 형성된 지형이다.
ㄷ. A는 빙기, B는 후빙기에 퇴적되어 형성된 지형이다.
ㄹ. A는 동해안, B는 서·남해안에서만 나타나는 지형이다.

① ㄱ, ㄴ   ② ㄴ, ㄷ   ③ ㄷ, ㄹ
④ ㄱ, ㄴ, ㄷ   ⑤ ㄴ, ㄷ, ㄹ

개념 피드백 52쪽

11 사진에 나타난 해안 지형에 관한 옳은 설명을 〈보기〉에서 고른 것은?

| 보기 |

ㄱ. 파식대와 해식애가 발달하였다.
ㄴ. 파랑의 에너지가 집중되는 곳에 해당한다.
ㄷ. 과거 빙기 때 파랑의 영향으로 형성된 지형이 남아 있다.
ㄹ. 파랑에 의한 침식 작용보다는 퇴적 작용이 활발하게 나타났다.

① ㄱ, ㄴ   ② ㄱ, ㄷ   ③ ㄴ, ㄷ   ④ ㄴ, ㄹ   ⑤ ㄷ, ㄹ

12 다음은 지도의 지역을 답사하고 기록한 것이다. ㉠~㉣에 관한 옳은 설명을 〈보기〉에서 고른 것은?

• 길쭉하거나 둥그런 모양으로 ㉠움푹 파인 와지를 많이 볼 수 있다.
• 와지의 ㉡토양은 붉은색을 띠고 있으며, 와지를 포함하여 대부분 지역에서 ㉢밭농사가 이루어진다.
• 밭의 중간중간에 ㉣회백색을 띠는 암석들이 드러나 있는 것을 볼 수 있다.

| 보기 |

ㄱ. ㉠은 주로 지표면의 함몰로 형성된다.
ㄴ. ㉡은 ㉣의 풍화토로 불용성 물질이 남아 붉은색을 띤다.
ㄷ. ㉢은 토양의 배수가 잘 되지 않기 때문이다.
ㄹ. ㉣은 주로 평남 분지와 옥천 습곡대의 평안 누층군에 분포한다.

① ㄱ, ㄴ   ② ㄱ, ㄷ   ③ ㄴ, ㄷ   ④ ㄴ, ㄹ   ⑤ ㄷ, ㄹ

13 (가), (나)에 관한 설명으로 옳지 <u>않은</u> 것은?

(가)　　　　　　(나)

① A, B의 기반암은 모두 유동성이 큰 용암이다.
② (가)에서 오름들은 대부분 소규모 폭발성 분화를 일으킨 화산이다.
③ (나)에서 '미륵산', '천두산' 등은 화산체의 일부로 화구를 갖고 있지 않다.
④ (나)는 칼데라 안에서 알봉이 분화함으로써 이중 화산의 형태가 나타난다.
⑤ (가), (나) 모두 신생대 제3기 말에서 제4기 초에 걸쳐 형성되었다.

14 인터넷을 활용한 자료 수집 장면 중 옳은 댓글을 고른 것은?

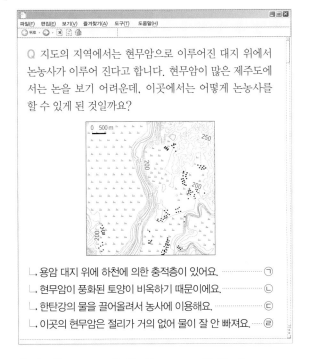

Q 지도의 지역에서는 현무암으로 이루어진 대지 위에서 논농사가 이루어 진다고 합니다. 현무암이 많은 제주도에서는 논을 보기 어려운데, 이곳에서는 어떻게 논농사를 할 수 있게 된 것일까요?

ㄴ 용암 대지 위에 하천에 의한 충적층이 있어요. ········ ㉠
ㄴ 현무암이 풍화된 토양이 비옥하기 때문이에요. ········ ㉡
ㄴ 한탄강의 물을 끌어올려서 농사에 이용해요. ········ ㉢
ㄴ 이곳의 현무암은 절리가 거의 없어 물이 잘 안 빠져요. ······ ㉣

① ㉠, ㉡　　② ㉠, ㉢　　③ ㉡, ㉢
④ ㉡, ㉣　　⑤ ㉢, ㉣

서술형 문제

15 그림과 같은 기후 변화가 나타나던 시기에 하천의 하류 지역에서 나타나는 지형 변화를 서술하시오.

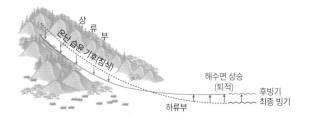

16 지도에 표시된 A 지형의 명칭을 쓰고, 형성 과정을 서술하시오.

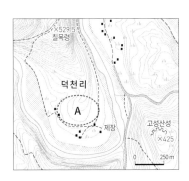

17 ㉠의 근거를 서술하시오.

이 사구는 태안반도 북서부의 태안군 원북면 신두리에 자리잡고 있으며, 2001년 11월 30일 천연기념물 제431호로 지정되었다. 사구의 규모는 해변을 따라 길이 약 3.4km, 너비 500m~1.3km로, 사구의 원형이 잘 보존된 북쪽 지역의 일부가 천연기념물로 지정되었다. 사구는 신두리 해안의 만입부에 있는 사빈의 배후를 따라 분포하는데, …(중략)… 신두리 해안은 ㉠<u>사구가 형성되기에 좋은 조건</u>을 지니고 있다.

아모르 파티(Amor Fati)

멀리 항해하는 배가 풍파를 만나지 않고 조용히 갈 수만은 없다.
풍파는 언제나 전진하는 자의 벗이다.
오히려 고난 속에 인생의 기쁨이 있다.
풍파 없는 항해, 이 얼마나 단조로운가!
고난이 심할수록 내 가슴은 뛴다.
– 프리드리히 니체(1844 ~ 1900)

독일의 음악가이자 사상가인 니체는 『즐거운 학문』이라는 저서에서 '아모르 파티'라는 용어를 사용했습니다. '아모르'는 사랑을, '파티'는 운명이라는 뜻으로, '운명에 대한 사랑'을 의미합니다. 자신에게 주어진 운명을 비관하기보다는 매순간을 긍정적인 태도로 사랑하며, 삶을 하나의 예술로 승화하겠다는 인생관을 니체는 '아모르 파티'라는 말 속에 담았습니다.

니체는 십대에 작곡을 할 정도로 음악을 사랑하며, 그리스·로마 문학을 탐독하고, 사색과 집필을 통해 자신의 지성을 키웠습니다. 그런 니체가 자신에게, 그리고 현재를 살고 있는 우리에게 다음과 같은 한마디를 남겼습니다.

"아모르 파티(운명을 사랑하라)!"

III

기후 환경과
인간 생활

자~! 힘을 내서
차근차근 시작해요.

01 우리나라의 기후 특성

👩‍🏫 **학습길잡이** • 기후 요소와 기후 요인의 관계를 파악하고, 이를 통해 우리나라의 기후 특성을 알아본다.
• 기온, 강수, 바람 등과 관련하여 우리나라 기후의 특징을 지도, 그래프 등 다양한 자료를 통해 파악해 둔다.

A 기후 요인을 통해 우리나라의 기후 특성을 알아보자

1 기후 요소와 기후 요인

① **기후의 의미** : 일정한 장소에서 오랜 기간에 걸쳐 나타나는 대기의 평균적이고 종합적인 상태

② **기후 요소** : 기후를 구성하는 대기 현상 예 기온, 강수, 바람

③ **기후 요인** : 기후 요소에 영향을 주어 기후의 지역 차를 유발하는 요인 예 위도, 수륙 분포, 지형, 해발 고도, 해류 질문

2 우리나라의 기후 특성

① **냉·온대 기후** : 북반구 중위도에 위치 → 뚜렷한 사계절 **1**

• 사계절의 변화가 비교적 뚜렷하게 나타남

• 태양의 고도가 높으면 여름, 태양의 고도가 낮으면 겨울이 됨
　　　　　　　　 왜? 태양 복사 에너지의 양이 늘어나기 때문이다.

② **계절풍 기후** : 유라시아 대륙의 동안에 위치 → 계절풍의 영향을 받음

• 여름철 : 고온 다습한 남서·남동 계절풍이 불어와 기온이 높고 강수량이 많음

• 겨울철 : 한랭 건조한 북서 계절풍이 불어와 기온이 낮고 강수량이 적음

③ **대륙성 기후** : 중위도 대륙의 동쪽에 위치 → 대륙의 영향을 많이 받음

• 겨울에는 대륙의 영향으로 기온이 낮지만, 여름에는 바다의 영향으로 기온이 높음

• 연중 바다의 영향을 받는 대륙 서안보다 기온의 연교차가 큼
　　연교차는 일반적으로 저위도에서 고위도로 갈수록 커지며,
　　같은 위도상에서는 해안에서 내륙으로 갈수록 커진다.

자료로 보는 　계절풍 기후의 특징

├ 기온의 연교차가 작은 해양성 기후　　　기온의 연교차가 큰 대륙성 기후
(기상청, 2016)

자료 분석 포르투갈의 리스본과 우리나라의 서울은 비슷한 위도 상에 위치하고 있어 지표에 도달하는 태양 복사 에너지의 양은 비슷하지만, 지리적 위치의 차이로 기후의 특성 차이가 크다. 리스본은 유라시아 대륙 서안에 위치해 있어 여름철에는 아열대 고압대의 영향으로 덥고 건조한 기후가 나타나지만, 겨울철에는 해양에서 불어오는 편서풍과 북대서양 난류의 영향으로 비교적 따뜻하다. 반면, 서울은 유라시아 대륙 동안에 위치해 있어 여름철에는 남동·남서 계절풍의 영향을 받아 덥고 습하며, 겨울철에는 북서 계절풍의 영향을 받아 춥고 건조하다.

❓ 서울과 리스본의 기온과 강수량 차이에 영향을 준 주요 기후 요인은 무엇인가? 포곰 풍수 ✔

개념 더하기 자료 채우기

👊 **질문 있어요**

기후 요인이 기후 요소에 영향을 준 사례는 무엇이 있나요?

위도는 일사량에 영향을 주어 우리나라 남부 지방은 북부 지방에 비해 대체로 기온이 높게 나타나요. 지역마다 강수량의 차이가 나타나는 데에 영향을 주는 것은 지형으로, 우리나라는 남북으로 길게 뻗은 산맥의 영향을 받아 동서 간의 강수량 차이가 발생하고 있어요. 이는 습한 바람이 태백산맥을 만나 바람받이 사면에 비를 내리고 산맥을 넘어 바람그늘 사면에서는 건조해지기 때문이에요. 해발 고도는 기온에 영향을 주어 100m 상승할 때마다 기온은 0.5~0.6℃씩 낮아져요. 그래서 해발 고도가 높은 태백산맥 일대는 여름철에 서늘하고 늦가을부터 눈이 내리기도 해요. 또 제주도는 해안 지역에서 귤나무가 자랄 때에도 한라산 정상부에서는 하얀 눈이 쌓여 있기도 해요.

⬆ 눈 쌓인 한라산과 해안 지역의 감귤밭

1 위도와 태양 복사 에너지

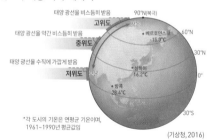

*각 도시의 기온은 연평균 기온이며, 1961~1990년 평균값임
(기상청, 2016)

저위도에서 고위도로 갈수록 태양과 지표면이 이루는 각이 작아지기 때문에 태양 복사 에너지가 지표면의 넓은 면적에 분산되어 단위 면적에 도달하는 태양 에너지의 양은 줄어든다. 이에 따라 저위도 지역은 덥고, 고위도 지역은 춥다.

✱ **용어사전**

✱ **수륙 분포** 　바다와 육지의 분포 상태

✱ **계절풍** 　대륙과 해양의 비열 차에 의해 계절에 따라 풍향이 바뀌는 바람

✱ **연교차** 　최난월 평균 기온과 최한월 평균 기온의 차이

✱ **바람받이** 　바람이 산의 경사를 따라 상승하는 지역으로, 공기의 상승에 따라 지형성 강수가 나타남

✱ **바람그늘** 　산에 의하여 상승한 공기가 산을 넘어 하강하는 지역으로, 바람받이 사면에서 습기를 잃은 공기가 산을 넘어 내려오면서 고온 건조해짐

B 우리나라의 기온, 강수, 바람의 특성은 어떻게 나타날까

1 기온 분포의 지역 차

① **남북 차** : 위도의 영향으로 북부 지방으로 갈수록 기온이 낮아짐, 국토 형태의 영향으로 기온의 남북 차가 동서 차보다 큼 　국토가 남북으로 길다.

② **동서 차** : 겨울철에 뚜렷하게 나타남
　　　　동해안>서해안>내륙

수륙 분포	내륙 지역은 비슷한 위도의 해안 지역보다 여름 기온은 높고 겨울 기온은 낮음
지형 및 해양	동해안은 비슷한 위도의 서해안보다 겨울 기온이 높음(← 태백산맥이 차가운 북서풍 차단, 동해는 황해보다 수심이 깊고 난류가 흐름)

　　　　┌ 수심이 깊은 동해는 수심이 얕은 황해에 비해 계절에 따른 온도 변화가 적다.

③ **해발 고도 차** : 해발 고도가 높은 산지는 평지보다 기온이 낮음 **예** 대관령은 비슷한 위도의 강릉, 인천보다 연중 기온이 낮음

2 기온의 연교차와 일교차

┌ 북태평양 기단이 한반도 전역에 영향을 미치기 때문에 여름에는 기온의 지역 차가 작다.

연교차	• 여름 기온보다 겨울 기온의 지역 차가 커 겨울 기온이 연교차에 큰 영향을 끼침 • 북부 지방>남부 지방, 내륙 지역>해안 지역, 서해안>동해안 **2**
일교차	봄, 가을과 같은 맑은 날에 크고, 장마철과 같은 흐린 날에 작음 **3**

자료로 보는　우리나라의 기온 분포

1월 평균 기온
～등온선(℃)

태백산맥과 함경산맥이 뻗어 있는 동해안은 산맥의 영향으로 등온선이 해안을 따라 평행하고 조밀하게 나타난다.

0 100km
(1981~2010 평균, 기상청)

8월 평균 기온
～등온선(℃)

해발 고도가 높은 곳으로 주변 지역보다 기온이 낮다.

0 100km
(1981~2010 평균, 기상청)

자료 분석　우리나라는 국토가 남북으로 길어 위도의 영향을 크게 받으며, 북쪽은 대륙과 접하고 남쪽은 바다와 접하고 있어 남북 간 기온 차가 크다. 1월은 가장 추운 달로, 남부 지방인 제주가 약 6℃로 가장 높으며 북부 내륙 지방인 중강진이 −16℃로 가장 낮아 약 22℃의 기온 차가 발생한다. 동해안은 산맥이 차가운 북서풍을 차단하고 수심이 깊고 난류가 흐르는 동해의 영향으로 비슷한 위도의 서해안에 비해 겨울철 기온이 높게 나타난다. 여름철에는 북태평양 기단이 전국적으로 영향을 미쳐 겨울철보다 기온의 지역 차가 크지 않다.

Q 비슷한 위도의 동해안이 서해안보다 겨울 기온이 높게 나타나는 이유는 무엇인가?

A 동해 수심이 깊고 난류가 흐르며 태백산맥이 차가운 북서풍을 차단하기 때문이다.

3 강수의 특색

　　　　　　　　　　여름에 집중한다.
① 연 강수량 1,300mm 정도로 습윤하지만, 계절적 차이와 연 변동이 큼 **4**

② 남쪽에서 북쪽으로 가면서 강수량이 대체로 감소하지만, 지형과 풍향 등의 영향으로 지역적 차이가 큼

---

2 기온의 연교차

0 100 km
(단위: ℃)

북한: 1973~1994년 평균
남한: 1981~2010년 평균
(기상청, 2016)

최난월 평균 기온과 최한월 평균 기온의 차이인 연교차는 부산이 약 24℃, 중강진이 약 36℃로, 남쪽에서 북쪽으로 갈수록 커진다. 비슷한 위도에서는 내륙>서해안>동해안 순으로 연교차가 크게 나타난다. 내륙 지역은 쉽게 가열되고 냉각되기 때문에 해안보다 연교차가 크다.

3 맑은 날과 비오는 날의 비교

구분	맑은 날	비 오는 날
습도	낮음	높음
기온의 일교차	큼	작음

4 서울의 연 강수량 변화

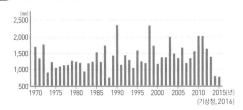

(기상청, 2016)

우리나라는 해마다 장마 기간, 기단의 발달, 태풍 통과 횟수와 강도, 집중 호우 일수 등이 달라져 연 강수량의 차이가 크다. 서울의 연 강수량을 보면 1988년에는 약 760mm가 내린 반면, 1998년에는 약 2,350mm가 내려 그 차이가 크다. 따라서 홍수와 가뭄이 자주 발생하고, 물 자원의 효율적인 이용이 어렵다.

＊ 용어사전

＊ **일교차** 하루 중 최고 기온과 최저 기온의 차이

＊ **기단** 공기가 바다나 대륙과 같은 넓은 지역에 일정 기간 머물면서 지표와 유사한 성질의 공기 덩어리가 만들어진 것

＊ **집중 호우** 국지적으로 단시간에 많은 비가 내리는 현상, 기상청에서는 일 강수량이 80mm 이상 예상될 때 호우 주의보, 150mm 이상 예상될 때 호우 경보를 발표함

4 강수 분포의 차이

① 계절 차 : 여름철 다습, 겨울철 건조

여름	대부분 지역에서 연 강수량의 절반 이상이 집중함 → 고온 다습한 북태평양 기단과 장마 전선, 태풍 등의 영향 때문(집중 호우 형태로 내리는 경우가 많음)
겨울	건조한 시베리아 기단의 영향으로 강수량이 적음

② 지역 차 : 지형과 풍향에 따라 지역별 차이 발생 **1**

다우지	• 습한 공기가 상승하여 지형성 강수가 발생하는 바람받이 사면 ⑩ 제주도, 남해안 일대, 한강 중·상류 지역, 청천강 중·상류 지역 – 여름철 남서 기류의 영향으로 연 강수량이 많음 주로 여름철 남쪽 바다에서 유입되는 습기가 많은 기류
소우지	• 지형의 영향으로 바람이 하강하는 바람그늘 사면 ⑩ 개마고원 일대, 낙동강 중·상류의 영남 내륙 지역 질문 　 상승 기류가 발생하기 어렵다. • 높은 산지가 없는 평야나 분지 지역 ⑩ 대동강 하류 일대(낮고 평평한 지역)
다설지 **2**	• 북서 계절풍의 영향을 받는 지역 ⑩ 호남 지방, 울릉도 • 북동 기류의 영향을 받는 지역 ⑩ 영동 지방　울릉도는 다른 지역에 비해 여름 강수량이 적고, 겨울에는 북서 계절풍의 영향으로 눈이 많이 내려 연중 강수가 고른 편이다.

자료로 보는 　우리나라의 강수 분포

여름 강수 집중률이 높은 곳이다.

북동 기류의 영향으로 눈이 많이 내린다.

ⓐ 연 강수량	ⓐ 8월 평균 강수량	ⓐ 1월 평균 강수량
분지 지형으로 바람그늘 사면에 위치하여 강수량이 적다.		북서 계절풍의 영향으로 눈이 많이 내린다.

자료 분석 우리나라 강수량은 남쪽에서 북쪽으로 갈수록 대체로 줄어들지만, 지형과 풍향의 영향으로 지역 간 강수량 차이가 크다. 바람받이 사면에 해당하는 제주도 남동부, 남해안 일대, 한강 중·상류 등은 강수량이 많지만, 평탄한 지역인 대동강 하류, 바람그늘 사면인 영남 내륙, 개마고원 일대는 강수량이 적다. 계절별로는 건조한 시베리아 기단의 영향을 받는 겨울에는 강수량이 적지만, 울릉도, 영동 지방, 호남 지방(소백산맥 서사면) 등은 바다의 영향으로 눈구름이 발달하여 강설량이 많다. 여름에는 대부분 지역에서 연 강수량의 50% 이상이 집중한다.

ⓠ 우리나라의 다우지와 소우지를 구분하는 데 큰 영향을 미치는 강수 유형은? 수유 양성K ⓐ

5 우리나라에 영향을 주는 바람

① 계절풍 — 우리나라는 중위도의 편서풍대에 속해 있어 연중 서풍 계열의 바람이 우세하지만, 대륙 동안에 위치해 있어 계절풍의 영향을 더 많이 받는다.

• 겨울 계절풍 : 시베리아 고기압의 영향으로 북서풍이 탁월함, 한랭 건조한 바람으로 추위를 가져옴, 여름 계절풍보다 뚜렷함

• 여름 계절풍 : 북태평양 고기압의 영향으로 남동·남서풍이 탁월함, 고온 다습한 바람으로 더위와 많은 비를 가져옴 ┐ 겨울철에 대륙과 해양의 평균적인 기압 차가 더 크기 때문에 바람의 세기는 일반적으로 여름철보다 겨울철에 더 강하다.

---

1 강수의 유형

대류성 강수 지면이 가열되면 대류 현상에 의해 강한 상승 기류가 형성되는데 이때 나타나는 강수 현상을 말한다. – 여름철 국지적인 소나기	저기압성 강수 따뜻한 공기가 지속적으로 상승하면 기압이 낮아져 흐리고 비가 내리게 되는데 이때 발생하는 강수 현상을 말한다. – 태풍
지형성 강수 습한 공기가 높은 산을 넘어갈 때 기온이 낮아지면서 바람받이 사면에서 발생하는 강수 현상을 말한다.	전선성 강수 성질이 서로 다른 두 공기 층이 만나 전선이 생겨나면서 전선을 따라 따뜻한 공기가 상승할 때 나타나는 강수 현상이다. – 장마철 강수

질문 있어요

청천강 중·상류와 영남 내륙 지역은 연 강수량에 큰 차이가 없는데, 왜 다우지와 소우지로 구분되나요?

다우지와 소우지는 주변 지역에 대한 상대적인 것이에요. 두 지역은 강수량이 비슷하지만 청천강 중·상류는 주변 지역보다 강수량이 많기 때문에 다우지, 영남 내륙 지역은 주변 지역보다 강수량이 적기 때문에 소우지로 구분하는 것이에요.

2 우리나라의 다설 지역

*1981~2010년 평균값임 (기상청, 2016)

차가운 북서풍이 상대적으로 따뜻한 바다를 건너오면서 열과 수증기를 공급받아 눈구름이 만들어지고, 이 눈구름이 호남 지방과 울릉도에 많은 눈을 내리게 한다. 늦겨울에는 한반도 북쪽으로 고기압이 발달하고 남쪽으로 저기압이 통과하는 기압 배치가 잘 나타나는데, 이때 북동 기류가 유입되면 태백산맥에 부딪혀 영동 지방에 많은 눈이 내린다.
태백산맥의 바람받이

용어사전

* **장마 전선** 고온 다습한 북태평양 기단과 냉량 습윤한 오호츠크해 기단이 만나 형성하는 정체성이 강한 전선

* **남서 기류** 우리나라에 저기압이 통과하거나 전선이 걸려 있을 때 북태평양 고기압에서 우리나라 쪽으로 유입되는 기류로, 넓은 바다를 지나와 습기가 많아 집중 호우를 유발하기도 함

자료로 보는 — 계절과 바람 3

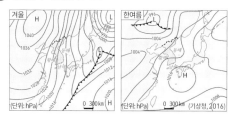

(1981~2010년 평균, 기상청)

— 풍향별 관측 횟수의 백분율(%)
— 풍향별 최대풍속(m/s)

0 50 km

수륙 분포의 영향

자료 분석 우리나라는 대륙과 해양의 비열 차에 의해 계절에 따라 풍향이 바뀌는 계절풍이 부는데, 여름보다 겨울에 뚜렷하다. 겨울인 1월의 바람장미를 살펴보면 서해안 지역은 지형적으로 방해 요소가 적기 때문에 북서풍이 강하게 불어온다. 반면 여름인 7월의 바람장미를 보면 남풍 계열의 바람이 불어오지만, 풍향이 겨울보다 일정하지 않으며 풍속도 대체로 약한 편이다.

Q 겨울과 여름에 부는 계절풍의 성질은 어떠한가?　　A 겨울에는 한랭 건조, 여름에는 고온 다습하다.

② 태풍

- 의미 : 열대 해상에서 발생하여 중위도 지역으로 이동하는 열대 저기압
- 영향 : 필리핀 동부 해상에서 발생하여 주로 6~9월에 우리나라에 영향을 줌, 강한 바람과 집중 호우를 동반하여 많은 인명 및 재산 피해가 발생함

③ 높새바람

- 의미 : 늦봄에서 초여름 사이에 오호츠크해 고기압이 발달할 때 불어오는 고온 건조한 북동풍 → 태백산맥을 넘으면서 푄 현상을 일으킴 4
- 영향 : 경기·영서 지방의 이상 고온 현상과 가뭄 피해 발생

C 우리나라는 계절별로 어떤 특징이 나타날까 5

┌ 화창한 날씨　┌ 흐리거나 비가 내린다.

봄	• 대체로 온화하지만 이동성 고기압과 저기압이 교차하면서 날씨 변화가 심함 • 꽃샘추위 : 시베리아 고기압의 일시적 확장에 의한 저온 현상 • 건조 현상 : 겨울보다 강수량은 많지만 기온이 높고 건조하여 산불 가능성이 높음 • 황사 현상 : 중국 내륙이나 몽골의 건조 지역에서 흙먼지가 편서풍을 타고 날아옴
여름	**장마철** 6월 하순이 되면 열대 기단과 한대 기단 사이에 형성된 장마 전선 북상 → 많은 강수, 집중 호우, 높은 기온과 습도 ┌불쾌지수가 높고 식중독이 발생한다. **한여름** 북태평양 기단의 확장 → 무더위가 시작, 낮 동안은 불볕더위, 한밤에는 열대야 발생, 대류성 강수인 소나기가 자주 내림
가을	• 대륙 내부에서 발생한 이동성 고기압의 영향으로 청명한 날씨 지속 → 농작물의 결실과 수확 • 늦가을에 시베리아 고기압이 발달하면서 기온이 낮아져 단풍과 서리 발생
겨울	• 시베리아 고기압의 영향으로 서고동저형의 기압 배치 → 한랭 건조한 북서풍이 강하게 나타남 • 삼한 사온 현상 : 시베리아 기단의 주기적인 강약에 의해 추위가 심한 날과 덜한 날이 반복됨 • 한파가 몰아쳐 추운 날씨 지속, 북서 계절풍의 영향으로 눈이 많이 내림

└ 시베리아 고기압의 확장, 제트 기류의 악화로 인한 북극 지방에서 찬 공기의 남하가 원인

개념 더하기 자료 채우기

3 계절풍과 계절별 일기도

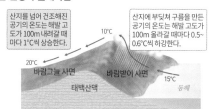

(단위: hPa)　　0 300 km　　(단위: hPa)　　0 300 km　　(기상청, 2016)

겨울에는 대륙에 시베리아 고기압이 발달하고 바다에 저기압이 발달하여 한반도를 기준으로 서고동저형의 기압 배치가 나타난다. 한여름에는 남쪽 바다에 북태평양 고기압이 발달하여 남고북저형의 기압 배치가 나타난다. 이로 인해 겨울에는 북쪽 대륙에서 바람이 불어 한랭 건조한 성질의 바람이, 여름에는 남쪽 바다에서 바람이 불어 고온 다습한 성질의 바람이 분다. ─ 바람은 고기압에서 저기압으로 불기 때문이다.

4 푄 현상과 높새바람

산지를 넘어 건조해진 공기의 온도는 해발 고도가 100m 내려갈 때마다 1℃씩 상승한다.

산지에 부딪쳐 구름을 만든 공기의 온도는 해발 고도가 100m 올라갈 때마다 0.5~0.6℃씩 하강한다.

10℃　20℃　바람그늘 사면　바람받이 사면　15℃　태백산맥　동해

푄이란 습윤한 공기가 산지를 타고 넘어갈 때 바람받이 사면에는 강수를 발생시키고, 바람그늘 사면에서는 고온 건조한 공기로 변하는 현상을 말한다. 우리나라에 이러한 푄 현상이 나타날 경우 영서 지방은 영동 지방에 비해 기온이 높고, 습도가 낮아진다. 이렇게 높새바람이 불면 영동 지방은 비가 내려 작물 재배에 도움이 되지만, 영서 지방에는 고온 건조한 바람이 불어와 밭작물이 말라 죽기도 한다.

5 우리나라에 영향을 주는 기단

기단	성질	계절	영향
시베리아 기단	한랭 건조	겨울	추위, 심한 사온, 꽃샘추위
오호츠크해 기단	냉량 습윤	늦봄~ 초여름	높새바람, 여름철 냉해
북태평양 기단	고온 다습	여름	무더위, 열대야, 장마
적도 기단	고온 다습	여름	태풍

시베리아 기단　오호츠크해 기단　북태평양 기단　적도 기단　동해　0 500 km　(기상청, 2016)

최근 도시 열섬 현상의 영향으로 특히 대도시에서 열대야가 나타나는 날이 크게 증가하고, 기간 또한 늘어나고 있다.

용어사전

* **바람장미** 관측 지점에서 각 방위별 풍향 출현 빈도와 최대 풍속을 방사 모양의 그래프로 나타낸 것, 동심원은 바람의 빈도, 막대의 방향은 풍향, 막대의 길이는 최대 풍속을 나타냄

* **꽃샘추위** 봄철에 겨울 날씨 못지않은 추위가 나타나는 현상, '꽃이 피는 것을 시샘해서 나타나는 추위'라는 의미에서 꽃샘추위라고 함

* **열대야** 일 최저 기온이 25℃ 이상인 날

올리드 포인트

A 우리나라의 기후 특성

1 기후 요소와 기후 요인

기후 요소	기후를 구성하는 대기 현상 예 기온, 강수, 바람
기후 요인	지역별 기후 요소의 차이에 영향을 주는 요인 예 위도, 수륙 분포, 지형, 해발 고도, 해류

2 우리나라의 기후 특성

냉·온대 기후	북반구 중위도에 위치, 뚜렷한 사계절
계절풍 기후	여름은 고온 다습, 겨울은 한랭 건조
대륙성 기후	대륙 동안에 위치, 기온의 연교차가 큼

B 기온, 강수, 바람의 특성

1 기온의 분포

지역 차	• 기온의 남북 차가 동서 차보다 큼 • 남북 차 : 북쪽으로 갈수록 기온이 낮아짐 • 동서 차 : 비슷한 위도에서 동해안의 겨울 기온이 서해안보다 높음(태백산맥과 동해의 영향)
연교차	북부>남부, 내륙>해안, 서해안>동해안

2 강수 분포

계절적 차이	• 강수의 계절적 차이와 연 변동이 큼 • 여름철 집중 : 장마 전선, 태풍, 집중 호우의 영향 • 겨울철 건조 : 건조한 시베리아 기단의 영향
지역적 차이	• 남쪽에서 북쪽으로 가면서 감소함 • 다우지 : 바람받이 사면(제주도, 남해안 일대, 한강 중·상류, 청천강 중·상류) • 소우지 : 바람그늘 사면(개마고원 일대, 영남 내륙 지역), 평야 지역(대동강 하류) • 다설지 : 북서 계절풍의 영향(울릉도, 호남 지방), 북동 기류의 영향(영동 지방)

3 바람의 특성

계절풍	• 겨울 : 한랭 건조한 북서 계절풍의 영향 • 여름 : 고온 다습한 남서·남동 계절풍의 영향
높새바람	늦봄에서 초여름 사이에 불어오는 고온 건조한 북동풍 → 영서 지방에 가뭄 피해 발생

C 계절별 특성

봄	날씨 변화가 심함, 꽃샘추위, 건조한 날씨, 황사
여름	• 장마철 : 높은 기온과 습도, 작은 일교차, 집중 호우 • 한여름 : 무더위, 열대야 발생, 소나기
가을	청명한 날씨, 농작물 결실, 단풍과 서리 발생
겨울	한랭 건조, 심한 삼한, 일부 지역은 많은 눈이 내림

01 빈칸에 들어갈 알맞은 말을 쓰시오.

(1) 기후를 구성하는 대기 현상으로 기온, 강수, 바람 등을 (　　　　)(이)라고 한다.

(2) 우리나라는 대륙의 동쪽에 위치하여 기온의 연교차가 큰 (　　　　) 기후가 나타난다.

(3) 대관령 일대의 여름철 기후가 서늘한 것은 (　　　　)이/가 높기 때문이다.

(4) 늦봄에서 초여름 사이에 오호츠크해 기단으로부터 불어오는 북동풍을 (　　　　)(이)라고 한다.

(5) 봄철 시베리아 기단의 일시적인 확장으로 나타나는 추위를 (　　　　)(이)라고 한다.

02 다음 설명이 맞으면 ○표, 틀리면 ×표를 하시오.

(1) 우리나라 기온 분포의 지역 차이는 여름철보다 겨울철에 크게 나타난다. (　　　)

(2) 비슷한 위도의 동해안이 서해안보다 겨울 기온이 높은 것은 지형과 바다의 영향 때문이다. (　　　)

(3) 우리나라는 강수의 여름철 집중률이 높고 해에 따른 강수량 변동은 작다. (　　　)

(4) 제주도, 남해안 일부, 한강 중·상류와 청천강 중·상류 지역은 강수량이 적은 소우지이다. (　　　)

(5) 겨울철 대륙에 시베리아 고기압이 발달하고 바다에 저기압이 발달하여 서고동저형의 기압 배치가 자주 나타난다. (　　　)

03 강수 유형의 특징을 바르게 연결하시오.

(1) 지형성 강수　　•

(2) 전선성 강수　　•

(3) 저기압성 강수　•

(4) 대류성 강수　　•

• ㉠ 성질이 다른 두 기단이 만나 형성된 전선을 따라 강수 발생

• ㉡ 습기를 동반한 바람이 높은 산을 올라갈 때 강수 발생

• ㉢ 온대·열대 저기압에 의해 강수 발생

• ㉣ 강한 일사에 의한 상승 기류로 인해 강수 발생

01 다음 수업 시간에 발표 내용이 옳은 학생을 고른 것은?

> 교사 : 우리나라의 기후 요인에 따른 기후 특색에 대해 이야기해 봅시다.
> 갑 : 남부 지방이 북부 지방보다 기온이 높은 것은 위도의 영향입니다.
> 을 : 우리나라는 유라시아 대륙 동안에 위치하여 대륙성 기후가 나타납니다. 이는 해발 고도의 영향 때문입니다.
> 병 : 태백산맥 일대가 주변 지역에 비해 여름철이 서늘한 이유는 수륙 분포 때문입니다.
> 정 : 지형의 영향으로 바람받이 사면은 강수량이 많고 바람그늘 사면은 강수량이 적습니다.

① 갑, 을   ② 갑, 병   ③ 갑, 정
④ 을, 병   ⑤ 병, 정

02 자료를 토대로 리스본에 비해 서울에서 뚜렷하게 나타나는 지리적 특성을 설명한 것으로 옳지 <u>않은</u> 것은?

① 대륙의 영향을 많이 받는다.
② 여름에 홍수가 자주 발생한다.
③ 태양 복사 에너지의 양이 많다.
④ 여름철 불쾌지수가 높게 나타난다.
⑤ 계절별 기온 차이가 뚜렷한 편이다.

03 (가), (나) 기후 현상에 영향을 준 기후 요인으로 옳은 것은?

> (가) 부산은 강릉보다 연평균 기온이 높다.
> (나) 대관령은 서울보다 최한월 평균 기온이 낮다.

	(가)	(나)
①	위도	해발 고도
②	위도	수륙 분포
③	지형	해발 고도
④	해발 고도	해양과 해류
⑤	해양과 해류	위도

04 (가), (나)는 우리나라 월평균 기온을 나타낸 지도이다. 이를 보고 바르게 설명한 내용을 〈보기〉에서 고른 것은? (단, (가), (나)는 1월과 8월 중 하나임)

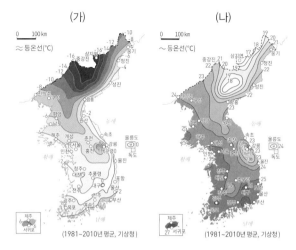

> **보기**
> ㄱ. (가)는 1월, (나)는 8월 평균 기온 지도이다.
> ㄴ. 기온의 지역 차는 (나)보다 (가) 시기에 더 크다.
> ㄷ. 북쪽으로 갈수록 기온의 연교차는 작아진다.
> ㄹ. 비슷한 위도에서는 서해안이 동해안보다 겨울철 기온이 더 높다.

① ㄱ, ㄴ   ② ㄱ, ㄷ   ③ ㄴ, ㄷ
④ ㄴ, ㄹ   ⑤ ㄷ, ㄹ

05 그래프는 우리나라 기온의 지역 차에 대한 것이다. 이에 대한 설명으로 옳지 <u>않은</u> 것은?

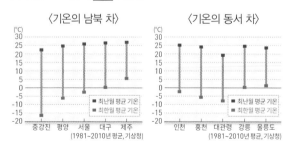

① 연평균 기온은 제주가 가장 높다.
② 해안이 내륙보다 기온의 연교차가 크다.
③ 기온의 지역 차는 동서보다 남북이 더 크다.
④ 울릉도는 홍천보다 바다의 영향을 많이 받는다.
⑤ 최난월 평균 기온보다 최한월 평균 기온의 지역 차가 더 크다.

06 다음은 우리나라의 강수 특성에 대한 설명이다. ㉠에 들어 갈 내용을 〈보기〉에서 고른 것은?

> 우리나라의 연 강수량은 남쪽에서 북쪽으로 가면서 대체로 줄어들지만, (㉠) 등의 영향으로 지역적 차이가 큰 편이다. 예를 들어 비구름이 상승하는 바람받이 사면은 지형성 강수가 많이 내려 다우지를 이루는 반면, 낮고 평평한 사면이나 바람그늘 사면은 소우지를 이룬다.

> ┤ 보기 ├
> ㄱ. 산지의 분포
> ㄴ. 바람의 방향
> ㄷ. 시베리아 기단
> ㄹ. 해양 수심의 차이

① ㄱ, ㄴ   ② ㄱ, ㄷ   ③ ㄴ, ㄷ
④ ㄴ, ㄹ   ⑤ ㄷ, ㄹ

[중요 ★★]

07 지도는 우리나라의 연 강수량 분포를 나타낸 것이다. A~D 에 대한 옳은 설명만을 〈보기〉에서 있는 대로 고른 것은?

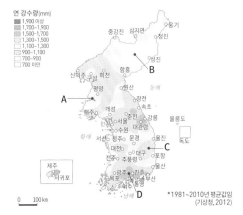

> ┤ 보기 ├
> ㄱ. A는 평탄한 지형으로 바람이 상승할 수 없어 강 수량이 적다.
> ㄴ. B는 비교적 높은 산지가 많아 비구름이 상승하는 바람받이 사면으로 강수량이 적다.
> ㄷ. C는 태백산맥과 소백산맥으로 둘러싸인 바람그 늘 지역으로 강수량이 적다.
> ㄹ. D는 여름철 남서 기류의 영향으로 강수량이 많다.

① ㄱ, ㄴ   ② ㄱ, ㄷ   ③ ㄱ, ㄴ, ㄷ
④ ㄱ, ㄷ, ㄹ   ⑤ ㄴ, ㄷ, ㄹ

08 지유는 수행 평가 보고서를 작성하기 위해 다음과 같은 자료를 수집하였다. 보고서의 주제로 적합하지 않은 것은?

〈서울의 연 강수량 변화〉

① 수력 발전에 유리한 이유
② 물 자원 이용률이 낮은 이유
③ 홍수와 가뭄이 자주 발생하는 이유
④ 예로부터 수리 시설이 발달한 이유
⑤ 하천 교통로의 발달이 불리한 이유

09 (가), (나)의 바람장미를 보고 각 시기에 대해 옳게 설명한 내용을 〈보기〉에서 고른 것은? (단, (가), (나)는 1월과 7월 중 하나임)

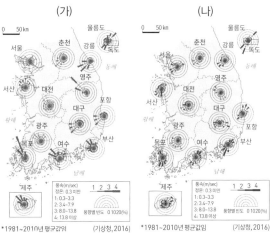

> ┤ 보기 ├
> ㄱ. (가) 시기의 계절풍은 한랭 건조한 성질이 나타난다.
> ㄴ. (가) 시기에 연 강수량의 50%~70%가 집중된다.
> ㄷ. (나) 시기에는 무더위가 지속되어 열대야 현상이 나타난다.
> ㄹ. (나) 시기에 영동 지방은 북서풍의 영향으로 많은 눈이 내린다.

① ㄱ, ㄴ   ② ㄱ, ㄷ   ③ ㄴ, ㄷ
④ ㄴ, ㄹ   ⑤ ㄷ, ㄹ

10 (가), (나)에 대한 옳은 설명을 〈보기〉에서 고른 것은? (단, (가), (나)는 서리 첫날과 서리 마지막 날 중 하나임)

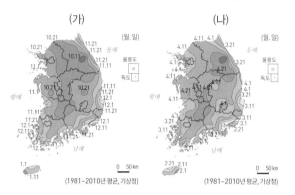

(1981~2010년 평균, 기상청)   (1981~2010년 평균, 기상청)

┌ 보기 ┐
ㄱ. (가)는 고위도로 갈수록 빨라진다.
ㄴ. (나)는 동일한 위도에서 평지보다 산지가 늦다.
ㄷ. (가)에서 (나)까지의 기간은 동일한 위도에서 내륙이 해안보다 짧다.
ㄹ. (나)에서 (가)까지의 기간 동안 시베리아 기단의 영향을 크게 받는다.

① ㄱ, ㄴ   ② ㄱ, ㄷ   ③ ㄴ, ㄷ
④ ㄴ, ㄹ   ⑤ ㄷ, ㄹ

★★ 중요

11 그래프는 지도에 표시된 지역의 기후 특성을 나타낸 것이다. (가)~(라) 지역에 대한 옳은 설명만을 〈보기〉에서 있는 대로 고른 것은?

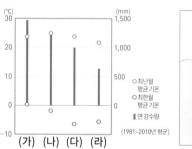

○ 최난월 평균 기온
○ 최한월 평균 기온
■ 연강수량

(1981~2010년 평균)

┌ 보기 ┐
ㄱ. (가)와 (나)는 비슷한 위도에 위치한다.
ㄴ. (가)와 (라)는 동해안에 위치한다.
ㄷ. (다)는 (라)보다 위도가 높다.
ㄹ. (라)는 (나)보다 일출 시간이 이르다.

① ㄱ, ㄴ   ② ㄱ, ㄷ   ③ ㄱ, ㄴ, ㄷ
④ ㄱ, ㄴ, ㄹ   ⑤ ㄴ, ㄷ, ㄹ

12 지도에 표시된 A~D 지역의 기후 특색을 비교한 내용으로 옳은 것을 〈보기〉에서 고른 것은?

┌ 보기 ┐
ㄱ. A는 B보다 기온의 연교차가 크다.
ㄴ. A는 D보다 겨울철 기온이 높다.
ㄷ. B는 C보다 연평균 강설량이 많다.
ㄹ. C는 D보다 연평균 강수량이 많다.

① ㄱ, ㄴ   ② ㄱ, ㄷ   ③ ㄴ, ㄷ
④ ㄴ, ㄹ   ⑤ ㄷ, ㄹ

13 지도는 우리나라의 계절별 일기도를 나타낸 것이다. (가), (나) 시기에 대한 옳은 설명을 〈보기〉에서 고른 것은?

┌ 보기 ┐
ㄱ. (가) 시기는 (나) 시기보다 강수량이 적은 편이다.
ㄴ. (가) 시기는 (나) 시기보다 냉방기기에 대한 수요가 많다.
ㄷ. (나) 시기는 (가) 시기보다 태풍의 영향을 자주 받는다.
ㄹ. (가) 시기는 주로 해양에서 육지로, (나) 시기는 육지에서 해양으로 바람이 분다.

① ㄱ, ㄴ   ② ㄱ, ㄷ   ③ ㄴ, ㄷ
④ ㄴ, ㄹ   ⑤ ㄷ, ㄹ

중요 ★★

14 자료는 지도에 표시된 세 지역의 상대적 기후 특성을 나타낸 것이다. (가)~(다)에 해당하는 지역을 A~C에서 고른 것은?

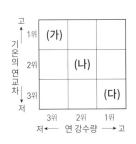

	(가)	(나)	(다)		(가)	(나)	(다)
①	A	B	C	②	A	C	B
③	B	A	C	④	B	C	A
⑤	C	A	B				

15 자료에 대한 설명으로 옳은 것을 〈보기〉에서 고른 것은?

〈5월 ○일 기상 자료〉

도시	최고 기온(℃)	최저 기온(℃)	강수량(mm)
강릉	20.4	16.9	6
춘천	30.2	19.8	0

┌ 보기 ┐
ㄱ. 해당 일에는 남서풍이 탁월하게 불었다.
ㄴ. 기온의 일교차는 춘천이 강릉보다 컸다.
ㄷ. 바람이 산맥을 넘으면서 고온 건조해졌다.
ㄹ. 최고 기온의 차이는 강릉과 춘천의 해발 고도 차이 때문이다.

① ㄱ, ㄴ ② ㄱ, ㄷ ③ ㄴ, ㄷ ④ ㄴ, ㄹ ⑤ ㄷ, ㄹ

중요 ★★

16 사진은 우리나라 어느 계절의 경관이다. (가), (나) 계절에 대한 설명으로 옳은 것은?

① (가)는 (나)보다 강수 집중률이 높다.
② (가)는 남풍, (나)는 북풍이 탁월하다.
③ (나)는 (가)보다 기온의 남북 차가 크다.
④ (가)는 해양성 기단의 영향을 주로 받는다.
⑤ (나)는 적도 기단의 영향에 의한 피해가 자주 발생한다.

17 다음은 영훈이의 여행기의 일부분이다. (가) 현상이 나타난 원인으로 가장 적절한 것은?

여행 기간 201○. 3. 25.~3. 28.
여행 출발 전 최고 기온이 22℃까지 오르고 꽃도 피기 시작해 우리는 즐거운 마음으로 여행을 시작했다. 하지만 여행 첫째 날인 25일 오후부터 바람이 강하게 불기 시작하더니, (가) 최고 기온이 7.5℃로 떨어졌고, 27일 새벽에는 기온이 −1.3℃까지 내려갔다. 그러더니 27일 오후부터는 조금씩 내리던 비가 함박눈으로 바뀌어 우리는 결국 나머지 일정을 취소하고 집으로 돌아왔다.

① 북태평양 기단이 한반도에서 세력 확장
② 이동성 고기압과 저기압이 교대로 통과
③ 후퇴하던 시베리아 기단의 일시적인 확장
④ 대륙에서 이동성 고기압이 한반도로 유입
⑤ 고위도에서 남하하는 찬 공기와 북태평양 기단이 만나서 정체

18 다음과 같은 원리에 의해 나타나는 기후 현상의 사례로 적절한 것만을 〈보기〉에서 있는 대로 고른 것은?

습기를 머금은 공기가 산의 사면을 타고 올라갈 때 눈이나 비가 내리고, 산지를 넘으면서 건조해진다.

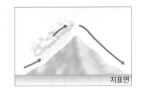

┌ 보기 ┐
ㄱ. 대동강 하류 지역은 강수량이 적다.
ㄴ. 제주도 남동부는 여름철 강수량이 많다.
ㄷ. 영남 내륙 분지는 주변 지역보다 강수량이 적다.
ㄹ. 영동 산간 지역은 북동 기류에 의해 많은 눈이 내린다.

① ㄱ, ㄴ   ② ㄴ, ㄷ   ③ ㄷ, ㄹ
④ ㄱ, ㄴ, ㄹ   ⑤ ㄴ, ㄷ, ㄹ

19 지도는 우리나라 일부 지역의 시기별 바람장미이다. (가), (나) 시기에 대한 설명으로 옳지 <u>않은</u> 것은? (단, (가), (나) 시기는 1월, 7월 중 하나임)

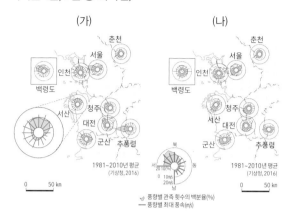

(가)   (나)

1981~2010년 평균
(기상청, 2016)

1981~2010년 평균
(기상청, 2016)

풍향별 관측 횟수의 백분율(%)
풍향별 최대 풍속(m/s)

① 서산은 (가) 시기에 북풍 계열의 바람 빈도가 높다.
② (가) 시기에 해안 지역은 내륙 지역보다 바람이 강하다.
③ (나) 시기에 군산은 서울보다 최대 풍속이 높다.
④ (가)는 1월, (나)는 7월의 바람장미이다.
⑤ (나)는 (가)보다 집중 호우 가능성이 낮다.

20 다음은 우리나라에 영향을 주는 기단에 대한 수업 장면이다. 발표 내용이 옳은 학생을 고른 것은?

우리나라에 영향을 주는 기단

(기상청, 2016)

A~D 기단에 대해 발표해 볼까요?

갑: A의 영향으로 한파와 꽃샘추위가 나타나요.

을: B가 강하게 발달하면 주로 서고동저형 기압 배치가 나타나요.

병: C의 영향이 강해지면 높새바람이 불어와 영서 지방에 가뭄이 나타나요.

정: D의 영향으로 무더위와 열대야 현상이 나타나요.

① 갑, 을   ② 갑, 정   ③ 을, 병
④ 을, 정   ⑤ 병, 정

21 지도는 8월 평균 강수량을 나타낸 것이다. A와 B 지역 간에 강수량 차이가 나는 이유를 서술하시오.

강수량(mm)
350 이상
300~350
250~300
200~250
150~200
150 미만

(1981~2010년 평균, 기상청)

22 지도는 우리나라의 적설량을 나타낸 것이다. A와 B 지역에 적설량이 많은 이유를 각각 바람의 방향과 연관지어 서술하시오.

적설량(cm)
75 이상
60~75
45~60
30~45
15~30
15 미만

*1981~2010년 평균값임 (기상청, 2012)

23 자료를 참고하여 A 지역에 비해 B 지역의 1~3월 기온이 높은 이유를 서술하시오.

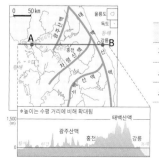

〈1~3월의 기온〉

구분	A	B
평균 기온(℃)	-1.9	0.8
최고 기온(℃)	1.9	5.3
최저 기온(℃)	-5.3	-2.6

(기상청)
*1981~2010년 1~3월의 평균값임

등급을 올리는 고난도 문제

01 (가), (나) 계절에 A~C 지역의 강수량을 상대적 순위에 따라 배열한 것으로 옳은 것은? (단, (가), (나)는 여름과 겨울 중 하나임)

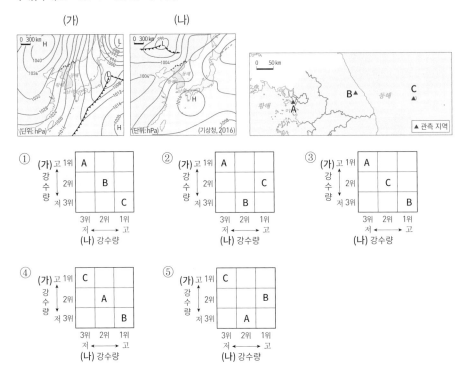

① (가) 강수량 1위 A / 2위 B / 저 3위 C, (나) 강수량 3위 2위 1위 저←고

② (가) 강수량 1위 A / 2위 C / 저 3위 B, (나) 강수량 3위 2위 1위 저←고

③ (가) 강수량 1위 A / 2위 C / 저 3위 B, (나) 강수량 3위 2위 1위 저←고

④ (가) 강수량 1위 C / 2위 A / 저 3위 B, (나) 강수량 3위 2위 1위 저←고

⑤ (가) 강수량 1위 C / 2위 B / 저 3위 A, (나) 강수량 3위 2위 1위 저←고

문제 접근 방법

일기도에서 고기압과 저기압의 위치, 등압선의 간격으로 여름과 겨울을 구분할 수 있다. 지도에서 A는 서해안, B는 해발 고도가 높은 대관령, C는 겨울 강수 비율이 높은 울릉도로, 이들 세 곳은 출제 빈도가 높은 지역이기 때문에 기후 특징을 기억하고 있다면 쉽게 해결할 수 있다.

적용 개념

계절별 일기도
여름철 강수량
겨울철 강수량

---

02 다음은 한국지리 수업 시간의 수행 평가 자료이다. (가)~(라) 지역의 기후 특색을 A~D에서 고른 것은?

〈우리나라 여러 지역의 기후 특색〉

A. 한류의 영향으로 강수량이 매우 적다.

B. 대륙의 영향을 많이 받아 연교차가 매우 크다.

C. 저평한 지형의 영향으로 연 강수량이 적은 소우지이다.

D. 해발 고도가 높아 주변 지역보다 8월 평균 기온이 낮다.

	(가)	(나)	(다)	(라)
①	A	B	C	D
②	B	A	C	D
③	B	D	A	C
④	C	A	B	D
⑤	D	A	C	B

문제 접근 방법

기후 특징이 뚜렷하여 출제 빈도가 높은 대표적인 지역들은 기온과 강수량 등 기후 특성을 꼭 기억해 두어야 한다. (가)는 중강진, (나)는 청진, (다)는 대동강 하류, (라)는 소백산맥 일대이다. 네 지역의 기온과 강수 특성을 찾아 선지를 골라 본다.

적용 개념

강수량의 지역 차
대륙도
지형성 강수
해발 고도에 따른 기온 차

03 다음 글은 우리나라의 강수 특성에 관한 것이다. (가), (나)와 관계 깊은 강수 유형을 〈보기〉에서 고른 것은?

> 우리나라의 강수는 주로 여름철에 집중된다. 여름철에는 고온 다습한 북태평양 기단과 ㈎장마 전선 등의 영향으로 대부분 지역에서 연 강수량의 절반 이상이 내린다. 연 강수량은 남쪽에서 북쪽으로 가면서 대체로 줄어들지만, ㈏지형과 풍향 등의 영향으로 지역적 차이가 큰 편이다. 제주도, 남해안 일대, 한강 중·상류 유역 등은 대표적인 다우지이고, 개마고원 일대와 영남 내륙 지역은 소우지이다.

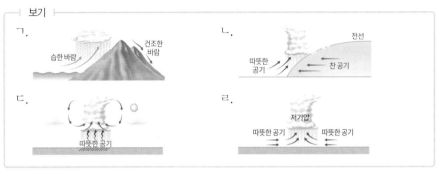

	(가)	(나)			(가)	(나)
①	ㄱ	ㄴ		②	ㄴ	ㄱ
③	ㄴ	ㄷ		④	ㄷ	ㄱ
⑤	ㄹ	ㄱ				

⚲ **문제 접근 방법**

강수 유형은 지형성 강수, 전선성 강수, 대류성 강수, 저기압성 강수로 구분된다. 강수 유형별로 기본적인 발생 원리를 알아 두면 쉽게 풀 수 있다.

✏️ **적용 개념**

강수 유형
강수의 지역 차에 영향을 주는 요인

04 그래프의 A~D 지역에 대한 설명으로 옳지 않은 것은? (단, A~D는 대전, 태백, 구미, 대관령 중 하나임)

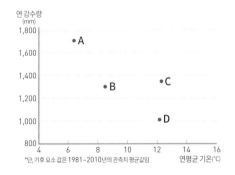

① A는 태풍의 영향을 자주 받아 연 강수량이 많다.
② D는 분지 지형의 바람그늘 사면으로 소우지이다.
③ A는 C보다 해발 고도가 높다.
④ C는 B보다 농작물의 생육 기간이 길다.
⑤ C와 D는 비슷한 위도에 위치한다.

⚲ **문제 접근 방법**

연 강수량과 연평균 기온을 통해 대략적인 위치를 파악해야 한다. 단, 제시된 네 지역이 있으므로 상대적 특성을 이용해 구분한다면 해당 지역을 쉽게 파악할 수 있다.

✏️ **적용 개념**

지역별 강수량 차
해발 고도에 따른 기온 차
지형성 강수

여러 지역의 기온, 강수 특징 비교

기온 분포의 특색

연교차	• 위도의 영향으로 남에서 북으로 갈수록 커짐 • 해안에서 내륙으로 갈수록 커짐(동위도 상에서 내륙>서해안>동해안)
남북 차	• 여름철<겨울철 • 남북 차>동서 차(국토 형태와 위도의 영향)
동서 차	• 겨울철 동해안이 서해안보다 기온이 높음 • 지형(산맥)과 해양(난류가 흐르고 수심이 깊은 동해)의 영향

	최난월 평균 기온(℃)	최한월 평균 기온(℃)	연평균 기온(℃)
중강진	22.3	-16.1	5.5

• 연 강수량 726.4mm의 소우지
• 내륙의 고원에 위치하여 대륙도가 큼
• 1월 평균 기온이 낮음, 우리나라에서 연교차가 매우 큰 곳

강수의 지역 차이

다우지

㉠ 청천강 중·상류 지역	남서풍이 낭림산맥에 부딪혀 지형성 강수 발생
㉡ 원산 주변의 동해안	남동풍이 태백산맥에 부딪혀 내리는 지형성 강수 발생
㉢ 한강 중·상류 지역과 대관령	황해를 건너온 다습한 서풍이 태백산맥에 부딪혀 지형성 강수 발생
㉣ 섬진강 중·상류와 남해안 일대	남서풍이 소백산맥과 지리산에 부딪혀 지형성 강수 발생
㉤ 제주도	태풍의 영향을 자주 받고 습한 바다의 영향으로 최다우지를 형성

소우지

㉥ 개마고원 일대	주변이 산맥으로 둘러싸여 있어 습한 바람의 영향이 적음
㉦ 대동강 하류	저평한 지형으로 지형성 강수가 형성되지 못함
㉧ 영남 내륙 지역	분지 지역으로 바람그늘 사면을 형성하여 비가 적게 내림

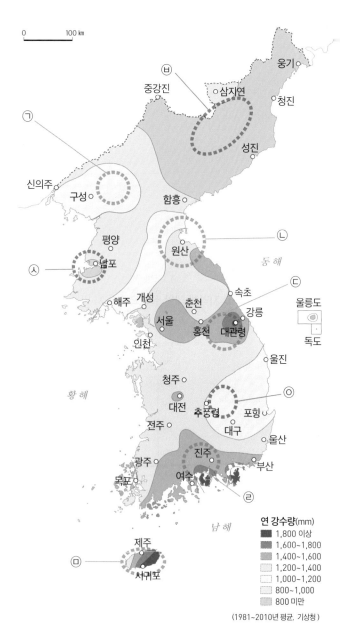

연 강수량(mm)
■ 1,800 이상
■ 1,600~1,800
■ 1,400~1,600
□ 1,200~1,400
□ 1,000~1,200
□ 800~1,000
□ 800 미만

(1981~2010년 평균, 기상청)

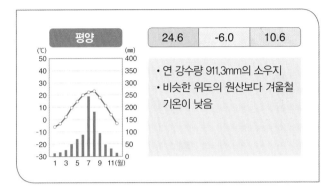

평양 | 24.6 | -6.0 | 10.6

- 연 강수량 911.3mm의 소우지
- 비슷한 위도의 원산보다 겨울철 기온이 낮음

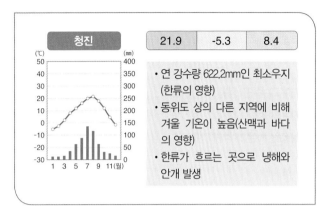

청진 | 21.9 | -5.3 | 8.4

- 연 강수량 622.2mm인 최소우지 (한류의 영향)
- 동위도 상의 다른 지역에 비해 겨울 기온이 높음(산맥과 바다의 영향)
- 한류가 흐르는 곳으로 냉해와 안개 발생

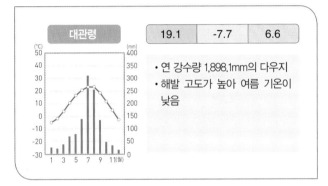

대관령 | 19.1 | -7.7 | 6.6

- 연 강수량 1,898.1mm의 다우지
- 해발 고도가 높아 여름 기온이 낮음

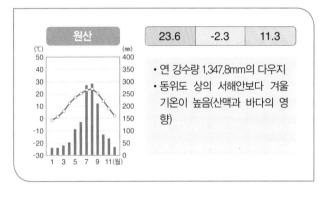

원산 | 23.6 | -2.3 | 11.3

- 연 강수량 1,347.8mm의 다우지
- 동위도 상의 서해안보다 겨울 기온이 높음(산맥과 바다의 영향)

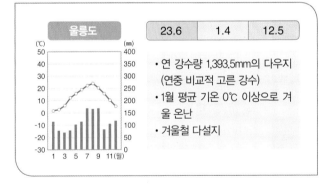

울릉도 | 23.6 | 1.4 | 12.5

- 연 강수량 1,393.5mm의 다우지 (연중 비교적 고른 강수)
- 1월 평균 기온 0℃ 이상으로 겨울 온난
- 겨울철 다설지

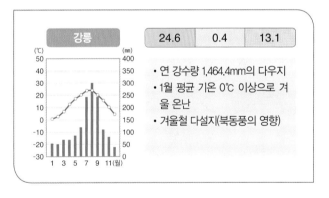

강릉 | 24.6 | 0.4 | 13.1

- 연 강수량 1,464.4mm의 다우지
- 1월 평균 기온 0℃ 이상으로 겨울 온난
- 겨울철 다설지(북동풍의 영향)

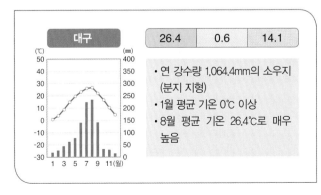

대구 | 26.4 | 0.6 | 14.1

- 연 강수량 1,064.4mm의 소우지 (분지 지형)
- 1월 평균 기온 0℃ 이상
- 8월 평균 기온 26.4℃로 매우 높음

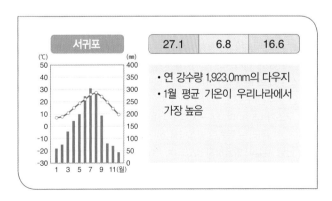

서귀포 | 27.1 | 6.8 | 16.6

- 연 강수량 1,923.0mm의 다우지
- 1월 평균 기온이 우리나라에서 가장 높음

02 기후와 주민 생활

학습길잡이 ・ 기후가 자연경관과 인문 경관의 형성과 변화에 미치는 영향을 파악한다.
・ 다양한 사례를 통해 기후가 주민 생활에 미치는 영향을 알아 둔다.

A 기후는 주민 생활에 어떤 영향을 줄까

1 기온과 주민 생활 — 기온은 의식주 등 주민 생활에 영향을 미쳐 지역별로 다양한 문화가 발달하였다.

① **기온의 영향** : 의식주 등 주민 생활에 영향을 미쳐 지역별로 다양한 문화 발달 **1**

② **여름철 기온과 주민 생활** — 북태평양 고기압의 영향으로 덥고 습한 날씨가 지속된다.

의생활	・통풍이 잘 되어 시원한 모시나 삼베를 이용하여 옷을 만들어 입음 ・죽부인과 부채 등을 이용하여 더위를 극복함
식생활	・고온 다습한 기후 환경에서 잘 자라는 벼농사 발달 ・음식이 쉽게 변질되기 때문에 젓갈 등의 염장 식품 발달 ┐ 기온이 높은 남부 지역으로 갈수록 상대적으로 염도가 높아진다.
주생활	・여름이 무덥고 긴 남부 지방으로 갈수록 개방적인 가옥 구조 발달 ・중부와 남부 지역에는 대청마루 발달, 지붕과 천장 사이에 공간 확보

③ **겨울철 기온과 주민 생활** **왜?** 통풍이 잘되고 지면으로부터 ┐ 지붕의 열기가 방으로 습기를 차단하기 위해서이다. └ 전달되는 것을 방지한다.

의생활	동물의 털이나 가죽, 목화에서 얻은 솜을 넣어 누빈 옷 등 방한복을 만들어 입음
식생활	・추위에 잘 견디는 보리나 밀 재배 ・신선한 채소를 구하기 어려워 많은 양의 김치를 담그는 김장 문화 발달 **2**
주생활	・겨울이 춥고 긴 북부 지방으로 갈수록 폐쇄적인 가옥 구조 발달 ・난방 시설인 온돌 발달, 관북 지방에는 겹집 구조와 정주간 발달

우리나라의 대부분 지역은 겨울 기온이 낮기 때문에 아궁이에 불을 피워 방바닥을 데우는 온돌을 설치하였다. 그러나 상대적으로 따뜻한 제주 지역은 온돌이 없는 경우도 있다.

자료로 보는 기후와 전통 가옥

△ **정주간** 부엌과 방 사이의 벽이 없는 공간으로, 부엌의 열기를 이용할 수 있어 겨울철 작업 공간이 되었다.

질문

△ **우데기** 겨울철 많은 눈에 대비하여 생활 공간을 확보하기 위해 방설벽을 설치했다.

여름철 음식물 저장 창고로 이용되었다.

(한국 민가의 지역적 전개, 1996)

자료 분석 우리나라 전통 가옥의 구조와 형태는 지역의 기후 특색을 반영하여 지역 차가 뚜렷하게 나타난다. 함경도를 중심으로 한 북동부 산간 지역은 겨울 추위에 대비한 겹집 형태의 폐쇄적인 가옥 구조가 나타나며 방은 전(田)자형으로 되어 있고, 실내 생활 공간인 정주간이 있다. 남서부 평야 지역은 여름 더위에 대비한 홑집 형태의 개방적인 가옥 구조가 나타나며, 일(一)자형의 가옥에 넓은 대청마루가 있다. 울릉도는 많은 눈에 대비해 우데기라는 독특한 방설벽을 친 것이 특색이다. 제주도는 겨울이 온화하여 온돌 같은 난방 시설이 발달하지 않았으며, 부엌의 아궁이는 바깥쪽으로 나와 있다.

Q 강설량이 많은 울릉도에 발달한 독특한 형태의 방설벽은 무엇인가? **A** 기데우 ▼

---

1 전통 가옥의 처마

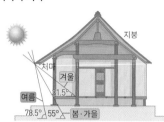

우리나라는 보통 남향으로 집을 짓는데, 계절에 따라 태양의 고도가 다른 것을 이용해 처마의 일조량 조절 기능을 극대화하기 위함이다. 처마는 겨울에는 고도가 낮아 햇볕이 잘 들어 집을 따뜻하게 하며, 여름에는 고도가 높아 햇볕을 덜 받게 하여 집을 시원하게 하는 역할을 한다.

2 지역별 김장 시기

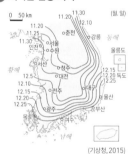

(기상청, 2015)

김장 시기와 김치의 맛은 지역적으로 차이가 있다. 기온이 낮은 북부 지방이 남부 지방에 비해 김장 시기가 빠르며, 비슷한 위도의 경우 내륙 지방이 해안 지방에 비해 김장 시기가 빠르다. 또한 겨울이 비교적 온화한 남부 지방은 김치가 쉽게 시어져서 짜고 맵게 담갔으며, 북부 지방은 싱겁고 담백하게 담갔다.

질문 있어요

우데기는 눈이 오는 겨울에만 설치했나요?
우데기는 울릉도의 민가에서 방설을 위해 설치한 구조물로 알려져 있지만, 여름에는 햇볕을 막아 시원하게 하고 겨울에는 찬바람을 막아 주기도 했어요. 또한 각종 곡물의 저장 공간 역할도 했지요. 이렇게 여러 방법으로 이용된 우데기를 친 출입구에는 거적문을 달아 말아 올릴 수 있도록 하여 집 안의 환기와 보온을 조절하기도 했어요.

용어사전

* **죽부인** 대나무를 쪼개 길고 둥글게 얼기설기 엮어 만든 기구, 여름밤에 서늘한 기운이 돌게 하기 위하여 끼고 잠

* **겹집 구조** 대들보 아래 방을 2열로 배치한 가옥으로, 겨울철이 길고 추운 관북 지방과 산간 고원 지대에서 주로 나타남

* **정주간** 부엌과 방 사이의 벽이 없는 공간으로, 부엌에서 발생하는 온기를 활용할 수 있음

2 강수와 주민 생활

① 강수의 영향

우리나라는 하천의 유량 변화가 크기 때문에 수력 발전과 내륙 수운 발달에 불리하다.

- 지역마다 강수 특성에 따라 물 공급이나 가옥 구조, 발달 산업이 달라짐
- 계절별 강수량 변동이 커서 물 자원의 이용률이 낮고, 홍수와 가뭄이 잦음
  (→ 저수지·보 등의 수리 시설 축조, 다목적 댐 건설) **질문**

자료로 보는 강수와 관련된 시설

유수지(서울특별시 광진구)

다목적 댐
(대전광역시 대청 댐)

자료 분석 유수지는 홍수 발생 시 도시 지역의 홍수량 일부를 일시적으로 저장하여 하류의 최대 유량을 감소시키기 위해 이용된다. 유수지의 물은 하천으로 되돌려 보내거나 갈수기 때 이용하기도 한다. 다목적 댐은 홍수가 빈번히 일어나는 지역에 댐을 건설한 후 하류 지역의 홍수 위험을 줄이고, 수력 발전과 농업 및 공업용수 공급, 상수원 확보 등의 여러 가지 목적으로 이용된다. 우리나라는 여름철에 강수가 집중되고 연 변동이 매우 크게 나타난다. 이로 인해 효율적인 물 관리가 어려워 유수지와 다목적 댐 등을 건설하여 물 자원을 관리하고 있다.

② 지역별 강수 차이와 주민 생활

왜? 강수량이 많아 하천이 자주 범람하기 때문에 상대적으로 고도가 높은 자연 제방에 거주한다.

다우지	• 하천 주변의 저지대에서는 제방을 쌓고 자연 제방에 거주함 • 터돋움집이나 피수대를 만들어 홍수에 대비함 **3**
소우지	• 대동강 하구를 비롯한 서해안은 일조량이 풍부해 천일제염이 발달함 • 영남 북부 내륙 지방에서 사과 등 과수 재배가 활발함

③ 계절별 강수 차이와 주민 생활

여름	기온이 높고 강수량이 풍부하여 벼농사 발달
겨울	• 과거 : 강원 산간 지역에서는 설피나 발구를 활용하여 이동, 급경사의 지붕(적설에 의한 가옥 붕괴 방지), 울릉도 전통 가옥의 우데기 • 오늘날 : 교통 체증 발생, 눈을 이용한 지역 축제 개최, 스키장 건설 **4**

여름 강수량이 다른 지역에 비해 적고, 겨울에 주로 북서 계절풍에 의해 눈이 많이 내려 연중 강수가 비교적 고르게 나타난다.

자료로 보는 강수 특성에 따른 산업

ⓐ 천일제염(충청남도 태안군)

ⓐ 과수원(경상북도 청송군)

ⓐ 스키장(강원도 평창군)

자료 분석 천일제염은 강수가 적은 지역일수록 일조 시수가 길어 유리한데, 특히 갯벌이 발달한 대동강 하류와 서해안에서 발달하였다. 긴 일조 시수는 과일 재배에도 유리하게 작용하여, 일교차가 크고 일조량이 풍부한 경북 내륙 지역에서는 사과 재배가 활발하다. 겨울철 강설량이 많은 곳은 눈을 이용한 관광 산업이 발달한다. 강원도에는 겨울에 눈이 많이 내려 스키장이 많이 분포하며 태백산 눈꽃 축제, 대관령 눈꽃 축제 등은 눈과 관련한 축제로 유명하다.

Q 우리나라에서 서해안에 염전이 발달한 이유는? **A** 강수량이 적고 일조 시간이 길며 갯벌이 발달하기 때문

✋질문 있어요

우리나라에서 다양한 수리 시설이 발달한 이유는 무엇인가요?

우리나라는 강수량의 계절별, 연도별 변동이 심하여 일찍이 저수지나 보 등의 수리 시설을 만들어 가뭄과 홍수에 대비하고, 물을 효율적으로 관리하기 위해 노력했어요. 오늘날에도 다목적 댐이나 빗물 저장 시설 등을 만들어 각종 용수를 공급하고 물 자원을 효율적으로 관리하기 위해 노력하고 있어요.

3 터돋움집

터를 높여 집을 지었다.

홍수가 자주 발생하는 지역에서는 집을 땅 위에 바로 짓지 않고, 흙이나 돌로 땅을 돋운 후 집을 지어 홍수 피해를 줄이기 위해 노력하였다.

4 겨울철 눈의 긍정적 측면

많이 내린 눈은 도로 교통이 마비되거나 가옥 및 농업 시설물의 붕괴 등으로 많은 피해를 가져오지만 부족한 댐의 수자원을 확보할 수 있기 때문에 농업 및 생활용수로 활용할 수 있다. 또한 봄철까지 눈이 덮여 유지되면서 가뭄으로 인한 피해를 줄일 수 있고 대기의 미세 먼지나 오염 물질을 흡수하여 대기의 질을 개선하는 역할을 한다. 그리고 산불을 예방할 수 있으며, 겨울철 스키장 운영비를 줄여 준다.

✱용어사전

- **✱보** 주변의 농경지에 물을 공급하기 위해 계곡이나 하천을 막아 물을 저장하는 둑을 쌓은 시설
- **✱피수대** 하천 범람에 대비하여 지면보다 높고 평평하게 축대를 쌓은 대피 시설
- **✱천일제염** 강수량이 적고 일조 시간이 긴 갯벌 일대에서 바닷물을 증발시켜 소금을 만드는 것
- **✱설피** 눈에 빠지거나 미끄러지지 않도록 신발에 덧신는 도구
- **✱발구** 눈이 올 때 운반하기 위해 사용하는 도구

02 기후와 주민 생활

3 바람과 주민 생활

① 계절별 바람과 주민 생활
— 우리나라는 대륙과 해양 사이에 위치한 계절풍 기후 지역으로 계절풍이 주민 생활에 많은 영향을 주었다.

- 겨울 : 한랭 건조한 북서 계절풍 → 촌락이나 가옥의 입지에 영향(차가운 바람을 막기 위해 산을 등지고 햇볕이 잘 드는 배산임수 지역에 촌락 입지, 남향집 선호) ①
- 여름 : 고온 다습한 남동·남서 계절풍 → 벼농사 발달

② 바람이 강한 곳의 가옥 형태

제주도	• 강한 바람의 저항을 줄이기 위해 지붕의 경사를 낮게 하고, 그물망처럼 지붕을 줄로 엮음. 비와 눈이 집 안으로 들어오는 것을 막기 위해 풍채 설치 • 집의 입구에 돌담으로 쌓은 올레를 두어 바람이 집으로 직접 들어오는 것을 막음 ② 질문
서해안 일대	• 강화도의 또아리집 : 차가운 겨울바람을 극복하기 위한 'ㄷ'자형의 가옥 • 호남 해안 지방의 까대기 : 바람과 눈이 들어오는 것을 막기 위한 건조물

자료로 보는 **바람과 가옥 형태**

⊙ 그물 지붕(제주도)

⊙ 또아리집(인천광역시 강화군)

⊙ 까대기(전라북도 김제시)

자료 분석 바람이 강하게 부는 제주도에서는 돌로 담을 쌓았으며 지붕이 날아가지 않도록 새끼줄로 고정을 시켰다. 또아리집은 'ㄷ'자 형태로 가옥을 짓고 마당에 지붕을 씌워 겨울철 차가운 바람으로부터 집안을 온화하게 유지해 주었다. 까대기는 건물이나 담 등에 임시로 덧붙여서 만든 건조물로, 북서풍이 강하게 부는 전라도 해안이나 바닷가 주변 어촌에서 볼 수 있다. 주로 볏짚으로 만들었으나, 최근에는 유리나 비닐로 만들기도 한다.

Q 또아리집과 까대기가 나타나는 원인과 관계 깊은 계절풍은? **A** 한랭 건조한 북서 계절풍

③ 바람이 주민 생활에 끼친 영향

부정적 측면	• 높새바람 : 늦봄~초여름 사이에 부는 고온 건조한 바람으로, 경기 및 영서 지방에 가뭄 피해 발생 • 태풍 : 많은 비와 강한 바람을 동반하여 인명 및 재산 피해 발생
긍정적 측면	• 풍력 발전 : 대관령과 같은 고지대나 바닷가, 섬 등지에서 강한 바람을 이용하여 전기 생산 ┌ 풍력 발전 단지를 관광 자원으로 활용하여 지역 경제 발전에 도움을 주기도 한다. • 여가 생활에 이용 : 해안 지역에서 강한 바람을 이용하여 윈드서핑 등의 여가를 즐김

4 국지 기후와 주민 생활

① 도시 열섬 현상
┌ 도시가 성장하면서 건물이나 자동차가 늘어나면서 여기에서 발생하는 인공 열의 방출이 늘어나게 된다.

- 의미 : 도심 기온이 주변의 교외 지역보다 높게 나타나는 현상
- 원인 : 도시 인구 증가, 인공 열 방출 증가, 도로포장 면적 증가 등
- 영향 : 상대 습도 감소, 평균 풍속 감소, 기온·강수·운량 증가
- 특징 : 도시 규모가 클수록, 낮보다는 새벽에, 여름보다는 겨울에, 날씨가 맑은 날에 뚜렷하게 나타남

---

1 **배산임수 촌락의 이점**

배산임수 지역에 입지한 촌락은 겨울에 차가운 북서풍을 차단해 주는 배후의 산지가 있고, 산지로부터 연료 획득을 할 수 있다. 앞으로는 하천이 흘러 풍부한 생활 및 농업용수의 확보가 가능하고, 하천 주변에 범람원이 있어서 경지 확보가 유리하다. 또한 취락의 입지가 남향을 이루어 일조에 유리한 특징도 있다.

2 **제주도의 올레**

올레는 제주 민가만이 갖는 특유의 공간으로, 강한 바람을 막기 위하여 큰길에서 집까지 이르는 길에 돌로 쌓은 골목이다.

질문 있어요

제주도에는 왜 돌담이 많나요? 그리고 왜 담을 촘촘하게 쌓지 않았나요?

제주도는 돌이 많은 곳으로, 돌담은 많은 돌을 효과적으로 제거하고 정리하는 방법이었어요. 그리고 제주도는 바람이 매우 강하기 때문에 돌담을 촘촘히 쌓게 되면 오히려 바람이 통과할 수 있는 공간이 없기 때문에 바람에 의해 담이 쉽게 무너질 수 있어요. 따라서 얼기설기 쌓은 돌담은 적당히 바람이 통과하여 바람에 무너지지 않으면서 바람의 속도를 줄여 농작물이나 시설물을 훼손하는 것을 막아주는 역할을 하였어요.

용어사전

* **풍채** 햇볕을 가리거나 비가 들이치는 것을 막기 위하여 처마 끝에 덧붙이는 좁은 지붕
* **풍력 발전** 바람의 에너지를 전기 에너지로 바꿔주는 장치를 이용한 발전 방식으로 풍력 발전기의 날개를 회전시켜 이때 생긴 날개의 회전력으로 전기를 생산함
* **상대 습도** 공기의 습한 정도를 백분율(%)로 나타낸 값으로 현재 온도의 포화 수증기량과 실제 수증기량의 비로 구함
* **운량(雲** 구름, **量** 양) 구름의 양

자료로 보는 도시 열섬 현상

자료 분석 도시 열섬 현상은 바람이 약하고 맑은 날에, 낮보다는 새벽에 뚜렷하게 나타난다. 도시의 벽돌, 콘크리트, 아스팔트 등은 낮 동안에 태양 복사열을 많이 흡수해 기온이 쉽게 올라간다. 반면 교외지역은 숲, 경작지 등이 넓게 분포해 기온이 높게 올라가지 않는다. 또한 도시는 낮에 흡수한 열을 방출하는 요인이 많아 밤에 기온이 천천히 내려가지만, 교외 지역은 냉각을 방해하는 요인이 적어 밤에 기온이 빨리 내려간다. 이로 인해 도시와 교외의 기온차이는 새벽에 가장 크게 나타난다.

지표면 온도(°C)
40.6
33.2
25.9
18.5
(부산발전연구원, 2013)

⚠ 부산의 여름철 한낮 지표면 온도

Ⓠ 대도시에서 도시 열섬 현상이 잘 나타나는 이유는 무엇인가?

Ⓐ 인공 열의 발생과 많은 건물 및 인공 구조물 때문이다

② 기온 역전 현상

> 본래 기온은 해발 고도가 높아질수록 낮아진다.

- 의미 : 지표면 가까이에 있는 대기의 기온이 급격히 낮아져 상층으로 갈수록 기온이 높아지는 현상
- 원인 : 늦가을에서 초봄 사이의 맑은 날 밤에 산지에서 형성된 찬 공기가 산지의 사면을 따라 미끄러져 내려와 지표 가까이에 쌓이면서 발생 **③**
- 영향 : 분지 내 농작물의 냉해 발생, 대기 오염 물질의 정체에 의한 *스모그 현상 **④**
- 특징 : 맑고 바람이 없는 날 야간, 분지 지형에서 잘 발생함

B 기후는 경제생활에 어떤 영향을 줄까

1 날씨와 경제생활

> 짧은 기간 동안 나타나는 대기의 상태

① 농업 : 모내기 시기, 농작물 수확량 등 농업 활동에 영향을 미침, 날씨 변화에 대응하기 위해 비닐하우스와 수리 시설 등 활용

② 제조업 : 계절상품을 판매하는 업체에 영향을 미침 ⓒ 음료나 냉·난방기업체 – 제품 생산 및 출고량, 제품 진열, 광고 등에 기상 정보 활용

③ 서비스업 : 편의점의 진열 상품 변화, 택배 및 운송 서비스업의 요금 변동, 스포츠 산업 등에 영향을 미침 **⑤**
> 봄에는 야구용품, 겨울에는 스키 용품 판매가 증가한다.

★ 2 기후와 경제생활

> 오랜 기간에 걸쳐 나타나는 대기의 종합적이고 평균적인 상태

① 농업 : 여름철 고온 다습한 기후는 벼농사에 유리, 겨울철 온화한 기후가 나타나는 남부 지방에서는 그루갈이 가능, 해발 고도가 높아 기후가 서늘한 지역에서는 목축업과 고랭지 농업 발달
> 초지를 조성해 고기소와 젖소를 기른다.

② 지역 축제 : 지역의 기후 특색을 활용한 축제 개최 ⓔ 진해의 군항제, 보령의 머드 축제, 화천의 산천어 축제
> 봄철 벚꽃의 아름다움을 활용한다.
> 머드를 주제로 관광객의 체험형 이벤트를 중심으로 하기 때문에 기온이 높은 여름 기후를 활용한다.

③ 관광 산업 : 겨울 스포츠를 즐기기 위한 열대 기후 지역의 관광객, 계절이 반대인 남반구 국가의 사람들이 방문

개념 더하기 자료 채우기

3 기온 역전 현상의 발생

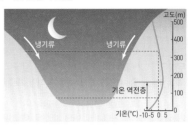

태양 복사 에너지에 의해 가열된 지면은 적외선 형태로 지구 복사 에너지를 방출하는데, 높이 올라갈수록 도달하는 지구 복사 에너지가 감소하여 해발 고도가 높아짐에 따라 기온이 하강한다. 지면을 난로라고 생각한다면 난로에서 멀어질수록 추워지는 것과 같은 원리이다. 따라서 일반적으로 해발 고도가 높아질수록 기온이 낮아진다. 그러나 산으로 둘러싸인 분지에서는 차가운 공기가 분지 내에 집적됨으로써 상층부 기온이 하층부 기온보다 높은 기온 역전층이 나타난다.

4 기온 역전 현상의 피해와 해결책

기온 역전층이 형성되면 분지의 바닥에 안개가 발생하는 경우가 많고 차가운 공기가 축적되어 저온에 따른 농작물 피해가 나타나기도 한다. 해가 뜨면 지표면이 가열되면서 자연적으로 기온 역전층이 사라지지만, 기온 역전에 의한 냉해를 방지하기 위해 바람개비 등을 설치해 상층의 따뜻한 공기를 불어내리거나 하층에 불을 피워 공기를 가열하는 등 인공적인 방법으로 해결하기도 한다.

5 기온에 따른 편의점 제품별 매출액의 변화

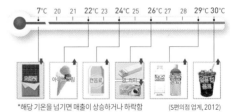

7°C 20 21 22°C 23 24°C 25 26°C 27 28 29°C 30°C

*해당 기온을 넘기면 매출이 상승하거나 하락함 (S편의점 업계, 2012)

편의점에서 판매하는 다양한 식품들은 기온에 따라 판매량이 달라진다. 초콜릿은 기온이 낮을 때 잘 팔리는 반면, 생수, 스포츠 음료, 얼음 컵 음료 등은 기온이 높을 때 잘 팔린다. 껌과 인스턴트 커피는 26°C가 넘으면 매출액이 급속히 감소한다.

✽ 용어사전

*스모그 자동차의 배기가스나 공장에서 내뿜는 연기가 안개와 같이 된 상태
*그루갈이 가을에 벼 등을 수확하고 난 후 다시 그 자리에 보리 등의 다른 작물을 심어 수확하는 일

A 기후와 주민 생활

1 기온과 주민 생활

여름철 무더위	• 의 : 통풍이 잘 되는 시원한 모시나 삼베 옷 • 식 : 고온 다습한 기후에 적합한 벼 재배, 음식의 변질을 막기 위한 염장 식품 발달 • 주 : 대청마루 발달, 개방적인 가옥 구조
겨울철 추위	• 의 : 동물 털이나 가죽, 솜을 이용한 방한복 • 식 : 보리나 밀 재배, 채소를 저장하는 김장 문화 • 주 : 난방 시설인 온돌 발달, 폐쇄적인 겹집 구조, 관북 지방의 정주간

2 강수와 주민 생활

지역별	• 다우지 : 터돋움집이나 피수대를 만들어 홍수 대비 • 소우지 : 천일제염, 과수 재배
계절별	• 여름 : 벼농사 발달 • 겨울 : 급경사 지붕, 울릉도의 우데기, 눈 축제 개최, 스키장 건설

3 바람과 주민 생활

계절풍		• 촌락이나 가옥, 벼농사 등에 많은 영향을 미침 • 겨울은 한랭 건조한 북서 계절풍, 여름은 고온 다습한 남동·남서 계절풍의 영향을 받음
바람과 가옥	제주도	경사가 낮은 지붕, 그물 지붕, 돌담, 풍채
	서해안	차가운 겨울바람을 막기 위한 또아리집, 바람과 눈을 막아 주는 까대기

4 국지 기후와 주민 생활

도시 열섬 현상	• 교외보다 도심의 기온이 높게 나타나는 현상 • 상대 습도와 평균 풍속 감소, 기온과 강수 증가
기온 역전 현상	• 지표면 가까이에 있는 대기의 기온이 급격히 낮아져 상층으로 갈수록 기온이 높아지는 현상 • 농작물의 냉해, 스모그 발생 가능

B 기후와 경제생활

날씨와 경제생활	• 농업 : 모내기 시기, 농작물 수확량에 영향 • 제조업 : 음료나 냉·난방기 업체의 생산 및 출고량, 제품 진열, 광고 등에 기상 정보 활용 • 서비스업 : 편의점 진열 상품 변동, 스포츠 산업 매출에 영향
기후와 경제생활	• 농업 : 고온 다습한 기후에 유리한 벼농사 발달, 남부 지방의 그루갈이, 해발 고도가 높은 지역의 목축업과 고랭지 농업 • 지역 축제 : 지역의 기후 환경을 이용 • 관광 산업 : 겨울철 열대 지역과 남반구 국가에서 관광객 유입

01 다음 설명이 맞으면 ○표, 틀리면 ×표를 하시오.

(1) 여름에는 덥고 습해 음식이 쉽게 변질되기 때문에 젓갈과 같은 염장 식품이 발달하였다. ( )
(2) 김장 시기는 남부 지방에서 북부 지방으로 갈수록 빨라진다. ( )
(3) 집중 호우가 자주 발생하는 지역은 피수대와 터돋움집을 지어 홍수에 대비하였다. ( )
(4) 우리나라는 계절에 따른 강수량 차가 커서 물 자원 이용률이 높다. ( )
(5) 남부 지방에서는 겨울철 온화한 기후를 이용해 그루갈이가 이루어지고, 해발 고도가 높은 대관령 일대에서는 고랭지 농업이 이루어진다. ( )

02 빈칸에 들어갈 알맞은 말을 쓰시오.

(1) 우리나라의 ( )철 기후는 고온 다습하여 벼의 성장에 유리하게 작용하였다.
(2) 겨울이 매우 춥고 긴 관북 지방에서는 방이 전(田)자 형으로 되어 있는 폐쇄적인 ( ) 구조의 가옥이 나타난다.
(3) 울릉도의 전통 가옥에는 강설에 대비하여 ( )(이)라는 외벽을 설치하였다.
(4) ( )은/는 늦봄에서 초여름 사이에 부는 고온 건조한 바람으로 영서 지방에 가뭄 피해를 주었다.
(5) ( ) 현상은 도시 인구와 인공 열의 방출 증가 등으로 인해 도심의 기온이 주변의 교외 지역보다 높게 나타나는 현상이다.

03 각 지역별 전통 가옥에서 특징적으로 나타나는 공간을 바르게 연결하시오.

(1) 제주도 • • ㉠ 고팡
(2) 울릉도 • • ㉡ 정주간
(3) 관북 지역 • • ㉢ 우데기
(4) 남부 지역 • • ㉣ 대청마루

01 다음은 우리나라 어느 지역의 전통 가옥 구조이다. 이에 대한 옳은 설명만을 〈보기〉에서 있는 대로 고른 것은?

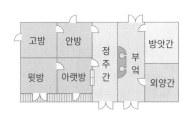

보기
ㄱ. 전(田)자 형 겹집 구조이다.
ㄴ. 보온을 중요하게 생각하는 폐쇄적인 구조이다.
ㄷ. 겨울철 실내 생활 공간으로 활용하는 시설이 있다.
ㄹ. 바람이 잘 통하고 지면의 열을 차단하기 위한 구조이다.

① ㄱ, ㄴ
② ㄱ, ㄹ
③ ㄱ, ㄴ, ㄷ
④ ㄱ, ㄴ, ㄹ
⑤ ㄴ, ㄷ, ㄹ

02 (가), (나)는 우리나라 전통 가옥에 발달한 시설이다. 각 시설과 관계 깊은 계절의 생활 모습을 〈보기〉에서 고른 것은?

(가) | (나)

보기
ㄱ. 많은 사람이 단풍 구경을 간다.
ㄴ. 무더위를 피해 해안가로 휴가를 떠난다.
ㄷ. 스키장이나 눈썰매장에서 여가를 즐긴다.
ㄹ. 꽃이 개화하여 다양한 지역 축제가 열린다.

	(가)	(나)		(가)	(나)
①	ㄱ	ㄴ	②	ㄱ	ㄹ
③	ㄴ	ㄷ	④	ㄴ	ㄹ
⑤	ㄷ	ㄹ			

03 자료의 (가), (나) 음식과 관계 깊은 계절에 우리 조상들이 주로 사용한 생활용품을 〈보기〉에서 고른 것은?

요즘은 식재료가 풍부하여 다양한 음식을 계절에 상관없이 먹을 수 있지만, 예전 우리 조상들은 계절에 따라 구할 수 있는 음식의 재료가 달라 먹는 음식도 달랐다. 또한 계절에 적응하고 이겨 내기 위해 먹는 전통 음식도 있었다. [(가)] 와/과 [(나)] 도 이런 의미에 따라 계절에 맞춰 먹는 전통 음식이다.

(가) | (나)

보기
ㄱ. 설피와 발구   ㄴ. 가죽과 솜옷
ㄷ. 부채와 죽부인   ㄹ. 삼베나 모시옷

	(가)	(나)		(가)	(나)
①	ㄱ, ㄴ	ㄷ, ㄹ	②	ㄱ, ㄷ	ㄴ, ㄹ
③	ㄱ, ㄹ	ㄴ, ㄷ	④	ㄴ, ㄷ	ㄱ, ㄹ
⑤	ㄷ, ㄹ	ㄱ, ㄴ			

04 지도는 우리나라의 김장 시기를 나타낸 것이다. 이에 관한 옳은 설명을 〈보기〉에서 고른 것은?

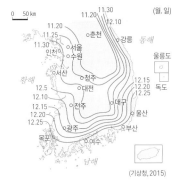

보기
ㄱ. 대구는 전주보다 김장을 늦게 담근다.
ㄴ. 남쪽으로 갈수록 김장 시기가 늦어진다.
ㄷ. 김장을 빨리 하는 지역일수록 염도가 높아진다.
ㄹ. 동위도에서 내륙은 해안보다 김장 시기가 빠르다.

① ㄱ, ㄴ
② ㄱ, ㄷ
③ ㄴ, ㄷ
④ ㄴ, ㄹ
⑤ ㄷ, ㄹ

05 다음과 같은 주민 생활에 영향을 준 기후 현상으로 적절한 것은?

> • 농업 활동 : 벼의 성장에 매우 유리하게 작용하여 벼 농사와 관련된 문화가 발달하는 데 영향을 주었다.
> • 전통 가옥 : 개방적이며 바람이 잘 통하고 지면으로부터 습기를 차단하기 위한 구조가 발달하였다.

① 겨울철 적설량
② 여름철 기온과 강수량
③ 겨울철 기온과 강수량
④ 연간 열대야 발생 일수
⑤ 일 최고 기온 0℃ 미만의 연간 일수

06 다음 자료와 같은 전통 가옥이 발달한 (가), (나) 지역의 기후 특성으로 옳은 것을 〈보기〉에서 고른 것은?

(가)	(나)

부엌과 방 사이의 벽이 없는 공간으로, 부뚜막을 넓혀 방처럼 사용하였다. 부엌에서 발생하는 온기를 활용할 수 있다.	부엌의 아궁이는 방 쪽으로 향해 있지 않고 벽 쪽으로 향한다. 난방과 취사를 겸하지 않은 것이다.

┤ 보기 ├
ㄱ. (가)는 (나)보다 무상 일수가 길다.
ㄴ. (가)는 (나)보다 기온의 연교차가 크다.
ㄷ. (나)는 (가)보다 최난월 평균 기온이 낮다.
ㄹ. (나)는 (가)보다 태풍의 영향을 많이 받는다.

① ㄱ, ㄴ   ② ㄱ, ㄷ   ③ ㄴ, ㄷ
④ ㄴ, ㄹ   ⑤ ㄷ, ㄹ

07 사진은 (가), (나) 지역의 전통 가옥이다. (나) 지역과 비교한 (가) 지역의 상대적 기후 특성을 A~E에서 고른 것은?

(가)	(나)

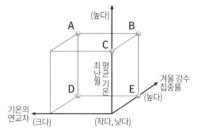

① A   ② B   ③ C   ④ D   ⑤ E

08 사진과 같은 산업이 발달한 지역에서 볼 수 있는 경관으로 옳은 것은?

① 일조량이 풍부하여 태양광 발전이 이루어진다.
② 많은 강설량을 활용한 스키장이 위치하고 있다.
③ 기온 역전 현상이 발생하여 농작물의 냉해 예방 시설이 있다.
④ 연평균 강수량이 많아 홍수 피해를 줄이기 위한 인공 제방이 있다.
⑤ 한파를 극복하기 위한 수도관 보온과 창문 바람막이 시설을 볼 수 있다.

09 (가), (나)의 생활 모습에 가장 큰 영향을 준 요인을 고른 것은?

> (가) 서해안에서는 천일제염이 이루어지고, 경북 내륙 지역에서는 사과 재배가 활발하다.
> (나) 우리 조상들은 음식이 쉽게 상하는 것을 방지하기 위해 젓갈 등의 염장 식품을 만들어 먹었다.

	(가)	(나)
①	일조량	북서 계절풍
②	일조량	여름철 평균 기온
③	북서 계절풍	일조량
④	북서 계절풍	여름철 평균 기온
⑤	여름철 강수 집중률	일조량

10 (가)에 들어갈 내용으로 적절한 것은?

> 교사 : 여기는 ○○ 민속 마을입니다. 전통 가옥들이 잘 보존되어 있지요.
> 학생 : 저 가옥은 지붕을 그물망처럼 밧줄로 엮어 놓았네요. 이유가 있나요?
> 교사 : 네. 그 이유는 ⎡ (가) ⎤ 입니다.

① 많은 눈이 쌓여도 붕괴되지 않도록 하기 위해서
② 많은 비가 내려도 무너지지 않도록 하기 위해서
③ 강한 바람이 자주 불어 그 피해를 줄이기 위해서
④ 통풍이 잘 되도록 하여 무더위를 극복하기 위해서
⑤ 실내의 따뜻한 공기가 빠져나가지 못하도록 하기 위해서

11 (가), (나)와 같은 가옥 시설이 나타나는 공통된 이유로 적절한 것은?

(가)	(나)

① 여름철 무더위를 극복하기 위해
② 풍부한 일조 시수를 활용하기 위해
③ 홍수로 인한 침수 피해를 막기 위해
④ 적설로 지붕이 붕괴되는 것을 막기 위해
⑤ 바람이 집 안으로 들어오는 것을 막기 위해

12 지도는 ○○시의 여름철 한낮 지표면의 온도 분포를 나타낸 것이다. B 지역과 비교한 A 지역의 상대적인 특성으로 옳은 것은?

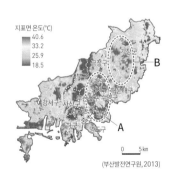

(부산발전연구원, 2013)

① 상대 습도가 높다.
② 녹지 면적이 넓다.
③ 도로포장 면적이 넓다.
④ 강수와 구름 양이 적다.
⑤ 인공 열 방출량이 적다.

13 그림과 같은 기온 변화가 반복되는 지역에서 나타날 수 있는 현상을 〈보기〉에서 고른 것은?

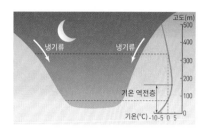

보기

ㄱ. 불안정한 대기 상태가 계속된다.
ㄴ. 분지 내의 농작물에 냉해가 발생한다.
ㄷ. 대기 오염 물질이 상층부로 확산된다.
ㄹ. 맑고 바람이 없는 날 야간에 자주 나타난다.

① ㄱ, ㄴ ② ㄱ, ㄷ ③ ㄴ, ㄷ
④ ㄴ, ㄹ ⑤ ㄷ, ㄹ

14 ⊙은 해당 지역에서 어떤 기후 현상의 피해를 극복하는 방법 중 하나이다. 이 기후 현상에 대한 설명으로 옳은 것은?

우리 가족은 여름 방학을 맞아 전라남도 일대를 여행하고 있다. 오늘은 월출산 자락에 펼쳐져 있는 차밭에 가 보았다. 이곳은 비교적 평탄한 지형에 자리잡고 있었는데, 차밭 한가운데에 있는 ⊙작은 바람개비가 인상적이었다.

△ 차밭에 설치된 바람개비

① 장마철 폭우가 주요 원인이다.
② 분지 지형에서 주로 발생한다.
③ 겨울철 북동 기류에 의해 발생한다.
④ 차가운 북서 계절풍의 영향을 받는다.
⑤ 가뭄이 발생해 농작물이 말라 죽는다.

15 다음 (가), (나)의 ⊙~② 에 대한 설명으로 옳지 <u>않은</u> 것은? ★★ 중요

(가) 갑자기 내린 폭설로 겨울철 의류 판매량이 늘었다. ○○ 홈쇼핑은 이 날 ⊙기모 바지가 40분 만에 무려 5만 장 이상 판매되었다고 밝혔다. 또한 기모 바지 외에도 니트, 외투, 롱 부츠 등의 매출 역시 기대치보다 85% 증가하여, 2시간 동안 모두 30억 원의 매출을 올렸다.

(나) 국토가 남북으로 긴 우리나라는 ⓒ장마 전선의 위치에 따라 다양한 기후가 나타난다. 장마 전선이 남부 지역에 머물 때 ⓒ중·북부 지역은 맑은 날이 지속되며, 장마 전선이 중·북부 지역으로 북상하면 ②남부 지역은 무더위가 나타난다.

① ⊙은 시베리아 기단이 강해진 영향을 받았다.
② ⓒ은 전선성 강수 유형이다.
③ ⓒ은 시베리아 기단의 영향을 받는다.
④ ②은 북태평양 기단의 영향으로 한동안 지속된다.
⑤ (가)는 겨울, (나)는 여름과 관련된 내용이다.

16 다음에 제시된 사례를 통해 학습할 수 있는 주제로 적절한 것은?

우리나라의 여름은 고온 다습하기 때문에 벼농사에 유리한 기후가 나타난다. 하지만 해발 고도가 높은 대관령 일대는 여름에도 서늘한 기후가 나타나 초지를 조성하여 고기소와 젖소를 기르거나 고랭지 채소를 재배한다.

① 강수와 주민 생활의 관계
② 지구 온난화에 따른 환경 변화
③ 계절풍이 주민 생활에 끼친 영향
④ 겨울 강설량 차이에 따른 주민 생활 변화
⑤ 해발 고도에 따른 기온 차가 주민 생활에 끼친 영향

17 (가), (나)의 경제활동에 가장 큰 영향을 준 요인을 고른 것은?

(가)

⊙ 스키장

(나)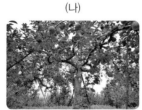

⊙ 과수 재배

	(가)	(나)
①	연 강수량	일조 시수
②	연평균 기온	겨울철 강수량
③	겨울철 강수량	일조 시수
④	서리 일수	연평균 기온
⑤	여름철 강수량	겨울철 강수량

18 (가), (나)와 같은 기압 배치가 나타나는 계절에 주로 판매되는 상품을 〈보기〉에서 고른 것은?

(가)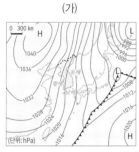

(나)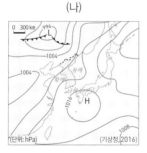

보기
ㄱ. 장화, 우산, 비옷
ㄴ. 호빵, 목도리, 스키 용품
ㄷ. 황사 마스크, 공기 청정기
ㄹ. 얼음 컵 음료, 자외선 차단제

	(가)	(나)			(가)	(나)
①	ㄱ	ㄴ		②	ㄴ	ㄷ
③	ㄴ	ㄹ		④	ㄷ	ㄴ
⑤	ㄹ	ㄷ				

19 울릉도에서 그림과 같은 전통 가옥 구조가 나타나는 이유를 표의 기후 자료를 바탕으로 하여 서술하시오.

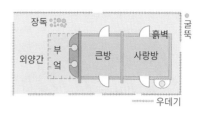

〈울릉도의 월별 강수량〉

월	1	2	3	4	5	6
강수량(mm)	116	78	72	81	105	115
월	7	8	9	10	11	12
강수량(mm)	170	168	171	84	106	117

*1985~2011년의 평균값임   (기상청, 2011)

20 사진의 가옥을 보고 물음에 답하시오.

(1) 사진과 같이 터를 높여 지은 집을 일컫는 말을 쓰시오.

(2) 사진과 같은 가옥이 발달한 지역의 기후 특성을 서술하시오.

21 다음과 같은 활동을 하는 이유를 우리나라의 강수 특성과 관련지어 서술하시오.

경기도 수원시는 시내에 7만 7천 톤의 빗물 저장 시설을 확보하면서 레인 시티(Rain City)라는 별칭을 갖게 되었다. 특히  수원 종합 운동장 지하에는 1만 톤 규모의 빗물 저장 시설을 설치하고, 빗물을 축구장과 야구장 잔디 용수, 도로 청소차 급수 등으로 이용하고 있다.

등급을 올리는 고난도 문제

01 그림은 어느 두 지역의 전통 가옥 구조를 나타낸 것이다. (가), (나)의 가옥에 대한 설명으로 옳지 <u>않은</u> 것은?

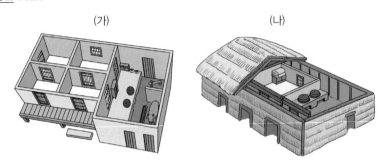

(가)　　　　　　　　(나)

① (가)는 부엌 아궁이의 방향이 방의 반대쪽을 향한다.

② (가)는 방과 부엌 사이에 부엌의 온기를 이용할 수 있는 공간이 있다.

③ (나)는 가옥 주변에 외벽을 설치하여 생활 공간을 확보하고 있다.

④ (가)는 (나)보다 열 손실을 막기에 유리한 구조를 하고 있다.

⑤ (나)는 (가)보다 겨울철에 눈이 많이 내리는 지역에서 볼 수 있다.

🔎 **문제 접근 방법**

관북 지역의 정주간, 남부 지역의 대청마루, 울릉도의 우데기 등은 시험에 비교적 자주 출제되는 전통 가옥 구조이기 때문에 기억해 두는 것이 좋다. (가)는 겹집 구조가 나타나고, (나)는 건물 외벽인 우데기가 있음을 파악하면 해당 지역을 알 수 있다.

✏ **적용 개념**

\# 전통 가옥 구조
\# 정주간
\# 우데기

---

02 (가)~(라)에 들어갈 내용으로 옳은 것을 〈보기〉에서 고른 것은?

〈국지 기후와 주민 생활〉

구분	의미	문제점	대책
열섬 현상	(가)	대기 오염의 심화	(나)
높새바람	(다)	영서 지방에 가뭄 유발	수리 시설의 확대
기온 역전 현상	상층부로 갈수록 기온이 높아지는 현상	농작물의 냉해, 스모그 발생	(라)

┌─ 보기 ─
ㄱ. (가) – 대도시의 도심 기온이 주변 지역보다 높게 나타나는 현상

ㄴ. (나) – 도로포장 면적의 확대

ㄷ. (다) – 초여름 태백산맥을 넘어 불어오는 고온 건조한 바람

ㄹ. (라) – 인공 열의 배출 억제

① ㄱ, ㄴ　　② ㄱ, ㄷ　　③ ㄴ, ㄷ　　④ ㄴ, ㄹ　　⑤ ㄷ, ㄹ

🔎 **문제 접근 방법**

국지 기후에 대한 내용은 다양한 자료를 통해 출제된다. 대표적으로 열섬 현상, 높새바람, 기온 역전 현상 등의 개념과 영향, 문제에 대한 대책을 알고 있다면 쉽게 해결할 수 있다.

✏ **적용 개념**

\# 열섬 현상
\# 높새바람
\# 기온 역전 현상

03 다음은 어느 계절의 경제활동과 관련된 모습이다. (가), (나) 시기에 대한 설명으로 옳은 것은?

문제 접근 방법

계절별 기후 차이와 그에 따른 주민 생활 모습은 다양한 형태로 출제된다. (가), (나)의 모습을 통해 관계 깊은 계절을 구분하고, 계절별 기후 특성을 바르게 설명한 선지를 찾으면 된다.

적용 개념

기후와 경제활동
지역별 계절의 기온 차
해발 고도에 따른 기온 차

> (가) 껌과 인스턴트 커피의 판매량이 감소하고 생수, 스포츠 음료, 얼음 컵 음료 등의 판매량이 증가한다.
>
> (나) 국내 프로 스포츠 구단이 우리나라의 남해 지역이나 괌, 사이판, 하와이 등 해외로 전지훈련을 떠난다.

① (가) 시기에는 스키 용품의 판매량이 증가한다.

② (나) 시기에는 대관령 일대에서 고랭지 채소를 재배한다.

③ (나) 시기에는 잦은 집중 호우로 홍수 피해가 발생하기 쉽다.

④ (가) 시기는 (나) 시기보다 남북 간의 기온 차이가 크게 나타난다.

⑤ (가) 시기는 해양성 기단, (나) 시기는 대륙성 기단의 영향을 크게 받는다.

04 그래프는 봄철 어느 날의 기온 변화를 나타낸 것이다. 이러한 기온 변화가 반복되는 현상에 대한 설명으로 옳지 <u>않은</u> 것은?

문제 접근 방법

그래프에서 오전 7시에 고도가 0m인 곳은 2°C이고, 고도 약 100m까지는 기온이 오히려 상승하는 기온 역전층이 나타난다. 하지만 시간이 지나 지표면이 가열되면서 역전층이 사라져 오전 12시에는 고도 0m의 기온이 약 17°C까지 오르고 고도가 높아질수록 기온이 낮아지는 정상적인 분포로 변화하였다.

적용 개념

기온 역전 현상
해발 고도에 따른 기온 변화

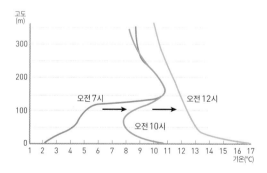

① 안과 질환을 겪는 사람이 많아진다.

② 잦은 안개로 차량 운행에 불편을 준다.

③ 맑고 바람이 없는 날 새벽에 잘 나타난다.

④ 일조 시수가 감소하고 농작물이 냉해를 입는다.

⑤ 시간이 지나 지표면이 가열되면 점차 사라진다.

03 자연재해와 기후 변화

🔎 학습길잡이 • 우리 생활에 영향을 주고 있는 자연재해와 기후 변화의 발생 원인과 현황을 살펴본다.
　　　　　　• 식생과 토양의 분포를 살펴보고, 인간과 자연환경 간의 지속 가능한 관계를 이해한다.

A 우리나라에 영향을 주는 자연재해를 알아보자

1 자연재해 ※자연재해의 유형
　　　　　　• 기상 재해 : 태풍, 폭설, 홍수, 가뭄, 폭염 등
　　　　　　• 지형 재해 : 화산 폭발, 지진 등

① **의미** : 인간 생활에 인적·물적 피해를 입히는 자연 현상

② **발생 현황** : 우리나라는 기상 재해의 발생 빈도가 높고, 해에 따라 발생 횟수와 피해 정도의 차이가 큼

2 홍수 : 많은 강수로 물이 흘러넘쳐 피해를 주는 것

농산물과 공산품의 생산과 가격에 영향을 미친다.

① **원인** : 장마 전선의 정체, 태풍 등의 영향으로 인한 집중 호우 **1**

② **영향** : 하천 범람으로 저지대의 가옥, 도로, 농경지, 산업 시설 등 침수 → 도시는 빗물이 지표면에 흡수되지 않고 한꺼번에 하천으로 유입되어 홍수 피해 증가 〔왜?〕 콘크리트와 아스팔트의 포장 면적이 넓기 때문이다.

③ **대책** : 홍수 발생 시 높은 곳으로 대피, *사방 공사를 통한 산사태 방지 등

3 태풍 : 중심 부근 풍속이 17m/s 이상인 폭풍우를 동반한 열대 저기압

① **원인** : 저위도 해상에서 발생한 열대 저기압이 중위도로 북상

② **영향** : 주로 7~9월 사이에 발생하여 피해를 줌, 강풍과 집중 호우를 동반하여 시설물 파손, 강수에 의한 산사태와 축대 붕괴, 하천 범람 등의 피해 발생, 해일에 의한 해안 저지대 침수 **2 3**

③ **대책** : 태풍 진로에 대한 정확한 예측, 정보의 신속한 전달, 태풍 피해 예방 방법 숙지 등

자료로 보는　자연재해의 피해

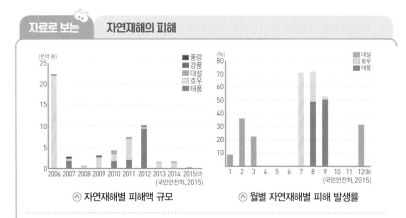

⚠ 자연재해별 피해액 규모　　⚠ 월별 자연재해별 피해 발생률

자료 분석　우리나라에서 발생하는 자연재해별 피해액은 연도별, 월별, 자연재해별로 차이가 크게 나타난다. 우리나라에서는 주로 기후적 요인에 의한 자연재해가 발생하는데 기후의 연 변동이 심하기 때문이다. 태풍의 통과 횟수, 장마 기간, 집중 호우의 발생 횟수 등이 많았던 해는 피해액이 크고, 평균보다 적게 나타나면 가뭄이 발생한다. 자연재해별 피해액은 호우와 태풍의 비중이 높으며, 이러한 자연재해가 집중 발생하는 7~9월의 피해액이 크게 나타난다. 반면 겨울 동안(12~3월)은 대설에 의한 피해가 발생한다.

❓ 우리나라에서 피해액 규모가 큰 자연재해 두 가지는 무엇인가?　　풍태 ·우호 🅰

개념 더하기 자료 채우기

1 집중 호우의 발생 원인

집중 호우는 북쪽의 찬 공기와 남쪽의 더운 공기가 만나면 대기가 불안정해져서 발생한다. 집중 호우는 홍수와 산사태 등의 발생 원인이 되며, 일반적으로 한 시간에 30mm 이상이나 하루에 80mm 이상의 비가 내릴 때를 말한다.

2 태풍의 피해 지역

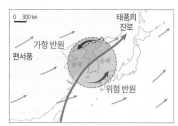

태풍 진행 방향의 오른쪽 반원은 태풍의 중심을 향해 불어 들어오는 바람과 편서풍의 방향이 일치하여 바람이 강하게 부는 위험 반원이다. 반면 태풍 진행 방향의 왼쪽 반원은 태풍의 중심을 향해 불어 들어오는 바람과 편서풍의 방향이 반대이기 때문에 바람이 약화된 가항 반원이다. 우리나라는 경상남도, 경상북도, 전라남도가 위험 반원에 노출되는 경우가 많아 피해 규모가 큰 편이다.

3 태풍의 긍정적 영향

태풍은 우리 생활에 큰 피해를 주지만, 긍정적 영향을 주기도 한다. 가뭄으로 발생하는 물 부족이나 바다의 적조를 해결하는 데 도움을 주고, 저위도에 축적된 열 에너지를 고위도로 빠르게 운반해 열 교환을 촉진하여 지구의 열평형을 유지하는 기능을 한다. 또한 바닷물을 뒤섞어 순환시킴으로써 해양 생태계를 활성화하는 역할도 한다.

✳용어사전

* **사방 공사**　산사태, 토양의 침식 작용 등을 방지하기 위해 실시하는 공사
* **해일**　태풍, 지진, 화산 폭발 등으로 인해 바다의 큰 물결이 육지로 갑자기 넘쳐 들어오는 현상

4 폭설 : 짧은 시간 안에 많은 양의 눈이 내리는 것

① **원인** : 겨울철 한랭 건조한 기류가 상대적으로 따뜻한 바다를 건너는 과정에서 많은 눈구름을 형성

② **영향** : 일부 산간 마을 주민들의 고립, 축사나 비닐하우스와 같은 각종 시설물 붕괴, 도로 및 항공 교통 마비 ─ 우리나라는 겨울철 눈이 많이 내리는 울릉도, 소백산맥 서사면, 강원도 영동 산간 지역에서 피해가 자주 발생한다.

③ **대책** : 기상 예보에 따른 시설물 보강, 신속한 제설 작업 등

5 가뭄 : 장기간 비가 내리지 않아 나타나는 물 부족 현상

① **원인** : 강수 부족, 장마 전선이 늦게 북상하거나 충분히 비를 내리지 못하고 북상하면 여름철에도 발생

② **영향** : 주로 봄철에 발생, 다른 자연재해보다 진행 속도가 느리지만 피해 범위가 넓음, 농작물의 성장 저하, 식수 및 각종 용수 부족, 녹조※ 발생
─ 모내기가 늦어지면 메밀과 같은 구황 작물을 심기도 했다.

③ **대책** : 조림 사업, 댐이나 보 건설, 빗물 저장 능력 향상 노력 등

6 황사 : 중국과 몽골 내륙의 사막 등지에서 발생한 모래 먼지가 편서풍을 타고 우리나라 쪽으로 날아오는 현상

① 주로 봄철에 발생, 최근 중국 내 사막화 확대로 가을·겨울에도 발생

② 미세 먼지 농도의 증가, 호흡기 및 안과 질환의 원인으로 작용 (질문)

7 지진과 화산 활동 : 지각이 흔들리거나 지구 내부의 마그마가 분출하는 것

① **원인** : 판과 판이 만나는 경계면에서 지각판이 충돌하거나 분리되면서 발생
─ 환태평양 조산대가 대표적이다.

② **현황** : 우리나라는 지각판의 경계와 다소 떨어져 있어 안전한 편이지만 2016년 경북 경주, 2017년 경북 포항에 대규모 지진이 발생함

③ **대책** : 건물의 내진 설계 강화, 지진 발생 시 행동 요령 교육 실시 등
책상 밑에서 몸 보호, 집 밖에선 가방으로
머리 보호, 기둥과 담 밑으로 피신 금물 등

B 기후 변화의 원인은 무엇이고, 어떤 영향을 줄까

1 기후 변화의 발생

① **기후 변화의 의미와 원인**

의미	자연적·인위적 요인에 의해 기후의 평균적인 상태가 점차 변화하는 것
원인	• 자연적 원인 : 태양의 활동 변화, 태양과 지구 간의 주기적 거리 변화, 화산 활동에 의한 화산재 분출 등 • 인위적 요인 : 화석 연료 사용으로 인한 온실가스 배출량 증가(→ 온실 효과 유발), 삼림 및 자원 개발, 농경지 확보를 위한 열대림 파괴 → 지구 온난화 심화 **4**

─ 대기 중 온실가스가 지표에서 우주 공간으로 향하는 지구
복사 에너지를 흡수하여 기온이 높게 유지되는 것을 말한다.

② **지구적 차원의 기후 변화**

• **빙하의 감소와 해수면 상승** : 극지방의 빙하가 녹아 해수면 상승, 저지대와 해안 및 섬 지역의 침수 위험 증가

• **기상 이변의 증가** : 폭염·폭우 등 극한 현상 증가, 홍수·태풍·사막화 등 자연재해의 강도와 발생 빈도 증가

• **주민 생활의 변화** : 질병 위험 증가, 물 부족, 농업 생산성 저하, 식량 부족, 도시 지역의 열섬 현상 가속화, 도시 사막화 등 **5**
우리나라는 대도시를 중심으로 도시
사막화가 두드러지게 나타난다.

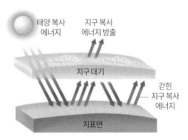

개념 더하기 자료 채우기

질문 있어요

황사와 미세 먼지의 차이점은 무엇인가요?

황사는 중국, 몽골의 내륙 건조 지대에서 강한 바람에 의해 높은 대기로 날려 올라간 흙먼지가 편서풍을 타고 이동해 지상으로 떨어지는 자연 현상입니다. 반면, 고농도의 미세 먼지는 자동차·공장·가정 등에서 사용하는 화석 연료 사용으로 배출된 인위적 오염 물질이 주요 원인이라는 차이가 있습니다.

4 온실 효과

태양 복사 에너지
지구 복사 에너지 방출
지구 대기
갇힌 지구 복사 에너지
지표면

지구의 대기를 통과한 태양 에너지는 지표면에 도달하여 지표를 가열하는데, 정상적인 상태에서는 지구가 받은 에너지와 지구에서 빠져나간 에너지의 양이 동일하기 때문에 지구는 일정한 온도를 유지한다. 하지만 대기 중에 이산화 탄소, 메탄 등의 온실가스가 증가하여 지구가 충분한 에너지를 방출하지 못하면 지구의 온도가 높아지게 된다.

5 도시 사막화

도시화 이전   도시화 이후
43.3% 증발
25.0% 증발
10.0% 유출
51.9% 유출
46.1% 침투   23.1% 침투

(서울특별시, 빗물 관리 기본 계획, 2013)

도시 사막화란 빗물이 땅속으로 스며들지 못하면서 하천의 수위가 상승하는 속도가 빠르고, 비가 그친 후에도 지표면이 금방 말라 녹지가 메마르고 토지와 환경이 건조한 상태로 황폐해지는 것을 말한다.

용어사전

※ **녹조** 담수와 해수에서 식물 플랑크톤이 대규모로 증식하여 수표면이 녹색 또는 적색을 나타내는 현상

※ **화석 연료** 지각에 파묻힌 동식물의 유해가 오랜 세월에 걸쳐 화석화하여 만들어진 연료로, 석유, 석탄, 천연가스가 있음

※ **온실가스** 이산화 탄소, 메탄, 일산화 질소, 염화 불화 탄소 등 온실 효과를 일으키는 기체를 말함

2 우리나라의 기후 변화

① 기후 변화의 현황

세계 기온 상승 평균치인 0.74℃보다 상승 폭이 크다.

- 기온 변화 : 지난 100년(1912~2011년) 동안 연평균 기온 1.7℃ 상승 ❶
- 강수 변화 : 연 강수량 증가 및 연 변동 폭 확대, 집중 호우 발생 빈도 증가, 기온 상승의 영향으로 겨울철 강설 일수 감소 ❷
- 지역별 변화 : 대도시는 열섬 현상이 나타나 촌락보다 기온 상승 폭이 큼
  └ 서울, 부산, 대구 등

② 기후 변화의 영향 ❸

- 식생 분포 변화 : 봄꽃 개화 시기 빨라짐, 가을철 단풍 시기 늦어짐, 냉대림 분포 면적 축소 및 난대림 분포 면적 확대, 고산 식물 분포 범위 축소
- 농업 활동 변화 : 농작물의 재배지 북상, 명태 등 한류성 어종 어획량 감소 및 오징어·멸치 등 난류성 어종의 어획량 증가
- 산업 활동 변화 : 냉·난방기, 계절별 음식 및 의복 등의 판매량 변동, 겨울 관광 산업 위축

겨울이 따뜻해지면 스키장 운영이나 눈·얼음 축제의 개최가 어려워진다.

자료로 보는 **지구 온난화에 따른 한반도의 변화**

△ 과일의 재배 지역 변화

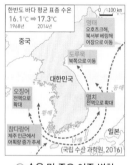

△ 수온 및 주요 어종 변화

자료 분석 한반도는 기온 상승으로 노지 작물의 생육 기간이 길어지고 있으며, 농작물의 재배 한계선이 계속 북상하고 있다. 대구의 대표 작물인 사과는 경기도 포천에서 재배되기도 하고, 제주도의 한라봉은 충청북도 충주에서 재배되기도 한다. 기후 변화는 해양 환경에도 영향을 주어 우리나라 주변의 바다 수온이 상승하면서 한류성 어종은 점차 사라지고, 난류성 어종을 잡을 수 있는 해역이 넓어지고 있다. 또한 과거에는 볼 수 없었던 어종이 발견되고 참다랑어 등 열대 바다에서 서식하는 어류의 출현이 잦아지고 있다.

---

3 기후 변화에 대한 대책

경제 성장, 사회 안정 및 통합, 환경 보전이 균형을 이루는 발전

① 국제적 노력 : 인간과 자연의 지속 가능한 발전을 위해 국제 협약을 체결하고 협력 예 유엔 기후 변화 협약(1992년), 교토 의정서(1997년), 파리 기후 변화 협약(2015년) ❹
└ 지구 온난화 방지를 위한 일반적 원칙
└ 기후 변화 협약의 이행을 위한 구체적인 사항 논의

② 국가적 노력 : 배출권 거래제 도입, 에너지 절약형 자동차 개발을 위한 지원, 신·재생 에너지 사용 확대, 자원 절약형 산업 육성 등

③ 개인적 노력 : 대중교통 수단의 이용 확대, 에너지 효율이 좋은 제품 사용, 여름철 냉방 온도 높이기, 겨울철 난방 온도 낮추기 등

개념더하기 자료채우기

❶ 연평균 기온 변화

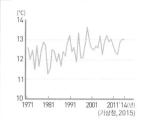

지구 온난화로 지난 133년(1880~2012년)간 지구의 평균 기온은 0.85℃ 정도 상승했다. 우리나라의 평균 기온은 연도별 차이가 있기는 하지만 전체적으로 상승하고 있다.

❷ 연 강수량 변화

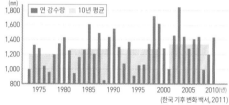

지난 10년간 평균 강수량을 보면 연 강수량은 대체로 증가하고 있으며, 해마다 변동 폭은 더 커지고 있다.

❸ 서울의 계절 길이 변화

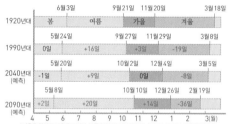

지구 온난화의 영향으로 우리나라의 평균 기온 역시 상승하면서 계절의 길이도 변화하고 있다. 서울은 여름의 시작일이 빨라지고 기간도 늘어날 것으로 예상되며, 겨울은 시작일이 늦어지고 기간도 짧아질 것으로 예상된다.

❹ 파리 기후 변화 협약(파리 협정)

파리 협정은 선진국에만 온실 기체 감축 의무를 부과하였던 교토 의정서와 달리 기후 변화 당사국 모두가 지켜야 하는 세계적 합의이다. 이 협약은 지구 평균 기온 상승 폭을 산업화 이전 대비 1.5℃ 미만으로 제한하였다.

✳용어사전

✳ **배출권 거래제** 국가별로 경제 규모와 상황을 고려하여 온실 가스 배출 허용량을 할당받고, 배출 허용량보다 적게 배출할 경우 남은 배출권을 팔아 이익을 누릴 수 있게 한 제도

✳ **신·재생 에너지** 기존의 화석 연료를 재활용하거나 재생 가능한 에너지를 변환시켜 이용하는 에너지

C 식생과 토양의 분포를 살펴보자

1 식생의 특색과 분포

상록 활엽수는 연중 나뭇잎이 초록색을 띠지만, 낙엽 활엽수는 — 가을에서 겨울로 접어들 때 단풍이 들고 낙엽이 진다.

① **식생의 수평적 분포** : 위도별 기온 차이로 식생 분포가 달라짐, 남부 지방에서 북부 지방으로 가면서 난대림 → 온대림 → 냉대림이 나타남

구분	분포	특징
난대림	남해안과 제주도, 울릉도 저지대	상록 활엽수(동백나무, 후박나무)
온대림	개마고원과 남해안을 제외한 국토 전역	혼합림(낙엽 활엽수와 침엽수가 혼재)
냉대림	개마고원과 일부 고산 지역	침엽수(전나무, 가문비나무)

제주도의 한라산에 뚜렷하게 나타난다. ┐

② **식생의 수직적 분포** : 해발 고도가 높아질수록 식생 분포가 달라짐, 저지대에서 고지대로 가면서 난대림 → 온대림 → 냉대림 → 관목대 → 고산 식물대가 나타남 **5**

자료로 보는 식생 분포

수직분포 0 1,000 2,000 (m)
수평분포 0 100 km

▨ 냉대림
▨ 온대 북부림
▨ 온대 중부림
▨ 온대 남부림
▨ 난대림

(한국지리지, 2008)

자료 분석 식생의 수평 분포는 위도에 따른 기온 차에 의해 나타나는데, 난대림은 최한월 평균 기온이 0℃ 이상인 남해안 일대, 제주도 등지에 분포한다. 식생의 수직 분포는 해발 고도에 따른 기온 차이에 의해 나타나는데, 제주도는 연평균 기온이 높고 해발 고도가 높은 한라산이 있어 식생의 수직적 분포가 잘 나타난다. 북부 지방은 연평균 기온이 낮아 식생의 다양성이 떨어지고 수직적 분포도 비교적 단순하게 나타난다.

◎ 식생의 수직적 분포에 가장 영향을 주는 원인은? **A** 해발 고도에 따른 기온 차이

2 토양의 특색과 분포 **6**

기후와 식생의 영향을 받아 형성된 토양으로, 위도대별로 기후가 다르기 때문에 서로 다른 성대 토양이 분포한다.

구분		종류	특징	분포 지역
성숙토	성대토양	회백색토	산성 토양	개마고원 등 냉대림 지역
		갈색 삼림토	분포 면적이 가장 넓음	중부와 남부의 온대림 지역
		적색토	과거의 기후 환경 반영	남해안 저지대
	간대토양	석회암 풍화토	붉은색 토양	강원도 남부, 충청북도 북동부
		현무암 풍화토	흑갈색 토양	제주도, 철원 용암 대지
미성숙토		충적토	비옥하여 농경지로 이용	하천 주변
		염류토	염분 제거 시 농경에 유리	간척지

└ 모암(기반암)의 성질을 반영한 토양으로 성대 토양 사이에 국지적으로 분포한다.

3 지속 가능한 식생 및 토양 관리

산업화 이후 도시 지역의 확대, 도로와 주택 건설, 경작지 ┐
└ 확대 등으로 식생이 파괴되었다.

① **식생** : 국립 공원 지정, 숲 가꾸기 사업을 통해 임목 축적량 증대 **7**
└ 토양이 오염되거나 침식되면 회복하는 데 오랜 시간 필요하다.

② **토양** : 토양 유실을 막기 위해 계단식 경작이나 등고선식 경작, 토양 보존을 위해 퇴비 및 유기질 비료 사용, 객토 사업 실시

③ **인간과 자연의 공존** : 전통 마을 입지(배산임수), 마을 입구의 마을 숲, 자연 휴식년제 도입, 환경 영향 평가 제도, 도시 농업 등

인공적으로 조성된 숲으로 바람을 ┐
└ 막고 홍수를 방지하는 기능과 함께 여름철 더위를 피할 수 있는 공간으로도 활용 가능하다.

---

5 한라산의 식생 분포

저위도에 위치한 제주도는 연평균 기온이 높으며, 한라산은 해발 고도가 높아 식생의 수직적 분포가 뚜렷하게 나타난다. 해안 저지대에서 한라산 정상으로 가면서 난대림, 온대림, 냉대림, 관목대, 고산 식물대가 나타난다.

백록담
고산 식물대 — 1,900m
관목림대 — 1,600m
침엽수림대 — 1,500m
온대 낙엽 활엽수림대
— 600m
난대 상록 활엽수림대

6 토양 분포

0 50 km

울릉도
독도
제주
서귀포

▨ 저구릉지 적황색토
▨ 갈색 삼림토 및 암설토
▨ 석회암 풍화토
▨ 화산회토
▨ 충적토
▨ 염류토
▨ 간석지

(국립 지리원, 1980)

성숙토는 토양의 생성 시기가 오래 되어 단면이 뚜렷한 토양으로 성대 토양과 간대토양으로 구분된다. 성대 토양은 온대림과 냉대림 지역에 주로 분포하며, 간대토양은 석회암 분포지와 화산 지대에 분포한다. 미성숙토는 토양의 생성 시기가 짧아 층위 구분이 뚜렷하지 않은 토양으로, 충적토는 하천에 의해 형성된 토양으로 대하천 주변에 분포하며, 염류토는 서해안과 남해안 간척지에 분포한다.

7 산림 면적과 임목 축적량의 변화

● 평균 임목 축적량
▨ 산림 면적

(만 ha) / (m³/ha)

146
633

1975 1985 1995 2005 2015(년)

(산림청, 2016)

우리나라는 도시화·산업화가 진행되면서 산림 면적이 지속적으로 감소하였다. 하지만 꾸준한 조림 사업을 통해 임목 축적량은 증가하였다.

✱용어사전

✱**등고선식 경작** 등고선을 따라 이랑을 만들어 농작물을 재배하는 방법

✱**객토** 성질이 다른 흙을 섞는 작업

✱**도시 농업** 공터, 텃밭, 아파트 베란다 등을 이용하여 농작물을 재배하는 농업

올리드 포인트

A 자연재해

홍수	집중 호우로 농경지, 가옥, 도로, 산업 시설 등 침수
태풍	강한 폭풍우를 동반한 열대 저기압으로 인명과 재산 피해, 해일 발생
폭설	짧은 시간에 많은 양의 눈이 내려 교통 혼잡, 시설물 붕괴, 마을 고립
가뭄	건조한 날씨가 지속되어 각종 용수 부족, 농작물 성장 저하, 광범위한 피해 범위
황사	중국 내륙에서 발생한 모래 먼지가 우리나라로 날아와 호흡기 및 안과 질환 유발

B 기후 변화

1 기후 변화의 원인과 영향

원인		• 자연적 원인 : 태양의 활동 변화, 화산재 분출 등 • 인위적 원인 : 인구 증가, 화석 연료의 사용 증가 등
영향	기온	여름 기간 연장, 겨울 기간 단축
	강수	• 강수량 및 집중 호우 발생 증가 • 연도별 강수 변동이 심해짐
	해수	• 해수면 상승으로 섬과 해안 저지대 침수 • 난류성 어종 증가, 한류성 어종 감소
	식생	• 난대림 분포지 증가, 냉대림 분포지 감소 • 식생의 북한계선 북상

2 기후 변화에 대한 대책

국제적 차원	국가적 차원의 협력과 해결 노력, 기후 협약 체결 ⑩ 1992년 유엔 기후 변화 협약, 2015년 파리 협정
국가적 차원	배출권 거래제 도입, 신·재생 에너지 사용 확대, 자원 절약형 산업 육성
개인적 차원	대중교통 수단의 이용 확대, 여름철 냉방 온도 높이기, 겨울철 난방 온도 낮추기

C 식생과 토양의 분포

1 식생 분포 : 위도에 따라 식생의 수평적 분포, 해발 고도에 따라 식생의 수직적 분포가 달라짐

2 토양 분포

성숙 토양	성대 토양	• 회백색토 : 개마고원 일대, 침엽수림 지대 • 갈색 삼림토 : 중부 지역, 낙엽 활엽수림 지대
	간대 토양	• 석회암 풍화토 : 강원도 남부·충북 북동부, 붉은색 토양 • 현무암 풍화토 : 제주도·철원, 흑갈색 토양
미성숙 토양	충적토	하천 주변, 비옥한 토양, 농경지로 이용
	염류토	간척지, 염분 제거 시 농경에 유리

01 각 자연재해로 인한 피해를 바르게 연결하시오.

(1) 홍수 • ・ ㉠ 각종 용수 부족
(2) 태풍 • ・ ㉡ 농경지 및 가옥 침수
(3) 폭설 • ・ ㉢ 강풍과 홍수, 해일 피해
(4) 가뭄 • ・ ㉣ 호흡기와 안과 질환 발생
(5) 황사 • ・ ㉤ 교통 체증, 시설물 붕괴

02 다음 설명이 맞으면 ○표, 틀리면 ×표를 하시오.

(1) 우리나라에 영향을 주는 태풍은 진행 방향을 기준으로 오른쪽 반원에서 큰 피해가 발생한다. ( )
(2) 지구 온난화로 지구 평균 기온이 상승하면 농작물의 북한계선은 남하한다. ( )
(3) 기후 변화의 영향으로 강수량이 많아지고, 강수의 강도도 강해지고 있다. ( )
(4) 식생의 수평적 분포는 위도에 따른 기온 차이를 반영하고, 수직적 분포는 해발 고도에 따른 기온 차이를 반영한다. ( )
(5) 성대 토양은 모암의 성질을 반영하고, 간대토양은 기후와 식생의 특성을 반영한다. ( )

03 빈칸에 들어갈 알맞은 말을 쓰시오.

(1) ( )은/는 국지적으로 단시간에 많은 양의 비가 집중적으로 내리는 현상으로, 북쪽의 찬 공기와 남쪽의 더운 공기가 만나면 대기가 불안정해져서 발생한다.
(2) ( )은/는 지각판의 경계부에서 수로 발생하며 내진 설계 강화, 대피 훈련 등을 통해 철저히 대비해야 한다.
(3) ( )은/는 삼림 파괴, 화석 연료 사용 증가 등으로 지구의 평균 기온이 상승하는 현상이다.
(4) ( )은/는 이산화 탄소, 메탄 등 지구의 기온을 상승시키는 기체로, 인간 활동 과정에서 배출되는 양이 증가하고 있다.
(5) ( )은/는 성대 토양으로 우리나라 중부 지방을 중심으로 가장 넓게 분포하며, 온대림이 분포하는 대부분 지역에서 형성된다.

01 (가), (나) 기상 재해에 대한 옳은 설명을 〈보기〉에서 고른 것은?

(가)

(나)

보기
ㄱ. (가)는 중국과 몽골 내륙의 사막 등지에서 발생한 모래 먼지가 원인이다.
ㄴ. (가)는 장마 전선이 늦게 북상하거나 충분한 강수 현상이 나타나지 않는 여름에도 발생한다.
ㄷ. (나)로 인해 도로 및 항공 교통이 마비되기도 한다.
ㄹ. (나)는 (가)보다 진행 속도는 느리고 피해 범위는 넓다.

① ㄱ, ㄴ ② ㄱ, ㄷ ③ ㄴ, ㄷ ④ ㄴ, ㄹ ⑤ ㄷ, ㄹ

02 ★★ 중요
그래프는 자연재해의 원인별 피해 발생률을 나타낸 것이다. (가)~(다)와 관계된 일기도를 〈보기〉에서 고른 것은? (단, (가)~(다)는 태풍, 호우, 대설 중 하나임)

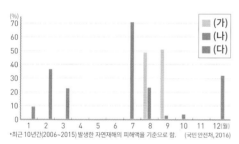

*최근 10년간(2006~2015) 발생한 자연재해의 피해액을 기준으로 함. (국민안전처, 2016)

보기
ㄱ.
ㄴ.
ㄷ.
ㄹ.

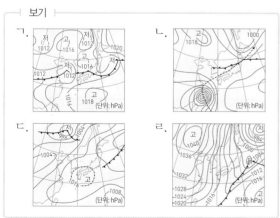

	(가)	(나)	(다)		(가)	(나)	(다)
①	ㄱ	ㄴ	ㄷ	②	ㄴ	ㄱ	ㄹ
③	ㄴ	ㄷ	ㄹ	④	ㄷ	ㄱ	ㄴ
⑤	ㄹ	ㄴ	ㄱ				

03 (가), (나)에 들어갈 자연재해를 바르게 고른 것은?

구분	사례
기후적 요인	(가)
지형적 요인	(나)

	(가)	(나)		(가)	(나)
①	지진	가뭄	②	홍수	지진
③	가뭄	우박	④	지진	태풍
⑤	화산 폭발	태풍			

04 그래프는 어느 자연재해가 우리나라에 영향을 준 횟수이다. 이 자연재해에 대한 설명으로 옳은 것은?

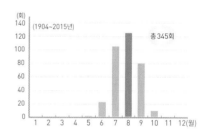

① 일조량을 증가시킨다.
② 한랭 건조한 성질이 있다.
③ 강풍과 집중 호우를 동반한다.
④ 북서 계절풍의 영향으로 발생한다.
⑤ 내륙으로 갈수록 세력이 강해진다.

05 다음 글에서 설명하는 자연재해가 우리 생활에 미치는 영향으로 적절한 것은?

중국과 몽골 내륙의 사막 등지에서 발생한 모래 먼지가 편서풍을 타고 우리나라 쪽으로 날아오는 현상이다. 과거에는 주로 봄에 발생하였으나 최근에는 가을, 겨울에도 나타나고 있다.

① 제습기 판매량이 증가한다.
② 저지대의 농경지나 가옥 등이 침수된다.
③ 산지에서는 산간 마을이 고립되기도 한다.
④ 호흡기 질환, 안과 질환 등의 원인이 된다.
⑤ 아침보다는 저녁에 운동하는 사람이 많아진다.

06 그림의 기후 현상이 발생했을 때 우리나라에 미치는 영향으로 옳은 것은?

① 생활 및 공업용수가 부족해진다.
② 하천이 범람하여 농경지가 침수된다.
③ 정밀 기계 공업의 제품 불량률이 높아진다.
④ 일사량이 감소하여 농작물이 냉해를 입는다.
⑤ 강풍에 의해 섬과 해안 지역에 해일 피해가 발생한다.

중요
07 그래프는 원인별·도별 자연재해의 피해액을 나타낸 것이다. A~C 자연재해에 대한 설명으로 옳지 <u>않은</u> 것은? (단, A~C는 호우, 대설, 태풍 중 하나임)

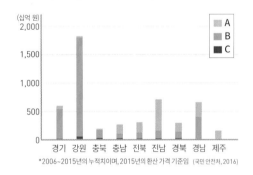

*2006~2015년의 누적치이며, 2015년의 환산 가격 기준임 (국민안전처, 2016)

① A의 이동 방향은 편서풍의 영향을 받는다.
② B는 주로 장마 전선의 정체에 따라 발생한다.
③ 우리나라의 연 강수량에는 B가 C보다 큰 영향을 준다.
④ A는 늦여름에서 가을, C는 겨울에 주로 발생한다.
⑤ C는 A보다 인명과 재산 피해를 크게 유발한다.

08 그림은 어떤 자연재해에 대비한 행동 요령을 정리한 것이다. 이 자연재해에 대한 옳은 설명을 〈보기〉에서 고른 것은?

〈○○ 발생 시 행동 요령〉

Ⓐ 탁자나 책상 밑에서 몸 보호　　Ⓐ 집 밖에선 가방으로 머리 보호

┌─ 보기 ─
ㄱ. 기상 현상과 관련된 자연재해이다.
ㄴ. 환태평양 조산대에서 주로 발생한다.
ㄷ. 정확한 예측이 가능해 큰 피해는 피할 수 있다.
ㄹ. 지각판이 충돌하거나 분리되면서 나타나는 현상이다.
└─────

① ㄱ, ㄴ　　② ㄱ, ㄷ　　③ ㄴ, ㄷ
④ ㄴ, ㄹ　　⑤ ㄷ, ㄹ

09 그림의 현상에 대한 설명으로 옳은 것을 〈보기〉에서 고른 것은?

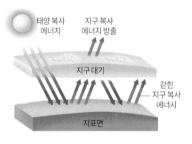

┌─ 보기 ─
ㄱ. 화석 연료 사용량이 증가하면 완화된다.
ㄴ. 지구 온난화를 심화하는 원인이 되고 있다.
ㄷ. 열대림이 파괴되면서 더욱 가속화되고 있다.
ㄹ. 대기 중 이산화 탄소, 메탄 등의 농도가 낮아지면 심화된다.
└─────

① ㄱ, ㄴ　　② ㄱ, ㄷ　　③ ㄴ, ㄷ
④ ㄴ, ㄹ　　⑤ ㄷ, ㄹ

10 지도는 과일의 재배 지역 변화를 나타낸 것이다. 이와 관련된 기후 변화의 영향으로 옳은 것은?

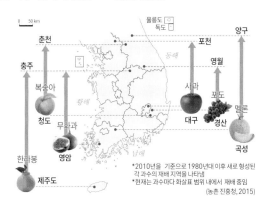

*2010년을 기준으로 1980년대 이후 새로 형성된 각 과수의 재배 지역을 나타냄
*현재는 과수마다 화살표 범위 내에서 재배 중임
(농촌진흥청, 2015)

① 무상 일수가 길어진다.
② 김장 시기가 빨라진다.
③ 겨울철 난방비가 증가한다.
④ 해수욕장 개장 기간이 줄어든다.
⑤ 강수량 증가로 작물 재배지가 남하한다.

11 그래프를 보고 추론한 내용으로 옳은 것을 〈보기〉에서 고른 것은?

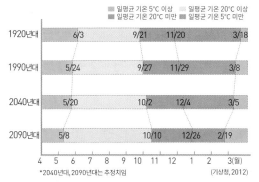

〈서울의 계절 길이 변화〉

*2040년대, 2090년대는 추정치임 (기상청, 2012)

| 보기 |
ㄱ. 기간 변화가 가장 큰 계절은 여름일 것이다.
ㄴ. 냉방비는 증가하고, 난방비는 감소할 것이다.
ㄷ. 겨울 축제와 관련된 관광 상품이 많아질 것이다.
ㄹ. 말라리아와 같은 열대 질병 발병률이 증가할 것이다.

① ㄱ, ㄴ   ② ㄱ, ㄷ   ③ ㄴ, ㄷ
④ ㄴ, ㄹ   ⑤ ㄷ, ㄹ

12 자료와 같은 기후 현상이 지속될 때, 우리나라에서 나타날 변화를 바르게 추론한 것은?

(한국 기후 변화 백서, 2011)

① 서해안의 해수면이 하강할 것이다.
② 개마고원의 냉대림 분포지가 확대될 것이다.
③ 남해안의 난대림 분포 범위가 축소될 것이다.
④ 동해안에서 오징어와 멸치 어획량이 증가할 것이다.
⑤ 대관령 일대에서 고랭지 농업 지역이 점차 확대될 것이다.

13 자료는 기후 변화를 해결하기 위해 교토 의정서에서 마련한 대책이다. 이에 대한 옳은 설명을 〈보기〉에서 고른 것은?

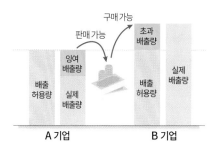

| 보기 |
ㄱ. A 기업은 배출 허용량보다 더 많은 탄소 배출권이 필요하다.
ㄴ. B 기업은 배출량을 허용량 수준으로 줄이면 배출권을 구입하지 않아도 된다.
ㄷ. 현재 B 기업은 A 기업에서 탄소 배출권을 구입해야 한다.
ㄹ. A 기업은 할당량보다 배출량이 많고, B 기업은 할당량보다 배출량이 적다.

① ㄱ, ㄴ   ② ㄱ, ㄷ   ③ ㄴ, ㄷ
④ ㄴ, ㄹ   ⑤ ㄷ, ㄹ

14 그래프와 관련하여 지도의 (가)~(라) 지역에서 나타난 현상으로 옳은 내용을 〈보기〉에서 고른 것은?

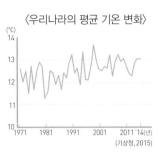
〈우리나라의 평균 기온 변화〉
(기상청, 2015)

(가) (나) (다) (라)
0 50 km

| 보기 |
ㄱ. (가) - 단풍이 드는 시기가 빨라졌다.
ㄴ. (나) - 명태의 어획량이 증가하였다.
ㄷ. (다) - 철새가 겨울에도 이동하지 않고 텃새화되었다.
ㄹ. (라) - 봄꽃의 개화 시기가 빨라졌다.

① ㄱ, ㄴ   ② ㄱ, ㄷ   ③ ㄴ, ㄷ
④ ㄴ, ㄹ   ⑤ ㄷ, ㄹ

★★ 중요

15 지도는 우리나라의 식생 분포를 나타낸 것이다. 이에 대한 설명으로 옳지 <u>않은</u> 것은?

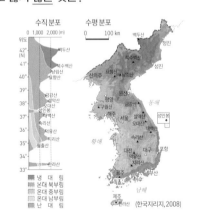
수직 분포   수평 분포
0 1,000 2,000 (m)   0   100 km
(한국지리지, 2008)
냉 대 림 / 온대 북부림 / 온대 중부림 / 온대 남부림 / 난 대 림

① 가장 넓은 범위에 분포하는 식생은 온대림이다.
② 한라산보다 백두산에 분포하는 식생이 다양하다.
③ 일반적으로 침엽수는 활엽수보다 고위도 지역에 분포한다.
④ 고위도로 갈수록 냉대림이 분포하는 해발 고도가 낮아진다.
⑤ 남해안과 제주도의 저지대에서는 동백나무, 후박나무 등이 나타난다.

16 A~D 지역에 분포하는 토양에 대한 옳은 설명만을 〈보기〉에서 있는 대로 고른 것은?

A
B
C
D
0   100 km

| 보기 |
ㄱ. A - 기후와 식생을 반영하는 토양으로 일부 층은 회백색을 띠고 있다.
ㄴ. B - 한반도에서 가장 넓게 분포하는 갈색의 성대 토양이 나타난다.
ㄷ. C - 기반암의 특성이 잘 반영된 붉은색 토양이 분포하고 있다.
ㄹ. D - 흑갈색의 현무암 풍화토가 분포하고 있다.

① ㄱ, ㄴ   ② ㄱ, ㄷ   ③ ㄱ, ㄴ, ㄹ
④ ㄱ, ㄷ, ㄹ   ⑤ ㄴ, ㄷ, ㄹ

17 그래프는 우리나라의 산림 면적과 임목 축적량 변화를 나타낸 것이다. 이와 관련된 내용으로 옳은 것만을 〈보기〉에서 있는 대로 고른 것은?

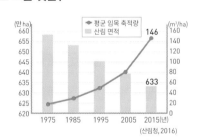
평균 임목 축적량 / 산림 면적
146
633
1975 1985 1995 2005 2015(년)
(산림청, 2016)

| 보기 |
ㄱ. 홍수 발생 가능성이 증가하였다.
ㄴ. 토사 유출 및 산사태 발생 가능성이 감소하였다.
ㄷ. 꾸준한 조림 사업으로 임목 축적량이 증가하였다.
ㄹ. 도로와 주택 건설, 경작지 확대 등으로 산림 면적이 감소하였다.

① ㄱ, ㄴ   ② ㄱ, ㄷ   ③ ㄱ, ㄴ, ㄷ
④ ㄱ, ㄷ, ㄹ   ⑤ ㄴ, ㄷ, ㄹ

중요 ★★

18 다음 글의 ⊙~②에 대한 설명으로 옳지 <u>않은</u> 것은?

> 토양은 암석 풍화의 산물로 오랜 세월에 걸쳐 형성되며, 기후와 ⊙식생, 기반암, 지형 등에 따라 성질이 달라진다. 토양은 크게 ⓒ성숙 토양과 미성숙 토양으로 구분하며, 성숙 토양은 다시 성대 토양과 ⓒ간대토양으로 구분한다. ⓔ미성숙 토양은 충적토와 염류토 등이 있다.

① ⊙은 위도와 해발 고도의 영향을 받아 달라진다.
② ⓒ은 토양의 생성 기간이 길어 단면이 뚜렷하게 발달한다.
③ ⓒ은 석회암 풍화토, 현무암 풍화토 등이 있다.
④ ⓔ은 토양의 생성 기간이 짧거나 운반 및 퇴적 작용으로 형성된다.
⑤ ⊙의 영향을 받아 형성된 토양은 ⓒ이다.

19 사진은 우리나라 어느 지역의 경작 모습이다. 이러한 경작 방식을 통해 얻고자 하는 효과로 가장 적절한 것은?

① 토양 유실 방지
② 임목 축적량 증대
③ 토양의 산성화 방지
④ 풍부한 일조량 확보
⑤ 유기질 비료의 사용량 축소

20 도시화 이후 그림의 지역에서 나타날 수 있는 현상을 바르게 추론한 것은?

① 상대 습도가 높아질 것이다.
② 지하수의 저장 능력이 향상될 것이다.
③ 하천의 수위 변동 폭이 작아질 것이다.
④ 하천으로 유입되는 퇴적물이 증가할 것이다.
⑤ 하천이 최고 수위에 도달하는 시간이 빨라질 것이다.

21 지도는 사과 재배지의 변동을 예측한 것이다. 이와 같이 예측한 이유를 서술하시오.

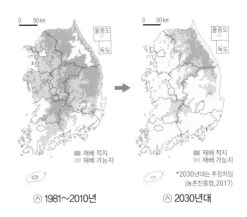

ⓐ 1981~2010년   ⓐ 2030년대

*2030년대는 추정치임
(농촌진흥청, 2017)

■ 재배 적지
■ 재배 가능지

22 제주도에서 그림과 같이 식생의 수직 분포가 뚜렷하게 나타나는 이유를 서술하시오.

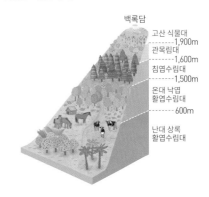

백록담
고산 식물대 ─1,900m
관목림대 ─1,600m
침엽수림대 ─1,500m
온대 낙엽
활엽수림대 ─600m
난대 상록
활엽수림대

23 지도는 태풍의 진로를 나타낸 것이다. 위험 반원과 가항 반원의 특징을 각각 서술하시오.

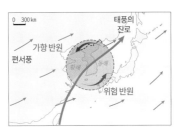

가항 반원
편서풍
태풍의 진로
위험 반원

01 자료는 세 지역의 자연재해로 인한 피해액을 나타낸 것이다. (가)~(다)에 해당하는 자연재해에 대한 설명으로 옳은 것은? (단, (가)~(다)는 태풍, 호우, 대설 중 하나임)

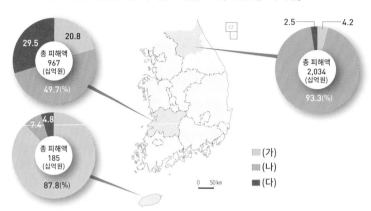

* 1993년부터 2013년까지 (가)~(다) 재해의 피해액을 합산하여 100으로 환산한 비중임

① (가)는 여름철 장마 전선의 영향을 받아 발생한다.
② (나)로 인해 저지대의 농경지나 가옥, 도로, 산업 시설 등이 침수 피해를 입는다.
③ (다)로 인해 농작물 성장 저하, 각종 용수 부족 등의 피해가 발생한다.
④ (가)는 여름철, (나)는 겨울철에 주로 발생한다.
⑤ (나)와 (다)는 최근 중국의 사막화 현상에 의해 심화되었다.

🔍 **문제 접근 방법**

지역별 자연재해 피해 비중은 최근 자주 출제되고 있다. 각 지역별 기후 특성을 바탕으로 자연재해를 유추할 수 있어야 한다. (가)는 제주도에서 가장 높은 비중이 나타나는 자연재해이고, (나)는 강원도와 전북 지역에 많은 피해를 주고 있는 자연재해, (다)는 전북 지역에 많은 피해를 주는 자연재해임을 파악하고 구분해 보면 된다.

✏️ **적용 개념**

다설지
태풍의 위험 반원
다우지
여름 강수 집중률

02 그래프와 같은 온실가스 배출이 지속될 경우 우리나라에서 나타날 수 있는 현상을 그림의 A~E에서 고른 것은?

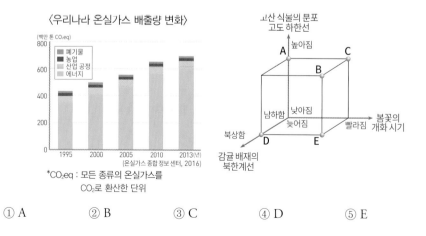

*CO₂eq : 모든 종류의 온실가스를 CO₂로 환산한 단위

① A   ② B   ③ C   ④ D   ⑤ E

🔍 **문제 접근 방법**

그래프를 통해 우리나라 온실가스 배출량이 지속적으로 증가하고 있다는 것을 알 수 있다. 온실가스가 증가하면 온실 효과가 심화되어 기온이 상승한다. 기온 상승으로 생태계가 어떻게 변화하는지 추론해 보면 쉽게 해결할 수 있다.

✏️ **적용 개념**

온실 효과
지구 온난화
기온 상승에 따른 변화

03 그림은 위도대별 해발 고도에 따른 식생 분포를 나타낸 것이다. 이에 대한 옳은 설명만을 〈보기〉에서 있는 대로 고른 것은? (단, A~C는 난대림, 온대림, 냉대림 중 하나임)

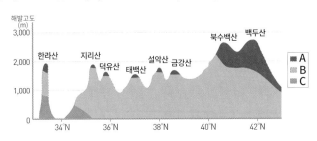

┌ 보기 ┐
ㄱ. A의 북사면과 남사면의 식생 분포 차이는 일사량 때문이다.
ㄴ. B에서는 침엽수와 활엽수를 같이 볼 수 있다.
ㄷ. C는 고위도 지역으로 갈수록 분포 범위가 확대된다.
ㄹ. 우리나라에서 A~C의 분포 지역 차이는 강수량보다 기온의 영향이 더 크다.

① ㄱ, ㄴ　　　　　② ㄴ, ㄷ　　　　　③ ㄷ, ㄹ
④ ㄱ, ㄴ, ㄹ　　　⑤ ㄴ, ㄷ, ㄹ

🔍 **문제 접근 방법**

가로축의 위도와 세로축의 해발 고도를 통해 자료를 분석해야 한다. 오른쪽으로 갈수록 위도가 높아져 북쪽이며, A는 북사면의 분포 한계 고도가 낮아지고 있다.

🔑 **적용 개념**

식생의 수직적 분포
해발 고도에 따른 기온 변화
일조량
위도에 따른 기온 변화

04 지도는 우리나라 토양의 분포를 나타낸 것이다. A~E 토양에 대한 설명으로 옳지 않은 것은?

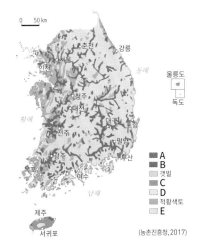

(농촌진흥청, 2017)

① A는 주로 간척지에 나타나는 토양이다.
② B는 비옥한 토양으로 예로부터 농경지로 활용되었다.
③ C는 화산 지형이 나타나는 곳에서 볼 수 있는 토양이다.
④ D는 기반암의 특성을 잘 반영한 토양이다.
⑤ E는 우리나라에서 가장 흔히 볼 수 있는 회백색 토양이다.

🔍 **문제 접근 방법**

토양 분포도는 보기에는 복잡해 보이지만 토양이 형성되는 지역을 알면 쉽게 구분할 수 있다. 염류토는 간척지에 주로 분포하기 때문에 해안가나 감조 하천의 감조 구간에서 볼 수 있다. 충적토는 하천 퇴적에 의해 형성되기 때문에 하천을 따라 나타난다. 따라서 대하천의 위치를 알면 충적토의 분포도 알 수 있다. 석회암 풍화토와 현무암 풍화토는 기반암의 특성을 반영하기 때문에 석회암과 현무암 분포 지역에 나타난다.

🔑 **적용 개념**

성대 토양
간대토양
미성숙토

유형 1 **여러 지역의 기후 특성 이해**

A~E에 대한 옳은 설명을 〈보기〉에서 고른 것은? (단, A~E는 지도에 표시된 관측 지점 중 하나임)

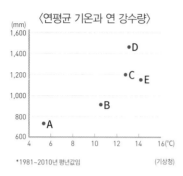

보기
ㄱ. A는 B보다 무상 기간이 길다.
ㄴ. B는 D보다 하계 강수 집중률이 낮다.
ㄷ. C는 E보다 최한월 평균 기온이 낮다.
ㄹ. D는 A보다 연교차가 작다.

① ㄱ, ㄴ   ② ㄱ, ㄷ   ③ ㄴ, ㄷ   ④ ㄴ, ㄹ   ⑤ ㄷ, ㄹ

>> 유형 분석 우리나라 각 지역의 기후 특성을 비교하는 문제는 자주 출제되는 유형이다. 따라서 여러 기출 문제에 제시된 주요 지역을 중심으로 정리해 둘 필요가 있다.

☑ 공략법
❶ 세로축의 연 강수량을 통해 A~E 지역을 강수량이 많은 지역과 적은 지역으로 구분한다.
❷ 가로축의 연평균 기온을 통해 기온이 낮은 지역은 고위도로, 기온이 높은 지역은 저위도로 구분한다.
❸ ❶, ❷의 분석 내용을 바탕으로 하여 지도에서 A~E의 지점을 찾아낸다.

유형 2 **비슷한 위도의 지역별 기온 특징 비교**

자료는 위도가 비슷한 중부 지역의 기온을 나타낸 것이다. 이에 대한 옳은 설명을 〈보기〉에서 고른 것은?

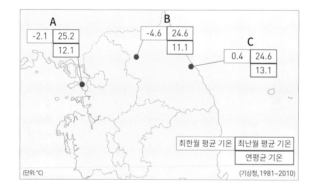

보기
ㄱ. A는 B보다 연교차가 더 크다.
ㄴ. B는 C보다 최한월 평균 기온이 더 낮다.
ㄷ. 연평균 기온이 가장 높은 곳은 연교차도 가장 크다.
ㄹ. 기온의 지역 차는 여름보다 겨울에 더 크게 나타난다.

① ㄱ, ㄴ   ② ㄱ, ㄷ   ③ ㄴ, ㄷ   ④ ㄴ, ㄹ   ⑤ ㄷ, ㄹ

>> 유형 분석 비슷한 위도상에서 서해안, 동해안, 내륙의 기온과 강수량을 비교하는 문제는 자주 출제되는 주제이다. 위도가 비슷한 경우 들어오는 태양 에너지가 같기 때문에 기온 차가 발생하는 것은 위도가 아닌 지형, 수륙 분포 등 다른 이유가 있기 때문이다. 특히 동해안이 서해안보다 최한월 평균 기온이 높은 이유를 파악해 두자.

☑ 공략법
❶ 연교차는 최난월 평균 기온과 최한월 평균 기온의 차로 구할 수 있다.
❷ 최한월 평균 기온은 C>A>B 순으로 동해안이 가장 높고 내륙이 가장 낮다.
❸ 최난월 평균 기온의 지역 차보다 최한월 평균 기온의 지역 차가 더 크게 나타나므로 이를 통해 여름과 겨울철 기온의 지역 차를 비교할 수 있다.

유형 3

권역별로 주로 피해를 주는 자연재해 파악

(가)~(다) 자연재해에 대한 옳은 설명만을 〈보기〉에서 있는 대로 고른 것은? (단, (가)~(다)는 대설, 태풍, 호우 중 하나임)

〈자연재해 피해액〉

*수치는 피해액 누적치(2006~2016년)가 가장 높은 지역의 값을 100으로 했을 때의 상댓값임 (국민안전처)

┌ 보기 ┐
ㄱ. (가)는 강풍과 많은 비를 동반하여 풍수해를 유발한다.
ㄴ. (나)는 장마 전선이 정체되었을 때 주로 발생한다.
ㄷ. (다)는 겨울철 찬 공기가 바다를 지나면서 형성된 눈구름에 의해 발생하는 경우가 많다.
ㄹ. 우리나라 연 강수량에서 차지하는 비중은 (다)가 (나)보다 높다.

① ㄱ, ㄴ ② ㄴ, ㄷ ③ ㄷ, ㄹ ④ ㄱ, ㄴ, ㄷ ⑤ ㄴ, ㄷ, ㄹ

>> 유형 분석 지역별 자연재해 피해액에 대한 문제는 자주 출제되지는 않지만, 출제가 되면 비교적 까다롭기 때문에 자연재해별 주요 피해 지역을 알아 둘 필요가 있다.

☑ 공략법
① (가)는 영남권과 호남권인 남부 지방, (나)는 강원권, 수도권 등 중부 지방에서 피해가 크다. (다)는 강원권, 충청권, 호남권, 영남권 등에 비교적 고르게 피해가 나타난다.
② 제시된 대설, 태풍, 호우 중에서 (가)~(다)에 해당하는 자연재해를 찾는다.
③ 〈보기〉에서 각 자연재해에 대해 바르게 설명한 것을 골라낸다.

유형 4

기후 변화에 따른 생태계 변화 이해

지도에 나타난 변화가 지속될 때 우리나라에서 일어날 수 있는 현상에 대한 추론으로 가장 적절한 것은?

〈지역별 연평균 기온 변화〉

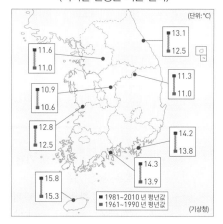

① 단풍 시작 시기가 늦어질 것이다.
② 열대야 발생 일수가 줄어들 것이다.
③ 냉대림의 분포 면적이 확대될 것이다.
④ 한류성 어족인 명태의 연근해 어획량이 증가할 것이다.
⑤ 한라산의 고산 식물 분포 고도의 하한선이 낮아질 것이다.

>> 유형 분석 기후 변화는 주로 지구 온난화와 관련된 문항이 출제된다. 이때 지구 온난화와 관련된 다양한 자료가 제시되지만 자료의 내용이 지구 온난화라는 것을 파악하는 것은 어렵지 않다. 다만 지구 온난화와 관련된 생태계 변화 모습은 선지 등에 자주 등장하므로 잘 알아 둘 필요가 있다.

☑ 공략법
① 각 지역의 기온이 0.3℃~0.6℃ 정도 상승하였는데, 이러한 전국적 기온 상승의 원인을 파악한다.
② 지구 온난화에 의한 기온 상승이 우리나라에 미친 영향을 파악한다.
③ 선지에서 기온 상승에 의해 나타나는 생태계 변화를 바르게 설명한 것을 골라낸다.

Ⅲ 단원 개념 마무리

01 우리나라의 기후 특성

• 우리나라의 기후 특성

냉·온대 기후	계절풍 기후	대륙성 기후
북반구 중위도에 위치해 기후가 온화하고 사계절의 변화가 비교적 뚜렷함	유라시아 대륙의 동안에 위치해 계절풍의 영향을 받음(여름 남서·남동풍, 겨울 북서풍)	대륙 동쪽에 위치해 대륙의 영향을 많이 받음(대륙 서안보다 기온의 연교차가 큼)

• 기온, 강수, 바람의 특성

기온
- 남북 차 : 위도의 영향으로 북부 지방으로 갈수록 기온이 낮아짐
- 동서 차 : 수륙 분포와 지형의 영향으로 내륙이 해안보다 여름 기온이 높고 겨울 기온이 낮으며, 동해안이 서해안보다 겨울 기온이 높음
- 해발 고도 차 : 해발 고도가 높은 산지는 평지보다 기온이 낮음 例 대관령
- 연교차 : 여름 기온보다 겨울 기온의 지역 차가 커 겨울 기온에 따라 연교차가 결정됨(북부>남부, 내륙>해안, 서해안>동해안)
- 일교차 : 봄과 가을의 맑은 날 크고, 장마철이나 흐린 날 작음

강수
- 강수의 계절적, 지역적 차이와 연 변동이 크게 나타남 → 여름철 강수 집중, 겨울철 건조, 연 강수량은 남쪽에서 북쪽으로 가면서 대체로 감소함
- 다우지 : 바람받이 사면 例 제주도, 남해안 일대, 한강 중·상류, 청천강 중·상류
- 소우지 : 바람그늘 사면(개마고원 일대), 높은 산지가 없는 평야 지역이나 분지 지역(영남 내륙 지역, 대동강 하류 일대)
- 다설지 : 북서 계절풍의 영향(울릉도와 호남 지역), 북동 기류의 영향(영동 지방)

바람
- 겨울 계절풍 : 시베리아 고기압의 영향으로 북서 계절풍이 탁월함, 한랭 건조한 바람, 여름 계절풍보다 뚜렷함
- 여름 계절풍 : 북태평양 고기압의 영향으로 남동·남서풍이 탁월함, 고온 다습한 바람
- 태풍 : 열대 해상에서 발생하여 중위도 지역으로 이동하는 열대 저기압, 주로 6~9월에 우리나라에 영향을 줌 → 강한 바람과 집중 호우 동반
- 높새바람 : 늦봄에서 초여름 사이 오호츠크해 고기압이 발달할 때 불어오는 고온 건조한 북동풍, 영서 지방의 이상 고온 현상과 가뭄 피해 발생

• 우리나라의 계절과 주민 생활

봄
- 대체로 온화하지만 날씨 변화가 심함
- 꽃샘추위 : 시베리아 고기압의 일시적 확장에 의한 저온 현상
- 건조 현상 : 산불 가능성이 높음
- 황사 현상 : 내륙의 건조 지역에서 모래 먼지가 날아옴

여름
- 장마철 : 열대 기단과 한대 기단 사이에 형성된 장마 전선 북상, 집중 호우, 높은 기온과 습도
  - 한여름 : 북태평양 기단의 확장, 낮 동안은 무더운 날씨, 한밤에는 열대야, 소나기, 태풍

가을
- 대륙 내부에서 발생한 이동성 고기압의 영향으로 청명한 날씨 지속
- 늦가을 기온이 낮아지며 단풍, 서리 발생
- 농작물의 결실과 수확에 유리

겨울
- 시베리아 기단의 영향 : 서고동저형의 기압 배치, 한랭 건조한 북서풍
- 삼한 사온 : 시베리아 기단의 주기적인 강약에 의해 추위가 심한 날과 덜한 날이 반복됨

02 기후와 주민 생활

기온	• 여름 : 통풍이 잘되는 의복, 대청마루가 발달한 개방적 가옥 구조, 벼농사에 유리, 염장 식품 발달 • 겨울 : 방한복, 온돌이 발달한 폐쇄적 가옥 구조, 관북 지방의 정주간, 보리나 밀 재배, 김장 문화
강수	• 다우지 : 하천 주변의 자연 제방에 거주, 터돋움집과 피수대를 이용한 홍수 대비 • 소우지 : 풍부한 일조량을 바탕으로 천일제염(서해안)이나 과수 재배(경북 내륙 지역)가 활발함
바람	강한 바람을 막기 위한 제주도 가옥의 그물 지붕과 돌담, 겨울철 북서 계절풍을 막기 위한 강화도의 또아리집, 호남 해안 지역의 까대기 등
국지 기후	• 도시 열섬 현상 : 도심 기온이 주변 교외 지역보다 높게 나타나는 현상 → 도심의 상대 습도 감소, 기온과 강수 증가 • 기온 역전 현상 : 지표면에 가까운 대기의 기온이 낮아져 상층부로 갈수록 기온이 높아지는 현상 → 농작물 냉해 발생

03 자연재해와 기후 변화

• 자연재해의 영향

홍수	많은 강수로 물이 흘러넘치는 것 → 가옥, 도로, 농경지 등의 침수 피해 발생
태풍	강한 바람과 폭우를 동반하는 열대 저기압 → 가항 반원의 피해가 큼, 산사태, 축대 붕괴, 해일 등의 피해 발생
폭설	짧은 시간 안에 많은 양의 눈이 내리는 것 → 산간 마을 주민의 고립, 각종 시설물 붕괴
가뭄	장기간 비가 내리지 않아 나타나는 물 부족 현상 → 각종 용수 부족, 진행 속도가 느림, 광범위한 피해 범위
황사	중국과 몽골 내륙의 사막에서 먼지가 편서풍을 타고 우리나라로 오는 현상 → 안과·호흡기 질환 발생

• 기후 변화의 원인과 영향

원인	화석 연료 사용 증가로 인한 온실가스 배출량 증가, 무분별한 삼림 개발 → 지구 평균 기온 상승
현황	대도시 지역을 중심으로 연평균 기온 상승, 연 강수량 증가 및 연변동 심화, 집중 호우 발생 빈도 증가
영향	봄꽃 개화 시기 빨라짐, 단풍 시기 느려짐, 농작물 재배지 북상, 한류성 어종 감소, 난류성 어종 증가, 냉대림 분포 지역 축소, 난대림 분포 지역 확대, 고산 식물 분포 범위 축소

• 우리나라의 식생과 토양 분포

구분			분포 지역	특징
식생 분포	난대림		남해안, 제주도 및 울릉도의 저지대	상록 활엽수(동백나무, 후박나무)
	온대림		개마고원과 남해안을 제외한 국토 전역	혼합림(낙엽 활엽수와 침엽수 혼재)
	냉대림		개마고원과 일부 고산 지역	침엽수(전나무, 가문비나무)
토양 분포	성숙토	성대 토양	회백색토	개마고원 등 냉대림 지역	산성 토양
			갈색 삼림토	중부와 남부 지방의 온대림 지역	분포 면적이 가장 넓음
			적색토	남해안 일대	과거 기후 환경 반영, 붉은색 토양
		간대 토양	석회암 풍화토	강원도 남부, 충청북도 북동부	붉은색 토양
			현무암 풍화토	제주도, 철원 용암 대지	흑갈색 토양
	미성숙토		충적토	하천 주변	비옥하여 농경지로 이용
			염류토	간척지	염분을 제거하면 농경에 유리

01 그림의 기후 요인에 의해 우리나라에서 나타나고 있는 기후 현상의 사례로 옳은 것은?

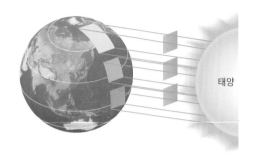

① 부산은 속초보다 연평균 기온이 높다.
② 인천은 강릉보다 최한월 평균 기온이 낮다.
③ 대관령은 주변 지역보다 최난월 평균 기온이 낮다.
④ 늦봄에서 초여름 사이 영서 지방은 건조한 바람에 의해 가뭄이 나타난다.
⑤ 동해안은 난류의 영향으로 동위도의 서해안보다 최한월 평균 기온이 높다.

개념 피드백 88쪽
02 그림과 같은 원리에 의해 나타나는 기후 현상의 사례로 옳은 것을 〈보기〉에서 고른 것은?

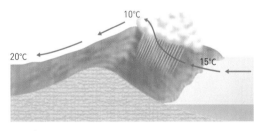

┤ 보기 ├
ㄱ. 대동강 하류 지역은 연 강수량이 적은 소우지이다.
ㄴ. 늦봄에서 초여름 사이 영서 지방에 높새바람이 분다.
ㄷ. 대도시 도심 지역은 외곽 지역에 비해 기온이 높은 열섬 현상이 나타난다.
ㄹ. 내륙 분지에 위치한 대구는 여름철 우리나라의 일 최고 기온을 자주 갱신한다.

① ㄱ, ㄴ　　② ㄱ, ㄷ　　③ ㄴ, ㄷ
④ ㄴ, ㄹ　　⑤ ㄷ, ㄹ

개념 피드백 89쪽
03 다음은 우리나라에 영향을 미치는 기단에 관해 설명한 것이다. ㉠~㉤에 대한 설명으로 옳지 않은 것은?

우리나라 주변에는 고기압이 정체하여 기단이 형성되기 쉬운 바다, 대륙 등의 발원지들이 있다. 이러한 발원지에서는 ㉠각각 독특한 성질의 기단이 형성되며 계절별로 우리나라로 확장하면서 다양한 기후를 형성하는 데 영향을 준다. (㉡)은/는 주로 겨울철에 영향을 미치고, (㉢)은/는 여름철에 영향을 미친다. 이러한 기단은 ㉣장마 전선을 형성하여 우리나라에 ㉤많은 비를 내리기도 한다. 또한 적도 주변 해양에서 형성되는 고온 다습한 ㉥적도 기단은 주로 여름철에 우리나라에 영향을 미친다.

① ㉠ - 바다에서 형성된 기단은 다습하고, 육지에서 형성된 기단은 건조하다.
② ㉡은 시베리아 기단, ㉢은 북태평양 기단이다.
③ ㉣ - 오호츠크해 기단과 북태평양 기단에 의해 형성된다.
④ ㉤ - 대류성 강수로 나타나는 현상이다.
⑤ ㉥ - 주로 태풍의 형태로 우리나라에 영향을 준다.

04 (가), (나)의 일기도가 나타나는 계절의 특징으로 적절한 것을 〈보기〉에서 고른 것은?

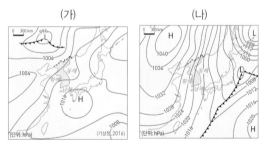

┤ 보기 ├
ㄱ. 추위가 심한 날과 덜한 날이 교대로 나타난다.
ㄴ. 맑은 날씨가 농작물 결실과 수확에 도움을 준다.
ㄷ. 음식이 쉽게 변질되기 때문에 염장 식품을 만들어 먹는다.
ㄹ. 중국 내륙의 건조 지역에서 발생한 흙먼지가 편서풍을 타고 날아온다.

	(가)	(나)		(가)	(나)		(가)	(나)
①	ㄱ	ㄴ	②	ㄱ	ㄷ	③	ㄴ	ㄷ
④	ㄴ	ㄹ	⑤	ㄷ	ㄱ			

05 (가)~(라)에서 나타나는 기후 현상으로 옳은 것을 〈보기〉에서 고른 것은?

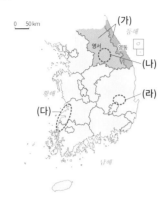

┤ 보기 ├
ㄱ. (가) - 높새바람에 의해 영동 지방에 가뭄, 영서 지방에 강수가 나타난다.
ㄴ. (나) - 주변 지역에 비해 해발 고도가 높아 여름철 기온이 낮다.
ㄷ. (다) - 시베리아 기단의 영향으로 많은 비가 내린다.
ㄹ. (라) - 연 강수량이 적고 가뭄이 잦아 일찍부터 저수지를 만들었다.

① ㄱ, ㄴ   ② ㄱ, ㄷ   ③ ㄴ, ㄷ
④ ㄴ, ㄹ   ⑤ ㄷ, ㄹ

06 다음 글의 ㉠, ㉡에 들어갈 내용으로 적절하지 <u>않은</u> 것은?

철수는 도시의 상업 지역과 주거 지역의 기온 차이에 대한 수행 평가 보고서 작성을 위해 지역 조사를 실시하였다. 기온 측정 결과 상업 지역은 주거 지역보다 겨울에 최고 3℃, 여름에 최고 2.5℃ 높게 나타났다. 철수는 상업 지역의 기온이 높은 원인으로 (㉠)을/를 꼽았으며, 이러한 현상을 완화하기 위한 대책으로 (㉡)을/를 제시하여 보고서를 제출하였다.

	㉠	㉡
①	기온 역전층 형성	바람개비 설치
②	높은 포장 면적 비율	도시 하천 복원
③	대기 오염 물질 배출	신·재생 에너지 활용
④	자동차 배기가스 배출	대중교통 이용 장려
⑤	부족한 녹지 면적 비율	옥상 정원 조성

▶ 개념 피드백 100쪽

07 (가), (나)와 같은 생활 모습이 주로 나타나는 계절에 열리는 지역 축제를 〈보기〉에서 고른 것은?

(가) 통풍이 잘 되는 삼베나 모시로 옷을 만들어 입고, 음식이 쉽게 상하는 것을 방지하기 위해 젓갈 등의 염장 식품을 만들어 먹었다.
(나) 솜을 넣어 누빈 옷, 가죽으로 만든 옷 등 방한복을 만들어 입고, 채소를 재배하기 어려워 많은 양의 김치를 담그는 김장 문화가 발달하였다.

┤ 보기 ├

	(가)	(나)			(가)	(나)
①	ㄱ	ㄴ		②	ㄴ	ㄷ
③	ㄴ	ㄱ		④	ㄴ	ㄹ
⑤	ㄷ	ㄹ				

▶ 개념 피드백 101쪽

08 자료와 관련 있는 우리나라의 기후 특성으로 옳은 것은?

경기도 ○○시는 시내에 7만 7천 톤의 빗물 저장 시설을 확보하면서 '레인 시티(Rain City)'라고 불리게 되었다. 특히 ○○시 종합 운동장 지하에는 1만 톤 규모의 빗물 저장 시설을 설치하였다.

① 기온의 연교차가 크다.
② 남북 간 기온 차가 크다.
③ 봄철에 황사 현상이 나타난다.
④ 계절에 따라 강수량의 차가 크다.
⑤ 여름에는 무더위, 겨울에는 한파가 나타난다.

09 (가), (나) 가옥에 대한 설명으로 옳은 것만을 〈보기〉에서 있는 대로 고른 것은?

(가)

(나)

┤ 보기 ├
ㄱ. (가)는 많은 눈을 대비하기 위한 시설이 있다.
ㄴ. (나)는 겨울 강수 집중률이 높은 곳에서 볼 수 있다.
ㄷ. (가)는 (나)보다 여름 강수 집중률이 높은 지역에서 발달한다.
ㄹ. (나)는 (가)보다 홍수 피해 가능성이 높은 지역에서 나타난다.

① ㄱ, ㄴ   ② ㄱ, ㄹ   ③ ㄱ, ㄴ, ㄷ
④ ㄱ, ㄴ, ㄹ   ⑤ ㄴ, ㄷ, ㄹ

11 지도에 제시된 자연재해에 의해 우리나라에 나타나는 현상으로 옳은 것을 〈보기〉에서 고른 것은?

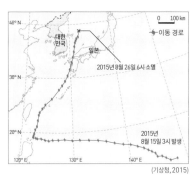

┤ 보기 ├
ㄱ. 강한 바람과 많은 비로 인해 풍수해가 발생한다.
ㄴ. 건조한 날씨가 지속되면서 산불 발생이 늘어난다.
ㄷ. 북동풍이 불어 영서 지방에 가뭄 피해가 발생한다.
ㄹ. 우리나라는 가항 반원에 속해 위험 반원보다 피해가 작다.

① ㄱ, ㄴ   ② ㄱ, ㄹ   ③ ㄴ, ㄷ
④ ㄴ, ㄹ   ⑤ ㄷ, ㄹ

개념 피드백 112쪽

10 (가), (나)는 기온과 관련된 자연재해이다. 이에 대한 옳은 설명만을 〈보기〉에서 있는 대로 고른 것은?

(가)   (나)

┤ 보기 ├
ㄱ. (가)로 인해 심혈관 질환자의 건강이 악화될 수 있다.
ㄴ. (가)로 인해 전기 사용량 급증에 따른 전력 수급 문제가 발생한다.
ㄷ. (나)로 인한 도로 결빙으로 교통사고가 증가한다.
ㄹ. (가)는 시베리아 기단, (나)는 북태평양 기단의 영향으로 나타난다.

① ㄱ, ㄴ   ② ㄱ, ㄹ   ③ ㄱ, ㄴ, ㄷ
④ ㄱ, ㄴ, ㄹ   ⑤ ㄴ, ㄷ, ㄹ

개념 피드백 114쪽

12 다음과 같은 변화가 지속될 경우 우리나라에서 일어날 수 있는 현상에 대한 추론으로 가장 적절한 것은?

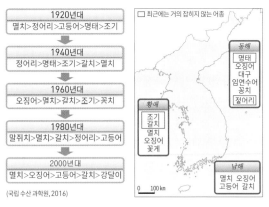

① 하천의 결빙 일수가 증가할 것이다.
② 침엽수림의 분포 면적이 늘어날 것이다.
③ 고랭지 농업 가능 지역이 확대될 것이다.
④ 난류성 어족의 어획량이 줄어들 것이다.
⑤ 해안 저지대의 침수 위험이 높아질 것이다.

13 지도는 기후 변화에 따른 한반도의 식생 기후대 변화를 나타낸 것이다. 이에 관한 추론으로 적절하지 <u>않은</u> 것은?

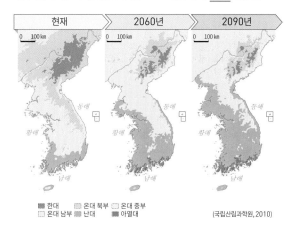

① 우리나라의 기온은 지속적으로 상승할 것이다.
② 현재 볼 수 없는 새로운 식생이 나타날 것이다.
③ 북부 지역의 냉대림 분포 면적은 축소될 것이다.
④ 난대림 분포 지역은 점차 북쪽으로 확산될 것이다.
⑤ 현재 가장 넓게 분포하는 식생의 범위가 확대될 것이다.

14 (가)를 위한 노력의 모습으로 적절하지 <u>않은</u> 것은?

① 탄소 배출량을 줄여야 한다.
② 재생 에너지 개발을 확대해야 한다.
③ 지속 가능한 발전을 위해 노력해야 한다.
④ 승용차 사용을 줄이고 대중교통을 이용해야 한다.
⑤ 유류세를 낮추어 에너지를 저렴하게 공급해야 한다.

15 다음 글에서 설명하고 있는 농업 방식의 효과로 ㉠에 들어갈 내용을 서술하시오.

도시 농업은 개인 소비, 여가 활용, 공동체 회복 등 다양한 목적에서 이루어진다. 특히 공익적인 가치로 (㉠) 등의 효과가 있다.

16 다음 자료에서 A가 우리나라에 미치는 영향을 <u>두 가지</u> 서술하시오.

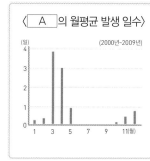

A 은/는 중국 내륙의 건조 지역에서 주로 발원하여 우리나라로 불어온다. A 이/가 발생하면 대기 중 미세 먼지 농도가 높아진다.

17 A, B 지역에 주로 분포하는 식생과 토양의 특성을 비교하여 서술하시오.

세 가지 핑계병

핑계를 자주 대는 사람은 자신이 해야 할 일을 제대로 하지 못하는 경우가 많습니다. 게다가 핑계를 거짓말의 한 종류로 간주하는 경우도 있어서 핑계 대는 사람들은 간혹 거짓말쟁이가 되기도 합니다. 아래의 세 가지 유형 중 자신은 어떤 핑계병을 앓고 있는지 스스로 점검해 보는 것은 어떨까요?

1. 건강 핑계병

누구도 완벽하게 건강하지는 않습니다. 그런데도 '피곤하다', '체력이 약하다' 등의 핑계를 댑니다. 건강에 대해 핑계를 대고 있다면 약간의 동정은 얻을 수 있지만, 자기중심적인 사람으로 오해 받을 수 있습니다.

2. 지능 핑계병

누구나 한 번씩은 '머리가 나쁘다'라는 핑계를 댑니다. 이러한 핑계는 자신의 지능은 과소평가하면서 타인의 지능은 과대평가하고 있는 잠재 심리일 수 있습니다. 사람들은 얼마나 높은 지능을 가졌느냐가 아니라 지능을 어떻게 쓰고 있느냐에 따라 평가받습니다.

3. 운수 핑계병

자신의 근원적인 문제를 행운, 혹은 운수 탓으로 돌리는 사람이 있습니다. 그러나 최고의 자리에 있는 사람들은 운보다는 열심히 노력했기에 가능했습니다. 아무런 노력을 기울이지 않고 좋은 결과만을 바라는 사람이야말로 운수 핑계병을 대고 있습니다.

IV

거주 공간의 변화와 지역 개발

자~! 힘을 내서 차근차근 시작해요.

01 촌락의 변화와 도시의 발달

학습길잡이 • 우리나라 전통 촌락의 입지와 전통 촌락의 변화 양상을 파악해 두어야 한다.
• 도시 체계의 특성 및 우리나라 도시의 발달 과정을 알아 두어야 한다.

A 촌락은 어디에 형성되고, 어떻게 변화할까

1 전통 촌락의 특징

① 국토 공간에서 많은 면적을 차지하지만, 도시보다 인구 밀도가 낮음

② 주민 대부분이 1차 산업에 종사 → 식량 생산을 담당함

③ 잘 보존된 자연환경과 전통문화 → 도시민에게 여가 공간을 제공함
  └ 농업·임업·수산업 등 1차 산업은 협동이 필요한 경우가 많아 촌락은 도시보다 공동체 의식이 강한 편이다.

2 전통 촌락의 입지

① **자연적 조건** : 전통적으로 거주지 선정에 많은 영향을 줌

배산임수 ❶	• 겨울철 차가운 북서풍 차단, 생활용수와 농업용수 확보에 유리함 • 우리나라의 많은 촌락이 배산임수와 같은 풍수지리 사상을 반영함
용수 획득	지표수가 부족한 제주도에서는 해안가의 용천대를 따라 촌락 형성 **질문**
홍수 예방 └ 피수	하천의 범람을 피하기 위해 산록 완사면이나 범람원의 자연 제방에 촌락 입지 ❷ └ 선상지의 선단에도 형성되어 있어 촌락이 입지한다.

② **사회·경제적 조건** : 상업적 농업의 발달로 중요성이 커짐

교통	• 하천, 도로, 철도 등의 교통이 편리하여 접근성이 좋은 곳에 촌락 발달 • 역원 취락 : 육상 교통로에 형성 ⓓ 조치원, 역곡 등 • 나루터 취락 : 수운의 요충지에 형성 ⓓ 노량진, 삼랑진, 마포 등
방어	지형적으로 방어에 유리한 지역이나 국경 및 해안 지역에 병영촌 발달 ⓓ 남한산성, 부산 수영, 통영, 중강진 등

3 전통 촌락의 형태와 경관

① 가옥의 밀집도에 따른 촌락 형태

집촌(集村)	• 의미 : 특정 장소에 가옥이 밀집하여 분포하는 촌락 • 특징 : 가옥과 경지의 거리가 멀어 경지 관리에 비효율적이지만, 가옥 간 거리가 가까워서 협동 노동에 유리하고 공동체 의식이 강함 • 분포 : 벼농사 지역, 용수의 공동 관리가 필요한 지역, 동족 촌락 등
산촌(散村)	• 의미 : 가옥이 흩어져 분포하여 가옥의 밀집도가 낮은 촌락 • 특징 : 경지 가까이에 가옥이 위치하여 경지 관리에 효율적이지만, 가옥 간의 거리가 멀어 협동 노동에 불리하고 공동체 의식이 약함 • 분포 : 밭농사 지역, 과수원, 산간 지역 등

자료로 보는 하회 마을로 본 전통 촌락의 형태와 기능

자료 분석 경상북도 안동의 하회(下回) 마을은 낙동강이 S자 모양으로 마을을 감싸고 있어 붙여진 이름이다. 풍산 류(柳)씨의 동족 촌락인 이곳은 피수에 유리한 곳에 위치한 집촌이다. 하회 마을의 북쪽 제방에는 강물로부터 제방을 보호하는 기능의 '만송림'이라는 소나무 숲이 조성되어 있다.

개념 더하기 자료 채우기

❶ 배산임수 촌락

배산임수 촌락은 마을의 뒤쪽은 산으로 에워싸여 있고, 앞으로는 하천이 흐르는 곡구나 산록 사면에 입지하며, 이는 자연환경에 적응한 결과로 풍수지리 사상에서 명당에 해당한다. 배산임수 촌락은 배후의 산지가 겨울에 차가운 북서풍을 차단해 주고, 산지로부터 땔감과 같은 연료를 쉽게 획득할 수 있다. 그리고 촌락 앞의 하천에서는 풍부한 용수확보가 가능하고, 하천 주변의 범람원은 경지로 사용할 수 있다. 또한 취락의 입지가 남향을 이루어 일조에 유리한 특징을 가지고 있다.

질문 있어요

제주도의 취락은 왜 주로 해안가에 위치하나요?

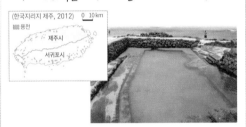

제주도의 기반암은 현무암이에요. 그런데 현무암은 절리가 발달하여 비가 많이 내려도 빗물이 지하로 스며드는 특징이 나타나요. 지하로 스며들었던 물은 해안가에서 솟아나는데, 이를 용천대라고 해요. 따라서 제주도에서는 해안의 용천대에서 물을 구하기 쉽기 때문에 용천대를 중심으로 취락이 입지한답니다.

❷ 범람원의 자연 제방

하천의 하류 지역에서 하천의 범람으로 운반 물질이 하천 양안에 퇴적되어 형성된 평탄한 지형을 범람원이라고 한다. 우리나라 범람원의 대부분은 후빙기 해수면 상승으로 하천의 퇴적 작용이 활발해져 생겨난 것이다. 범람원은 크게 자연 제방과 배후 습지로 구성되며, 자연 제방은 사질(沙質) 퇴적물로 구성되어 배수가 양호하고, 수위가 높아져도 쉽게 침수되지 않기 때문에 취락과 교통로가 입지하며, 대개 밭과 과수원 등으로 활용된다.

용어사전

* **용천대** 자연 상태에서 솟아나는 물을 용천이라고 하고, 이러한 용천이 띠를 이루어 분포하는 지역을 용천대라고 함
* **산록 완사면**(山 산, 麓 산기슭, 緩 느슨하다. 斜 비스듬하다. 面 표면) 고산지의 산록에 나타나는 완만한 경사의 준평탄지
* **동족 촌락**(同 한가지, 族 겨레, 村 마을, 落 떨어지다) 동성동본인 사람들이 한 지역에 모여 생활하는 자연 촌락으로, 집성촌이라고도 함

② 기능에 따른 촌락 형태

농촌	• 농업을 기반으로 하는 촌락 • 협동 노동의 필요성이 큼 → 집촌을 이루는 경우가 많음 • 일반적으로 농경지와 배후 산지가 만나는 산록면에 위치함
어촌	• 해안 지역에서 경제 활동을 영위하는 촌락 → 항구를 중심으로 밀집해 있음 • 대부분 주거지 주변에 경지가 있어 반농반어촌 형성
산지촌	• 경사가 급하고 경지가 좁아 대부분이 밭농사, 임산물 채취, 목축업 등에 종사함 • 가옥이 드문드문 흩어져 분포하는 산촌인 경우가 많음

4 촌락의 변화

① **촌락의 변화 양상** : 산업화와 도시화의 정도, 도시 분포, 도시와의 접근성 등에 따라 변화 양상이 다름

인구가 감소하는 촌락 ❸	• 주로 대도시와 거리가 먼 촌락 • 청장년층 인구 유출 → 인구 고령화, 노동력 부족, 청장년층 인구의 남초 현상과 노년층 인구의 여초 현상
인구가 증가하는 촌락	• 주로 대도시와 거리가 가까운 촌락 • 상업적 농업 확대와 높은 겸업농가 비중, 촌락과 도시 경관의 혼재

예 공장, 물류 창고, 아파트 등

② 전통 촌락의 변화 ❹
─── 소득 기회의 증가와 주거 환경의 개선으로 귀농·귀촌 인구가 증가하는 추세이다.

- 농업 생산성 증대 : 영농의 기계화, 친환경 농작물 재배, 고소득 작물의 시설 재배와 같은 집약적 토지 이용 **질문**
- 농산물 직거래 증가 : 전자 상거래를 통해 도시민에게 직접 작물을 판매
- 전통 경관의 관광 자원화 : 도시민을 위한 다양한 촌락 체험 행사 마련 등
  예 슬로시티 운동 ❺

자료로 보는 도시와 촌락이 공존하는 도농 통합시

인구 (외국인 포함)	84만 6,650명
면적	940.3 km²
재정 자립도	35.8 %
행정 구역	4구 3읍 10면 30동

(청주시, 2016)

⊗ **통합 청주시** 2014년 7월 1일 청주시와 청원군이 통합하여 통합 청주시로 출범하였다.

자료 분석 도농 통합시란 기능과 경관이 다른 도시와 촌락의 상호 발전을 위해 생활권이 같은 도시와 농어촌을 하나로 합쳐서 형성한 광역 생활권을 갖춘 도시를 말한다. 2013년 여주시, 2014년 통합 청주시가 출범하였으며, 2018년 기준 56개의 도농 통합시가 만들어졌다. 도농 통합으로 주민의 생활권과 행정 구역의 일치, 도시와 농촌 간의 지역 격차 해소, 농촌의 생활 환경 수준 향상, 도시의 과밀 문제와 농촌의 과소 문제 해결, 지방 도시와 배후 농촌의 경쟁력 강화 등 다양한 효과를 기대할 수 있다.

🅠 도농 통합의 긍정적 효과를 말해 보자.

등 후상 흥땅장방 ⓐ
|5롱욱 후배 1히A존 ,당땅 동촌 1온향상 후땅생 1오촌욱 ,|치일 1오두두 상향 욕상행 1온|5욕생 1온|5주

개념더하기 자료채우기

❸ 농가 인구 및 인구 구조 변화

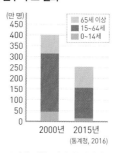

(통계청, 2016)

우리나라는 1960년대 이후 진행된 산업화와 도시화로 촌락은 도시보다 소득이 낮아지고 일자리와 각종 시설이 부족해져 이촌 향도 현상이 나타났다. 이에 따라 촌락의 청장년층 인구가 감소하여 인구의 고령화와 노동력 부족 문제가 발생하였으며, 출산율 저하로 폐교가 증가하는 등 촌락의 정주 기반이 약화하였다. 최근에는 외국인 근로자의 유입과 결혼 적령기의 남성 중 외국인 여성과의 국제결혼이 증가하여 다문화 가정의 비중이 높아지고 있다.

❹ 촌락의 기능 변화

과거의 촌락은 1차 산업 중심이었지만, 최근에는 2·3차 산업의 비중이 증가하였다. 1차 산업 중에서는 교통과 통신의 발달로 도시와의 접근성이 향상하여 원예 농업, 낙농업, 목축업, 양식업 등이 활발하다. 최근 촌락에서는 6차 산업이 발달하고 있다. 이는 유형 및 무형의 자원을 바탕으로 1차 산업(농림 수산업)과 2차 산업(식품 및 특산품의 제조·가공·유통·판매), 3차 산업(체험, 관광, 서비스)을 연계하여 새로운 부가 가치를 창출하는 산업을 의미한다.

🖐️**질문있어요**

조방적 토지 이용과 집약적 토지 이용은 어떤 차이가 있나요?

조방적 토지 이용은 넓은 면적에 자본과 노동력을 적게 투입하여 면적 대비 낮은 수익을 창출하는 토지 이용 방식으로, 주로 촌락에서 나타나요. 반면, 집약적 토지 이용은 좁은 면적에 많은 자본과 노동력을 집중하여 생산성을 최대한 높이는 토지 이용 방식으로, 주로 도시에서 나타나요.

❺ 슬로시티 운동

전라남도 담양군 창평, 경상남도 하동군 악양 등은 슬로시티 운동이 이루어지는 대표적인 지역이다. 급변하는 사회 속에서 느리고 여유 있는 삶을 지향하며, 지역의 자연과 전통을 보존하기 위한 운동이다.

✳️용어사전

* **반농반어**(半 절반, 農 농사, 半 절반, 漁 고기잡이) 농사를 지으면서 어업도 함께하는 것
* **정주**(定 머무르다, 住 거주하다) 일정 지역에서 자리를 잡고 살아가는 것

01 촌락의 변화와 도시의 발달

B 도시 체계를 알아보고, 도시의 발달 과정을 살펴보자

1 도시와 촌락의 상호 보완성 : 서로 영향을 주고받으며 *정주 체계 형성

도시	• 행정 및 금융 기관 등이 모여 있는 중심지 → 촌락에 각종 재화와 서비스를 공급 • 촌락에 비해 역동적인 변화, 인구의 유동성이 큼 • 2·3차 산업의 비중이 높고, 다양한 기능이 모여 있어 주민의 직업 구성이 다양함
촌락	• 식량 생산, 전통문화의 보존, 도시민에게 휴식과 여가 공간 제공 • 1차 산업의 종사자 수 비중이 높고, 주민의 직업 구성이 단순함

2 중심지로서의 도시

① 중심지와 배후지

중심지	주변 지역에 재화나 서비스를 제공하는 중심 기능이 모여 있는 곳 🐾 학교, 상점, 도시 등
배후지	중심지의 여러 경제·사회적 기능이 영향을 미치는 범위 → 중심지와 밀접한 관계를 맺는 주변 지역

② 중심지의 계층 : 인구 규모와 보유 기능에 따라 계층 질서를 파악할 수 있음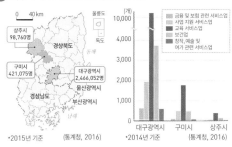

고차 중심지	• 비교적 넓은 범위의 수요자를 대상으로 다양한 재화와 서비스 제공 • 고차 중심지일수록 그 수는 적지만 보유하고 있는 기능은 더 많음
저차 중심지	• 좁은 범위의 수요자를 대상으로 기본적인 재화와 서비스 제공 • 저차 중심지는 고차 중심지에 기능적으로 의존함

자료로 보는 중심지의 계층 구조

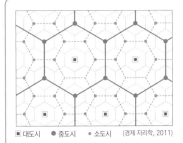

■ 대도시 ● 중도시 • 소도시 (경제 지리학, 2011)

자료 분석 대도시와 같이 넓은 배후지를 갖는 중심지는 고차 중심지이며, 중소 도시나 읍·면 중심지는 낮은 계층의 저차 중심지이다. 고차 중심지와 저차 중심지는 중심지의 수와 기능, 배후지 면적 등에서 차이가 있는데, 이러한 대도시와 중소 도시 간의 공간 관계를 중심지의 계층 구조라고 한다. 계층이 높은 도시일수록 낮은 계층의 도시보다 도시의 수는 적지만, 보유 기능은 더 많다.

Q 고차 중심지와 저차 중심지를 비교했을 때 중심지의 수가 더 많은 곳은 어디인가?

A 저차 중심지

3 도시 체계의 특성

① 도시 체계 : 정주 체계 중 도시만을 대상으로 한 것

• 고차 중심지와 저차 중심지 성격을 띤 도시 간의 상호 의존적이고 서로 영향을 주고받는 계층 질서

• 도시의 인구 규모, 도시 간의 교통량, 인터넷망을 통한 정보 유통 등으로 도시 간의 상호 작용 파악

② 우리나라의 도시 체계 : 최상위 계층인 서울의 배후지가 가장 넓고 인구와 기능의 집중도가 높음 → 종주 도시화 현상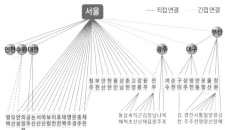

---

1 대구와 주변 도시로 본 중심지 기능

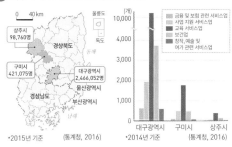

⚞ 위치와 인구   ⚞ 서비스 사업체 수

세 도시 중 대구가 인구와 서비스 사업체 수가 가장 많고 다양한 서비스를 제공하는 고차 중심지 역할을 하며, 배후지인 상주와 구미에 큰 영향력을 행사한다. 전국 규모에서 대구와 같은 고차 중심지는 상주와 구미 같은 저차 중심지보다 그 수가 적고 중심지 간의 거리가 멀게 나타난다.

구분	고차 중심지	저차 중심지
최소 요구치	크다	작다
배후지의 면적	넓다	좁다
중심지 간 거리	멀다	가깝다
중심 기능의 종류	다양하다	다양하지 않다

2 시외·고속버스 운행으로 본 도시 간 계층 구조

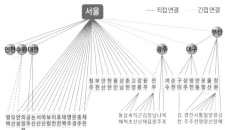

• 창원, 김해 부분 수정(국토 지리 정보원, 2008)

우리나라의 도시는 서울과 대도시를 중심으로 발달하였다. 이에 따라 서울과 지방 중소 도시를 직접 연결하는 교통망은 발달했지만, 지방 중소 도시 간의 교통망은 미약하다. 이를 통해 우리나라 도시 체계에서 최상위 계층에 해당하는 서울은 배후지가 가장 넓고, 서울 다음으로 6개 광역시(부산, 인천, 대구, 대전, 울산, 광주), 그 다음으로 지방 중심지 등의 여러 도시가 계층을 이루고 있음을 알 수 있다.

＊용어사전

* **정주 체계** 한 국가 또는 한 지역에 분포하는 촌락과 도시의 일련의 집합으로, 인구와 경제 활동이 지표 공간에서 규칙성을 가지고 상호 작용하는 분포 체계

* **재화**(財 재물, 貨 물품) 대가를 주고 얻을 수 있는 물건으로 인간 생활에 필요한 것 중 만질 수 있는 것을 말함

* **유동성**(流 흐르다, 動 움직이다, 性 성질) 형편이나 경우에 따라 이리저리 변동될 수 있는 성질

* **종주 도시화** 수위 도시의 인구가 2위 도시의 인구보다 두 배 이상 많은 불균형 상태

4 우리나라 도시의 발달 : 시기에 따라 도시 인구가 차별적으로 성장함

① 근대 이전 : 정치·행정 중심지에 도시 성장

② 현대 : 산업화·도시화·교통의 발달·국토 개발 계획 등의 영향을 많이 받음

근대 이전	• 삼국 시대 : 수도와 지방 행정 중심지에 성곽 축조 예 고구려 국내성 • 통일 신라 시대 : 9주 5소경 → 오늘날 지방 중심 도시로 성장 • 고려 시대 : 수도인 개경과 평양, 한양, 경주 • 조선 시대 : 초기에 한양과 8도의 중심지 → 후기에 상업 도시 발달
일제 강점기	• 구한말 : 항만과 내륙 도시를 연결하는 철도 부설 → 신의주, 대전 등 • 일제 강점기 초기 : 한반도의 식량 기지화 → 군산, 목포 등 • 일제 강점기 후기 : 병참 기지화 정책 → 흥남, 청진, 원산 등
광복 이후 3	• 광복 이후 : 귀국한 재외 동포와 6·25 전쟁에 따른 월남 주민의 정착에 따른 도시 성장 • 1960년대 이후 : 경제 개발 정책과 공업화 → 급속한 도시화, 이촌 향도 현상 → 대도시와 남동 임해 공업 도시의 급성장 • 1980~90년대 이후 : 대도시 성장 둔화, 위성 도시 등장, 교외화 현상 • 현재 : 인구 분산 정책과 지방 도시 성장에도 불구하고 수도권에 집중한 인구와 기능 → 종주 도시화 현상 심화, 국토 균형 발전 필요 4

자료로 보는 우리나라의 도시 발달과 도시의 인구 변화

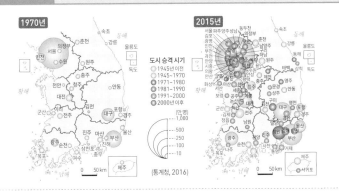

자료 분석 우리나라는 1960년대부터 도시화가 급속히 진행되어 서울, 부산, 대구 등의 대도시가 빠르게 성장하였다. 1970년대부터 도시 인구가 촌락의 인구보다 많아졌으며, 광주나 대전 등의 지방 중심 도시가 성장하였다. 또한 공업화가 계속 진행되면서 울산, 포항, 창원 등의 신흥 공업 도시가 급속히 성장하였다. 1980년대부터는 대도시의 성장이 둔화되고 대도시 주변의 위성 도시들이 발달하였으며, 1990~2000년대에는 대도시의 다양한 기능을 분담하는 신도시가 건설되고 있다.

5 우리나라의 도시 체계 발전 방향

① 균형 있는 도시 체계 조성 : 수직적 도시 체계 완화를 위해 공공 기관을 이전하여 혁신 도시 건설, 중추 도시 생활권 육성 등 → 국토의 균형 발전 추구

② 세계화·정보화 시대의 도시 체계에 대응 : 범세계적 – 국가적 – 지역적 차원의 체계를 연계하여 변화에 대처해야 함 _{교통과 통신의 발달로 도시 간 상호 교류가 증가하면서 전 세계적인 도시 계층 구조가 형성되었다.}

③ 국제 경쟁력 강화 노력 : 세계 도시 체계 속에서 서울의 위상을 높이기 위해 특화된 기능을 갖춰야 함 질문

3 우리나라의 도시화율

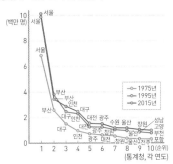

도시화란 도시 인구가 증가하고 2·3차 산업 종사자 율이 높아지며, 도시적 생활 양식이 확대되는 현상이다. 도시화율은 전체 인구 중 도시에 거주하는 인구 비율로, 현재 우리나라의 도시화율은 90%를 넘어 인구의 대부분이 도시에 거주하고 있다.

4 인구 성장에 따른 도시 순위 변화

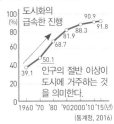

우리나라의 수위 도시인 서울에 인구와 각종 기능이 집중하여 종주 도시화 현상이 나타나고 있으며, 서울의 인구는 2위 도시인 부산의 두 배 이상이다. 과거 지방의 중심 도시였던 전주와 포항 등의 순위는 낮아졌고, 공업 도시인 울산과 창원, 위성 도시인 고양과 성남 등은 순위가 높아졌다.

질문 있어요

우리나라 도시의 세계적 위상은 어느 정도인가요?

(도시의 이해, 2012)

서울은 오사카, 홍콩, 방콕, 뭄바이 등과 함께 아시아에 위치한 하위 세계 도시에 해당합니다. 인천은 국제공항과 항구를 토대로 국제 교통과 물류의 중심지로 발돋움하고 있어요.

용어사전

* **위성 도시** 대도시 주변에서 대도시의 일부 기능을 분담하는 도시

* **혁신 도시** 공공 기관의 지방 이전으로 균형적인 국토 성장을 위해 조성된 도시

* **중추 도시 생활권** 지역 발전의 거점 역할을 하는 중심 도시와 주변 지역이 상호 협력하며 동일 생활권을 형성하는 지역

기초를 다지는 확인 문제

바른답·알찬풀이 36쪽

올리드 포인트

A 촌락의 형성과 변화

1 전통 촌락의 입지

배산임수	북서풍 차단, 용수 확보에 유리
용수 획득	지표수가 부족한 제주도는 용천대를 따라 형성
홍수 예방	홍수를 피하기 위해 범람원의 자연 제방에 입지
교통	교통이 편리하여 접근성이 좋은 곳에 촌락 발달
방어	지형적으로 방어에 유리한 국경 및 해안에 입지

2 전통 촌락의 형태와 경관

가옥의 밀집도	집촌 (集村)	경지 관리에 비효율적, 강한 공동체 의식, 벼농사 지역, 동족 촌락 형성
	산촌 (散村)	경지 관리에 효율적, 공동체 의식 미약, 밭농사 지역, 과수원, 산간 지역 등
기능	농촌	농업을 기반으로 하는 촌락, 집촌 형성
	어촌	항구 주변에 위치, 반농반어촌 형성
	산지촌	밭농사와 임산물 채취 등, 산촌 형성

3 촌락의 변화 양상

인구 감소 촌락	주로 대도시와 먼 촌락, 청장년층 인구 유출로 노동력 부족과 인구 고령화 등의 문제 발생
인구 증가 촌락	주로 대도시와 가까운 촌락, 상업적 농업 확대, 높은 겸업농가 비중, 도시적 경관 혼재

B 도시 체계와 도시의 발달 과정

1 중심지의 계층

고차 중심지	비교적 넓은 범위의 수요자에게 다양한 재화와 서비스 제공, 수는 적지만 기능은 더 많음
저차 중심지	좁은 범위의 수요자에게 기본적인 재화와 서비스 제공, 고차 중심지에 기능적으로 의존함

2 도시 체계 : 도시 간 상호 의존적이고 서로 영향을 주고 받는 계층 질서 , 우리나라는 종주 도시화 현상 나타남

3 우리나라의 도시 발달

1960년대 이후	경제 개발 정책, 공업화 → 급속한 도시화, 이촌 향도, 대도시와 남동 임해 공업 지역에 도시 발달
1980년대 이후	• 대도시 성장 둔화, 위성 도시 성장, 교외화 • 종주 도시화 심화, 국토의 균형 발전 필요

4 우리나라의 도시 체계 발전 방향 : 균형 있는 도시 체계 조성, 세계화·정보화 시대의 도시 체계에 대응, 국제 경쟁력 강화 노력

---

01 다음 설명이 맞으면 ○표, 틀리면 ×표를 하시오.

(1) 배산임수 취락은 겨울철에 차가운 북서풍을 차단하고, 생활 용수를 구하기 쉽다는 장점이 있다. (　　)

(2) 제주도의 해안가에 취락이 집중하여 분포하는 이유는 홍수의 위험을 피하기 위해서이다. (　　)

(3) 조치원, 역곡, 노량진 등은 교통이 편리하여 접근성이 좋은 곳에서 발달한 대표적인 취락이다. (　　)

(4) 주로 대도시와 거리가 먼 촌락은 인구가 빠르게 감소하고 있다. (　　)

(5) 고차 중심지는 좁은 범위의 수요자를 대상으로 기본적인 재화와 서비스를 제공하며, 기능적으로 저차 중심지에 의존한다. (　　)

02 빈칸에 들어갈 알맞은 말을 쓰시오.

(1) 범람원의 (　　　)은/는 배후 습지보다 홍수의 위험이 상대적으로 낮아 취락이 입지한다.

(2) (㉠　　)은/는 공동체 의식이 강하고 협동 노동에 유리하여 벼농사 지역과 동족 촌락에 주로 나타나며, (㉡　　)은/는 산지촌과 같이 가옥이 흩어져 있으며 밭농사 지역에서 주로 나타난다.

(3) (　　　)은/는 배후지에 재화와 서비스를 제공하는 지역을 의미한다.

(4) (　　　)(이)란 고차 중심지와 저차 중심지 성격을 띤 도시 간의 상호 의존적이고 서로 영향을 주고 받는 계층 질서를 의미한다.

(5) (㉠　　)은/는 우리나라에서 인구가 가장 많은 수위 도시로, 2위 도시인 부산과의 인구가 두 배 이상 차이가 나는 (㉡　　) 현상이 나타난다.

03 우리나라 도시 발달의 각 시기별 특징을 바르게 연결하시오.

(1) 1960년대 이후 •   • ㉠ 수도권 과밀화 현상 심화

(2) 1980~90년대 •   • ㉡ 위성 도시 등장, 교외화 현상

(3) 현재 •   • ㉢ 급속한 도시화, 이촌 향도 현상

01 (가) 지역에 비해 (나) 지역에서 높게 나타나는 지표로 옳지 <u>않은</u> 것은?

> (가) 이곳은 넓은 평야 지대에 자리 잡은 농촌이다. 대부분의 농촌처럼 마을에는 청장년들이 매우 적고, 대부분 노인이 살고 있다. 주민의 대부분은 주로 벼농사를 행하고, 자급하기 위한 채소를 심는다.
>
> (나) 이곳은 농촌이기는 하지만, 하루가 다르게 변화하고 있는 지역이다. 곳곳에 고층 아파트가 들어서면서 인구가 빠르게 늘어나고 있다. 주로 인근 대도시에서 이주해 오는 것으로 알려져 있다.

① 노년 부양비
② 토지 이용의 집약도
③ 청장년층의 인구 비중
④ 초등학교 학급당 학생 수
⑤ 2·3차 산업의 종사자 비율

02 표는 전통 촌락의 입지를 정리한 것이다. ㉠~㉤의 입지 조건으로 옳지 <u>않은</u> 것은?

입지 조건		특징
자연적 조건	㉠ 홍수 예방	하천의 범람을 피해 산록 완사면, 자연 제방에 입지
	㉡ 배산임수	겨울철 북서풍 차단, 생활·농업용수 확보에 유리
	㉢ 온화한 기후	제주도 해안가의 용천대에 촌락 집중 분포
사회· 경제적 조건	㉣ 편리한 교통	• 역원 취락 : 육상 교통로에 형성 예 조치원, 역곡 등 • 나루터 취락 : 수운의 요충지에 형성 예 노량진, 영등포 등
	㉤ 방어에 유리	지형적으로 방어에 유리한 지역이나 국경 및 해안 지역에 병영촌 발달 예 중강진, 부산 수영

① ㉠   ② ㉡   ③ ㉢   ④ ㉣   ⑤ ㉤

03 지도에 나타난 유형의 촌락에 관한 설명으로 옳지 <u>않은</u> 것은?

① 배산임수형 입지가 나타난다.
② 동족 촌락의 형성과 관련이 깊다.
③ 주민들의 공동체 의식이 강한 편이다.
④ 경지를 새롭게 개간하는 과정에서 나타난다.
⑤ 협동 노동의 필요성이 큰 지역에서 주로 발달한다.

04 다음의 조건들을 모두 만족하는 촌락의 사례로 옳은 것은?

> • 사회·경제적 조건이 촌락 입지에 영향을 주었음
> • 배가 접안하는 선착장이나 창고, 숙박 시설 등이 입지한 촌락임
> • 육상 교통과 수상 교통의 결절점에 위치하는 경우도 있음

① 추풍령, 조령   ② 중강진, 통영
③ 삼랑진, 마포   ④ 온천동, 탕정면
⑤ 역삼동, 장호원

05 표는 전통 촌락을 가옥의 밀집도로 구분한 것이다. ㉠~㉤ 중 옳은 것은?

구분	집촌(集村)	산촌(散村)	
가옥 밀집도	낮음	높음	…㉠
형성 배경	협소한 경지 면적, 경지 개간 필요 등	협동 노동 필요, 외적 방어 등	…㉡
토지 이용	주로 밭농사 (조방적)	주로 벼농사 (집약적)	…㉢
공동체 의식	강함	약함	…㉣
가옥과 경지 결합도	높음	낮음	…㉤

① ㉠　　② ㉡　　③ ㉢　　④ ㉣　　⑤ ㉤

06 그림은 한국지리 수업 장면이다. ㉠~㉣에 관한 설명으로 옳지 않은 것은?

① ㉢의 촌락은 현재에도 그 기능을 유지하고 있다.
② 역촌동, 구파발, 노량진 등은 ㉢ 촌락과 관계가 깊다.
③ ㉣의 촌락 중 산촌보다 집촌의 비중이 훨씬 높다.
④ 일반적으로 ㉡보다 ㉠ 촌락의 형성 시기가 이르다.
⑤ ㉠, ㉡, ㉢은 대개 형태상 집촌의 특징이 나타난다.

07 지도에 표시된 A 도시에 관한 설명으로 옳지 않은 것은?

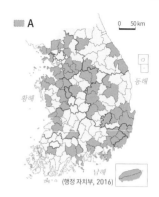

(행정 자치부, 2016)

① 농촌의 생활 환경 수준 향상을 도모한다.
② 도시와 농촌 간의 균형 발전을 위한 전략이다.
③ 1970년대에 최초로 지정되기 시작한 도시이다.
④ 지방 도시와 배후 농촌의 경쟁력 강화가 목표이다.
⑤ 주민의 실제 생활권과 경제권을 행정 구역과 일치시키고자 하였다.

08 대구광역시와 상주시, 구미시에 관한 자료를 보고 옳게 분석한 내용을 〈보기〉에서 고른 것은?

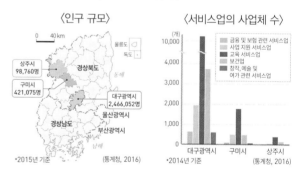

〈인구 규모〉 〈서비스업의 사업체 수〉

•2015년 기준 (통계청, 2016)　•2014년 기준 (통계청, 2016)

보기
ㄱ. 대구>구미>상주 순으로 배후지 규모가 크다.
ㄴ. 서비스업의 사업체 수는 각 도시의 인구 규모에 비례한다.
ㄷ. 각 도시가 보유하고 있는 중심 기능은 상주>구미>대구 순이다.
ㄹ. 세 도시 모두 서비스업 사업체 중 사업 지원 서비스업의 비중이 가장 높다.

① ㄱ, ㄴ　　② ㄱ, ㄷ　　③ ㄴ, ㄷ
④ ㄴ, ㄹ　　⑤ ㄷ, ㄹ

09 자료는 전라북도 ○○군의 인구 변화를 나타낸 것이다. 이를 보고 2010년에 나타날 현상을 추론한 내용으로 옳은 것은?

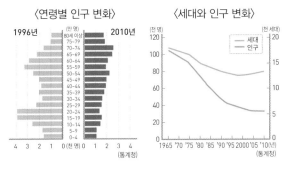

① 중위 연령이 상승하였을 것이다.
② 노령화 지수가 감소하였을 것이다.
③ 세대 당 인구가 증가하였을 것이다.
④ 노년층 인구 비중이 감소하였을 것이다.
⑤ 유소년층 인구 비중이 증가하였을 것이다.

11 다음 자료를 통해 파악할 수 있는 도시 관련 주제로 가장 적절한 것은?

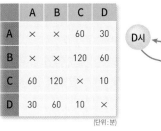
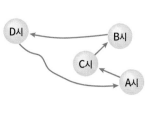

① 도시 체계와 도시 간 상호 작용의 특성
② 대도시 인구 증가에 따른 다핵 구조 형성
③ 교외화 현상이 대도시권의 확대에 미친 영향
④ 종주 도시화와 이에 따른 국토의 불균형 발전
⑤ 도시 내 거주지 분화에 따른 도시 내부 구조의 변화

10 ㉠, ㉡ 마을에 관한 설명으로 옳지 <u>않은</u> 것은?

> • '띠띠미마을'로 불리던 경상북도의 산골 마을인 (㉠) 마을은 병자호란 이후 홍우정 선생이 정착하면서 형성된 마을이다. 그는 자손들에게 "산수 유만 잘 가꾸어도 먹고 사는 데 지장이 없을 것이 니, 공연한 세상일에 욕심을 두지 말고 휘둘리지 마라."고 일렀다고 한다. 집성촌을 이루며, 현재 약 20여 가구가 산수유를 주요 소득원으로 살고 있다.
> • 경기도 ○○군 (㉡) 마을은 산골 마을로 주민의 소득원이 마땅치 않았고, 주민 140여 명의 평균 나이가 72세였다. 궁리 끝에 컨설팅을 받아 해바라기 농사를 시작하여 마을에서 생산하는 해바라기 열매 전량을 가공업체에 납품하였다. 그 결과 평균 소득이 두 배 가까이 늘었고, 끝없이 펼쳐진 해바라기 꽃이 장관을 이루면서 해바라기 축제가 열리는 관광 명소가 되었다.

① 고용 창출 효과는 ㉠보다 ㉡이 높다.
② 농업 외 소득 비중은 ㉡보다 ㉠이 높다.
③ 외지인과의 교류 가능성은 ㉠보다 ㉡이 높다.
④ ㉠, ㉡ 모두 농업을 기반으로 하는 마을이다.
⑤ ㉠, ㉡ 모두 노동력의 고령화 현상을 경험하였다.

★★
중요
12 자료를 보고 추론한 우리나라 도시 체계의 특징으로 옳은 것은?

〈시외·고속버스 운행 횟수와 노선을 통한 도시 체계〉

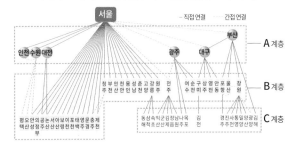

① 도시 수는 B 계층보다 A 계층이 더 많을 것이다.
② 도시의 평균 인구는 A<B<C 순으로 나타날 것이다.
③ 도시의 배후지 규모는 A<B<C 순으로 나타날 것이다.
④ 도시 간의 평균 거리는 C<B<A 순으로 나타날 것이다.
⑤ 도시가 보유한 중심 기능의 수는 A<B<C 순으로 나타날 것이다.

중요 ★★

13 (나) 지역과 비교한 (가) 지역의 상대적 특징을 그림의 A~E에서 고른 것은? (단, (가), (나)는 면(面)과 시(市) 중 하나임)

> • (가) 지역 주민들은 생필품을 구입하려면 버스를 타고 최소 30분을 가야 한다. 그곳에서 구할 수 없으면 공공 기관이 있는 곳까지 가야 한다.
> • (나) 지역 주민들은 생필품이 필요하면 집 주변의 편의점이나 동네 시장에 간다. 한번씩 큰 시장에 갈 때는 버스로 10분이면 충분하다.

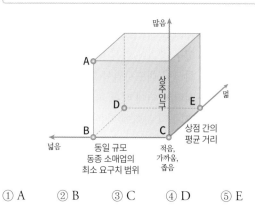

① A　　② B　　③ C　　④ D　　⑤ E

14 (가), (나) 지역에 관한 설명으로 옳지 **않은** 것은? (단, (가), (나)는 시(市)와 군(郡) 중 하나임)

> • (가) 지역 주민들은 동네 슈퍼마켓에서 생필품을 살 수 있지만, 책이나 신발, 옷 등을 사려면 버스를 타고 면 소재지까지 가야 한다. 의원이나 약국은 면 소재지에도 있지만, 종합병원은 군청 소재지에 있다.
> • (나) 지역 주민들은 생필품이 필요하면 동네 슈퍼마켓이나 시장에서 산다. 동네에는 슈퍼마켓이 여러 개 있어서 손님을 유치하기 위한 경쟁을 하기도 한다. 주민들은 한 달에 한두 번 정도는 승용차를 이용하여 지역 내에 있는 대형 마트에서 쇼핑한다.

① (가) 수준의 중심지는 (나)보다 수가 많다.
② (가) 수준의 중심지는 (나)보다 중심지 기능이 적다.
③ (가) 수준의 중심지는 (나)보다 상주인구 밀도가 낮다.
④ (가)에 있는 상점은 (나)에 있는 상점보다 평균 거리가 가깝다.
⑤ (가)에 있는 동일 규모 동종 소매업의 최소 요구치의 범위는 (나)보다 넓다.

중요 ★★

15 한국지리 수업 장면에서 교사의 질문에 대한 학생의 발표 내용으로 옳지 **않은** 것은?

① 갑 : 배후지의 면적은 C<B<A 순으로 넓습니다.
② 을 : 정주 체계에서 촌락은 가장 낮은 단계에 있습니다.
③ 병 : C 중심지 간의 거리보다 B 중심지 간의 거리가 더 멉니다.
④ 정 : 중심 기능은 A에 입지할 수 있지만, B와 C에는 입지하기 어렵습니다.
⑤ 무 : 교통이나 인구 조건의 변화에 따라 배후지의 면적은 변화할 수 있습니다.

16 ㉠~㉤ 중 옳지 **않은** 것은?

> 교통과 통신의 발달로 지역 간의 교류가 긴밀해지면서 경제 활동이 활발한 도시를 중심으로 ㉠다양한 계층의 도시 세력권이 형성된다. 한 국가 내에서 크고 작은 ㉡도시 간 상호 작용으로 형성되는 도시 계층 질서를 도시 체계라고 한다. 우리나라의 도시 계층을 인구 규모별로 구분하면, ㉢서울특별시는 전국 최고 계층에 해당한다. 광역 생활권의 중심지라 할 수 있는 ㉣6개의 광역시가 다음 계층에 해당하고, 그 아래에 공업 도시와 행정 중심지를 포함하는 지역 중심지, 그보다 중심성이 낮은 지방 중심지의 4개 계층으로 크게 나눌 수 있다. 일반적으로 ㉤중심성이 큰 대도시는 넓은 범위에 재화와 서비스를 공급하기 때문에 배후 지역이 좁지만, 중소 도시는 배후 지역이 넓다.

① ㉠　　② ㉡　　③ ㉢　　④ ㉣　　⑤ ㉤

17 지도는 도시 분포의 변화를 나타낸 것이다. 이에 관한 옳은 설명을 〈보기〉에서 고른 것은?

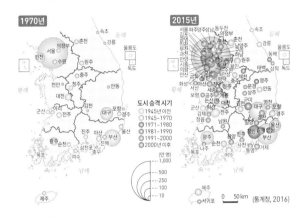

┌ 보기 ┐

ㄱ. 종주 도시 체계가 해소되었다.

ㄴ. 강원 지역에서는 도시 수가 감소하였다.

ㄷ. 경부축 중심의 도시 성장이 이루어졌다.

ㄹ. 수도권에서 위성 도시의 성장이 두드러졌다.

① ㄱ, ㄴ ② ㄱ, ㄷ ③ ㄴ, ㄷ ④ ㄴ, ㄹ ⑤ ㄷ, ㄹ

18 그래프는 인구 규모에 따른 도시 순위를 나타낸 것이다. 이에 관한 분석으로 옳지 <u>않은</u> 것은?

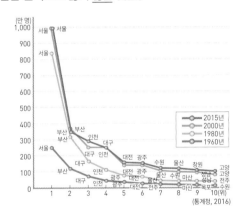

① 2000~2015년에 모든 광역시의 인구는 증가하였다.

② 2000~2015년 인천은 대구보다 인구가 더 많이 증가하였다.

③ 2015년 기준 모든 광역시의 인구는 각각 100만 명 이상이다.

④ 2015년 기준 10대 도시 중 80%가 수도권과 영남권에 집중되어 있다.

⑤ 1960년에 비해 2015년의 10대 도시 중 수도권에 속한 도시 수는 증가하였다.

19 지도는 대동여지도에 수록된 경조오부도이다. 과거 (가), (나), (다) 촌락의 기능을 서술하시오.

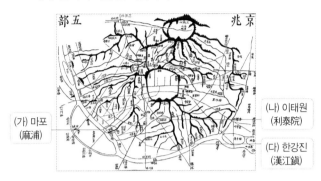

(가) 마포 (麻浦)

(나) 이태원 (利泰院)

(다) 한강진 (漢江鎭)

20 지도는 강원도 내의 폐교 현황을 나타낸 것이다. 이와 같은 현상이 나타나게 된 이유를 서술하시오.

(한국지리지 강원권, 2015)

21 지도는 세계 도시 체계를 나타낸 것이다. 이를 보고 세계 도시 체계 내에서 서울의 위상이 어떻게 나타나는지 쓰고, 이를 높이기 위해 어떤 노력을 해야하는지 서술하시오.

(도시의 이해, 2012)

등급을 올리는 고난도 문제

01 (가) 촌락에 비해 (나) 촌락이 갖는 상대적 특징을 그림의 A~E에서 고른 것은?

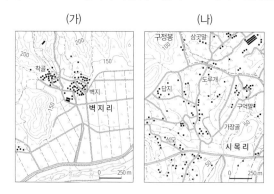

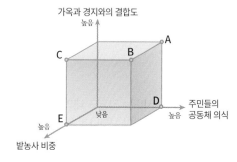

① A   ② B   ③ C

④ D   ⑤ E

ⓟ **문제 접근 방법**

촌락의 형태를 묻는 문제는 선택지의 내용과 형태가 매우 제한적으로 제시되는 편이다. 따라서 자주 제시되는 가옥과 경지의 결합도, 공동체 의식의 정도, 농업의 형태, 촌락 형성 과정 등을 정리해 두면 쉽게 해결할 수 있다.

ⓐ **적용 개념**

\# 전통 촌락의 형태와 기능
\# 집촌과 산촌의 특징 비교
\# 농촌과 산지촌의 특징 비교

02 그래프는 전라북도에 위치한 ○○군(郡)의 인구 구조 변화를 나타낸 것이다. 이를 보고 질문에 옳게 답한 학생을 고른 것은?

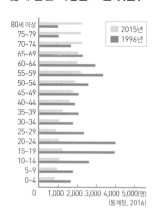

질문	갑	을	병	정	무
1. 군(郡)의 인구가 절반 이하로 감소하였다.	○	○		○	
2. 노년층보다 청장년층 인구의 감소 폭이 더 크다.	○		○		○
3. 전 연령층에서 인구가 감소하였다.		○	○	○	
4. 유소년 부양비보다 노년 부양비가 더 커졌다.		○			○

① 갑   ② 을   ③ 병

④ 정   ⑤ 무

ⓟ **문제 접근 방법**

그래프를 자료로 제시하는 문제는 X축과 Y축이 무엇을 나타내는지 우선 파악해야 한다. 제시된 그래프는 일반적으로 보는 인구 피라미드를 하나의 X축만 사용하여 표현한 것이다. 즉, X축은 인구 규모를 나타내고 있다.

ⓐ **적용 개념**

\# 촌락의 인구 구조 변화에 따른 영향
\# 인구 부양비의 종류와 특징

03 그래프는 (가), (나) 두 도시의 계층별 의료 기관 수를 나타낸 것이다. 각 계층별 의료 기관의 특징을 나타낸 그래프의 ㄱ, ㄴ에 들어갈 내용으로 옳은 것은?

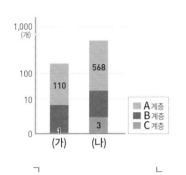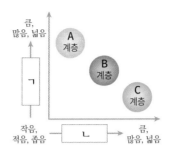

	ㄱ	ㄴ
①	최소 요구치	환자별 내원 빈도
②	최소 요구치	서비스의 도달 범위
③	평균 병상 수	환자별 내원 빈도
④	평균 병상 수	서비스의 도달 범위
⑤	환자별 내원 빈도	최소 요구치

04 그래프는 우리나라의 도시화율 및 도시 인구 변화를 나타낸 것이다. 이에 관한 옳은 분석을 〈보기〉에서 고른 것은?

┤ 보기 ├
ㄱ. 앞으로 도시화율의 증가 속도는 현재보다 둔화될 것이다.
ㄴ. 1970년대보다 1990년대의 도시화율 증가 속도가 빠르다.
ㄷ. 1970년에 이미 전체 인구의 절반 이상이 도시에 거주하였다.
ㄹ. 교외화 현상으로 2010년 이후 도시 인구가 감소하기 시작하였다.

① ㄱ, ㄴ   ② ㄱ, ㄷ   ③ ㄴ, ㄷ
④ ㄴ, ㄹ   ⑤ ㄷ, ㄹ

02 도시 내부 구조와 도시 재개발

학습길잡이 • 도시의 지역 분화 과정과 도시 내부 구조의 특징을 알아보고, 우리나라의 도시가 어떻게 변하는지 살펴본다.
• 대도시권의 형성 및 확대 과정을 이해하고, 도시 재개발의 목적을 사례와 함께 알아 둔다.

A 도시 내부의 지역 분화 과정과 특징을 알아보자

1 도시 내부의 지역 분화

① **지역 분화의 의미** : 도시의 규모가 커지면서 비슷한 종류의 기능이 집적하거나 분산하면서 기능이 공간별로 분리되는 현상

② **지역 분화의 요인** : 접근성과 지대의 지역 차, 기능별 지대 지불 능력 차이

일반적으로 접근성이 높을수록 토지의 수요가 많아 지대도 높아진다.

접근성	특정 지역이나 시설에 도달하기 쉬운 정도 **1**
지대 **2**	• 토지나 건물 이용을 통해 얻을 수 있는 수익 또는 대가 • 건물이나 토지를 빌린 대가로 지불하는 임대료

③ **지역 분화의 과정** : 상업·업무 기능, 공업 기능, 주거 기능 등의 공간적 분화

집심 현상	지대 지불 능력이 높은 상업·업무 기능이 도심으로 집중하는 현상
이심 현상	지대 지불 능력이 낮은 주택, 학교, 공장 등이 외곽으로 분산하는 현상

└ 쾌적한 환경과 넓은 토지가 필요하다.

2 도시의 내부 구조

① **도심** : 도시 중심부에 위치하고 교통이 발달하여 접근성이 가장 높음

• 집약적 토지 이용 : 지대가 높아 고층 빌딩 밀집

• 중추 관리 기능 밀집 : 관청, 대기업 본사, 금융 기관 본점, 백화점 등

• 인구 공동화 현상 : 주간에 유동 인구가 많고, 야간은 상주인구가 적음 **3**

• 지역 : 서울의 중구 및 종로구 일대, 부산의 중구 일대

② **부도심** : 도심과 주변 지역을 연결하는 교통로의 주요 결절점에 형성

• 도심의 일부 기능을 분담하여 도심의 과밀화와 교통 혼잡 완화

• 지역 : 서울의 영등포·강남·용산·청량리 등, 부산의 해운대·동래 등

자료로 보는 도시 내부의 다양한 경관

⊙ 도시 내부 구조의 모식도   ⊙ 도심   ⊙ 주거 지역

자료 분석 초기 도시는 여러 기능이 혼재하여 입지하지만, 인구 증가와 교통 발달로 도시가 성장하면 도시 내의 다양해진 기능은 여러 지역으로 분산하여 입지한다. 이때 지역별로 서로 다른 기능이 입지하게 되어 도시 내부 지역의 분화 현상이 나타나고, 각 지역별로 다양한 경관이 나타난다. 도심에는 대기업 본사나 언론사 등이 밀집하며 고층 건물이 많다. 반면에 주변의 주거 지역에는 대규모 아파트 단지가 밀집한다.

개념 더하기 자료 채우기

1 접근성에 영향을 미치는 요인

접근성은 위치와 거리, 교통의 편리성, 통행 시간 등의 영향을 받는다. 일반적으로 도시의 중심부는 주변 지역에 비해 접근성이 좋으며, 동일 건물이라도 저층은 고층에 비해 접근성이 좋다. 또한 도로가 사방으로 뻗어 있어 교통이 편리한 장소는 접근성이 좋다.

2 도시 내 기능에 따른 지대 변화

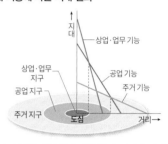

도심은 도시에서 접근성이 가장 좋아 지가와 지대가 매우 높기 때문에 지대 지불 능력이 높은 상업·업무 기능이 들어서게 된다. 반면, 지대 지불 능력이 낮은 주거 기능은 지대가 상대적으로 저렴한 외곽 지역으로 이전하게 된다.

3 인구 공동화 현상

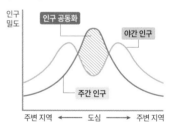

인구 공동화 현상이란 직장과 거주지가 분리되어 도심에 주간의 유동 인구는 많지만, 야간의 상주인구가 적어서 나타나는 현상이다. 이로 인해 도심에서는 주간에 밀집한 인구가 저녁에 거주지가 있는 주변 지역으로 돌아가면서 출퇴근 시간에 극심한 교통 혼잡이 발생한다.

※용어사전

* **중추 관리 기능** 기업의 본사나 은행의 본점, 정부 종합 청사 등의 운영을 위한 중요한 업무를 관할하는 기능
* **상주인구** 한 지역에 주소를 두고 항상 거주하는 인구로, 일시적으로 머무르는 사람은 제외하며 일시적으로 부재하는 사람은 포함함
* **결절점** 철도나 노선버스가 집중하여 교통의 편의성이 기초가 되는 지점
* **혼재(混 섞다, 在 있다)** 구분되지 않고 뒤섞이어 있음

┌ 최근 주거 환경이 열악한 곳을 중심으로 재개발이 활발하게 이루어지고 있다.
③ **중간 지역** : 공장이나 주택, 학교 등이 혼재하는 점이 지대 **4**

④ **주변 지역** : 최근 대단위 신흥 주택 지역 조성, 도심에서 빠져나온 공업 지역 분포 → 도시 경관과 농촌 경관이 혼재

⑤ **개발 제한 구역** : 녹지 공간 보전, 시가지의 무질서한 팽창 억제

3 도시 내부 지역의 변화

① **도심** : 재개발을 통해 주거용 토지 이용의 비중 감소, 상업·업무용 토지 이용의 비중 증가 → 도심의 높은 주간 인구 지수와 낮은 상주인구 비율 **5**

② **부도심** : 상업·업무용 토지 이용의 비중 증가, 부도심에 인접한 공장이 빠져 나간 자리에는 고층 아파트 단지가 들어서기도 함

③ **주변 지역** : 대중교통의 발달로 대단지 아파트나 대형 쇼핑센터 입지

자료로 보는 도시 내부 구조의 확장 과정

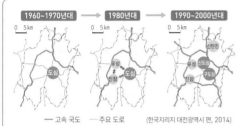

| 1960~1970년대 | 1980년대 | 1990~2000년대 |

— 고속 국도 — 주요 도로   (한국지리지 대전광역시 편, 2014)
⊙ **대전광역시의 도시 구조 변화**

자료 분석 도시의 규모가 커지면 도심과 도심의 기능을 분담하는 부도심이 형성되면서 도시 내부 구조가 다핵화된다. 대전광역시는 1980년대 신도심인 둔산 시가지 개발 이후 도시 내부 구조가 한 개의 도심 체계에서 도심과 부도심 체계로 바뀌었다. 신도심인 둔산에 1985년 이후 정부 대전 청사와 시청, 법원 등의 공공 기관이 이전하고 금융 기관과 백화점 등이 입지하면서 업무 및 상업 기능이 강화되어 대전광역시의 새로운 도심이 되었다. 반면 구도심인 중구와 동구는 대전광역시청과 충청남도청이 빠져나가면서 도심 공동화 현상이 나타나고 있다.

Q 도시에 새로운 중심지가 등장하면서 나타나는 변화에 대해 말해 보자.

7 인구와 기능이 기존의 중심지로 이동하여 기존 중심지 주변의 상업·공업 활동이 더욱 활발해진다.

B 대도시권의 형성과 확대 과정을 살펴보자

1 대도시권의 형성과 확대

① **대도시권의 형성 과정**

대도시로 인구와 기능 밀집	대도시의 집적 불이익 발생
• 중소 도시보다 사회 기반 시설이 잘 갖추어짐 • 자본, 정보, 노동력 등이 풍부함 • 금융, 교육, 교통 등의 서비스 공급이 원활함	대도시로 인구와 기능이 집중하면서 주택 부족과 땅값 상승, 교통 혼잡 등의 도시 문제 발생

교외화 현상과 신도시·위성 도시의 발달	대도시권 형성
• 교외화 현상 : 집적 불이익 해소를 위해 주거 기능과 공업 기능 등이 도시 외곽으로 분산 • 신도시와 위성 도시 발달 **질문**	대도시의 통근·통학권, 상권 등이 확대되어 주변 지역과 기능적으로 연계된 대도시권 형성

왜? 교통수단이 발달하고 교통망이 확충되었기 때문이다.

② **대도시권 확대의 영향** : 대도시 근교 농촌에 도시적 경관과 생활 양식 확산

개념 더하기 자료 채우기

4 중간 지역

— 상업 시설
아파트 —
— 아파트형 공장
⊙ **서울시의 성동구**

중간 지역은 상점과 공장, 주택 등이 분포하는 곳이다. 도심이 확대되면서 이동한 상업, 공업, 주거 기능 등이 섞인 점이 지대이다. 도심에 가까운 지역은 주택과 상가가 섞여 있고, 외곽으로 갈수록 대규모 주거 단지와 공장이 혼재되어 나타난다. 서울시의 성동구는 성수역을 중심으로 인쇄업체, 자동차 정비 업체, 철공소 등 각종 제조업체가 밀집한다.

5 서울의 구(區)별 주간 인구 지수

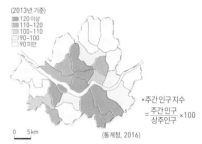

(2013년 기준)
120 이상
110~120
100~110
90~100
90 미만

＊주간 인구 지수
= 주간인구 / 상주인구 × 100

(통계청, 2016)

상업·업무용 토지 이용 비중이 높은 도심은 유동 인구가 많아 주간 인구 지수가 높고, 주변 지역으로 갈수록 주간 인구 지수가 낮아진다.

질문 있어요

우리나라의 대표적인 신도시는 어디인가요?

■ 1기 신도시 0 20km 양주
■ 2기 신도시
파주 운정
김포 한강 일산
인천 검단 중동 위례
평촌
산본 성남 분당
판교
화성 동탄1 광교
화성 동탄2
고덕
(국토 교통부, 2016)

1990년대 서울의 인구 분산 과 수도권의 주택 공급 증대를 위해 일산, 분당, 중동, 평촌, 산본 5개의 1기 신도시가 건설되었어요. 2000년대에는 2기 신도시로 성남 판교, 화성 동탄, 김포 한강, 광교 등이 건설되어 서울과 수도권의 주거와 성장 거점 기능을 분담하고 있어요.

용어사전

＊**대도시권** 중심 도시인 대도시와 주변의 위성 도시 및 근교 농촌 지역이 기능적으로 연결된 생활권

＊**집적 불이익** 과도하게 집적함으로써 발생하는 불이익으로, 지가 상승, 교통 혼잡, 용수 부족, 환경 오염 등이 있음

2 우리나라의 대도시권

① 서울의 대도시권 형성과 확대

- 산업화와 도시화 이후 : 인구와 산업의 집중 → 과밀 문제 발생
- 1980년대 이후 : 과밀화 해결을 위해 서울의 주거와 공업 기능 등을 인천과 경기 일대로 분산 → 신도시 건설, 광역 교통망* 확충
- 2000년대 : 2기 신도시 건설 → 서울의 영향권이 더욱 확대됨

② 부산, 대구, 대전, 광주 등의 대도시권도 점차 확대됨 2

주변 지역들과 연결되는 교통망이 확충되면서
대도시의 영향권이 확대되고 있다.

자료로 보는 대도시권의 공간 구조

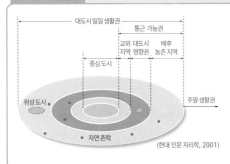

(현대 인문 지리학, 2001)

자료 분석 대도시권에는 주변 지역의 중심지 기능을 수행하는 중심 도시가 있고, 그 외곽으로 교외 지역, 대도시 영향권, 배후 농촌 지역이 전개된다. 교외 지역은 대도시에 인접한 지역으로 도시화의 진행에 따라 택지 개발, 공업 단지 건설, 상가 이전 등의 변화가 나타난다. 대도시권의 공간적 범위는 중심 도시로 통근할 수 있는 지역까지이며, 중심 도시로부터 멀어질수록 연계성이 약해지는 경향이 나타난다. 대도시 영향권은 곳곳에 촌락 경관이 나타나지만, 겸업농가의 비중이 높고 주민들이 도시로 출근하는 경우가 많다. 배후 농촌 지역은 중심 도시로 통근할 수 있는 근교 농촌으로, 상업적 농업이 이루어진다. 통근 가능권 밖의 주말 생활권은 대도시권에 거주하는 사람들이 여가를 즐기기 위해 방문하는 농촌 지역이다.

🅠 대도시권의 범위가 확대되는 데 영향을 주는 요인은? 🅐 교통 발달, 교외화, 신도시 건설 등

3 대도시 근교 농촌의 변화 질문

① **도시적 토지 이용 증가** : 농경지 감소, 2·3차 산업의 비중 증가

② **상업적 농업 발달** : 대도시와의 높은 접근성을 바탕으로 상품 작물 재배

③ **집약적 토지 이용** : 비닐하우스와 축사 등을 이용한 시설 농업 활발

④ **겸업농가 비중 증가** : 도시 인구의 유입으로 비농업 인구 비율 증가

⑤ **공동체 의식의 약화** : 외부 유입 인구의 증가, 다양한 주민 구성

C 도시 계획과 재개발의 의미를 이해하고 유형을 알아보자

1 도시 계획*의 목적과 시행

목적	• 토지 이용의 효율성을 높이고 도시를 아름답게 가꿈 • 생활 기반 시설을 확충하여 쾌적한 주거 환경을 조성함 • 낙후된 지역의 기능을 재생하거나 새로운 기능으로 전환함
시행	• 건축물, 도로, 공원 등을 지역의 역사·문화·경제 활동과 조화롭게 배치 • 인구·교통량·주택·산업 구조 등을 종합적으로 파악하여 계획 수립 • 유비쿼터스 도시(U-City) : 첨단 정보 기술을 활용하여 언제 어디서나 필요한 서비스를 제공하는 도시 → 재난, 지능형 교통 시스템, 지하 시설물을 통합적으로 관리 및 운영

---

1 교통망의 확충과 대도시권의 확대

고속 국도와 수도권의 지하철 노선 확대 등 광역 교통 체계가 확충되면서 대도시권이 확대되고 있다. 새로운 교통망을 따라 거주지가 대도시의 주변 지역으로 확대되어 대도시로의 통근 가능권에 거주하는 주민들이 늘어났다.

2 대도시권의 통근·통학권

대도시권의 공간적 범위는 대체로 중심 도시로 통근할 수 있는 지역인 통근 가능권까지를 의미한다. 교통이 발달하고 대도시가 성장하면 대도시권의 범위는 더욱 확대된다.

👊질문 있어요

대도시권의 확대가 근교 농촌 주민들의 삶에 미치는 부정적 영향에는 무엇이 있나요?

중심 도시로의 통근자나 주변 산업체 종사자의 증가로 주민 구성이 다양해지기 때문에 전입자와 원주민 간의 생활 양식과 가치관 차이가 나타나 갈등이 발생하거나 지역 정체성이 약화되기도 해요. 또한 대도시권의 택지 개발이나 공업 단지 건설 등 도시화 과정에서 환경 파괴와 지역의 전통 경관 훼손, 생활 기반 시설 부족 등의 문제가 나타나기도 합니다.

✱용어사전

✱광역 교통 대도시권의 광역적인 교통 수요를 처리하기 위한 교통 시설

✱겸업농가 농가의 가족 가운데 1명 이상이 농업 이외의 일에 종사하여 거기서 수입을 얻는 농가

✱도시 계획 도시 공간을 효과적으로 만들고, 도시를 아름답게 가꾸며 잘 살 수 있는 곳으로 계획하는 것

---

2 도시 재개발의 의미와 유형 3

① **도시 재개발의 의미** : 환경이 열악한 지역의 건물을 철거·수리·개조 등의 과정을 거쳐 도시 환경을 개선하는 사업

② **도시 재개발의 유형과 방법**

대상 지역에 따른 구분	도심 재개발	도심의 노후화된 지역과 건물을 상업 및 업무 지역으로 변화시켜 토지의 효율성을 높이는 사업 <예 젠트리피케이션 질문
	산업 지역 재개발	도시 내의 노후 산업 단지 또는 전통 시장 등을 아파트형 공장, 현대식 시장, 주거 지역 등으로 변화시키는 사업
	주거지 재개발	주거지의 환경을 개선하고 생활 기반 시설을 확충하는 사업
시행 방법에 따른 구분	철거 재개발	기존의 건물과 시설을 완전히 철거하여 새로운 시설을 조성하는 방식
	보전 재개발	역사 및 문화적으로 보존 가치가 있는 지역의 환경을 유지·관리하는 방식
	수복 재개발	기존의 골격을 유지하면서 필요한 부분을 수리 및 개조하여 보완하는 방식

3 도시 계획과 재개발의 영향

① **도시 경관의 변화**

- 고층 건물이나 고층 아파트가 들어서면서 *스카이라인이 변화함
- 대규모 아파트 단지의 건설로 주거 유형이 획일화되기도 함
- 최근 도시 이미지나 주민 생활을 반영한 경관 중심의 도시 계획이 시행됨

> 과거에는 경제적 효율성에 치중하여 기존 시설 및 주변 환경과 부조화를 이루는 문제가 나타나기도 하였다.

② **주민 생활의 변화**

- 긍정적 측면 : 차도와 인도가 구분되어 주민의 보행이 안전해짐, 공공 및 상업 시설이 적절하게 배치되어 삶의 질이 개선됨
- 부정적 측면 : 지역 공동체 와해, 재개발 지역과 주변 지역의 교류 단절, 원주민의 강제 이주나 높은 입주 분담금으로 원주민의 재정착률이 낮아짐 4

4 바람직한 도시 재개발 방향

① 공공 목적의 재개발 도입, 원주민의 재정착률을 높이기 위한 노력
② 재개발 과정에서 개발업자와 주민 간의 충분한 의견 조정 과정 필요
③ 민주적인 절차에 따른 도시 계획과 재개발 추진

자료로 보는 　 감천 마을로 본 도시 재개발과 주민 생활의 변화

자료 분석 　부산광역시 사하구 감천동에 위치한 감천 문화 마을은 6·25 전쟁 때 피난민들이 정착하면서 조성된 달동네로, 기존 건물에 문화라는 테마를 입혀 마을을 재생하였다. 2009년 빈집과 골목길에 학생과 작가, 주민들이 벽화를 그려 넣고 조형물을 설치하면서 철거 재개발 대신 문화·예술 활동을 통해 마을의 역사성과 지역 특수성을 보전한 대표적 지역이 되었다. 이에 따라 지역 경제가 활성화되는 등의 장점은 있으나, 관광객으로 인한 사생활 침해, 상업 시설의 지나친 난립 등의 문제점이 나타나기도 한다.

개념 더하기 자료 채우기

3 도시 재개발과 도시 재생

도시 재개발		도시 재생
토지 건물 소유자 중심 (개발 이익에 관심)	주체	거주자 중심의 지역 공동체 (자력 기반 확보 및 지역 활성화에 관심)
수익성 있는 토지	대상	자력 기반이 없어 공공의 지원이 필요한 쇠퇴 지역
물리적 환경 정비 (주택 또는 기반 시설)	방식	종합적 기능 개선 및 활성화 (사회, 경제, 문화, 물리 환경 등)

(청주시 도시 재생 지원 센터, 2016)

과거의 도시 정비는 노후한 주택이나 기반 시설을 대규모로 철거하는 방식으로 추진되어 주민들의 사회·경제·문화적 특성을 고려하지 못하였다. 이에 따라 지역의 역사·문화적 자산을 활용하여 특색 있는 도시 재생을 추진할 필요성이 대두되었다. 도시 재생은 산업 구조의 변화, 신도시 및 신시가지 위주의 도시 확장 등의 영향으로 낙후된 기존 도시에 새로운 기능을 부여하는 것을 의미한다.

질문 있어요

젠트리피케이션(gentrification)은 무엇인가요?
서울의 대학로와 인사동, 성수동 등은 고유한 골목 문화를 형성한 지역이었으나, 최근 상점들이 들어서고 유동 인구가 증가하면서 지가 및 임대료가 크게 상승하여 소규모 상점 및 주택 대신 대규모 상업 시설이 입지하였어요. 이 과정에서 원주민과 문화·예술가, 자영업자들은 다른 지역으로 빠져나가게 되었죠. 젠트리피케이션으로 지역 경제가 활성화되는 긍정적 측면도 있지만, 원주민의 주거권 침해나 해당 지역의 고유한 특성의 소멸이라는 부정적 측면이 나타나기도 해요.

4 주택 재개발 후 재정착 과정의 흐름도

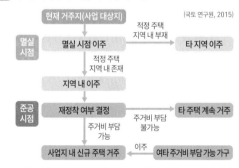

(국토 연구원, 2015)

개발 지역의 원거주민이 개발 후 해당 지역으로 다시 돌아가서 사는 비율을 원거주민의 재정착률이라고 한다. 도시 계획과 재개발 과정에서 원주민을 강제로 이주시키거나 높은 입주 분담금으로 원거주민의 재정착률이 낮아지고 있다.

용어사전

- *도시 경관 　건축물, 도로, 토지 이용 모습 등과 같이 눈에 보이는 도시의 겉모습
- *스카이라인(skyline) 　건물의 윤곽이 하늘과 맞닿은 곳을 연결한 선으로, 대도시는 고층 건물이 스카이라인을 형성함

A 도시 내부의 지역 분화

1 도시 내부의 지역 분화

요인	접근성과 지대에 따라 기능이 공간적으로 분화됨
분화 과정	• 집심 현상 : 상업, 업무 기능이 도심으로 집중 • 이심 현상 : 주택, 학교, 공장 등이 외곽으로 분산

2 도시의 내부 구조

도심	• 도시 중심에 위치, 접근성이 좋고 고층 빌딩 밀집 • 중추 관리 기능, 전문 서비스업, 고급 상점 입지
부도심	• 도심과 주변 지역을 연결하는 교통로의 결절점 • 도심에 집중된 상업 및 서비스 기능을 분담
중간 지역	• 공장, 주택, 상점, 학교 등이 혼재하는 점이 지대 • 최근 재개발이 진행됨
주변 지역	• 도시의 외곽 지역, 도시 경관과 농촌 경관 혼재 • 최근 대단위 신흥 주택 지역 조성
개발 제한 구역	도시의 녹지 공간 보전과 무질서한 팽창 억제

B 대도시권의 형성과 확대 과정

1 대도시권의 형성 과정과 확대

형성 과정	인구와 기능의 대도시 집중 → 대도시의 집적 불이익 증가 → 교외화 현상, 신도시 및 위성 도시의 발달 → 대도시권 형성
확대	교통망의 확충 → 대도시의 영향권 확대, 대도시의 근교 농촌 지역에 도시적 생활 양식 확대

2 대도시 근교 농촌의 변화
• 농경지 감소, 2·3차 산업의 비중 증가, 주민 구성 다양
• 상업적 농업 발달, 집약적 토지 이용, 겸업농가 비중 증가

C 도시 계획과 재개발

1 도시 계획과 재개발의 의미

도시 계획	도시의 주거 환경 개선과 여러 기능의 합리적 배치를 위한 계획안의 수립과 시행
도시 재개발	도시 내 환경이 열악한 지역이나 건물을 철거·수리·개조 등의 과정을 거쳐 개선하는 사업

2 도시 계획과 재개발의 영향

도시 경관의 변화	• 고층 건물 밀집 → 도시의 스카이라인 변화 • 대규모 아파트 단지 건설 → 주거 유형 획일화
주민 생활의 변화	• 주민 생활의 편리성 증대, 지역 경관 개선 • 원주민의 낮은 재정착률, 지역 공동체 와해

01 다음 설명이 맞으면 ○표, 틀리면 ×표를 하시오.

(1) 도시의 규모가 커지면서 비슷한 종류의 기능이 집적하거나 분산하는 현상을 지역 분화라고 한다. ( )

(2) 지대 지불 능력이 높은 상업·업무 기능이 도심으로 집중하는 현상을 이심 현상이라고 한다. ( )

(3) 도시 내부의 중간 지역은 도심에 집중된 상업 및 서비스 기능을 분담하며, 공장·주택·상점 등이 혼재한다. ( )

(4) 대도시로 인구와 기능이 집중하면서 주택 부족과 땅값 상승 등의 현상이 나타나는데, 이를 집적 이익이라고 한다. ( )

(5) 교통망이 확충되면서 대도시의 과밀화 해소를 위해 대도시 주변에 신도시와 위성 도시 등이 발달한다. ( )

02 빈칸에 들어갈 알맞은 말을 쓰시오.

(1) 도심은 고층 빌딩이 밀집하는데, 이는 지대가 주변 지역보다 ( ) 때문에 토지를 집약적으로 이용하기 위해서이다.

(2) 도시 내부의 ( )에는 공장 지대와 대단위 신흥 주택 지역 등이 입지하며, 도시 경관과 농촌 경관이 혼재되어 나타나기도 한다.

(3) ( )의 설정 목적은 도시의 녹지 공간 보전과 시가지의 무질서한 팽창 억제이다.

(4) ( ) 재개발은 해당 지역의 노후화된 건물을 상업·업무 지역으로 변화시켜 토지의 효율성을 높이는 사업으로, 대표 사례로는 젠트리피케이션이 있다.

(5) 재난, 지능형 교통 시스템, 지하 시설물을 통합적으로 관리 및 운영하는 도시를 ( ) 도시라고 한다.

03 각 도시 재개발의 특징을 바르게 연결하시오.

(1) 철거 재개발 •

(2) 보존 재개발 •

(3) 수복 재개발 •

• ㉠ 역사 및 문화적으로 보존 가치가 있는 지역의 환경을 유지, 관리하는 방식

• ㉡ 기존의 골격을 유지하면서 필요한 부분을 수리 및 개조하여 보완하는 방식

• ㉢ 기존의 건물과 시설을 완전히 없애고 새로운 시설을 조성하는 방식

01 다음은 도시 내부의 지역 분화를 유발하는 요인에 관한 내용을 정리한 것이다. ㉠~㉤ 중 옳지 **않은** 것은?

> • 접근성 : ㉠통행이 발생한 지역으로부터 특정 지역이나 시설로 접근할 수 있는 가능성 → 위치·거리·교통의 편리성·통행 시간 등의 영향을 받음, ㉡도시 중심부가 주변 지역에 비해 접근성이 높음
> • 지대 : ㉢토지 이용을 통해 얻을 수 있는 수익 또는 타인의 토지를 이용하고 지불해야 하는 비용 → ㉣접근성이 높을수록 지대가 높아지는 경향이 나타남
> • 지가 : 토지의 가격 → ㉤접근성에 비례하고 지대에 반비례하는 특징이 나타남

① ㉠　　② ㉡　　③ ㉢　　④ ㉣　　⑤ ㉤

02 ★★ 중요
그림은 도시 내 기능에 따른 지대 변화를 나타낸 것이다. 이에 관한 옳은 설명을 〈보기〉에서 고른 것은? (단, (가)~(다)는 공업, 주거, 상업·업무 기능 중 하나임)

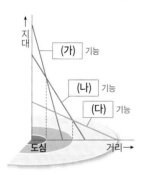

> ┤ 보기 ├
> ㄱ. (가)는 주거 기능, (나)는 상업·업무 기능이다.
> ㄴ. (가) 기능은 (다) 기능보다 도심에서 지대 지불 능력이 낮다.
> ㄷ. 외곽 지역에서 도심으로 갈수록 집약적인 토지 이용이 나타난다.
> ㄹ. 각 기능별 토지 이용에 따라 도시는 동심원 형태의 내부 구조가 나타난다.

① ㄱ, ㄴ　　② ㄱ, ㄷ　　③ ㄴ, ㄷ
④ ㄴ, ㄹ　　⑤ ㄷ, ㄹ

03 지도는 서울의 도심에 있던 학교들의 이전 상황을 나타낸 것이다. 이를 보고 옳게 분석한 내용만을 〈보기〉에서 있는 대로 고른 것은?

(서울특별시교육청, 2014)

> ┤ 보기 ├
> ㄱ. 이전한 학교들은 대개 40년 이상의 역사를 가진 학교이다.
> ㄴ. 학교들이 이전하는 데에는 강남 개발 정책이 큰 영향을 미쳤다.
> ㄷ. 중구와 종로구는 인구 감소에 따른 학생 수 감소 현상을 겪었다.
> ㄹ. 서초구·강남구·송파구·강동구 등은 도심보다 먼저 개발이 시작되었다.

① ㄱ, ㄴ　　② ㄴ, ㄷ　　③ ㄷ, ㄹ
④ ㄱ, ㄴ, ㄷ　　⑤ ㄴ, ㄷ, ㄹ

04 ★★ 중요
지도는 부산의 지역별 평균 지가를 나타낸 것이다. A 지역에 비해 B 지역에서 높게 나타나는 지표로 옳은 것은?

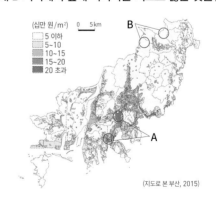

(지도로 본 부산, 2015)

① 접근성　　　　　　② 주간 인구 지수
③ 주거용 건축물 비중　④ 생산자 서비스업체 수
⑤ 상업 지역의 평균 지가

05 ㉠에 들어갈 지도의 제목으로 가장 적절한 것은?

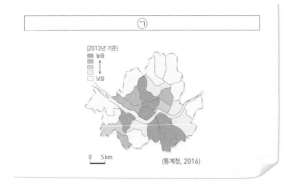

① 상주인구 밀도
② 주간 인구 지수
③ 대형 할인점 수
④ 주거용 건축물의 비중
⑤ 초등학교 학급당 학생 수

06 사진 (가)~(라)는 서울의 다양한 경관을 나타낸 것이다. 이에 관한 설명으로 옳지 <u>않은</u> 것은?

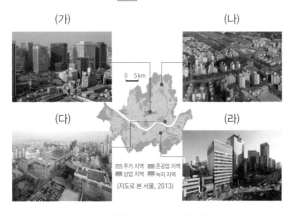

① (가)~(라) 중 (가)의 개발 역사가 가장 길다.
② (가), (라)는 상업·업무 기능의 비중이 (나), (다)보다 높다.
③ (라)는 주거 기능의 비중이 (나)보다는 낮지만, (가)보다는 높다.
④ (가), (라)는 주간 인구 지수가 높고, (나)는 상주인구 밀도가 높다.
⑤ (다)와 같은 기능은 높은 지대 지불 능력을 바탕으로 도심에 입지할 기회가 늘고 있다.

07 그림은 대도시권의 공간 구조를 나타낸 것이다. 그림의 A에 들어갈 내용으로 가장 적절한 것은?

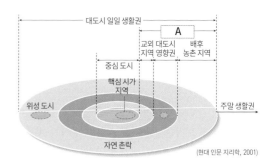

① 개발 제한 구역
② 출퇴근이 가능한 통근권
③ 초등학생들의 최대 통학권
④ 시외버스의 최대 운행 범위
⑤ 시외 전화의 지역 번호가 동일한 구역

08 다음은 대도시권에 관한 학습 장면이다. 교사의 질문에 옳게 답한 학생을 고른 것은?

① 갑, 을   ② 갑, 병   ③ 을, 병
④ 을, 정   ⑤ 병, 정

09 지도는 수도권의 주간 인구 지수를 나타낸 것이다. 이에 관한 옳은 분석을 〈보기〉에서 고른 것은?

보기
ㄱ. A는 B보다 서울로 출퇴근하는 통근자 수가 많다.
ㄴ. 주간 인구 지수가 90 미만인 지역 대부분은 서울에 근접한다.
ㄷ. 서울과 접하고 있는 모든 시는 주간 인구 지수가 100 이하이다.
ㄹ. 교통의 발달은 교외 지역의 주간 인구 지수가 상승하는 데 영향을 주었다.

① ㄱ, ㄴ ② ㄱ, ㄷ ③ ㄴ, ㄷ
④ ㄴ, ㄹ ⑤ ㄷ, ㄹ

10 ㉠~㉤에 관한 설명으로 옳지 않은 것은?

㉠ ○○시는 서울과 북동부 지역을 연결하는 교통의 관문으로, ㉡ 인구는 1995년 약 24만 명에서 2010년 약 53만 명으로, 두 배 이상 증가하였다. 이곳은 ㉢ 도시와 농촌의 경관이 공존하는 전원도시로, 오래전부터 유기 농업 등 친환경 농업이 발달하였다. 현재 ㉣ 이 지역 전체 농가의 상당수가 ㉤ 쌀 채소와 같은 채소를 생산하여 서울로 공급하고 있다.

① ㉠ - 서울과의 접근성이 뛰어난 지역이다.
② ㉡ - 거주지의 교외화 현상이 나타나는 지역이다.
③ ㉢ - 농경지의 면적은 감소하고 주택 용지와 공장 부지 면적 등은 증가한다.
④ ㉣ - 도시에서 멀리 떨어진 전통 농촌보다 농가 주민의 평균 연령이 낮다.
⑤ ㉤ - 벼농사보다 농업의 기계화 수준이 매우 높다.

11 자료의 ○○시에서 1995년에 비해 2015년에 나타났을 변화로 옳지 않은 것은?

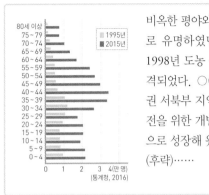

비옥한 평야와 질 좋은 쌀로 유명하였던 ○○시는 1998년 도농 통합시로 승격되었다. ○○시는 수도권 서북부 지역의 균형 발전을 위한 개발 거점 지역으로 성장해 왔으며, ……(후략)……

① 인구가 두 배 이상 증가하였다.
② 청장년층 인구 비중이 감소하였다.
③ 도시적 경관이 증가하였을 것이다.
④ 식량 생산 기능이 감소하였을 것이다.
⑤ 아파트와 같은 공동 주택이 증가하였을 것이다.

12 (가), (나)는 도시 재개발의 사례이다. (가)에 비해 (나)와 같은 재개발 방식이 갖는 특징으로 옳지 않은 것은?

(가)	(나)
광주광역시의 도심인 동구는 도심의 인구 공동화가 심화되면서 지역이 낙후되는 문제가 나타났다. 이를 해결하기 위해 광주광역시 동구 계림 지구의 다양한 주체들은 서로의 이해를 절충하여 지역성과 경관을 보전하는 '푸른 마을 만들기'를 추진하였다.	경기도 안양시의 덕천 마을은 기반 시설의 노후화를 해결하기 위한 철거 재개발이 진행되면서 노후화된 주택들이 고층 아파트 단지로 변화하였다. 한편, 해당 지역에 거주하던 원주민의 대다수는 개발에 따른 보상을 받고 다른 지역으로 이주하였다.

① 투입되는 자본이 많다.
② 자원 낭비 가능성이 높다.
③ 원주민의 재정착률이 낮다.
④ 재개발 후 주거 비용이 감소한다.
⑤ 지역 공동체의 해체 가능성이 높다.

13 그래프는 어느 광역시의 구(區)별 주간 인구 지수와 상주인구를 나타낸 것이다. 이에 관한 옳은 설명을 〈보기〉에서 고른 것은?

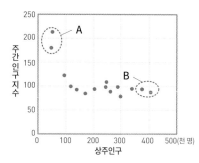

보기
ㄱ. B는 아침 출근 시간에 유입 인구보다 유출 인구가 더 많다.
ㄴ. A는 B보다 접근성이 높은 지역이다.
ㄷ. A는 B보다 주거용 토지의 비율이 높게 나타난다.
ㄹ. B는 A보다 주민들의 평균 통근 거리가 짧다.

① ㄱ, ㄴ　　② ㄱ, ㄷ　　③ ㄴ, ㄷ
④ ㄴ, ㄹ　　⑤ ㄷ, ㄹ

14 다음은 부산의 행정 구역별 자료이다. A~C 지역에 관한 분석으로 옳지 <u>않은</u> 것은?

구분	인구(2010년)		제조업(2014년)	
	상주인구(명)	주간 인구 지수	사업체 수(개)	종사자 수(명)
A	51,553	213.7	5,281	68,869
B	242,550	99.5	1,693	11,011
C	46,885	180.4	704	1,371

* 주간 인구 지수 =(주간 인구 ÷ 상주인구)×100　　　(통계청)

① B는 A보다 인구 밀도가 높다.
② 주간 인구는 B가 가장 많고, C가 가장 적다.
③ 상업 지역의 평균 지가는 C가 가장 높을 것이다.
④ 주간 인구 지수가 가장 높은 A가 도심일 것이다.
⑤ B는 A, C보다 주거 기능이 발달한 지역일 것이다.

15 (가) 지역에 비해 (나) 지역이 갖는 특징을 그림의 A~E에서 고른 것은?

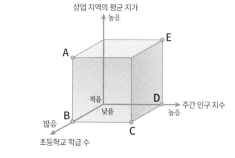

① A　　② B　　③ C　　④ D　　⑤ E

16 자료에 나타난 도시 재개발 사례가 갖는 특징을 〈보기〉에서 고른 것은?

☆☆신문　　　　　　　　　20○○년 ○○월 ○○일
서울 ◎◎동의 △△마을은 한양 도성과 낙산 공원에 둘러싸인 구릉지에 위치한다. 2004년 재개발 예정 구역으로 선정되었지만 재개발을 진행하려는 업체가 없어 방치되다가, 2008년 이후 주민들이 마을을 살리기 위해 주거 환경을 개선해 나가면서 활력이 생기고 변화가 일어났다.

보기
ㄱ. 투입되는 자본이 많다는 단점이 있다.
ㄴ. 원주민의 재정착률이 상대적으로 높다.
ㄷ. 2000년대 이후 가장 보편적인 재개발 방식이다.
ㄹ. 환경 개선으로 주민들의 삶의 질을 높일 수 있다.

① ㄱ, ㄴ　　② ㄱ, ㄷ　　③ ㄴ, ㄷ
④ ㄴ, ㄹ　　⑤ ㄷ, ㄹ

17 ㉠~㉤에 관한 설명으로 옳지 <u>않은</u> 것은?

〈우리나라 도시 재개발 방식의 비교〉

㉠ 수복 재개발	㉢ 철거 재개발
기존의 전통적인 도시 기능과 도시 환경을 계속 이용할 수 있도록 기존 골격을 유지하면서 ㉡ 필요한 부분만 수리·정비하는 방법	㉣ 노후화된 지역의 ㉤ 일부 또는 전부를 철거하고 새로운 계획으로 가장 적극적인 토지 이용을 통해 신시가지를 조성하는 방법

① ㉠ - 주민들의 삶의 질을 개선하는 데 도움을 줄 수 있다.
② ㉡ - 지역의 변형을 최소화할 수 있는 효과가 있다.
③ ㉢ - 전면 재개발이라고도 불린다.
④ ㉣ - 역사·문화적으로 보전 가치가 있는 지역을 일컫는다.
⑤ ㉤ - 자원 낭비라는 문제를 유발할 수 있다.

18 그래프는 경기도에 위치한 ○○시(市)에 관한 것이다. 이를 보고 옳게 설명한 내용에만 '○'를 표시한 학생은?

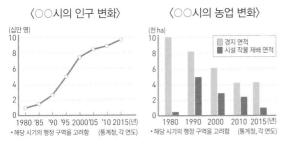

〈○○시의 인구 변화〉　〈○○시의 농업 변화〉

특징 \ 학생	갑	을	병	정	무
A. 1980년에 비해 2015년에 인구가 10배 가까이 증가하였다.	○	○		○	
B. 1990년대보다 2000년 이후 인구 증가 속도가 빨라지고 있다.	○		○		○
C. 아파트와 같은 공동 주택이 점점 더 늘어나고 있다.		○	○	○	
D. 농업 기능이 쇠퇴하는 대신 자족 기능이 점점 강해지면서 인접한 대도시와의 상호 작용이 점차 감소하고 있다.	○	○			○

① 갑　② 을　③ 병　④ 정　⑤ 무

19 그림과 같이 도시가 성장하면서 나타나는 공간적인 변화를 도심과 부도심의 성장 측면에서 서술하시오.

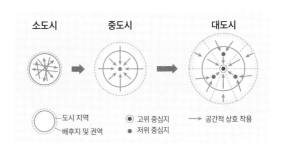

20 그래프를 보고 물음에 답하시오.

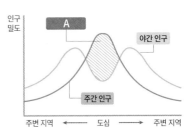

(1) A에 들어갈 현상을 쓰시오.

(2) A와 같은 현상이 나타나게 된 이유를 서술하시오.

21 지도는 수도권에 조성된 신도시를 나타낸 것이다. 이러한 신도시 조성의 공통적인 목적을 간략하게 서술하시오.

등급을 올리는 고난도 문제

01 ㉠~㉤에 관한 설명으로 옳은 것은?

> 도시 규모가 작을 때는 도시 내에 여러 기능이 혼재하여 입지하지만, 도시가 성장하여 규모가 커지면 같은 종류의 기능끼리 모여 ㉠ 상업·업무 지역, 공업 지역, 주거 지역 등으로 분리된다. 이처럼 ㉡ 도시 내부가 분리되어 각기 다른 지역이 형성되는 것을 (㉢)(이)라고 한다. 일반적으로 접근성이 높은 지역에는 ㉣ 지대 지불 능력이 큰 기능들이 모이고, 지대 지불 능력이 낮은 기능들은 도심에서 벗어나 ㉤ 외곽 지역에 입지한다.

① ㉠ - 공업 지역이나 주거 지역보다 이심하려는 성격이 강하다.
② ㉡ - 각기 다른 도시로 나누어지게 됨을 의미한다.
③ ㉢ - '도시 내부의 지역 분화'가 들어갈 수 있다.
④ ㉣ - 각각의 기능별로 큰 차이가 나타나지 않는다.
⑤ ㉤ - 상업·업무 기능이 집중하여 새로운 중심지가 형성되기 쉽다.

문제 접근 방법

제시된 글 자료의 전반적인 맥락을 이해해야 한다. 그 다음에 밑줄 친 부분의 내용이 선택지와 밀접하게 연관되는지의 여부를 판단해야 한다.

적용 개념

지대 지불 능력
도시 내부의 지역 분화
도시 내부의 공간적 분화

02 지도는 대도시 주변의 통근·통학권을 나타낸 것이다. 이를 보고 분석한 내용으로 옳지 않은 것은?

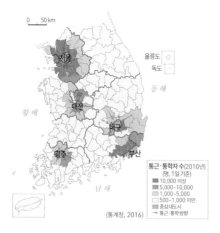

① 서울의 통근·통학권의 공간적인 범위가 가장 넓다.
② 대전과 대구는 통근·통학권의 범위가 일부 중첩된다.
③ 통근·통학권은 중심에 위치한 도시의 대도시권을 의미한다.
④ 광주권의 통근·통학자 수는 부산권의 통근·통학자 수보다 적다.
⑤ 인천과 울산은 인접한 대도시의 영향으로 통근·통학권의 범위가 뚜렷하지 않다.

문제 접근 방법

지도를 보고 각 도시별 통근·통학자 수를 파악하고, 이동 방향을 확인한다. 이를 통해 통근·통학권의 분포와 특징을 파악하는 것이 중요하다.

적용 개념

통근·통학권
대도시권

03 (가)와 비교한 (나)의 상대적인 특징을 그림의 A~E에서 고른 것은? (단, (가), (나)는 도시 재개발과 도시 재생 사업 중 하나임)

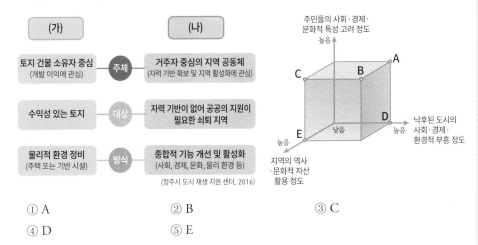

(청주시 도시 재생 지원 센터, 2016)

① A   ② B   ③ C

④ D   ⑤ E

문제 접근 방법

도시 정비 측면에서 도시 재개발은 노후한 주택이나 시설을 일부 혹은 전부 철거하는 것을 기본으로 한다. 반면 도시 재생은 노후화된 지역의 역사·문화적 자산을 발굴하고 이를 활용하여 해당 지역에 새로운 기능을 부여하는 것이 목적이다. 이를 알고 제시된 자료를 도시 재개발과 도시 재생으로 구분하여 접근해야 한다.

적용 개념

\# 도시 재개발
\# 도시 재생 사업

04 도시 재개발을 둘러싼 다양한 입장을 보고 옳게 분석한 내용을 〈보기〉에서 고른 것은?

┤ 보기 ├
ㄱ. 원주민을 제외한 모든 주체들은 재개발에 찬성하고 있다.
ㄴ. 도시 계획 담당자는 도시 재개발을 통해 다양한 도시 문제를 해결하고자 한다.
ㄷ. 개발업자와 신규 입주 예정자가 염두에 두고 있는 개발 방식은 수복 재개발이다.
ㄹ. 원주민은 재개발 기간 동안 영업이 어려워지는 자영업자의 문제점을 제기하고 있다.

① ㄱ, ㄴ   ② ㄱ, ㄷ   ③ ㄴ, ㄷ

④ ㄴ, ㄹ   ⑤ ㄷ, ㄹ

문제 접근 방법

글 자료가 나오는 문제는 반드시 답을 고를 수 있는 핵심이 있다. 관련 주체들의 주장을 잘 정리해 보면 선택지의 진위 여부를 파악할 수 있다.

적용 개념

\# 도시 재개발
\# 철거 재개발
\# 수복 재개발
\# 재개발의 긍정적·부정적 영향

우리나라의 주요 도시

경기도 김포시(2기 신도시)

⚞ 비옥한 평야와 질 좋은 쌀로 유명하던 김포는 1998년 도농 통합시로 승격되었다. 김포시는 수도권 서북부 지역의 균형 발전을 위한 개발 거점으로 성장해 왔으며, 기반 시설 확충 및 주택 공급을 목적으로 한 대단위 택지 개발로 인구가 급증하였다.

경기도 고양시(1기 신도시)

⚞ 1989년 서울의 인구 과밀화를 해소하고 주택 문제를 해결하기 위한 신도시 개발 계획 발표 이후 고양시에 대규모 아파트 단지가 들어서고 각종 시설물이 자리잡게 되었다. 인구가 증가하여 1992년 고양시로 승격되었지만, 자족 기능이 부족해 서울의 침상 도시(bed town)화되는 문제가 있다.

경기도 여주시(도농 통합시)

⚞ 2013년 여주시는 도농 통합시로 출범하였다. 도농 통합시는 생활권이 같은 도시와 농어촌이 하나로 합쳐져 광역 생활권을 갖춘 도시를 말한다. 도시와 촌락의 기능을 상호 보완할 수 있는 도농 통합시는 2014년 기준 56개가 만들어져 있다.

세종특별자치시(행정 중심 복합 도시)

⚞ 수도권 지역의 과밀화를 해결하고 국토의 균형 발전을 추진하기 위한 전략으로 행정 중심 복합 도시인 세종특별자치시가 탄생하였다. 2012년 7월에 출범하여 국가 행정 기능의 일부를 담당하고 있어 특별자치시의 지위를 부여받았다.

경상남도 김해시(대도시의 근교 도시)

⚞ 부산의 근교 농촌이었던 김해는 대단위 택지 개발 사업으로 대규모 인구가 유입되었다. 개발이 집중한 장유면은 2013년 장유동으로 전환되었으며, 이 지역의 거주자들은 부산의 과학 산업 단지나 창원의 기계 공업 지역으로 통근하여 출퇴근 시간의 교통 혼잡이 나타난다.

(지도) 김포시 고양시 / 여주시 / 동해 / 세종시 / 황해 / 창원시 김해시 / 나주시 순천시 / 남해 / 0 50 km

전라남도 나주시(혁신 도시)

⚞ 혁신 도시는 공공 기관의 지방 이전과 기업, 학교, 연구소의 협력으로 지역의 성장 거점 지역에 조성되는 미래형 도시이다. 2014년 12월 광주·전남 혁신 도시에 국내 최대 공기업인 한국 전력 공사 본사가 나주에 자리 잡았지만, 편의 시설은 아직 부족하다는 지적이 있다.

전라남도 순천시(압축 도시)

⚞ 압축 도시란 도시 공간의 수직적 활용을 통해 도시 기능을 제한된 공간에 최적화시키는 방안이다. 순천시는 저출산, 고령화, 도심 공동화 등 도시의 대내외적 환경 변화에 대응하기 위해 외곽으로 팽창하는 도시 개발을 중단하고 원도심으로 도시 기능을 집중하는 압축 도시로 전환한다고 밝혔다.

경상남도 창원시(최초의 계획 도시)

⚞ 경상남도 중부 남단에 있는 창원시는 2010년 7월 1일 기존의 창원시와 마산시·진해시가 통합하여 거대 기초 자치 단체로 재편되었다. 원래 창원시는 1977년 경상남도 도청의 이전과 기계 공업 단지 조성을 위해 계획된 도시이다.

도시 지역 개발의 사례와 주민 생활의 변화

대상 지역에 따른 구분

도심 재개발

△ 대전광역시 대전역 주변

- 도심 재개발은 도심의 노후화된 건물이나 불량 주거지를 상업 및 업무 지역으로 변화시켜 토지의 효율성을 높이는 사업이다.
- 원도심인 대전광역시의 대전역 주변은 재개발을 거쳐 고층 건물이 들어서는 등 새로운 변화를 맞이하고 있다.

산업 지역 재개발

△ 서울특별시 영등포구

- 산업 지역 재개발은 노후 산업 단지 또는 전통 시장 등을 아파트형 공장, 현대식 시장, 주거 지역 등으로 변화시키는 사업이다.
- 섬유 및 기계 중심의 공업 단지였던 서울특별시의 영등포구 일대가 상업 및 주거 공간 등으로 변화하였다.

주거지 재개발

△ 광주광역시 서구

- 주거지 재개발은 주거지의 환경을 개선하고 생활 기반 시설을 확충하는 사업이다.
- 오래된 연립 주택 단지였던 광주광역시의 서구 지역이 주거율이 높은 아파트 단지로 변화하였다.

시행 방법에 따른 구분

철거 재개발

△ 서울특별시 난곡동

- 철거 재개발은 시가지가 형성된 지 오래되어 노후화된 지역의 건물을 철거하고 새로운 시가지를 조성하는 방식이다. 이는 빠르고 효율적인 재개발이 가능하다는 장점이 있지만, 원거주민의 낮은 재정착률과 자원 낭비 등의 문제점이 있다.
- 서울의 대표적인 달동네였던 난곡동은 철거 재개발로 대규모 고층 아파트 지구가 조성되었지만, 원거주민의 재정착률이 매우 낮다.

수복 재개발

△ 인천광역시의 만석동

- 수복 재개발은 기존의 골격을 유지하면서도 필요한 부분을 수리하거나 개조하여 보완하는 도시 재개발 방식이다.
- 인천광역시의 만석동은 수복 재개발을 통해 지역의 변형을 최소화함으로써 거주민이 안정적으로 생활할 수 있게 하였다.

도시 재생 사업

△ 전라북도 군산시

- 도시 재생은 산업 구조의 변화, 신시가지 위주의 도시 확장 등으로 낙후된 기존 도시에 새로운 기능을 부여하는 방식이다.
- 전라북도 군산은 일제 강점기에 만들어진 근대적 건물이 옛 모습 그대로 유지하여 문화 예술 공간으로 사용하고 있다.

03 지역 개발과 공간 불평등

학습길잡이 • 대표적인 지역 개발 방식의 특징을 비교하고, 우리나라의 국토 개발 과정을 알아 둔다.
• 국토 개발의 영향으로 나타나는 공간 및 환경 불평등과 지역 갈등 문제와 해결책을 찾아본다.

A 지역 개발 방식과 우리 국토의 개발 과정을 알아보자

1 지역 개발의 목적과 방식

① **목적** : 지역의 발전을 극대화하고 지역 격차를 줄임으로써 주민의 복지를 향상시키고 국토를 균형 있게 발전시키는 것

② **지역 개발 방식**
주민의 욕구와 참여에 바탕을 둔 복지 지향적 개발

구분	성장 거점(불균형) 개발 방식	균형 개발 방식
추진 방식	하향식 개발	상향식 개발
개발 주체	중앙 정부가 개발 계획을 수립·집행	지역 주민·지방 자치 단체가 주도
개발 방법 ❶	투자 효과가 가장 큰 지역을 성장 거점으로 지정하여 집중적으로 투자	주로 낙후된 지역에 우선적으로 투자하여 균형적 발전과 형평성을 추구함
채택 국가	주로 개발 도상국	주로 선진국
장점	자원의 효율적 투자가 가능하여 경제적 효율성이 높음	지역 주민의 의사 결정을 존중하고 지역 특성에 맞는 개발 진행이 가능함
단점	지역 주민의 참여도가 낮음, 역류 효과가 클 때는 지역 격차가 심화됨 ❷	지나친 지역 이기주의를 초래할 수 있음, 개발의 효율성이 낮음

2 우리나라의 국토 개발 ❸

제1차 – 1970년대	경제 기반 확충을 위해 수도권과 남동 임해 지역 중심의 성장 거점 개발 방식 추진 → 경부축을 따라 사회 간접 자본 확충, 대도시 과밀화, 지역 격차 발생	
제2차 – 1980년대	인구와 산업의 지방 분산을 위해 광역 개발 추진, 수도권 정비 계획법 제정	
제3차 – 1990년대	지방 분산형 국토 골격 형성을 위한 균형 개발 방식 시행	지방 도시에 수도권의 공공 기관 이전, 민간 기업의 투자 활성화를 위한 정책
제4차 – 2000년대	• 환경친화적 국토 관리, 지방 분권 및 균형 발전 정책 추진 • 제4차 국토 종합 계획(2000~2020년) : 개방형 통합 국토축 형성, 지역별 경쟁력 고도화, 건강하고 쾌적한 국토 환경 조성 • 제4차 국토 종합 계획 수정 계획(2011~2020년) : 광역적 협력 강화, 자연 친화적이고 안전한 국토 공간 조성, 신성장 해양 국토 기반 구축, 녹색 국토 실현	균형 국토, 녹색 국토, 개방 국토, 통일 국토

자료로 보는 **우리나라의 국토 개발 계획**

산업화, 경제 성장	지역 간 불균형 해소	국가 및 지방 경쟁력 강화	21세기 통합 국토축 형성
제1차(1972~1981년)	**제2차(1982~1991년)**	**제3차(1992~1999년)**	**제4차(2000~2020년)**
• 공업 기반 구축 • 사회 간접 자본 확충 • 수도권, 남동 임해 공업 벨트 중심의 개발 • 경부축(서울-부산) 중심으로 인구와 산업 집중 • 지역 격차 심화	• 국토의 다핵 구조 형성과 지역 생활권 조성 • 지역 기능 강화를 위한 사회 간접 자본 확충 • 서울, 부산 양대 도시 성장 및 관리 • 국토의 불균형 지속 및 환경 문제	• 신산업 지대 조성 • 지방 육성과 수도권 집중 억제 • 서해안 신산업 지대와 지방 도시 육성 • 개발 지향적 사고, 난개발 방지 • 세계화, 개방화, 지방화 여건 반영 미흡	• 자연친화적인 안전 국토 조성 • 남북 교류 협력 기반 조성 • 지역 균형 발전 개발 촉진 • 국토 환경의 적극적인 보전을 위해 개발과 환경의 조화 전략 제시

자료 분석 우리나라는 1960년대 이후 효율적인 경제 성장을 이루기 위해 국토 개발 계획을 시행하였다. 국토 개발을 통해 고속 국도, 항만, 산업 단지 등 사회 기반 시설을 확충하고 높은 경제 성장을 이룩하였다. 최근에는 서울숲 공원 조성, 울산 태화강변 생태 공원 조성 등 환경친화적인 개발 사례가 점차 늘어나고 있다.

Ⓠ 제1차 국토 종합 개발 계획에서 효율적인 경제 성장을 이루기 위해 채택한 개발 방식은?

Ⓥ 성장 거점 개발 방식

개념 더하기 자료 채우기

❶ 지역 개발 방식

 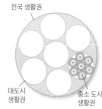

ⓐ 성장 거점 개발 방식　ⓑ 균형 개발 방식

성장 거점 개발 방식은 잠재력이 큰 지역을 집중 육성하여 파급 효과를 기대하는 방식으로, 단기간에 높은 성장을 이룰 수 있다. 균형 개발 방식은 낙후 지역을 우선적으로 개발하여 지역 간의 균형을 추구하는 방식이다.

❷ 파급 효과와 역류 효과

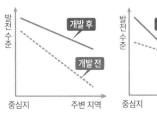 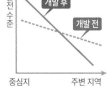

ⓐ 파급 효과　ⓑ 역류 효과

파급 효과란 지역 개발이 진행되는 과정에서 특정 지역의 개발 효과가 주변 지역으로 확산되어 동반 성장을 가져오는 것이다. 반면 역류 효과는 개발에 따른 이익이 주변으로 파급되지 못하고, 오히려 주변 지역에서 거점 지역으로 인구 및 자본이 집중하여 지역 격차가 커지는 것이다.

❸ 우리나라의 국토 개발과 1인당 국민 총소득의 변화

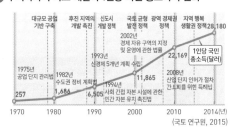

(국토 연구원, 2015)

우리나라는 국토 개발을 통해 생활 환경을 개선하고, 높은 경제 성장을 이루었다.

✱ 용어사전

✱ **사회 간접 자본** 생산 활동과 소비 활동을 직·간접적으로 지원해 주는 자본으로, 도로·항만·공항·철도 등 교통 시설과 전기·통신·상하수도·댐·공업 단지 등을 포함함

✱ **광역 개발** 대도시와 배후 지역을 하나의 광역권으로 설정하여 권역 내의 기능 분담과 연계 개발을 도모하는 종합 개발 방법

✱ **수도권 정비 계획법** 1982년에 수도권의 과도한 인구 및 산업 집중을 억제하고 완화하기 위해 마련한 법령

3 국토 개발로 인한 공간 및 환경 불평등

구분	문제점	해결 방안
공간 불평등	• 수도권과 동남권 중심의 지역 개발로 수도권과 비수도권 간 공간적 불평등 발생 • 급속한 도시화와 산업화로 도시와 농촌 간 공간적 불평등 발생 **4**	• 지역의 특성을 고려한 개발 전략 수립, 농촌에 투자 확대 • 인구와 기능의 분산 노력, 혁신 도시·기업 도시 등의 조성 **5**
*환경 불평등	오염 물질의 지역 간 이동으로 개발 사업의 경제적 수혜 지역과 환경 오염의 부담 지역이 일치하지 않음	장기적이고 거시적인 안목으로 환경 불평등을 해결하기 위한 노력이 필요함
지역 갈등	지역 개발 과정에서 자기 지역의 이익을 지나치게 우선시하는 님비 현상이나 핌피 현상 등의 지역 이기주의 심화 **질문**	분쟁의 원인을 객관적으로 규명, 상호 이익이 될 수 있는 최선의 방안 모색

자료로 보는 공간 불평등

• 세종특별자치시는 과거 행정 구역을 기준으로 충북 및 충남에 포함됨

⬆ 1인당 지역 내 총생산

⬆ 시·도별 정보 격차

⬆ 지역별 예술 활동 지수

자료 분석 수도권은 국토 면적의 12% 정도를 차지하지만, 전체 인구의 약 50%가 거주하는 지역이다. 수도권에 인구와 기능이 집중하면서 비수도권 지역은 인적·물적 자원의 부족과, 지역 경제 침체, 상대적으로 낮은 고용 기회와 소득 수준 등의 문제가 나타나기도 한다. 또한 교육, 문화, 공공 서비스 등에서 공간적 불평등이 폭넓게 나타나고 있다.

B 바람직한 지역 개발은 무엇일까

1 바람직한 지역 개발

─ 이를 위해 기업에 세금 감면 및 규제 완화 등의 혜택을 주고 있다.

① **지역 격차 완화 정책** : 균형 발전 전략의 추진 → 낙후 지역의 생활 환경 개선 노력, 수도권의 인구와 산업을 지방으로 분산

② **지역 행복 생활권 추진** : 지역에 맞는 자립적인 개발 전략 수립 → 지역의 독특한 지역성과 잠재력 활용

③ **상호 보완적 지역 개발** : 지역 개발로 발생하는 이익을 공평하게 분배 **6**

2 지속 가능한 국토 공간의 조성

① **지속 가능한 발전의 긍정적 영향** : 국토 공간에 관한 사회적·경제적 요구와 환경 및 생태적 기능이 조화를 이룰 수 있도록 함

② **지속 가능한 발전을 위한 노력** : 정부, 지역 주민, 전문가, 시민 단체 등이 협력하여 구체적인 활동 방안 마련 **예** 탄소 배출량 감소, 슬로시티 운동 등

개념 더하기 자료 채우기

4 도시와 농촌의 격차

급속한 산업화와 도시화로 인해 도시와 농촌 간의 공간적 불평등이 심해졌다. 농촌에서는 청장년층 인구의 극심한 유출로 노동력 부족, 인구 고령화 등의 문제가 나타나고 있으며, 그 결과 경제 기반이 약화되고 사회 기반 시설이 부족해져 도시와 농촌의 격차는 더욱 심해지고 있다.

5 혁신 도시와 기업 도시

• 원주는 혁신 도시와 기업 도시 모두 해당됨

혁신 도시는 공공 기관의 지방 이전을 계기로 성장 거점 지역에 조성되는 도시이다. 이전된 공공 기관과 지역의 대학, 연구소, 산업체, 지방 자치 단체가 협력하여 지역의 새로운 성장 동력의 창출을 기대하면서 단계별 개발을 하고 있다. 기업 도시는 산업 입지와 경제 활동을 위하여 민간 기업이 산업·연구·관광·레저·업무 등의 주된 기능과 주거·교육·의료·문화 등의 자족적 복합 기능을 고루 갖추도록 개발하는 도시이다.

질문 있어요

님비 현상과 핌피 현상의 공통점과 차이점은 무엇인가요?

님비 현상과 핌피 현상의 공통점은 지역 개발 과정에서 자기 지역의 이익을 지나치게 우선시한다는 점이에요. 그러나 님비 현상은 하수 처리장, 쓰레기 소각장 등과 같은 시설이 사회에 꼭 필요하다고 여기지만 자기 지역에 입지하는 것을 반대하는 현상이고, 핌피 현상은 지하철역과 행정 기관 같이 지역 발전에 도움이 된다고 판단되는 시설에 대해서는 서로 유치하려고 하는 현상이에요.

6 상호 보완적 지역 개발

지역 간의 협력을 통해 조화로운 지역 개발을 추구하는 방식이다. 지방 자치 단체와 주민 간의 소통으로 환경 시설을 공동으로 유치하는 것이 대표적인 사례이다. 경기도 이천시는 주민들의 합의를 이끌어 내어 쓰레기 소각장을 완공하여 운영하고 있다. 동부권 자원 회수 시설은 이천시, 광주시, 하남시, 여주시, 양평군 등 5개 시·군에서 발생하는 생활 폐기물을 소각하는 시설이다.

✱용어사전

* **환경 불평등** 환경을 매개로 하여 특정 지역, 혹은 사회 계층이 겪는 불평등

* **지속 가능한 발전** 현재 세대의 개발 욕구를 충족시키면서 동시에 미래 세대의 개발 능력을 해치치 않는 발전 전략

올리드 포인트

A 지역 개발 방식과 국토 개발 과정

1 지역 개발 방식

구분	성장 거점 개발 방식	균형 개발 방식
추진 방식	하향식 개발	상향식 개발
개발 주체	중앙 정부	주민, 지방 자치 단체
개발 방법	투자 효과가 큰 지역을 거점으로 집중 투자	낙후 지역에 우선적으로 투자
채택 국가	주로 개발 도상국	주로 선진국
장점	경제적 효율성이 높음	지역 특성에 맞는 개발
단점	지역 주민의 참여도가 낮음, 역류 효과 발생	낮은 효율성, 지역 이기주의 초래

2 우리나라의 국토 개발 계획

제1차	• 대규모 공업 기반 구축, 사회 간접 자본 확충 • 수도권과 남동 임해 지역 → 지역 격차 발생
제2차	• 국토의 다핵 구조 형성, 광역 개발 추진 • 국토의 불균형 지속 및 환경 문제
제3차	• 지방 육성과 수도권 집중 억제, 신산업 지대 조성 • 균형 개발 추진
제4차	• 지역의 균형 발전 촉진 • 개발과 국토 환경의 조화를 위한 전략 제시
제4차 수정	• 지역 특화 및 광역적 협력 강화 • 자연친화적, 세계적 경쟁력을 갖춘 국토로 육성

3 국토 개발로 인한 공간 및 환경 불평등

공간 불평등	수도권 및 동남권과 다른 지역 간의 공간적 불평등 문제, 도시와 농촌 간의 공간적 불평등 심각
환경 불평등	오염 물질의 지역 간 이동으로 개발 사업의 수혜 지역과 환경 오염의 부담 지역이 일치하지 않음
지역 갈등	• 님비 현상, 핌피 현상 등 지역 이기주의 심화 • 분쟁 원인 규명, 상호 이익이 되는 최선의 방안 모색

B 바람직한 지역 개발

1 바람직한 지역 개발

지역 격차 완화 정책	균형 발전 전략의 지속적인 추진
지역 행복 생활권 추진	독특한 지역성과 잠재력 활용
상호 보완적 지역 개발	지역 개발 이익을 공평하게 분배

2 지속 가능한 국토 공간의 조성

긍정적 영향	국토 공간에 관한 사회적·경제적 요구와 환경·생태적 기능이 조화를 이룰 수 있도록 함
노력	정부, 지역 주민, 전문가, 시민 단체 등이 협력하여 활동 예 슬로시티 운동 등

01 다음 설명이 맞으면 ○표, 틀리면 ×표를 하시오.

(1) 성장 거점 개발 방식은 투자 효과가 큰 지역을 거점으로 선정하여 집중 투자하는 방식이다. ( )

(2) 균형 개발 방식은 중앙 정부가 체계적으로 계획을 수립하여 집행하는 방식이다. ( )

(3) 제1차 국토 종합 개발 계획에서는 인구와 산업 시설의 지방 분산을 유도하고자 하였다. ( )

(4) 제4차 국토 종합 수정 계획에서는 21세기 통합 국토 실현을 위해 균형 국토, 녹색 국토, 개방 국토, 통일 국토를 목표로 한다. ( )

(5) 우리나라는 국토 개발로 인해 수도권 및 동남권과 다른 지역 간의 공간적 불평등 문제가 발생하였다. ( )

02 빈칸에 들어갈 알맞은 말을 쓰시오.

(1) 균형 개발 방식은 주민의 의사 결정을 존중하지만, 지나친 ( )을/를 초래할 우려가 있다.

(2) 성장 거점 개발 방식은 개발의 효과가 주변 지역으로 확산되는 (㉠) 효과를 기대하지만, (㉡) 효과가 발생할 경우 중심 지역과 주변 지역의 격차가 확대되기도 한다.

(3) 제( )차 국토 종합 개발 계획에서는 지방 분산형 국토의 골격을 형성하고자 하였다.

(4) ( )은/는 오염 물질의 지역 간 이동으로 인해 개발 사업의 경제적 수혜 지역과 환경 오염의 부담 지역이 일치하지 않는 것을 의미한다.

(5) 최근 국토 개발은 국토 공간에 관한 사회적·경제적 요구와 환경·생태적 기능이 조화를 이룰 수 있도록 ( ) 발전을 추구한다.

03 각 지역 개발 방식의 특징을 바르게 연결하시오.

(1) 성장 거점 개발 방식 •

(2) 균형 개발 방식 •

• ㉠ 지역 이기주의 발생 우려

• ㉡ 역류 효과 발생으로 지역 격차 확대

• ㉢ 자원의 효율적인 투자 가능

• ㉣ 상향식 개발 방식

중요

01 (가)에 비해 (나)와 같은 개발 방식에서 나타나는 특징으로 옳은 것은?

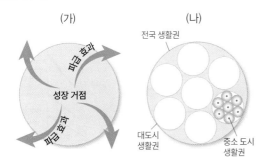

(가)

(나)

전국 생활권
대도시 생활권
중소 도시 생활권

① 낙후 지역에 우선 투자한다.
② 위에서 아래로 신속한 진행이 가능하다.
③ 성장의 효율성을 최우선적으로 추구한다.
④ 선진국보다는 개발 도상국에서 주로 실시한다.
⑤ 중심에서 외곽으로 성장의 효과가 파급되는 것을 기대한다.

02 지역 개발의 결과가 그래프와 같이 나타나게 된 요인을 〈보기〉에서 고른 것은?

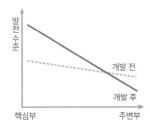

발전 수준
개발 전
개발 후
핵심부
주변부

보기
ㄱ. 환경친화적인 개발에 중점을 두었다.
ㄴ. 성장 효과가 주변부로 파급되지 못하였다.
ㄷ. 지방 자치 단체 주도의 개발이 추진되었다.
ㄹ. 분배보다는 성장 위주의 개발이 추진되었다.

① ㄱ, ㄴ   ② ㄱ, ㄷ   ③ ㄴ, ㄷ
④ ㄴ, ㄹ   ⑤ ㄷ, ㄹ

03 표는 우리나라에서 추진된 국토 종합 개발 계획을 정리한 것이다. ㉠~㉤ 중 옳지 <u>않은</u> 것은?

구분	제1차 국토 종합 개발 계획	제3차 국토 종합 개발 계획
기간	1972~1981년	1992~1999년
방식	㉠ 성장 거점 개발	㉣ 광역 개발
목표	산업화, 경제 성장	국가 및 지방 경쟁력 강화
주요 정책	• 수출 주도형 공업화 • 사회 간접 자본 확충 • 공업 기반 구축 • ㉡ 물 자원 종합 개발 • 개발 제한 구역 확대	• 지방 육성과 수도권 집중 억제 • ㉤ 신산업 지대 조성 • 통합적 고속 교류망 구축 • 남북 교류 지역 관리
특징	• 급속한 경제 성장 • 생산 기반 확충 • 지방 공업 도시 건설	• 분산형 개발 • 환경 보전
문제점	• ㉢ 국토의 지역 격차 심화 • 환경 오염	지역 불균형 해소 미흡

① ㉠   ② ㉡   ③ ㉢   ④ ㉣   ⑤ ㉤

04 다음은 수업 장면의 일부이다. 교사의 질문에 답한 내용이 옳지 <u>않은</u> 학생을 고른 것은?

교사 : 다음과 같은 특징을 가진 국토 개발 계획에 대해 발표해 보세요.

• 추진 시기 : 1992~1999년
• 방식 : 균형 개발 방식
• 목표 : 국가 및 지방 경쟁력 강화

갑 : 분산형 개발을 위한 노력을 기울였습니다.
을 : 수도권의 과밀 억제를 위해 개발 제한 구역 정책을 최초로 도입하였습니다.
교사 : 이 시기의 지역 개발 사례를 발표해 보세요.
병 : 통합적 고속 교통망을 확충하였습니다.
정 : 호남과 충청 지역 등에 신산업 지대를 조성하였습니다.
무 : 남북 교류 지역에 대한 개발과 관리를 추진하였습니다.

① 갑   ② 을   ③ 병   ④ 정   ⑤ 무

05 다음 글은 우리나라의 국토 개발 과정에 관한 것이다. ㉠~㉤ 중 옳지 <u>않은</u> 것은?

> ㉠ 1970년대에 시행된 제1차 국토 종합 개발 계획은 하향식 개발 방식으로 추진되었다. 이 시기에 경부축을 따라 고속 국도를 비롯한 각종 사회 간접 자본의 확충이 이루어지고, 남동 임해 공업 지역의 개발이 추진되면서 ㉡ 서남 해안 및 내륙, 태백 산지를 비롯한 강원 지역과의 격차가 크게 벌어졌다. 1980년대 시행된 제2차 국토 종합 개발 계획에서는 ㉢ 인구 및 산업의 분산을 유도하는 성장 거점 개발 방식이 처음으로 도입되었다. 그 일환으로 수도권 정비 계획법을 제정하였는데, 이를 통해 지역 생활권의 조성, 수도권의 과밀화 해소를 꾀하였다. ㉣ 1990년대 제3차 국토 종합 개발 계획에서는 균형 개발 방식이 시행되었다. 2000년대 제4차 국토 종합 계획에서도 ㉤ 수도권의 행정 및 공공 기관을 지방 도시로 이전하는 지방 분권과 균형 성장 정책을 표방하였으며, 민간 기업의 적극적인 투자를 활성화하는 정책도 추진되고 있다.

① ㉠   ② ㉡   ③ ㉢   ④ ㉣   ⑤ ㉤

06 다음 글에서 설명하고 있는 개발의 종류로 옳은 것은?

> 지금까지 인간은 과학의 발달을 통한 산업화가 인간 생활에 도움이 된다는 생각으로 자연을 개발하는 데만 앞장서 왔다. 그러나 이러한 인간 중심적인 개발로 인해 우리는 환경 오염과 생태계 파괴라는 값비싼 대가를 치러야만 하였다. 따라서 앞으로의 모든 개발은 인간이 지구의 주인으로서가 아니라, 생태계의 한 부분으로서 자연과의 조화와 균형을 이루는 방향으로 이루어져야 한다.

① 균형 개발
② 하향식 개발
③ 낙후 지역 개발
④ 성장 거점 개발
⑤ 지속 가능한 개발

07 지도는 해당 지역으로 이전하는 공공 기관을 나타낸 것이다. (가)에 들어갈 내용으로 가장 적절한 것은?

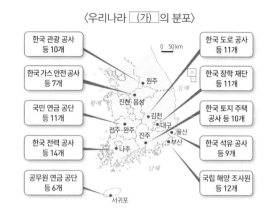

〈우리나라 (가) 의 분포〉

① 기업 도시
② 위성 도시
③ 혁신 도시
④ 도농 통합시
⑤ 행정 중심 복합 도시

08 다음은 수행 평가 보고서의 일부이다. (가)에 들어갈 내용으로 옳지 <u>않은</u> 것은?

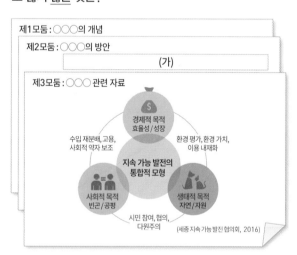

① 사회적 형평성을 고려한 개발을 추진한다.
② 생산과 소비를 자원 순환형으로 전환한다.
③ 청정 에너지 생산 및 재활용 체계를 구축한다.
④ 환경과 경제를 따로 떼어 개별적 차원에서 다룬다.
⑤ 생태계의 수용 능력 범위 내에서 경제 개발을 추진한다.

09 (가), (나) 자료를 보고 옳게 분석한 내용을 〈보기〉에서 고른 것은?

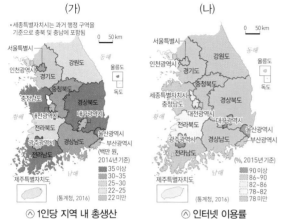

(가)   (나)

- 세종특별자치시는 과거 행정 구역을 기준으로 충북 및 충남에 포함됨

(백만 원, 2014년 기준)
- 35 이상
- 30~35
- 25~30
- 22~25
- 22 미만

(통계청, 2016)

⚲ 1인당 지역 내 총생산

(%, 2015년 기준)
- 90 이상
- 86~90
- 82~86
- 78~82
- 78 미만

(통계청, 2016)

⚲ 인터넷 이용률

보기

ㄱ. (가)에서 상위 3개 도(道)는 인터넷 이용률도 최상위권에 위치한다.

ㄴ. (가)에서 모든 광역시는 인근 도(道) 지역보다 1인당 지역 내 총생산액이 높게 나타난다.

ㄷ. (나)를 통해 지역 간 정보 격차를 파악할 수 있다.

ㄹ. (나)는 수도권과 영남권의 지표가 높게 나타난다.

① ㄱ, ㄴ   ② ㄱ, ㄷ   ③ ㄴ, ㄷ

④ ㄴ, ㄹ   ⑤ ㄷ, ㄹ

10 다음 글의 내용을 통해 파악할 수 있는 지역 개발의 공통적인 방향으로 가장 적절한 것은?

- 삼척시는 2002년에 열린 삼척 세계 동굴 엑스포의 성공적인 개최를 기념하고, 국내 유일의 동굴 관광 축제로 발전시키기 위해 2003년부터 매년 8월 삼척 해변 동굴 축제를 개최하고 있다.

- 안동 국제 탈춤 페스티벌은 1997년 안동 지역에서 전승되는 하회 별신굿 탈놀이를 중심으로 한 국제 탈춤 축제이다. 안동은 이를 통해 안동의 문화적 역량을 높이고 관광 자원으로 활용하여 지역 문화 발전에 이바지할 수 있는 여건을 조성하고자 한다.

① 낙후 지역에 대한 우선적인 투자

② 지역과 지역 간의 협력을 통한 조화 추구

③ 투자 효과가 큰 지역을 선정하여 집중 투자

④ 지역이 갖고 있는 독특한 특성과 잠재력 활용

⑤ 지역 간 격차 해소를 통한 경제적 형평성 추구

11 (가), (나) 그림에 나타난 현상의 명칭을 쓰고, 두 현상의 차이점과 공통점을 서술하시오.

(가)   (나)

12 그래프는 우리나라 도시와 농촌의 가구당 소득 변화를 나타낸 것이다. 물음에 답하시오.

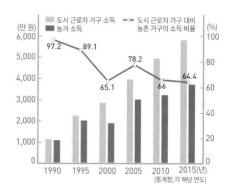

(1) 위 그래프를 통해 파악할 수 있는 문제점을 쓰시오.

(2) (1)번과 같은 문제를 해소하기 위한 방안을 한 가지만 서술하시오.

13 지도를 보고 법률 서비스의 분포와 녹지 분포의 특징을 비교하여 서술하시오.

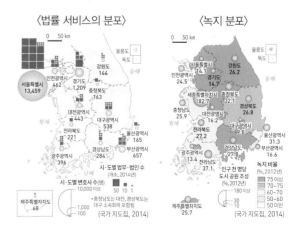

〈법률 서비스의 분포〉   〈녹지 분포〉

01 (가), (나)는 지역 개발의 결과를 나타낸 것이다. 이에 관한 옳은 설명을 〈보기〉에서 고른 것은?

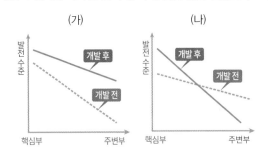

┤ 보기 ├
ㄱ. (가), (나) 모두 역류 효과가 나타나고 있다.
ㄴ. (나)의 경우 주변부에서는 인구 및 자본의 유출 현상이 나타난다.
ㄷ. 선진국에서는 (가)보다 (나) 개발 방식이 주로 실시된다.
ㄹ. 핵심부는 자연 조건이 유리하거나 성장력이 높은 산업이 입지한 지역이다.

① ㄱ, ㄴ   ② ㄱ, ㄷ   ③ ㄴ, ㄷ
④ ㄴ, ㄹ   ⑤ ㄷ, ㄹ

🔍 **문제 접근 방법**

각각의 그래프가 나타내고자 하는 의도가 무엇인지 정확하게 파악해야 한다. (가)는 파급 효과, (나)는 역류 효과를 나타낸 것임을 파악하고, 이를 바탕으로 선택지의 진위 여부를 가려야 한다.

✏️ **적용 개념**

\# 파급 효과
\# 역류 효과
\# 성장 거점 개발 방식

02 지도에 관한 옳은 설명을 〈보기〉에서 고른 것은?

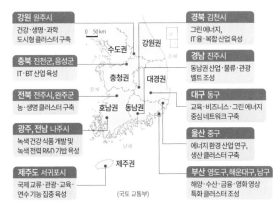

(국토 교통부)

┤ 보기 ├
ㄱ. 민간 기업이 개발을 주도하는 형식으로 추진된다.
ㄴ. 생산 위주의 산업 단지 조성을 가장 큰 목적으로 한다.
ㄷ. 수도권에 소재하는 공공 기관의 지방 이전을 기반으로 한다.
ㄹ. 수도권과 비수도권의 격차 해소에 이바지할 것으로 기대된다.

① ㄱ, ㄴ   ② ㄱ, ㄷ   ③ ㄴ, ㄷ
④ ㄴ, ㄹ   ⑤ ㄷ, ㄹ

🔍 **문제 접근 방법**

이 문제는 제시된 지도의 내용이 무엇인지를 먼저 파악하는 것이 중요하다. 혁신 도시의 조성 목적과 방법, 기대 효과 등에 비추어 선택지의 내용을 판단하면 된다.

✏️ **적용 개념**

\# 혁신 도시
\# 수도권과 비수도권의 격차

03 다음은 국토 개발과 관련된 수업 장면이다. 교사의 질문에 옳게 대답한 학생을 고른 것은?

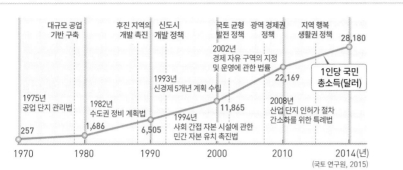

(국토 연구원, 2015)

> 교사 : 자료는 국토 개발과 1인당 국민 총소득 변화를 나타낸 것입니다. 자료를 보고 이야기해 보세요.
> 갑 : 국토의 균형 발전 정책은 1970년대부터 강조되었습니다.
> 을 : 공업의 기반이 구축되면서 1인당 국민 총소득이 빠르게 늘어난 것 같아요.
> 병 : 광역 경제권 정책과 지역 행복 생활권 정책은 모두 제4차 국토 종합 계획에 포함된 정책이네요.
> 정 : 신도시 개발 정책, 광역 경제권 정책 등은 모두 1인당 국민 총소득 1만 달러 시대에 실시되었습니다.

① 갑, 을   ② 갑, 병   ③ 을, 병
④ 을, 정   ⑤ 병, 정

🔍 **문제 접근 방법**
제시된 그래프를 보면서 선택지의 진위 여부를 판단하면 된다. 이에 앞서 우리나라에서 진행된 제1~4차 국토 종합 (개발) 계획의 전반적인 내용을 숙지하고 있으면 문제 해결에 도움이 된다.

✏️ **적용 개념**
\# 국토 종합 (개발) 계획
\# 광역 경제권 정책
\# 지역 행복 생활권 정책

04 (가)~(다)는 각 시기별 국토 개발 과정과 관련된 내용이다. 이에 관한 옳은 설명을 〈보기〉에서 고른 것은?

> (가) 정부는 수도권에 인구와 산업이 과도하게 집중하는 것을 억제하고 선별적 분산을 통하여 국토의 균형 있는 개발을 유도하기 위해 『수도권 정비 계획법』이라는 강력한 정책 수단을 마련하였다.
> (나) 국민 경제 발전을 선도할 대규모 공업 단지를 개발하고, 대도시와 각 지역 및 산업 중심지를 연결하는 교통·통신 및 에너지 공급망을 확충하였다.
> (다) 지방 도시의 중추 관리 기능을 특화·육성함으로써 수도권의 비대화를 견제하고자 하였다. 국토의 중부와 서남부 지역에 새로운 산업 지대를 개발하여 상대적으로 낙후된 지역들의 성장을 촉진하고자 하였다.

┤ 보기 ├
ㄱ. (나)는 (가)보다 먼저 수립되고 실시된 내용이다.
ㄴ. (가)는 성장 거점 개발 방식, (나)는 균형 개발 방식으로 추진되었다.
ㄷ. (가)~(다) 중 경제적 형평성은 (다) 시기에 가장 중시되었다.
ㄹ. 산업 기반의 조성이라는 목표는 (가) 시기에 가장 강조되었다.

① ㄱ, ㄴ   ② ㄱ, ㄷ   ③ ㄴ, ㄷ
④ ㄴ, ㄹ   ⑤ ㄷ, ㄹ

🔍 **문제 접근 방법**
글 자료가 나오는 문제는 반드시 답을 고를 수 있는 핵심이 있다. (가)~(다)에서 핵심 키워드를 찾아 어느 시기에 추진된 개발 계획인지를 파악한다.

✏️ **적용 개념**
\# 성장 거점 개발 방식
\# 균형 개발 방식
\# 광역 개발 방식
\# 효율성과 형평성

Ⅳ 단원 수능 빈출 유형

 유형 1 **도시 내부 지역의 기능 분석과 이해**

(가) 구(區)와 비교한 (나) 구의 상대적 특성을 그림의 A~E에서 고른 것은?

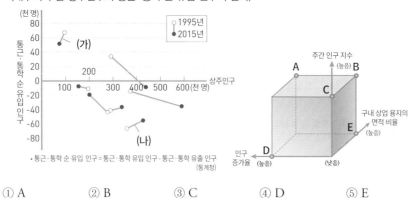

〈대구의 구별 상주인구와 통근·통학 순 유입 인구의 변화〉

• 통근·통학 순 유입 인구 = 통근·통학 유입 인구 − 통근·통학 유출 인구
(통계청)

① A　　　　② B　　　　③ C　　　　④ D　　　　⑤ E

유형 분석　그래프를 통해 (가)와 (나)의 특징을 파악해야 한다. 일반적으로 시험에서 다루어지는 사례 지역은 도심과 주거 지역 등 특징이 명확한 경우가 대부분이므로 한두 가지 정보를 통해 쉽게 파악할 수 있다. 공업이나 서비스업 등 다른 산업이나 기능 등에 대하여 묻는 경우도 있는데, 이 역시 제시된 자료를 통해 그 특성을 파악한 후 문제를 해결하면 된다.

☑ **공략법**
1 도심과 주거 지역을 구분한다.
2 도시 내부의 각 지역이 갖는 특성을 이용하여 문제를 해결한다.

유형 2 **도시 간 상호 작용과 도시 체계 이해**

다음 자료에 대한 옳은 설명을 〈보기〉에서 고른 것은? (단, A~C, (가)~(다)는 광주, 울산, 인천 중 하나임)

〈서울과 3개 광역시의 산업별 종사자 비중과 인구 이동〉

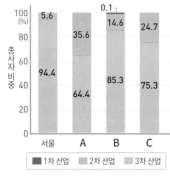

이동자 수 (명)		전입 도시			
		서울	(가)	(나)	(다)
전출 도시	서울	–	9,216	44,915	5,950
	(가)	10,860	–	2,167	538
	(나)	33,570	1,894	–	1,359
	(다)	6,954	482	1,249	–

(통계청, 2015)

┤ 보기 ├

ㄱ. A는 (다), B는 (가)에 해당한다.

ㄴ. 인천으로 전입한 인구는 광주가 울산보다 많다.

ㄷ. (가)~(다) 중 서울과 지리적으로 가장 인접한 도시는 (가)이다.

ㄹ. (가)~(다) 중 인구 규모가 가장 큰 도시는 3차 산업의 비중도 가장 높다.

① ㄱ, ㄴ　　　　② ㄱ, ㄷ　　　　③ ㄴ, ㄷ
④ ㄴ, ㄹ　　　　⑤ ㄷ, ㄹ

유형 분석　도시 간 상호 작용을 분석하고, 도시 체계를 파악하는 문제가 꾸준히 출제되고 있다. 상호 작용은 두 도시 간의 거리와 인구 규모 등과 관련이 있음을 파악해야 한다.

☑ **공략법**
1 2·3차 산업이 다른 도시에 비해 특화된 도시를 파악한다.
2 전입과 전출을 합한 이동자 수(도시 간 상호 작용의 크기)가 가장 많은 도시와 가장 적은 도시를 파악한다.
3 A~C를 (가)~(다) 도시와 연결하여 선택지의 진위 여부를 판단한다.

유형 3

도시 재개발 방법의 특징 비교

다음은 사이버 학습 장면의 일부이다. 답글이 옳은 학생을 고른 것은?

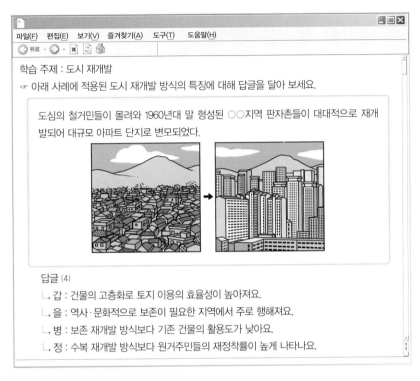

답글 (4)

└ 갑 : 건물의 고층화로 토지 이용의 효율성이 높아져요.

└ 을 : 역사·문화적으로 보존이 필요한 지역에서 주로 행해져요.

└ 병 : 보존 재개발 방식보다 기존 건물의 활용도가 낮아요.

└ 정 : 수복 재개발 방식보다 원거주민들의 재정착률이 높게 나타나요.

① 갑, 을 ② 갑, 병 ③ 을, 병 ④ 을, 정 ⑤ 병, 정

▶▶ **유형 분석** 도시 재개발의 방법과 각 방법별 특징을 묻는 문제가 자주 출제되고 있다. 특히, 가장 출제 빈도가 높은 철거 재개발과 수복 재개발의 방법과 특징, 장·단점 등을 비교하여 파악해 두어야 한다.

☑ **공략법**

❶ 제시된 재개발 방식이 어떤 방식인지 파악한다.

❷ 재개발 방식별 특징을 기준으로 선택지의 진위 여부를 판단한다.

유형 4

국토 종합 (개발) 계획의 과정 이해

(가)~(라)에 대한 옳은 설명을 〈보기〉에서 고른 것은?

〈국토 종합 (개발) 계획〉

구분	제1차 국토 종합 개발 계획 (1972~1981)	제2차 국토 종합 개발 계획 (1982~1991)	제3차 국토 종합 개발 계획 (1992~1999)	제4차 국토 종합 계획 (2000~2020)
개발 방식	거점 개발	광역 개발	(가)	
기본 목표	사회 간접 자본 확충	인구의 지방 정착 유도	지방 분산형 국토 골격 형성	균형, 녹색, 개방, 통일 국토
개발 전략	(나)	(다)	(라)	개방형 통합 국토축 형성

┌ 보기 ┐

ㄱ. (가) – 투자 효과가 큰 지역을 선정하여 집중 투자하는 방식이다.

ㄴ. (나) – 고속 국도, 항만, 다목적 댐 등을 건설하여 산업 기반을 조성하였다.

ㄷ. (다) – 지방의 주요 도시와 배후 지역을 포함한 지역 생활권을 설정하였다.

ㄹ. (라) – 혁신 도시와 기업 도시를 지정 및 육성하였다.

① ㄱ, ㄴ ② ㄱ, ㄷ ③ ㄴ, ㄷ ④ ㄴ, ㄹ ⑤ ㄷ, ㄹ

▶▶ **유형 분석** 우리나라는 1970년대부터 국토 종합 개발 계획을 추진해 왔다. 현재 제1차에서 제4차까지 진행하였는데, 각 차수별 특징을 비교하여 묻는 문제가 자주 출제된다. 각 차수별 개발 방식의 종류와 특징, 기본 목표, 개발 전략, 대표적인 개발 계획 등을 파악해야 한다.

☑ **공략법**

❶ 각 차수별 개발 방식을 파악한다.

❷ 각 차수별 대표적인 개발 전략을 파악한다.

01 촌락의 변화와 도시의 발달

• 전통 촌락의 입지

배산임수	풍수지리 사상 → 북서풍 차단, 용수 확보에 유리
용수 획득	지표수가 부족한 제주는 용천대를 따라 취락 분포
홍수 예방	산록 완사면이나 범람원의 자연 제방에 촌락 입지
교통	교통 발달로 접근성이 좋은 역원과 나루터에 입지
방어	방어에 유리한 국경 및 해안에 병영촌 발달

• 촌락의 형태

집촌(集村)	높은 공동체 의식, 벼농사 지역, 동족 촌락 등
산촌(散村)	낮은 공동체 의식, 밭농사 지역, 산간 지역 등
농촌	협동 노동이 필요한 벼농사 지역 → 집촌 형성
어촌	항구 주변에 밀집, 반농반어촌 형성
산지촌	밭농사와 목축업 등에 종사, 산촌 형성

• 전통 촌락의 변화

농업 생산성 증대	농산물 직거래 증가	전통 경관의 관광 자원화
영농의 기계화, 집약적 토지 이용	전자 상거래를 통한 작물의 직접 판매	다양한 촌락 체험, 슬로시티 운동

• 중심지로서의 도시와 도시 체계

고차 중심지	비교적 넓은 범위의 수요자에게 다양한 재화와 서비스 제공, 수가 적지만 다양한 기능을 보유함	도시 체계	고차 중심지와 저차 중심지 성격을 띤 도시 간의 상호 의존적인 계층 질서
저차 중심지	좁은 범위의 수요자에게 기본적인 재화와 서비스 제공, 고차 중심지에 기능적으로 의존함	우리나라의 도시 체계	최상위 계층인 서울의 배후지가 가장 넓고 인구와 기능의 집중도가 높음 → 종주 도시화 현상

• 우리나라의 도시 발달

1960년대 이후	경제 개발 정책과 공업화 → 급속한 도시화, 이촌 향도 현상 → 대도시와 남동 임해 공업 도시의 급성장
1980~90년대 이후	대도시의 성장 둔화, 위성 도시와 교외화 현상 등장
현재	인구 분산 정책에도 불구하고 수도권에 집중한 인구와 기능 → 종주 도시화 현상 심화, 국토 균형 발전 필요

02 도시 내부 구조와 도시 재개발

• 도시의 내부 구조

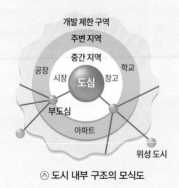

ⓐ 도시 내부 구조의 모식도

도심	• 도시 중심부에 위치, 높은 접근성 → 고층 빌딩 밀집, 중추 관리 기능 수행 • 전문 서비스업과 고급 상점 입지, 인구 공동화 현상
부도심	• 도심과 주변 지역을 연결하는 교통로의 주요 결절점에 형성 • 도심에 집중된 상업 및 서비스 기능을 분담
중간 지역	• 공장, 주택, 상점, 학교 등이 혼재하는 점이 지대 • 주거 환경이 열악한 곳을 중심으로 재개발이 활발하게 이루어짐
주변 지역	• 공장 지대와 대단위 신흥 주택 지역, 대규모 아파트 단지가 입지 • 도시 경관과 농촌 경관이 혼재되어 나타나기도 함
개발 제한 구역	도시의 녹지 공간 보전, 시가지의 무질서한 팽창 억제를 위해 설정

• 대도시권의 형성 과정

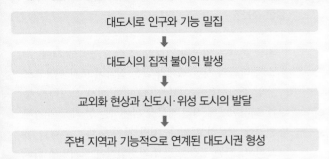

대도시로 인구와 기능 밀집
↓
대도시의 집적 불이익 발생
↓
교외화 현상과 신도시·위성 도시의 발달
↓
주변 지역과 기능적으로 연계된 대도시권 형성

• 대도시권 근교 농촌의 변화

2·3차 산업의 비중 증가
상업적 농업 발달
집약적 토지 이용
겸업농가의 비중 증가
공동체 의식 약화

• 도시 재개발의 유형과 방법

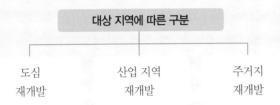

대상 지역에 따른 구분		
도심 재개발	산업 지역 재개발	주거지 재개발

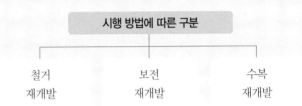

시행 방법에 따른 구분		
철거 재개발	보전 재개발	수복 재개발

03 지역 개발과 공간 불평등

• 지역 개발 방식

성장 거점(불균형) 개발 방식

- 중앙 정부가 개발 계획을 수립하여 집행하는 하향식 개발 방식
- 성장 거점에 집중적으로 투자하여 경제적 효율성이 높음
- 지역 주민의 참여도가 낮음
- 역류 효과로 지역 격차가 심화됨
- 주로 개발 도상국에서 시행

균형 개발 방식

- 지역 주민의 요구와 참여에 기반을 둔 상향식 개발 방식
- 주로 낙후된 지역에 우선적으로 투자하여 균형적 발전과 형평성 추구
- 지역의 특성에 맞는 개발 가능
- 지역 이기주의 초래
- 주로 선진국에서 시행

• 우리나라의 국토 개발

구분	기본 목표	주요 개발 전략
제1차 국토 종합 개발 계획 (1972~1981년)	사회 간접 자본의 확충, 국민 생활 환경의 개선, 국토 이용 관리의 효율화	대규모 공업 기반 구축, 국토의 교통·통신·수자원 및 에너지 공급망 정비
제2차 국토 종합 개발 계획 (1982~1991년)	인구의 지방 정착 유도, 개발 가능성의 전국적 확대, 국토 자연환경의 보존	수도권 정비 계획법, 국토의 다핵 구조 형성과 지역 생활권 조성, 지역 기능 강화를 위한 사회 간접 자본 확충, 후진 지역의 개발 추진
제3차 국토 종합 개발 계획 (1992~1999년)	지방 분산형 국토 골격 형성, 국민 복지 향상, 남북 통일 대비 기반 조성	수도권 집중 억제, 국민 생활과 환경 부문의 투자 증대, 남북 교류 지역의 개발 관리, 통합적 고속 교류망 구축
제4차 국토 종합 계획 (2000~2020년)	21세기 통합 국토의 실현, 균형 국토·녹색 국토·개방 국토·통일 국토 지향	개방형 통합 국토축 형성, 지역별 경쟁력 고도화, 건강하고 쾌적한 국토 환경 조성
제4차 국토 종합 수정 계획 (2011~2020년)	경쟁력 있는 통합 국토, 지속 가능한 친환경 국토, 세계로 향한 열린 국토, 품격 있는 매력 국토	광역적 협력 강화, 자연친화적이고 안전한 국토 공간 조성, 신성장 해양 국토 기반 구축

01 그래프는 농가 인구 및 연령별 인구 구조의 변화를 나타낸 것이다. 이를 보고 옳게 분석한 내용을 〈보기〉에서 고른 것은?

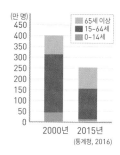

(통계청, 2016)

┤ 보기 ├

ㄱ. 인구의 고령화 현상이 심각해지고 있다.

ㄴ. 현재 노동력 부족 문제가 나타날 것이다.

ㄷ. 청장년층 인구 비중의 증가로 인구 부양비는 감소할 것이다.

ㄹ. 2000년대 이후 이촌 향도 현상이 나타나기 시작하였다.

① ㄱ, ㄴ ② ㄱ, ㄷ ③ ㄴ, ㄷ

④ ㄴ, ㄹ ⑤ ㄷ, ㄹ

02 다음은 사이버 학습 장면이다. 질문에 대한 옳은 대답을 고른 것은?

> 파일(F) 편집(E) 보기(V) 즐겨찾기(A) 도구(T) 도움말(H)
>
> 우리 군(郡)은 2014년 기준, 인구는 30,732명이며 65세 이상 인구가 전체 인구의 약 31.8%를 차지하고, 재정 자립도 역시 7.4% 정도로 낮은 수준이에요. 군민과의 대화를 위해 우리 군을 찾아왔던 도지사는 이런 우리 군이 '전라남도의 축소판'이라고 표현하기도 했어요. 전라남도가 전국에서 고령 인구 비율이 가장 높고 인구는 감소하는 추세이며, 청년 인구의 유입이 시급하기 때문이죠.
>
> 👤 우리 군이 어떻게 하면 청년 인구를 끌어들일 수 있을까요?
>
> ┗ 귀농인에게 집과 농지 제공 등의 혜택을 제공해요. … ㉠
>
> ┗ 청년 인구가 유입될 수 있도록 일자리를 많이 만들어야죠. … ㉡
>
> ┗ 묵묵하게 농업의 영세성과 전통성 등을 지켜나가다 보면 청년 인구가 늘어날 거예요. … ㉢
>
> ┗ 농촌으로 이주한 청장년들에게 농업에 종사하는 것을 권하지 않는 것이 좋을 것 같아요. … ㉣

① ㉠, ㉡ ② ㉠, ㉢ ③ ㉡, ㉢

④ ㉡, ㉣ ⑤ ㉢, ㉣

🔎 개념 피드백 135쪽

03 다음 글과 같은 변화가 농촌에서 나타나는 이유로 가장 적절한 것은?

> 최근 촌락은 영농의 기계화, 친환경 농작물 재배, 고소득 작물의 시설 재배와 같은 집약적 토지 이용으로 농업 생산성을 높이고 있다. 또한 전자 상거래를 통해 도시민에게 직접 작물을 판매하는 등 새로운 경제 환경에 적응하고 있다. 지방 자치 단체는 촌락을 홍보하고, 전통 경관을 관광 자원화하여 도시민을 위한 다양한 촌락 체험 행사를 마련하는 등의 노력을 하고 있다.

① 결혼 적령기 남성의 비중이 여성보다 높다.

② 도시와 농촌 간의 소득 격차가 커지고 있다.

③ 외국인 여성과 국제결혼을 하는 사례가 늘고 있다.

④ 촌락 경관이 점차 도시적인 경관으로 변화하고 있다.

⑤ 노년층 인구 비중의 증가로 고령화 현상이 심화되고 있다.

04 ㉠~㉦에 관한 옳은 설명만을 〈보기〉에서 있는 대로 고른 것은?

> 도시는 ㉠면사무소 소재지에서부터 군청, 경찰서 등이 있는 ㉡군청 소재지, 지역의 중심 도시인 ㉢도청 소재지, ㉣광역 중심지나 국가 중심지에 해당하는 광역시·특별시 등 규모가 다양하다. 이들 도시는 상호 의존하면서 다양한 계층 구조를 형성하고 있다. 일반적으로 작은 도시들은 ㉤좁은 범위의 수요자를 대상으로 하여 기본적인 ㉥재화와 서비스를 제공하지만, 큰 도시들은 비교적 ㉦넓은 범위의 수요자를 대상으로 다양한 재화와 서비스를 제공한다.

┤ 보기 ├

ㄱ. ㉠은 ㉡보다 낮은 계층의 중심지에 해당한다.

ㄴ. ㉢은 ㉣보다 최소 요구치를 만족하는 범위가 넓다.

ㄷ. ㉤은 ㉦의 범위에 일부 혹은 전체가 중복될 수도 있다.

ㄹ. ㉥이 도달되는 범위는 가변적이며, 상황에 따라서 증감이 있을 수 있다.

① ㄱ, ㄴ ② ㄴ, ㄷ ③ ㄷ, ㄹ

④ ㄱ, ㄷ, ㄹ ⑤ ㄴ, ㄷ, ㄹ

개념 피드백 136쪽

05 지도를 보고 분석한 내용으로 옳지 않은 것은?

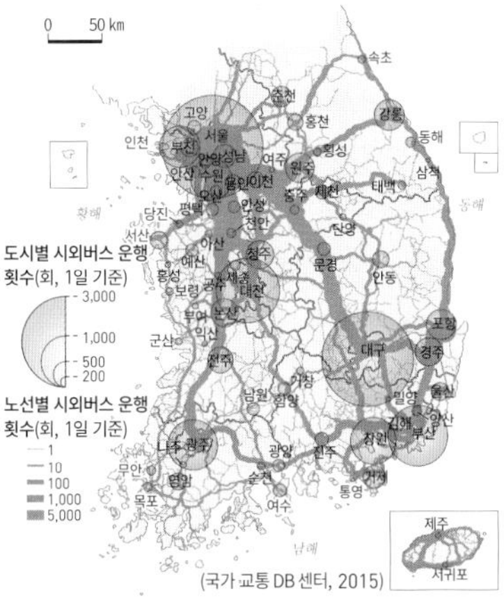
0 50 km
도시별 시외버스 운행 횟수(회, 1일 기준)
3,000
1,000
500
200
노선별 시외버스 운행 횟수(회, 1일 기준)
1
10
100
1,000
5,000
서울
인천
대구
부산
광주
제주
서귀포
(국가 교통 DB 센터, 2015)

① 횡축보다는 종축의 시외버스 운행 횟수가 더 많다.
② 서울 중심의 수직적 도시 체계에서 벗어나지 못했다.
③ 영남권에서 도시별 시외버스 운행 횟수는 대구가 가장 많다.
④ 노선별 시외버스 운행 횟수는 서울-대구 간보다 대구-부산 간이 더 많다.
⑤ 주요 교통축에서 벗어난 안동, 거창, 남원 등은 시외버스 운행 횟수가 현저히 적다.

개념 피드백 146쪽

06 ㉠~㉥에 관한 설명으로 옳지 않은 것은?

> 도시 내부의 지역 분화에 영향을 주는 가장 큰 요인은 ㉠ 접근성과 ㉡ 지대이다. 도심은 지가와 지대가 매우 높아 ㉢ 상업·업무 기능이 들어선다. 반면 ㉣ 주거 기능과 공업 기능은 지가와 지대가 상대적으로 저렴한 중간 지역이나 주변 지역에 입지한다. 이처럼 상업·업무 기능이 도심으로 집중하는 것을 (㉤) 현상, 주택이나 학교, 공장 등이 외곽으로 분산하는 것을 (㉥) 현상이라고 한다.

① ㉠은 지역에 따라 차이가 나며, 도심에서 가장 높다.
② ㉡은 토지와 건물 이용을 통해 얻을 수 있는 대가 또는 수익을 말한다.
③ ㉢은 ㉣에 비해 지대 지불 능력이 낮은 것이 특징이다.
④ ㉤은 '집심', ㉥은 '이심'이 들어간다.
⑤ ㉤, ㉥ 현상을 통해 다양한 기능이 적절한 위치에 입지하는 도시 내부의 공간적 분화가 이루어진다.

07 그림을 보고 옳은 진술에만 '∨'표 한 학생을 고른 것은?

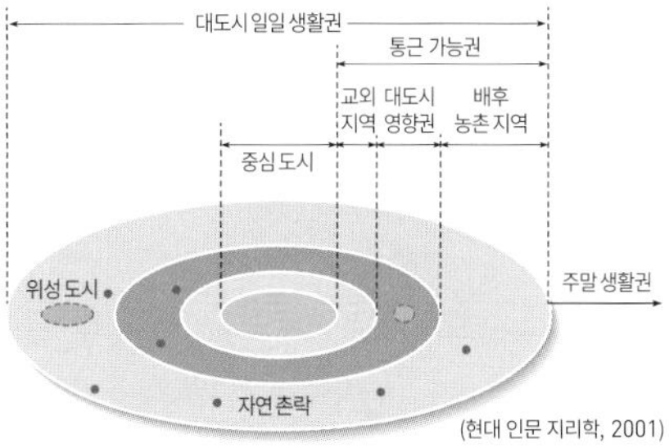
대도시 일일 생활권
통근 가능권
교외 지역
대도시 영향권
배후 농촌 지역
중심 도시
위성 도시
주말 생활권
자연촌락
(현대 인문 지리학, 2001)

진술 \ 학생	갑	을	병	정	무
A. 대도시 일일 생활권은 중심 도시, 통근 가능권, 주말 생활권을 포함한다.	∨	∨	∨		
B. 중심 도시로부터 가장 멀리 떨어진 지역은 교외 지역이다.	∨			∨	
C. 대도시 영향권 지역은 배후 농촌 지역에 비해 도시적 경관이 뚜렷하게 나타난다.		∨		∨	∨
D. 배후 농촌 지역에 거주하는 사람도 중심 도시로 통근이 가능하다.			∨		∨

① 갑 ② 을 ③ 병 ④ 정 ⑤ 무

개념 피드백 147쪽

08 지도는 수도권 지하철 노선의 변화를 보여 주고 있다. 이를 보고 추론한 내용으로 옳지 않은 것은?

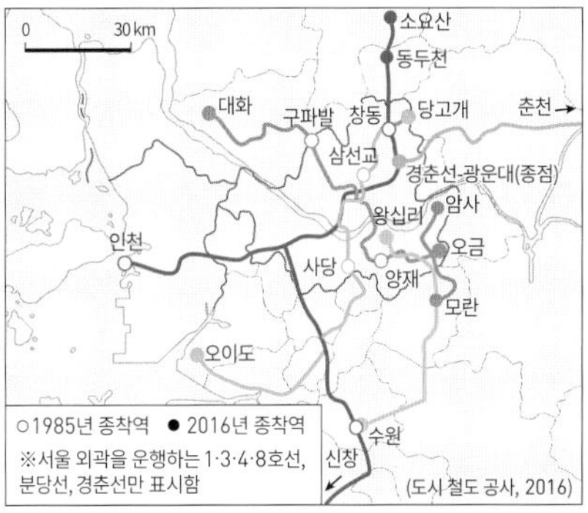
0 30 km
소요산
동두천
대화
구파발
창동
당고개
춘천
삼선교
경춘선·광운대(종점)
왕십리
암사
인천
사당
양재
오금
모란
오이도
수원
신창
○1985년 종착역 ●2016년 종착역
※서울 외곽을 운행하는 1·3·4·8호선, 분당선, 경춘선만 표시함
(도시 철도 공사, 2016)

① 서울의 통근·통학권의 범위가 확대되었을 것이다.
② 인천·경기 지역에서 서울로의 통근·통학률이 높아졌을 것이다.
③ 지하철 노선을 따라 도시적 경관으로의 변화가 나타났을 것이다.
④ 서울에서 인천·경기 지역으로 이주한 사람들의 숫자가 늘었을 것이다.
⑤ 서울 인구의 감소, 인천·경기 인구의 증가로 인해 수도권에서 서울이 갖는 영향력이 줄었을 것이다.

〉개념 피드백 148쪽

09 다음은 서울의 대도시권에 관한 학습 장면이다. 교사의 질문에 옳게 답한 학생을 고른 것은?

교사 : 지도의 A, B 지역을 비교하여 설명해 보세요.

갑 : 농업 종사자 비중은 A가 더 높을 것입니다.

을 : 인구는 면적이 넓은 B가 A보다 많을 것 같아요.

병 : 직장과 주거지의 평균 근접성은 B가 더 높아요.

정 : 서울로의 통근자 수는 A가 더 많을 것 같습니다.

① 갑, 을   ② 갑, 병   ③ 을, 병
④ 을, 정   ⑤ 병, 정

10 ○○ 지역에서 이루어진 도시 재개발 방식의 장점을 〈보기〉에서 고른 것은?

서울의 대표적인 달동네였던 ○○ 지역은 1968년에 이촌동과 청계천, 왕십리 일대의 철거민들이 집단 이주하면서 형성된 마을이었다. ○○ 지역은 2001년 6월부터 재개발 사업이 진행되어 낡은 집을 철거하고, 대규모 고층 아파트 지구가 조성되었다. 재개발 이후 ○○ 지역에 살던 2,500여 세대 중 약 8.7%만이 새로 지어진 고층 아파트에 살고 있다. 나머지 원주민들은 어느 지역에 살고 있을까?

| 보기 |

ㄱ. 역사·문화적 가치가 높은 건물을 보존할 수 있다.

ㄴ. 빠르고 효율적으로 지역을 구조화하여 이용할 수 있다.

ㄷ. 지역의 변형을 최소화하여 거주민이 안정적으로 생활할 수 있다.

ㄹ. 도로 및 교통 체계 개선이 가능하며, 공공 시설의 배치와 기능성이 향상된다.

① ㄱ, ㄴ ② ㄱ, ㄷ ③ ㄴ, ㄷ ④ ㄴ, ㄹ ⑤ ㄷ, ㄹ

〉개념 피드백 149쪽

11 (가)에 들어갈 내용으로 가장 적절한 것은?

부산광역시 사하구 감천동은 6·25 전쟁 때 피난민들이 정착하면서 만들어진 허름한 달동네였다. 현재도 산자락에 빼곡하게 자리 잡은 집들은 여전하지만, 그 모습은 많이 바뀌었다. 2009년 빈집과 골목길을 문화 공간으로 바꾸는 계획이 진행되면서 학생과 작가, 주민들이 마을 담벼락에 그림을 그려 넣고 조형물을 설치하였다. 감천 문화 마을은 철거 재개발 대신 문화·예술 활동을 통해 마을의 역사성과 지역 특수성을 보전하는 개발 방식을 선택하였다. 개발 이후 감천동은 ⬚⬚⬚⬚⬚ (가) ⬚⬚⬚⬚⬚ 성공적인 도시 재생의 사례가 되고 있다.

① 인구의 고령화와 인구 감소 현상이 나타나

② 대규모 아파트 단지 개발 계획이 발표되면서

③ 최근 많은 방문객이 찾아오면서 지역 활성화 효과가 나타나

④ 부동산 가격의 상승으로 철거 재개발에 대한 기대가 커지면서

⑤ 불량 주거 환경 해소를 위한 지역 정부의 개발 의지가 커지면서

12 다음 글과 관련된 지역 개발 방법의 특징을 〈보기〉에서 고른 것은?

지역 주민이나 지방 자치 단체가 주도하는 개발 방식은 지역의 실정을 고려할 수 있는 것이 장점이지만, 개발의 효율성이 낮다는 단점이 있다.

| 보기 |

ㄱ. 상향식 개발이 이루어질 수 있다.

ㄴ. 지역 간의 균형 성장을 추구한다.

ㄷ. 성장 잠재력이 큰 곳에 우선 투자한다.

ㄹ. 형평성보다는 효율성을 먼저 추구한다.

① ㄱ, ㄴ   ② ㄱ, ㄷ   ③ ㄴ, ㄷ
④ ㄴ, ㄹ   ⑤ ㄷ, ㄹ

13 (가)~(라)는 우리나라의 국토 종합 (개발) 계획의 변화를 나타낸 것이다. 이에 관한 옳은 설명을 〈보기〉에서 고른 것은?

개념 피드백 160쪽

(가)	(나)	(다)	(라)
·공업 기반 구축 ·사회 간접 자본 확충	·국토의 다핵 구조 형성 ·서울, 부산 양대 도시 성장 및 관리	·신산업 지대 조성 ·지방 육성과 수도권 집중 억제	·자연친화적인 안전 국토 조성 ·남북 교류 협력 기반 조성

┌ 보기 ┐
ㄱ. (가)는 성장 거점 개발 방식, (다)는 균형 개발 방식으로 추진되었다.
ㄴ. (나)는 인구의 지방 분산을 위해 광역 개발 방식이 추진되었다.
ㄷ. 세계화에 적합한 글로벌 녹색 국토를 실현하고자 하는 정책은 (다) 시기에 추진되었다.
ㄹ. 지방 도시를 육성하여 지방 분산형 국토 골격을 추진하는 정책은 (라) 시기에 추진되었다.

① ㄱ, ㄴ　　　② ㄱ, ㄷ　　　③ ㄴ, ㄷ
④ ㄴ, ㄹ　　　⑤ ㄷ, ㄹ

개념 피드백 161쪽

14 제시된 사례를 통해 파악할 수 있는 내용으로 가장 적절한 것은?

- 강원도는 학교 통폐합에 따라 지역 내 학교 학생들의 통학 여건을 개선하기 위해 '강원 에듀 버스'를 운영한다.
- 경상북도가 실시하는 '스마트 두레 공동체' 사업은 일손이 부족한 농가와 도시 지역에서 취업에 어려움을 겪는 사람들을 연계해 주는 사업이다.
- 전라남도 영광군은 농어촌 지역에서 대중교통수단을 이용하기 어려운 문제를 해결하기 위해 '행복 택시' 제도를 운용한다. 소액의 비용과 이용권을 지급하면 가까운 지역 중심지까지 택시를 이용할 수 있다.

① 지역 이미지를 생산하여 활용하는 전략
② 지역 간 상호 보완을 누릴 수 있는 개발
③ 지역의 잠재력을 극대화할 수 있는 개발
④ 농어촌 지역 삶의 질을 높이기 위한 노력
⑤ 수도권 규제 완화를 통한 경쟁력 제고 방안

15 ㉠에 해당하는 사례를 한 가지만 서술하시오.

1995년 이후 도농 통합시의 탄생과 광역시의 군 지역 통합 등 행정 구역 개편이 이루어졌다. 이러한 행정 구역 개편은 생활권이 같은 도시와 주변 농촌을 하나의 행정 단위로 개편하여 행정 업무를 간소화하고, ㉠ 도시와 농촌의 상호 보완적 관계를 통해 지역 발전을 이루려는 데 그 목적이 있다.

16 지도의 지역에서 나타난 변화를 인구 변화와 도시화의 측면에서 서술하시오.

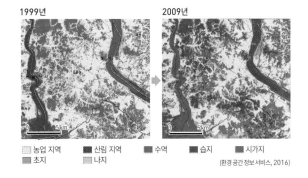

1999년　　　　　　　　　　2009년

□ 농업 지역　■ 산림 지역　■ 수역　■ 습지　■ 시가지
■ 초지　□ 나지
(환경 공간 정보 서비스, 2016)

17 자료를 보고 물음에 답하시오.

지역별 예술 활동 지수는 6개 문화 예술 분야에서 이루어진 출판, 전시, 공연 등의 실행 건수를 집계한 후, 서울에서 이루어진 활동 건수를 100으로 하고 나머지 지역의 상대적 비율을 구한 것이다.

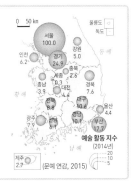

(1) 자료를 통해 파악할 수 있는 문제점을 간략하게 서술하시오.

(2) (1)에서 서술한 문제를 해결할 수 있는 방안을 서술하시오.

찰칵찰칵
포토툰

외나무다리

인생의 인(人)은 두 사람이 기대어 선 모습을,
생(生)은 소(牛)가 외나무다리(一)를 건너는 모습을 형상화한 것입니다.

보기에도 아슬아슬한 외나무다리를
네 발을 딛어야 하는 소가 위태롭게 건너고 있습니다.
바로 한자 '생(生)'이 전달하는 이미지입니다.

그러나 '인생'은 '사람(人)'이 있습니다.
사람이 서로 응원하고 지지한다면,
위험해 보이는 외나무다리도 용기 내어 건너는 순간이 됩니다.

V 생산과 소비의 공간

자씨! 힘을 내서 차근차근 시작해요.

01 자원의 의미와 자원 문제

학습길잡이
• 자원의 특성과 공간 분포를 파악하고, 소비 및 생산 현황과 이에 따른 문제점과 해결 방안 등을 살펴본다.
• 광물 자원과 에너지 자원, 신·재생 에너지에 대한 특징과 분포 및 이용에 대해 비교해 본다.

A 자원의 의미는 무엇이고, 어떤 특성이 나타날까

1 자원의 의미와 특성

① **자원의 의미** : 자연물 중에서 인간의 일상생활과 경제 활동에 쓸모가 있고, 기술적 개발과 경제적 이용 가치가 있는 것 **1**

② **자원의 특성** ┌ **예** 검은 액체에 불과했던 석유는 내연 기관이 발명되면서 자원으로서의 가치가 상승하였다.

예 1990년 이후 우리나라의 텅스텐 광산은 값싼 중국산 텅스텐의 수입으로 수익성이 악화되어 폐광되었다.

가변성	기술 수준, 경제적 조건, 문화적 배경 등에 따라 자원의 가치가 달라짐
유한성	대부분의 자원은 매장량이 한정되어 있으므로 언젠가는 고갈됨 → 가채 연수로 채굴 가능 기간을 나타냄
편재성	특정 자원은 일부 지역에 편중하여 분포함 → 자원 민족주의의 등장 배경

└ **예** 석유 매장량의 절반 이상이 서남아시아와 북부 아프리카에 분포한다.

2 자원의 분류

① **범위에 따른 분류**

• **좁은 의미의 자원** : 주로 천연자원을 의미함 **예** 생물 자원(동물, 식물 등)과 무생물 자원(광물 자원, 에너지 자원 등)

• **넓은 의미의 자원** : 천연자원 뿐만 아니라 인적·문화적 자원을 포괄함 **예** 인적 자원(기술, 노동력 등)과 문화적 자원(언어, 종교, 제도 등)

② **재생 가능성에 따른 분류 2**
┌ = 고갈 자원   = 화석 연료
• **비재생 자원** : 사용할수록 고갈되는 자원 **예** 석유, 석탄, 천연가스

• **재생 자원** : 지속해서 공급·순환되는 자원 **예** 태양열, 풍력, 수력
  = 순환 자원

B 자원은 어디에서 생산되고, 어떻게 이용되고 있을까

1 우리나라 광물 자원의 특징 **왜?** 한반도의 지각 형성 시기가 오래되고
                                        └ 지질 구조가 복잡하기 때문이다.

① 다양한 광물 자원이 분포하나, 대부분 매장량이 적어 경제성이 낮음

② 주요 광물 자원은 대부분 북한에 분포함, 남한은 금속 광물의 매장량은 적고 비금속 광물의 매장량은 비교적 풍부함 **3**

자료로 보는 주요 광물 자원의 분포 **4**

(한국 광물 자원 공사, 2011)

자료 분석 철광석은 강원도에 분포하지만 매장량이 적어 대부분을 수입에 의존한다. 텅스텐은 강원도 상동에 많이 분포하는데, 값싼 중국산의 수입으로 국내 생산량이 급감하였으나 최근 경제성이 회복되어 재생산을 추진 중이다. 석회석은 고생대 조선 누층군에 주로 분포하며, 매장량이 풍부한 편이다. 이 외에도 고령토는 주로 하동과 산청 등의 섬진강 유역에 분포하며, 국내 매장량이 풍부하고 품질이 우수하다.

개념 더하기 자료 채우기

1 자원의 의미와 범위

자연에서 기술적으로 개발하여 사용할 수 있는 자원을 기술적 의미의 자원이라고 하고, 그중 경제성이 있어 채굴의 가치가 더 있는 자원을 경제적 의미의 자원이라고 한다.

2 재생 가능성에 따른 자원의 분류

사용함에 따라 고갈되는 재생 불가능한 자원		사용량과 투자 정도에 따라 재생 수준이 달라지는 자원		사용량과 무관하게 재생 가능한 자원	
화석 연료	식물 동물 삼림 토양	비금속 광물	금속 광물	대기 물	태양광(열) 조력 수력 풍력

← 고갈 가능성   재생 가능성 →

자원은 사용량과 재활용 및 보충량에 따라 재생 가능 수준이 달라지므로 연속성의 관점에서 구분하기도 한다.

3 주요 광물 자원의 가채 연수

•2014년 기준
(한국 광물 자원 공사, 2015)

우리나라의 금속 광물은 품위가 낮고 매장량이 적어 가채 연수가 매우 짧지만, 비금속 광물은 매장량이 풍부하여 가채 연수가 긴 편이다.

4 주요 광물 자원의 지역별 생산 비중

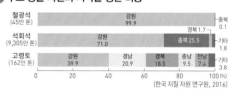

(한국 지질 자원 연구원, 2016)

철광석은 강원도, 석회석은 고생대 조선 누층군이 분포하는 강원도 남부와 충청북도 북동부 지역, 고령토는 강원도와 경상남도 서부 지역에 주로 매상되어 있다.

용어사전

* **가채 연수** 현재와 같은 수준으로 자원을 생산했을 때 앞으로 몇 년이나 더 사용할 수 있는가를 나타낸 지표

* **자원 민족주의** 자원 보유국이 자원의 공급과 가격 조절을 통해 자원을 전략 무기화하는 현상

* **광물 자원** 땅속에서 채굴할 수 있는 경제적 가치를 지닌 광물 또는 암석으로, 금속 광물(철광석·구리 등)과 비금속 광물(석회석·고령토 등)로 구분함

* **에너지 자원** 인간 생활과 경제 활동에 필요한 에너지를 얻을 수 있는 자원으로 화석 연료(석탄·석유·천연가스)와 수력, 원자력 등이 있음

2 주요 광물 자원의 분포와 이용 우리나라 철광석의 대부분은 북한에 매장되어 있기 때문에 남한은 사용량의 대부분을 수입에 의존하고 있다.

철광석	강원도(홍천, 양양) 등에 분포, 제철 공업의 원료로 이용(남한은 대부분은 오스트레일리아·브라질 등에서 수입)
텅스텐	강원도(영월군 상동) 등에 분포, 특수강 및 합금용 원료, 과거에는 생산량이 많았으나 값싼 중국산의 수입으로 폐광됨
석회석	강원도(삼척), 충청북도(단양) 등에 분포, 시멘트 공업의 원료, 고생대 조선 누층군에 분포, 가채 연수가 긺
고령토	경상남도(하동, 산청) 등에 분포, 도자기 및 내화 벽돌, 화장품 등의 원료

3 에너지 자원의 소비 구조 변화 ⑤

1950년대	1960년대	1970년 이후	1990년 이후
신탄 중심	석탄 중심	석유 중심	• 천연가스 비중 증가 • 신·재생 에너지 개발 활발

4 주요 에너지 자원의 분포와 수급 ⑥

① 석탄 – 탄화 정도에 따라 무연탄, 역청탄, 갈탄 등으로 분류한다.

	난방용
무연탄	• 주로 고생대 평안 누층군에 분포, 우리나라에 가장 풍부하게 매장된 에너지 자원 • 가정용 연료의 소비 구조 변화로 인한 수요 감소와 이에 따른 생산 비용 증가, 석탄 산업 합리화 정책 등 → 소비 비중 급감
역청탄	전량 수입에 의존, 주로 제철 공업 및 화력 발전의 연료로 이용

└ 오스트레일리아, 인도네시아, 캐나다 등에서 수입

② 석유

• 1970년대 이후 중화학 공업의 발달과 교통수단의 증가로 소비 비중 증가

• 소비량이 가장 많지만, 국내 생산량이 거의 없어 대부분 수입에 의존 _{수송용 연료}

③ 천연가스 울산 앞바다에 있는 동해-1, 2 가스전에서 소량 생산되고 있다.

왜? 석유는 신생대 지층에 주로 매장되어 있는데, 한반도의 지질 구조는 그 이전에 형성되었기 때문이다.

• 대부분 서남아시아와 동남아시아 등지에서 수입, 주로 가정용으로 사용

• 다른 화석 에너지보다 연소 시 대기 오염 물질의 배출량이 적음

주요 석유 수입 지역 _{최근에는 발전·수송용의 소비량이 증가하고 있다.}

자료로 보는 지역별 1차 에너지의 공급 ⑦

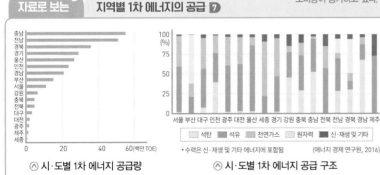

◇ 시·도별 1차 에너지 공급량

◇ 시·도별 1차 에너지 공급 구조

• 수력은 신·재생 및 기타 에너지에 포함됨 (에너지 경제 연구원, 2016)

자료 분석 1차 에너지의 공급량이 많은 지역은 중화학 공업이 발달하거나 화력 발전소가 많이 입지한 곳이다. 시·도별 에너지 공급 구조에서 석유 공급 비중이 높은 울산은 정유 및 석유 화학 공업이 발달한 곳이고, 석탄 공급 비중이 높은 곳은 제철 공업이 발달하거나 대규모 화력 발전소가 위치한 곳이다. 천연가스는 인구가 많은 서울과 경기에서, 원자력은 부산과 전남, 경북에서 주로 공급된다.

Q 오늘날 우리나라에서 가장 많이 소비되고 있는 에너지 자원은 무엇인가? **A** _{석유}

---

⑤ 1차 에너지 소비 구조 변화

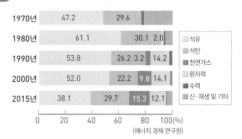

우리나라는 1970년대에 석유 중심으로 에너지 자원을 소비하였다. 1990년대 이후에는 천연가스의 비중이 증가하고, 신·재생 에너지 개발이 활발해졌다. 2015년 기준으로 우리나라의 에너지 소비 비중은 석유>석탄>천연가스>원자력 순으로 나타난다.

⑥ 주요 에너지 자원의 부문별 소비

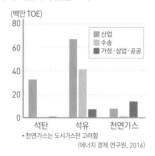

• 천연가스는 도시가스만 고려함 (에너지 경제 연구원, 2016)

석탄은 산업용, 석유는 산업용과 수송용, 천연가스는 가정·상업·공공용으로 주로 소비된다.

⑦ 1차 에너지의 지역별 생산 및 국내 생산 비중

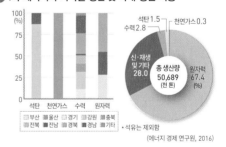

• 석유는 제외함 (에너지 경제 연구원, 2016)

석탄은 주로 강원도, 천연가스는 전량이 울산, 수력은 대하천의 중·상류 지역이 있는 경북·경남·강원·경기에서, 원자력은 경북(울진, 경주)과 전남(영광), 부산 등지에서 생산되는 비중이 크다.

용어사전

* **신탄**(薪 땔나무, 炭 숯) 땔나무와 숯 등을 말하며, 산업화 이전에 주로 사용되었음
* **석탄 산업 합리화 정책** 1989년에 추진된 정책으로 석탄 소비의 감소에 따라 경제성이 낮은 탄광을 정리하고 폐광 지역을 개발하는 것이 목적인 정책
* **1차 에너지** 천연 상태에서 가공하지 않고 얻을 수 있는 형태의 에너지

5 전력의 생산과 이용

① 1차 에너지원별 발전량 : 석탄 > 원자력 > 천연가스 > 석유

② 발전 방식별 발전 설비 용량 및 발전량 : 화력 > 원자력 > 수력 발전
　　　　　　　　　　　　　　　　　　　　　　전력의 대부분을 생산

자료로 보는　전력의 생산과 이용

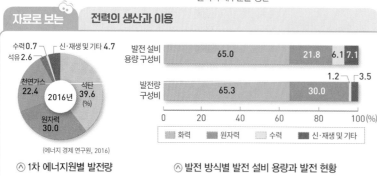

수력 0.7 ─ ┌ 신·재생 및 기타 4.7
석유 2.6 ─┐
천연가스 22.4
석탄 39.6 (%)
원자력 30.0
2016년
(에너지 경제 연구원, 2016)
Ⓐ 1차 에너지원별 발전량

발전 설비 용량 구성비 : 65.0 ｜ 21.8 ｜ 6.1 ｜ 7.1
발전량 구성비 : 65.3 ｜ 30.0 ｜ 1.2 ｜ 3.5
0　20　40　60　80　100(%)
■ 화력　■ 원자력　□ 수력　■ 신·재생 및 기타
Ⓐ 발전 방식별 발전 설비 용량과 발전 현황

자료 분석 1차 에너지원별 발전량에서 가장 높은 비중을 차지하는 것은 석탄이며, 천연가스는 도시가스로 전환된다. 화력 발전은 석탄, 석유, 천연가스 등의 화석 에너지를 연료로 이용하며, 우리나라 전력의 대부분을 생산하는 발전 방식은 화력과 원자력이다.

❓ 우리나라 전력의 대부분을 생산하는 발전 방식 두 가지는 무엇인가?

Ⓥ 화력 발전과 원자력 발전

6 발전 양식별 특색 ①

① 화력 발전

- 입지 : 연료 수입에 유리하고 대소비지와 가까운 지역 → 수도권, 충남 서해안, 남동 임해 공업 지역 등에 주로 분포
- 장점 : 자연적 입지 제약이 다른 발전 방식보다 적음, 발전소 건설 비용이 비교적 적게 듦, 소비지와의 인접도가 높아 송전 비용이 낮음
- 단점 : 화석 연료를 연소시켜 전기를 생산함 → 연료 비용이 많이 듦, 대기 오염 물질 및 온실가스 배출량이 많은 편임

② 원자력 발전

- 입지 : 지반이 견고하고 다량의 냉각수 공급이 편리한 해안
- 장점 : 소량의 농축 우라늄으로 대용량의 전력 생산이 가능함, 발전소 가동률이 높음, 발전 시 온실가스 배출량이 적음 ②
- 단점 : 입지 선정에 제약이 큼, 발전소 건설 비용과 시간이 많이 듦, 발전 후 폐기물 처리 비용이 비쌈, 방사능 누출과 안전성에 관한 논란이 있음

③ 수력 발전

- 입지 : 하천의 유량이 풍부하고 낙차가 큰 하천의 중·상류
- 장점 : 발전 과정에서 대기 오염 물질이나 온실가스 배출량이 적음, 연료비가 거의 들지 않음
- 단점 : 입지가 제한적임, 댐 건설 비용이 많이 듦, 주요 소비지와 떨어져 있어 송전 비용이 많이 듦, 안정적인 전력 생산이 어려움, 댐 건설에 따른 수몰 지역 발생과 기후·생태계 변화 등의 환경 문제가 발생함 (질문)

개념 더하기 자료 채우기

① 주요 발전 설비 분포

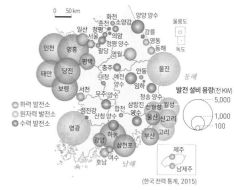

0　50 km
양양 양수
화천　소양강
준천
일산　청평　의암
서울　청평 양수　강릉
인천　영흥　팔당　영동　동해
청평평양수　울릉도
평택　영월　독도
태안　당진　충주　예천　안동　울진
보령　서천　대청　예천　청송 양수　동해
무주 양수　양수　임하
섬진강　합천　삼랑진 양수　신월성 월성
산청 양수　산청　울산　신고리
영광　양수　부산　고리
광양　하동　삼천포
호남　여수　남해
제주
남제주

(한국 전력 통계, 2015)

● 화력 발전소
● 원자력 발전소
● 수력 발전소

발전 설비 용량(천 KW)
5,000
1,000
100

화력 발전소는 발전소의 입지 선정 시 자연적인 제약을 적게 받기 때문에 연료의 수입에 유리하고 대규모 공업 단지나 대도시 등과 같은 대소비지와 가까운 곳에 주로 입지하는데, 수도권과 충청남도 서해안, 남동 임해 지역이 대표적이다. 원자력 발전소는 지반이 안정되고 냉각수가 풍부한 해안가에 주로 입지하는데, 경상북도 울진과 경주(월성), 전라남도 영광, 부산광역시(고리)에 발전소가 있다. 수력 발전소는 하천의 유량이 풍부하고 큰 낙차를 얻을 수 있는 하천의 중·상류에 주로 입지하는데, 한강·낙동강·금강 등의 대하천의 중·상류 지역에 많이 분포한다.

② 농축 우라늄

천연 우라늄 광석은 우라늄 함량이 낮으므로 원자력 발전에서는 농도를 높인 농축 우라늄을 사용한다. 우리나라는 농축 우라늄을 주로 러시아와 캐나다 등에서 수입하여 사용하고 있다.

👆 **질문 있어요**

우리나라에서 수력 발전 시 안정적 전력 생산이 어려운 이유는 무엇인가요?
우리나라는 낮은 산지가 많아서 낙차를 이용한 전력 생산이 어렵습니다. 또한 계절별 하천의 유량 변동이 커서 수량을 안정적으로 확보할 수 없기 때문에 수력 발전의 비중이 낮은 편입니다. 이를 극복하기 위해 양수식, 유역 변경식, 수로식, 저낙차식 등 다양한 종류의 수력 발전 양식을 활용하고 있습니다.

✱ **용어사전**

* **온실가스** 지구의 대기 속에 존재하며 지표에서 복사되는 에너지를 일부 흡수하여 온실 효과를 심화하는 기체로, 이산화탄소와 메탄 등이 대표적임
* **송전**(送 보내다, 電 번개) 발전소에서 생산된 전력을 변전소로 보내는 것

C 신·재생 에너지가 자원 문제의 대책이 될 수 있을까

1 자원 문제의 발생과 대책

① **원인** : 부존자원이 빈약한 데 비해 자원의 소비량이 많음 ─ 자원의 개발 및 소비 과정에서 심화된다.

② **문제** : 자원의 해외 의존도 상승, 생태계 균형 파괴, 환경 문제 발생 **질문**

③ **대책** ─ 에너지를 적게 소비하면서도 부가 가치가 높은 첨단 산업

- 자원 이용의 효율성 증대 : 자원의 재활용, 에너지 절약형 산업 육성 등
- 안정적인 자원 공급처 확보 : 해외 자원 개발, 수입국 다변화 등
- 다양한 신·재생 에너지 개발 및 이용 확대 : 화석 에너지 고갈에 대비

자료로 보는 1인당 에너지 소비량 및 화석 에너지원별 수입량 변화

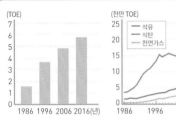

△ 1인당 에너지 소비량 △ 화석 에너지원별 수입량 (에너지 경제 연구원)

자료 분석 우리나라는 산업 발달과 생활 수준 향상으로 1인당 에너지 소비량이 급증하고 있다. 그러나 증가하는 자원 수요를 대부분 해외에 의존하고 있으므로 자원 절약과 안정적 수입처 확보 및 신·재생 에너지 개발이 필요하다.

2 신·재생 에너지

① **특징** : 초기 투자 비용이 많이 듦, 자연적 제약이 큼, 화석 연료보다 경제적 효율성이 낮음 → 화석 연료 고갈과 환경 오염 문제 해결에 도움이 됨

② **발전 양식별 입지 특성** ③ ─ 태양 전지를 이용하여 태양의 빛 에너지를 전기로 전환하여 에너지를 생산할 수 있다.

- 태양광 : 일조량이 풍부한 지역 **예** 호남 지방의 서해안, 영남 내륙 지방 ─ 풍력 발전기의 날개가 돌아가면서 소음이 발생하는 문제가 있다.
- 풍력 : 바람이 많은 해안이나 산지 지역 **예** 제주, 대관령, 영덕, 새만금 등
- 조력 : *조수 간만의 차이를 이용할 수 있는 곳 **예** 시화호 조력 발전소 ─
- 조류 : 바닷물의 흐름이 빠른 곳 **예** 울돌목(실증 시험 중) ─
- 파력 : 파랑의 운동 에너지가 큰 곳 **예** 제주도 시험 파력 발전소 ─ 해양 에너지로 분류한다. ─

자료로 보는 우리나라의 신·재생 에너지 현황 ④

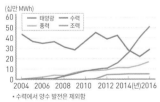

△ 발전 양식별 발전량 변화 △ 지역별 생산 비중
• 수력에서 양수 발전은 제외함 (에너지 경제 연구원, 2016)

자료 분석 신·재생 에너지 발전량은 2016년 기준 태양광>수력>풍력 순으로 나타난다. 조력은 안산 시화호 발전소가 있는 경기에서 100% 생산하며, 풍력은 강원·제주·경북의 생산 비중이 높고, 수력은 대하천의 중·상류 지역이 있는 강원·경기·충북에서 생산 비중이 높다. 한편, 태양광은 일조량이 풍부한 전북과 전남 등에서 생산 비중이 높다.

개념 더하기 자료 채우기

✊ 질문 있어요

자원의 해외 의존도가 높다는 것은 어떤 의미인가요?
우리나라는 경제 활동에서 철강과 석유 화학 공업 등 에너지를 많이 사용하는 산업이 큰 비중을 차지하고 있어요. 이들 산업에 이용하는 대부분의 화석 연료를 해외에서 수입하고 있기 때문에 우리나라는 자원의 해외 의존도가 높을 수밖에 없어요. 이로 인해 자원 수급이 불안정해지거나 중국과 같은 개발 도상국의 자원 수요가 증가하면, 국제 시장에서 자원의 가격이 상승하기 때문에 국가 경제에 부담이 되는 것이지요.

③ 신·재생 에너지 발전소의 분포

• 태양광·풍력 발전소는 5MW 이상 규모만 나타냄
(전력 통계 정보 시스템, 2016)

풍력 발전은 일정 방향으로 강한 바람이 꾸준하게 부는 곳이 유리하므로 대관령, 영덕, 제주, 새만금 등에서 이루어진다. 태양광 발전은 일조량이 많은 함평, 무안, 신안, 진도 등에서, 밀물과 썰물의 조차를 이용하는 조력 발전은 시화호에서 이루어진다.

④ 신·재생 에너지의 생산 비중

• 수력은 양수 발전 제외임 (신·재생 에너지 보급 통계)

최근 폐기물을 활용한 발전소가 많이 건설되면서 신·재생 에너지 중 폐기물의 생산 비중이 가장 크고, 그 다음으로는 바이오, 태양광, 수력 순으로 나타난다.

✳ 용어사전

* **신·재생 에너지** 기존 화석 연료를 변환하여 사용하는 신 에너지(연료 전지, 석탄 액화 가스, 수소 에너지 등)와 재생 에너지(태양열, 태양광, 풍력, 수력, 지열, 해양 에너지, 바이오 에너지, 폐기물 에너지 등)를 함께 이르는 말

* **조수**(潮 흘러들어가다, 水 물) 달과 태양의 인력의 영향을 받아 주기적으로 높아졌다 낮아졌다하는 바닷물

올리드 포인트

A 자원의 특성과 분류

1 자원의 특성

가변성	조건에 따라 자원의 의미와 가치가 달라짐
유한성	대부분의 자원은 매장량이 한정되어 있음
편재성	일부 자원은 특정 지역에 편중되어 분포함

2 자원의 분류 : 재생 가능성에 따른 분류

비재생 자원	이용할수록 그 양이 감소하여 고갈되는 자원 예 석유, 석탄, 천연가스 등
재생 자원	고갈되지 않고 무한정 공급받을 수 있는 자원 예 태양력, 조력, 풍력, 수력 등

B 자원의 생산과 이용

1 광물 자원

철광석	제철 공업의 주요 원료, 주로 강원도에서 생산
석회석	시멘트 공업의 원료, 고생대 조선 누층군에 분포
고령토	도자기·내화 벽돌 등의 원료, 하동·산청에 주로 매장

2 에너지 자원

석탄	• 무연탄 : 주로 고생대 평안 누층군에 분포, 에너지 소비 구조의 변화로 소비량 급감 • 역청탄 : 제철용과 발전용으로 이용, 수입에 의존
석유	주로 화학 공업의 원료 및 수송용 연료로 이용, 수입 의존도가 매우 높음
천연가스	주로 가정용으로 이용, 소비량 증가 추세

3 전력의 생산과 이용

화력 발전	대소비지 인근에 입지, 자연적 입지 제약이 작음, 발전 시 연료비가 비쌈
원자력 발전	냉각수 획득이 용이한 곳에 입지, 발전소 가동률이 높음, 방사능 유출 및 폐기물 처리 문제
수력 발전	하천의 중·상류에 입지, 연료비가 거의 들지 않음, 안정적인 전력 생산이 어려움

C 자원 문제와 신·재생 에너지

1 자원 문제와 대책 : 부존자원 부족, 자원 소비량 많음 → 자원 절약형 산업 육성, 신·재생 에너지 비중 확대 등

2 신·재생 에너지 발전의 입지 특성

태양광	일사량이 풍부한 지역
풍력	바람이 강하고 일정하게 부는 산지 및 해안 지역
조력	밀물과 썰물 때의 수위 차를 이용, 조차가 큰 지역

01 다음 설명이 맞으면 ○표, 틀리면 ×표를 하시오.

(1) 태양광, 조력, 풍력 등은 사용량에 따라 재생 수준이 달라지는 자원에 해당한다. ( )

(2) 시멘트 공업의 원료로 이용되며, 고생대 조선 누층군에 많이 매장되어 있는 자원은 석회석이다. ( )

(3) 현재 수송용 연료로 가장 많이 이용되는 에너지 자원은 천연가스이다. ( )

(4) 현재 전력 생산에서 가장 많이 사용되는 1차 에너지는 석탄이다. ( )

(5) 원자력 발전은 발전소 건설 비용이 비교적 저렴하고 자연적 입지 제약이 작다. ( )

(6) 우리나라의 경우 자원 소비량보다 부존량이 부족하여 대부분의 광물·에너지 자원을 수입에 의존하고 있다. ( )

02 빈칸에 들어갈 알맞은 말을 쓰시오.

(1) 자원의 특성 중 기술적 수준, 경제적 조건 등에 따라 자원의 가치가 달라지는 것은 자원의 ( )(이)라고 한다.

(2) 우리나라는 1980년대 후반에 경제성이 낮은 탄광을 줄이고 폐광 지역을 새롭게 개발하기 위해 ( ) 정책을 추진하였다.

(3) 우리나라에서 발전 설비 용량과 발전량이 가장 많은 발전 양식은 ( )이다.

(4) 신·재생 에너지 중 일사량이 풍부한 지역에서 발전에 유리한 것은 ( )이다.

03 주요 에너지 자원의 특징을 바르게 연결하시오.

(1) 석유 •　　　　• ㉠ 화석 연료 중 연소 시 대기 오염 물질 배출량이 가장 적은 자원

(2) 석탄 •　　　　• ㉡ 현재 우리나라에서 가장 많이 소비되는 1차 에너지 자원

(3) 천연가스 •　　　　• ㉢ 주로 고생대 평안 누층군에 분포하며, 가정용 연료의 소비 구조 변화로 소비량이 급감한 자원

실력을 키우는 실전 문제

● 바른답·알찬풀이 48쪽

[01~02] 그림은 재생 가능성에 따른 자원의 분류를 나타낸 것이다. 물음에 답하시오.

01 (가)~(다) 자원에 관한 옳은 설명을 〈보기〉에서 고른 것은?

┌─ 보기 ┌
ㄱ. (가)는 궁극적인 대체 에너지이다.
ㄴ. (나)에는 철광석, 텅스텐 등이 있다.
ㄷ. (다)는 주로 화력 발전의 연료로 이용된다.
ㄹ. 우리나라는 (가), (나)의 해외 의존도가 높다.

① ㄱ, ㄴ   ② ㄱ, ㄷ   ③ ㄴ, ㄷ
④ ㄴ, ㄹ   ⑤ ㄷ, ㄹ

02 (가), (다) 자원의 상대적 특성을 옳게 나타낸 것은?

03 (가)~(다)에 들어갈 내용으로 옳은 것은?

자원은 과학 기술의 발달 정도나 경제적 수준 등에 따라 가치가 달라지는 (가) , 매장량이 한정되어 있어 언젠가는 고갈되는 (나) , 일부 지역에 집중적으로 분포하는 (다) 의 특성이 나타난다.

	(가)	(나)	(다)
①	가변성	유한성	편재성
②	가변성	편재성	유한성
③	유한성	가변성	편재성
④	편재성	가변성	유한성
⑤	편재성	유한성	가변성

중요

04 (가), (나)에 나타난 자원의 가치 변화를 그림의 A~E에서 고른 것은?

(가) 쓸모없고 냄새나는 검은 액체에 불과했던 석유는 내연 기관이 발명되면서 세계에서 가장 소비량이 많으며 중요한 에너지 자원이 되었다.

(나) 철광석이 매장된 경상남도 양산의 물금 광산은 1962년 본격 생산에 들어가 1970년대 중반 최고 생산량을 기록하였으나, 1980년대 후반 채산성이 떨어지기 시작하여 1991년에 폐광되었다.

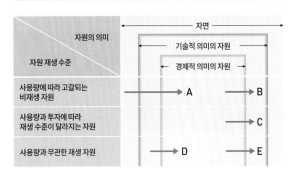

	(가)	(나)			(가)	(나)
①	A	C		②	A	E
③	B	C		④	B	D
⑤	D	E				

중요

05 지도는 (가)~(다) 광물 자원의 분포를 나타낸 것이다. 각 자원을 그래프의 A~C에서 고른 것은?

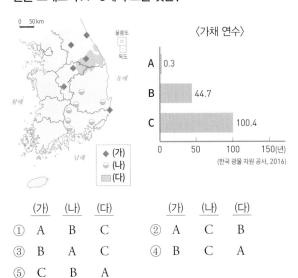

	(가)	(나)	(다)			(가)	(나)	(다)
①	A	B	C		②	A	C	B
③	B	A	C		④	B	C	A
⑤	C	B	A					

06
(가)~(다) 자원에 관한 설명으로 옳은 것은? (단, (가)~(다)는 고령토, 석회석, 철광석 중 하나임)

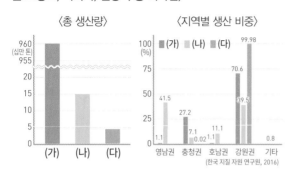

〈총 생산량〉　〈지역별 생산 비중〉

(한국 지질 자원 연구원, 2016)

① (가)는 금속 광물 자원이다.

② (나)는 시멘트 공업의 주요 원료로 이용된다.

③ (다)는 고생대 조선 누층군에 주로 매장되어 있다.

④ (나)는 (다)보다 자원의 해외 의존도가 높다.

⑤ 강원권에서의 총 생산량은 (가)가 (다)보다 많다.

07
그래프는 1차 에너지의 월별 소비량을 나타낸 것이다. A~D 에너지에 관한 설명으로 옳은 것은?

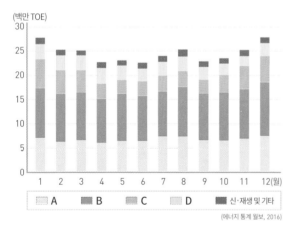

(에너지 통계 월보, 2016)

① A는 신생대 제3기층에 주로 매장되어 있다.

② B는 우리나라 1차 에너지 소비 구조에서 차지하는 비중이 가장 높다.

③ C는 겨울철보다 여름철에 많이 소비된다.

④ A는 B보다 상용화된 시기가 늦다.

⑤ D는 C보다 계절별 에너지 소비량의 차이가 크다.

08
★★ 중요

그래프는 우리나라의 (가)~(다) 에너지 소비량 변화를 나타낸 것이다. 이에 관한 옳은 설명을 〈보기〉에서 고른 것은? (단, (가)~(다)는 석유, 석탄, 천연가스 중 하나임)

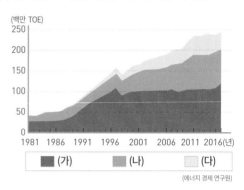

(에너지 경제 연구원)

보기

ㄱ. (가)는 냉동 액화 기술의 발달로 소비량이 증가하고 있다.

ㄴ. (나)는 주로 수송용 연료로 이용된다.

ㄷ. (나)는 (가)보다 발전용 연료로 많이 사용된다.

ㄹ. (다)는 (나)보다 연소 시 대기 오염 물질의 배출량이 적다.

---

① ㄱ, ㄴ　　② ㄱ, ㄷ　　③ ㄴ, ㄷ

④ ㄴ, ㄹ　　⑤ ㄷ, ㄹ

09
그래프는 1차 에너지원별 발전량 변화를 나타낸 것이다. (가)~(라)의 에너지로 옳은 것은?

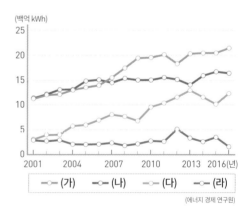

(에너지 경제 연구원)

	(가)	(나)	(다)	(라)
①	석유	석탄	원자력	천연가스
②	석탄	석유	천연가스	원자력
③	석탄	천연가스	석유	원자력
④	석탄	원자력	천연가스	석유
⑤	원자력	석유	석탄	천연가스

바른답·알찬풀이 48쪽

10 그래프는 도(道)별 1차 에너지의 공급량을 나타낸 것이다. (가)~(라)에 관한 설명으로 옳은 것은? (단, (가)~(라)는 석유, 석탄, 원자력, 천연가스 중 하나임)

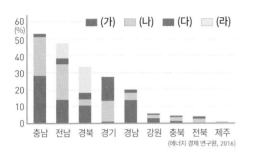

(에너지 경제 연구원, 2016)

① (가)는 1980년대 후반 이후 가정용 연료로의 소비량이 증가하였다.
② (나)는 화력 발전에 이용되는 비중이 가장 높다.
③ (다)는 국내 생산량이 수입량보다 많다.
④ (가)를 이용하는 발전소의 건설비는 (라)를 이용하는 발전소의 건설비보다 저렴하다.
⑤ (다)는 (라)보다 2010년 이후 에너지 소비량이 적다.

★★
중요
11 그래프는 1차 에너지의 지역별 생산 비중을 나타낸 것이다. (가)~(라) 자원의 특성을 그림의 A~D에서 고른 것은? (단, (가)~(라)는 석탄, 수력, 원자력, 천연가스 중 하나임)

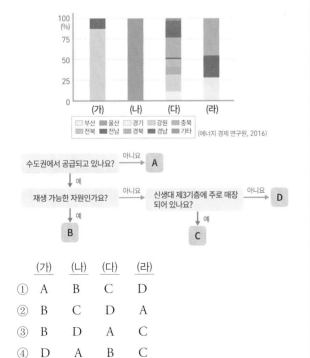

(에너지 경제 연구원, 2016)

	(가)	(나)	(다)	(라)
①	A	B	C	D
②	B	C	D	A
③	B	D	A	C
④	D	A	B	C
⑤	D	C	B	A

★★
중요
12 자료는 1차 에너지의 공급 및 소비 과정을 나타낸 것이다. 이에 관한 설명으로 옳은 것은?

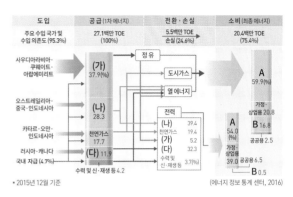

* 2015년 12월 기준
(에너지 정보 통계 센터, 2016)

① 공급되는 에너지를 전량 소비하고 있다.
② (가)는 (나)보다 전력 생산에 많이 사용된다.
③ (나)는 (다)보다 해외 의존도가 높다.
④ (다)를 이용한 발전소는 주로 내륙에 위치한다.
⑤ A는 산업용, B는 수송용이다.

13 그래프는 지역별 A~D 에너지의 공급량을 나타낸 것이다. 이에 관한 옳은 설명을 〈보기〉에서 고른 것은? (단, A~D는 석유, 석탄, 원자력, 천연가스 중 하나임)

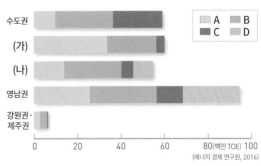

(에너지 경제 연구원, 2016)

보기
ㄱ. 수도권은 영남권보다 석탄의 공급량이 많다.
ㄴ. (가)는 충청권, (나)는 호남권이다.
ㄷ. A는 C보다 상용화된 시기가 이르다.
ㄹ. D는 B보다 우리나라 1차 에너지 소비에서 차지하는 비중이 높다.

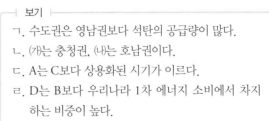

① ㄱ, ㄴ   ② ㄱ, ㄷ   ③ ㄴ, ㄷ
④ ㄴ, ㄹ   ⑤ ㄷ, ㄹ

14 그래프는 각 지역의 발전 양식별 설비 현황을 나타낸 것이다. (가)~(다) 발전 양식으로 옳은 것은?

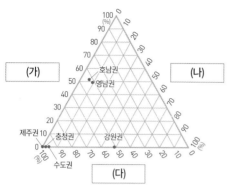

* 지역별 수력, 화력, 원자력 발전 설비 합을 100%로 했을 때 각 발전 설비별 비중을 나타낸 것임
(한국 전력 공사, 2016)

	(가)	(나)	(다)
①	수력	원자력	화력
②	화력	수력	원자력
③	화력	원자력	수력
④	원자력	수력	화력
⑤	원자력	화력	수력

중요 ★★

15 지도는 주요 발전 설비의 분포를 나타낸 것이다. (가)~(다) 발전 방식에 관한 옳은 설명을 〈보기〉에서 고른 것은? (단, (가)~(다)는 수력, 화력, 원자력 중 하나임)

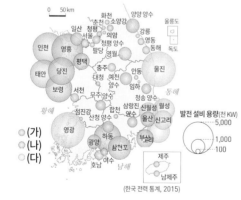

(한국 전력 통계, 2015)

┤ 보기 ├
ㄱ. (가)는 방사능 유출 및 안전성에 관한 논란이 있다.
ㄴ. (나)는 전력 수요에 탄력적으로 대응할 수 있다.
ㄷ. (가)는 (나)보다 연료비가 많이 든다.
ㄹ. (다)는 (가)보다 총 발전량이 많다.

① ㄱ, ㄴ   ② ㄱ, ㄷ   ③ ㄴ, ㄷ
④ ㄴ, ㄹ   ⑤ ㄷ, ㄹ

16 그래프는 (가)~(다) 에너지 자원의 수입량 변화를 나타낸 것이다. 이에 관한 설명으로 옳지 **않은** 것은?

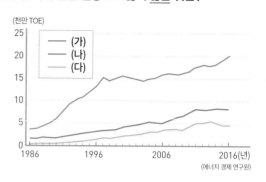

(에너지 경제 연구원)

① (가)는 대부분 수입에 의존한다.
② (가)는 (나)보다 수송용으로 많이 이용한다.
③ (나)는 (다)보다 연소 시 대기 오염 물질의 배출량이 많다.
④ (가)~(다)는 모두 비재생 자원에 해당한다.
⑤ 에너지 자원의 해외 의존도는 (나)>(가)>(다) 순으로 높다.

17 지도는 신·재생 에너지의 분포를 나타낸 것이다. (가)~(다) 에너지에 관한 옳은 설명만을 〈보기〉에서 있는 대로 고른 것은? (단, (가)~(다)는 조력, 풍력, 태양광 중 하나임)

* 태양광·풍력 발전소는 5MW 이상 규모만 나타냄
(전력 통계 정보 시스템, 2016)

┤ 보기 ├
ㄱ. (가) 발전소는 주로 바람이 강한 산지나 해안 지역에 입지한다.
ㄴ. (나)는 조차를 이용하여 에너지를 생산한다.
ㄷ. (다)는 일조 시간이 긴 지역이 에너지 생산에 유리하다.
ㄹ. (가)는 (나)보다 발전 시 소음 발생량이 많다.

① ㄱ, ㄷ   ② ㄱ, ㄹ   ③ ㄴ, ㄹ
④ ㄱ, ㄷ, ㄹ   ⑤ ㄴ, ㄷ, ㄹ

18 그래프는 주요 신·재생 에너지의 발전량 변화를 나타낸 것이다. A~D 에너지로 옳은 것은?

• 수력에서 양수 발전은 제외함 (에너지 경제 연구원, 2016)

	A	B	C	D
①	수력	풍력	조력	태양광
②	수력	풍력	태양광	조력
③	풍력	조력	풍력	수력
④	태양광	수력	풍력	조력
⑤	태양광	수력	조력	풍력

★★
중요

19 그래프는 신·재생 에너지의 도(道)별 생산 비중을 나타낸 것이다. 이에 관한 설명으로 옳은 것은? (단, (가)~(라)는 수력, 조력, 풍력, 태양광 중 하나임)

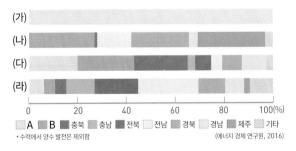

• 수력에서 양수 발전은 제외함 (에너지 경제 연구원, 2016)

① 전남은 제주보다 풍력 생산량이 많다.
② 충북은 경남보다 수력 생산량이 적다.
③ 전북은 전남보다 태양광 생산량이 많다.
④ (가)는 (다)보다 계절에 따른 에너지 생산량의 차이가 크다.
⑤ (가)와 (다)는 모두 물을 막기 위한 시설이 있다.

20 그래프를 보고 물음에 답하시오.

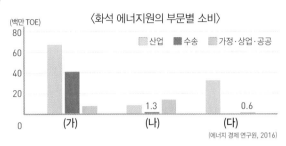

〈화석 에너지원의 부문별 소비〉

(에너지 경제 연구원, 2016)

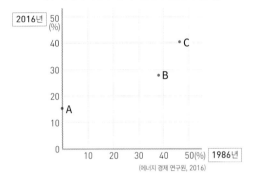

〈우리나라의 1차 에너지 소비 구조의 변화〉

(에너지 경제 연구원, 2016)

(1) (가)~(다) 자원의 명칭을 쓰고, A~C에서 찾아 그 기호를 연결하시오.

(2) A 에너지와 비교한 B 에너지의 상대적 특징을 제시된 〈조건〉을 사용하여 서술하시오.

┌─ 조건 ├─
• 상용화된 시기
• 연소 시 대기 오염 물질의 배출량

21 그래프는 (가)~(다) 발전 양식의 발전 설비 용량 구성비 및 발전량 비중을 나타낸 것이다. 물음에 답하시오. (단, (가)~(다)는 수력, 화력, 원자력 중 하나임)

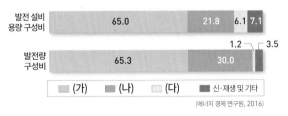

(에너지 경제 연구원, 2016)

(1) (가)~(다) 발전 양식의 명칭을 쓰시오.

(2) (가)~(다) 발전소의 입지 특징을 각각 서술하시오.

등급을 올리는 고난도 문제

01 그래프는 주요 광물 자원의 시·도별 생산 비중을 나타낸 것이다. (가)~(다)에 관한 설명으로 옳은 것은? (단, (가)~(다)는 고령토, 석회석, 철광석 중 하나임)

(가) 강원 99.98 / 충북 0.02

(나) 강원 70.56 / 기타 2.87 / 충북 26.57

(다) 강원 39.51 / 경남 24.52 / 경북 17.03 / 기타 10.41 / 전남 8.53

*광물 자원별 총 생산량에 대한 시·도별 생산량 비중을 면적 크기로 나타낸 것임

(한국 지질 자원 연구원, 2016)

① (가)는 시멘트 공업의 원료로 많이 이용된다.
② (나)는 주로 도자기 및 내화 벽돌의 원료로 이용된다.
③ (다)는 금속 광물이다.
④ (가)는 (나)보다 자원의 해외 의존도가 높다.
⑤ (다)는 (가)보다 가채 연수가 짧다.

🔍 **문제 접근 방법**

이 문제는 고령토, 석회석, 철광석의 시·도별 생산 현황과 주요 특징을 묻고 있다. 세 광물 자원은 주요 매장지와 생산지가 다르다. 그중 석회석은 고생대 조선 누층군에 집중 분포하며, 고령토는 영남 지방에 많이 분포한다는 것을 알고, 접근하는 것이 중요하다.

✏️ **적용 개념**

금속 광물과 비금속 광물
주요 비금속 광물의 매장지와 용도
주요 비금속 광물의 가채 연수

02 그래프는 지도에 표시된 세 지역의 1차 에너지원별 공급 현황을 나타낸 것이다. 이에 관한 설명으로 옳은 것은? (단, A~D는 석유, 석탄, 원자력, 천연가스 중 하나임)

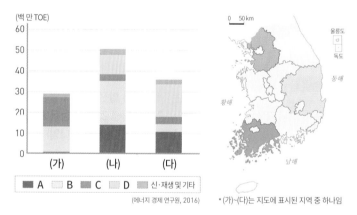

(백만 TOE)

■ A ▢ B ■ C ▢ D ▨ 신·재생 및 기타

(에너지 경제 연구원, 2016)

*(가)~(다)는 지도에 표시된 지역 중 하나임

① 전남은 경북보다 석탄 공급량이 적다.
② 경북은 경기보다 석유 공급량이 많다.
③ A는 C보다 우리나라 1차 에너지 소비에서 차지하는 비중이 낮다.
④ D를 이용한 발전은 B를 이용한 발전보다 연소 시 온실가스 배출량이 많다.
⑤ (가)는 경기, (나)는 전남, (다)는 경북이다.

🔍 **문제 접근 방법**

지역별 특성을 묻는 문제는 지도에 표시된 지역이 어디인지 파악하는 것부터 시작해야 한다. 그래프에서 특징적으로 나타나는 지표가 무엇인지 파악하여 해당하는 지역을 지도에서 찾은 후 그래프의 항목을 고르는 것이 중요하다.

✏️ **적용 개념**

지역별 1차 에너지 공급 구조
주요 에너지 자원의 특징
에너지원별 발전 설비 특징

03 그래프는 지도에 표시된 네 지역의 1차 에너지원별 발전 설비 현황을 나타낸 것이다. 이에 관한 설명으로 옳은 것은? (단, A~D는 석유, 석탄, 원자력, 천연가스 중 하나임)

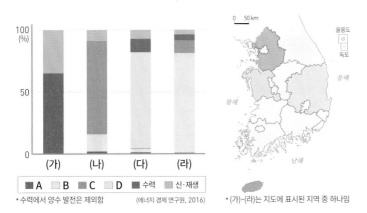

* 수력에서 양수 발전은 제외함 (에너지 경제 연구원, 2016)
* (가)~(라)는 지도에 표시된 지역 중 하나임

① (가)는 (나)보다 총 발전 설비 용량이 크다.
② (다)는 (라)보다 천연가스를 이용하는 발전 설비 비중이 높다.
③ A를 이용하는 전력 생산량은 C를 이용하는 전력 생산량보다 많다.
④ D를 이용하는 발전 설비는 B를 이용하는 발전 설비보다 건설비가 저렴하다.
⑤ A, B, C는 모두 화력 발전의 연료로 이용된다.

📖 문제 접근 방법
지역별 특성을 묻는 문제는 지도에 표시된 지역이 어디인지 파악하는 것부터 시작해야 한다. 1차 에너지원별 발전 설비 현황을 분석할 때 우리나라는 화력 발전이 가장 많고, 수력이 가장 적으며, 원자력은 특정 지역에만 있음을 기억하고 있으면, 해당 지역을 추론할 수 있다.

✏️ 적용 개념
1차 에너지원별 발전 설비 현황
주요 에너지 자원의 특징

04 지도는 도(道)별 신·재생 에너지의 발전 현황을 나타낸 것이다. (가)~(라) 에너지에 관한 설명으로 옳은 것은? (단, (가)~(라)는 수력, 조력, 풍력, 태양광 중 하나임)

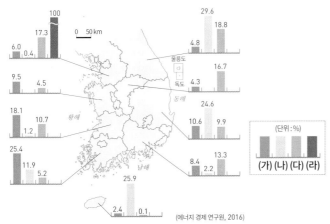

* 수치는 신·재생 에너지별 전국 대비 비중이며, 수력에서 양수 발전은 제외함
(에너지 경제 연구원, 2016)

① (가) 발전소는 조차가 큰 해안에 주로 입지한다.
② (나)는 일사량이 풍부한 지역에서 발전 잠재력이 높다.
③ (다) 발전소는 주로 바람이 강한 산지 및 해안 지역에 입지한다.
④ (나)는 (가)보다 발전 시 소음 발생량이 많다.
⑤ (라)는 (다)보다 총 발전량이 많다.

📖 문제 접근 방법
이 문제는 지역별 주요 신·재생 에너지의 발전 현황을 파악하고, 에너지원별 특성을 이해하고 있는지를 묻고 있다. 신·재생 에너지는 자연환경의 영향을 많이 받으므로 각 지역의 특징을 파악하고 있으면 쉽게 알 수 있다.

✏️ 적용 개념
지역별 신·재생 에너지의 발전 설비 현황
신·재생 에너지의 특징

02 농업과 공업의 발달에 따른 지역 변화

🔖 학습길잡이 • 농업 구조의 변화 원인과 특성을 파악하고, 각 농산물의 생산과 소비 현황을 비교하여 알아 둔다.
　　　　　　　• 공업의 발달 및 구조 변동에 따른 공업 입지 변화와 주요 공업 지역의 특징을 파악해 둔다.

A 우리나라의 농업은 어떤 변화를 겪고 있을까

1 농업의 입지 요인
소비 시장의 규모 및 접근성에 따라 토지 이용의 집약도와 재배 작물이 달라진다.

자연적 요인	기후	• 무상 기간 : 작물의 생육 기간에 영향을 끼침 • 최한월 평균 기온 : 작물 재배의 북한계에 영향을 끼침
	지형	• 하천 주변의 범람원을 중심으로 벼농사 발달 • 한반도의 북동부 산지는 밭농사, 남서부 평야는 벼농사가 주로 이루어짐
인문·사회적 요인	교통	• 교통수단의 발달 → 시장과 먼 지역에서도 상업적 농업이 가능해짐 • 상업적 농업인 원예 농업과 낙농업 지역이 확대됨 — ◎ 채소, 과수, 꽃
	시장	도시 인구 및 소득 증가 → 과일, 화훼 등의 수요 증가
	기술	시설 재배로 기후 제약 극복, 토지 이용의 집약도 증가

⭐ 2 농업 구조의 변화

① **농촌 인구의 변화** : 지속적으로 감소하고 있음 **1**

• 도농 간의 소득 격차, 생활 기반 시설 부족 → 청장년층의 이촌 향도

• 노년층의 인구 비중 증가 → 인구의 고령화로 노동력 부족 문제 발생

• 유소년층의 인구 비중 감소 → 초등학교의 통폐합

② **경지 면적의 변화** **2**

• 산업화·도시화로 주택, 도로, 공장 등의 면적 증가 → 경지 면적 감소

• 노동력 부족 등으로 휴경지 증가, 그루갈이 감소 → 경지 이용률 감소

③ **영농 방식의 변화**
일정 기간의 농업 생산량을 그것을 생산하는 데 투입된 노동량으로 나누어 계산한다. 기계화 수준이 높을수록 노동 생산성도 높아진다.

• 노동 생산성 향상 : 노동력 부족 문제의 해결을 위해 영농의 기계화 추진

• 전문적 농업 경영 방식 증가 : 영농 조합, 농업 회사, 위탁 영농 회사 등 증가
　농민들이 농산물의 생산과 판매 과정의　　　　　일손이 부족한 농가를 대신하여
　일부 또는 전부를 협동으로 하는 형태　　　　　농사일을 해 주는 농업 회사

자료로 보는 　농촌 인구 구조의 변화

자료 분석 산업화·도시화에 따른 이촌 향도 현상으로 농가 인구는 지속적으로 감소하고 있다. 한편, 농가 인구의 감소가 농가의 감소보다 더 크게 나타났으므로 농가당 가구 구성원 수는 감소하였다. 또한 유소년층(0~14세) 인구 비중은 감소한 반면, 노년층(65세 이상) 인구 비중은 증가하였으므로 농촌 인구의 고령화가 진행되었음을 알 수 있다.

3 주요 작물의 생산과 소비의 변화

① **농산물 소비 시장의 확대** : 도시 인구 증가로 농산물 소비 시장 확대

② **영농의 다각화와 상업화** : 상업적 작물의 재배 면적 비중 증가 **3**

③ **시설 농업의 증가** : 대도시 근교 농촌에서 다양한 상품·원예 작물 재배

④ **친환경 농산물 생산 확대** : 식품 안전성에 대한 관심이 높아졌기 때문
　농산물 가공 공장, 저장 창고 등의 농업 시설이 증가하고 있다.

개념 더하기 자료 채우기

1 농가 소득 구조의 변화

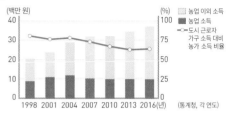

농가 소득이 증가하고 있는데, 특히 농업 이외 소득의 증가가 많다. 한편, 도시 근로자 가구 소득 대비 농가 소득 비율은 점차 감소하고 있는데, 이는 이촌 향도 인구가 늘어나는 요인 중 하나이다.

2 경지 면적과 경지 이용률의 변화

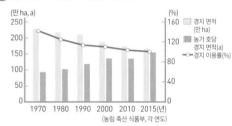

산업화와 도시화로 경지 이용률이 낮아진 반면, 농가 호당 경지 면적은 증가하였다. 이는 경지 면적의 감소보다 농가 수의 감소 규모가 더 크기 때문이다.

3 작물별 재배 면적 비중의 변화

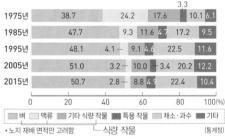

	벼	맥류	기타 식량 작물	특용 작물	채소·과수	기타
1975년	38.7	24.2	17.6	3.3	10.1	6.1
1985년	47.7	9.3	11.6	4.7	17.2	9.5
1995년	48.1	4.1	9.1	4.6	22.5	11.6
2005년	51.0	3.2	10.0	3.4	20.2	12.2
2015년	50.7	2.8	8.8	4.9	22.4	10.4

• 노지 재배 면적만 고려함　　　식량 작물　　　(통계청)

1975년 대비 2015년의 재배 면적 비중을 보면 식량 작물은 감소하였고, 채소·과수는 급증하였다. 특히 기후가 온화한 남부 지방에서 그루갈이 작물로 재배되는 맥류의 생산 비중이 급감하였다. 이는 식생활 구조의 변화에 따른 영농의 다각화와 상업화가 진행된 결과이다.

✱ 용어사전

* **시설 재배** 비닐하우스, 유리온실 등에서 작물을 재배하는 농업 방식

* **경지 이용률** 전체 경지 면적에 대해 일 년 동안 그루갈이 등을 포함하여 실제로 농작물을 재배한 면적의 비율

4 주요 농산물의 생산과 소비

① 쌀(벼)
- 남부 지방과 중부 지방의 평야 지역에서 주로 재배
- 다수확 품종 개발, 수리 시설 확충, 영농 기술 발달 → 수확량 증대
- 식생활 구조 변화, 농산물 시장 개방 → 1인당 쌀 소비량과 재배 면적 감소 **4**

② 보리
└─ 맥류의 대표 작물
- 주로 벼의 그루갈이 작물로, 남부 지방에서 재배
- 식생활의 변화로 소비 및 수익성 감소, 외국 농산물의 수입 확대 → 재배 면적과 생산량 감소 **5**

③ 원예 작물
- 식생활 변화, 소득 증대, 교통 발달 → 재배 면적 비중의 증가
- 대도시 주변의 근교 농촌 : 시설 재배를 통한 집약적 농업
- 교통이 편리한 원교 지역 : 경기도를 중심으로 낙농업 발달, 제주도·대관령 등지에 육우 단지 조성

자료로 보는 도(道)별 주요 작물의 재배 면적 비중과 경지 면적

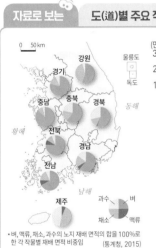

왜? 제주도는 기반암인 현무암의 특성으로 벼농사가 거의 이루어지지 않아 대부분 밭농사가 행해진다.

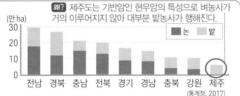

(만 ha) 논 / 밭
전남 경북 충남 전북 경기 경남 충북 강원 제주
(통계청, 2017)

△ 경지 면적

△ 주요 작물의 재배 면적 비중
- 벼, 맥류, 채소, 과수의 노지 재배 면적의 합을 100%로 한 각 작물별 재배 면적 비중임 (통계청, 2015)

자료 분석 벼는 제주를 제외한 모든 지역에서 재배 면적 비중이 가장 높은데, 평야가 발달한 충남·전북·전남 등에서 특히 높다. 채소는 강원과 제주, 과수는 경북과 제주에서 재배 면적 비중이 높게 나타난다. 논·밭을 합한 총 경지 면적은 전남이 가장 넓고, 산지가 많은 강원과 경북은 상대적으로 밭의 비율이 높다.

Q 총 경지 면적이 가장 넓은 도(道)는 어디인가? **A** 남전 | 샥장

5 농촌의 문제점과 극복 방안

문제점	극복 방안
농업 생산 기반 약화	낙후된 생활 환경 개선, 영농의 기계화 지원 등을 통해 해결
복잡한 유통 구조 및 불안정한 가격	농산물의 유통 구조 정비, 전자 상거래 등을 통한 직거래 확대, 도농 협력 방안 강화
도시와 농촌 간의 소득 격차	• 지역 농업 클러스터 : 특화 농산물을 중심으로 기업·대학·연구 및 정부 기관 등의 네트워크를 통해 지역 농업 혁신 • 농업 경영의 다각화 : 장소 마케팅, 지역 축제 및 체험 관광 추진, 경관 농업, 농공 단지 조성 등을 통한 농촌 소득 증대 방안 마련
농산물 시장 개방에 따른 경쟁력 약화 **질문**	농산물의 브랜드화, 지리적 표시제, 친환경 농업, 로컬푸드 운동 확대 → 소비자 만족도 제고, 농가의 소득 상승, 농산물의 국제 경쟁력 확보 등

(좌측 여백: 농산물 조, 값싼 농산물 증가 등 것이다.)

---

4 1인당 연간 농산물 소비량의 변화

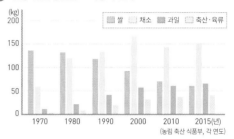

(kg) 쌀 채소 과일 축산·육류
1970 1980 1990 2000 2010 2015(년)
(농림 축산 식품부, 각 연도)

쌀은 1인당 소비량이 감소하고, 채소·과일·축산·육류는 1970년 이후 1인당 소비량이 대체로 증가하였다. 이는 식생활 변화와 농산물 시장 개방 등의 영향을 받았기 때문이다.

5 주요 곡물의 자급률 추이

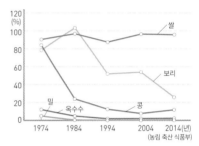

(%) 쌀 / 보리 / 밀 / 옥수수 / 콩
1974 1984 1994 2004 2014(년)
(농림 축산 식품부)

자급률이 가장 높은 쌀을 제외한 보리, 콩, 밀, 옥수수 등은 자급률이 낮은 편으로 식량의 해외 의존도가 점차 높아지고 있다. 이에 따라 식량 안보마저 위협받고 있는 상황이다.

질문 있어요

농산물 시장을 개방하면 왜 우리나라 농업의 경쟁력이 약화되나요?

1995년 세계 무역 기구(WTO)의 출범과 2000년대 칠레와의 자유 무역 협정(FTA)으로 우리나라 농산물 시장의 개방이 확대되었어요. 덕분에 우리나라 소비자들은 해외에서 생산한 저렴한 농산물을 구매할 수 있게 되었지요. 하지만 국내 농산물은 수입 농산물보다 가격 경쟁력이 떨어지고 생산 기반이 약하기 때문에 어려움을 겪게 되었어요.

용어사전

- **식량 안보** 국민의 생존을 보장하고 건강한 일상생활을 영위하는 데 필요한 안전하고 영양가 있는 식량에 언제든지 접근할 수 있는 상태
- **경관 농업** 농업 경관 자체가 관광 자원으로 활용되어 소득을 창출하는 농업으로, 유채꽃밭(제주), 메밀꽃밭(평창) 등이 있음
- **농공 단지** 농어촌 지역의 경제 발전을 꾀하고 도시와 농어촌 간의 경제적 격차를 줄이는 것을 목적으로 설치한 공업 단지
- **지리적 표시제** 농산물 및 그 가공품의 특징이 지리적 특성에 기인하는 경우 그 지역의 특산품임을 인증하는 제도
- **로컬푸드 운동** 특정 지역에서 생산한 먹을거리를 가능한 그 지역 안에서 소비하자는 운동

농업과 공업의 발달에 따른 지역 변화

B 우리나라의 공업은 어떤 변화를 겪고 있을까

우리나라의 공업화는 1960년대 경제 개발 5개년 계획의 추진으로 시작되었다.

1 공업의 발달 과정 ❶ ❷

예 섬유, 가발, 봉제, 신발

1960년대	노동 집약적 경공업 발달 → 노동력이 풍부한 대도시에 집중
1970~ 1980년대	자본·기술 집약적 중화학 공업 발달 → 원료의 수입과 제품의 수출에 유리한 남동 임해 지역에 집중 └ 예 제철, 석유 화학, 기계, 자동차, 조선
1990년대 이후	• 기술·지식 집약적 첨단 산업 발달 → 수도권을 중심으로 발달 • 신기술 융합 산업 분야 성장, 탈공업화 진행, 생산 공장의 해외 이전 등장

└ 예 반도체, 컴퓨터, 신소재, 생명 공학 왜? 정보와 자본, 고급 인력 등이 풍부하기 때문이다.

2 공업의 특징

① **공업 구조의 고도화** : 노동 집약적 경공업 → 자본·기술 집약적 중화학 공업 → 기술·지식 집약적 첨단 산업

예 성장 잠재력이 큰 수도권과 대도시 지역, 남동 임해 지역

② **공업의 지역적 편재** : 특정 지역에만 집중 투자 → 국토의 불균형 성장

③ **공업의 이중 구조** : 사업체 수는 중소기업이 대기업보다 많지만, 생산액 비중은 대기업이 훨씬 높음 ❸

왜? 공업 발달 과정에서 정부 지원이 대기업에 집중되었기 때문이다.

④ **가공 무역 발달** : 천연자원이 부족하여 원료의 해외 의존도가 높음

자료로 보는 공업의 이중 구조와 지역적 편재

사업체 수	83.9	15.0	1.1
종사자 수	40.0	34.6	25.4
출하액	20.7	28.5	50.8

■ 소기업(10~49명) ■ 중기업(50~299명) □ 대기업(300명 이상)
* 10인 이상 사업체만 고려함

△ 기업 규모별 제조업 사업체 수, 종사자 수, 출하액 비중

수도권 / 영남권 / 충청권 / 호남권 / 기타
■ 사업체 수 ■ 종사자 수 ■ 출하액
(통계청, 2016)

△ 지역별 제조업 사업체 수, 종사자 수, 출하액 비중

자료 분석 기업 규모별 비중에서 대기업의 사업체는 3.0%이지만 종사자 수는 30.7%, 출하액은 62.2%로, 대기업과 중소기업 간 노동 생산성 격차가 크다. 지역별 제조업 비중을 보면 수도권과 영남권의 합이 70% 이상을 차지하여 지역적 편재가 심하다.

3 공업의 입지 : 생산비를 최소화할 수 있는 곳에 입지

① **생산비에 영향을 주는 요소** : 원료비, 운송비, 노동비, 집적 이익 등

② **공업의 입지 유형**

운송비 지향 공업	원료 지향형	• 제조 과정에서 원료의 무게나 부피가 감소 예 시멘트 • 원료가 쉽게 부패 또는 변질 예 통조림
	시장 지향형	• 제조 과정에서 제품의 무게나 부피가 증가 예 음료, 가구 • 제품이 변질 및 파손되기 쉬움 예 제빙, 제과 • 소비자와의 잦은 접촉이 필요함 예 인쇄
	적환지 지향형	부피가 크거나 무거운 원료를 해외에서 수입 예 제철, 정유
	노동 지향형	생산비에서 노동비의 비중이 큼 예 섬유, 전자 조립
	집적 지향형	• 계열화된 공업 : 한 가지 원료로 여러 가지 제품을 생산 예 석유 화학 • 조립형 공업 : 제품 생산에 많은 부품의 조립이 필요 예 자동차, 조선
	입지 자유형	운송비에 비해 부가 가치가 큼 예 첨단 산업

└ 고급 기술 인력을 구하기 쉽고, 연구 개발 시설에 접근하기 좋으며, 지식 및 정보 관련 기반 시설을 잘 갖춘 곳에 입지한다.

개념 더하기 자료 채우기

❶ 업종별 공업 구조의 변화

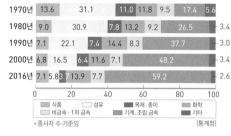

	식품	섬유	목재·종이	화학	비금속·1차 금속	기계·조립 금속	기타
1970년	13.6	31.1	11.0	11.8	9.5	17.4	5.6
1980년	9.0	30.9	7.8	13.2	9.2	26.5	3.4
1990년	7.1	22.1	7.4	14.4	8.3	37.7	3.0
2000년	6.8	16.5	6.4	11.6	7.1	48.2	3.4
2016년	7.1	5.8	3.7	13.9	7.7	59.2	2.6

* 종사자 수 기준임 (통계청)

1970년에는 노동 집약적 경공업인 섬유 공업의 종사자 비중이 높았으나 점차 감소하고, 기계·조립 금속과 같은 기술 집약적 공업의 종사자 비중이 크게 증가하였다. 이를 통해 우리나라의 공업 구조가 고도화되었음을 알 수 있다.

❷ 시대별 주요 수출 품목의 변화

1960년대	철광석, 텅스텐, 생사, 생선, 합판, 면직물
1970년대	섬유, 합판, 가발, 철강 제품, 전자 제품
1980년대	의류, 신발, 음향 기기, 철강 제품
1990년대	의류, 반도체, 신발, 영상 기기, 선박
2000년대	반도체, 컴퓨터, 자동차, 석유 제품, 선박
2010년 이후	반도체, 디스플레이, 자동차, 석유 제품, 선박

(무역 협회)

❸ 중소기업의 중요성

대기업 중심의 성장은 균형적인 경제 성장과 경제의 역동성을 저해하므로, 중소기업의 육성이 필요하다. 중소기업은 소규모로 생산 활동을 수행하므로 시장 변화에 빠르게 대처할 수 있어 국제 경쟁력 강화에 이바지할 수 있다.

✳ 용어사전

* **신기술 융합 산업** 기술 간의 창의적인 결합과 복합화를 통한 기존 산업의 혁신적 형태

* **탈공업화** 생산과 고용에서 제조업의 비중이 감소하고, 서비스업의 비중이 증가하는 현상

* **가공 무역** 원료를 수입·가공하여 제품으로 만든 뒤 이를 수출하는 방식의 무역

* **노동 생산성** 노동자 1인이 일정 기간 동안 산출하는 생산량 또는 부가 가치

* **집적 이익** 한 지역에 여러 공장이 모여 원료의 공동 구입과 기술 및 정보 교환, 시설의 공동 이용 등이 이루어지면서 발생하는 이익

* **적환지** 항구와 같이 운송 수단이 바뀌는 지점

4 주요 공업 지역의 특징 ④

수도권 공업 지역	• 유리한 입지 조건 : 풍부한 자본과 노동력, 넓은 소비 시장, 편리한 교통 등 • 우리나라 최대의 종합 공업 지역 → 최근 첨단 및 [*]지식 기반 산업 집중 • [*]집적 불이익 현상 심화 → 수도권 남서부, 충청권으로 분산 노력
태백산 공업 지역	• 풍부한 지하자원 → 시멘트 공업 등 원료 지향형 공업 발달 • 교통이 불편하고 소비 시장과 멀어 공업의 집적도가 낮음
충청 공업 지역	• 편리한 육상 교통, 수도권과 인접 → 수도권의 공업이 이전해 옴 • 내륙 지역 : 첨단 산업 발달 → 대전 대덕 연구 단지, 청주 • 해안 지역 : 중화학 공업 발달 → 서산(석유 화학), 당진(제철), 아산(자동차) 등
호남 공업 지역	• 공업의 지역적 불균형 문제 완화를 위해 조성한 곳 • 중국과의 높은 접근성 → 제2의 임해 공업 지역으로 성장 가능
영남 내륙 공업 지역	• 과거 : 풍부한 노동력, 편리한 교통 등을 바탕으로 섬유·전자 조립 공업 발달 • 최근 : [*]산업 클러스터를 통한 첨단화 추진
남동 임해 공업 지역	• 정부 정책+원료 수입과 제품 수출에 유리한 조건 → 최대의 중화학 공업 지역 • 적환지 지향 공업 발달 : 포항·광양, 울산, 거제, 창원, 여수 등 　　└제철┘ └자동차, 조선┘ └조선┘└기계┘ └석유 화학 　　　　　　　　　석유 화학

자료로 보는 — 주요 공업의 시·도별 출하액 비중

순위	섬유 제품 (의복 제외)		1차 금속		화학 물질 및 화학 제품 (의약품 제외)		자동차 및 트레일러		전자 부품· 컴퓨터·영상· 음향 및 통신 장비	
	시·도	비중(%)	시·도	비중(%)	시·도	비중(%)	시·도	비중(%)	시·도	비중(%)
1	경기	26.5	경북	22.8	울산	24.3	경기	23.2	경기	49.0
2	경북	18.1	전남	13.7	전남	24.0	울산	20.1	경북	21.3
3	대구	15.1	충남	13.2	충남	16.0	충남	11.6	충남	15.2
4	부산	7.4	울산	13.0	경기	12.6	경남	8.1	충북	6.2
5	서울	6.2	경기	10.1	충북	5.8	광주	7.2	인천	2.6

• 10인 이상 사업체만 고려함　　　　　　　　　　　　　　　　　　　　　(통계청, 2016)

자료 분석　시·도별 출하액 비중을 보면 섬유 제품(의복 제외)은 노동력이 풍부한 곳에서 높고, 적환지 지향인 1차 금속은 항구가 인접한 경북(포항), 전남(광양), 충남(당진)에서 높다. 화학 물질 및 화학 제품(의약품 제외)도 해안을 중심으로 발달하여 울산, 전남(여수), 충남(서산)에서 높다. 자동차 및 트레일러 제조업은 경기, 울산, 충남이 높고, 전자 부품·컴퓨터·영상·음향 및 통신 장비는 전문 기술 인력이 풍부한 경기, 경북(구미) 등에 집중해 있다.

◎ 1차 금속 공업의 출하액 비중이 높은 지역의 공통점은 무엇인가?

Ⓐ 충남기가 인접하여 적합기가 편리한 곳이다.

5 공업 지역의 변화

① **집적 불이익과 공업 분산 정책** : 수도권 및 남동 임해 공업 지역에 집적 불이익 발생 → 균형 개발 정책 시행과 지방 산업 단지 조성 등

② **교통·통신의 발달과 기업의 공간적 분업** : 운송비가 입지에 미치는 영향 감소 → 생산 공장의 지방·해외 이전, 다국적 기업으로 성장 (질문)

③ **주민 생활의 변화**
• 공업 지역의 형성 : 일자리 창출, 인구 증가, 기반 시설 확충, 서비스업 성장, 지역 경제 활성화
• 공업 지역의 쇠퇴 혹은 이전 : 실업률 증가, 인구 유출, 지역 경제 위축, 쇠퇴 지역에 새로운 산업이 입지하기도 함 ⑤

---

④ 우리나라의 주요 공업 지역

(한국 산업 단지 공단, 2016)

1960년대에는 대도시를 중심으로 경공업이, 1970~1980년대에는 인천·부천·안산 등을 중심으로 한 다양한 공업과 남동 임해 지역을 중심으로 중화학 공업이 발달하였다. 1990년대 이후에는 공업 지역의 불균형 해소를 위해 충청과 호남 지역에 산업 단지가 조성되었다. 최근에는 수도권에 지식 기반 산업이 집중하며, 수도권에 집중된 산업의 분산과 관련하여 충청권으로 확대되고 있다.

🖐 질문 있어요

공간적 분업이란 무엇인가요?

기업 조직의 성장으로 각 기능이 지리적으로 분산하는 현상입니다. 본사는 자본과 정보 획득에 유리한 대도시에, 연구소는 연구 인력 확보에 유리한 대학과 연구소 밀집 지역에, 생산 공장은 노동비가 저렴한 지방이나 개발 도상국에 입지해요.

⑤ 공업 지역의 변화

1970년대 서울 구로 공단

2015년 서울 디지털 산업 단지

1970년대 서울의 구로 공단은 노동 집약형 산업이 발달한 곳으로, 우리나라 총 수출액의 10% 이상을 차지할 정도였다. 그러나 제조업체의 대부분은 경기도와 충청도로 이전하여 현재는 첨단 산업 업무 지구가 형성되었다.

✽ 용어사전

* **지식 기반 산업**　기술, 정보 등 지적 능력과 아이디어를 이용하여 상품과 서비스의 부가 가치를 높이거나 고부가 가치의 지식 서비스를 제공하는 산업
* **집적 불이익**　공업의 과도한 집중으로 발생하는 지가 상승, 교통 혼잡, 환경 오염 등의 문제
* **산업 클러스터**(산업 집적지)　기업·연구소·대학 등이 특정 지역에 모여 연계망을 구축함으로써 기술 개발과 부품 조달, 정보 교류 등의 상승효과를 추구하는 지역
* **다국적 기업**　여러 국가에 자회사, 지사, 합병 회사, 공장 등을 두고 국제적 규모로 경영 활동을 하는 기업

올리드 포인트

A 농업의 변화

1 농업의 입지 요인

자연적 요인	기후, 지형, 토양 등
인문·사회적 요인	교통, 시장, 기술 등

2 농업의 변화

농업 구조의 변화	이촌 향도로 노년층 인구 비중 증가, 경지 면적과 경지 이용률 감소
생산과 소비의 변화	농산물의 소비 시장 확대, 영농의 다각화와 상업화, 시설 농업 증가, 친환경 농산물 생산 확대

3 주요 농산물의 특징

쌀(벼)	식생활 변화로 소비 감소, 재배 면적 감소
보리	주로 벼의 그루갈이 작물로 재배, 생산량 감소
원예 작물	식생활 변화와 소득 증대로 재배 면적 비중 증가

4 농촌의 문제점과 극복 방안

문제점	농업 생산 기반 약화, 복잡한 유통 구조, 불안정한 가격, 도농 간 소득 격차, 시장 개방에 따른 가격 경쟁력 약화 등
극복 방안	농촌의 생활 환경 개선, 영농의 기계화, 유통 구조 개선, 농업 경영의 다각화, 지리적 표시제 등

B 공업의 변화

1 공업의 발달 과정 : 노동 집약적 경공업(1960년대) → 자본·기술 집약적 중화학 공업(1970~1980년대) → 기술·지식 집약적 첨단 산업 발달(1990년대 이후)

2 공업의 특징

공업의 지역적 편재	일부 지역에 공업 집중
공업의 이중 구조	사업체 수 대비 대기업의 생산액 비중이 중소기업보다 훨씬 높음
가공 무역 발달	원료를 수입·가공하여 제품을 수출

3 주요 공업 지역의 특징

수도권	우리나라 최대의 종합 공업 지역, 첨단 산업 발달
태백산	원료 지향형 공업 발달
충청	수도권의 공업이 이전해 오는 지역
호남	대중국 교역의 거점으로 성장하고 있는 지역
영남 내륙	섬유·전자 조립 등의 노동 집약적 공업 발달
남동 임해	우리나라 최대의 중화학 공업 지역

01 다음 설명이 맞으면 ○표, 틀리면 ×표를 하시오.

(1) 산업화와 도시화의 진행으로 총 경지 면적과 농가당 경지 면적이 모두 감소하고 있다. ( )

(2) 주로 논의 그루갈이 작물로 남부 지방에서 재배되는 것은 보리이다. ( )

(3) 농업의 노동 생산성이 향상되고 있는 이유는 농촌의 노동력 부족 문제를 해결하기 위해 영농의 기계화가 추진되었기 때문이다. ( )

(4) 우리나라는 1960년대에 자본·기술 집약적인 중화학 공업이, 1970~1980년대에 노동 집약적 경공업이 발달하였다. ( )

(5) 포항과 광양, 당진에서 공통적으로 발달한 공업은 제철 공업이다. ( )

(6) 시멘트 공업은 시장 지향형, 정유 공업은 적환지 지향형 공업이다. ( )

02 빈칸에 들어갈 알맞은 말을 쓰시오.

(1) 식생활의 변화로 주곡 작물 중심에서 상업적 작물 중심으로 농업 구조가 변화하는 것을 영농의 ( )(이)라고 한다.

(2) ( )은/는 특정 지역의 지리적 특성을 반영한 농산물을 지역의 명품으로 육성하는 제도이다.

(3) 공업의 중심이 경공업에서 중화학 공업, 첨단 산업으로 옮겨 가는 과정을 ( )(이)라고 한다.

(4) 우리나라는 (㉠)와/과 영남권을 중심으로 공업이 집중해 있어 공업의 지역적 (㉡)이/가 심하다.

03 각 공업 지역의 특징을 바르게 연결하시오.

(1) 충청 공업 지역 •

(2) 수도권 공업 지역 •

(3) 태백산 공업 지역 •

• ㉠ 우리나라 최대의 종합 공업 지역

• ㉡ 풍부한 지하자원을 바탕으로 원료 지향형 공업 발달

• ㉢ 수도권과 인접하여 수도권의 공업이 이전해 오면서 빠르게 성장

01 그래프는 우리나라 농촌의 변화를 나타낸 것이다. 1976년과 비교한 2016년 농촌의 상대적 특성에 관한 옳은 설명을 〈보기〉에서 고른 것은?

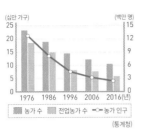

| 보기 |

ㄱ. 그루갈이가 증가하였다.
ㄴ. 농가당 경지 면적이 증가하였다.
ㄷ. 농가당 가구원 수가 증가하였다.
ㄹ. 농가 중 겸업농가 비중이 증가하였다.

① ㄱ, ㄴ   ② ㄱ, ㄷ   ③ ㄴ, ㄷ
④ ㄴ, ㄹ   ⑤ ㄷ, ㄹ

02 서술형 평가 답안지의 ㉠~㉤ 중 옳지 않은 것은?

〈서술형 문제〉

○ 그래프는 우리나라 농촌의 변화를 나타낸 것이다. 이를 통해 알 수 있는 내용을 서술하시오.

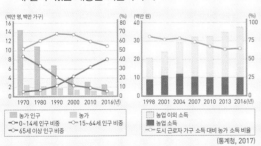

학생 답안 : 산업화와 도시화에 따른 이촌 향도 현상으로 ㉠농가 인구는 지속적으로 감소하였고, 유소년층 인구 비중은 감소한 반면, 노년층 인구는 증가하여 ㉡농촌 인구의 고령화가 진행되었다. 또한 ㉢농가 소득은 증가하였지만, ㉣도시 근로자 가구 소득 대비 농가 소득 비율이 낮아졌으며, ㉤농가 소득 중 농업 이외 소득이 차지하는 비중도 낮아졌다.

① ㉠   ② ㉡   ③ ㉢   ④ ㉣   ⑤ ㉤

03 그래프는 작물별 재배 면적 비중의 변화를 나타낸 것이다. (가)~(다) 작물에 관한 설명으로 옳은 것은? (단, (가)~(다)는 벼, 맥류, 채소·과수 중 하나임)

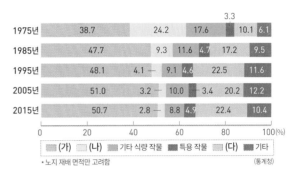

① (가)는 주로 밭에서 재배된다.
② (나)는 주로 시설 농업 방식으로 재배된다.
③ (다)는 최근 1인당 소비량이 감소하고 있다.
④ (나)는 (가)의 그루갈이 작물로 많이 재배된다.
⑤ (다)는 (가)보다 영농의 기계화에 유리하다.

04 그래프는 주요 작물의 변화를 나타낸 것이다. (가)~(다) 작물을 A~C에서 고른 것은? (단, 쌀, 과실, 맥류만 고려함)

〈1인당 작물 소비량〉

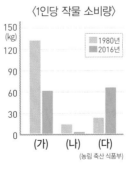

〈작물별 생산량〉

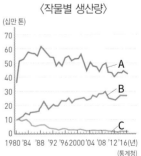

	(가)	(나)	(다)
①	A	B	C
②	A	C	B
③	B	C	A
④	C	A	B
⑤	C	B	A

중요 ★★
05 그래프는 세 지역의 주요 작물별 재배 면적을 나타낸 것이다. (가)~(다) 지역을 지도의 A~C에서 고른 것은?

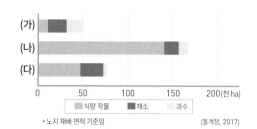

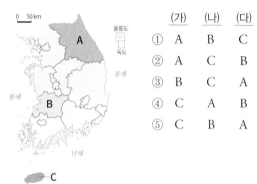

	(가)	(나)	(다)
①	A	B	C
②	A	C	B
③	B	C	A
④	C	A	B
⑤	C	B	A

06 그래프는 도(道)별 주요 작물의 재배 면적 비중을 나타낸 것이다. (가)~(다) 작물에 관한 옳은 설명을 〈보기〉에서 고른 것은? (단, 벼, 과수, 맥류만 고려함)

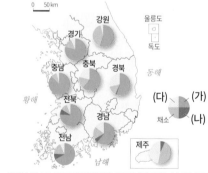

• 벼, 맥류, 채소, 과수의 노지 재배 면적의 합을 100%로 한 각 작물별 재배 면적 비중임
(통계청, 2015)

┤ 보기 ├
ㄱ. (가)는 우리나라 사람들의 주식이다.
ㄴ. (다)의 지역 내 재배 면적 비중은 경북이 가장 높다.
ㄷ. (가)는 (나)보다 자급률이 높다.
ㄹ. (다)는 (가)보다 총 재배 면적이 넓다.

① ㄱ, ㄴ   ② ㄱ, ㄷ   ③ ㄴ, ㄷ
④ ㄴ, ㄹ   ⑤ ㄷ, ㄹ

07 그래프는 주요 식량 작물별 자급률의 변화를 나타낸 것이다. (가)~(다) 작물로 옳은 것은?

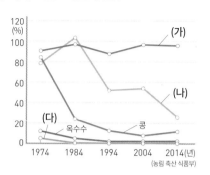

	(가)	(나)	(다)
①	쌀	밀	보리
②	쌀	보리	밀
③	밀	쌀	보리
④	보리	밀	쌀
⑤	보리	쌀	밀

중요 ★★
08 그래프는 지도에 표시된 네 도(道)의 주요 농업 특성을 나타낸 것이다. (가)~(라) 지역에 관한 옳은 설명을 〈보기〉에서 고른 것은?

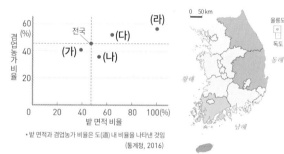

• 밭 면적과 겸업농가 비율은 도(道) 내 비율을 나타낸 것임
(통계청, 2016)

┤ 보기 ├
ㄱ. (나)는 전업농가보다 겸업농가 수가 많다.
ㄴ. (가)는 (라)보다 논 면적이 넓다.
ㄷ. (다)는 (가)보다 경지의 평균 경사도가 크다.
ㄹ. (가)는 경북, (나)는 전남, (다)는 강원, (라)는 제주이다.

① ㄱ, ㄴ   ② ㄱ, ㄷ   ③ ㄴ, ㄷ
④ ㄴ, ㄹ   ⑤ ㄷ, ㄹ

09 표는 우리나라 농업의 문제점과 극복 방안을 정리한 것이다. (가)~(다)에 들어갈 내용으로 적절하지 <u>않은</u> 것은?

문제점	극복 방안
농업 생산 기반 약화	낙후된 생활 환경 개선, 영농의 기계화 지원 등
복잡한 유통 구조 및 불안정한 가격	(가)
도농 간의 소득 격차	(나)
농산물 시장 개방에 따른 경쟁력 약화	(다)

① (가) – 친환경 농업 장려
② (가) – 전자 상거래를 통한 직거래 확대
③ (나) – 농업 경영의 다각화
④ (나) – 지역 농업 클러스터 육성
⑤ (다) – 지리적 표시제와 로컬푸드 운동 확대

10 ㉠~㉤에 관한 설명으로 옳지 <u>않은</u> 것은?

> 우리나라의 공업은 ㉠ <u>1960년대 경제 개발 5개년 계획</u>이 추진되면서 본격적으로 발달하기 시작하였다. ㉡ <u>1970~1980년대에는 정부의 중화학 공업 육성 정책을 통해 철강, 석유 화학, 기계 등 자본 집약적인 중화학 공업이 발달하였다.</u> 1990년대 이후에는 부가 가치가 높은 반도체, 컴퓨터, 신소재 등 ㉢ <u>지식·기술 집약적인 첨단 산업</u>이 발달하였다. 한편, 공업 구조의 고도화 과정에서 ㉣ <u>공업의 지역적 편재 심화</u>와 ㉤ <u>공업의 이중 구조</u> 등의 문제도 나타났다.

① ㉠ – 이 시기에 노동 집약적 경공업이 발달하였다.
② ㉡ – 원료 수입과 제품 수출에 유리한 남동 임해 지역에 공업이 발달하였다.
③ ㉢ – 수도권을 중심으로 발달하였다.
④ ㉣ – 성장 잠재력이 큰 지역에 집중 투자하였기 때문이다.
⑤ ㉤ – 중소기업이 대기업보다 사업체 수 대비 출하액이 많은 현상과 관련 있다.

중요
11 그래프는 지역별 제조업의 사업체 수와 출하액 비중을 나타낸 것이다. (가)~(다) 지역으로 옳은 것은?

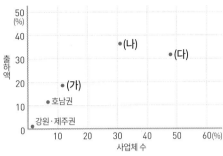

* 전국의 사업체 및 출하액에서 차지하는 지역별 비중을 나타낸 것이며, 10인 이상 사업체만 고려함 (통계청, 2016)

	(가)	(나)	(다)
①	수도권	영남권	충청권
②	영남권	수도권	충청권
③	영남권	충청권	수도권
④	충청권	수도권	영남권
⑤	충청권	영남권	수도권

12 지도의 (가), (나)는 두 제조업의 출하액 상위 5개 지역을 나타낸 것이다. (나)와 비교한 (가)의 상대적 특징을 그림의 A~E에서 고른 것은? (단, (가), (나)는 섬유 제품(의복 제외), 자동차 및 트레일러 제조업 중 하나임)

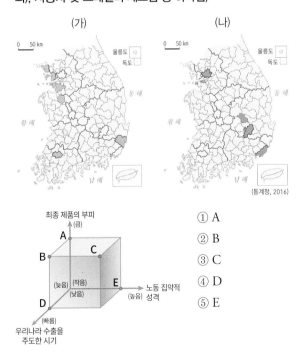

(통계청, 2016)

① A
② B
③ C
④ D
⑤ E

13 그래프를 통해 알 수 있는 내용을 옳게 제시한 학생을 고른 것은?

사업체 수	83.9	15.0 ┌1.1
종사자 수	40.0	34.6 / 25.4
출하액	20.7 / 28.5	50.8

(통계청, 2016)

(가) 중기업(50~299명) (나)

갑: 공업의 이중 구조를 보여주고 있습니다.

을: (가)는 소기업, (나)는 대기업에 해당합니다.

병: 기업의 공간적 분업화를 보여주고 있습니다.

정: 소기업은 대기업보다 사업체당 출하액이 많습니다.

① 갑, 을   ② 갑, 병   ③ 을, 병
④ 을, 정   ⑤ 병, 정

★★
중요

14 그래프는 세 제조업의 지역별 에너지 사용 비중과 총 에너지 사용량을 나타낸 것이다. (가)~(다)에 관한 설명으로 옳은 것은? (단, (가)~(다)는 섬유 제품(의복 제외), 1차 금속, 자동차 및 트레일러 제조업 중 하나임)

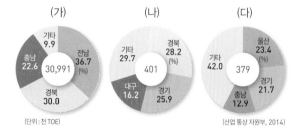

(가) 기타 9.9 / 전남 36.7(%) / 경북 30.0 / 충남 22.6 / 30,991

(나) 기타 29.7 / 경북 28.2(%) / 경기 25.9 / 대구 16.2 / 401

(다) 울산 23.4(%) / 경기 21.7 / 충남 12.9 / 기타 42.0 / 379

(단위: 천 TOE) (산업 통상 자원부, 2014)

① (가)는 다량의 원료를 수입하는 적환지 지향형 공업이다.

② (다)는 1960년대 우리나라의 대표적인 수출 품목이었다.

③ (가)는 (나)보다 최종 제품의 무게가 가볍고 부피가 작다.

④ (나)는 (가)보다 사업체당 에너지 사용량이 많다.

⑤ (다)의 최종 제품은 (가)의 원료로 이용된다.

15 지도는 시·도별 제조업 사업체 수와 종사자 수, 출하액 비중을 나타낸 것이다. 이에 관한 옳은 분석을 〈보기〉에서 고른 것은?

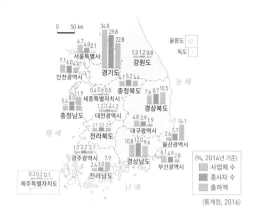

(%, 2014년 기준)
사업체 수 / 종사자 수 / 출하액

(통계청, 2016)

보기

ㄱ. 수도권은 영남권보다 제조업 출하액이 많다.

ㄴ. 수도권은 비수도권보다 제조업 사업체 수가 적다.

ㄷ. 충북은 충남보다 제조업 사업체 수 대비 출하액이 많다.

ㄹ. 광역시 중 울산이 제조업 종사자 수 대비 출하액이 가장 많다.

① ㄱ, ㄴ   ② ㄱ, ㄷ   ③ ㄴ, ㄷ
④ ㄴ, ㄹ   ⑤ ㄷ, ㄹ

16 (가), (나) 공업 지역을 지도의 A~D에서 고른 것은?

편리한 교통을 바탕으로 수도권에서 이전해 온 공장이 증가하는 ┌(가)┐ 공업 지역의 내륙에는 첨단 산업이, 해안에는 중화학 공업이 발달해 있다. ┌(나)┐ 공업 지역은 과거 섬유와 전자 조립 등 노동 집약적 공업이 발달하였는데, 최근 산업 클러스터를 통한 공업 첨단화가 추진되고 있다.

(한국 산업 단지 공단, 2016)

	(가)	(나)
①	A	B
②	A	D
③	B	C
④	C	D
⑤	D	A

중요 ★★

17 그래프에 나타난 (가), (나) 제조업의 특성에 관한 옳은 설명을 〈보기〉에서 고른 것은? (단, (가), (나)는 자동차 및 트레일러, 전자 부품·컴퓨터·영상·음향 및 통신 장비 제조업 중 하나임)

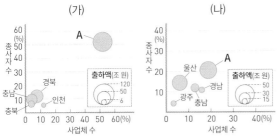

•제조업별 출하액 기준 상위 5개 시·도의 전국 대비 사업체 수와 종사자 수 비중을 나타낸 것이며, 사업체 수와 종사자 수는 원의 가운데 값임 (통계청, 2016)

┌─ 보기 ─────────────────────────┐
ㄱ. A는 경기이다.
ㄴ. (가)는 제품 생산에 많은 부품이 필요한 조립형 공업이다.
ㄷ. (나)의 종사자당 출하액은 울산이 충남보다 많다.
ㄹ. 수도권의 사업체 수 집중도는 (나)가 (가)보다 높다.
└──────────────────────────────┘

① ㄱ, ㄴ   ② ㄱ, ㄷ   ③ ㄴ, ㄷ
④ ㄴ, ㄹ   ⑤ ㄷ, ㄹ

중요 ★★

18 그래프는 지도에 표시된 네 지역의 제조업 출하액 1위 업종을 나타낸 것이다. (가)~(라)를 지도의 A~D에서 고른 것은?

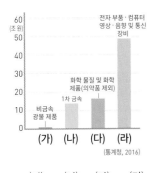
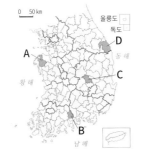
(통계청, 2016)

	(가)	(나)	(다)	(라)
①	A	B	C	D
②	B	D	A	C
③	C	B	D	A
④	D	B	A	C
⑤	D	C	A	B

서술형 문제

19 그림의 (나) 지역과 비교한 (가) 지역의 상대적 특징을 제시된 용어를 사용하여 서술하시오.

(가)   (나)

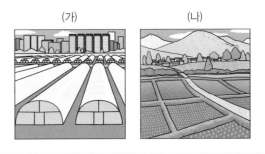

┌──────────────────────────────┐
대도시 근교 지역, 전통 농업 지역, 농가당 경지 면적, 겸업농가 비중, 토지 이용의 집약도
└──────────────────────────────┘

20 그래프는 우리나라 공업 구조의 변화를 나타낸 것이다. 물음에 답하시오.

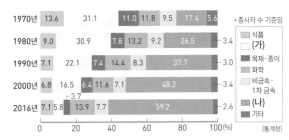

(1) (가), (나) 공업은 섬유 공업과 기계·조립 금속 공업 중 무엇에 해당하는지 쓰시오.

(2) 그래프를 통해 알 수 있는 우리나라 공업 구조의 변화 특징을 서술하시오.

21 지도는 어느 공업의 시·도별 생산액과 지역별 종사자 수 비중을 나타낸 것이다. 물음에 답하시오.

(1) 이 공업은 무엇인지 쓰시오.

(2) 이 공업의 입지 특색을 한 가지만 서술하시오.

01 그래프는 (가)~(다) 지역의 농업 특성을 비교한 것이다. A~C에 해당하는 지표로 옳은 것은?

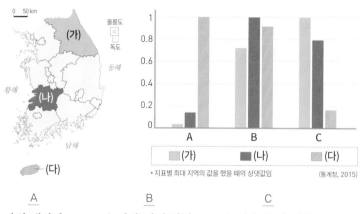

* 지표별 최대 지역의 값을 했을 때의 상댓값임

(통계청, 2015)

	A	B	C
①	과실 생산량	농가당 경지 면적	소 사육 농가 비중
②	과실 생산량	소 사육 농가 비중	농가당 경지 면적
③	농가당 경지 면적	과실 생산량	소 사육 농가 비중
④	농가당 경지 면적	소 사육 농가 비중	과실 생산량
⑤	소 사육 농가 비중	농가당 경지 면적	과실 생산량

02 그래프에 관한 설명으로 옳은 것은? (단, (가)~(다)는 벼, 채소, 과수 중 하나이며, A~C는 영남권, 제주권, 호남권 중 하나임)

〈(가)~(다) 작물의 재배 면적 비중〉   〈(가)~(다) 작물의 총 재배 면적〉

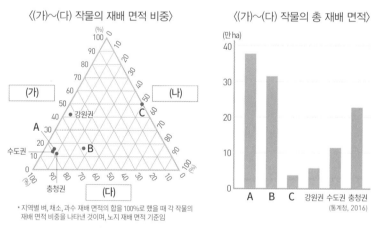

* 지역별 벼, 채소, 과수 재배 면적의 합을 100%로 했을 때 각 작물의 재배 면적 비중을 나타낸 것이며, 노지 재배 면적 기준임

(통계청, 2016)

① 지역 내 과수 재배 면적 비중은 영남권이 제주권보다 높다.
② (가)는 주로 논에서 재배된다.
③ (나)는 최근 1인당 소비량이 감소하고 있다.
④ A는 C보다 채소 재배 면적이 넓다.
⑤ 영남권은 (다)보다 (나)의 재배 면적이 넓다.

03 그래프는 지역별 제조업의 변화를 나타낸 것이다. 이에 관한 옳은 설명만을 〈보기〉에서 있는 대로 고른 것은? (단, A~C는 수도권, 영남권, 충청권 중 하나임)

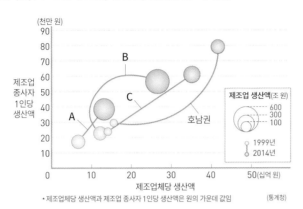

보기

ㄱ. 1999년에 수도권은 충청권보다 제조업의 노동 생산성이 높다.

ㄴ. 2014년에 영남권은 수도권보다 제조업체당 생산액이 많다.

ㄷ. 최근 A에서 C로의 공업 이전이 C에서 A로의 공업 이전보다 활발하다.

ㄹ. 1999~2014년 제조업체당 생산액의 증가는 충청권이 영남권보다 많다.

① ㄱ, ㄴ　　　　　② ㄱ, ㄷ　　　　　③ ㄷ, ㄹ
④ ㄱ, ㄴ, ㄹ　　　　⑤ ㄴ, ㄷ, ㄹ

🔍 문제 접근 방법

이 문제는 지역별 제조업의 특성을 비교하고 있다. 이 그래프에서 제시하는 지표는 제조업 종사자 1인당 생산액, 제조업체당 생산액, 제조업 생산액으로 총 세 개이다. 이 중 가장 파악하기 쉬운 지표인 제조업 생산액을 기준으로 지역을 추론한 후 접근하면 된다.

✏️ 적용 개념

지역별 제조업 현황
제조업의 노동 생산성
수도권 공업 지역과 충청 공업 지역의 특징

04 그래프의 (가)~(다) 공업에 관한 설명으로 옳지 않은 것은? (단, (가)~(다)는 섬유 제품(의복 제외), 자동차 및 트레일러, 코크스·연탄 및 석유 정제품 제조업 중 하나임)

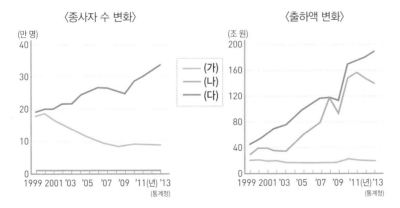

① (가)는 노동 집약적 경공업에 해당한다.

② (다)는 관련 산업 간의 집적이 크게 이루어져 있다.

③ (가)는 (나)보다 우리나라 공업화를 주도한 시기가 늦다.

④ (나)는 (가)보다 적환지에 입지하려는 경향이 강하다.

⑤ (다)는 (나)보다 제조업 종사자당 출하액이 적다.

🔍 문제 접근 방법

이 문제는 공업별 종사자 수 및 출하액 변화를 통해 해당 공업을 파악하고, 공업별 주요 특징을 이해하고 있는지를 묻고 있다. 시대별로 발달한 공업이 무엇인지 알고 있으면, 각 항목에 해당하는 공업을 파악할 수 있다.

✏️ 적용 개념

우리나라의 공업 발달
공업별 입지 특색
공업별 주요 특징

올리드 특강

우리나라의 농업과 공업 현황

농가 인구의 변화

◈ 1970년대 이후 산업화와 도시화의 진행으로 이촌 향도 현상이 나타나 농가 인구가 크게 감소하였다. 이에 따라 농촌의 노동력 부족 문제가 심각해졌으며, 이를 해결하기 위해 영농의 기계화가 추진되었다.

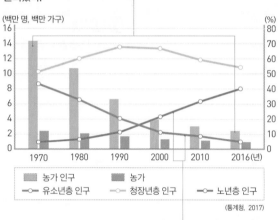

(통계청, 2017)

◈ 1970년 이후 14세 이하의 유소년층 인구 비중은 감소한 반면, 65세 이상의 노년층 인구 비중은 증가하여 농가 인구의 고령화가 진행되었음을 알 수 있다. 이에 따라 노동력의 고령화와 함께 초등학교 통폐합 등의 현상이 나타났다.

작물별 재배 면적 비중의 변화

◈ 벼는 모든 시기에 재배 면적 비중이 가장 높다.

◈ 맥류는 1975년에 재배 면적 비중이 벼 다음으로 높았으나, 이후 재배 면적 비중이 급감하였다.

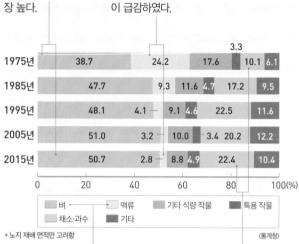

* 노지 재배 면적만 고려함

(통계청)

◈ 우리나라의 주곡 작물인 벼와 맥류는 식생활의 변화로 재배 면적 비중이 감소하였다. 반면, 상업적 작물의 재배 면적 비중은 증가하여 영농의 다각화가 진행되었다.

◈ 채소·과수는 1975년에 재배 면적 비중이 10.1%였으나, 2015년에는 22.4%로 재배 면적 비중이 크게 증가하였다. 이는 식생활의 구조 변화로 1인당 소비량이 급증한 것과 관련 있다.

도(道)별 작물 재배 면적

◈ 강원은 고랭지 채소 재배가 활발하여 채소의 재배 면적 비중이 상대적으로 높게 나타난다.

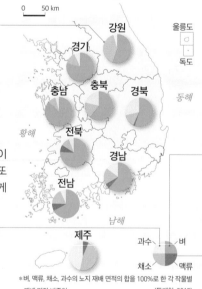

◈ 과수는 식생활의 구조 변화로 1인당 소비량이 증가하면서 재배 면적 비중이 높아지고, 생산량 또한 증가하였다. 재배 면적 비중이 상대적으로 높게 나타나는 지역은 제주, 경북, 충북이다.

*벼, 맥류, 채소, 과수의 노지 재배 면적의 합을 100%로 한 각 작물별 재배 면적 비중임

(통계청, 2015)

◈ 논에서 주로 재배되는 벼는 평야가 발달한 지역에서 재배 면적 비중이 높게 나타난다. 벼의 재배 면적 비중은 충남에서 가장 높고 전북과 전남, 경기 등에서도 높다. 반면, 제주는 기반암인 현무암의 특성상 벼 재배가 거의 이루어지지 않는다.

◈ 맥류(보리)는 주로 벼의 그루갈이 작물로 많이 재배되므로 남부 지방인 전북과 전남에서 재배 면적 비중이 상대적으로 높게 나타난다.

주요 공업의 시·도별 생산액과 지역별 종사자 수 비율

섬유 공업

⚠ 노동 집약적 공업인 섬유 공업은 공업 발달 초기인 1960년대에 발달하였는데, 최근에는 상대적으로 성장이 정체하였다. 생산액이 많은 지역은 경기와 경북, 대구 등지이다.

1차 금속 공업

⚠ 1차 금속(제철) 공업은 원료 수입과 제품 수출에 유리한 항만을 중심으로 발달한 공업으로, 적환지 지향형에 해당한다. 생산액이 많은 지역은 경북(포항), 전남(광양), 충남(당진) 등이다.

화학 공업

⚠ 화학 공업은 석유 화학과 정유 공업을 포함하는데, 석유 수입에 유리한 해안가에 주로 입지하므로 적환지 지향형 공업에 해당한다. 또한 화학 공업은 한 가지 원료로 여러 제품을 생산하는 계열화된 공업, 즉 집적 지향형 공업이다. 생산액이 많은 지역은 울산, 전남(여수), 충남(서산) 등이다.

자동차 공업

⚠ 자동차 공업은 제품 생산에 많은 부품이 필요한 조립형 공업으로, 집적 지향형 공업에 해당한다. 생산액이 많은 지역은 울산, 경기(평택), 충남(아산), 광주 등이다.

조선 공업

⚠ 조선 공업은 원료인 철강 제품이 생산되는 제철소 부근에 입지하며, 제품 특성상 주로 해안가에 입지한다. 생산액은 경남(거제)과 울산에서 특징적으로 높게 나타난다.

전자 공업

⚠ 전자 공업은 운송비에 비해 부가 가치가 큰 입지 자유형 공업에 해당하며, 고급 기술 인력과 연구소 등이 풍부한 곳에 주로 입지한다. 생산액이 많은 지역은 경북(구미), 경기, 충남 등이다.

03 교통·통신의 발달과 서비스업의 변화

🔎 **학습길잡이** • 상업 및 서비스 산업의 입지에 영향을 미치는 요인과 최근의 변화 모습을 파악해 본다.
• 교통·통신의 발달이 생산 및 소비 공간에 미치는 영향이 무엇인지 알아 둔다.

A 상업 및 소비 공간은 어떻게 변화하고 있을까

1 상업의 의미와 입지

※ 상업 입지에 영향을 주는 요인
• 경제적 요인 : 접근성, 지가, 유동 인구, 집적 이익 등
• 사회적 요인 : 도시 성장, 소비자의 생활 방식, 교통·통신의 발달 등

① 상업의 의미 : 생산과 소비를 연결하는 여러 가지 유통 활동
② 상점의 입지 조건 : 최소 요구치의 범위 ≤ 재화의 도달 범위 **1**

최소 요구치	중심지나 상점의 기능을 유지하기 위한 최소한의 수요
재화의 도달 범위	• 중심지 기능이 영향을 미치는 최대한의 공간 범위 • 교통이 발달할수록 확대됨

③ 상품에 따른 소비자 구매 형태

식품 일상용품	쉽게 구매할 수 있으며, 주변에 입지한 소규모 상점에서 주로 구매함 → 상대적으로 상점의 수가 많고, 소비자의 분포에 따라 분산되어 있음
전문 상품 귀금속, 자동차	거리가 멀더라도 백화점이나 전문 상가에서 구매함 → 상대적으로 상점의 수가 적고, 특정 지역에 집중하여 입지하려는 경향이 나타남

2 소비 공간의 변화

① 정기 시장의 변화 : 인구 증가와 교통 발달 → 정기 시장이 상설 시장으로 바뀌거나 사라짐. 최근에는 경쟁력을 강화하기 위해 판매 환경 개선과 마케팅 전략을 도입하고 있다.

② 유통 단계의 감소 : 정보 통신망 확충에 따른 전자 상거래의 활성화 → 중간 도매업과 영세 소매업의 약화, 택배 산업의 발달 **질문**

③ 상권의 확대 : 교통 발달에 따라 상품 구매 가능 거리 증가 → 대형 복합 상업 시설의 성장, 대도시 외곽에 대형 아웃렛 매장 발달

④ 다양한 쇼핑 공간의 등장

다양한 생활용품과 저렴한 가격을 기반으로 빠르게 성장하였다.

편의점	일상생활에 필요한 기본적인 상품을 24시간 판매
대형 마트	주로 일상용품 취급, 도시 내 주거 지역을 중심으로 교외 지역까지 확산
백화점	고급 상품 취급, 접근성이 높은 도심이나 부도심에 입지, 여가 공간까지 제공
무점포 소매업	입지가 자유로운 TV 홈쇼핑, 온라인 쇼핑 등의 발달 → 택배 산업 발달 **2**

자료로 보는 · 소매 업태별 특성 비교

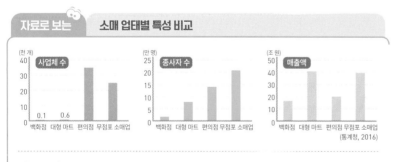

자료 분석 사업체 수는 백화점이 가장 적고, 편의점이 가장 많다. 대형 마트는 사업체 수 대비 종사자 수가 많고, 매출액 규모도 크다. 반면, 편의점은 사업체 수 대비 종사자 수가 가장 적고, 매출액 규모가 작은 편이다.

개념 더하기 자료 채우기

1 상점(중심지)이 성립되기 위한 조건

이때 최소 요구치를 채우기 위해 정기 시장이 나타난다.

Ⓐ 상점(중심지) 유지 가능   Ⓑ 상점(중심지) 유지 불가능

상점(중심지)이 유지되기 위해서는 재화의 도달 범위가 최소 요구치의 범위와 같거나 넓어야 한다. 한편, 최소 요구치의 범위는 인구 밀도와 소득 수준 변화 등에 따라 변화할 수 있으며, 재화의 도달 범위는 교통 발달 등의 영향으로 달라질 수 있다.

🖐️ **질문 있어요**

전자 상거래는 기존 상거래와 무엇이 다른가요?

전자 상거래는 인터넷과 같은 정보 통신 네트에 가상 점포를 만들어 상품을 판매하는 등의 거래 방식입니다. 따라서 기존의 상거래 및 유통 구조와는 달리 고객이 직접 매장을 방문하지 않고 원하는 시간에 상품을 주문할 수 있습니다.

2 온라인 쇼핑몰의 거래액 변화

온라인 쇼핑몰의 거래액은 매해 성장하고 있다. 최근에는 스마트폰 보급 확대와 모바일 결제 수단의 발전으로 모바일 쇼핑의 성장 속도가 빨라졌다.

➕ **용어사전**

* **정기 시장** 일정한 주기로 열리는 시장으로, 최근의 정기 시장은 대부분 5일장의 형태로 운영함
* **상설 시장** 일정 지역 내에서 매일 물품의 매매와 교환이 이루어지고, 이를 지원하는 서비스를 제공하는 곳

B 산업 구조와 서비스 산업의 변화 과정을 알아보자

1 산업 구조의 변화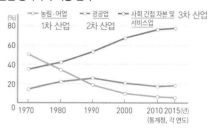

전 공업화 사회	┌ 급속한 도시화와 산업화로 등장하였다. • 산업화 이전 사회 → 농업 중심, 1차 산업 비중이 높은 시기 • 주요 생산 요소 : 토지, 노동력 • 우리나라 : 1960년대 이전
공업화 사회	• 2차 산업의 비중이 커짐, 소품종 대량 생산* 체제 • 주요 생산 요소 : 자본 • 우리나라 : 1960년대 경제 개발 이후 제조업·서비스업 종사자 증가
탈공업화 사회	• 2차 산업 비중 감소, 3차 산업 비중 증가 → 서비스업의 다변화·전문화 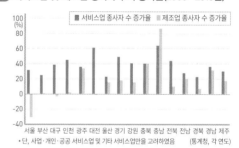 • 주요 생산 요소 : 지식, 정보 • 우리나라 : 1990년대 이후 제조업 종사자 비중 감소와 3차 산업 종사자 비중 증가 └ 정보·통신 서비스업, 교육·문화·디자인 산업 등 지식 기반 서비스업이 서비스 산업의 성장을 주도하고 있다.

자료로 보는 **시·도의 산업별 취업자 비중과 지역 내 총생산**

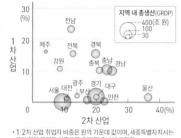

• 1·2차 산업 취업자 비중은 원의 가운데 값이며, 세종특별자치시는 과거 행정 구역을 기준으로 충북 및 충남에 포함함. (통계청, 2016)

자료 분석 1차 산업의 취업자 비중은 농업이 발달한 전남이 가장 높고, 2차 산업의 취업자 비중은 공업 도시인 울산이 가장 높으며, 제조업의 발달이 미약한 제주가 2차 산업의 취업자 비중이 가장 낮다. 한편, 3차 산업 취업자 비중(100에서 1·2차 산업 취업자 비중을 뺀 값)은 서비스업이 발달한 서울이 가장 높다. 지역 내 총생산은 인구와 각종 기능이 집중된 경기와 서울이 많다.

★ 2 서비스 산업의 발달

① 수요자 유형에 따른 서비스 산업의 분류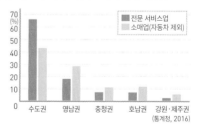

소비자 서비스업	개인 소비자가 이용하는 서비스업 → 소비자의 이동 거리 최소화를 위해 분산하여 입지 ⓔ 소매업, 숙박 및 음식점업
생산자 서비스업	• 기업의 생산 활동(재화나 서비스의 생산과 유통)을 지원하는 서비스업 • 기업과의 접근성이 높고 관련 정보 획득에 유리한 지역에 집중하려는 경향 • 주로 대도시의 도심 또는 부도심에 입지 ⓔ 금융 및 보험업, 부동산업 및 임대업, 전문·과학 및 기술 서비스업, 사업 시설 관리 및 사업 지원 서비스업 등의 전문 서비스업

자료로 보는 **서비스 산업의 분포**

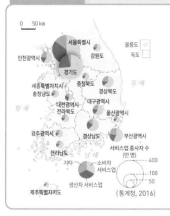

자료 분석 서비스업은 수요자 유형에 따라 소비자 서비스업과 생산자 서비스업으로 분류한다. 소비자 서비스업은 소비자의 이동 거리를 최소화하기 위해 분산 입지하려는 경향이 크므로 인구 규모에 비례해 분포하는 것이 특징이다. 반면, 생산자 서비스업은 주 고객인 기업과의 접근성이 높고 관련 정보 획득에 유리한 지역에 집중하려는 경향이 크므로 상대적으로 수도권에 집중한다.

◎ 관련 정보 획득이 유리한 지역에 집중하는 서비스업은 무엇인가?

정리 서비스업 비사산생 ▼

3 산업별 종사자의 비중 변화

1970년에는 농림·어업의 종사자 비중이 가장 높았으나, 이후 농림·어업의 종사자 비중은 빠르게 감소하고, 광공업과 사회 간접 자본 및 서비스업의 종사자 비중이 증가하였다. 한편, 1990년대 이후에는 광공업의 종사자 비중이 감소하는 탈공업화 현상이 나타났다.

4 서비스업 및 제조업 종사자 수의 증가율(2005~2015년)

서울과 대구, 대전의 제조업 종사자 수는 감소하였지만, 서비스업 종사자 수는 증가하였다. 반면, 충남의 경우 수도권의 공업이 이전하여 제조업 종사자 수 증가가 두드러진다.

5 지역별 생산자 서비스업과 소비자 서비스업 분포

전문 서비스업은 법무, 회계, 광고, 시장 조사, 경영 컨설팅 등 기업의 생산 활동을 지원하는 생산자 서비스업이고, 소매업(자동차 제외)은 소비자에게 상품을 판매하는 소비자 서비스업이다. 생산자 서비스업인 전문 서비스업은 소비자 서비스업인 소매업(자동차 제외)에 비해 수도권의 집중도가 높게 나타난다.

※ 용어사전

* 대량 생산 공장의 기계 등을 통하여 규격이 같은 물품을 대량으로 생산하는 것

교통·통신의 발달과 서비스업의 변화

② 서비스 산업의 발달 **1** · 기업이 비용 절감과 조직의 간소화 등을 위해 특정 업무를 외부 기업에 맡기는 현상으로, '아웃 소싱'이라고도 한다.

• 서비스 산업의 외부화 : 서비스 업종과 규모의 다양화 및 기능의 전문화

• 서비스 산업의 고도화 : 지식 기반 산업이 경제 활동의 중심을 이룸 → 다른 산업으로의 파급 효과가 큰 생산자 서비스업의 비중이 증가함

③ 지식 기반 산업의 입지 특성

• 기술 혁신의 속도가 빠르고 고급 인력의 확보가 용이한 곳 → 대학교와 연구소 등 연구·개발 시설이 인접해 있으며 교통이 편리한 곳

• 우리나라 : 수도권에 집중적으로 분포 → 지역 간의 격차 발생 우려
서울은 지식 기반 서비스업, 인천·경기는 지식 기반 제조업이 주로 발달하였다.

C 교통·통신의 발달은 공간에 어떤 영향을 끼쳤을까

1 운송비 구조와 교통수단별 특성 **2**

① 운송비 구조 : 총 운송비＝기종점 비용＋주행 비용

기종점 비용	• 고정 비용 : 보험료, 터미널 유지비, 하역비 등 • 주행 거리와 관계없이 일정함 • 운송 규모나 터미널 여건 등 교통수단마다 차이가 있음
주행 비용	• 주행 거리에 따라 증가함 • 주행 거리가 늘어날수록 단위 거리당 운송비는 감소함 질문

② 교통수단별 특성

도로	• 기종점 비용이 가장 저렴함, 주행 비용이 철도와 해운보다 비쌈 • 기동성과 문전 연결성이 우수함, 운행 시 지형적 제약이 작음
철도	• 기종점·주행 비용이 도로와 해운의 중간, 중대형 화물과 중·장거리 수송에 유리함 • 정시성과 안전성이 우수함, 운행 시 지형적 제약이 큼
해운	• 기종점 비용이 비쌈, 주행 비용이 저렴함 → 대량 화물의 장거리 수송에 적합함 • 기상의 제약이 큼, 화물 수송 분담률이 여객 수송 분담률보다 높음
항공	• 기종점·주행 비용이 비쌈, 장거리 여객 수송과 고부가 가치 제품 수송에 적합함 • 기상 조건의 제약이 큼, 신속한 수송에 유리함

부피는 작으나 높은 가치를 지니는 제품
예 스마트폰, 반도체, 컴퓨터 부품

자료로 보는 교통수단별 수송 분담률

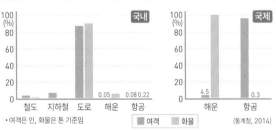

국내
국제

• 여객은 인, 화물은 톤 기준임   ■ 여객 ■ 화물   (통계청, 2014)

자료 분석 국내 여객 수송 분담률은 도로>지하철>철도>항공>해운 순으로 높고, 국내 화물 수송 분담률은 도로>해운>철도>항공 순으로 높다. 도로는 국내 여객과 화물 수송 모두에서 분담률이 가장 높으며, 해운은 국내 여객 수송 분담률은 낮지만, 국내 화물 수송 분담률이 도로 다음으로 높다. 국제 교통수단별 수송 분담률을 보면 여객 수송은 항공이 높고, 화물 수송은 해운이 높다.

Q 국내 여객과 화물 수송 모두 분담률이 가장 높은 교통 수단은 무엇인가? 로도 ▼

1 서비스업 업종별 종사자 수의 비중 변화

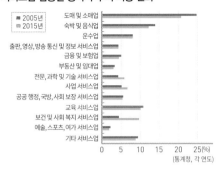

■ 2005년
■ 2015년

도매 및 소매업
숙박 및 음식업
운수업
출판,영상,방송 통신 및 정보 서비스업
금융 및 보험업
부동산 및 임대업
전문, 과학 및 기술 서비스업
사업 서비스업
공공 행정,국방, 사회 보장 서비스업
교육 서비스업
보건 및 사회 복지 서비스업
예술,스포츠, 여가 서비스업
기타 서비스업

0   5   10   15   20   25(%)
(통계청, 각 연도)

소비자 서비스업은 종사자 수 비중은 낮아진 반면, 생산자 서비스업의 비중은 높아졌다. 생산자 서비스업은 관련 산업의 발달 및 집적을 유도하는 효과가 있어 지역의 고용 창출과 경제 성장에 많은 영향을 끼친다. 따라서 최근에는 전체 산업 성장에서 생산자 서비스업 부문의 성장이 두드러진다.

2 운송비 구조와 교통수단별 운송비 구조

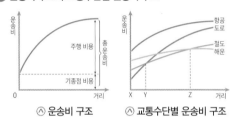

⑴ 운송비 구조   ⑵ 교통수단별 운송비 구조

교통수단별로 기종점 비용과 주행 비용이 다르므로 구간별로 유리한 교통수단이 달라진다. 각 구간에서 운송비가 가장 저렴한 교통수단을 보면 단거리인 X-Y 구간에서는 도로, 중거리인 Y-Z에서는 철도, Z 지점 이상의 장거리에서는 해운이 가장 유리하다.

✊ 질문 있어요

단위 거리당 운송비는 왜 체감하나요?
단위 거리당 운송비는 총 운송비를 이동 거리로 나눈 값으로, 일반적으로 1km당 운송비를 말합니다. 즉, 교통수단과 이동 거리에 따라 다르게 나타나지요. 기종점 비용은 거리가 멀어지더라도 일정하며, 주행 비용은 장거리 할인이 적용됩니다. 따라서 일반적으로 거리가 멀어질수록 단위 거리당 운송비가 감소하는 운송비 체감 현상이 나타나는 것입니다.

✳ **용어사전**

• **기종점**(起 시작하다, 終 끝내다, 點 점) 통행이 시작되는 출발점과 끝나는 도착점

• **하역비** 화물 수송 시 화물을 싣고 내리는 데 드는 비용

• **문전 연결성** 최종 출발지 또는 최종 목적지에 대한 교통수단의 접근성으로, 운송에서 화물이나 여객을 목적지까지 바로 연결하는 특성

• **정시성**(定 정하다, 時 시간, 性 특성) 정해진 시간에 정확하게 통행하는 특성

2 교통·통신의 발달

① 교통의 발달

1960년대 이전	철도 중심의 교통 체계
1960년대 이후	경부 고속 국도를 시작으로 구축된 도로망이 여객과 화물 수송의 중심이 됨 → 도로 교통 발달, 철도 교통 위축
1970년대 이후	대도시의 교통 혼잡 문제 해결을 위해 지하철 개통 → 지하철 노선을 따라 대도시권 확대
2000년대 이후	• 경부 및 호남 고속 철도 개통 → 지역 간 교류 활성화, 도시 간 접근성 향상 • 국제 무역 증가 → 무역항(부산, 광양, 평택)과 국제공항(인천) 발달

② 통신의 발달 : 이동 통신 서비스 및 초고속 인터넷 서비스의 발달 → 시·공간을 초월하여 정보의 빠른 교환 및 다양한 활동이 가능해짐 **3**

자료로 보는 고속 철도 개통에 따른 국토 공간의 변화

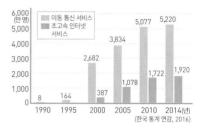

자료 분석 고속 철도가 정차하는 주요 지방 도시는 지식·관광 산업 등을 기반으로 한 새로운 거점으로의 경제 성장이 기대된다. 그러나 지방 도시와 수도권의 시간 거리가 단축되면서 관광·의료·문화 등의 수요가 수도권으로 더욱 집중하여 지방 도시의 경제 활동이 오히려 위축될 수 있다는 우려도 있다.

3 교통·통신의 발달과 공간 변화

① 교통의 발달과 공간 변화
• 교통이 발달한 지역 : 산업과 인구 집중 → 대도시 성장과 생활권 확대로 대도시권 형성 → 지가 상승, 교통 혼잡 문제 발생 → 공간의 재조직
• 교통이 불편한 지역 : 발전 정체 → 지역 간 격차 심화

② 통신의 발달과 공간 변화
• 상업 입지의 변화 : 도시 외곽에 물류 단지·화물 터미널 등 입지 **4**
• 전자 상거래의 증가 : 택배 산업의 성장으로 이어짐 **5**
• 기업 조직의 공간적 분업 심화 : 통신망을 이용한 원활한 정보 공유가 가능해짐 → 관리 기능의 본사는 대도시에, 생산 기능의 공장은 대도시 주변 지역이나 지방에 입지하는 현상 확대

4 교통·통신의 발달에 따른 생활의 변화

왜? 정보화의 영향으로 지식 기반 산업이 발달하고 있기 때문이다.

변화	재택근무와 화상 회의 등의 확대, 전문직 및 연구직 종사자 비중 증가, 지능형 교통 시스템 등장과 유비쿼터스 시대의 도래 등
장점	지역 간 인적·물적 교류 증가, 재화와 서비스의 제공 범위 확대, 소비자의 이동 거리 증가, 기업의 시장 파악 및 소비자의 상품 정보 획득 유리 등
문제점	정보 유출, 사생활 침해, 지역 및 계층 간 격차 등 발생

└ 사회 제도 정비, 개인의식 변화 등의 노력으로 해결해야 한다.

3 통신 서비스 가입자 수의 변화

우리나라는 1998년 처음으로 초고속 인터넷 서비스가 제공된 이후 이동 통신 서비스 및 초고속 인터넷 서비스 가입자 수가 지속하여 증가하였다.

4 지역별 물류 창고 현황

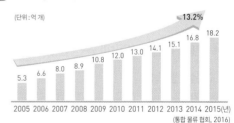

무점포 소매업이 성장하면서 서울과 부산 등의 대도시 주변에 물류 창고가 집중 분포하게 되었다.

5 택배 물량의 변화

(단위 : 억 개)

2005	2006	2007	2008	2009	2010	2011	2012	2013	2014	2015(년)
5.3	6.6	8.0	8.9	10.8	12.0	13.0	14.1	15.1	16.8	18.2

13.2%

(통합 물류 협회, 2016)

택배 산업은 2000년대 이후 지속적으로 성장하였으며, 최근에는 인터넷은 물론 스마트 기기를 이용한 국내 및 해외 직접 구매가 증가하면서 더욱 빠르게 성장하고 있다.

용어사전

* **지능형 교통 시스템**(ITS : Intelligent Transport System) 도로, 차량, 신호 등 기존 교통 체계에 정보 통신 기술을 접목한 시스템으로 교통량에 따른 신호 제어와 과속 차량 자동 단속, 통행료 자동 징수, 버스 도착 예정 시간 안내 등이 가능함
* **유비쿼터스**(ubiquitous) 사용자 환경에 구애받지 않고 장소에 상관없이 자유롭게 네트워크에 접속할 수 있는 정보 통신 환경

올리드 포인트

A 상업 및 소비 공간의 변화

1 상품에 따른 입지

일상용품	소규모 상점, 소비자 분포에 따라 분포
전문 용품	상점 수가 적고 특정 지역에 집중함

2 다양한 소비 공간의 등장

편의점	일상생활에 필요한 기본적인 상품을 24시간 제공
백화점	주로 고급 상품 취급, 도심이나 부도심에 입지
대형 마트	도시 내 주거 지역을 중심으로 입지
무점포 소매업	입지가 자유로운 TV 홈쇼핑, 온라인 쇼핑 등의 발달

B 산업 구조와 서비스 산업의 변화

1 우리나라 산업 구조의 변화 : 1990년대 이후 탈공업화 진행

2 수요자 유형에 따른 서비스업의 분류

소비자 서비스업	• 개인 소비자가 이용하는 서비스업 • 소비자의 이동 거리 최소화를 위해 분산 입지
생산자 서비스업	• 기업의 생산 활동을 지원하는 서비스업 • 기업과의 접근성이 높고 관련 정보 획득에 유리한 지역 → 대도시의 도심 또는 부도심

3 서비스 산업의 발달

서비스 산업의 외부화	업종·규모의 다양화, 기능의 전문화
서비스 산업의 고도화	지식 기반 산업과 생산자 서비스업 중심의 경제 활동

C 교통·통신의 발달과 공간 변화

1 교통수단별 특성

도로	단거리 수송에 유리, 기동성과 문전 연결성이 우수함, 운행 시 지형적 제약을 작게 받음
철도	정시성과 안전성이 우수함, 운행 시 지형적 제약이 큼
해운	대량 화물의 장거리 수송에 유리, 기상 조건의 제약이 큼
항공	장거리 여객 및 고부가 가치 화물 수송에 주로 이용, 운행 시 기상 조건의 영향이 큼

2 교통·통신의 발달과 공간 변화

교통	지역 간 접근성 향상 → 인적·물적 교류 증가, 생활권 확대
통신	시·공간의 제약 감소, 지방 분산형 국토 공간 형성, 전자 상거래 확산 등

01 다음 설명이 맞으면 ○표, 틀리면 ×표를 하시오.

(1) 중심지가 유지되기 위해서는 최소 요구치가 재화의 도달 범위보다 같거나 넓어야 한다. ( )

(2) 편의점은 백화점보다 점포당 매출액이 많다. ( )

(3) 서비스 산업은 공급자의 유형에 따라 소비자 서비스업과 생산자 서비스업으로 구분할 수 있다. ( )

(4) 도·소매업과 음식업은 소비자 서비스업, 금융업과 전문 서비스업은 생산자 서비스업에 해당한다. ( )

(5) 탈공업화 사회에서는 서비스업 중심의 경제 활동이 이루어지며, 지식과 정보가 주요 생산 요소이다. ( )

(6) 수도권에서 서울은 지식 기반 제조업이, 경기는 지식 기반 서비스업이 주로 발달하였다. ( )

02 빈칸에 들어갈 알맞은 말을 쓰시오.

(1) 온라인 쇼핑, TV 홈쇼핑 등의 전자 상거래가 확대되면서 ( )이/가 성장하고 있다.

(2) 대도시의 도심이나 부도심에 주로 입지하는 경향을 보이는 대형 소매 업태는 ( )이다.

(3) 운송비는 거리에 따라 증가하는 (㉠) 비용과, 창고비·하역비·보험료 등의 고정 비용인 (㉡) 비용의 합으로 구할 수 있다.

(4) 국내 여객 및 화물 수송 분담률이 가장 높은 교통수단은 ( )이다.

03 각 교통수단의 특징을 바르게 연결하시오.

(1) 도로 •   • ㉠ 정시성과 안전성이 우수함

(2) 철도 •   • ㉡ 국제 화물 수송 분담률이 가장 높음

(3) 해운 •   • ㉢ 기동성과 문전 연결성이 가장 우수함

(4) 항공 •   • ㉣ 장거리 여객 수송과 고부가 가치 화물 수송에 적합함

01 그래프는 소매 업태별 판매액 지수 변화를 나타낸 것이다. A~C 소매 업태로 옳은 것은?

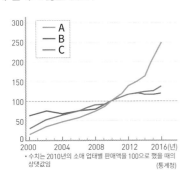

* 수치는 2010년의 소매 업태별 판매액을 100으로 했을 때의 상댓값임
(통계청)

	A	B	C
①	백화점	편의점	대형 마트
②	백화점	대형 마트	편의점
③	편의점	백화점	대형 마트
④	편의점	대형 마트	백화점
⑤	대형 마트	백화점	편의점

02 서술형 평가 답안지의 ㉠~㉤ 중 옳지 않은 것은?

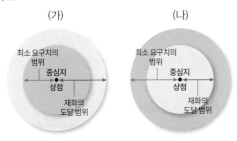

〈서술형 문제〉

그림은 상점(중심지)의 유지 조건을 나타낸 것이다. (가), (나) 상태가 의미하는 것을 쓰고, 이를 정기 시장과 관련해 서술하시오.

학생 답안 : ㉠ 상점을 유지하는 데 필요한 최소한의 수요를 최소 요구치라고 하고, ㉡ 상점으로부터 재화가 도달할 수 있는 최대한의 범위를 재화의 도달 범위라고 한다. ㉢ (가)는 최소 요구치의 범위가 재화의 도달 범위보다 작으므로 상점(중심지)의 유지가 가능하고, ㉣ (나)는 최소 요구치의 범위가 재화의 도달 범위보다 크므로 상점(중심지)의 유지가 불가능하다. ㉤ 일정한 주기로 열리는 정기 시장은 (가)의 상황에서 운영된다.

① ㉠   ② ㉡   ③ ㉢   ④ ㉣   ⑤ ㉤

03 지도는 (가), (나) 소매 업태의 분포를 나타낸 것이다. (가)와 비교한 (나) 소매 업태의 상대적 특징을 그림의 A~E에서 고른 것은? (단, (가), (나)는 백화점, 편의점 중 하나임)

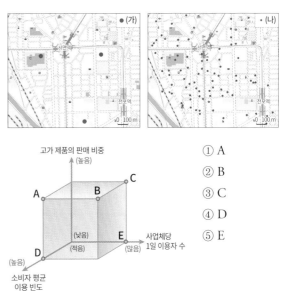

① A
② B
③ C
④ D
⑤ E

04 표는 (가), (나) 지역의 의료 기관 현황을 나타낸 것이다. 이를 통해 추론한 내용으로 적절한 것을 〈보기〉에서 고른 것은? (단, A~C는 의원, 병원, 종합 병원 중 하나임)

지역	면적(km²)	의료 기관별 수(개)		
		A	B	C
(가)	983.5	2	2	120
(나)	539.3	10	40	1,045

(통계청, 2016)

| 보기 |

ㄱ. (가)는 (나)보다 인구 밀도가 높을 것이다.

ㄴ. A는 B보다 서비스의 도달 범위가 넓을 것이다.

ㄷ. B는 C보다 의료 기관당 1일 평균 환자 방문 수가 적을 것이다.

ㄹ. C는 A보다 의료 기관 간의 평균 거리가 짧을 것이다.

① ㄱ, ㄴ   ② ㄱ, ㄷ   ③ ㄴ, ㄷ
④ ㄴ, ㄹ   ⑤ ㄷ, ㄹ

05 그림은 (가), (나) 상거래 방식을 모식적으로 나타낸 것이다. 이에 관한 옳은 설명을 〈보기〉에서 고른 것은?

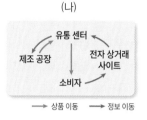

(가)   (나)

→ 상품 이동   ➡ 정보 이동

| 보기 |

ㄱ. (가)는 (나)보다 소비자와의 대면 접촉 빈도가 높다.
ㄴ. (가)는 (나)보다 구매 활동의 시간적 제약이 작다.
ㄷ. (나)는 (가)보다 택배업 성장에 끼친 영향이 크다.
ㄹ. (나)는 (가)보다 우리나라에 도입된 시기가 이르다.

① ㄱ, ㄴ   ② ㄱ, ㄷ   ③ ㄴ, ㄷ
④ ㄴ, ㄹ   ⑤ ㄷ, ㄹ

★★ 중요

06 그래프는 A~C 소매 업태의 월별 1인당 구매 단가를 나타낸 것이다. 이에 관한 설명으로 옳은 것은? (단, A~C는 백화점, 편의점, 대형 마트 중 하나임)

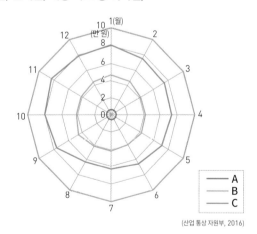

(산업 통상 자원부, 2016)

① C는 주로 24시간 판매가 이루어진다.
② A는 B보다 상품 전시에 많은 공간이 필요하다.
③ B는 A보다 최소 요구치가 작다.
④ B는 C보다 대도시 도심에 입지하는 경향이 강하다.
⑤ C는 A보다 월별 1인당 구매 단가의 차이가 크다.

---

07 그래프는 우리나라의 총 취업자 수 및 산업별 취업자 수 비율 변화를 나타낸 것이다. 이에 관한 옳은 설명만을 〈보기〉에서 있는 대로 고른 것은?

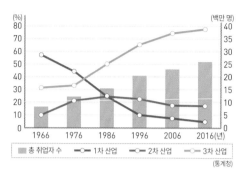

■ 총 취업자 수 ─○─ 1차 산업 ─●─ 2차 산업 ─○─ 3차 산업

(통계청)

| 보기 |

ㄱ. 1986년 이후 탈공업화 현상이 나타났다.
ㄴ. 1966년에는 1차 산업 취업자 수가 가장 많았다.
ㄷ. 2000년대는 1960년대보다 서비스업이 다변화되고 전문화되었을 것이다.
ㄹ. 2016년의 2차 산업 취업자 수는 1986의 2차 산업 취업자 수보다 적다.

① ㄱ, ㄴ   ② ㄱ, ㄹ   ③ ㄷ, ㄹ
④ ㄱ, ㄴ, ㄷ   ⑤ ㄴ, ㄷ, ㄹ

★★ 중요

08 그래프는 시·도별 산업 구조를 나타낸 것이다. (가)~(라) 지역으로 옳은 것은?

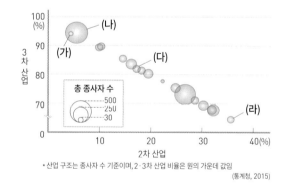

• 산업 구조는 종사자 수 기준이며, 2·3차 산업 비율은 원의 가운데 값임

(통계청, 2015)

	(가)	(나)	(다)	(라)
①	서울	울산	전남	제주
②	전남	서울	제주	울산
③	전남	울산	제주	서울
④	제주	서울	전남	울산
⑤	제주	울산	서울	전남

09 (가), (나)에 들어갈 서비스업에 관한 옳은 설명을 〈보기〉에서 고른 것은?

> 서비스 산업은 수요자의 유형에 따라 ⎡(가)⎤ 와/과 ⎡(나)⎤ (으)로 구분할 수 있다. ⎡(가)⎤ 은/는 구매 시 이동 거리를 최소화하고 업체 간 경쟁을 줄이기 위해 일정한 거리를 두고 분산하여 입지하는 경향이 있다. ⎡(나)⎤ 은/는 주요 고객인 기업과의 접근성이 좋고 정보 획득이 쉬운 곳에 집적하여 입지하는 경향이 있다.

┌ 보기 ├
ㄱ. (가)의 사례로는 금융, 법률, 광고 등이 있다.
ㄴ. (나)는 대도시의 도심 또는 부도심에 주로 입지한다.
ㄷ. (가)는 (나)보다 수도권 집중도가 높다.
ㄹ. (나)는 (가)보다 산업 구조가 고도화될수록 성장이 두드러지게 나타난다.

① ㄱ, ㄴ   ② ㄱ, ㄷ   ③ ㄴ, ㄷ
④ ㄴ, ㄹ   ⑤ ㄷ, ㄹ

10 그래프는 서비스업 업종별 종사자 수 비중 변화를 나타낸 것이다. 이를 보고 추론한 내용으로 옳은 것은? (단, ㉠, ㉡은 사업 서비스업과 도매 및 소매업 중 하나임)

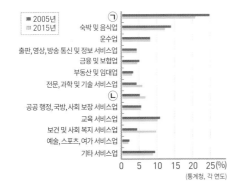

① ㉠은 생산자 서비스업일 것이다.
② ㉠은 ㉡보다 기업과의 거래 비중이 높을 것이다.
③ ㉠은 ㉡보다 전국의 사업체 수가 적을 것이다.
④ ㉡은 ㉠보다 총 종사자 수가 많을 것이다.
⑤ ㉡은 ㉠보다 정보 획득이 유리한 지역에 입지하려는 경향이 강할 것이다.

11 지도의 (가)와 비교한 (나) 서비스업의 상대적 특성을 그래프의 A~E에서 고른 것은? (단, (가), (나)는 생산자 서비스업과 소비자 서비스업 중 하나임)

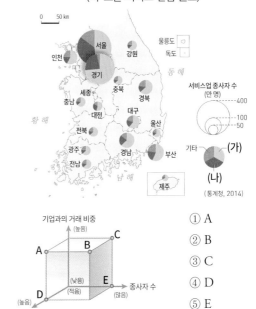

① A   ② B   ③ C   ④ D   ⑤ E

12 다음 자료와 관련된 한국지리 수업의 주제로 가장 적절한 것은?

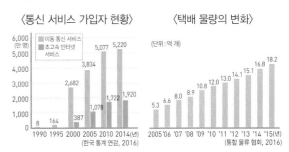

① 서비스업의 고도화
② 서비스업의 외부화
③ 전자 상거래의 성장
④ 상설 시장으로 변화한 정기 시장
⑤ 교통 발달에 따른 상업 입지의 변화

중요 ★★

13 그래프는 교통수단별 운송비 구조를 나타낸 것이다. (가)~
(다) 교통수단의 상대적 순위를 A~E에서 고른 것은?

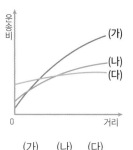

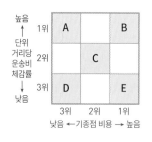

	(가)	(나)	(다)			(가)	(나)	(다)
①	A	C	E		②	B	C	D
③	C	E	A		④	D	C	B
⑤	E	C	A					

14 다음은 어느 교통수단에 관해 교사와 학생이 스무고개를 하는 장면이다. (가)에 들어갈 질문으로 가장 적절한 것은?

학생	교사
한 고개 : 국제 화물 수송 분담률이 가장 높나요?	→ 아니요
두 고개 : 기종점 비용이 가장 비싼 가요?	→ 아니요
세 고개 : ____(가)____	→ 예
네 고개 : 문전 연결성이 가장 좋은 가요?	→ 예

① 일정한 궤도 위를 운행하나요?
② 신속한 장거리 수송에 유리한가요?
③ 안전성과 정시성이 가장 우수한가요?
④ 국내 화물 수송 분담률이 가장 높나요?
⑤ 운행 시 기상 조건의 영향을 가장 크게 받나요?

15 그래프는 교통수단별 국내 여객 및 화물 수송 분담률을 나타낸 것이다. A~E 교통수단으로 옳은 것은?

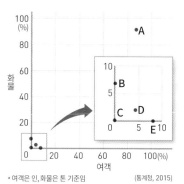

* 여객은 인, 화물은 톤 기준임 (통계청, 2015)

	A	B	C	D	E
①	도로	철도	해운	항공	지하철
②	도로	해운	항공	철도	지하철
③	도로	해운	항공	지하철	철도
④	철도	도로	항공	지하철	해운
⑤	철도	해운	지하철	항공	도로

중요 ★★

16 그래프는 교통수단별 국내 화물 수송량의 비중 변화를 나타낸 것이다. (가)~(라) 교통수단에 관한 설명으로 옳은 것은?
(단, (가)~(라)는 도로, 철도, 항공, 해운 중 하나임)

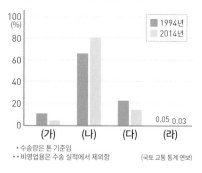

* 수송량은 톤 기준임
** 비영업용은 수송 실적에서 제외함
(국토 교통 통계 연보)

① (가)는 (라)보다 운행 시 기상 조건의 영향을 크게 받는다.
② (나)는 (다)보다 국제 화물 수송 분담률이 높다.
③ (다)는 (나)보다 운행 1회당 화물 수송량이 많다.
④ (다)는 (라)보다 고부가 가치 제품의 신속한 수송에 유리하다.
⑤ (라)는 (나)보다 평균 운송 속도가 느리다.

17 자료는 고속 철도 개통에 따른 시간 거리 변화를 나타낸 것이다. 이에 따라 나타날 것으로 예상하는 변화로 적절하지 않은 것은?

① 공간적 제약이 완화되었다.
② 서울 상권의 영향력이 확대되었다.
③ 천안에서 서울로의 통근자 비율이 감소하였다.
④ 수도권과 기타 지역 간의 접근성이 향상되었다.
⑤ 고속 철도가 정차하는 지방 도시의 경우 새로운 경제 성장 거점으로의 성장이 기대된다.

18 학생이 작성한 형성 평가지의 ㉠~㉣ 중 바르게 표시한 답을 고른 것은?

〈형성 평가〉

이름 : ○○○

교통·통신의 발달에 따른 생활의 변화와 관련된 설명이 적절하면 '예', 적절하지 않으면 '아니요'에 ∨표 하시오.

〈설명 1〉 지역 간 인적·물적 교류와 재화·서비스의 제공 범위가 확대된다. 예☐ 아니요✓ ……㉠
〈설명 2〉 재택근무, 화상 회의 등이 확대된다.
　　　　　　　　　　　　예✓ 아니요☐ ……㉡
〈설명 3〉 유비쿼터스 시대가 도래하게 된다.
　　　　　　　　　　　　예✓ 아니요☐ ……㉢
〈설명 4〉 지역 및 계층 간 정보 격차, 사생활 침해 등의 문제가 줄어든다. 예✓ 아니요☐ ……㉣

① ㉠, ㉡　　　② ㉠, ㉢　　　③ ㉡, ㉢
④ ㉡, ㉣　　　⑤ ㉢, ㉣

19 그래프는 소매 업태별 주요 특색을 비교한 것이다. 물음에 답하시오. (단, A~C는 백화점, 대형 마트, 편의점 중 하나임)

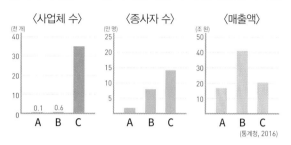

(통계청, 2016)

(1) A~C 소매 업태가 무엇인지 쓰시오.

(2) A와 비교한 C의 특징을 〈조건〉의 용어를 사용하여 서술하시오.

┤ 조건 ├
• 최소 요구치
• 재화의 도달 범위
• 판매하는 상품의 종류
• 소비자의 이용 빈도
• 평균 영업시간

20 그래프는 국내 여객 및 화물 수송 분담률을 나타낸 것이다. 물음에 답하시오.

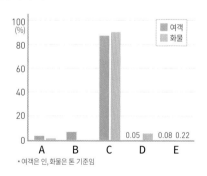

* 여객은 인, 화물은 톤 기준임

(1) A~E 교통수단의 명칭을 쓰시오.

(2) A와 C 교통수단의 장점을 간략하게 서술하시오.

(3) D와 E 교통수단의 국제 화물 수송의 특징을 서술하시오.

01 그래프의 A~C 소매 업태에 관한 설명으로 옳지 <u>않은</u> 것은? (단, A~C는 백화점, 대형 마트, 편의점 중 하나임)

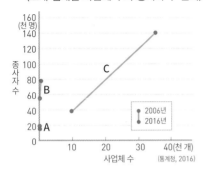

〈소매 업태별 사업체 수와 종사자 수 변화〉

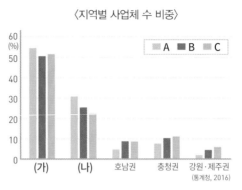

〈지역별 사업체 수 비중〉

① A는 수도권의 사업체 수가 비수도권의 사업체 수보다 많다.

② A는 C보다 고가 제품의 판매 비중이 높다.

③ C는 2016년 기준 B보다 사업체당 종사자 수가 많다.

④ A~C 중 최초 등장 시기는 A가 가장 이르다.

⑤ (가)는 수도권, (나)는 영남권이다.

문제 접근 방법

최소 요구치와 재화의 도달 범위가 넓은 소매 업태일수록 사업체 수가 적다는 것을 알고 있다면 A~C가 무엇인지 쉽게 찾을 수 있다. 그리고 소매 업태는 인구 분포와 비슷하게 나타나므로 사업체 수가 많은 지역에 인구가 집중한다는 것을 알고 있어야 한다.

적용 개념

\# 소매 업태별 사업체 수와 종사자 수 비교

\# 지역별 소매 업태의 분포 특징

02 그래프는 지역별 (가), (나) 서비스업 분포를 나타낸 것이다. 이에 관한 설명으로 옳은 것은? (단, (가), (나)는 전문 서비스업, 소매업(자동차 제외) 중 하나이며, A~C는 수도권, 영남권, 충청권 중 하나임)

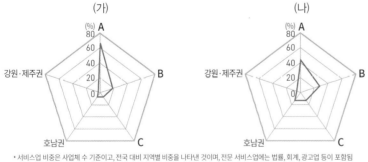

* 서비스업 비중은 사업체 수 기준이고, 전국 대비 지역별 비중을 나타낸 것이며, 전문 서비스업에는 법률, 회계, 광고업 등이 포함됨

(통계청, 2016)

① (가)는 (나)보다 전국의 사업체 수가 많다.

② (가)는 (나)보다 산업 구조의 고도화에 따른 성장률이 낮다.

③ (나)는 (가)보다 정보 획득이 유리한 곳에 입지하려는 경향이 강하다.

④ (가)는 주로 생산자, (나)는 주로 소비자에게 서비스를 제공한다.

⑤ A는 수도권, B는 충청권, C는 영남권이다.

문제 접근 방법

소비자 서비스업은 소비자의 이동 거리를 최소화하기 위해 분산 입지하려는 경향이 강하여 대체로 인구 규모에 비례하여 분포한다. 반면, 생산자 서비스업은 관련 정보 획득에 유리한 곳, 즉 대도시의 도심 또는 부도심에 입지함을 알면 두 서비스업이 무엇인지 구분힐 수 있다.

적용 개념

\# 소비자 서비스업의 분포 특징

\# 생산자 서비스업의 분포 특징

03 그래프는 지역별 1차 산업과 3차 산업의 부가 가치 생산액 비율과 총 부가 가치를 나타낸 것이다. 이에 관한 옳은 설명만을 〈보기〉에서 있는 대로 고른 것은? (단, A~D는 수도권, 충청권, 호남권, 영남권 중 하나임)

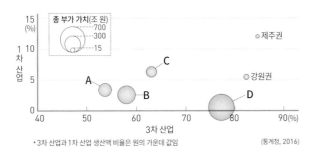

문제 접근 방법

제시된 1차 산업과 3차 산업의 부가 가치 생산액 비율과 총 부가 가치 중 그 비율이나 금액이 가장 크고 높거나 작고 낮은 특징이 나타나는 지역을 하나씩 유추해야 한다. 그리고 1차 산업과 3차 산업의 비율을 알고 있으므로 2차 산업의 부가 가치 생산액 비율도 유추할 수 있다.

적용 개념

지역별 산업 구조의 특징
지역별 총 부가 가치 비교

| 보기 |

ㄱ. 제주권은 1차 산업의 부가 가치 생산액이 가장 많다.
ㄴ. 호남권은 충청권보다 총 부가 가치 생산액이 적다.
ㄷ. 수도권은 강원권보다 3차 산업의 부가 가치 생산액이 많다.
ㄹ. 영남권은 호남권보다 2차 산업의 부가 가치 생산액 비율이 높다.

① ㄱ, ㄴ　　　　② ㄱ, ㄷ　　　　③ ㄷ, ㄹ
④ ㄱ, ㄴ, ㄹ　　⑤ ㄴ, ㄷ, ㄹ

04 그래프는 교통수단별 국제 및 국내 여객 수송 분담률을 나타낸 것이다. A~E 교통수단에 관한 설명으로 옳은 것은?

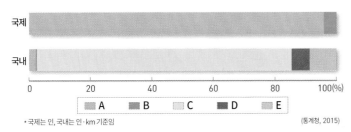

· 국제는 인, 국내는 인·km 기준임　　　　(통계청, 2015)

문제 접근 방법

여객 수송에 있어 '인·km' 기준일 경우, 상대적으로 이용객의 평균 이동 거리가 먼 교통수단이 그렇지 않은 교통수단보다 국내 여객 수송 분담률이 높음에 유의한다. 또한 항공도 '인' 기준일 때보다 '인·km'일 때 여객 수송 분담률이 높게 나타난다.

적용 개념

교통수단별 주요 특성
국제 및 국내 여객 수송 분담률
여객 수송에서 '인'과 '인·km' 기준의 차이 파악

① A는 C보다 문전 연결성이 우수하다.
② B는 C보다 기종점 비용이 저렴하다.
③ C는 A보다 국내 화물 수송 분담률이 낮다.
④ D는 E보다 이용객의 평균 이동 거리가 짧다.
⑤ E는 B보다 운행 시 기상 조건의 영향을 크게 받는다.

V 단원 수능 빈출 유형

유형 1 지역별 1차 에너지원별 공급 현황

그래프의 (가)~(다)는 지도에 표시된 세 지역의 1차 에너지원별 공급량을 나타낸 것이다. 이에 대한 설명으로 옳지 <u>않은</u> 것은? (단, A~C는 석유, 석탄, 천연가스 중 하나임)

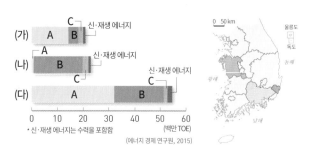

* 신·재생 에너지는 수력을 포함함
(에너지 경제 연구원, 2015)

① 경남은 충남보다 1차 에너지원별 공급량에서 석탄이 차지하는 지역 내 비중이 작다.
② A는 제철 공업의 주요 연료로 이용된다.
③ B는 울산의 1차 에너지원별 공급량에서 가장 큰 비중을 차지한다.
④ C는 B보다 가정용으로 이용되는 비중이 크다.
⑤ 발전에 이용되는 1차 에너지의 비중은 A>C>B 순이다.

≫ **유형 분석** 지역별 1차 에너지 공급 현황을 비교하는 문제이다. 지도에 표시된 지역은 충남, 경남, 울산이다. 1차 에너지 공급량이 많은 곳은 화력 발전소가 많이 입지하거나 제철 공업 등 중화학 공업이 발달한 곳이다. 울산은 석유 화학 공업이 발달해 있어 석유의 공급 비중이 높고, 경남과 충남은 화력 발전소가 많이 입지해 있어 석탄의 공급량이 상대적으로 많다.

☑ **공략법**
1 1차 에너지의 공급량이 가장 많은 (다)는 충남이며, 충남에서 공급 비중이 높은 A는 석탄이다.
2 (가)와 (나) 중 석탄의 공급 비중이 높은 (가)는 경남이므로 (나)는 울산이며, 석유 화학 공업이 발달한 울산에서 공급량이 많은 B는 석유이다. 따라서 C는 천연가스이다.

유형 2 도(道)별 농업 특성 비교

다음 자료에 대한 설명으로 옳은 것은? (단, (가)~(다)는 강원, 전남, 충북 중 하나이며, A~C는 과수, 맥류, 채소 중 하나임)

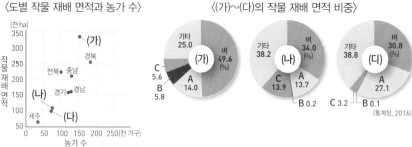

〈도별 작물 재배 면적과 농가 수〉　　〈(가)~(다)의 작물 재배 면적 비중〉

(통계청, 2016)

① (가)는 전남, (나)는 강원이다.
② 농가당 작물 재배 면적은 (다)가 (가)보다 넓다.
③ (가)~(다) 중 채소 재배 면적은 전남이 가장 넓다.
④ 도내 과수 재배 면적 비중은 강원이 충북보다 높다.
⑤ 도내 맥류 재배 면적 비중은 충북이 전남보다 높다.

≫ **유형 분석** 도(道)별 농업 특성을 비교하는 문항은 출제 빈도가 매우 높다. 작물 재배 면적이 가장 넓은 지역은 평야가 발달한 전남이고, 농가 수가 가장 많은 곳은 경북이다. 한편, 강원은 채소의 재배 면적 비중이 상대적으로 높고, 전남은 맥류의 재배 면적 비중이 상대적으로 높다.

☑ **공략법**
1 (가)는 작물 재배 면적 비중이 가장 높으므로 평야가 발달한 지역임을 파악한다.
2 벼의 재배 면적 비중이 높은 (가)에서 상대적으로 재배 면적 비중이 높은 B가 무엇인지를 파악한다.
3 (나), (다) 중 벼의 재배 면적 비중이 상대적으로 낮은 곳은 산지의 비율이 높으며, 산지의 비율이 높은 곳에서 재배 면적 비중이 상대적으로 높은 A가 무엇인지를 파악한다.

유형 3 지역별 소득 수준과 제조업 현황 파악

(가)~(다) 제조업의 특성에 대한 설명으로 옳은 것은? (단, (가)~(다)는 자동차 및 트레일러, 전자 부품·컴퓨터·영상·음향 및 통신 장비, 1차 금속 중 하나임)

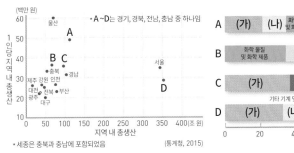

〈시·도별 지역 내 총생산과 1인당 지역 내 총생산〉 〈A~D의 제조업별 출하액 비중〉

① (가)는 계열화된 공정이 필요한 집적 지향형 제조업이다.
② (나)는 1970년대 우리나라의 수출 주력 제조업이었다.
③ (다)는 운송비에 비해 부가 가치가 크며 입지가 자유로운 제조업이다.
④ (가)는 (나)보다 최종 제품의 무게가 무겁고 부피가 크다.
⑤ (다)에서 생산된 최종 제품은 (나)의 주요 재료로 이용된다.

>> **유형 분석** 시·도별 소득 수준과 제조업 현황을 파악하는 문항은 출제 빈도가 매우 높다. 지역 내 총생산은 대체로 인구 규모에 비례하고, 1인당 지역 내 총생산이 많은 곳은 상대적으로 첨단 산업과 중화학 공업 등 제조업이 발달한 곳임을 알고 해당 지역을 유추해 본다.

☑ **공략법**

❶ A는 울산 다음으로 인구 대비 지역 내 총생산이 많은 곳으로, 최근 첨단 산업과 중화학 공업이 발달한 곳이 어디인지를 생각해 본다.

❷ D는 서울과 함께 지역 내 총생산이 많은 곳이므로 인구 규모가 큰 지역이다.

❸ B는 정유 및 석유 화학 공업이 발달한 곳이므로 전남이고, 전남에서 상대적으로 제조업 출하액 비중이 높은 (다)가 무엇인지 추론한다.

❹ (가)와 (나)는 A와 D에서 모두 발달한 공업인데, 상대적으로 지역 내 총생산이 많은 D에서 출하액 비중이 높은 (가)가 무엇인지 추론한다.

유형 4 소매 업태별 특성 비교

그래프의 (가)~(다) 소매 업태에 대한 설명으로 옳은 것은? (단, (가)~(다)는 무점포 소매 업체, 백화점, 편의점 중 하나임)

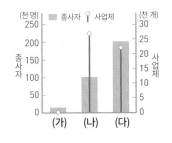 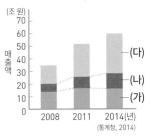

① (가)는 (나)보다 사업체 간 평균 거리가 멀다.
② (가)는 (다)보다 2008년부터 2014년까지 매출액 증가율이 높다.
③ (나)는 (가)보다 고가 제품의 판매 비중이 높다.
④ (나) 사업체는 (가) 사업체보다 2014년에 전국 대비 특별·광역시에 분포하는 비중이 높다.
⑤ (가)~(다) 중 2014년에 종사자당 매출액은 (다)가 가장 많다.

>> **유형 분석** 소매 업태별 종사자 수와 사업체 수 및 매출액 변화를 통해 해당 소매 업태를 파악하고, 소매 업태별 주요 특성을 비교해 보는 문항으로 출제 빈도가 높다.

☑ **공략법**

❶ 사업체 수와 종사자 수가 가장 적은 (가)는 어떠한 소매 업태인지 파악한다.

❷ 2008~2014년 매출액 증가가 가장 많았던 (다)가 어떠한 소매 업태인지 파악한다.

핵심 점검 Ⅴ 단원 개념 마무리

01 자원의 의미와 자원 문제

• 주요 광물 자원의 분포와 이용

철광석	제철 공업의 원료, 강원도에서 소량 생산, 대부분을 수입에 의존
석회석	시멘트 공업의 원료, 주로 고생대 조선 누층군에 분포
고령토	도자기·내화 벽돌·화장품 등의 원료, 경상남도(하동, 산청 등)에 주로 분포

• 주요 에너지 자원의 분포와 이용

석유	주로 화학 공업의 원료 및 수송용 연료로 이용
석탄	• 무연탄 : 주로 고생대 평안 누층군에 분포, 가정용 연료의 소비 구조 변화와 석탄 산업 합리화 정책으로 소비량 급감 • 역청탄 : 제철 공업 및 화력 발전의 연료, 전량 수입에 의존
천연가스	• 주로 가정용 및 상업용으로 이용 • 다른 화석 에너지보다 연소 시 대기 오염 물질의 배출량이 적음

• 전력의 생산과 이용

1차 에너지원별 소비량	1차 에너지원별 발전량
석유 > 석탄 > 천연가스 > 원자력 > 신·재생 에너지 > 수력	석탄 > 원자력 > 천연가스 > 석유

• 발전 양식별 특색

화력	연료 수입에 유리하고 대소비지와 가까운 지역에 주로 분포, 발전소의 건설 비용이 저렴함, 송전 비용이 적게 듦, 연료 비용이 많이 듦, 대기 오염 물질 및 온실가스 배출이 많음
원자력	지반이 견고하고 다량의 냉각수를 확보할 수 있는 곳에 주로 입지, 소량의 연료로 대용량 발전이 가능, 발전소 건설 비용이 많이 듦, 방사능 유출 및 안전성에 관한 논란이 있음
수력	대하천 중·상류에 주로 입지, 연료비가 거의 들지 않음, 안정적인 전력 생산이 어려움, 송전 비용이 비쌈

• 신·재생 에너지의 발전 양식별 입지 특성

태양광	일사량이 풍부한 지역이 유리 → 호남 서해안과 영남 내륙 등

풍력	바람이 많은 해안이나 산지 지역이 유리 → 제주, 강원 등

조력	조수 간만의 차이를 이용 → 시화호 조력 발전소(경기)

02 농업과 공업의 발달에 따른 지역 변화

• 농업의 변화

농업 구조의 변화	주요 작물의 생산과 소비의 변화
• 농촌 인구 감소 → 노동력 부족 및 고령화 • 경지 : 총 경지 면적 및 경지 이용률 감소, 농가당 경지 면적 증가 • 영농 방식 : 영농의 기계화 추진, 전문적 농업 경영 방식 증가	• 농산물 소비 시장의 확대 • 영농의 다각화와 상업화, 시설 농업의 증가, 친환경 농산물 생산 확대

• 농촌의 문제점과 극복 방안

농촌의 문제점	농업 문제의 극복 방안
• 청장년층 인구 감소 및 경지 면적 감소 • 복잡한 유통 구조 • 농약과 화학 비료의 과다 사용으로 인한 환경 오염 유발 • 농산물 시장 개방에 따른 가격 경쟁력 약화	• 장소 마케팅, 지리적 표시제 등을 통한 농업 생산 기반 강화 • 농산물 유통 구조 정비 등을 통한 유통 구조의 단순화 • 유기 농업 등 친환경 농업 확대 • 농산물의 고급화 등을 통한 농업 분야의 경쟁력 강화

- **공업의 특징**

공업 구조의 고도화	노동 집약적 경공업 → 자본·기술 집약적 중화학 공업 → 기술·지식 집약적 첨단 산업
공업의 지역적 편재	수도권과 영남권을 중심으로 공업 집중 → 국토 성장의 불균형 초래
공업의 이중 구조	대기업이 사업체 수 비중은 매우 낮으나 종사자 수 비중과 출하액 비중은 상대적으로 높음
가공 무역 발달	원료를 수입하고 제품 수출, 원료의 해외 의존도가 높음

- **주요 공업 지역의 특징**

수도권 공업 지역	• 풍부한 자본과 노동력, 넓은 소비 시장, 편리한 교통, 오랜 역사, 최근 첨단 산업이 빠르게 성장 → 우리나라 최대의 종합 공업 지대 • 최근 집적 불이익 발생으로 수도권 남서부, 충청권으로 분산
태백산 공업 지역	풍부한 지하자원, 원료 지향형 공업인 시멘트 공업 발달
충청 공업 지역	편리한 교통, 수도권에 인접하여 수도권의 공업이 분산해 옴
호남 공업 지역	중국과의 접근성이 뛰어나 대중국 교역의 거점 지역 → 제2의 임해 공업 지역으로 성장 가능
영남 내륙 공업 지역	• 풍부한 노동력, 편리한 교통 등을 바탕으로 공업 발달 • 최근 산업 클러스터를 통한 공업 첨단화 추진
남동 임해 공업 지역	원료 수입 및 제품 수출에 유리, 정부의 정책적 지원으로 공업 발달 → 우리나라 최대의 중화학 공업 지역

03 교통·통신의 발달과 서비스업의 변화

- **다양한 쇼핑 공간의 등장**

편의점	일상생활에 필요한 기본적인 상품을 24시간 제공함
대형 마트	도시 내 주거 지역을 중심으로 외곽 지역까지 확산됨
백화점	주로 도심이나 부도심에 분포, 고급화 제품 판매
무점포 소매업	TV 홈쇼핑, 인터넷 쇼핑 등의 발달로 매출액 증가 → 택배 산업 성장

- **수요자 유형에 따른 서비스 산업의 분류**

소비자 서비스업	소비자의 이동 거리를 최소화하기 위해 분산 입지하려는 경향이 큼
생산자 서비스업	기업과의 접근성이 높고 관련 정보 획득에 유리한 지역에 집중하려는 경향이 큼 → 주로 대도시의 도심 또는 부도심에 입지

- **교통수단별 특성**

도로	• 기종점 비용이 가장 저렴함, 주행 비용이 철도와 해운보다 비쌈 • 기동성과 문전 연결성이 우수함, 지형적 제약이 작음, 국내 여객 및 화물 수송 분담률이 가장 높음
철도	• 기종점 비용과 주행 비용이 도로와 해운의 중간임, 화물과 중·장거리 수송에 유리함 • 정시성과 안전성이 우수함, 지형적 제약이 큼
해운	• 기종점 비용이 비싸나 주행 비용이 저렴함, 대량 화물의 장거리 수송에 유리함 • 기상 조건의 제약이 큼, 국제 화물 수송 분담률이 가장 높음
항공	• 기종점 비용과 주행 비용이 비쌈, 장거리 여객 수송과 고부가 가치 제품 수송에 적합함 • 기상 조건의 제약이 큼, 신속한 수송에 유리함

01 자료는 자원의 의미와 특성에 관한 판서 내용의 일부이다. ㉠~㉤에 관한 옳은 설명을 〈보기〉에서 고른 것은?

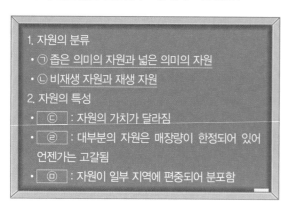

1. 자원의 분류
- ㉠ 좁은 의미의 자원과 넓은 의미의 자원
- ㉡ 비재생 자원과 재생 자원
2. 자원의 특성
- ㉢ : 자원의 가치가 달라짐
- ㉣ : 대부분의 자원은 매장량이 한정되어 있어 언젠가는 고갈됨
- ㉤ : 자원이 일부 지역에 편중되어 분포함

┤ 보기 ├

ㄱ. 인적 자원은 ㉠에서 좁은 의미의 자원에 포함된다.
ㄴ. 화석 에너지는 ㉡에서 비재생 자원에 해당한다.
ㄷ. ㉢의 사례로는 검은 액체에 불과했던 석유가 내연 기관의 발명으로 자원의 가치가 상승한 것이 있다.
ㄹ. ㉣은 재생 자원의 특성과 관련 있으며, ㉤의 영향으로 자원 민족주의가 나타났다.

① ㄱ, ㄴ   ② ㄱ, ㄷ   ③ ㄴ, ㄷ
④ ㄴ, ㄹ   ⑤ ㄷ, ㄹ

03 그래프는 지도에 표시된 네 지역의 1차 에너지원별 공급량을 나타낸 것이다. 이에 관한 설명으로 옳은 것은?

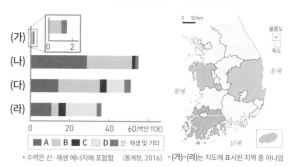

• 수력은 신·재생 에너지에 포함됨   (통계청, 2016)   • (가)~(라)는 지도에 표시된 지역 중 하나임

① 전남은 충남보다 석탄 공급량이 많다.
② 지역 내 원자력 공급 비중은 전남이 경북보다 높다.
③ 전남은 충남보다 1차 에너지 총 공급량이 많다.
④ B는 A보다 수송용 연료로 많이 소비된다.
⑤ C는 D보다 발전용 연료로 많이 소비된다.

🔲 개념 피드백 179쪽

02 그래프는 화석 에너지원별 발전량 및 수입량 변화를 나타낸 것이다. 이에 관한 설명으로 옳은 것은?

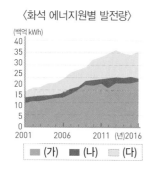

〈화석 에너지원별 발전량〉   〈화석 에너지원별 수입량〉

① (가)는 (나)보다 에너지 수입량이 많다.
② (나)는 (다)보다 우리나라 1차 에너지 소비에서 차지하는 비중이 높다.
③ (다)는 (가)보다 연소 시 대기 오염 물질의 배출량이 많다.
④ A는 C보다 발전용 연료로 많이 소비된다.
⑤ C는 B보다 상용화된 시기가 이르다.

🔲 개념 피드백 180쪽

04 그래프는 지역별 발전 설비 현황을 나타낸 것이다. 이에 관한 설명으로 옳은 것은? (단, (가)~(다)는 강원권, 영남권, 수도권 중 하나이며, A~C는 수력, 화력, 원자력 중 하나임)

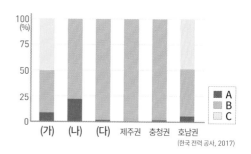

(한국 전력 공사, 2017)

① A 발전소는 주로 해안에 입지한다.
② B는 A보다 송전 비용이 비싸다.
③ C는 B보다 발전 시 온실가스 배출량이 많다.
④ 지역 내 화력 발전 설비 용량 비중은 (가)가 (다)보다 높다.
⑤ (가)는 영남권, (나)는 강원권, (다)는 수도권이다.

개념 피드백 181쪽

05 그래프는 지도에 표시된 세 지역의 신·재생 에너지 생산량을 나타낸 것이다. 이에 관한 설명으로 옳은 것은? (단, A~D는 수력, 조력, 풍력, 태양광 중 하나임)

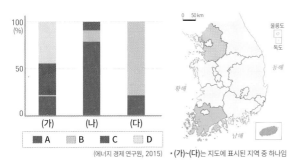

(에너지 경제 연구원, 2015) · (가)~(다)는 지도에 표시된 지역 중 하나임

① 지역 내 풍력 생산 비중은 (가)가 (다)보다 높다.
② A는 B보다 전력 생산 시 소음 발생량이 많다.
③ B는 D보다 전력 생산 시 기상 조건의 영향을 작게 받는다.
④ D는 C보다 계절에 따른 에너지 생산량의 차이가 크다.
⑤ (가)는 경기, (나)는 전남, (다)는 제주이다.

개념 피드백 190쪽

06 그래프는 우리나라 농업의 변화를 나타낸 것이다. 1975년과 비교한 2016년의 상대적 특성에 관한 옳은 설명을 〈보기〉에서 고른 것은?

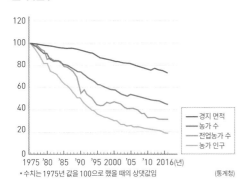

· 수치는 1975년 값을 100으로 했을 때의 상댓값임 (통계청)

| 보기 |
ㄱ. 인구의 사회적 증가가 나타났다.
ㄴ. 농가당 구성원 수가 증가하였다.
ㄷ. 농가당 경지 면적이 증가하였다.
ㄹ. 농가 소득원의 다양성이 증가하였다.

① ㄱ, ㄴ ② ㄱ, ㄷ ③ ㄴ, ㄷ
④ ㄴ, ㄹ ⑤ ㄷ, ㄹ

07 그래프는 도(道)별 주요 농업 특색을 나타낸 것이다. 이에 관한 설명으로 옳은 것은? (단, (가)는 전업농가와 겸업농가, (나)는 논과 밭 중 하나임)

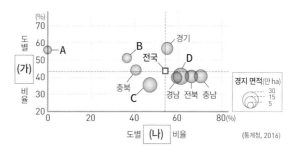

(통계청, 2016)

① A는 C보다 전업농가 비율이 높다.
② B는 D보다 쌀 재배 면적이 넓다.
③ D는 A보다 경지 면적이 좁다.
④ A는 제주, B는 강원, C는 전남, D는 경북이다.
⑤ (가)는 겸업농가, (나)는 논이다.

개념 피드백 191쪽

08 그래프는 세 작물의 전국 대비 지역별 재배 면적 비중을 나타낸 것이다. (가)~(다) 작물로 옳은 것은?

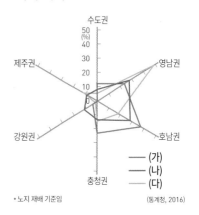

· 노지 재배 기준임 (통계청, 2016)

	(가)	(나)	(다)
①	벼	과수	채소
②	벼	채소	과수
③	과수	벼	채소
④	과수	채소	벼
⑤	채소	벼	과수

09 그래프는 지역별 제조업의 변화를 나타낸 것이다. 이에 관한 옳은 설명을 〈보기〉에서 고른 것은? (단, (가)~(라)는 수도권, 영남권, 충청권, 호남권 중 하나임)

〈제조업의 사업체 수〉 　〈제조업의 출하액〉

안쪽 원 - 2000년
바깥쪽 원 - 2016년

□ (가)
■ (나)
■ (다)
□ (라)
■ 강원·제주권
(통계청)

┤ 보기 ├
ㄱ. 2000년 수도권은 충청권보다 제조업 사업체당 출하액이 많다.
ㄴ. 2016년 수도권은 영남권보다 제조업 사업체 수와 출하액 모두 많다.
ㄷ. 2000~2016년에 (가)의 제조업이 (다)로 많이 이전하였다.
ㄹ. (가)는 수도권, (나)는 영남권, (다)는 충청권, (라)는 호남권이다.

① ㄱ, ㄴ　　② ㄱ, ㄷ　　③ ㄴ, ㄷ
④ ㄴ, ㄹ　　⑤ ㄷ, ㄹ

10 🔎 개념 피드백 193쪽

표는 주요 공업의 시·도별 출하액 비중을 나타낸 것이다. (가)~(다) 공업에 관한 설명으로 옳은 것은? (단, (가)~(다)는 1차 금속, 섬유 제품(의복 제외), 자동차 및 트레일러 제조업 중 하나임)

순위	(가)		(나)		(다)	
	시·도	비중(%)	시·도	비중(%)	시·도	비중(%)
1	경기	26.5	경북	22.8	경기	23.2
2	경북	18.1	전남	13.7	울산	20.1
3	대구	15.1	충남	13.2	충남	11.6
4	부산	7.4	울산	13.0	경남	8.1
5	서울	6.2	경기	10.1	광주	7.2

*10인 이상 사업체만 고려함　　　　(통계청, 2016)

① (가)는 대표적인 종합 조립 공업이다.
② (나)는 풍부한 노동력이 주된 입지 요인이다.
③ (다)는 1960년대 우리나라 수출을 주도하였다.
④ (가)는 (나)보다 사업체당 에너지 사용량이 많다.
⑤ (나)의 최종 제품은 (다)의 원료로 이용된다.

11 🔎 개념 피드백 204쪽

표는 소매 업태별 특성을 나타낸 것이다. (가)~(다) 소매 업태에 관한 설명으로 옳은 것은? (단, (가)~(다)는 백화점, 편의점, 대형 마트 중 하나임)

구분	사업체 수(개)	종사자 수(명)	매출액(천억 원)
(가)	100	15,213	163
(나)	549	78,949	392
(다)	31,203	123,205	167

(통계청, 2015)

① (가)는 (다)보다 상점 간 평균 거리가 가깝다.
② (나)는 (다)보다 상점당 1일 이용자 수가 많다.
③ (다)는 (가)보다 구매 활동의 시간적 제약이 크다.
④ (다)는 (나)보다 상품 전시에 넓은 공간이 필요하다.
⑤ 사업체 수 대비 매출액 규모는 (나)>(가)>(다) 순으로 크다.

12 🔎 개념 피드백 205쪽

그래프는 지역별 (가), (나) 서비스업의 분포를 나타낸 것이다. 이에 관한 옳은 설명을 〈보기〉에서 고른 것은?

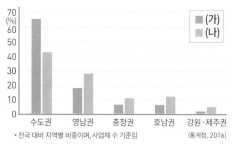

■ (가)
■ (나)

• 전국 대비 지역별 비중이며, 사업체 수 기준임
(통계청, 2016)

┤ 보기 ├
ㄱ. (가)는 (나)보다 기업과의 거래 비중이 높다.
ㄴ. (가)는 (나)보다 전국의 사업체 수가 많다.
ㄷ. (나)는 (가)보다 인구 분포에 따라 분산 입지하려는 경향이 강하다.
ㄹ. (나)는 (가)보다 사업체당 출하액이 많다.

① ㄱ, ㄴ　　② ㄱ, ㄷ　　③ ㄴ, ㄷ
④ ㄴ, ㄹ　　⑤ ㄷ, ㄹ

13 그래프는 시·도별 산업 구조를 나타낸 것이다. (가)~(라) 지역으로 옳은 것은?

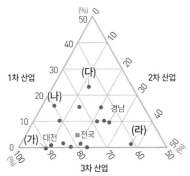

(%) 0
50
40
10
30 (다)
20
1차 산업 20 (나) 2차 산업
30
10 경남
40
(가) 대전 ■전국 (라)
0 100 50
90 80 70 60 50
3차 산업

* 지역 내 1·2·3차 산업 취업자가 차지하는 비중을 각각 나타낸 것이며, 세종특별자치시는 제외함
(한국은행, 2016)

	(가)	(나)	(다)	(라)
①	서울	울산	전남	제주
②	서울	제주	전남	울산
③	울산	제주	서울	전남
④	제주	서울	울산	전남
⑤	제주	전남	서울	울산

개념 피드백 206쪽

14 그래프는 교통수단별 여객 및 화물 수송 분담률(국내+국제)을 나타낸 것이다. A~D의 특성에 관한 설명으로 옳은 것은? (단, (가), (나)는 여객, 화물 중 하나이며, 지하철은 철도에 포함한 것임)

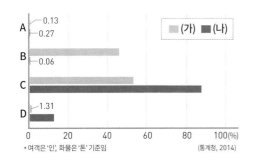

A 0.13
0.27
B 0.06
C
D 1.31

■ (가) ■ (나)

0 20 40 60 80 100(%)

* 여객은 '인', 화물은 '톤' 기준임 (통계청, 2014)

① A는 D보다 기종점 비용이 저렴하다.
② B는 C보다 운행 1회당 평균 화물 수송량이 적다.
③ C는 B보다 주행 비용 증가율이 높다.
④ D는 C보다 기동성과 문전 연결성이 우수하다.
⑤ 국제 화물 수송 분담률은 C가 가장 높다.

15 표는 (가)~(다) 광물 자원의 현황을 나타낸 것이다. 물음에 답하시오. (단, 고령토, 석회석, 철광석만을 고려함)

구분		(가)	(나)	(다)
도별 생산 비중(%)	1위	강원 70.6	강원 39.5	강원 99.98
	2위	충북 26.6	경남 24.5	충북 0.02
가채 연수(년)		100.4	44.7	0.3

(2016년) (한국지질자원연구원)

(1) (가)~(다) 자원의 명칭을 쓰시오.

(2) (가)~(다) 자원이 주로 이용되는 분야를 서술하시오.

16 그래프는 어느 제조업의 특성을 나타낸 것이다. 물음에 답하시오.

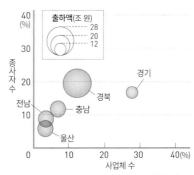

40 (%)
출하액(조 원)
28
20
30 12
종사자 수 20 경기
경북
전남 10 충남
울산
0 10 20 30 40(%)
사업체 수

* 제조업별 출하액 기준 상위 5개 시·도의 전국 대비 사업체 수와 종사자 수 비중을 나타낸 것이며, 사업체 수와 종사자 수는 원의 가운데 값임
(통계청, 2016)

(1) 이 제조업은 무엇인지 쓰시오.

(2) 이 공업의 입지 특성을 서술하시오.

비가 그치면

이 비가 그치면 무지개가 뜰 거야.
내가 있으니 아무 걱정하지 마.

에.. 에취!

하지만 감기는 피해 갈 수 없었다.

VI

인구 변화와 다문화 공간

자~! 힘을 내서 차근차근 시작해요.

01 인구 변화와 공간 변화

🔖 **학습길잡이**
• 우리나라 인구 분포의 특성을 파악하고, 인구 구조의 변화 과정과 영향을 준 요인을 살펴본다.
• 저출산·고령화를 비롯한 인구 문제 특성과 이에 따른 국토 공간의 변화를 파악한다.

A 우리나라의 인구 분포 특성을 알아보자

1 우리나라의 인구 성장

① **인구 성장** : 한 지역이나 국가에서 일정 기간 발생한 인구의 양적인 변화
→ 출생·사망에 따른 자연적 증감 + 전입·전출에 따른 사회적 증감 **1**

② **우리나라의 인구 성장 과정**

조선 시대 이전	출생률과 사망률이 모두 높아 인구 성장률이 낮음
1920년대 이후	근대 의료 기술의 보급으로 사망률이 낮아져 인구 증가 시작
광복 직후	해외 동포 귀국, 북한 동포 월남 → 인구의 사회적 증가
6·25전쟁 시기	6·25 전쟁 중 사망률 일시적 상승, 전쟁 이후 출산 붐으로 인구 급증
1960~80년대	빠른 인구 증가 → 정부 주도의 출산 억제 정책으로 출생률 감소
2000년대 이후	출생률과 사망률 모두 낮아 인구 성장 둔화 → 출산 장려 정책 실시

> **왜?** 사망률 감소와 함께 식량 생산량이 증가했기 때문이다.

자료로 보는 우리나라의 인구 성장

자료 분석 우리나라의 인구는 경제 발전과 인구 정책 등의 영향으로 단기간에 급성장하였다. A 시기에는 6·25 전쟁의 발발로 사망률이 급증하였고, B 시기에는 전쟁 이후 출산 붐(baby boom) 현상이 나타나 출생률이 급증하였다. 이후 출생률은 꾸준히 감소하여 현재 정부는 출산 장려 정책을 실시하고 있다.

*1945년 이후는 남한 인구 (통계청, 인구 이동 통계 연보, 각 연도)

Q 1950년대 A 시기의 사망률과 B 시기의 출생률이 급격하게 변한 이유는 무엇인가?

A A 시기-6·25 전쟁에 따른 사망률 증가 / B 시기-전쟁 이후 나타난 출산 붐의 영향

2 우리나라의 인구 분포

① **인구 분포** : 특정 시점 인구의 지역별 규모 → 기후·지형·토양·자원 등의 자연적 요인과 산업·경제·문화·교통 등의 인문·사회적 요인의 영향
> 과학 기술 발달과 경제 성장으로 영향력이 커졌다.

② **우리나라 인구 분포의 특징**
> **왜?** 기후가 온화하고 경지율이 높기 때문이다.
> **왜?** 겨울이 길고 추우며 산지가 많아 경지율이 낮기 때문이다.

1960년대 이전	• 인구 대부분이 1차 산업에 종사 → 자연적 요인의 영향을 많이 받음 • 남서부 평야 지대는 인구 밀집 지역, 북동부 산간 지대는 인구 희박 지역
산업화 이후 **2**	• 산업화와 도시화로 산업이 발달하고 기반 시설을 잘 갖춘 곳에 인구 밀집 • 대도시와 공업 지역을 중심으로 인구 증가 → 수도권 과밀화, 광역시와 남동 임해 공업 지역에 인구 밀집, 산간 지대와 농어촌 지역은 인구 희박

> 포항, 울산, 광양 등   소백산맥과 태백산맥 산간 지역 일대

3 우리나라의 인구 이동 : 근대화 이후 교통의 발달로 활발해짐

일제 강점기	광공업이 발달한 북부 지방으로 이동, 일본·중국·러시아 등 해외로 이주
1970~80년대	이촌 향도 현상 활발 → 서울, 부산과 같은 대도시로 이동
1990년대 이후	수도권과 대도시에 인구 집중, 교외화 현상도 발생

개념 더하기 자료 채우기

1 인구 변천 모형

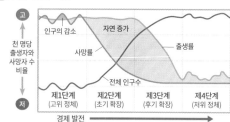

다산다사 多産多死	다산감사 多産減死	감산소사 減産少死	소산소사 少産少死
출생률과 사망률 모두 높은 인구 정체기	사망률 급감으로 인구 급증	가족계획, 여성 사회 진출 등으로 출생률 감소	출생률·사망률 모두 낮음, 노년층 인구 비율 증가

인구 변천 모형은 경제 발전 과정에서 나타나는 인구의 변화를 보여 주며, 출생률과 사망률 사이의 관계를 통해 인구 성장 과정을 파악하는 데 이용된다. 이러한 인구 변천 과정은 지역이나 국가에 따라 다르게 나타난다.

2 산업화 이후의 인구 분포

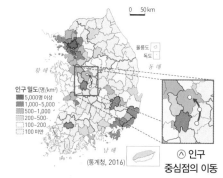

인구 밀도(명/㎢)
- 5,000명 이상
- 1,000~5,000
- 500~1,000
- 200~500
- 100~200
- 100 미만

(통계청, 2016)

⊙ 인구 중심점의 이동

우리나라는 1960년대부터 본격적인 산업화가 이루어지면서 대도시와 공업 지역을 중심으로 인구 증가가 이루어져, 국토 면적의 약 12%에 불과한 수도권에 인구의 절반 정도가 거주한다. 이에 따라 인구 중심점이 남서부 지역에서 북서부 지역으로 점차 이동하고 있다.

✳ 용어사전

* **출산 붐(baby boom)** 전쟁이나 불경기가 끝난 후 경제적·사회적으로 안정된 상황에서 출생률이 급격히 증가하는 현상
* **인구 중심점** 어떤 지역에 사는 모든 사람과의 거리의 합이 가장 작은 지점으로, 인구 분포에 따라 달라짐
* **교외화** 대도시의 과밀화로 주거 환경이 악화되자 쾌적한 근교 지역으로 이주하는 현상

자료로 보는 우리나라의 인구 이동

| 1970년 | 1980년 | 1990년 | 2000년 |

이동 인구(만 명) ➡ 30 초과 ➡ 10~30 ➡ 5~10 ➡ 3~5 ➡ 3 이하 (대한민국 국가 지도집, 2014)

자료 분석 1970~80년대는 이촌 향도 현상이, 1990년대부터는 도시 간 인구 이동 증가 현상이, 2000년대 이후에는 교외화와 역도시화 현상이 나타났다. 2015년 기준으로 인구 순이동률을 보면 세종과 제주로의 인구 유입, 서울과 대전의 인구 유출이 뚜렷하다.

B 우리나라의 인구 구조 특성과 변화 과정을 살펴보자

1 우리나라 인구 구조의 특성

① 성별 인구 구조 ③

┌─ 현재는 남아 선호 사상의 약화로 출생 시 성비 불균형이 완화되었다.

왜? 남성보다 여성의 평균 수명이 길기 때문이다.

- 성비 변화 : 출생 시 남아 선호 사상으로 남초 현상, 노년층은 여초 현상
- 남초 지역 : 중화학 공업 도시, 휴전선 부근의 군사 도시
  └─ 거제, 울산, 서산, 당진 등
- 여초 지역 : 서비스업이 발달한 대도시, 노년층 여성 인구가 많은 촌락 지역

② 연령별 인구 구조 ④

└─ 촌락 지역의 청장년층에서는 남초 현상이 나타나는데, 이는 젊은 여성의 도시 이주에 따른 것으로 국제결혼 증가와도 관련 있다.

- 유소년층과 청장년층 : 저출산으로 비율 감소, 도시에서의 비율이 높음
- 노년층 : 기대 수명 증가로 비율 증가, 농어촌에서의 비율이 높음

2 우리나라 인구 구조의 변화

└─ 산아 제한 중심의 가족계획 정책과 출산 및 양육비 증가 등으로 출생률이 급감했다.

1960년대 이전	높은 출생률과 사망률 → 유소년층 인구 비율 높음, 노년층 인구 비율 낮음 → 피라미드형 인구 구조
1990년대 후반	출생률과 사망률 감소 → 유소년층 인구 비율 감소, 중위 연령 상승 → 종형 인구 구조
2015년 이후	저출산 지속 → 유소년층 인구 비율 감소, 노년층 인구 비율 증가 → 인구 부양비 증가 예상, 2060년경 역피라미드형 인구 구조가 예측됨 **질문**

└─ 유소년층 인구 비중 감소로 유소년 인구 부양비가 감소하고 있으며, 노년층 인구 비중이 커지면서 노년 인구 부양비가 증가하고 있다.

자료로 보는 우리나라 인구 구조의 변화

피라미드형	종형	역피라미드형
1960년	2015년	2060년
남 여	남 여	남 여
← 중위 연령 19.5세	중위 연령 41.2세	중위 연령 54.3세

10 8 6 4 2 0 2 4 6 8 10 (%)   (통계청, 2016)

자료 분석 우리나라는 1960년대 이전까지는 출생률과 사망률이 높았으나 빠른 속도로 경제 발전과 산업화가 이루어지면서 출생률과 사망률이 낮아졌다. 이에 따라 중위 연령도 1960년 19.5세에서 2015년 41.2세로 나타나 상승 속도가 매우 빠르다.

---

3 지역별 성비 분포

성비
남초 ↑ 여초 ↓
110 이상
105~110
100~105
95~100
95 미만
(통계청, 2016)

군부대가 많은 지역과 남성 노동력에 대한 수요가 많은 중화학 공업 발달 지역은 남초 현상이 나타난다. 반면, 노령의 여성 인구가 많은 촌락 지역은 여초 현상이 나타난다.

4 우리나라 인구 구성 비율의 변화

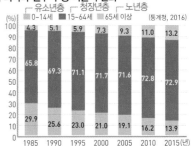

유소년층 □ 0~14세　청장년층 ■ 15~64세　노년층 ■ 65세 이상 (통계청, 2016)

(%)	1985	1990	1995	2000	2005	2010	2015(년)
노년층	4.3	5.1	5.9	7.3	9.3	11.0	13.2
청장년층	65.8	69.3	71.1	71.7	71.6	72.8	72.9
유소년층	29.9	25.6	23.0	21.0	19.1	16.2	13.9

1985년에서 2015년으로 오면서 유소년층은 절반 이하로 감소하고 노년층은 약 세 배 증가하였다. 생산 가능 인구인 청장년층은 약 7% 증가하였으나, 같은 기간에 유소년층 비율이 감소하여 청장년층 역시 점차 감소할 것으로 예상된다.

질문 있어요

인구 부양비는 어떻게 알 수 있나요?

인구 부양비란 생산 연령 인구인 청장년층에 대한 비생산 연령 인구인 유소년층과 노년층의 비율로, 아래와 같이 구할 수 있어요.

- 유소년 인구 부양비 $= \dfrac{0\sim14\text{세 인구}}{15\sim64\text{세 인구}} \times 100$

- 노년 인구 부양비 $= \dfrac{65\text{세 이상 인구}}{15\sim64\text{세 인구}} \times 100$

- 총인구 부양비=유소년 인구 부양비+노년 인구 부양비

용어사전

- **순이동률** 해당 지역의 주민 등록 인구 100명당 이동자 수
- **성비** 여성 인구 100명당 남성 인구의 수
- **기대 수명** 연령별·성별 사망률이 현재 수준으로 유지된다고 가정했을 경우 올해 태어날 아기가 향후 몇 년을 더 생존할 것인가를 통계적으로 추정한 기대치
- **중위 연령** 지역이나 국가의 전체 인구를 연령 순서로 세웠을 때 정중앙에 있는 사람의 연령

01 인구 변화와 공간 변화

C 저출산·고령화에 따른 변화와 대책을 알아보자

1 저출산 현상

① 현황 : 최근 낮은 출산율이 지속됨, 합계 출산율 1.24명(2015년 기준)으로 초저출산 국가로 분류됨

② 원인과 문제점

원인 ❶	• 개인적 요인 : 초혼 연령 상승, 결혼과 가족에 대한 가치관 변화, 미혼 인구 증가에 따른 출생률 감소 • 사회·경제적 요인 : 여성의 사회 진출 확대, 교육과 생활 수준의 향상, 자녀 양육비 부담 증가, 고용 불안 등 〔15~64세 인구〕
문제점	• 생산 가능 인구와 총인구 감소 예상 → 경제 활동에 투입되는 노동력 부족, 소비 감소와 투자 위축에 따른 경기 침체, 국가 경쟁력 약화 • 유소년층 인구 비중 감소로 장기적으로 노년층 인구 비중 증가 → 노동 생산성 저하 및 사회적 부담 비용 증가, 인구 부양비 증가 ❷

자료로 보는 저출산 현상

	합계 출산율 2.1명	합계 출산율 1.3명	
국가	저출산 현상 진입 시기	초저출산 현상 진입 시기	최근 합계 출산율
한국	1983년	2001년	1.24명 (2015년)
독일	1970년	1992년	1.44명 (2015년)
이탈리아	1977년	1993년	1.39명 (2015년)
일본	1974년	2003년	1.46명 (2015년)

(통계청, 2016)

ⓐ 초저출산 경험 국가들의 현황

ⓐ 우리나라 출생아 수 및 합계 출산율

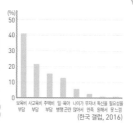

ⓐ 우리나라의 주요 출산 기피 원인

자료 분석 우리나라의 합계 출산율은 1983년 2.06명에서 2015년 1.24명으로 크게 감소하였으며, 출생아 수도 빠르게 감소하고 있다. 〔현재의 인구 규모를 유지하기 위한 수준〕 인구 대체 수준인 합계 출산율은 2.1명으로 2015년의 합계 출산율인 1.24명과 차이가 크며, 일찍 산업화를 겪은 국가들보다 초저출산 현상 진입 시기가 빠르다. 출산 기피 원인으로는 보육비 부담, 사교육비 부담, 주택비 부담 등이 대부분으로 경제적 원인이 크게 작용하고 있음을 알 수 있다.

Q 우리나라에서 저출산의 원인 중 가장 큰 영향을 미치는 것은 무엇일까?

A 경제적 원인

※ 고령 사회 구분
• 고령화 사회 : 노년층 인구 7% 이상
• 고령 사회 : 노년층 인구 14% 이상
• 초고령 사회 : 노년층 인구 20% 이상

2 고령화 현상

① 현황 : 출생률 감소와 노인 인구 증가로 중위 연령 상승 → 2000년에 고령화 사회 진입, 2026년경에 초고령 사회 진입 예상

② 원인과 문제점

원인	• 의학 기술 발달로 사망률 감소, 경제 성장에 따른 생활 수준 향상, 영양 및 위생 상태 개선 → 기대 수명 증가 • 저출산이 지속되면서 유소년층 인구 비중 감소
문제점	• 노년 인구 부양비 증가로 국가 및 청장년층의 재정 부담 증가 → 연금·의료·복지 부분의 사회적 비용 및 청장년층의 부담 증가, 세대 간 갈등 발생 • 노동력 부족과 노동 생산성 저하 : 국가 재정에 부담 → 경제 활력도 저하 • 노후 소득 불안정 → 개인의 삶의 질 하락 〔질문〕

개념 더하기 자료 채우기

❶ 미혼 남녀가 결혼하지 않는 이유

(단위 : %)

구분	남성	여성
고용·소득의 불안정	24.3	7.5
주택·결혼 비용 부담	19.7	5.8
일·가정 양립의 어려움	3.5	11.7
가치관의 변화	13.4	45.8
결혼 생각 없음	18.2	25.0
기타	20.9	4.2

(한국 보건 사회 연구원, 2015)

*20~34세의 미혼 남녀 총 186명을 대상으로 조사한 자료임

미혼 남녀가 결혼하지 않는 이유는 성별에 따라 차이가 있다. 남성은 주로 경제적 원인이 크며, 여성은 가치관의 변화로 비혼을 선택한다. 따라서 결혼에 대한 인식 변화와 신혼부부들이 경제적 부담을 줄일 수 있는 다양한 정책이 필요하다.

❷ 인구 부양비의 변화

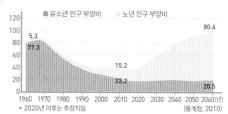

* 2020년 이후는 추정치임

(통계청, 2010)

우리나라는 1970년 이후 출생률이 감소하면서 유소년 인구 부양비는 하락하였다. 그러나 고령화로 점차 노년 부양비가 상승하고 있어 하락하던 총인구 부양비가 2020년을 전후하여 다시 상승할 것으로 예상된다.

질문 있어요

출산 붐의 영향은 현재 사회에 어떻게 나타나고 있나요?
6·25 전쟁이 끝난 후 1955년에서 1963년 사이에 출생한 출산 붐 세대는 2012년 기준으로 약 740만 명으로 전체 인구의 15% 정도를 차지해요. 이 세대는 현재 고령화되어 2011년부터 퇴직자가 발생하고 있지만, 아직도 부모와 자녀 세대를 부양하고 있어 자신의 노후는 제대로 준비하지 못했어요. 이들은 은퇴 후에도 귀농과 창업 등의 활동을 하고 있지만 실패하는 경우가 많아 정부와 지방 자치 단체의 지원 정책이 필요한 상황이에요.

용어사전

* **합계 출산율** 여성 1명이 가임 기간(15~49세) 동안 낳을 것으로 예상되는 평균 출생아 수
* **초저출산 국가** 경제 협력 개발 기구(OECD)는 합계 출산율 1.3명 이하를 초저출산 국가로 분류함
* **노동 생산성** 일정 시간에 투입된 노동량과 그 성과인 생산량과의 비율로, 근로자 1인이 일정 기간 동안 산출하는 생산량 또는 부가 가치를 나타냄

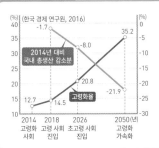

자료로 보는 고령화 현상 ❸

자료 분석 우리나라는 노년 인구 비율이 빠르게 증가하면서 2026년에는 초고령 사회로 진입하고 2050년에는 노년 인구 비중이 35%를 넘을 것으로 예상된다. 이에 반해 국내 총생산은 지속적으로 감소해 국가 재정 상황에 많은 부담이 되며, 현재의 청장년층뿐만 아니라 미래 세대의 부담으로 이어져 세대 간 갈등의 원인이 될 수 있다.

3 저출산·고령화에 따른 공간의 변화

① 정주 여건의 격차 심화 : 고령화가 심각한 일부 농촌과 지방 중소 도시의 사회 기반 시설 쇠퇴 └→ 보건·의료 시설·소비 및 문화 시설 등은 유소년층과 청장년층이 밀집한 도시에 집중 분포한다.

② 노년층 인구 밀집 지역 형성 : 독거노인이나 노인 부부 세대가 밀집한 곳 → 교통·복지·여가 활동·사회적 관계망에서 낙후되거나 소외됨

③ 노년층을 위한 기반 시설 수요 증가 : 폐교를 활용한 노인 복지 시설의 개발, 고령 친화적인 환경 조성, 노인 밀집 지역의 환경 개선을 위한 도시 재생 사업 필요 ❹

자료로 보는 지역별 인구 문제와 공간 변화

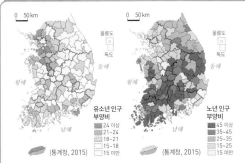

자료 분석 노인 인구 부양비가 높은 촌락 지역과 지방 중소 도시, 구 시가지에서는 유소년층 및 청장년층뿐만 아니라 노년층을 위한 사회 기반 시설의 유지가 어려워 정주 여건이 악화될 수 있다. 특히 노년층 밀집 지역은 쇠퇴 현상이 가속화될 가능성이 높다. 반면 인구 유입이 활발해 유소년 인구 부양비가 높은 대도시와 그 주변 지역은 정주 여건이 잘 갖추어져 있으므로, 두 지역 간 정주 여건의 차이가 커질 수 있다.

4 저출산·고령화를 해결하기 위한 노력 〈질문〉

① 저출산 현상을 해결하기 위한 노력

• 정부의 정책 마련 : 다자녀 가구 우대 정책 실시, 신혼부부 주택 마련 지원, 여성의 출산 휴가와 부모의 육아 휴직 보장, 직장 내 보육 시설 활성화 등

• 개인의 인식 변화 : 양성평등 문화, 가족 친화적인 사회 분위기 조성 등

② 고령화 사회를 대비하기 위한 노력 ┌─ 노인 스스로 경제적으로 자립할 수 있도록 하는 것이 중요하다.

• 노인의 경제 활동 참여 기회 확대 : 정년 연장, 직업 재교육, 임금 피크제 등

• 지속 가능한 연금 제도 마련 : 개인과 국가의 부담을 적절히 배분 → 국가의 공적 연금 제도 활성화 + 개인의 저축·보험·개인 연금 준비

• 노인 복지 정책과 편의 시설 확대 : 실버산업 적극 육성, 노인 전문 병원과 요양원 등 노인 복지 시설 확충, 고령 친화적인 생활 환경 조성

예 고령자의 교통안전을 위한 노인 보호 구역 지정, 주거 및 복지 시설을 갖춘 공공 실버 주택 단지 조성 등

개념 더하기 자료 채우기

❸ 세계 주요 국가의 고령화 속도

	고령화	고령	초고령	소요 연수
한국	2000	2018	2026	26년
일본	1970	1994	2006	36년
프랑스	1864	1979	2018	154년
독일	1932	1972	2009	77년
이탈리아	1927	1988	2006	79년
미국	1942	2015	2036	94년

(한국 보건 사회 연구원, 2014)

노년층 인구 비중은 출산율이 낮고 복지 수준이 높은 선진국일수록 높다. 우리나라의 노년층 인구 비중은 선진국이나 세계 평균보다 빠르게 증가하고 있다. 이는 다른 국가들보다 출산율이 급속하게 낮아지고 있기 때문이다.

❹ 노인 복지 시설 및 어린이집의 변화

저출산·고령화 현상으로 유소년층을 위한 문화·교육 시설은 감소하는 추세이고, 노인을 위한 복지 시설의 수요는 상대적으로 증가하고 있다. 이에 따라 폐교를 노인 복지 시설로 활용하는 등의 실질적인 방안이 필요하다.

질문 있어요

저출산과 고령화 현상은 단점만 있나요?

단기적으로 저출산 현상은 유소년 인구 부양비를 낮추어 재정 부담을 줄일 수 있어요. 또 고령화 현상으로 노년층 인구 비율이 높아지면 의료와 복지 등 노년층을 대상으로 하는 실버산업 등이 성장할 수 있어요. 하지만 장기적으로 저출산 현상은 미래 생산 인구와 소비 인구 감소를, 고령화는 노동 생산성 저하와 부양 부담 증가 등의 문제를 야기할 수 있기 때문에 반드시 대책이 필요해요.

용어사전

* **임금 피크제** 근로자의 계속 고용을 위해 노사 간 합의를 통해 일정 연령을 기준으로 임금을 조정하고, 소정의 기간 동안 고용을 보장하는 제도
* **실버산업** 노인을 위한 상품이나 편의 시설 등을 생산·제공하는 산업

올리드 포인트

A 인구 분포의 특성

인구 성장	• 6·25 전쟁 이후 : 출산 붐 → 인구 급성장 • 1960~80년대 : 출산 억제 정책 실시 → 출생률 저하 • 2000년대 이후 : 출생률 감소 → 출산 장려 정책 실시
인구 분포	• 1960년대 이전 : 자연적 요인 → 남서부 평야 지대에 인구 밀집, 북동부 산간 지대에 인구 희박 • 산업화 이후 : 사회적 요인 → 이촌 향도의 영향으로 수도권, 대도시, 남동 임해 지역에 인구 밀집
인구 이동	• 일제 강점기 : 광공업이 발달한 북부로 이동 • 1970~80년대 : 이촌 향도 → 대도시로 인구 이동 • 1990년대 후반 : 수도권과 대도시에 인구 집중, 교외화 현상 발생

B 인구 구조의 특성과 변화

성별 인구 구조	• 성비 : 출생 시 남초, 노년층은 여초 현상 • 남초 지역 : 군사 도시, 중화학 공업 발달 지역 • 여초 지역 : 노년층 여성 비율이 높은 촌락 지역
연령별 인구 구조	• 유소년층과 청장년층의 비율 감소 및 도시 집중, 노년층의 비율 증가 및 농어촌 집중 • 인구 구조 변화 : 1960년대 피라미드형 → 1990년대 후반 종형 → 2060년경 역피라미드형

C 인구 문제의 원인과 문제점

1 저출산 현상

원인	결혼과 가족에 대한 가치관 변화, 자녀 양육비 부담 증가 등
문제점	총인구 감소, 시장 규모 축소, 노동 생산성 저하, 인구 부양비 증가, 국가 경쟁력 약화 등

2 고령화 현상

원인	의학 기술과 생활 수준 향상, 저출산 현상으로 유소년층 인구 비중 감소
문제점	국가 및 청장년층의 재정 부담 증가, 노동력 부족과 노동 생산성 저하, 출산 붐 세대의 노후 소득 불안정

3 저출산·고령화에 따른 공간 변화 : 대도시와 촌락 간의 정주 여건 격차 심화, 노년층 인구 밀집 지역 형성, 노년층을 위한 기반 시설의 수요 증가로 다양한 시설 개발 및 환경 개선

4 저출산·고령화의 해결 노력

저출산	정부의 제도적 지원 및 재정 지원, 출산·양육·교육에 대한 인식 변화 노력
고령화	노인 경제 자립도 향상, 지속 가능한 연금 제도, 노인 복지 정책과 편의 시설 확대

01 다음 설명이 맞으면 ○표, 틀리면 ×표를 하시오.

(1) 현재 우리나라는 다산다사의 인구 성장 단계에 속해 있어 노년층 인구 비율이 증가하고 있다. ( )

(2) 예로부터 우리나라의 인구 분포는 자연적 요인의 영향을 많이 받았으며, 산업화 이후에는 인문·사회적 요인의 영향이 커졌다. ( )

(3) 우리나라는 1960년대 이후에는 교외화 현상이, 1990년대 이후에는 이촌 향도 현상이 활발하게 나타났다. ( )

(4) 저출산과 고령화 현상이 지속되면 유소년 부양비는 감소하지만, 총인구 부양비는 증가한다. ( )

(5) 고령화 문제를 해결하기 위해서는 정년을 단축해 청년의 일자리를 늘리고, 공적 연금 제도를 활성화해야 한다. ( )

02 빈칸에 들어갈 알맞은 말을 쓰시오.

(1) 우리나라는 6·25 전쟁이 끝나고 난 후 ( ) 현상으로 인구가 급증하였다.

(2) 성별 인구 구조에서 경기도 및 강원도 북부 접경 지역과 거제·울산·서산·당진 등은 대표적인 ( ) 지역이다.

(3) 1990년대 후반 이후 경제 발전과 근대화로 출생률과 사망률이 낮아지면서 ( ) 인구 구조가 나타났다.

(4) 최근 우리나라는 낮은 출산율이 지속되는 ( ) 현상이 나타나고 있다.

(5) 총인구 부양비는 (㉠) 부양비와 (㉡) 부양비의 합으로 계산한다.

(6) 총인구 중 노년층 인구 비중이 7%를 넘으면 (㉠) 사회, 14%를 넘으면 고령 사회, 20%를 넘으면 (㉡) 사회라고 한다.

03 인구 변천 모형의 단계에 대한 설명을 바르게 연결하시오.

(1) 성비 • • ㉠ 여성 100명당 남성 인구의 수

(2) 중위 연령 • • ㉡ 청장년층에 대한 유소년층과 노년층 인구의 비율

(3) 기대 수명 • • ㉢ 여성 한 명이 가임 기간 동안 평균적으로 낳는 자녀의 수

(4) 합계 출산율 • • ㉣ 출생아가 앞으로 생존할 것으로 기대되는 평균 생존 연수

(5) 인구 부양비 • • ㉤ 전체 인구를 연령 순서로 세웠을 때 정중앙에 있는 사람의 연령

01 (가)에 들어갈 내용으로 적절한 것은?

우리 세대는 [＿＿＿＿＿(가)＿＿＿＿＿] 시대에 태어났다. 내가 태어난 해에는 매우 많은 신생아가 태어났고, 지금보다 학생 수가 두 배 정도 많아 콩나물 시루같은 교실에서 공부했다. 이에 정부에서는 출산 억제를 위한 가족계획 사업을 경제 개발 5개년 계획과 함께 추진했다.

① 역도시화 현상이 진행되던
② 밀레니엄 베이비라 불리던
③ 출생률과 사망률이 모두 높던
④ 대도시 주변에 신도시가 개발되던
⑤ 6·25 전쟁이 끝나고 출생률이 높았던

02 그래프는 시·도별 합계 출산율과 인구수를 나타낸 것이다. 이에 관한 설명으로 옳은 것은?

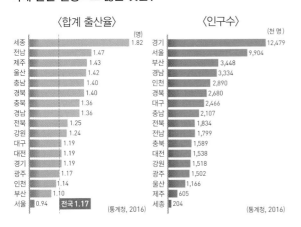

① 세종시는 경기도보다 많은 신생아가 태어났다.
② 태어난 신생아가 가장 적은 곳은 서울특별시이다.
③ 인구가 가장 많은 지역의 합계 출산율이 가장 낮다.
④ 수도권 내 모든 시·도의 합계 출산율은 전국 평균보다 낮다.
⑤ 합계 출산율이 전국 평균보다 낮은 지역은 인구 규모 상위 5위 안에 드는 곳이다.

03 지도는 두 시기의 인구 이동을 나타낸 것이다. 이에 관한 옳은 설명을 〈보기〉에서 고른 것은?

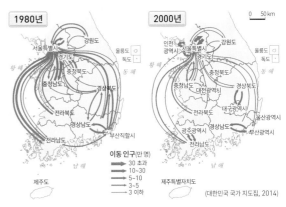

(대한민국 국가 지도집, 2014)

보기
ㄱ. 1980년에는 서울의 인구가 감소했다.
ㄴ. 2000년에는 서울특별시와 경기도 간의 인구 이동이 가장 많다.
ㄷ. 2000년에는 1980년보다 수도권으로의 인구 이동이 활발하였다.
ㄹ. 2000년에 영남권 광역시의 경우 인접 도(道) 지역으로의 인구 이동이 많다.

① ㄱ, ㄴ   ② ㄱ, ㄷ   ③ ㄴ, ㄷ
④ ㄴ, ㄹ   ⑤ ㄷ, ㄹ

중요

04 그래프는 우리나라의 인구 변화를 나타낸 것이다. 이에 관한 해석으로 옳지 않은 것은?

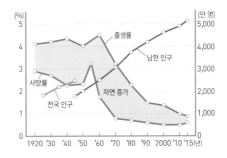

① 출생률의 감소로 남한 인구는 감소하고 있다.
② 1970년은 1990년보다 인구의 자연 증가가 많다.
③ 1960년대 이후 가족계획 사업으로 출생률이 감소하였다.
④ 1950년대에 6·25 전쟁이 발발하면서 사망률이 일시적으로 급증하였다.
⑤ 2015년 기준으로 출생률과 사망률이 모두 낮아 인구의 자연 증가율도 매우 낮다.

05 (가), (나)와 같은 인구 정책을 추진하게 된 배경으로 옳은 것은?

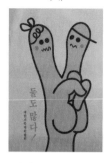

	(가)	(나)
①	저출산	인구 고령화
②	성비 불균형	다문화 가정의 증가
③	인구 급증	다문화 가정의 증가
④	인구 급증	성비 불균형
⑤	인구 고령화	성비 불균형

06 지도는 어떤 인구 지표의 분포를 나타낸 것이다. (가), (나)의 지표에 관한 옳은 설명을 〈보기〉에서 고른 것은?

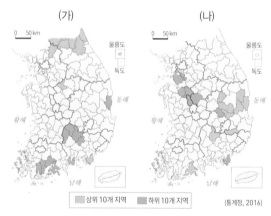

┌ 보기 ┐
ㄱ. 여성 인구 100명당 남성 인구의 수
ㄴ. 전체 인구에서 유소년층이 차지하는 비중
ㄷ. 청장년층 인구에 대한 노년층 인구의 비율
ㄹ. 전체 인구를 연령 순서로 세웠을 때 정중앙에 있는 사람의 연령

	(가)	(나)			(가)	(나)
①	ㄱ	ㄴ		②	ㄱ	ㄹ
③	ㄴ	ㄱ		④	ㄹ	ㄱ
⑤	ㄹ	ㄷ				

07 지도는 인구 순이동률을 나타낸 것이다. 이에 관한 옳은 설명을 〈보기〉에서 고른 것은?

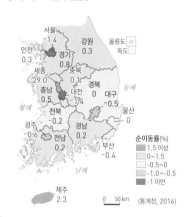

┌ 보기 ┐
ㄱ. 모든 광역시의 인구가 유출되었다.
ㄴ. 인구 유입이 많은 곳은 세종과 제주이다.
ㄷ. 서울의 인구 감소는 교외화의 영향 때문이다.
ㄹ. 중부 지역은 남부 지역보다 인구가 감소한 지역이 더 많다.

① ㄱ, ㄴ　　② ㄱ, ㄷ　　③ ㄴ, ㄷ
④ ㄴ, ㄹ　　⑤ ㄷ, ㄹ

08 자료는 (가), (나) 지역의 시기별 인구 피라미드이다. 2015년에 (나) 지역보다 (가) 지역에서 수치가 높은 지표는?

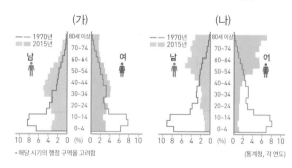

① 중위 연령
② 인구 부양비
③ 노령화 지수
④ 유소년 인구 부양비
⑤ 인구 천 명당 사망자 수

중요

09 지도는 두 시기의 인구 밀도를 나타낸 것이다. 이에 관한 설명으로 옳은 것은?

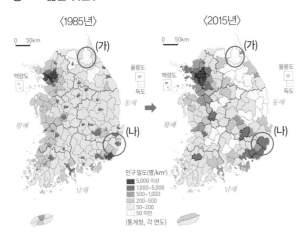

① (나) 지역은 2차 산업이 발달하며 인구가 증가하였다.
② (가) 지역은 (나) 지역보다 인구 밀도가 높아졌다.
③ (가) 지역은 (나) 지역보다 많은 인구가 유입하였다.
④ (나) 지역은 (가) 지역보다 청장년층 인구 비중이 낮다.
⑤ 우리나라 인구 분포의 지역 격차는 작아졌다.

10 우리나라의 시기별 인구 피라미드를 보고, (가)에 들어갈 옳은 항목을 〈보기〉에서 고른 것은?

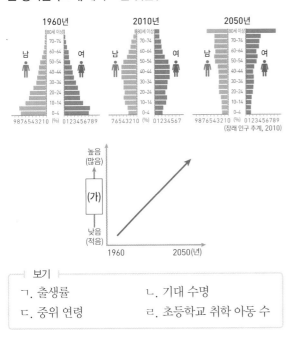

보기
ㄱ. 출생률   ㄴ. 기대 수명
ㄷ. 중위 연령   ㄹ. 초등학교 취학 아동 수

① ㄱ, ㄴ   ② ㄱ, ㄷ   ③ ㄴ, ㄷ
④ ㄴ, ㄹ   ⑤ ㄷ, ㄹ

11 (가), (나) 지역의 현재 인구 구조를 A~D에서 고른 것은?

(가) 1971년 거제 대교가 개통되고 1973년 10월 옥포 조선소, 1974년 4월 죽도 조선소가 입지하면서 현재는 세계적인 조선 공업 도시가 되었다.
(나) 과거 이 지역의 5일장은 많은 사람이 모이는 활기찬 곳이었다. 그러나 젊은이는 떠나고 노인들만 남은 요즘은 장이 서기도 어려워졌다.

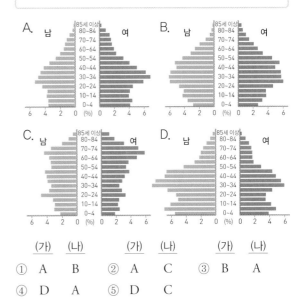

	(가)	(나)		(가)	(나)		(가)	(나)
①	A	B	②	A	C	③	B	A
④	D	A	⑤	D	C			

12 (가), (나) 지도가 나타내는 인구 지표로 옳은 것은?

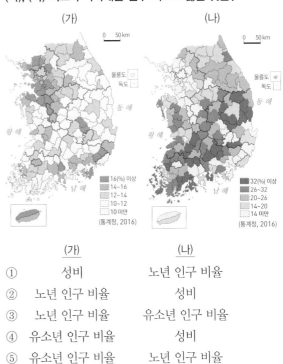

	(가)	(나)
①	성비	노년 인구 비율
②	노년 인구 비율	성비
③	노년 인구 비율	유소년 인구 비율
④	유소년 인구 비율	성비
⑤	유소년 인구 비율	노년 인구 비율

13 (가)에 들어갈 옳은 내용만을 〈보기〉에서 있는 대로 고른 것은?

> 정부는 인구 절벽 위기를 극복하여 지속 발전 사회로 나아가기 위한 인구 정책인 '브릿지 플랜 2020'을 발표하였다. 세부 추진 전략은 다음과 같다.

추진 배경	(가)
추진 전략	• 청년 일자리·주거 대책 강화 • 난임 등 출생에 대한 사회 책임 실현 • 맞춤형 돌봄 확대, 교육 개혁 • 일·가정 양립에 따른 사각 지대 해소

⊣ 보기 ⊢
ㄱ. 고령 인구의 감소
ㄴ. 초혼 연령의 상승
ㄷ. 외국인 노동자 유입의 감소
ㄹ. 낮은 출산율에 따른 노동력 감소

① ㄱ, ㄷ   ② ㄴ, ㄹ   ③ ㄱ, ㄴ, ㄷ
④ ㄱ, ㄴ, ㄹ   ⑤ ㄴ, ㄷ, ㄹ

14 자료는 세계 주요 국가의 고령화 속도를 나타낸 것이다. 이에 관한 분석으로 옳지 <u>않은</u> 것은?

(한국 보건 사회 연구원, 2014)

① 고령 인구의 경제 활동 관련 정책이 필요하다.
② 출산율이 증가하면 고령화 속도는 빨라질 것이다.
③ 초고령 사회에 진입하면 노년 부양비가 높아질 것이다.
④ 제시된 국가 중 중위 연령의 상승 속도가 가장 빠른 나라는 한국이다.
⑤ 제시된 국가 중 고령화 사회에서 초고령 사회까지의 소요 연수가 가장 빠른 나라는 한국이다.

[15-17] 그래프는 우리나라 출생아 수 및 합계 출산율을 나타낸 것이다. 물음에 답하시오.

중요

15 그래프와 같은 변화가 나타난 배경으로 옳지 <u>않은</u> 것은?

① 미혼 인구의 증가
② 평균 결혼 연령의 상승
③ 결혼과 자녀에 대한 가치관 변화
④ 양육비 증가에 따른 경제적 부담 증가
⑤ 여성의 출산 휴가와 부모의 육아 휴직 제도 정착

16 그래프와 같은 변화로 나타나는 현상 ㉠~㉤ 중 옳지 <u>않은</u> 것은?

> 합계 출산율이 낮아지면 전체 인구 중 유소년층 인구의 비중이 낮아지며, ㉠상대적으로 노년층 인구의 비중이 높아진다. 이에 따라 총 부양비에서 ㉡유소년 인구 부양비는 낮아지고 ㉢노년 인구 부양비는 높아진다. 또한 ㉣중위 연령이 상승하며, ㉤인구 구조는 피라미드형으로 나타난다.

① ㉠   ② ㉡   ③ ㉢   ④ ㉣   ⑤ ㉤

17 2020년 이후의 합계 출산율을 그래프에서와 같이 변화시키기 위한 대책을 〈보기〉에서 고른 것은?

⊣ 보기 ⊢
ㄱ. 국공립 보육 시설을 확충한다.
ㄴ. 농촌 지역의 경제 활성화를 위한 투자를 확대한다.
ㄷ. 출산 가정에 양육비 지원과 세금 감면 혜택을 늘린다.
ㄹ. 노년층 인구를 위한 정부의 복지 비용 지출을 확대한다.

① ㄱ, ㄴ   ② ㄱ, ㄷ   ③ ㄴ, ㄷ
④ ㄴ, ㄹ   ⑤ ㄷ, ㄹ

18 그래프는 한국지리 수업 시간에 활용한 것이다. 이 수업에서 다루지 <u>않은</u> 내용은?

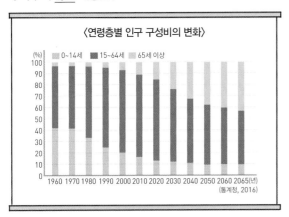

〈연령층별 인구 구성비의 변화〉

(통계청, 2016)

① 고령 사회의 도래 배경
② 실버산업 육성의 필요성
③ 시기별 노년 인구 부양비 비교
④ 고령화에 따른 노동력 부족 실태
⑤ 유소년층의 성비 불균형 실태 및 원인 파악

★★ 중요

19 그래프는 우리나라의 합계 출산율과 기대 수명 추이를 나타낸 것이다. 이러한 변화가 지속될 경우 나타날 수 있는 현상으로 옳지 <u>않은</u> 것은?

(통계청, 2016)

① 노동력 부족 문제가 발생할 것이다.
② 인구 부양력 향상으로 인구가 증가할 것이다.
③ 경제 활동 인구의 부양 부담이 증가할 것이다.
④ 정부는 다자녀 가구에 대한 각종 지원을 확대할 것이다.
⑤ 전체 인구 중 노년층 인구 비중이 증가하여 중위 연령이 높아질 것이다.

20 자료는 인구 중심점에 관한 것이다. 지도를 보고 인구 중심점의 이동 방향과 그 원인을 서술하시오.

인구 중심점은 지도에 인구 분포를 나타낸 다음, 개개인의 몸무게가 같다고 가정할 때 무게의 중심에 해당하는 곳이다. 인구 중심점은 인구 분포를 반영하기 때문에 인구 분포가 변화하면 인구 중심점도 달라진다.

21 지도를 보고 주요 인구 밀집 지역과 희박 지역을 구분하여 서술하시오. (단, 지역의 자연환경과 인문·사회적 환경의 특징과 관련지어 서술할 것)

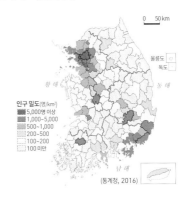

(통계청, 2016)

22 그래프는 우리나라의 연령대별 인구 구성비 변화를 나타낸 것이다. 이를 통해 알 수 있는 인구 문제 <u>두 가지</u>와 각각의 대책을 서술하시오.

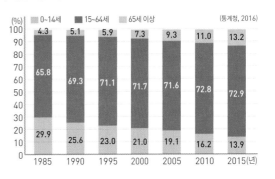

(통계청, 2016)

01 그래프는 우리나라의 인구 부양비 변화를 나타낸 것이다. 이에 관한 내용으로 옳은 것만을 〈보기〉에서 있는 대로 고른 것은?

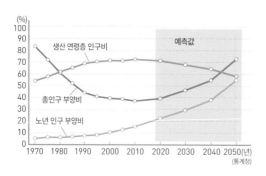

ⓟ **문제 접근 방법**
총인구 부양비는 노년 인구 부양비와 유소년 인구 부양비의 합이다. 따라서 총인구 부양비에서 노년 부양비를 빼면 유소년 인구 부양비를 구할 수 있다.

✏ **적용 개념**
총인구 부양비
유소년 인구 부양비
노년 인구 부양비
저출산의 원인과 영향
고령화의 원인과 영향

┤ 보기 ├

ㄱ. 1970~2000년 사이 유소년 인구 부양비는 증가하였다.

ㄴ. 노년 인구 부양비가 증가하는 주요 원인은 기대 수명의 증가이다.

ㄷ. 생산 연령층의 인구비가 낮아지는 주요 원인은 출생률의 감소이다.

ㄹ. 2020년 이후 총인구 부양비가 증가하는 원인은 노년 인구 부양비의 증가 때문이다.

① ㄱ, ㄷ   ② ㄴ, ㄷ   ③ ㄴ, ㄹ

④ ㄱ, ㄷ, ㄹ   ⑤ ㄴ, ㄷ, ㄹ

02 그래프는 우리나라의 전체 인구 구조와 (가), (나) 지역의 인구 구조 변화를 나타낸 것이다. 이에 관한 분석으로 옳지 않은 것은?

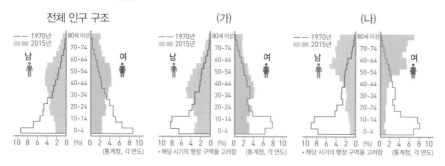

ⓟ **문제 접근 방법**
인구 피라미드가 제시되면 먼저 유소년층과 청장년층, 노년층 인구의 구간을 나누어 어떠한 변화가 나타났는지 파악해야 한다. 특히 청장년층의 감소와 증가는 인구 부양비에 어떤 영향을 주는지 유의하여 보아야 한다.

✏ **적용 개념**
인구 피라미드
성비 변화
중위 연령
지역별 인구 구조 변화

① (가) 지역은 1970년보다 2015년의 유소년층 인구 비중이 낮다.

② (가) 지역의 2015년 총인구 부양비는 우리나라 전체보다 높다.

③ (나) 지역은 2015년 노년층에서 여초 현상이 나타난다.

④ (가) 지역은 (나) 지역보다 2015년 중위 연령이 낮다.

⑤ (가)와 (나) 지역 모두 1970년보다 2015년의 유소년 인구 부양비가 낮다.

03 그래프는 시·도별 인구 부양비를 나타낸 것이다. 이에 관한 옳은 분석만을 〈보기〉에서 있는 대로 고른 것은?

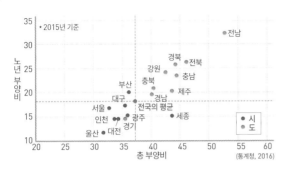

보기

ㄱ. 세종은 경북보다 유소년 부양비가 높다.
ㄴ. 전남은 청장년층 인구 비중이 가장 낮다.
ㄷ. 경기는 인천보다 유소년 인구 비중이 높다.
ㄹ. 모든 시(市)는 도(道)보다 총 부양비가 낮다.

① ㄱ, ㄴ   ② ㄱ, ㄷ   ③ ㄱ, ㄴ, ㄷ
④ ㄱ, ㄴ, ㄹ   ⑤ ㄴ, ㄷ, ㄹ

문제 접근 방법

총 부양비를 계산할 때 청장년층 인구 비중은 분모가 되므로 청장년층 인구 비중이 높으면 총 부양비는 낮아지는 반비례 관계가 나타난다. 그리고 '총 부양비=노년 부양비+유소년 부양비' 이므로 총 부양비를 아는 상황에서 노년 부양비와 유소년 부양비 둘 중 하나만 알더라도 제시되지 않는 부양비를 알 수 있다.

적용 개념

총 부양비
유소년 부양비
노년 부양비

04 그래프는 ○○ 지역의 5년 간 시·군별 인구 증감을 나타낸 것이다. 이에 관한 옳은 분석을 〈보기〉에서 고른 것은?

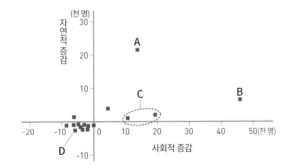

보기

ㄱ. A 지역은 B 지역보다 전입 인구가 전출 인구보다 많다.
ㄴ. C 지역의 인구 변화는 사회적 요인보다 자연적 요인의 영향을 더 많이 받았다.
ㄷ. D 지역은 사망 인구가 출생 인구보다 많다.
ㄹ. 사회적 요인으로 인구가 증가한 시·군은 모두 자연적 요인으로도 인구가 증가하였다.

① ㄱ, ㄴ   ② ㄱ, ㄷ   ③ ㄴ, ㄷ
④ ㄴ, ㄹ   ⑤ ㄷ, ㄹ

문제 접근 방법

인구 성장은 사망과 출생에 따른 자연적 증감과 전입과 전출에 따른 사회적 증감으로 나누어 볼 수 있다. 따라서 각 지역의 사회적·자연적 증감이 양(+)의 값인지 음(−)의 값인지 파악한 후 지역 간의 증감을 비교하면서 풀어야 한다.

적용 개념

인구의 자연적 증감
인구의 사회적 증감

올리드
특강

우리나라의 인구 구조 변화

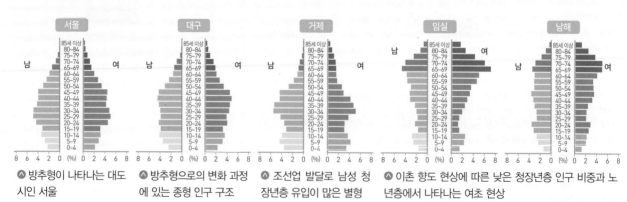

인구 피라미드란

인구 피라미드란 전체 인구를 성별·연령별로 나누어 나타낸 그래프로, 이를 통해 인구 비중과 인구 규모 등의 인구 구조를 파악할 수 있다. 가운데 세로축은 연령 계층으로, 아래에서 위로 갈수록 고연령이다. 이를 기준으로 왼쪽은 남성, 오른쪽은 여성의 인구수나 인구 비중을 막대 길이로 나타낸다.

인구의 자연적 증감에 따른 인구 피라미드

피라미드형 / 종형 / 방추형

피라미드형	• 출생률과 사망률이 모두 높은 시기, 평균 수명이 짧음 • 유소년층의 비중이 높음
종형	• 경제 발전으로 인구 부양력이 높아지고 의료 시설 등의 보급으로 사망률이 낮아지면서 나타남 • 평균 수명 연장과 사망률 감소가 나타나는 시기 → 인구 규모가 크게 증가함
방추형	• 여성의 활발한 사회 진출에 따른 출산율 감소, 노년층 인구 비중 증가 등으로 나타남 • 선진국에서 주로 나타나는 형태 • 출산율 감소에 따른 인구 감소가 우려되는 시기

인구의 사회적 증감에 따른 인구 피라미드

별형 / 표주박형

별형	• 인구의 전출보다 전입이 많은 도시 지역에서 주로 나타나는 형태 • 청장년층과 유소년층의 비중이 높게 나타남
표주박형	• 인구의 전입보다 전출이 많은 농어촌 지역에서 주로 나타나는 형태 • 청장년층 인구의 유출로 노년층 인구의 비중이 높음 → 노동력 부족, 고령화 등의 문제 발생

우리나라 지역별 인구 피라미드

지역의 특성에 따라 인구 구조도 달라진다. 일자리와 교육 기회가 많은 도시에서는 유소년층과 청장년층의 비중이 높고, 농어촌에서는 노년층의 비중이 높게 나타난다. 또한 대도시나 관광 도시 등에서는 여성의 비율이 높고, 군사 도시나 중화학 공업이 발달한 도시에서는 남성의 비율이 높게 나타난다.

서울 / 대구 / 거제 / 임실 / 남해

◎ 방추형이 나타나는 대도시인 서울

◎ 방추형으로의 변화 과정에 있는 종형 인구 구조

◎ 조선업 발달로 남성 청장년층 유입이 많은 별형

◎ 이촌 향도 현상에 따른 낮은 청장년층 인구 비중과 노년층에서 나타나는 여초 현상

우리나라의 시기별 인구 피라미드

우리나라의 1977년 인구 구조는 출생률과 사망률이 모두 높은 피라미드형이었다. 그러나 산아 제한 정책의 실시로 출산율이 낮아지면서 전체 인구 중 유소년층의 비중이 감소하기 시작하였다. 인구는 지속적으로 증가하고 있으나, 유소년층 인구 비중의 감소로 청장년층 인구 비중까지 감소하기 시작하여 인구 피라미드의 형태가 종형에서 방추형으로 변화하고 있다.

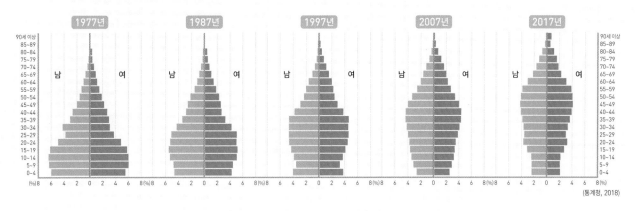

(통계청, 2018)

우리나라의 인구 정책 변화

1970년에는 합계 출산율이 4.53명, 1980년에는 2.82명으로 인구 과잉 현상이 나타났다. 따라서 1980년대까지는 산아 제한이 인구 정책의 핵심이었다.

1990년대에는 합계 출산율이 1.4~1.7명대를 유지하였으나 남아 선호 사상의 심화로 출생 성비 불균형 문제가 나타났으며, 2009년에는 합계 출산율이 1.15명까지 낮아져서 대체 출산율인 1.3명에 못 미쳐 저출산 문제가 심각해졌다. 이에 따라 1990년대에는 출생 성비 불균형 문제를 해결하기 위한 정책이, 2000년대에는 출산 장려 정책이 포스터에 표현되어 있다.

합계 출산율 및 출생아 수 추이
• 합계 출산율은 여성 1명이 가임 기간(15~49세) 동안 평생 낳을 것으로 예상되는 평균 출생아 수
• 1보다 낮아지면 여성 1명이 평균적으로 1명 미만의 출생아를 낳는 상태라는 의미

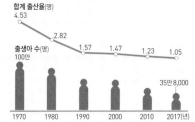

산아 제한 정책

산아 제한 정책

성비 불균형 완화 정책

출산 장려 정책

02 외국인 이주와 다문화 공간

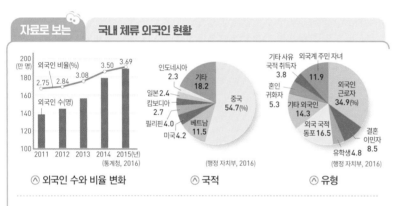

학습길잡이
• 외국인 이주자와 다문화 가정의 증가 원인을 파악하고 이에 따른 사회 및 공간적 변화가 어떻게 나타나는지 분석한다.
• 지속 가능한 다문화 공간을 형성하기 위해서는 어떠한 노력을 해야 하는지 알아본다.

A 외국인 이주자의 유입 현황과 분포 지역을 알아보자

1 우리나라의 외국인 현황

① **유입 배경** : 세계화에 따른 노동 시장의 개방, 국가 위상 제고, 한류 열풍 강화 등 → 국내에 체류하는 외국인 수 증가

② **출신 국가** : 절반 이상이 중국인(한국계 중국인 포함), 베트남, 미국, 필리핀 등지의 비중이 높음

③ **체류 유형** : 단순 기능 인력, 결혼 이민자, 유학생 등이 대부분을 차지함

④ **주요 거주 지역** : 일자리와 교육 기회가 많은 수도권과 도시 지역, 공업이 발달한 충청 지방과 영남 지방, 결혼 이민자 비중이 높은 촌락 지역 **1**

자료로 보는 국내 체류 외국인 현황

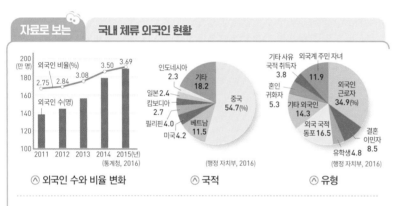

⚊ 외국인 수와 비율 변화　　⚊ 국적　　⚊ 유형

자료 분석 2015년 기준 국내에 체류하는 외국인은 약 190만 명으로, 그 수와 비율이 꾸준히 증가하고 있다. 이 중 약 55%가 한국계 중국인을 포함한 중국 출신이며, 베트남과 필리핀을 비롯한 동남아시아 국가 출신이 많다. 이는 우리나라보다 소득이 낮은 국가가 많아 저임금 근로자의 유입이 많기 때문이다. 이에 따라 국내 체류 외국인의 유형 중 근로자의 비율이 가장 높다.

Ｑ 국내 체류 외국인의 출신 국가 중 가장 높은 비중을 차지하는 국가는?　　논울 **A**

2 외국인 근로자의 유입 질문

① **유입 배경**

• 1990년대 후반부터 국내 근로자의 임금 상승과 3D 업종의 기피 현상 → 생산직의 노동력 부족 심화

• 산업 연수생 제도, 고용 허가제, 방문 취업제 시행

② **유입 현황 2**

• 중소기업과 서비스 업계의 수요 증가로 중국을 비롯한 아시아 지역에서 저임금 노동력 유입

• 최근 다국적 기업의 활발한 국내 진출로 고임금·전문직의 외국인 근로자 유입 증가
　　　　　　연구 개발, 국제 금융 등

개념 더하기 자료 채우기

1 행정 구역별 외국인의 분포와 비율

국내에 거주하는 외국인의 약 62%가 수도권에 집중한다.

서울특별시 337,116명
경기도 452,632명
강원도 18,306명
인천광역시 67,850명
세종특별자치시 4,471명
충청북도 71,082명
충청남도 40,758명
경상북도 57,565명
대전광역시 19,080명
대구광역시 29,282명
전라북도 29,930명
경상남도 90,361명
울산광역시 29,860명
광주광역시 21,592명
전라남도 34,611명
부산광역시 44,070명
제주특별자치도 15,146명

8 이상
6~8
4~6
2~4
2 미만
(%, 2015년 기준)
(통계청, 2016)

주민 등록 인구 대비 외국인 비중이 상대적으로 높은 지역은 공업이 발달한 수도권의 서남부이다. 농어촌 지역에는 결혼 이민자의 비율이 높다.

질문 있어요

외국인 근로자의 국내 유입은 어떤 영향을 주나요?
외국인 근로자의 유입으로 노동력이 부족한 기업은 안정적인 인력 수급이 가능해지고 생산비를 절감할 수 있는 장점이 있어요. 하지만 국내 근로자와의 일자리 경쟁과 외국인 근로자에 대한 인종·종교 편견, 인권 침해 등의 문제가 발생할 수 있어요.

2 외국인 근로자의 취업 직종

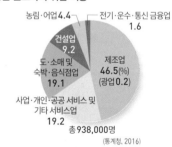

농림·어업 4.4
전기·운수·통신 금융업 1.6
건설업 9.2
제조업 46.5(%)
(광업 0.2)
도·소매 및 숙박·음식점업 19.1
사업·개인·공공 서비스 및 기타 서비스업 19.2
총 938,000명
(통계청, 2016)

국내에 체류하는 외국인 근로자의 절반 가량이 제조업에 종사하고 있다. 최근에는 연구 개발과 국제 금융 등 다양한 분야의 고임금·전문직 외국인 근로자가 증가하고 있다.

용어사전

＊**3D 업종**　더럽고(dirty), 힘들고(difficult), 위험하다(dangerous)고 여겨지는 산업이나 직종

＊**산업 연수생 제도**　외국인 근로자의 기업 연수 후 일정 기간 취업을 허용하는 제도, 2000년 이후 연수 취업제로 변경됨

＊**고용 허가제**　연수 기간 없이 3년 간 외국인의 정규 근로자 취업을 허용하는 제도

＊**방문 취업제**　중국 및 러시아 동포에게 최장 8년 간 복수 방문 및 취업을 허용하는 제도

3 국제결혼과 다문화 가정의 증가

왜? 농촌의 젊은 여성들이 일자리를 찾기 위해 도시로 이주했기 때문이다.

① **배경** : 농어촌 지역에서 결혼 적령기의 성비 불균형 심화, 외국인 근로자 증가, 외국인에 대한 거부감 감소, 결혼에 대한 가치관 변화 등

② **현황** 3

- 결혼 이민자는 남성보다 여성이 많음
- 인구 대비 외국인 여성과의 국제결혼 비율은 농촌이 높지만, 총 결혼 건수는 대도시가 많음 └ 외국인 아내의 출신 국가는 중국, 베트남 등으로 우리나라보다 소득 수준이 낮은 국가의 비중이 높다. ┐대도시가 농촌 지역보다 인구가 많기 때문이다.
- 2000년대 중반까지 국제결혼이 급증했으나 최근 감소 추세, 최근 도시 지역 국제결혼 증가

자료로 보는 | 국내에 거주하는 외국인의 분포

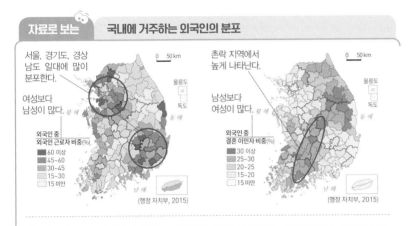

서울, 경기도, 경상남도 일대에 많이 분포한다.

여성보다 남성이 많다.

외국인 중 외국인 근로자 비중(%)
- 60 이상
- 45~60
- 30~45
- 15~30
- 15 미만

(행정 자치부, 2015)

촌락 지역에서 높게 나타난다.

남성보다 여성이 많다.

외국인 중 결혼 이민자 비중(%)
- 30 이상
- 25~30
- 20~25
- 15~20
- 15 미만

(행정 자치부, 2015)

자료 분석 1990년대부터 유입된 저임금의 외국인 근로자는 주로 공업이 발달한 대도시와 주변 지역에 집중 분포한다. 결혼 이민자 비중은 결혼 적령기의 성비 불균형으로 남초 현상이 나타나는 농촌 지역에서 높게 나타난다.

B 다문화 사회를 위해 어떠한 노력을 해야 할까

1 다문화 사회의 형성 : 국내 체류 외국인과 다문화 가정 증가, 출신 국가별 이주민 공동체 형성 → 다문화 공간 증가 4
└ 이주자 공동체 문화와 우리나라의 문화가 융합되어 독특한 경관이 나타나므로 세계의 다양한 문화를 체험할 수 있는 공간이다.

2 다문화 사회의 영향 5

① **긍정적 영향** : 저렴한 노동력 유입에 따른 경제 성장, 저출산·고령화 완화, 촌락의 공동체 유지에 기여, 다양한 문화적 자산 공유, 초국가적 네트워크 형성을 통한 새로운 성장 동력 확보 등

② **부정적 영향** : 국내 근로자와의 일자리 경쟁, 민족·인종·종교의 차이에 따른 사회적 편견과 차별, 자녀 보육 및 적응 등의 문제를 겪는 결혼 이민자, 다문화 가정 자녀의 정체성 혼란과 사회 부적응, 문화적 이질감에 따른 갈등 등

3 다문화 사회 발전을 위한 노력

① **정부의 제도 마련** : 외국인 이주자를 위한 「다문화 가족 지원법」 제정 등

② **세계 시민으로서의 자세 확립** : 다문화 수용성을 높여 외국인과 상생하는 시민 의식 확립, 다문화주의와 문화 상대주의 관점 필요

개념 더하기 자료 채우기

3 국제결혼 건수의 변화

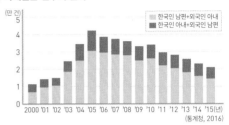

(만 건)
범례: 한국인 남편+외국인 아내 / 한국인 아내+외국인 남편
(통계청, 2016)

2015년 기준으로 우리나라 전체 결혼에서 국제결혼이 차지하는 비율은 약 10%이다. 결혼 이민자는 남성보다 여성이 많은데, 이는 농촌에 거주하는 결혼 적령기의 성비 불균형으로 남초 현상이 나타나 국제결혼이 활발해졌기 때문이다.

4 대표적인 다문화 공간

ⓐ 이태원 이슬람 성원

ⓐ 원곡동 국경 없는 마을

1976년 우리나라에 처음으로 만들어진 이태원 이슬람 성원 주변에는 할랄 식료품점과 레스토랑 등이 모여 있다. 안산 원곡동 국경 없는 마을은 전국에서 외국인 근로자가 가장 많이 거주하는 지역으로, 원곡본동의 경우 주민의 60% 정도가 외국인이며 약 50여 개 국가 출신 외국인들이 생활하고 있다. 이 외에도 서울 혜화동에는 필리핀 사람들이 모이는 리틀 마닐라, 대림동에는 중국인 밀집 지역, 이촌동에는 일본인이 모여 거주하는 리틀 도쿄가 형성되어 있다.

5 다문화 가정의 학생 수 변화

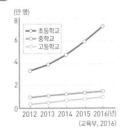

(만 명)
범례: 초등학교 / 중학교 / 고등학교
(교육부, 2016)

다문화 가정의 자녀(만 18세 이하)가 꾸준히 증가하고 있다. 이에 따라 학교에서는 다문화적 가치를 존중하고 이해할 수 있는 교육이 필요하다.

용어사전

* **다문화 가정** 다른 국적, 인종, 문화를 가진 가족 구성원이 포함된 가정

* **성원** 이슬람교에서 예배하는 건물을 이르는 말로, 모스크라고도 함

* **할랄** 아랍어로 '허용된 것'이라는 뜻. 이슬람 율법에 따라 가공하여 모슬렘이 먹을 수 있는 음식

* **다문화 수용성** 문화 개방성, 국민 정체성, 고정 관념 및 차별, 세계 시민 행동 등의 여덟 가지 지표의 구성 요소별 측정값을 종합한 것

올리드 포인트

A 외국인 이주자의 유입 현황과 분포

1 외국인 유입 현황

유입 배경	세계화에 따른 노동 시장 개방, 한류 열풍, 국가 위상 상승, 국내 노동력 부족 등
출신 국가	절반 이상이 중국인, 베트남·미국·필리핀 출신의 비중이 높음
체류 유형	단순 기능 인력, 결혼 이민자, 유학생이 대부분임
거주 지역	• 일자리가 풍부한 수도권과 도시 지역 • 공업이 발달한 충청과 영남 지방 • 결혼 이민자의 비중이 높은 촌락

2 외국인 근로자의 유입

배경	국내 근로자의 임금 상승과 3D 업종 기피 현상 → 노동력 부족
현황	• 동남아시아, 남부 아시아의 저임금 노동력 유입 • 최근 고임금·전문직 외국인 근로자의 유입 증가

3 국제결혼과 다문화 가정의 증가

배경	농어촌 지역에서 결혼 적령기의 성비 불균형 심화, 외국인에 대한 거부감 감소 등
현황	• 여성 결혼 이민자가 더 많음 → 촌락에 여성 결혼 이민자가 집중 분포함 • 우리나라보다 소득 수준이 낮은 국가 출신이 많음 • 2000년대 중반까지 국제결혼 증가, 현재는 감소 추세, 도시 지역의 국제결혼 증가

B 다문화 사회의 형성과 영향

1 다문화 사회의 형성

형성 배경	국내 체류 외국인과 다문화 가정 증가, 출신 국가별 이주민 공동체 형성
다문화 공간	안산시 원곡동 국경 없는 마을, 서울 이태원동 이슬람 거리, 서울 혜화동 리틀 마닐라 등

2 다문화 사회의 영향

긍정적 영향	• 저렴한 노동력 유입, 저출산·고령화 완화 • 다양한 문화적 자산 공유, 새로운 성장 동력 확보
부정적 영향	• 국내 근로자와의 일자리 경쟁 • 민족·인종·종교의 차이에 따른 편견과 차별 • 다문화 가정 자녀의 정체성 혼란과 사회 부적응

3 다문화 사회 발전을 위한 노력 : 「다문화 가족 지원법」 제정, 다문화 수용성 증대, 다문화주의와 문화 상대주의 관점 필요 등

01 빈칸에 들어갈 알맞은 말을 쓰시오.

(1) 우리나라에 체류하는 외국인은 주로 일자리를 구하기 쉽고 교육의 기회가 많은 (　　　)에 분포하고 있다.

(2) 국내 체류 외국인의 출신 국가를 보면 한국계를 포함해 절반 이상이 (　　　) 출신이다.

(3) 국내 체류 외국인이 증가하면서 이들이 집중하는 지역에는 정보 교환과 자국 문화를 공유할 수 있는 (　　　)이/가 형성되어 있다.

02 다음 설명이 맞으면 ○표, 틀리면 ×표를 하시오.

(1) 충청 지방과 영남 지방은 공업이 발달하여 일자리가 풍부하기 때문에 외국인 근로자가 많이 분포한다. (　　　)

(2) 1990년대 후반부터 국내 근로자의 임금 수준과 생활 수준 향상으로 3D 업종의 기피 현상이 심화되어 고임금의 전문직 근로자가 유입되기 시작하였다. (　　　)

(3) 과거 외국인 근로자는 중소기업의 제조업과 서비스 업계에 집중하였으나, 최근에는 연구 개발과 국제 금융 등 다양한 분야에서 외국인 근로자 유입이 증가하고 있다 (　　　)

(4) 1990년대 농촌에서는 결혼 적령기의 성비 불균형 현상이 심화되어 외국인 남성과의 국제결혼이 활발해졌다. (　　　)

(5) 촌락 지역은 도시 지역보다 외국인 여성과의 혼인 비율이 높지만, 총 결혼 건수는 도시 지역이 촌락 지역보다 많다. (　　　)

03 각 개념의 의미를 바르게 연결하시오.

(1) 다문화 가정　•

(2) 다문화 사회　•

(3) 다문화 수용성　•

• ㉠ 다른 국적, 인종, 문화를 가진 가족 구성원이 포함된 가정

• ㉡ 한 국가나 사회 속에 다른 인종·민족·계급 등 여러 집단의 문화가 공존하는 사회

• ㉢ 문화 개방성, 국민 정체성, 고정 관념 및 차별, 세계 시민 행동 등의 측정값을 종합한 것

01 그래프는 국내 체류 외국인 수의 변화를 나타낸 것이다. 이러한 변화의 배경으로 옳은 것만을 〈보기〉에서 있는 대로 고른 것은?

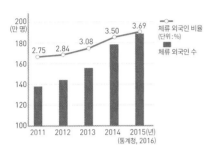

보기
ㄱ. 국제결혼의 증가
ㄴ. 노동 시장의 폐쇄성 심화
ㄷ. 생산직 노동력의 부족 현상
ㄹ. 다국적 기업의 활발한 국내 진출

① ㄱ, ㄴ
② ㄱ, ㄷ
③ ㄷ, ㄹ
④ ㄱ, ㄷ, ㄹ
⑤ ㄴ, ㄷ, ㄹ

02 지도는 지역별 외국인 분포 현황을 나타낸 것이다. 이에 관한 옳은 설명을 〈보기〉에서 고른 것은?

보기
ㄱ. 산지보다 평지의 외국인 비율이 낮다.
ㄴ. 도시는 촌락보다 외국인 비율이 높다.
ㄷ. 영남권은 호남권보다 외국인 비율이 낮다.
ㄹ. 제조업이 발달한 지역의 외국인 비율이 높다.

① ㄱ, ㄴ
② ㄱ, ㄷ
③ ㄴ, ㄷ
④ ㄴ, ㄹ
⑤ ㄷ, ㄹ

중요
03 그래프는 외국인 인구 상위 10개 시군구를 나타낸 것이다. 이들 지역의 공통점으로 옳은 것은?

① 교통이 편리한 도심 지역이다.
② 농·림·어업이 발달한 지역이다.
③ 국내 유명 대학이 밀집한 지역이다.
④ 주로 제조업이 발달한 공업 지역이다.
⑤ 결혼 적령기의 성비 불균형으로 남초 현상이 나타나는 지역이다.

04 ㉠~㉤ 중에서 옳지 않은 내용은?

㉠우리나라에 체류하는 외국인의 수는 증가하는 추세이다. 국내 체류 외국인의 출신 국가를 보면 ㉡한국계 중국인을 포함한 중국 국적자가 절반 이상의 비중을 차지하고 있으며, ㉢체류 유형별로는 단순 기능 인력, 결혼 이민자, 유학생 순으로 나타난다. 이 중 단순 기능 인력은 1990년대 후반 내국인의 3D 업종 기피로 ㉣생산직을 중심으로 노동력 부족 현상이 심화되면서 중국, 동남 및 남부 아시아 지역 등으로부터 유입되기 시작하였다. 최근에는 ㉤다국적 기업의 국내 진출이 활발해지면서 저임금 노동자의 유입도 증가하고 있다.

① ㉠
② ㉡
③ ㉢
④ ㉣
⑤ ㉤

05 지도의 인구 분포가 나타내고 있는 주제로 옳은 것은?

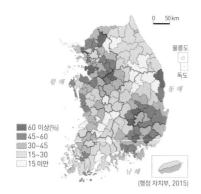

① 외국인 중 근로자 분포
② 외국인 중 유학생 분포
③ 외국인 중 결혼 이민자 분포
④ 전체 인구 중 노년층 인구 분포
⑤ 전체 인구 중 유소년층 인구 분포

07 다음 글과 관련 있는 현상만을 〈보기〉에서 있는 대로 고른 것은?

> 경기도 안산시 원곡동에 있는 '국경 없는 마을'에 거주하는 주민의 약 40% 이상은 중국과 필리핀, 베트남 등지에서 일자리를 구하기 위해 온 근로자이다. 이 지역의 상점들은 서너 집당 한 곳 정도가 외국인 근로자를 상대로 영업하고 있다.

┤ 보기 ├
ㄱ. 다양한 외국어로 된 간판을 볼 수 있다.
ㄴ. 국내 경제 발전의 장애 요인이 되고 있다.
ㄷ. 국내 3D 업종의 인력난 해결에 도움이 된다.
ㄹ. 지역 경제에 외국인 근로자들이 미치는 영향력이 커졌다.

① ㄱ, ㄷ ② ㄴ, ㄹ ③ ㄱ, ㄴ, ㄷ
④ ㄱ, ㄷ, ㄹ ⑤ ㄴ, ㄷ, ㄹ

중요 ★★
06 그래프는 우리나라의 국제결혼에 관한 것이다. 이에 관한 해석으로 옳지 <u>않은</u> 것은?

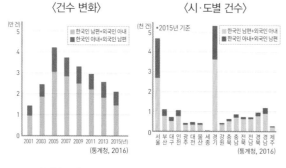

〈건수 변화〉　　〈시·도별 건수〉

① 국제결혼 건수는 경기가 서울보다 많다.
② 국제결혼 건수는 2005년 이후 감소 추세이다.
③ 부산은 강원보다 '한국인 남편+외국인 아내' 비율이 높다.
④ 수도권은 비수도권보다 외국인 남편과 결혼한 국제결혼 비중이 높다.
⑤ 국제결혼 건수에서 외국인 아내 비중이 외국인 남편 비중보다 높다.

08 (가)에 들어갈 내용으로 가장 적절한 것은?

> 경기도 오산시는 전국에서 처음으로 시청 민원실과 보건소, 주민 센터 등지에 '국내 거주 외국인 화상 통역 서비스'를 제공하고 있다. 자체 개발한 화상 통역 기기를 주요 관공서에 비치하여 공무원, 민원실, 통역 요원 등 3자를 화상으로 연결하여 중국어, 베트남어, 영어, 일본어, 러시아 등 8개 국어를 지원한다. 관계자에 따르면 오산시는 ┌─────────┐
> │ (가) │ 이기 때문에 이러한 정책을 시행
> └─────────┘
> 하게 되었다고 설명하였다.

① 국제학교가 밀집한 곳
② 외국인 주민 비율이 높은 곳
③ 다국적 기업의 본사가 입지한 곳
④ 외국인 관광객이 많이 방문하는 곳
⑤ 결혼 적령기의 여초 현상이 나타나는 곳

09 그래프는 우리나라에 거주하는 결혼 이민자가 겪는 어려움을 설문 조사한 결과를 나타낸 것이다. 이에 대한 대책으로 적절한 것만을 〈보기〉에서 있는 대로 고른 것은?

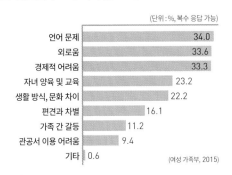

(단위 : %, 복수 응답 가능)

언어 문제	34.0
외로움	33.6
경제적 어려움	33.3
자녀 양육 및 교육	23.2
생활 방식, 문화 차이	22.2
편견과 차별	16.1
가족 간 갈등	11.2
관공서 이용 어려움	9.4
기타	0.6

(여성 가족부, 2015)

┌ 보기 ┐
ㄱ. 출산 휴가 및 육아 휴직 제도 개선
ㄴ. 출신 국가별 지역 공동체 지원 정책 마련
ㄷ. 거주 외국인을 위한 취업 소개 사이트 개설
ㄹ. 결혼 이주자들을 위한 한국어 교육 프로그램 제공

① ㄱ, ㄴ   ② ㄱ, ㄷ   ③ ㄴ, ㄷ
④ ㄱ, ㄴ, ㄷ   ⑤ ㄴ, ㄷ, ㄹ

10 (가), (나)는 서울에 위치한 주요 다문화 공간에 관한 설명이다. 이에 해당하는 지역을 지도의 A~D에서 고른 것은?

• 1976년 [(가)]에 이슬람 중앙 성원이 생기면서 이슬람교도들이 그 주변으로 모여들기 시작하였다.
• [(나)] 지역과 연결된 지하철 출구로 나오면 중국 음식점이 즐비하다. 이곳에서는 우리가 흔히 먹는 짜장면과 짬뽕 등이 아닌 현지 음식을 주로 판매한다.

(한국지리지 서울, 2015)

	(가)	(나)		(가)	(나)
①	A	B	②	B	C
③	B	D	④	C	B
⑤	D	A			

11 지도는 외국인 근로자 분포를 나타낸 것이다. 인구 비중이 높은 지역의 특징을 산업 구조와 성비를 중심으로 서술하시오.

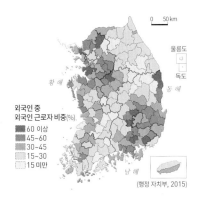

외국인 중 외국인 근로자 비중(%)
■ 60 이상
■ 45~60
■ 30~45
□ 15~30
□ 15 미만

(행정 자치부, 2015)

12 지도는 결혼 이민자 분포를 나타낸 것이다. 인구 비중이 높은 지역을 쓰고, 그 원인을 서술하시오.

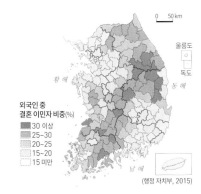

외국인 중 결혼 이민자 비중(%)
■ 30 이상
■ 25~30
■ 20~25
□ 15~20
□ 15 미만

(행정 자치부, 2015)

13 자료는 우리나라 다문화 수용성 조사 결과 중 일부이다. 이를 통해 알 수 있는 우리 사회의 문제점과 이를 해결할 수 있는 시민 의식에 관해 서술하시오.

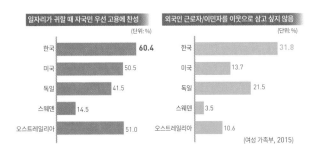

일자리가 귀할 때 자국민 우선 고용에 찬성	(단위: %)
한국	60.4
미국	50.5
독일	41.5
스웨덴	14.5
오스트레일리아	51.0

외국인 근로자/이민자를 이웃으로 삼고 싶지 않음	(단위: %)
한국	31.8
미국	13.7
독일	21.5
스웨덴	3.5
오스트레일리아	10.6

(여성 가족부, 2015)

등급을 올리는 고난도 문제

01 그래프는 우리나라의 지역별 외국인 분포에 관한 것이다. 이에 관한 옳은 분석을 〈보기〉에서 고른 것은?

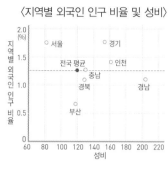

〈지역별 외국인 인구 비율 및 성비〉

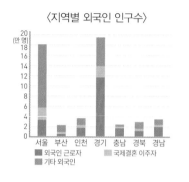

〈지역별 외국인 인구수〉

┌ 보기 ├
ㄱ. 부산은 경남보다 외국인 남성 인구수가 많다.
ㄴ. 충남은 부산보다 남성 외국인 근로자 수가 많다.
ㄷ. 수도권은 지역별 외국인 인구 비율이 전국 평균보다 높다.
ㄹ. 지역별 외국인 성비에서 여초 현상이 나타나는 지역은 지역별 외국인 인구수가 가장 많은 지역이다.

① ㄱ, ㄴ   ② ㄱ, ㄷ   ③ ㄴ, ㄷ
④ ㄴ, ㄹ   ⑤ ㄷ, ㄹ

> **문제 접근 방법**
> 성비는 여성 인구 100명당 남성 인구로 표현한다. 성비가 높으면 남성 인구 수가 많고 성비가 낮으면 여성 인구가 많음을 기억하고 문제에 접근해 본다.
>
> **적용 개념**
> \# 성비
> \# 지역별 외국인 인구 비율
> \# 지역별 산업 특징에 따른 체류 외국인 유형

02 그래프는 국내에 체류하는 외국인 현황을 나타낸 것이다. 이에 관한 옳은 설명을 〈보기〉에서 고른 것은?

〈국내 체류 외국인의 국적〉

〈외국인 근로자의 취업 직종〉

┌ 보기 ├
ㄱ. 1차 산업에 종사하는 외국인 근로자 비중이 가장 높다.
ㄴ. 외국인 근로자 유입은 고임금 전문 노동력의 부족 문제를 완화하고 있다.
ㄷ. 외국인 근로자는 우리나라 제조업 분야의 고용 안정에 큰 영향을 끼치고 있다.
ㄹ. 국내 체류 외국인은 우리나라보다 평균 소득이 적은 국가 출신이 60% 이상이다.

① ㄱ, ㄴ   ② ㄱ, ㄷ   ③ ㄴ, ㄷ
④ ㄴ, ㄹ   ⑤ ㄷ, ㄹ

> **문제 접근 방법**
> 그래프를 해석하는 문제를 풀 때에는 가장 많은 비중을 차지하거나 절반 이상의 비중을 포함하는 항목들이 무엇이며, 그것이 의미하는 바는 무엇인지 파악하는 것이 중요하다.
>
> **적용 개념**
> \# 국내 체류 외국인의 출신국
> \# 외국인 근로자 취업 직종

03 자료는 우리나라의 국제결혼 현황을 나타낸 것이다. 이에 관한 설명으로 옳지 <u>않은</u> 것은?

〈국제결혼 비율〉

〈출신 국가별 인원〉

출신 국가	한국인 남편과 결혼한 외국인 여성 수(명)
중국	5,363
베트남	5,055
필리핀	1,276
일본	1,198
미국	617
기타	2,870
합계	16,379

출신 국가	한국인 아내와 결혼한 외국인 남성 수(명)
미국	1,705
중국	1,580
일본	1,117
캐나다	474
베트남	331
기타	1,932
합계	7,139

*2013~2015년의 평균값임

(통계청, 2016)

① 국제결혼 이주자는 중국인이 가장 많다.
② 수도권보다 호남권의 국제결혼 비율이 높다.
③ 도시 지역은 촌락 지역보다 국제결혼 비율이 낮다.
④ 한국인과 결혼한 외국인 수는 남성보다 여성이 많다.
⑤ 한국인과 결혼한 외국인의 국가별 비중 편차는 남성이 여성보다 크다.

📍 문제 접근 방법

우리나라의 국제결혼은 지역별로 건수와 비율, 외국인 아내와 외국인 남편 비율, 배우자의 출신국 등이 다르게 나타나므로 이를 정리한 후에 문제를 해결해야 한다.

🖊 적용 개념

지역별 국제결혼 비율
국제결혼 배우자 출신 국가 비율

04 그림은 우리 사회의 다양한 외국인 이주자들의 이야기이다. (가)~(라)에 관한 설명으로 옳지 <u>않은</u> 것은?

① (가)는 정부의 경제적 지원 정책이 필요하다.
② (나)는 우리나라 연구 개발 분야의 인재 수요를 충족해 준다.
③ (다)는 다국적 기업의 활발한 국내 진출로 가능해졌다.
④ (라)는 촌락에 나타나는 결혼 적령기의 성비 불균형 문제를 완화하였다.
⑤ (다)는 (나)보다 대체로 소득 수준이 높다.

📍 문제 접근 방법

세계화로 노동 시장이 개방되면서 다양한 목적의 외국인이 국내에 체류하게 되었다. 그림에 나타난 외국인 이주자의 체류 목적과 유입 배경, 소득 등을 파악한 후 문제를 풀어야 한다.

🖊 적용 개념

국제결혼의 증가 원인
외국인 근로자의 유입 목적
국내 체류 외국인의 유형

지역별 인구 구조 비교 분석

(가)~(라)에 대한 옳은 설명을 〈보기〉에서 고른 것은? (단, (가)~(라)는 경기, 울산, 전남, 충북 중 하나임)

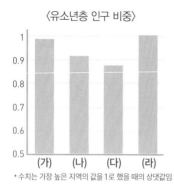

〈유소년층 인구 비중〉

* 수치는 가장 높은 지역의 값을 1로 했을 때의 상댓값임

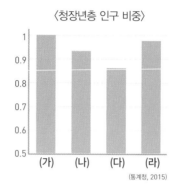

〈청장년층 인구 비중〉

(통계청, 2015)

보기

ㄱ. (가)는 울산, (나)는 충북이다.
ㄴ. 총부양비는 (다)가 가장 높다.
ㄷ. (가)는 (라)보다 유소년 부양비가 높다.
ㄹ. (다)는 (라)보다 노령화 지수가 낮다.

① ㄱ, ㄴ ② ㄱ, ㄷ ③ ㄴ, ㄷ
④ ㄴ, ㄹ ⑤ ㄷ, ㄹ

>> **유형 분석** 인구 구조에 대한 문제는 인구 단원에서 자주 출제되는 주제이다. 최근에는 우리나라 전체의 인구 구조에 대한 문제보다는 전국 각 지역을 구체적으로 제시하는 문제가 많이 출제되고 있으므로 지역별 인구 구조를 파악하는 것이 중요하다.

☑ **공략법**
❶ 청장년층 인구 비중과 총부양비는 반비례한다는 점, 청장년층 인구 비중과 유소년층 인구 비중이 높은 지역은 노년층 인구 비중이 낮다는 것을 파악한다.
❷ (가)와 (라)는 유소년층과 청장년층 인구 비중이 높은 곳으로 경기 또는 울산이고, (나)와 (다)는 전남 또는 충북임을 알 수 있다.
❸ 중화학 공업이 발달한 울산은 청장년층 인구 비중이 가장 높은 (가), 가장 낮은 (다)는 이촌 향도의 영향을 많이 받은 전남임을 알 수 있다.

저출산·고령화에 따른 공간 변화 이해

그래프에 대한 옳은 분석만을 〈보기〉에서 있는 대로 고른 것은? (단, A~D는 각각 ㉠~㉣ 중 어느 하나에 해당됨)

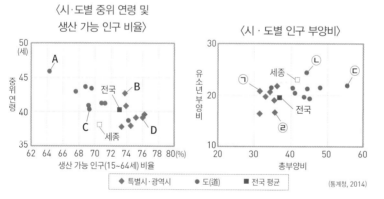

〈시·도별 중위 연령 및 생산 가능 인구 비율〉

〈시·도별 인구 부양비〉

◆ 특별시·광역시 ● 도(道) ■ 전국 평균

(통계청, 2014)

보기

ㄱ. A와 ㉢은 동일한 지역이다.
ㄴ. B는 D보다 노년층 인구 비율이 높다.
ㄷ. D의 노령화 지수는 80 이상이다.
ㄹ. 노년 부양비는 ㉡이 ㉠보다 높다.

① ㄱ, ㄹ ② ㄴ, ㄷ ③ ㄱ, ㄴ, ㄹ
④ ㄱ, ㄷ, ㄹ ⑤ ㄴ, ㄷ, ㄹ

>> **유형 분석** 시·도별 인구 구성의 특징에 대해서 출제되는 문제는 난이도가 높게 출제되는 경향이 있다. 각종 부양비와 연령별 인구 비중을 활용한 자료가 제시되기 때문에 생산 가능 인구 비율과 인구 부양비, 총부양비와 유소년 및 노년 인구 부양비의 관계를 잘 파악해야 한다.

☑ **공략법**
❶ 생산 가능 인구 비율과 인구 부양비가 반비례한나는 것을 알고 A~D의 순서와 ㉠~㉣의 순서를 반대로 짝지어 찾아간다.
❷ 노령화 인구와 관련된 내용을 파악하기 위해서는 각 지역의 총부양비에서 유소년 인구 부양비를 뺀 노년 인구 부양비를 구해 각 보기의 설명에 맞춰 계산하면 된다.

유형 3

외국인 근로자의 분포 현황 이해

지도는 시·도별 외국인 근로자 수를 나타낸 것이다. 이에 대한 옳은 분석을 〈보기〉에서 고른 것은?

┤ 보기 ├

ㄱ. 충남은 경남보다 남성 외국인 근로자 수가 많다.

ㄴ. 수도권의 외국인 근로자 수는 전국의 절반 이상을 차지한다.

ㄷ. 외국인 근로자의 성별 비율 차이가 가장 작은 지역은 서울이다.

ㄹ. 광역시의 경우 항구 도시들보다 내륙 도시들의 외국인 근로자 수가 많다.

① ㄱ, ㄴ   ② ㄱ, ㄷ   ③ ㄴ, ㄷ

④ ㄴ, ㄹ   ⑤ ㄷ, ㄹ

➤➤ **유형 분석** 외국인 이주자 관련 문항은 출제되는 주제가 매우 한정적이기 때문에 몇 가지 주제만 파악하고 있으면 쉽게 해결할 수 있다. 주어진 자료를 보기의 내용과 비교하면서 보면 쉽게 해결할 수 있다.

☑ **공략법**

❶ 외국인 근로자는 일하기 위해 유입되었다. 따라서 다양한 일자리가 풍부한 수도권에 집중한다.

❷ 중화학 공업이 발달한 지역은 비교적 힘든 일이 많기 때문에 남성 근로자의 비중이 높다.

유형 4

국내 체류 외국인의 분포 이해

다음 자료에 대한 분석으로 옳지 <u>않은</u> 것은?

〈국내 외국인 주민 현황〉 〈국제결혼 이주자와 외국인 근로자의 시·도별 분포〉

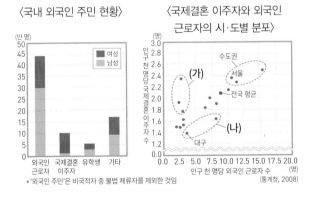

* '외국인 주민'은 비국적자 중 불법 체류자를 제외한 것임

① 외국인 근로자의 수는 경기가 서울보다 많다.

② 전체 외국인 근로자의 절반 이상이 수도권에 거주하고 있다.

③ 외국인 근로자의 성비는 국제결혼 이주자의 성비의 2배 이상이다.

④ 국제결혼 이주자 대비 외국인 근로자의 비율은 대구가 가장 높다.

⑤ (나)는 (가)에 비해 해당 지역 인구 대비 외국인 근로자의 비율이 높다.

➤➤ **유형 분석** 외국인 이주자 단원에서 출제되는 주제는 외국인 근로자, 국제결혼, 체류 외국인 유형 등으로 매우 한정적이다. 이러한 주제를 모두 제시하여 종합적인 문제 해결 능력을 확인하는 경우가 많다.

☑ **공략법**

❶ 국내 거주 외국인 수와 국제결혼 이주자 수는 인구 규모가 큰 수도권이 가장 많다.

❷ 국내 거주 외국인 중 국제결혼 이주자가 차지하는 비중은 농촌 지역이 높게 나타난다.

VI 단원 개념 마무리

01 인구 변화와 공간 변화

• 우리나라의 인구 성장

조선 시대 이전	높은 출생률, 질병·전쟁·기근 등으로 사망률이 높음 → 인구 성장률 낮음
1920년대 이후	농업 생산성 향상, 의료 및 보건 제도 개혁으로 사망률 감소 → 인구 성장 시작
광복 직후	해외 동포의 귀국, 북한 동포 월남 → 인구의 사회적 증가
6·25 전쟁 시기	6·25 전쟁에 따른 사망률의 일시적 상승, 전쟁 이후 출산 붐(baby boom)으로 인구 급증
1960~1980년대	인구의 빠른 성장 → 정부 주도의 가족계획 사업(출산 억제 정책)으로 출생률 감소
2000년대 이후	출생률과 사망률이 모두 낮아 인구 성장 둔화 → 인구 감소에 대응하기 위한 출산 장려 정책 시행

• 우리나라의 인구 분포

1960년대 이전	• 전통적으로 자연적 요인의 영향을 받음 • 기후가 온화한 남서부의 평야 지대에 인구 밀집, 북동부 산간 지대는 인구 희박
산업화 이후	• 사회·경제적 요인의 영향이 커짐 • 일자리가 많은 대도시와 공업 지역에 인구 밀집 → 수도권은 과밀화, 농어촌 지역은 인구 희박

• 우리나라의 인구 이동

일제 강점기	• 광공업이 발달한 북부 지방으로 이동 • 일본과 중국, 러시아 등의 해외 이주
1970~80년대	산업화 이후 대도시로 인구 집중, 이촌 향도 현상 활발
1990년대 이후	수도권과 대도시로 인구 집중, 교외화 현상 발생

• 우리나라의 인구 구조 특성

성별 인구 구조	연령별 인구 구조
• 출생 시에는 남초 현상, 노년층은 여초 현상 • 남초 지역 : 중화학 공업 도시, 군사 도시 • 여초 지역 : 노년층의 여성 인구 비중이 높은 촌락 지역	• 저출산에 따른 유소년층과 청장년층 비율 감소 • 기대 수명 증가에 따른 노년층 비율 증가 및 인구 부양비 증가 • 도시는 유소년층과 청장년층, 농어촌은 노년층 비율이 높음

• 피라미드형
• 출생률과 사망률이 모두 높음

➡

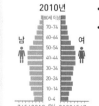

• 종형
• 경제 발전과 근대화 이후 출생률과 사망률이 모두 낮아짐

➡

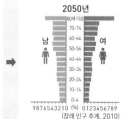

• 역피라미드형
• 저출산 현상 지속
• 기대 수명 및 노년층 비율 증가

• 저출산 및 고령화 현상

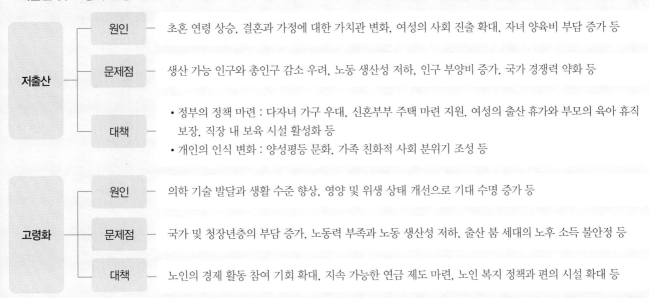

저출산	원인	초혼 연령 상승, 결혼과 가정에 대한 가치관 변화, 여성의 사회 진출 확대, 자녀 양육비 부담 증가 등
	문제점	생산 가능 인구와 총인구 감소 우려, 노동 생산성 저하, 인구 부양비 증가, 국가 경쟁력 약화 등
	대책	• 정부의 정책 마련 : 다자녀 가구 우대, 신혼부부 주택 마련 지원, 여성의 출산 휴가와 부모의 육아 휴직 보장, 직장 내 보육 시설 활성화 등 • 개인의 인식 변화 : 양성평등 문화, 가족 친화적 사회 분위기 조성 등
고령화	원인	의학 기술 발달과 생활 수준 향상, 영양 및 위생 상태 개선으로 기대 수명 증가 등
	문제점	국가 및 청장년층의 부담 증가, 노동력 부족과 노동 생산성 저하, 출산 붐 세대의 노후 소득 불안정 등
	대책	노인의 경제 활동 참여 기회 확대, 지속 가능한 연금 제도 마련, 노인 복지 정책과 편의 시설 확대 등

02 외국인 이주와 다문화 공간

• 외국인 이주자의 유입 증가

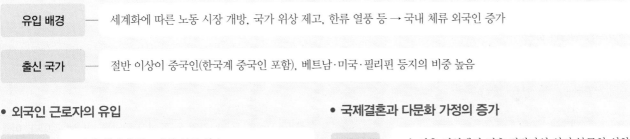

| 유입 배경 | 세계화에 따른 노동 시장 개방, 국가 위상 제고, 한류 열풍 등 → 국내 체류 외국인 증가 |
| 출신 국가 | 절반 이상이 중국인(한국계 중국인 포함), 베트남·미국·필리핀 등지의 비중 높음 |

• 외국인 근로자의 유입

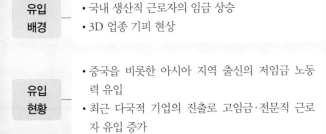

| 유입 배경 | • 국내 생산직 근로자의 임금 상승
• 3D 업종 기피 현상 |
| 유입 현황 | • 중국을 비롯한 아시아 지역 출신의 저임금 노동력 유입
• 최근 다국적 기업의 진출로 고임금·전문직 근로자 유입 증가 |

• 국제결혼과 다문화 가정의 증가

| 유입 배경 | • 농어촌 지역에서 결혼 적령기의 성비 불균형 심화
• 외국인 근로자 증가, 외국인에 대한 거부감 감소 등 |
| 유입 현황 | • 남성보다 여성이 많음, 촌락에서 혼인 비율 높음
• 외국인 아내는 중국, 베트남 등의 비중이 높음
• 최근에는 국제결혼 감소 추세, 도시 지역에서는 증가 |

• 다문화 사회 조성을 위한 노력

| 영향 | • 국가별 이주민 공동체 형성에 따라 다문화 공간 증가 예 안산시 원곡동 국경 없는 마을, 서울 혜화동 필리핀 장터
• 긍정적 영향 : 저렴한 노동력 유입, 저출산·고령화 문제 완화, 다양한 문화적 자산 공유 등
• 부정적 영향 : 국내 근로자와 일자리 경쟁, 사회적 편견과 차별, 다문화 가정 자녀의 정체성 혼란과 사회 부적응 등 |
| 노력 | • 정부의 제도 마련 : 외국인 이주자를 위한 「다문화 가족 지원법」 제정 등
• 세계 시민으로서의 자세 확립 : 다문화 수용성의 제고, 다문화주의와 문화 상대주의 관점 필요 |

01 그래프는 우리나라 시·도별 순이동률을 나타낸 것이다. 이에 관한 설명으로 옳은 것은?

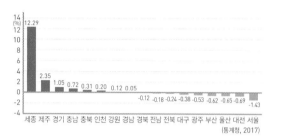

① 모든 도(道)의 인구가 감소하였다.
② 인구 감소 지역이 증가 지역보다 많다.
③ 수도권의 모든 시·도 인구는 증가하였다.
④ 중화학 공업이 발달한 지역은 인구가 증가하였다.
⑤ 6대 광역시는 모두 유입 인구가 유출 인구보다 많다.

➔ 개념 피드백 227쪽

02 지도에 나타난 우리나라 인구 이동의 특징과 등장 배경을 바르게 설명한 것은?

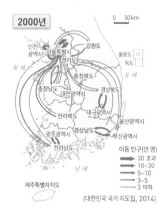

	특징	배경
①	광역시를 축으로 하는 근거리 이동이 많다.	이촌 향도 현상의 강화
②	충청권은 수도권과의 인구 이동이 활발하다.	서울 소재 대기업 본사의 이전
③	권역 내 이동은 수도권에서 가장 많이 이루어진다.	위성 도시 및 신도시의 성장
④	강원권과 수도권 간의 인구 이동이 활발하다.	수도권 생산 시설의 이전
⑤	근거리 이동 인구가 원거리 이동 인구보다 많다.	고속 철도의 개통

03 아산시 인구 구조 변화를 보고, 성비와 총인구 부양비의 변화를 그래프의 ㄱ~ㅁ에서 고른 것은?

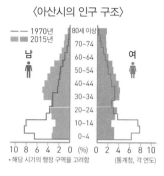

〈아산시의 인구 구조〉

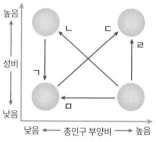

① ㄱ ② ㄴ ③ ㄷ ④ ㄹ ⑤ ㅁ

➔ 개념 피드백 227쪽

04 자료는 우리나라의 인구 변화 전망을 나타낸 것이다. 이를 보고 추론한 내용으로 적절하지 **않은** 것은?

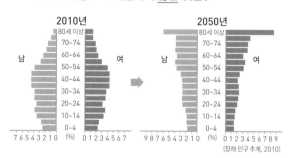

① 청장년층 인구의 노인 부양 부담이 커질 것이다.
② 의료 기술 발달로 유소년 부양비가 감소할 것이다.
③ 출생아 수가 감소하여 평균 연령이 높아질 것이다.
④ 노인 복지 시설이 늘어나고 실버산업이 성장할 것이다.
⑤ 노인층의 보건 수요가 급증하여 의료비 지출이 증가할 것이다.

05 그래프는 어느 지역의 인구 현황을 나타낸 것이다. 과거와 비교한 현재의 상대적 특징을 그림의 A~E에서 고른 것은?

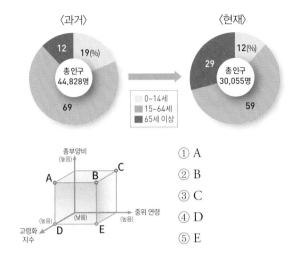

① A
② B
③ C
④ D
⑤ E

06 그래프는 우리나라의 인구 구성 비율 변화를 나타낸 것이다. 이를 보고 추론한 내용으로 적절하지 않은 것은?

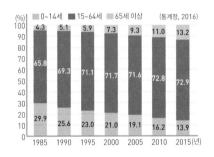

① 실버산업의 발전 가능성이 높아질 것이다.
② 노년층의 재취업을 위한 정책이 필요할 것이다.
③ 산업 활동에 투입되는 노동력이 부족할 것이다.
④ 노년층 인구 비중 증가로 중위 연령은 상승할 것이다.
⑤ 유소년 부양비의 감소로 청장년층의 부양 부담이 감소할 것이다.

07 그림은 어떤 사회 현상의 원인을 나타낸 것인가?

① 저출산 ② 다문화 사회 ③ 고령화 사회
④ 세대 간 갈등 ⑤ 1인 가구 증가

개념 피드백 229쪽

08 그래프는 우리나라의 고령화 심화에 따른 경제적 영향을 나타낸 것이다. 이에 관한 옳은 설명을 〈보기〉에서 고른 것은?

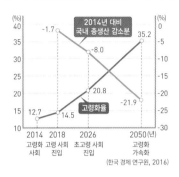

(한국 경제 연구원, 2016)

┤ 보기 ├
ㄱ. 고령화는 점차 심화될 것이다.
ㄴ. 고령화와 국내 총생산은 반비례 관계이다.
ㄷ. 노년 부양비는 지속적으로 감소할 것이다.
ㄹ. 경제 활동 인구 비중은 갈수록 높아질 것이다.

① ㄱ, ㄴ   ② ㄱ, ㄷ   ③ ㄴ, ㄷ
④ ㄴ, ㄹ   ⑤ ㄷ, ㄹ

09 정부가 (가), (나)와 같은 인구 정책을 추진하는 배경으로 옳은 것은?

(가) 출산 장려금 지급, 출산 휴가와 육아 휴직 지원, 영유아 보육 시설 확대 등의 정책을 적극 추진하기로 하였다.
(나) 2009년 병역법과 시행령을 개정하여 인종 및 피부색 등의 이유로 현역 입대를 피할 수 있던 모든 규정을 없앴다.

	(가)	(나)
①	출산율의 저하	다문화 가정의 증가
②	출산율의 저하	성비 불균형의 심화
③	다문화 가정의 증가	인구의 과도한 감소
④	성비 불균형의 심화	다문화 가정의 증가
⑤	인구의 과도한 감소	일자리 부족 문제의 심화

개념 피드백 240쪽

10 그래프는 행정 구역별 외국인 분포와 비율을 나타낸 것이다. 이에 관한 설명으로 옳은 것을 〈보기〉에서 고른 것은?

〈통계청, 2016〉

┤ 보기 ├
ㄱ. 경상도는 전라도보다 외국인 거주자 수가 더 많다.
ㄴ. 모든 광역시는 인접 도(道)보다 외국인 거주자 수가 많다.
ㄷ. 수도권의 외국인 분포 비율이 높은 것은 일자리가 많기 때문이다.
ㄹ. 경상남도의 외국인 분포 비율이 높은 이유는 농업 종사자 비율이 높기 때문이다.

① ㄱ, ㄴ   ② ㄱ, ㄷ   ③ ㄴ, ㄷ
④ ㄴ, ㄹ   ⑤ ㄷ, ㄹ

개념 피드백 241쪽

11 지도와 같은 인구 분포가 나타나는 원인으로 가장 적절한 것은?

〈행정 자치부, 2015〉

① 국내 생산직 근로자의 임금 상승
② 유아 사망률 감소와 평균 수명 증가
③ 대도시의 교외화 현상에 따른 거주지 이동
④ 금융 전문직에 종사하는 외국인 근로자 유입
⑤ 촌락 지역의 결혼 적령기 인구에서 나타나는 성비 불균형

12 그래프는 우리나라의 국제결혼에 관한 것이다. 이에 관한 옳은 설명을 〈보기〉에서 고른 것은?

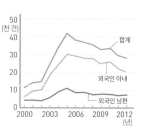
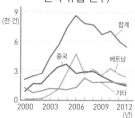

┤ 보기 ├
ㄱ. 우리나라 남성과 외국 여성의 결혼 건수는 2005년 이후 지속적으로 증가하였다.
ㄴ. 국제결혼 건수의 변화는 우리나라 여성과 외국 남성의 결혼 건수가 큰 영향을 미쳤다.
ㄷ. 외국인 아내의 출신국 비중은 2000년대 초반에는 중국이, 중반 이후에는 베트남이 높다.
ㄹ. 2012년에 우리나라 남성과 결혼한 외국인 여성은 촌락보다 도시에 두 배 이상 많다.

① ㄱ, ㄴ   ② ㄱ, ㄷ   ③ ㄴ, ㄷ
④ ㄴ, ㄹ   ⑤ ㄷ, ㄹ

13 그래프는 안산시에 관한 것이다. 이를 통해 추론할 수 있는 내용만을 〈보기〉에서 있는 대로 고른 것은?

┤ 보기 ├
ㄱ. 주변 지역보다 외국인 주민 비율이 높을 것이다.
ㄴ. 외국인 거주자를 위한 기반 시설을 구축할 것이다.
ㄷ. 외국인 음식점의 요리사 초청 기준을 강화할 것이다.
ㄹ. 다문화 음식 거리 조성 등 지역 특색을 살리는 발전 계획을 수립할 것이다.

① ㄱ, ㄴ   ② ㄷ, ㄹ   ③ ㄱ, ㄴ, ㄹ
④ ㄱ, ㄷ, ㄹ   ⑤ ㄴ, ㄷ, ㄹ

14 제시된 자료와 관련 있는 내용으로 옳지 <u>않은</u> 것은?

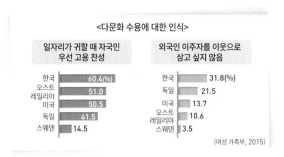

<다문화 수용에 대한 인식>

일자리가 귀할 때 자국민 우선 고용 찬성

한국 60.4(%)
오스트레일리아 51.0
미국 50.5
독일 41.5
스웨덴 14.5

외국인 이주자를 이웃으로 삼고 싶지 않음

한국 31.8(%)
독일 21.5
미국 13.7
오스트레일리아 10.6
스웨덴 3.5

(여성 가족부, 2015)

① 외국인에 대한 인종적 편견
② 외국인 근로자에 대한 차별
③ 결혼 이민자 적응의 어려움
④ 문화적 이질감에 따른 갈등
⑤ 인력 수급 균형 및 경제 규모 확대

15 다음은 지속 가능한 다문화 사회를 위한 토론회 내용 중 일부이다. (가), (나)에 들어갈 대책으로 적절한 것은?

• 외국인 이주자가 증가하면서 쓰레기 무단 투기가 증가하였습니다. ⌐(가)⌐하면 이러한 문제를 해결할 수 있을 것 같습니다.
• 앞으로 우리 아이가 자라서 학교에 갔을 때 다문화 가정의 자녀라는 이유로 차별을 받을 것 같아 걱정됩니다. 다문화 가정 자녀를 위해 ⌐(나)⌐이/가 이루어지면 좋겠습니다.

┌ 보기 ┐
ㄱ. 국적·종교에 따른 자국 문화 공유 공동체 형성
ㄴ. 시민 단체의 다문화 가정 자녀의 교육 프로그램 지원
ㄷ. 문화적 차이에 따른 갈등 방지를 위한 자율 방범대 조직
ㄹ. 다양한 언어로 제작한 쓰레기 종량제 봉투의 보급과 홍보

	(가)	(나)		(가)	(나)
①	ㄱ	ㄴ	②	ㄱ	ㄷ
③	ㄴ	ㄷ	④	ㄹ	ㄱ
⑤	ㄹ	ㄴ			

16 (가), (나) 시기의 인구 정책을 우리나라 인구 문제와 관련하여 각각 서술하시오.

(가) 하나씩만 낳아도 삼천리는 초만원
(나) 가가 호호 아이 둘 셋 하하 호호 희망 한국

17 (가), (나) 인구 피라미드를 보고 물음에 답하시오.

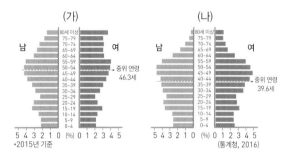

(가) 중위 연령 46.3세
(나) 중위 연령 39.6세
•2015년 기준 (통계청, 2016)

(1) (가), (나) 지역을 도시와 촌락으로 구분하여 쓰시오.

(2) (나) 지역과 비교한 (가) 지역의 특징을 아래 용어를 사용하여 서술하시오.

• 청장년층 인구 비중 • 노년층 인구 비중
• 중위 연령 • 노년 부양비

18 그래프는 우리나라의 인구 관련 자료이다. 이러한 변화로 나타나는 문제와 해결 방안을 <u>두 가지씩</u> 서술하시오.

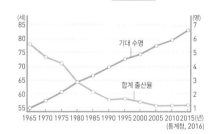

기대 수명
합계 출산율
1965 1970 1975 1980 1985 1990 1995 2000 2005 2010 2015(년)
(통계청, 2016)

19 그래프와 같은 변화가 나타나는 사회의 긍정적·부정적 영향을 서술하시오.

〈다문화 가정의 학생 수 변화〉 〈다문화 가정 출신 징병 대상자〉

초등학교
중학교
고등학교
2012 2013 2014 2015 2016(년)
(교육부, 2016)

•연령별 다문화 청소년 수로 본 예상치
1,655 2,199 3,109 3,626(명)
2014 2016 2018 2020(년)
(행정 자치부, 2016)

달인

글 / 그림 우쿠쥐

VII 우리나라의 지역 이해

자~! 힘을 내서 차근차근 시작해요.

01 지역의 의미, 북한 지역과 통일 국토의 미래

(학습길잡이) • 지역의 의미와 지역을 구분하는 기준의 다양성을 이해한다.
• 북한의 자연환경과 인문 환경의 특성을 파악해 둔다.

A 지역의 의미는 무엇이고, 지역은 어떻게 구분할까

1 지역과 지역성
=자연환경+인문 환경
① **지역** : 지리적 특성이 다른 곳과 구분되는 지표상의 공간 범위
② **지역성** : 다른 지역과 구분되는 그 지역의 고유한 특성 **1**
③ **지역성의 활용** : 지방 자치 단체들이 지역 이미지를 브랜드화하여 지역 발전을 추구하는 사례가 증가함 **2**

지역성은 교통과 통신의 발달 등의 영향을 받아 그 고유성이 약화되기도 한다.

2 지역 구분의 의미와 기준
① **지역 구분** : 일정한 기준에 따라 지표의 일부를 여러 범위로 나누는 것
② **지역 구분의 기준** : 지형·기후와 같은 자연환경으로 구분하기도 하고, 산업·종교·언어와 같은 인문 환경으로 구분하기도 함

☆ 3 지역 구분의 유형
① **동질 지역과 기능 지역**

동질 지역	• 의미 : 특정한 지리적 현상이 동일하게 분포하는 공간 범위 • 사례 : 농업 지역, 기후 지역, 문화권 등
기능 지역	• 의미 : 중심지와 그 중심지의 영향을 받는 배후 지역이 기능적으로 결합되어 있는 공간 범위 → 중심지에서 기능의 영향이 강하게 나타나고, 주변 지역으로 갈수록 기능의 영향이 점차 줄어듦 • 사례 : 통근권, 통학권, 상권, 도시 세력권 등

└ 중심지와 주변 지역의 공간 관계에 따라 형성되기 때문에 그 범위는 교통과 통신이 발달하면서 변화한다.

② **점이 지대** : 서로 인접한 두 지역의 특성이 혼재되어 나타나는 지역 **예** 문화권·언어권 등의 경계 지역, 주택과 상업 시설이 혼재하는 경제 지역 등 **3**

자료로 보는 동질 지역과 기능 지역

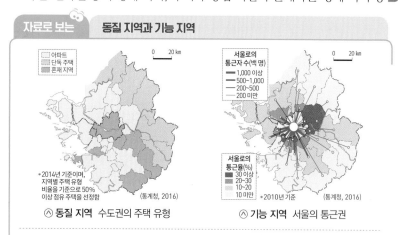

⊙ **동질 지역** 수도권의 주택 유형
• 2014년 기준이며, 지역별 주택 유형 비율을 기준으로 50% 이상 점유 주택을 선정함 (통계청, 2016)

⊙ **기능 지역** 서울의 통근권
• 2010년 기준 (통계청, 2016)

자료 분석 수도권의 주택 유형 지도에서 같은 범례에 해당하는 곳은 지리적 현상의 동질성을 보이므로 동질 지역의 사례에 해당한다. 서울의 통근권 지도는 서울로의 통근자 수와 통근율을 통해 서울이 중심지로서 주변 지역에 미치는 영향력을 보여 주는 것이므로 기능 지역의 사례에 해당한다.

Q 기능 지역의 특징에는 무엇이 있을까?

🅰 기능의 영향이 중심지에서 강하게 나타나고, 주변 지역으로 갈수록 줄어든다.

개념 더하기 자료 채우기

1 지역성의 변화

⊙ 1972년의 압구정동   ⊙ 2014년의 압구정동

지역성은 자연환경과 인문 환경이 오랜 기간 상호 작용하여 형성되는데, 시간의 흐름, 교통·통신의 발달, 지역 간의 상호 작용 등에 따라 끊임없이 변화한다. 1972년에 서울의 압구정동은 농경지와 과수원이 분포하는데, 2014년의 압구정동은 교량과 도로망이 확충되었으며 대규모 아파트 단지가 밀집해 있다.

2 지역성의 활용

지역 이미지는 지역성을 바탕으로 한다. 단양군은 대표 농산물인 마늘을 형상화한 상징물을 곳곳에 설치하여 지역성을 드러내고 있다.
마늘의 형상화

3 점이 지대

⊙ 동서양의 문화가 공존하는 터키(성 소피아 대성당)

점이 지대란 서로 다른 특징을 가진 두 지역 사이에 위치하여 그 중간적인 성격이 나타나는 곳을 말하며, 대부분 지역에서는 점이 지대가 나타난다. 터키 이스탄불의 성 소피아 대성당은 비잔티움 제국 때 건축되었으나, 오스만 제국이 점령한 후에는 이슬람교 사원으로 개축되었다. 따라서 크리스트교 성화 모자이크와 이슬람 양식의 첨탑이 공존한다.

(❋) 용어사전

❋ 배후 지역(背 등지다, 後 뒤, 地 땅, 域 땅의 경계) 도시나 중심지의 세력권에 들어 밀접한 관계를 가지는 주변 지역

4 우리나라의 지역 구분 〔질문〕

① 전통적 지역 구분

> 교통과 통신이 발달하기 전에 지역 간의 교류를 어렵게 하는 장애물로서, 각 지역 특유의 지역성을 형성하는 경계의 역할을 하였다.

- 구분 기준 : 고개, 산줄기, 대하천 등의 자연적 특성을 기준으로 함
- 지역 구분 : 관북(함경도), 관서(평안도), 관동(강원도), 해서(황해도), 경기(경기도), 호서(충청도), 호남(전라도), 영남(경상도) 지방
  └철령┘   └조령(문경새재)┘

② 오늘날의 지역 구분 : 행정적 기준에 따라 특별시·광역시·도·특별자치시·특별자치도 등으로 구분함, 시·군·구로 세분화함 **4 5**
> 행정 구역에 따라 경기·충청·전라·경상·강원·황해·평안·함경도 등 8개 지역으로 나누기도 한다.

우리나라의 전통적 지역 구분

자료 분석 강원도와 함경도 사이의 철령을 기준으로 그 북쪽을 관북, 서쪽을 관서, 동쪽을 관동 지방으로 구분하였다. 그리고 도읍인 한양(서울)을 둘러싸는 곳을 경기 지방, 한양을 기준으로 바다 건너 서쪽에 있는 지역을 해서 지방이라 불렀다. 관동 지방은 대관령을 경계로 영서 지방과 영동 지방으로 나뉘었고, 영남 지방은 조령(문경새재)의 남쪽을 의미한다. 호남 지방은 호강(금강)의 남쪽 또는 김제 벽골제의 남쪽을 말하며, 호서 지방은 호강(금강) 상류의 서쪽 또는 제천 의림지의 서쪽을 말한다.

Q 대관령을 경계로 나뉘어지는 지역은?

A 영서 지방과 영동 지방

B 북한의 자연환경과 농업 및 자원에 대해 알아보자

1 북한의 지형

> 남한보다 산지와 고원이 많다.

산지	• 마천령산맥과 함경산맥을 따라 백두산을 비롯한 높고 험준한 산지가 많음 • 함경산맥의 동쪽에 급경사가 나타남, 내륙 쪽은 경사가 완만한 편이며 개마고원이 분포함 └해발 고도가 높고 평탄하며, '한반도의 지붕'이라 불린다.┘
하천과 평야	• 황해로 유입하는 하천 : 유로가 길고 경사가 완만함 → 압록강, 청천강, 대동강 등의 하천을 따라 평야가 발달함 • 동해로 유입하는 하천 : 두만강을 제외하면 대부분 유로가 짧고 경사가 급함 → 동해안을 따라 소규모의 평야가 발달함

ⓔ 평양평야, 재령평야 등 └북동쪽이 높고 남서쪽이 상대적으로 낮은 지형적 특징 때문이다.┘

북한의 지형

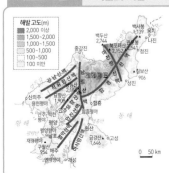

자료 분석 남북으로 길게 뻗은 낭림산맥을 중심으로 북동쪽의 함경산맥과 마천령산맥을 따라 높고 험준한 산지가 많고, 개마고원이 분포한다. 낭림산맥의 서남쪽으로 갈수록 산지의 해발 고도가 낮아진다. 압록강과 대동강 등 큰 하천은 주로 황해로 유입된다.

Q 북한의 하천 중에서 동해로 유입되는 가장 큰 하천은?

A 두만강

질문 있어요

지역 구분이 왜 필요한가요?

일정한 기준에 따라 지역을 구분하면 국토 공간을 보다 쉽게 이해할 수 있어요. 왜냐하면 지역 구분의 과정을 통해 각 지역 간의 차이점과 지역성 파악이 용이해지기 때문입니다.

4 우리나라의 행정 구역

남북 분단 이후 휴전선 북쪽을 북부 지방, 수도권·강원권·충청권을 묶어 중부 지방, 전라권·영남권·제주도를 묶어 남부 지방으로 구분하기도 한다. 행정 구역명은 지역 중심지의 이름을 따서 만들어졌으며, 현재 남한의 행정 구역은 1특별시, 6광역시, 8도, 1특별자치시, 1특별자치시로 구분한다. 권역별로는 수도권, 충청권, 호남권, 영남권, 강원권, 제주권의 6개 권역으로 구분하기도 한다.

5 다양한 지역 구분

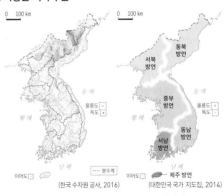

ⓐ 하천 유역권   ⓑ 방언권

동질 지역의 측면에서 우리나라를 구분해 보면 분수계를 기준으로 하는 하천 유역권과 지역의 방언을 기준으로 하는 방언권으로 구분할 수 있다.

✳ 용어사전

- **✳백두산** 신생대 제3기 말~제4기 초에 걸쳐 발생한 화산 활동으로 형성, 천지를 비롯하여 다양한 화산 지형이 분포함
- **✳유로(流** 흐르다, **路** 길**)** 물이 흐르는 길

지역의 의미, 북한 지역과 통일 국토의 미래

2 북한의 기후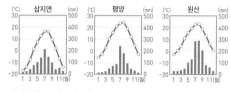

① 기온 ── 북한은 유라시아 대륙에 접해 있다.

개마고원의 삼지연 일대는 우리나라에서 연평균 기온이 가장 낮다.

- **대륙성 기후** : 남한보다 겨울이 춥고 길며 여름은 짧고 서늘함 → 연평균 기온이 낮고 기온의 연교차가 큼, 북부와 내륙으로 갈수록 기온이 낮아짐
- **지형과 바다의 영향** : 동위도 상의 동해안이 서해안보다 평균 기온이 높고, 기온의 연교차가 작음
- **주민 생활** : 남한보다 김장을 담그는 시기가 빠름, 관북 지방에는 겹집 가옥 구조와 정주간이 나타남, 솜옷과 털옷 등이 발달함 ── 부뚜막과 부엌 사이에 벽을 두지 않는 공간 ── 전(田)자형의 폐쇄적인 가옥 구조

② 강수량 : 지형적 영향이 큼 → 다우지(청천강 중·상류, 동해안의 원산 일대), 소우지(관북 지방, 대동강 하류)
── 습한 기류가 산맥에 부딪치는 바람받이 사면에 해당한다.
── 남한보다 적은 편이고 여름철에 대체로 집중하며, 지역 차가 크다.

자료로 보는 북한의 기후

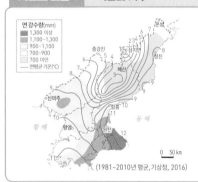

자료 분석 개마고원 일대의 내륙 지역은 겨울이 몹시 춥고, 지형과 바다의 영향으로 동위도 상에서 동해안이 서해안보다 겨울 기온이 높다. 또한 지형 등의 영향으로 대동강 하류와 관북 지방은 강수량이 적다.

Q 관서 지방에 위치하고 지형이 낮고 평탄하여 소우지인 곳은? 쵸하 윤움이 ☑

(1981~2010년 평균, 기상청, 2016)

3 북한의 농업 ── 서해안의 평야 지역을 제외하면 대부분의 농경지는 경사지와 구릉지를 개간하여 조성하였다.

① **낮은 토지 생산성** : 산지와 경사지가 많고 작물의 생장 가능 기간이 짧음
② **밭농사 중심의 농업** : 감자, 밀, 옥수수, 콩, 메밀 등을 재배함
── 적은 강수량과 짧은 무상 일수 등의 영향 때문이다.
③ **식량 증산을 위한 다락밭** : 농경지를 확대하는 개간 과정에서 토양 유실이 심하여 홍수와 산사태 피해가 크게 발생함 → 오히려 곡물 생산량 감소

4 북한의 지하자원과 전력

① **다양한 광물 자원** : 마그네사이트, 텅스텐, 흑연 등의 매장량이 많음
② **전력** : 수력 발전(압록강, 장진강, 부전강 등), 화력 발전(평양과 그 주변 지역을 중심으로 분포) 질문
── 석탄이 에너지 소비에서 가장 큰 비중을 차지한다.

C 북한의 인문 환경과 통일 국토의 미래에 대해 알아보자

── 출생률 감소로 인구 증가율이 감소하고 있으며, 노년층 인구가 증가 추세이다.

1 북한의 인구와 도시
왜? 상대적으로 기후가 온화하고 평야가 넓기 때문이다.
① **인구** : 남한보다 인구가 적고 인구 밀도가 낮음, 서부 지역과 동해안의 좁은 해안 평야에 주로 분포함, 출생률 감소와 노년층 인구 증가가 나타남
② **주요 도시** : 관서 지방(평양, 남포, 신의주), 관북 지방(함흥, 청진, 원산 등 해안을 따라 공업 도시 발달)
── 평양의 외항
── 철도 교통의 중심지
── 북한 최대의 도시, 정치·경제·사회의 중심지
③ **교통 체계** : 철도가 육상 수송의 중심, 도로와 해운이 보조 역할

개념 더하기 자료 채우기

1 북한 주요 지역의 기후 그래프

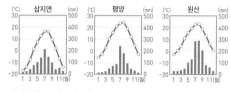

삼지연은 고위도에 위치하고 해발 고도가 높아 연평균 기온이 낮고, 내륙에 위치하여 기온의 일교차가 크며 연 강수량이 적다. 평양은 주변에 높은 산지가 없어 소우지이며, 원산은 평양과 비슷한 위도에 위치하지만 동해안에 인접하여 평양보다 기온의 연교차가 작고, 남동 기류와 북동 기류의 바람받이 사면에 위치한 다우지이다.

2 남북한의 농업 비교

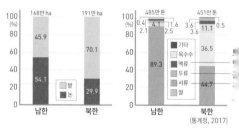

ⓐ 논·밭 비율 ⓐ 식량 작물 생산 비중

(통계청, 2017)

북한의 밭 비율은 총 경지 면적의 약 3분의 2로 남한보다 높고, 식량 작물에서 쌀의 비중이 낮다. 옥수수, 감자, 콩 등 밭작물 생산량이 많아 이를 이용한 음식이 발달하였다.
── 쌀은 주로 관서 지방의 평야 지대와 동안의 좁은 해안 평야에서 재배한다.

3 북한의 지하자원

(통일부, 2016)

북한에는 다양한 종류의 지하자원이 매장되어 있다. 마그네사이트의 매장량은 약 60억 톤으로 세계 1위이다.

질문 있어요

북한의 수력 발전이 발달한 이유는 무엇인가요?
북한은 높은 산지가 많고, 하천의 폭이 좁으며, 급경사 사면에서 큰 낙차를 얻을 수 있어 수력 발전에 유리합니다. 함경산맥 내륙 쪽의 완경사 사면으로 흐르는 하천의 상류부를 막아 동해 쪽의 급경사 사면으로 유로를 바꾼 유역 변경식 발전이 일제 강점기부터 이루어졌어요.

용어사전

* **다락밭** 산비탈을 개간하여 만든 밭
* **마그네사이트** 탄산 마그네슘이 주성분인 광물 자원으로, 마그네슘의 원료나 벽돌, 시멘트의 원료로 쓰임

2 북한의 산업

군수 산업이 주를 이룬다.

① **중화학 공업 우선 정책** : 중공업 분야의 과도한 투자 → 산업 구조의 불균형 심화 → 경공업과 농업의 생산성 약화 **4** 생활필수품, 식량 및 원자재, 전력 등이 부족해졌다.

② **1·2차 산업 중심의 산업 구조** : 농림·어업과 광공업의 비중이 높음 **5**

왜? 수출입 시장의 축소와 식량난으로 경제 위기가 심화되었다.

3 북한의 개방 지역

구소련과 동유럽 사회주의 국가들의 붕괴 이후이다.

① **추진 배경** : 1980년대 대외 무역 및 국제 경제 협력의 필요성 인식

② **추진 방향** : 경제특구 지정, 「합영법」 제정으로 외국 자본 유치 시도

③ **주요 개방 지역** 중국의 개방 정책을 표본으로 한다.

교류가 편리한 국경과 해안 지역을 중심으로 지정하였다.

신의주 특별 행정구	중국의 홍콩을 모델로 함. 외자 유치 및 교역 확대를 위해 지정. 황금평·위화도를 중국과 함께 개발하기로 하였으나 추진되지 않고 있음
개성 공업 지구	남한의 자본과 기술 + 북한의 저렴한 노동력이 결합한 합작 공업 단지 → 현재 중단 상태(2018년 7월 기준)
나선 경제특구	외자 유치를 위한 북한 최초의 개방 지역. 두만강 하류의 중국·러시아와 인접 → 물류 기지 역할 - 제도적 미비와 사회 기반 시설의 부족 등으로 성과를 거두지 못하였다.
금강산 관광 지구	관광객 유치를 목적으로 조성된 관광특구, 이산가족 상봉 등 남북 교류의 장으로 활용 → 현재 중단 상태(2018년 7월 기준)

자료로 보는 — 북한의 주요 개방 지역

(통일부 북한 정보 포털, 2016)
(통일부, 2016)

자료 분석 북한의 개방 지역은 오래전부터 교류가 많은 중국, 러시아 등과 지리적으로 가깝거나, 남한과의 협력이 유리한 지역에 주로 지정되었다. 2010년 이후 대중국 개방을 더욱 확대하였고, 황금평·위화도를 경제특구로 지정하였으나 추진되지 않고 있다.

Q 북한 최초의 경제특구로 지정된 곳은?

A 나선 경제특구

다양한 남북 교류는 남북한 간의 경제적 격차를 줄여 통일 비용을 줄일 수 있다.

4 남북 교류와 통일 국토의 미래

① **남북 교류 현황** : 남북 관계 변화의 영향을 많이 받음

• 경제 협력 부문 : 단순 물자 지원에서 위탁 가공 교역, 대북 직접 투자 등의 직접 교역 증가

원자재와 부자재, 설비 등을 제공하고 완제품을 들여오는 교역 방식

• 그 외 : 인도적 차원의 물자 지원, 스포츠 교류, 이산가족 상봉 등

② **통일 국토의 미래** : 균형 있고 효율적인 국토 이용 가능, 경제적 상호 보완 효과, 유라시아 횡단 철도와 아시안 하이웨이 연결, 통합 교통망 구축으로 물류와 교통의 중심지로 부상 가능, 비무장 지대와 접경 지역의 발전을 위한 종합 계획 수립으로 평화 지대 구축 등 **6**

남북 간 군사 충돌을 방지하기 위한 완충 지대

남한은 자본과 기술, 경제 성장의 경험 등에 우위가 있고, 북한은 광물 자원, 에너지 자원 등에서 우위가 있다.

---

4 북한의 주요 공업 도시와 공업 지구

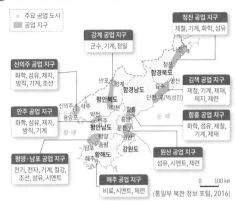

(통일부 북한 정보 포털, 2016)

평양·남포 공업 지구는 북한 최대의 공업 지구로 다양한 산업이 고르게 발달하였다. 안주 공업 지구는 석유 화학 공업의 중심지. 신의주 공업 지구는 신의주 특별 행정구의 기반이 되는 공업 지구. 강계 공업 지구는 기계 및 군수 공업의 중심지이다. 관북 해안의 청진·김책·함흥·원산 공업 지구는 자원 매장량이 많고 에너지 공급이 원활한 편이다.

5 북한의 산업 구조

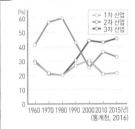

(통계청, 2016)

북한은 1·2차 산업 중심의 산업 구조가 나타나고 있다. 최근에는 서비스업과 사회 간접 자본 중심의 3차 산업 비중이 증가하고 있다.

6 유라시아 국제 육상 교통망

(국토 지리 정보원, 2014)

우리나라는 유라시아 대륙과 태평양을 연결하는 지리적 요충지이다. 국토 분단으로 남한은 육로를 통한 대륙 진출이 차단되었고, 북한은 해양 진출이 약화되었다. 남북 간의 교통망이 다시 연결되면 국토의 일체성 회복과 물류비 절감 등에 따른 경제적 효과가 클 것이다.

✱ 용어사전

✱ **경제특구** 각종 기반 시설, 세금과 행정 특혜 등을 제공함으로써 외국 자본과 기술을 적극적으로 유치하기 위해 선정한 지역

✱ **합영법** 북한이 외국의 자본과 기술을 도입하고 외국인의 투자를 활성화하기 위해 제정한 합작 투자법

올리드 포인트

A 지역의 의미와 지역 구분

1 지역과 지역성

지역	지리적 특성이 다른 곳과 구별되는 지표의 일정 범위
지역성	다른 지역과 구분되는 그 지역의 고유한 특성

2 지역 구분의 유형

동질 지역	특정한 지리적 현상이 동일하게 분포하는 공간 범위 ⑩ 기후 지역, 농업 지역, 문화권 등
기능 지역	중심지와 그 중심지의 영향을 받는 배후 지역이 기능적으로 결합되어 있는 공간 범위 ⑩ 통근권, 상권, 도시 세력권 등

3 우리나라의 지역 구분

전통적 지역 구분	자연적 특성 기준 – 관북, 관서, 관동, 해서, 경기, 호서, 호남, 영남 지방
오늘날 지역 구분	행정적 기준 – 특별시, 광역시, 도 등

B 북한의 자연환경과 농업 및 자원

1 북한의 지형과 기후

지형	• 백두산을 비롯한 높고 험준한 산지 분포 • 황해로 유입하는 하천의 유로가 더 길고 완만함
기후	• 기온 : 연평균 기온이 낮으며 기온의 연교차가 큼 • 강수량 : 다우지(청천강 중·상류, 동해안의 원산 일대), 소우지(관북 지방, 대동강 하류)

2 북한의 농업과 자원

농업	낮은 토지 생산성, 밭농사 중심의 농업 발달
자원	• 마그네사이트, 텅스텐, 흑연 등의 광물 자원 풍부 • 수력 발전, 화력 발전의 형태로 전력 생산

C 북한의 인문 환경과 통일 국토의 미래

1 북한의 주요 도시와 산업

주요 도시	• 관서 지방 : 평양(북한 최대의 도시), 남포, 신의주 • 관북 지방 : 함흥, 청진, 원산
산업	• 1·2차 산업 중심 → 최근 3차 산업 비중 증가 • 군수 산업 중심의 중화학 공업 발달

2 북한의 개방 지역과 통일 국토의 미래

주요 개방 지역	신의주 특별 행정구, 개성 공업 지구, 나선 경제특구, 금강산 관광 지구
통일 국토의 미래	남북한의 경제적 상호 보완 효과, 통합 교통망 구축, 비무장 지대 및 접경 지역의 공동 개발

---

01 다음 설명이 맞으면 ○표, 틀리면 ×표를 하시오.

(1) 통근·통학권, 상권, 도시 세력권 등은 지역 구분 유형 중 기능 지역에 해당한다. ( )

(2) 관북 지방과 관서 지방, 관동 지방을 구분하는 경계가 되는 것은 대관령이다. ( )

(3) 북한은 남한에 비해 대체로 연평균 기온이 낮으며, 기온의 연교차가 크다. ( )

(4) 북한의 대동강 하류는 남서 기류의 바람받이 사면으로 북한의 최다우지이다. ( )

(5) 나선 경제특구는 외자 유치를 위한 북한 최초의 개방 지역이다. ( )

02 빈칸에 들어갈 알맞은 말을 쓰시오.

(1) ( )은/는 특정한 지리적 현상이 동일하게 분포하는 공간 범위이며, 대표적인 사례로 기후 지역과 문화권 등이 있다.

(2) 서로 인접한 두 지역의 특성이 함께 섞여 나타나는 지역을 ( )(이)라고 한다.

(3) 북한에는 (㉠)을/를 비롯한 높고 험준한 산지가 많으며, '한반도의 지붕'이라 불리는 (㉡)이/가 있다.

(4) 북한은 산지가 많고 무상 일수가 짧아 ( ) 중심의 농업이 발달하였다.

(5) ( ) 관광특구는 관광객 유치를 목적으로 조성되었으며, 이산가족 상봉 등 남북 교류의 장으로 활용되었다.

03 북한의 대표적인 도시의 특징을 바르게 연결하시오.

(1) 개성 •

• ㉠ 서해 갑문이 건설된 이후 기능이 강화됨

(2) 남포 •

• ㉡ 북한 최대의 도시이자 정치·경제·행정 중심지

(3) 평양 •

• ㉢ 과거 고려의 도읍지이자 남북 경제 협력이 이루어진 공단이 위치한 곳

(4) 신의주 •

• ㉣ 중국과의 교역 통로이자 철도 교통의 중심지, 황금평 개발로 주목받음

01 사진은 서울 압구정동의 두 시기를 촬영한 항공 사진이다. 2014년에 나타났을 변화 모습으로 옳지 <u>않은</u> 것은?

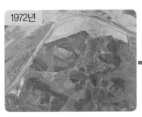

① 인구 밀도가 높아졌을 것이다.
② 녹지 면적이 감소하였을 것이다.
③ 상업 시설의 개수가 많아졌을 것이다.
④ 다른 지역과의 접근성이 높아졌을 것이다.
⑤ 1차 산업 종사자 비율이 증가하였을 것이다.

★★ 중요
02 (가), (나) 지도에 나타난 지역 구분 방법에 관한 설명으로 옳지 <u>않은</u> 것은?

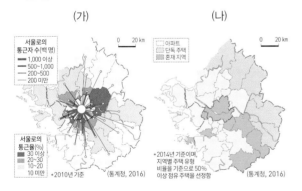

① (가)는 중심지와 주변 지역의 공간 관계를 파악하기에 유리하다.
② (가)는 중심지와 그 기능이 미치는 배후지가 나타나는 공간 범위를 말한다.
③ (나)는 특정한 지리 현상이 동일하게 나타나는 공간 범위를 말한다.
④ (가)는 (나)보다 교통과 통신 발달이 지역의 범위 변화에 미치는 영향이 크다.
⑤ (가)의 사례로 기후 지역, (나)의 사례로 상권을 들 수 있다.

★★ 중요
03 지도의 A~C에 들어갈 고개의 명칭을 고른 것은?

	A	B	C
①	조령	철령	대관령
②	조령	대관령	철령
③	철령	조령	대관령
④	철령	대관령	조령
⑤	대관령	철령	조령

04 노래 가사의 ㉠~㉢에 관한 설명으로 옳은 것은?

> 서울 ㉠강원부터 경상도
> ㉡충청도부터 ㉢전라도
> 우리가 와불따고 전하랑께
> 우린 멋져부러 허벌라게
> 아재들 안녕하십니꺼
> ㉣내카모 고향이 대구 아입니꺼
> 그캐서 오늘은 사투리 랩으로
> …… 〈중략〉 ……
> ㉤아따 성님 거거 우리도 있당께
> 뭣좀 묵엇당까? 요 비빔밥 갑이랑께
> …… 〈후략〉 ……

① ㉠은 영동 지방과 영서 지방으로 구분된다.
② ㉡은 충주와 청양의 앞 글자를 딴 지역 명칭이다.
③ ㉢은 금강 상류의 서쪽 혹은 제천 의림지의 서쪽을 일컫는다.
④ ㉣의 고향은 호남 지방에 속한다.
⑤ ㉤은 영남 지방에서 주로 사용되는 사투리 표현이다.

05 지도 (가), (나)는 강원도의 지역 구분을 나타낸 것이다. 이에 관한 설명으로 옳은 것은?

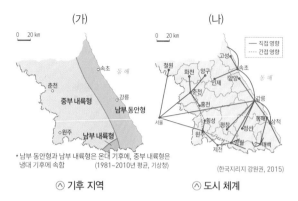

(가) ⊙ 기후 지역

(나) ⊙ 도시 체계

• 남부 동안형과 남부 내륙형은 온대 기후에, 중부 내륙형은 냉대 기후에 속함
(1981~2010년 평균, 기상청)

(한국지리지 강원권, 2015)

① (가)의 경계는 현재의 행정 구역 경계와 일치한다.

② (나)는 (가)보다 지역 간의 계층 구조 파악에 유리하다.

③ (가)는 기능 지역, (나)는 동질 지역에 해당한다.

④ (가)는 인문 환경, (나)는 자연환경 요소를 기준으로 지역을 구분한 것이다.

⑤ (가), (나) 모두 점이 지대가 나타나지 않는다.

06 (가)~(다)는 다양한 기준에 따른 지역 구분이다. 이에 관한 옳은 설명을 〈보기〉에서 고른 것은?

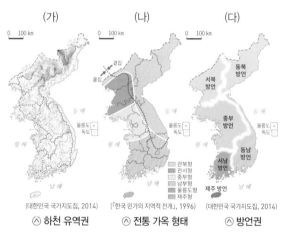

(가) ⊙ 하천 유역권

(대한민국 국가지도집, 2014)

(나) ⊙ 전통 가옥 형태

(「한국 민가의 지역적 전개」, 1996)

(다) ⊙ 방언권

(대한민국 국가지도집, 2014)

┌ 보기 ┐

ㄱ. 한강 유역권에서는 주로 중부 방언을 사용한다.

ㄴ. 남부형 가옥 구조가 나타나는 지역은 동남 방언을 쓰는 지역 범위와 일치한다.

ㄷ. (가)는 자연환경, (다)는 인문 환경 요소로 지역을 구분하였다.

ㄹ. (나)는 기능 지역, (다)는 동질 지역의 대표적 사례이다.

① ㄱ, ㄴ ② ㄱ, ㄷ ③ ㄴ, ㄷ ④ ㄴ, ㄹ ⑤ ㄷ, ㄹ

07 ⭐⭐ 중요 지도는 북한의 지형을 나타낸 것이다. 이에 관한 설명으로 옳지 <u>않은</u> 것은?

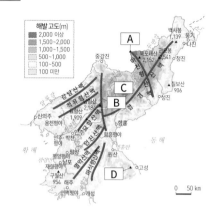

① 대부분의 큰 하천은 서해안으로 흐른다.

② 동해안보다 서해안에 평야가 넓게 발달하였다.

③ A산은 D산보다 해발 고도가 높다.

④ B를 기준으로 관서 지방과 관북 지방이 구분된다.

⑤ C는 남서풍의 바람받이 사면으로 다우지를 이룬다.

08 ⭐⭐ 중요 A~C 지역에 해당하는 기후 그래프를 〈보기〉에서 고른 것은?

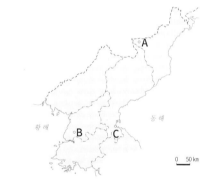

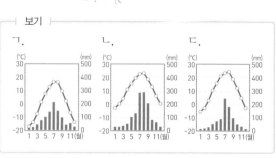

┌ 보기 ┐

ㄱ. ㄴ. ㄷ.

	A	B	C		A	B	C
①	ㄱ	ㄴ	ㄷ	②	ㄱ	ㄷ	ㄴ
③	ㄴ	ㄱ	ㄷ	④	ㄴ	ㄷ	ㄱ
⑤	ㄷ	ㄴ	ㄱ				

09 그래프는 남북한의 농업 현황을 나타낸 것이다. 이에 관한 옳은 설명을 〈보기〉에서 고른 것은?

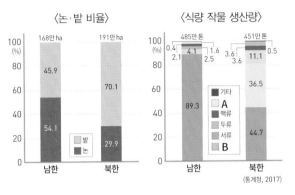

〈논·밭 비율〉   〈식량 작물 생산량〉

보기
ㄱ. A는 옥수수, B는 쌀이다.
ㄴ. 남한은 북한보다 총 경지 면적이 넓다.
ㄷ. 북한은 남한보다 옥수수의 총 생산량이 많다.
ㄹ. 북한은 남한보다 농지 면적당 식량 작물 생산량이 많다.

① ㄱ, ㄴ   ② ㄱ, ㄷ   ③ ㄴ, ㄷ
④ ㄴ, ㄹ   ⑤ ㄷ, ㄹ

10 지도는 북한의 도시 분포를 나타낸 것이다. 이에 관한 옳은 설명을 〈보기〉에서 고른 것은?

보기
ㄱ. 신의주는 함흥보다 인구가 많다.
ㄴ. 1945년 이전에는 강계가 해주보다 인구가 많았다.
ㄷ. 북동부보다 남서부 지역의 도시 발달이 두드러진다.
ㄹ. 평양 주변의 도시들은 대부분 1945년 이후 승격된 도시들이다.

① ㄱ, ㄴ   ② ㄱ, ㄷ   ③ ㄴ, ㄷ
④ ㄴ, ㄹ   ⑤ ㄷ, ㄹ

11 〈중요〉 지도는 북한의 지역별 발전소 설비 용량을 나타낸 것이다. A, B 발전 양식에 관한 설명으로 옳은 것은?

① A의 원료는 사용량과는 무관하게 재생 가능한 자원이다.
② B의 연료는 전량 해외로부터 수입에 의존하고 있다.
③ A는 B보다 발전소의 입지 제약이 크다.
④ A는 B보다 남한의 전력 생산에서 차지하는 비중이 크다.
⑤ B는 A보다 발전 과정에서 배출되는 대기 오염 물질의 양이 많다.

12 지도는 북한의 지하자원 분포를 나타낸 것이다. A~C에 해당하는 자원에 관한 옳은 설명을 〈보기〉에서 고른 것은? (단, A~C는 석탄(무연탄+갈탄), 석회석, 마그네사이트 중 하나임)

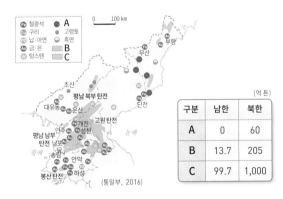

구분	남한	북한
A	0	60
B	13.7	205
C	99.7	1,000

(통일부, 2016)

보기
ㄱ. A는 고생대 조선 누층군에 주로 매장되어 있다.
ㄴ. B의 북한 매장량은 세계 1위 규모이다.
ㄷ. C는 시멘트 공업의 주원료로 이용된다.
ㄹ. B는 C보다 발전용으로 이용되는 양이 많다.

① ㄱ, ㄴ ② ㄱ, ㄷ ③ ㄴ, ㄷ ④ ㄴ, ㄹ ⑤ ㄷ, ㄹ

★★
중요

13 그래프는 남·북한의 1차 에너지 소비 구조를 나타낸 것이다. 이에 관한 설명으로 옳은 것은? (단, (가), (나)는 남한과 북한 중 하나이며, A~C는 석유, 석탄, 천연가스 중 하나임)

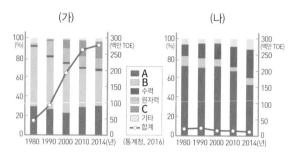

① (가)는 북한, (나)는 남한에 해당한다.

② 북한은 남한보다 A의 총 소비량이 많다.

③ A는 B보다 세계에서 수송용으로 이용되는 비중이 높다.

④ B는 C보다 세계에서 소비되는 비중이 높다.

⑤ C는 A보다 우리나라에서 본격적으로 상용화된 시기가 이르다.

14 자료는 북한의 산업 구조에 관한 것이다. 그래프의 A~C에 해당하는 산업을 옳게 고른 것은?

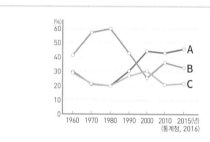

북한은 1960~70년대 중화학 공업 우선 정책을 시행하며 경제 성장을 이루었다. 이로 인해 경공업이 극심하게 낙후되는 산업 구조의 불균형이 나타났다. 1990년대에는 경제 위기를 거치면서 제조업 기반이 약해져 중화학 공업의 비중이 축소되었다. 최근에는 서비스업 및 사회 간접 자본 중심의 산업 비중이 증가하고 있다.

	A	B	C
①	1차 산업	2차 산업	3차 산업
②	2차 산업	1차 산업	3차 산업
③	2차 산업	3차 산업	1차 산업
④	3차 산업	1차 산업	2차 산업
⑤	3차 산업	2차 산업	1차 산업

15 지도는 북한의 주요 공업 지구를 나타낸 것이다. (가), (나)에 해당하는 공업 지구를 지도의 A~C에서 고른 것은?

> (가) 북한 최대의 공업 지구로, 섬유, 식료품, 신발 공업 등이 고르게 발달하였다.
>
> (나) 내륙에 위치한 공업 지구로, 북한의 기계 및 군수 공업의 중심지이다.

	(가)	(나)			(가)	(나)
①	A	B		②	A	C
③	B	A		④	B	C
⑤	C	B				

★★
중요

16 지도는 북한의 주요 개방 지역을 나타낸 것이다. A~D 지역에 관한 옳은 설명을 〈보기〉에서 고른 것은?

┌ 보기 ┐

ㄱ. A : 북한 최초의 개방 지역으로, 중국과 러시아의 여러 기업이 관심을 보이고 있다.

ㄴ. B : 중국의 홍콩을 모델로 하며, 외자 유치 및 교역 확대를 위해 지정되었다.

ㄷ. C : 남한의 자본·기술과 북한의 노동력이 결합된 형태의 공업 지구이다.

ㄹ. D : 아름다운 자연 경관을 이용한 관광객 유치를 목적으로 조성되었다.

① ㄱ, ㄴ ② ㄱ, ㄷ ③ ㄴ, ㄷ
④ ㄴ, ㄹ ⑤ ㄷ, ㄹ

17 그래프는 남북 교역액 변화를 나타낸 것이다. 이에 관한 옳은 설명을 〈보기〉에서 고른 것은?

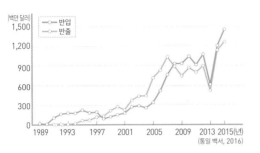

〈보기〉

ㄱ. 2009년은 2005년에 비해 남북 교역 총액이 적다.

ㄴ. 2010년 이후 남한은 북한과의 무역에서 흑자를 기록하고 있다.

ㄷ. 2013년~2014년 남북 교역 총액의 증가 폭이 가장 크다.

ㄹ. 2015년은 2000년에 비해 남북 교역 총액이 네 배 이상 증가하였다.

① ㄱ, ㄴ　　② ㄱ, ㄷ　　③ ㄴ, ㄷ

④ ㄴ, ㄹ　　⑤ ㄷ, ㄹ

18 ㉠, ㉡에 해당하는 도시를 지도의 A~D에서 고른 것은?

우리가 별미로 즐기는 냉면은 메밀가루로 만든 국수를 찬 국물에 넣어 먹는 (㉠)의 냉면과, 녹말가루를 주재료로 한 질긴 국수에 생선회를 얹어 비벼 먹는 (㉡)의 냉면으로 나뉜다. (㉠)은/는 인구 300만 명이 넘는 북한 최대의 도시로, 북한의 정치·경제·사회의 중심지이다. (㉡)은/는 일제 강점기에 공업화가 활발하게 이루어진 관북 지역의 대표적인 도시이다.

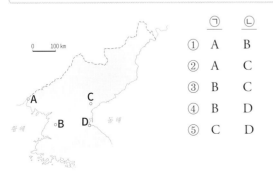

	㉠	㉡
①	A	B
②	A	C
③	B	C
④	B	D
⑤	C	D

19 지도는 지역의 유형을 구분한 것이다. 물음에 답하시오.

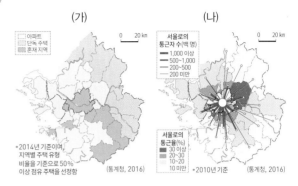

(1) (가), (나) 지역 구분의 유형을 쓰시오.

(2) (가), (나) 지역 구분 유형에 해당하는 사례를 각각 두 가지씩 제시하시오.

20 지도는 북한의 자연환경을 나타낸 것이다. 물음에 답하시오.

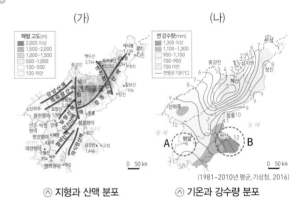

Ⓐ 지형과 산맥 분포　　　Ⓑ 기온과 강수량 분포

(1981~2010년 평균, 기상청, 2016)

(1) A 지역의 강수량 특징과 그 원인을 (가) 지도를 참고하여 서술하시오.

(2) B 지역의 강수량 특징과 그 원인을 (가) 지도를 참고하여 서술하시오.

21 지도를 보고 남북 간의 교통로가 이어질 경우 우리나라가 얻을 수 있는 이점을 서술하시오.

(국토 지리 정보원, 2014)

01 지도는 동일 지역을 다른 기준으로 구분한 것이다. (가), (나) 지역 구분에 관한 옳은 설명을 〈보기〉에서 고른 것은?

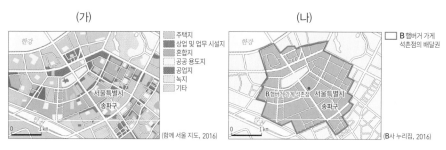

(가) (나)

주택지
상업 및 업무 시설지
혼합지
공공 용도지
공업지
녹지
기타

한강

서울특별시
송파구

(함께 서울 지도, 2016)

B 햄버거 가게 석촌점의 배달권

한강

B 햄버거 가게 석촌점 서울특별시
송파구

(B사 누리집, 2016)

┌ 보기 ┐

ㄱ. (가)는 특정 지리 현상이 동일하게 나타나는 공간 범위를 표현한 것이다.

ㄴ. (나)와 유사한 유형에 속하는 사례로는 기후 지역, 문화권 등이 있다.

ㄷ. (나)는 (가)보다 지역 간 계층 구조를 설명하는 데 적합한 유형이다.

ㄹ. (가), (나) 모두 인접한 두 지역의 특성이 뒤섞이는 경우가 나타나지 않는다.

① ㄱ, ㄴ　　　② ㄱ, ㄷ　　　③ ㄴ, ㄷ

④ ㄴ, ㄹ　　　⑤ ㄷ, ㄹ

🔍 문제 접근 방법

지역을 구분할 때 일반적으로 동질 지역과 기능 지역으로 나눈다. 이를 나누는 기준이 무엇인지 알고 있어야 문제를 해결할 수 있다.

✏️ 적용 개념

동질 지역과 기능 지역의 특징과 사례
점이 지대

02 그래프는 (가)~(라) 지역의 기후 특성을 나타낸 것이다. 이에 해당하는 지역을 지도의 A~D에서 고른 것은?

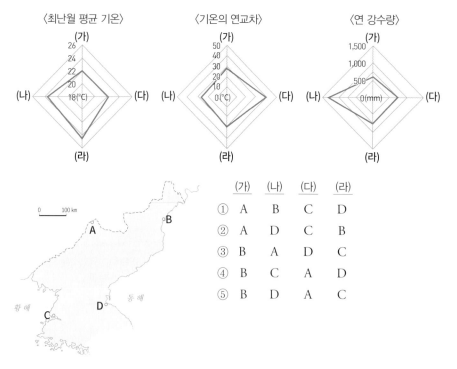

〈최난월 평균 기온〉

〈기온의 연교차〉

〈연 강수량〉

	(가)	(나)	(다)	(라)
①	A	B	C	D
②	A	D	C	B
③	B	A	D	C
④	B	C	A	D
⑤	B	D	A	C

황해

동해

🔍 문제 접근 방법

북한은 남한보다 위도가 높고 유라시아 대륙에 접해 있어 대륙성 기후의 특징이 뚜렷하게 나타난다. 그러나 강수량의 경우 주변 지형과 수륙 분포의 영향으로 지역 차이가 크므로 그 원인을 파악하고 있는 것이 중요하다.

✏️ 적용 개념

북한의 기후
북한 지역의 강수량 분포 특징
북한 지역의 기온 분포 특징
기온과 강수량에 지형과 해류가 미치는 영향

03 그래프는 남한과 북한의 연령별 인구 구성비 변화를 나타낸 것이다. 이에 관한 옳은 설명만을 〈보기〉에서 있는 대로 고른 것은?

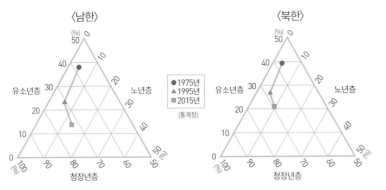

🔎 **문제 접근 방법**

남한과 북한은 연령별 인구 구성의 차이가 매우 크게 나타난다. 이에 따라 달라지는 총 부양비와 노령화 지수 등 다양한 인구 지표의 계산 방법을 파악하고 있어야 한다.

✏️ **적용 개념**

\# 남한과 북한의 인구 특성
\# 인구 피라미드 해석 방법
\# 총 부양비
\# 노령화 지수

┤ 보기 ├

ㄱ. 2015년 북한은 남한보다 총 부양비가 높다.

ㄴ. 2015년 남한은 북한보다 노령화 지수가 높다.

ㄷ. 1975~2015년 남한과 북한 모두 총 부양비가 지속적으로 감소하였다.

ㄹ. 1975~2015년 북한은 남한보다 유소년층 인구 비율의 감소 폭이 크다.

① ㄱ, ㄴ   ② ㄱ, ㄷ   ③ ㄴ, ㄷ

④ ㄱ, ㄴ, ㄷ   ⑤ ㄴ, ㄷ, ㄹ

04 그래프는 남·북한의 농업을 비교한 것이다. 이에 관한 설명으로 옳지 <u>않은</u> 것은? (단, (가), (나)는 남한, 북한 중 하나임)

🔎 **문제 접근 방법**

남한과 북한은 기후 환경의 차이로 재배하는 주요 작물이 다르게 나타난다. 이 차이를 알고, 자료를 보고 남한과 북한을 구분할 수 있어야 한다.

✏️ **적용 개념**

\# 북한의 농업
\# 남한과 북한의 주요 재배 작물

① A는 쌀, B는 옥수수이다.

② 북한은 남한보다 맥류 생산량이 많다.

③ 북한은 남한보다 밭이 차지하는 면적 비율이 높다.

④ 남한은 북한보다 경지의 식량 작물 생산성이 높다.

⑤ 남한은 북한보다 식량 작물 중에서 서류가 차지하는 비율이 높다.

02 수도권, 강원 지방, 충청 지방

학습길잡이 • 수도권의 특성과 공간 구조의 변화 과정, 수도권의 문제 및 해결 방안을 파악해 두어야 한다.
• 강원 지방의 산업과 주민 생활을 알아보고, 충청 지방의 도시와 산업 특징을 파악해 두어야 한다.

A 수도권에는 왜 인구와 기능이 집중할까

1 수도권의 위치와 지역 특성 인천 국제 공항과 인천항을 바탕으로 국제 물류의 중심이 되고 있다.

① **수도권의 위치** : 한반도 중심부에 위치, 북부 지방과 남부 지방을 연결

② **수도권의 공간 범위** : 행정 구역상 서울특별시·인천광역시·경기도로 구분

→ 서울을 중심으로 기능적으로 통합된 대도시권 형성
서울은 한양이 조선 시대에 수도로 정해진 이후부터 정치·경제·문화의 중심지 역할을 해 왔다.

③ **인구와 기능이 집중한 수도권** : 남한 전체 인구의 약 50%가 거주함, 기업 본사·정부 및 언론 기관·문화 시설 등이 집중함 도로와 철도, 항공 노선 등 교통망이 서울을 중심으로 연결되어 다른 지역으로의 접근성이 뛰어나다.

인구와 산업의 교외화, 제조업의 성장 등을 바탕으로 빠르게 성장하여 우리나라에서 인구가 가장 많은 지역이 되었다.

자료로 보는 **수도권 및 서울의 집중도**

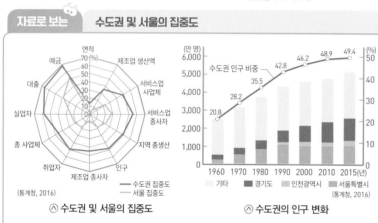

⊙ 수도권 및 서울의 집중도 (통계청, 2016)

⊙ 수도권의 인구 변화 (통계청, 2016)

자료 분석 수도권은 우리나라 전체 면적의 약 12%에 불과하지만, 거주 인구가 2015년 기준 전체 인구의 49.4%를 차지하여 우리나라에서 면적 대비 인구 비중이 매우 높은 지역이다. 오른쪽 그래프에서 경기도는 서울 인구의 교외화로 수도권 내 인구 비중이 꾸준히 증가하고 있다.

Q 수도권에 해당하는 세 지역은 어디일까? **A** 서울특별시, 인천광역시, 경기도

★ 2 수도권의 공간 구조 변화

① **수도권의 경제적 공간 구조 변화**

• **시기별 변화** : 1960년대 서울을 중심으로 제조업 발달(정부 주도의 공업 정책 기반) → 1970년대 서울의 외곽 지역으로 제조업 분산 → 1980년대 인천과 경기도의 산업 성장 가속화 → 1990년대 이후 탈공업화 → 2000년대 이후 지식 기반 산업의 급성장 ⊙ 인천의 남동 공단, 경기도 안산의 반월·시화 공단

• **지식 기반 산업의 성장 배경** : 고급 기술 인력 풍부, 교통 편리, 학술 연구 기능과 생활 편의 시설 등의 집중 **1**

• **공간적 분화** : 서울에는 지식 기반 서비스업 발달, 인천과 경기도는 지식 기반 제조업 발달
└ 연구 개발, 업무 관리 등 └ 정보 통신 기기, 반도체 등

② **수도권의 문화적 특성** : 문화 공간의 다양화, 유네스코 세계 문화유산을 비롯한 다양한 문화 유적과 문화 시설 집중 **2**

개념 더하기 자료 채우기

1 지식 기반 산업 부문별 종사자 수

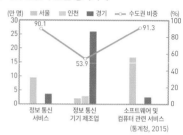

(통계청, 2015)

수도권 내에서도 고급 기술 인력의 확보나 최신 정보의 획득이 중요한 지식 기반 서비스업은 서울에 집중한다. 반면, 정밀 기기, 반도체, 의약품, 통신 장비 등 넓은 공장 부지가 필요한 정보 통신 기기 제조업은 경기도에 집중해 있다.

2 수도권의 유네스코 세계 문화유산

⊙ 종묘 ⊙ 창덕궁

(대한민국 국가 지도집, 2014)

⊙ 수원 화성 ⊙ 남한산성

우리나라에는 2018년 7월 기준 유네스코 지정 세계 문화유산이 총 12건 있으며, 이 중 5건이 수도권에 모여 있다. 서울은 600여 년 동안 조선의 수도였기 때문에 궁궐과 한양 도성의 성곽 및 사대문 등 역사·문화적 가치가 높은 유산이 많다.

용어사전

* **탈공업화** 2차 산업의 비중이 감소하고 3차 산업의 비중이 증가하는 것
* **지식 기반 산업** 첨단 산업과 같이 지식을 활용하여 고부가 가치를 창출하는 모든 산업

3 수도권의 문제와 해결 방안

① 수도권의 문제 : 인구 및 산업 시설의 과도한 집중으로 발생 **3**

- 주택 문제 : 인구 증가에 비해 주택 공급 부족, 주택 가격 상승 문제
- 교통 문제 : 도시 지역의 교통 혼잡과 주차 공간 부족
- 환경 오염 : 대기 오염과 소음, 수질 오염, 쓰레기 문제, 미세 먼지 등 **질문**
  └ 지름 10μm 이하의 먼지로, 주로 자동차 배기 가스나 공장 굴뚝을 통해 배출된다.

② 수도권의 문제 해결 노력

- 과도하게 집중된 인구와 기능을 주변 지역으로 분산 : 서울 중심의 도시 구조를 탈피하고 다핵 연계형 공간 구조로의 전환
- 인구 및 기능 억제 : 과밀 부담금 제도, 공장 총량제 시행
- 혁신 도시 건설 : 수도권의 공공 기관 이전, 세종특별자치시는 수도권에 집중된 행정 기능 분담 **4**
  └ 인구 집중을 유발하는 시설이 들어설 때 부담금을 부과한다.

자료로 보는 제3차 수도권 정비 계획

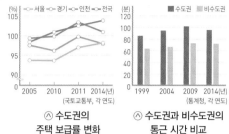

⊙ 수도권의 공간 구조 개편 전   ⊙ 수도권의 공간 구조 개편 후
(국토 교통부, 2006)

자료 분석 제3차 수도권 정비 계획의 목적은 지역별 중심 도시를 육성하여 자립적 '다핵 연계형' 공간 구조로 전환하고, 서울과 주변 지역의 과밀화를 완화하는 것이다. 통근권과 생활권, 역사성 등을 고려하여 10개 내외의 자립적 도시권을 형성하고 중심 도시의 특성에 따라 다양한 분야로 육성하여 도시권별 자족성을 증대하려고 한다.

◎ 수도권에 집중된 인구와 기능을 분산하여 균형 있게 발전시키기 위한 계획은?

[회 제3차 수도권 정비 계획]

B 강원 지방의 자연환경 및 인문 환경을 알아보자

1 강원도의 위치와 지역 구분

① 위치 : 중부 지방의 동쪽에 위치 ── 강원도는 서쪽의 수도권, 남쪽의 경상북도 및 충청북도와 경계를 이룬다.

② 지역 구분 : 태백산맥을 경계로 서쪽은 영서 지방, 동쪽은 영동 지방
  ┌ 한강 유역의 분지에 춘천, 원주 등의 도시 분포
  └ 해안을 따라 강릉, 속초 등의 도시 분포

2 영서 지방과 영동 지방

① 지형

영서 지방	대체로 완만한 경사를 이루며 고위 평탄면, 침식 분지, 감입 곡류 하천 등이 발달
영동 지방	• 급경사의 산지와 좁은 해안 평야 • 해안 퇴적 지형(사빈, 사주, 석호 등)과 해안 침식 지형(해식애, 해안 단구 등)이 발달

3 수도권의 주택 문제와 교통 문제

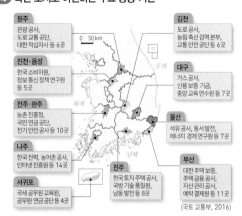

⊙ 수도권의 주택 보급률 변화   ⊙ 수도권과 비수도권의 통근 시간 비교

수도권에 인구와 각종 기능이 집중되면서 다양한 도시 문제가 나타나고 있는데, 주택 문제와 교통 문제가 대표적이다. 수도권의 주택 보급률 변화 그래프에서 서울과 경기 지역은 100%에 미치지 못하고 있다. 수도권은 인구 증가에 비해 주택 공급이 부족하여 주택 가격 상승 문제가 나타나고 있다. 오른쪽 그래프에서 수도권의 통근 시간이 비수도권보다 더 길게 나타나므로 수도권 거주자들은 직장과 거주지와의 거리가 멀고, 교통 혼잡 문제도 심각함을 알 수 있다.

질문 있어요

수도권은 환경 문제 해결을 위해 어떤 노력을 하나요?
정부는 종합적인 자연환경 보전 계획을 수립하고 환경 영향 평가를 시행하고 있습니다. 그리고 미세 먼지를 줄이기 위해 '수도권 대기 환경 개선 협의체'를 구성하고 연구 사업을 추진하고 있습니다.

4 혁신 도시로 이전하는 주요 공공 기관

지역	기관
원주	관광 공사, 도로 교통 공단, 대한적십자사 등 6곳
진천·음성	한국 소비자원, 정보 통신 정책 연구원 등 5곳
전주·완주	농촌 진흥청, 국민 연금 공단, 전기 안전 공사 등 10곳
나주	한국 전력, 농어촌 공사, 인터넷 진흥원 등 14곳
서귀포	국세 공무원 교육원, 공무원 연금 공단 등 4곳
김천	도로 공사, 농림 축산 검역 본부, 교통 안전 공단 등 6곳
대구	가스 공사, 신용 보증 기금, 중앙 교육 연수원 등 7곳
울산	석유 공사, 동서 발전, 에너지 경제 연구원 등 7곳
부산	대한 주택 보증, 주택 금융 공사, 자산 관리 공사, 예탁 결제원 등 11곳
진주	한국 토지 주택 공사, 국방 기술 품질원, 남동 발전 등 8곳

(국토 교통부, 2016)

혁신 도시로의 공공 기관 이전에 따라 수도권 인구의 안정화와 지방 도시의 역량과 삶의 질 향상을 기대하고 있다.

용어사전

* **다핵**(多 많다, 核 알맹이) **연계형 공간 구조** 중심 도시가 여러 개인 공간 구조
* **공장 총량제** 매년 새로 지을 공장 건축 면적을 총량으로 설정하여 이를 초과하는 공장의 건축을 규제하는 제도

수도권, 강원 지방, 충청 지방

② 기후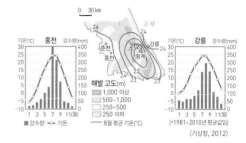

└ 고위 평탄면 등 해발 고도가 높은 곳에서는 여름철에 서늘한 기후가 나타난다.

영서 지방	• 여름과 겨울의 기온 차이가 큰 대륙성 기후 • 남서 기류의 유입으로 지형성 강수가 많고 여름철 집중 호우가 자주 내림
영동 지방	• 태백산맥과 수심이 깊은 동해의 영향으로 여름이 서늘하고 겨울이 온난함 • 겨울철 북동 기류의 영향으로 강설량이 많음

③ 인문 환경

영서 지방	• 경기도와 교류가 활발하여 수도권과 유사한 방언이 나타남 • 주로 밭농사를 함 → 감자·옥수수·메밀 등을 이용한 음식 발달, 고랭지 작물 재배
영동 지방	• 북부 지방 또는 영남 지방과 비슷한 방언이 나타남 ─ 고위 평탄면에서 이루어진다. • 바다와 접해 있어 오징어, 명태 등의 해산물을 이용한 음식 발달

★ 풍부한 광물·임산·수산 자원을 바탕으로 광업과 임업, 수산업이 발달하였다.

3 강원 지방의 산업 구조 변화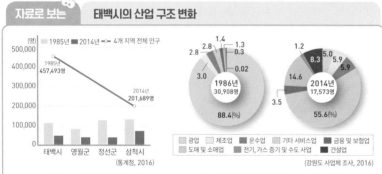

┌ 정책 시행으로 대다수의 탄광이 폐광되었다.

① **광업** : 석회석·무연탄 등 풍부한 지하자원을 바탕으로 국내 최대의 광업 지역 형성 → 1980년대 이후 가정용 연료 변화와 석탄 산업 합리화 정책으로 석탄 산업 쇠퇴

② **관광 산업** : 폐광 지역을 관광 자원으로 활용(에 석탄 박물관, 산업 철도를 이용한 레저 활동, 탄광촌 복원 등), 평창 동계 올림픽 개최 질문

교통 기반 시설, 숙박 및 편의 시설 등이 건설되어 강원 지방의 관광 산업을 더욱 발전시킬 것으로 보인다.

③ **지식 기반 산업 육성** : 첨단 산업 중심의 산업 구조 고도화 추진 → 원주(의료 산업 클러스터), 춘천(*바이오 산업), 강릉(해양 신소재 산업)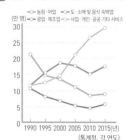

자료로 보는 ─ 태백시의 산업 구조 변화

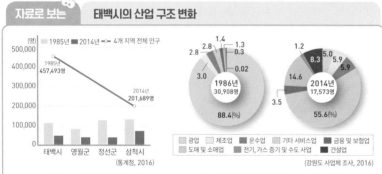

⊙ 광산 도시들의 인구 변화 (통계청, 2016)

⊙ 태백시의 산업별 종사자 비율 변화 (강원도 사업체 조사, 2016)

자료 분석 정부는 경제 발달과 생활 수준 향상으로 석탄의 소비량이 감소하게 되자 석탄 산업 합리화 정책을 추진하였고, 이에 따라 정선과 태백 등의 광업 도시들이 쇠퇴하였다. 이후 경제 활성화를 위해 폐광 지역을 관광 단지로 조성하거나 새로운 사업을 유치하는 등의 노력을 기울이면서 최근에는 서비스업 등의 종사자 수가 증가하고 있다.

Q 1980년대 후반 경제성이 낮은 탄광을 폐광하고자 추진한 정부 정책은?

A 석탄 산업 합리화 정책

C 충청 지방이 빠르게 성장하는 이유는 무엇일까

1 충청 지방의 위치와 지역 특색

① **위치** : 남한의 중앙에 위치 → 수도권과 영·호남을 연결하는 교통의 요충지

② **공간 범위** : 대전광역시, 세종특별자치시, 충청북도, 충청남도

---

1 영서 지방과 영동 지방의 기후 비교

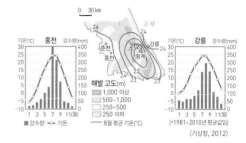

(기상청, 2012)

영동 지방은 겨울철에 태백산맥이 북서 계절풍을 막아 주기 때문에 영서 지방보다 따뜻하고, 동쪽으로 동해가 있어 여름에는 시원하다. 따라서 영동 지방(강릉)은 영서 지방(홍천)보다 기온의 연교차가 작고, 강수 분포가 고른 편이다.

2 강원 지방의 산업별 취업자 수 변화

(통계청, 각 연도)

강원 지방에서는 산업 구조가 고도화되면서 1차 산업과 2차 산업의 종사자 비중이 줄어드는 대신 3차 산업 종사자 비중이 증가하고 있다.

질문 있어요

강원 지방은 관광 산업을 특화하기 위해 어떤 노력을 하고 있나요?

태백 산지의 고위 평탄면에 조성된 목장과 풍력 발전기, 고랭지 농업 경관, 석회동굴, 동해안의 해수욕장 등을 활용하고 있으며, 태백 산지 지역은 기후와 지형 특성을 활용하여 동계 스포츠의 중심지로 발전하고 있습니다.

3 강원 지방의 주력 첨단 산업과 관광 자원

(강원 발전 연구원, 2016)

강원도는 최근에 교통로가 확대되어 다른 지역과의 접근성이 향상되었으며, 지식 기반 산업의 유치를 통해 지역 경제를 활성화시키고자 노력하고 있다.

용어사전

* **지형성 강수** 습한 공기가 지형에 의해 상승하여 내리는 강수
* **바이오 산업** 유전자의 재조합이나 세포 융합, 핵 이식 등의 생명 공학을 이용하여 새로운 생물종을 개발하는 산업

---

2 충청 지방의 교통 발달 ❹

① **교통의 중심지** : 경부축과 호남축의 교통로가 교차하는 지점에 위치 → 전국 대부분 지역과의 접근성이 가장 우수함 → 교통·물류의 중심지

② **교통의 발달**

한양과 남부 지방을 연결하는 물자 교류의 요충지

조선 시대	금강 유역에 위치한 강경, 부여, 공주 등을 중심으로 *수운 교통 발달
1900년대 초반	경부선과 호남선 철도의 개통으로 철도 교통의 결절지로 성장한 대전
1970년대 이후	경부·호남·중부·중부 내륙·서해안 고속 국도 건설
2000년대	고속 국도 및 고속 철도의 개통, 수도권 전철의 연장

★ 3 충청 지방의 공업 발달과 도시 성장 ❺

서해안 부근에 위치한다.

① **고도화되는 산업** : 수도권의 다양한 기능 이전 → 산업 구조의 고도화

• 중화학 공업 : 당진(제철), 아산(IT 업종, 자동차), 서산(석유 화학) 등

• 첨단 산업 : 대덕 연구 단지, 청주의 오송 생명 과학 단지, 오창 과학 산업 단지, 황해 경제 자유 구역

기업, 대학, 연구소, 국책 기관이 연계된 바이오 산업 전문 단지

② **새로운 도시 성장** ❻
대중국 수출입의 전진 기지

철도 및 고속 국도 등이 인접해 있어 접근성이 매우 좋다.

• 행정 기능 강화 도시 : 세종특별자치시, 내포 신도시(충청남도청의 이전)

• 혁신 도시 : 진천·음성(정부 기관의 이전 및 산·학·연·관의 협력)

• 기업 도시 : 충주(지식 기반형 산업), 태안(관광 레저형 산업)

자료로 보는 ⏺ 충청 지방의 공업 발달

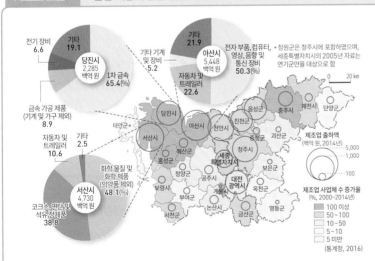

자료 분석 충청 지방은 수도권과 인접하고 교통이 편리하여 수도권의 기능이 활발하게 이전하고 있다. 수도권의 공업 기능이 충청 지방으로 이전하면서 충청 지방 제조업의 지역 내 총 생산액과 제조업 종사자 수가 급증하였다. 서산은 석유 화학 및 정유 공업, 당진은 1차 금속 공업, 아산은 전자 공업 및 자동차 공업이 발달하였다.

◎ 충청 지방 중에서 서해안에 인접해 있으며, 석유 화학과 자동차 운송 장비 등 중화학 공업이 발달한 도시는?

🔽 산사 ▼

---

❹ 충청 지방의 교통망

(국토 교통부, 2016)

충청 지방은 경부 고속 국도를 시작으로 호남 고속 국도, 서해안 고속 국도 등 주요 도로가 통과하면서 우리나라 교통 중심지로서 위상이 높아졌다. 또한 수도권 전철이 연장되고 고속 철도가 지나게 되면서 수도권과 밀접한 생활권을 이루게 되었다. 이에 따라 수도권의 각종 기능이 충청 지방으로 분산되면서 충청 지방의 발달이 가속화되고 있다.

❺ 충청 지방의 인구 증감

(통계청, 2016)

*• 청원군은 청주시에 포함하였으며, 세종특별자치시의 2005년 자료는 연기군만을 대상으로 함

충청 지방은 수도권과 인접한 시·군과 행정 복합 도시인 세종특별자치시의 인구가 크게 증가하고 있다.

❻ 충청 지방의 도청 이전과 혁신 도시, 기업 도시

(충주 혁신 도시 누리집, 충주 기업 도시 누리집, 2016)

ⓐ 충청남도 도청의 이전지, 내포 신도시

ⓐ 충청북도의 혁신 도시와 기업 도시

2020년 완공을 목표로 건설 중인 내포 신도시는 충청남도청의 소재지이자 균형 발전을 이끌 중심지로서 기대되고 있다. 또한 충청북도 진천·음성군에 혁신 도시, 태안군과 충주시에 기업 도시가 건설 중이다.

✳ 용어사전

* **수운**(水 물, 運 운반하다) 강이나 바다를 이용하여 사람이나 물건을 배로 실어 나름

A 인구와 산업이 집중된 수도권

1 수도권의 위치와 지역 특성

위치	한반도의 중심부(서울특별시, 인천광역시, 경기도)
특성	전체 인구 절반이 거주, 정부 기관과 기업 본사 집중

2 수도권의 공간 구조 변화

산업	서울에는 지식 기반 서비스업 발달, 인천과 경기도는 지식 기반 제조업 발달 → 공간적 분화
문화	문화 공간의 다양화, 문화 유적과 문화 시설 집중

3 수도권의 문제와 해결 방안

지역 문제	많은 인구 및 기능의 집중으로 주택 문제, 환경 오염, 지가 상승, 교통 혼잡 등의 문제 발생
해결 방안	인구와 기능의 분산, 다핵 연계형 공간 구조로의 변화 추진 ⑩ 과밀 부담금 제도, 공장 총량제 등

B 동서 차이가 뚜렷한 강원 지방

1 영서 지방과 영동 지방의 지형과 기후

영서 지방	• 태백산맥 서쪽으로 고원과 침식 분지 발달 • 여름과 겨울의 기온 차이가 큰 대륙성 기후
영동 지방	• 태백산맥 동쪽으로 급경사의 산지와 좁은 해안 평야 분포 • 태백산맥과 수심이 깊은 동해의 영향으로 여름 서늘, 겨울 온난

2 강원 지방의 산업 구조 변화

광업	석탄 산업 합리화 정책으로 광업 쇠퇴
관광 산업	폐광 지역을 관광 자원으로 활용
지식 기반 산업	원주(의료), 춘천(바이오 산업) 등

C 빠르게 성장하는 충청 지방

1 충청 지방의 교통 발달 : 경부축과 호남축의 교통로가 교차되는 교통의 요충지(조선 시대의 수운 교통 발달, 철도·고속 국도·고속 철도 개통, 수도권의 전철 연장)

2 충청 지방의 공업 발달과 도시 성장

주요 공업	• 중화학 공업 발달 : 당진(제철), 아산(IT 업종, 자동차), 서산(석유 화학) 등 • 첨단 산업 : 대덕 연구 단지, 오송 생명 과학 단지, 오창 과학 산업 단지
도시 성장	세종특별자치시(행정 중심 복합 도시), 내포 신도시(충청남도청 소재지 이전), 충주와 태안(기업 도시), 진천·음성(혁신 도시)

01 다음 설명이 맞으면 ○표, 틀리면 ×표를 하시오.

(1) 수도권은 2000년 이후 안산의 반월 산업 단지, 인천의 남동 산업 단지 등의 공업 지역이 조성되었다. (　　　)

(2) 정보 통신 기기, 반도체 등의 지식 기반 제조업은 주로 서울에 분포한다. (　　　)

(3) 영서 지방은 산지 지형의 영향으로 밭농사 비율이 높아 옥수수, 감자, 메밀 등을 활용한 음식이 발달하였다. (　　　)

(4) 충청 지방의 강경과 공주 등은 조선 시대까지 하천 교통의 중심지였다. (　　　)

02 지도를 보고 빈칸에 들어갈 지역의 명칭을 쓰시오.

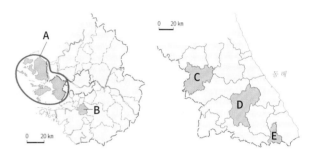

(1) 국제공항과 항구가 발달하여 국제 물류 기능이 발달하였으며, 수도권의 관문 역할을 하는 A는 (　　　)이다.

(2) 경기도의 도청 소재지로, 세계 문화유산으로 등재된 화성이 위치한 B는 (　　　)이다.

(3) 강원도의 도청 소재지로 수도권과 전철이 연결되었으며 '호반의 도시'로 불리는 C는 (　　　)이다.

(4) 2018년 동계 올림픽 개최지이며, 고위 평탄면에서의 고랭지 농업과 풍력 발전이 유명한 D는 (　　　)이다.

(5) 광업의 쇠퇴로 인구가 감소하였으나, 폐광을 활용한 관광 상품 개발로 경제 성장을 위해 노력하는 E는 (　　　)이다.

03 충청 지방의 각 도시와 그 특징을 바르게 연결하시오.

(1) 진천·음성 •　　　• ㉠ 도청 소재지의 이전을 위해 조성된 신도시

(2) 내포 신도시 •　　　• ㉡ 정부 기관의 이전과 산·학·연 협력을 위해 조성된 혁신 도시

(3) 세종특별자치시 •　　　• ㉢ 정부의 행정 기능을 분담하기 위해 출범한 행정 중심 복합 도시

바른답·알찬풀이 **72**쪽

01 그래프는 수도권의 기능 집중도를 나타낸 것이다. 이에 관한 옳은 설명을 〈보기〉에서 고른 것은?

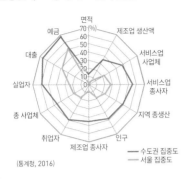

(통계청, 2016)

보기
ㄱ. 서울은 경기·인천보다 취업자 비중이 낮다.
ㄴ. 서울은 수도권 내에서 1인당 지역 총생산의 비중이 크다.
ㄷ. 수도권은 비수도권보다 인구 대비 제조업 종사자 비중이 높다.
ㄹ. 수도권은 전국에서 차지하는 제조업 종사자 비율이 서비스업 종사자 비율보다 높다.

① ㄱ, ㄴ ② ㄱ, ㄷ ③ ㄴ, ㄷ
④ ㄴ, ㄹ ⑤ ㄷ, ㄹ

★★ 중요

02 지도는 수도권의 어떤 지표를 나타낸 것이다. 이 지표로 가장 적절한 것은?

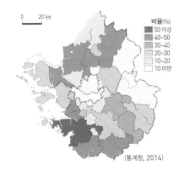

(통계청, 2014)

① 인구 밀도
② 녹지 면적 비율
③ 제조업 종사자 비율
④ 아파트 거주 인구 비율
⑤ 서울로의 통근·통학 인구 비율

03 표는 수도권의 제조업 사업체 수를 나타낸 것이다. (가)~(다)에 들어갈 지역을 고른 것은?

구분	2004년(개)	2014년(개)	증감률(%)
전국	54,797	68,640	25.3
(가)	5,693	4,589	−19.4
(나)	4,712	4,870	3.4
(다)	18,306	23,955	30.9
수도권 비중	52.4%	48.7%	−3.7%

(경인 지방 통계청, 2015)

	(가)	(나)	(다)
①	서울	인천	경기
②	서울	경기	인천
③	인천	서울	경기
④	인천	경기	서울
⑤	경기	인천	서울

★★ 중요

04 그래프는 수도권의 IT 산업 종사자 수를 나타낸 것이다. 이에 관한 설명으로 옳은 것은? (단, (가)~(다)는 경기, 서울, 인천 중 하나임)

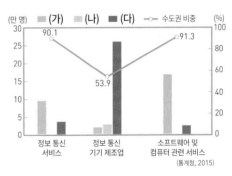

(통계청, 2015)

① 인천은 경기보다 정보 통신 서비스업 종사자 수가 많다.
② 서울은 경기보다 정보 통신 기기 제조업의 종사자 수가 많다.
③ 비수도권은 수도권보다 정보 통신 기기 제조업 종사자 수가 많다.
④ IT 산업 종사자 수의 수도권 집중도는 정보 통신 기기 제조업이 가장 높다.
⑤ 서울은 전국에서 소프트웨어 및 컴퓨터 관련 서비스업 종사자 수가 가장 많다.

05 지도는 제3차 수도권 정비 계획을 나타낸 것이다. 이 계획이 추구하는 목적으로 옳지 <u>않은</u> 것은?

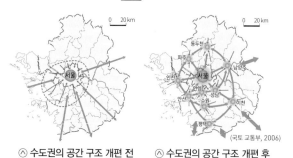

△ 수도권의 공간 구조 개편 전   △ 수도권의 공간 구조 개편 후
(국토 교통부, 2006)

① 수도권 내의 불균형 문제 해소
② 다핵 연계형 공간 구조로의 전환
③ 수도권 내 도시들의 자족성 증대
④ 서울로 집중되는 형태의 도시 구조 구축
⑤ 수도권 내 지역 간 상호 보완적 연계 체계 구축

중요
06 (가), (나)에 해당하는 지역을 지도의 A~D에서 고른 것은?

(가) 2018년 4월 남북 정상회담이 개최된 판문점이 위치한 도시이다. 통일 전망대와 평화 누리 공원에서 남북의 평화 통일을 기원할 수 있다. 예술 마을과 출판 단지가 있어 다양한 문화 체험을 할 수 있다.
(나) 서울의 공업 시설과 인구 분산을 위해 계획적으로 개발된 도시이다. 외국인 근로자의 유입으로 '국경 없는 마을'이 형성되었으며, 다문화 거리에서 세계의 다양한 문화를 체험할 수 있다.

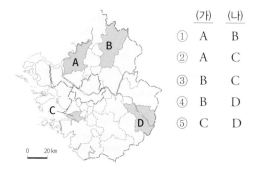

　　　 (가) (나)
① A B
② A C
③ B C
④ B D
⑤ C D

07 지도의 A~C 지역에서 나타나는 기후 그래프를 〈보기〉에서 고른 것은?

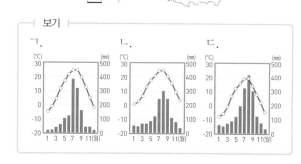

　　　 A B C 　　　 A B C
① ㄱ ㄴ ㄷ ② ㄱ ㄷ ㄴ
③ ㄴ ㄱ ㄷ ④ ㄴ ㄷ ㄱ
⑤ ㄷ ㄱ ㄴ

08 그래프는 강원도에 위치한 4개 도시의 인구 변화를 나타낸 것이다. 이를 통해 학습할 주제로 가장 적절한 것은?

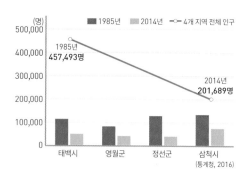

① 영동 지방과 영서 지방의 지역 차이
② 동계 올림픽 개최 이후의 지역 변화
③ 석탄 산업 합리화 정책과 광업의 쇠퇴
④ 기능 분산에 따른 강원 지방의 균형 발전
⑤ 지식 기반 산업의 성장에 따른 공간적 분화

09 그래프는 강원 지방의 산업별 특화도를 나타낸 것이다. A ~C에 해당하는 산업을 고른 것은?

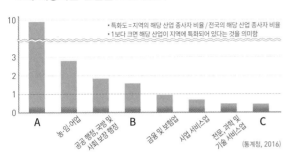

- 특화도 = 지역의 해당 산업 종사자 비율 / 전국의 해당 산업 종사자 비율
- 1보다 크면 해당 산업이 지역에 특화되어 있다는 것을 의미함

(통계청, 2016)

	A	B	C
①	광업	제조업	숙박 및 음식점업
②	광업	숙박 및 음식점업	제조업
③	제조업	광업	숙박 및 음식점업
④	제조업	숙박 및 음식점업	광업
⑤	숙박 및 음식점업	광업	제조업

중요

10 그래프는 태백시의 산업별 종사자 비율 변화를 나타낸 것이다. 2014년의 태백시에 나타난 지역 변화에 관한 옳은 설명을 〈보기〉에서 고른 것은?

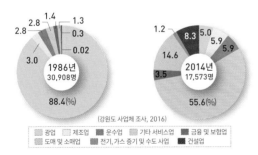

(강원도 사업체 조사, 2016)

광업 ▢ 제조업 ▢ 운수업 ▢ 기타 서비스업 ▢ 금융 및 보험업
도매 및 소매업 ▢ 전기,가스 증기 및 수도 사업 ▢ 건설업

┌─ 보기 ─
ㄱ. 전체 인구가 증가하였다.
ㄴ. 광업 종사자 비율이 감소하였다.
ㄷ. 금융 및 보험업 종사자 수가 감소하였다.
ㄹ. 상업 목적의 토지 이용이 증가하였을 것이다.
└─

① ㄱ, ㄴ   ② ㄱ, ㄷ   ③ ㄴ, ㄷ
④ ㄴ, ㄹ   ⑤ ㄷ, ㄹ

11 지도는 강원 지방의 주력 첨단 산업과 관광 자원을 나타낸 것이다. 이와 같은 산업이 발달할 경우 강원의 미래에 관한 옳은 추론을 〈보기〉에서 고른 것은?

(강원 발전 연구원, 2016)

┌─ 보기 ─
ㄱ. 수도권의 행정 및 업무 기능이 집중될 것이다.
ㄴ. 지식 기반 첨단 산업의 비중이 높아질 것이다.
ㄷ. 농·임·어업의 1차 산업 중심지로 성장할 것이다.
ㄹ. 지역성을 살린 관광 산업의 특화도가 높아질 것이다.
└─

① ㄱ, ㄴ   ② ㄱ, ㄷ   ③ ㄴ, ㄷ
④ ㄴ, ㄹ   ⑤ ㄷ, ㄹ

중요

12 다음 여행기의 경로를 지도의 A~E에서 고른 것은?

1일차 : 동계 올림픽 개막식이 열렸던 스타디움을 구경하고 올림픽의 감동을 다시 한 번 느낄 수 있었다.
2일차 : '호반의 도시'로 불리는 곳으로 이동하여 소양강 댐 건설로 만들어진 소양호의 아름다운 광경을 바라보았다.
3일차 : 마지막으로 축제 유료화의 성공 사례로 꼽히는 산천어 축제에 다녀왔다. 얼음 낚시뿐만 아니라 얼음 썰매 등도 즐겼다.

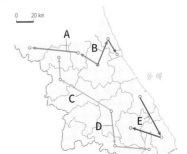

① A
② B
③ C
④ D
⑤ E

13 ㉠~㉢에 들어갈 알맞은 도시를 고른 것은?

> 충청 지방은 조선 시대부터 한양과 남부 지방을 연결하는 교통의 요충지였고, 각종 물자의 교류가 활발하였다. 특히 금강 유역에 있는 (㉠), 부여, 공주 등은 전통적인 하천 교통의 중심지였다. 1900년대 초에는 철도역이 들어선 도시들의 성장이 두드러졌는데, 이에 해당하는 대표적인 도시가 (㉡)이다. 2010년대에 들어서는 중앙 행정 기능을 분담하기 위한 공공 기관이 (㉢)으로 이전하는 등 충청 지방의 성장이 가속화되고 있다.

	㉠	㉡	㉢
①	강경	대전	세종
②	강경	세종	대전
③	대전	강경	세종
④	대전	세종	강경
⑤	세종	대전	강경

14 그래프를 통해 학습할 수 있는 주제로 가장 적절한 것은?

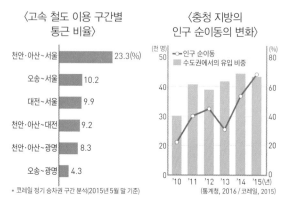

〈고속 철도 이용 구간별 통근 비율〉

천안·아산~서울 23.3(%)
오송~서울 10.2
대전~서울 9.9
천안·아산~대전 9.2
천안·아산~광명 8.3
오송~광명 4.3

* 코레일 정기 승차권 구간 분석(2015년 5월 말 기준)

〈충청 지방의 인구 순이동의 변화〉
(통계청, 2016 / 코레일, 2015)

① 이촌 향도 현상에 따른 충청 지방의 노동력 부족 문제
② 내포 신도시 개발과 도청 이전에 따른 충청 지방의 변화
③ 교통 발달에 따른 충청 지방과 비수도권 지역의 접근성 증가
④ 전철 연장 개통이 충청권의 산업화와 대도시권 형성에 미친 영향
⑤ 수도권의 주거, 행정, 산업 기능 등의 이전에 따른 충청 지방의 발달

★★
중요

15 지도는 충청 지방의 인구 증감률을 나타낸 것이다. (나)와 비교한 (가) 지역의 상대적 특징을 추론한 내용 중 옳은 것을 〈보기〉에서 고른 것은?

인구 증감률 (%, 2005~2015년)
(가) 10 이상 / 5~10 / 0~5 / -5~0 / -10~-5 / (나) -10 미만

* 청원군은 청주시에 포함하였으며, 세종특별자치시의 2005년 자료는 연기군만을 대상으로 함
(통계청, 2016)

> 보기
> ㄱ. 중위 연령이 높을 것이다.
> ㄴ. 수도권과의 접근성이 높을 것이다.
> ㄷ. 1차 산업 종사자 비율이 높을 것이다.
> ㄹ. 상업 지역의 평균 지가가 높을 것이다.

① ㄱ, ㄴ ② ㄱ, ㄷ ③ ㄴ, ㄷ ④ ㄴ, ㄹ ⑤ ㄷ, ㄹ

★★
중요

16 그래프는 충청 지방의 지역 총생산 및 산업별 생산액 비중 변화를 나타낸 것이다. 이에 관한 옳은 설명을 〈보기〉에서 고른 것은?

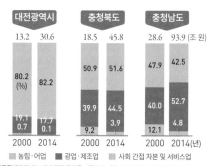

대전광역시 / 충청북도 / 충청남도

	2000	2014	2000	2014	2000	2014(년)
지역 총생산	13.2	30.6	18.5	45.8	28.6	93.9 (조 원)
사회 간접 자본 및 서비스업	80.2(%)	82.2	50.9	51.6	47.9	42.5
광업·제조업	19.1	17.7	39.9	44.5	40.0	52.7
농림·어업	0.7	0.1	9.2	3.9	12.1	4.8

■ 농림·어업 ■ 광업·제조업 ■ 사회 간접 자본 및 서비스업

* 세종특별자치시는 과거 행정 구역을 기준으로 충청북도 및 충청남도에 포함함
* 총 부가 가치 기준임
(통계청, 각 연도)

> 보기
> ㄱ. 대전은 2000년보다 2014년의 광업·제조업 생산액이 많다.
> ㄴ. 충남은 2000년 대비 2014년의 지역 총생산이 가장 큰 비중으로 증가하였다.
> ㄷ. 충북은 충남보다 2000년 대비 2014년의 광업·제조업 생산액이 크게 증가하였다.
> ㄹ. 2014년에는 세 지역 모두 사회 간접 자본 및 서비스업 생산액이 광업·제조업 생산액보다 많다.

① ㄱ, ㄴ ② ㄱ, ㄷ ③ ㄴ, ㄷ ④ ㄴ, ㄹ ⑤ ㄷ, ㄹ

17 그래프는 충청 지방 주요 도시의 제조업별 출하액 비중을 나타낸 것이다. A~C에 해당하는 제조업을 고른 것은?

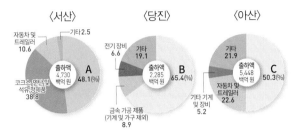

〈서산〉
자동차 및 트레일러 10.6
기타 2.5
출하액 4,730 백억 원 A 48.1(%)
코크스, 연탄및 석유정제품 38.8

〈당진〉
전기 장비 6.6
기타 19.1
출하액 2,285 백억 원 B 65.4(%)
금속 가공 제품 (기계 및 가구 제외) 8.9

〈아산〉
기타 21.9
출하액 5,448 백억 원 C 50.3(%)
자동차 및 트레일러 22.6
기타 기계 및 장비 5.2

	A	B	C
①	1차 금속	화학 물질 및 화학 제품	전자 부품, 컴퓨터 영상, 음향 및 통신 장비
②	1차 금속	전자 부품, 컴퓨터 영상, 음향 및 통신 장비	화학 물질 및 화학 제품
③	화학 물질 및 화학 제품	1차 금속	전자 부품, 컴퓨터 영상, 음향 및 통신 장비
④	화학 물질 및 화학 제품	전자 부품, 컴퓨터 영상, 음향 및 통신 장비	1차 금속
⑤	전자 부품, 컴퓨터 영상, 음향 및 통신 장비	1차 금속	화학 물질 및 화학 제품

18 지도의 A~E 지역 특성을 활용한 탐구 주제로 적절하지 않은 것은?

① A - 신두리 해안 사구의 형성 과정
② B - 머드 축제가 지역 경제에 미친 영향
③ C - 충남도청이 이전된 이후의 지역 변화
④ D - 기업 도시로 지정된 이후 지역 개발 현황
⑤ E - 카르스트 지형을 활용한 관광 상품의 사례

19 그래프를 통해 알 수 있는 수도권의 특징을 쓰고, 이로 인해 나타난 문제점에 관해 서술하시오.

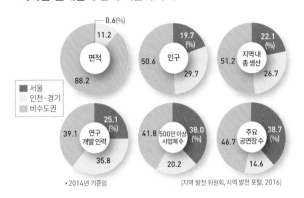

■ 서울
□ 인천·경기
□ 비수도권

면적: 0.6(%) 11.2 / 88.2
인구: 19.7(%) 29.7 / 50.6
지역내 총생산: 22.1(%) 26.7 / 51.2
연구 개발 인력: 25.1(%) 35.8 / 39.1
500인 이상 사업체 수: 38.0(%) 20.2 / 41.8
주요 공연장 수: 38.7(%) 14.6 / 46.7

• 2014년 기준임
(지역 발전 위원회, 지역 발전 포털, 2016)

20 지도는 강원도의 1월 평균 기온을 나타낸 것이다. 영동 지방과 영서 지방의 1월 평균 기온을 비교하여 서술하고, 이와 같은 차이가 나타나는 이유를 서술하시오.

(단위 : °C)
• 등온선은 30년 평년값임
철원, 속초, 인제, 춘천, 강릉, 홍천, 대관령, 동해, 원주, 태백
0 20 km
(기상청, 2012)

21 지도는 충청 지방의 제조업 출하액을 나타낸 것이다. 충청남도의 북부 지역에 제조업 출하액이 많은 이유를 인근의 지역 권역과 연관지어 서술하시오.

당진시, 태안군, 서산시, 아산시, 천안시, 진천군, 음성군, 충주시, 제천시, 단양군, 예산군, 홍성군, 증평군, 괴산군, 청주시, 세종특별자치시, 청양군, 공주시, 대전광역시, 보은군, 보령군, 계룡시, 옥천군, 부여군, 논산시, 영동군, 서천군, 금산군

2014년 출하액(조 원)
50 / 20 / 10 / 5 / 1
황 해
(통계청, 2016)

등급을 올리는 고난도 문제

01 (가)의 ㄱ~ㄷ에 해당하는 지역을 (나)의 A~C에서 고른 것은?

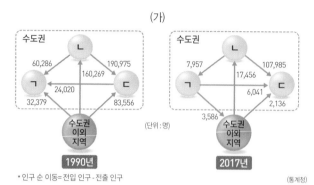

(단위 : 명)
*인구 순 이동=전입 인구 - 전출 인구
(통계청)
ⓐ 수도권의 지역 간 인구 순이동

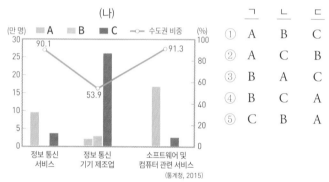

(통계청, 2015)
ⓐ 정보 통신 기술 산업 부문별 종사자 수

	ㄱ	ㄴ	ㄷ
①	A	B	C
②	A	C	B
③	B	A	C
④	B	C	A
⑤	C	B	A

🔍 **문제 접근 방법**

(가) 수도권의 지역 간 인구 순이동에서 가장 많은 인구가 유입되고 유출되는 지역을 찾아 그 지역이 어디인지 알아야 한다. (나) 정보 통신 기술 산업 부문별 종사자 수를 볼 때는 서울, 경기, 인천의 산업 분담이 어떻게 나타나는지 파악하고 있어야 문제를 해결할 수 있다.

✏️ **적용 개념**

\# 수도권 내의 인구 이동
\# 수도권 내 지식 기반 산업의 공간적 분화

02 그래프는 어떤 지역의 산업별 종사자 비율 변화를 나타낸 것이다. 이에 해당하는 지역을 지도의 A~E에서 고른 것은?

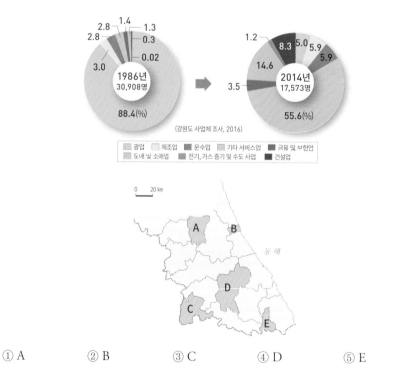

① A   ② B   ③ C   ④ D   ⑤ E

🔍 **문제 접근 방법**

강원도는 석탄 산업 합리화 정책 이후 산업 구조가 크게 변화하였다. 이를 토대로 제시된 지역의 산업 구조에서 가장 많은 비중을 차지하는 산업을 파악하여 문제를 풀어야 한다.

✏️ **적용 개념**

\# 강원 지방의 산업 구조 변화
\# 석탄 산업 합리화 정책에 따른 지역 변화

03 표 (가), (나)는 신도시 개발 계획의 일부 내용이다. 이에 해당하는 지역을 지도의 A~D에서 고른 것은?

단계	연도	개발목표 및 방향
(가) 1단계	2008~2013	• 도청 및 유관 기관 이전 • 행정 타운(도청 및 유관 기관) 집중 개발 • 교육, 문화 등 공공 편익 시설 및 도시 기반 시설 공급
(가) 2단계	2014~2015	• 도청 및 유관 기관 조기 정착 유도 및 대학 유치 • 인구 유입에 따른 주거 용지 개발 • 자족 기능 활성화를 위한 대학 용지 개발

단계	연도	혁신공간계획
(나) 1단계	2007~2012	• 이전 공공 기관의 정착 단계 • 공간 규모 : 산업 기술 단지 규모 • 혁신 기능 : BT·IT 산업(정밀 기기, 메카트로닉스 등)
(나) 2단계	2013~2020	• 산·학·연의 정착 단계 • 공간 규모 : 테크노폴리스 규모 • 혁신 기능 : BT·IT 융합 산업(e러닝, U헬스 기기 등)

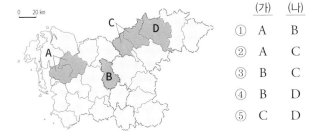

	(가)	(나)
①	A	B
②	A	C
③	B	C
④	B	D
⑤	C	D

문제 접근 방법
충청 지방은 수도권과 인접한 지역으로 교통이 발달하면서 도시가 성장하고 있다. 충청 지방 각 도시의 특징과 위치를 파악할 수 있어야 한다.

적용 개념
충청 지방의 도시 성장
충청북도의 혁신 도시와 기업 도시

04 다음 (가)~(다)의 축제가 개최되는 지역을 지도의 A~E에서 고른 것은?

(가)	(나)	(다)

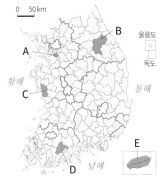

	(가)	(나)	(다)
①	A	B	C
②	A	D	E
③	B	A	D
④	B	C	E
⑤	C	D	E

문제 접근 방법
지역 축제는 지역의 자연환경과 인문환경을 활용한 것이 많다. 그러므로 포스터에 나타난 축제의 주요 요소가 무엇인지 파악하여, 이를 통해 어느 지역에서 개최하는 축제인지 알 수 있어야 한다.

적용 개념
다양한 지역 축제
각 지역의 특징

03 호남 지방, 영남 지방, 제주도

🔖 **학습길잡이** • 호남 지방의 간척 산업과 산업 구조의 변화, 영남 지방의 산업과 주요 도시를 파악해 두어야 한다.
  • 세계적인 관광지인 제주도의 자연환경과 이에 따른 지역 특성을 알아 두어야 한다.

A 다양한 산업이 발전하고 있는 호남 지방을 알아보자

1 호남 지방의 위치와 지역 특성

① **위치** : 우리나라의 서남부에 위치, 북으로는 금강을 경계로 충청도와 접하고, 동으로는 소백산맥을 경계로 영남 지방과 접해 있음

② **공간 범위** : 광주광역시, 전라남도, 전라북도를 포함함

③ **지역 특색** : 지역 경제 발전의 원동력이 되는 자연·문화 자원 보유 **예** 전통 음식, 판소리, 민속놀이 등

2 농지 개간과 간척 사업

① **농지 개간 ①** 　만경강과
　　　　　　　　 동진강 주변　영산강 주변

• 우리나라 최대의 곡창 지대 : 호남평야·나주평야·김제 벽골제 등을 통해 삼국 시대에도 벼농사가 이루어졌다는 것을 알 수 있음, 일제 강점기부터 본격적인 대규모 벼농사를 시작함 **질문**

• 평야는 넓으나 좁은 하천 유역, 유량 부족, *염해 발생 등의 제약 → *보, *제방, 저수지 등의 수리 시설 확충 → 물의 이용도 향상, 농경지 확장

• 섬진강 상류의 다목적 댐 : 만경강과 동진강 유역으로 농업용수 공급

② **간척 사업 ②** ⭐

• 대표적인 간척지 : 김제시 광활면, 부안군 계화도, 영산강 하구 등에서 농경 활동
　　　　　　　　　　1965년 섬진강 댐이 건설되면서 삶의 터전을 잃게 된 사람들을
　　　　　　　　　　수용하기 위해 조성되었다.

• 1970년대 이후 : 영산강, 해남, 고흥, 새만금 일대에 대규모 간척 사업 완료 혹은 진행 중(농업 용지, 산업 용지, 관광 단지 및 신도시 건설 등으로 다양하게 활용) → 외부 인구 유입, 도시화로 지역 경관 변화, 주민 활동이 1차 산업에서 제조업과 서비스업 분야로 확대

자료로 보는　　**호남 지방의 주요 간척 사업**

새만금 지구	283km²
계화도 지구	24.67km²
영산강 2지구	48.65km²
영산강 3지구	125km²
해남 지구	22.44km²
고흥 지구	20.75km²

전라북도, 광주광역시, 전라남도
(국토 지리 정보원, 2014)

자료 분석 우리나라의 대표적 간척지인 계화도 간척지는 섬이던 계화노와 육지인 부안군을 잇는 방조제가 완공되면서 형성되었다. 계화도 간척지는 벼 생산지로 활용되며, 우리나라 식량 증산에 큰 역할을 하였다. 새만금 간척 사업은 우리나라 최대의 간척 사업으로 1991년 공사를 시작한 후 두 차례 중단을 거쳐 여전히 진행 중이다. 새만금 간척지는 처음에 농업 용지 중심으로 계획되었으나 앞으로 생태 환경, 공업, 관광, 과학 연구, 신·재생 에너지 개발 등 다양한 용도로 활용될 계획이다.

ⓠ 1991년에 공사를 시작한 우리나라 최대의 간척 사업은?
Ⓐ 새만금 간척 사업

개념 더하기 자료 채우기

① 호남 지방의 농지 개간과 농업용수 확보

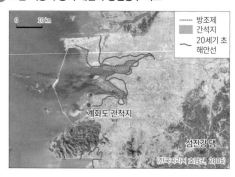

｜…… 방조제
｜▨ 간척지
｜～ 20세기 초 해안선

계화도 간척지
섬진강 댐
(한국지리지 호남권, 2005)

Ⓐ 계화도 간척지　　Ⓐ 섬진강 댐

유역을 변경한 물 자원을 수로를 통해 간척지의 농업용수로 이용하는 것이 호남 지방 농지 개간의 특징이다. 즉, 1920년대부터 섬진강 상류의 물을 터널을 통해 동진강으로 보내어 간척지의 농업용수로 이용하였다. 1960년대에 섬진강 댐이 완공된 뒤에는 댐의 물을 계화도 간척지의 농업용수로 이용하였다.

✊ **질문 있어요**

호남 지방의 호남평야는 어떤 특징이 있나요?
호남평야는 전라북도 김제시를 중심으로 만경강과 동진강 유역에 지평선이 보일 정도로 펼쳐진 광활한 평야입니다. 호남 지방은 이와 같은 넓은 평야를 이용하여 우리나라에서 벼농사가 가장 활발한 지역으로, 전국 쌀 생산량의 약 3분의 1을 생산하고 있습니다.

② 간척 사업

일제 강점기 때 일본은 우리나라의 쌀을 안정적으로 생산하여 일본으로 공급하기 위해 산미 증식 계획을 추진하였다. 이 당시에 일본은 더 많은 쌀을 수탈하기 위해 호남 지방에 수리 시설을 확충하였고, 간척 사업을 통해 새로운 농경지와 마을을 만들었다.

✳️ **용어사전**

＊ **염해**(鹽 소금, 害 해치다)　바닷물(소금) 때문에 농작물과 건축물, 시설 등이 입는 피해

＊ **보**　물을 대기 위하여 둑을 쌓고 냇물을 끌어들이는 곳

＊ **제방**(堤 둑, 防 둑)　홍수를 예방하거나 물을 저장하기 위해 하천이나 호수, 바다 둘레를 돌이나 흙 등으로 높이 쌓아 막은 언덕

---

3 호남 지방의 산업 구조

① 1차 산업 : 전국 평균에 비해 1차 산업 종사자 비중이 높음
　　　　　　　제조업이나 서비스업의 비중은 상대적으로 낮다.

② 공업

• 1970년대 : 여수의 석유 화학 산업 단지 조성으로 본격적인 공업화 시작

• 1980년대 : 광양의 제철 공업 단지 건설 → 중화학 공업 발달
　　　　　　　　중국과의 교역 확대를 목표로 조성되었다.

• 1990년대 이후 : 군산 국가 산업 단지, 대불 국가 산업 단지 조성

• 오늘날 : 첨단 지식 산업을 농업 및 공업에 적용함으로써 고부가 가치 창
　출을 위해 노력 예 광주의 광(光) 산업, 혁신 도시(전주, 완주, 나주) 질문
　　　　　　자동차 공업 발달

자료로 보는 　호남 지방 주요 도시의 공업 구조

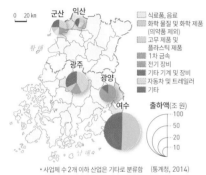

▨ 식품음료, 음료
▨ 화학 물질 및 화학 제품 (의약품 제외)
▨ 고무 제품 및 플라스틱 제품
▨ 1차 금속
▨ 전기 장비
▨ 기타 기계 및 장비
▨ 자동차 및 트레일러
▨ 기타

출하액(조 원)
100
50
20
10

• 사업체 수 2개 이하 산업은 기타로 분류함　(통계청, 2014)

자료 분석 　여수에서는 석유 화학 및 정유 공업이 발달하였고, 광양에서는 제철 공업의 비중이 높아 1차 금속 공업이 발달하였다. 그리고 광주와 군산은 자동차 및 트레일러 공업이 발달하였다.

Ｑ 광(光) 산업과 자동차 산업이 발달한 호남 지방의 도시는?

Ａ 광주광역시

③ 관광 산업의 육성 🄱
　　　　　　　　　예향(藝鄕)의 축제

• 축제 : 전주 대사습놀이, 순천만 갈대 축제, 김제 지평선 축제 등

• 슬로시티(slow city) : 느림의 철학을 바탕으로 자연 생태 환경과 전통문화
　를 지키는 삶을 추구하는 도시 예 신안군 증도, 완도군 청산도, 전주 한옥
　마을 등 🄲

B 영남 지방에 산업과 도시가 발달한 이유는 무엇일까

1 영남 지방의 위치와 공간 범위
　　　　　　　　　　　　　　　동쪽과 남쪽이 바다에 접해 있어 해상 교통 발달에 유리하다.

① 위치 : 한반도의 남동부에 위치, 태백산맥과 소백산맥으로 둘러싸인 지역

② 공간 범위 : 부산광역시, 대구광역시, 울산광역시, 경상북도, 경상남도

2 영남 지방의 산업

① 산업의 분포 : 과수 농업(영남 북부 내륙 지역), 시설·원예 농업(낙동강 하
　구 삼각주, 대도시 근교), 제조업(영남 내륙 지역, 남동 임해 지역), 상업
　및 교육 서비스업(대도시 중심)

② 공업 발달 과정

1960년대	부산과 대구를 중심으로 신발과 섬유 등 노동 집약적인 경공업 발달
1970년대 이후	영남 내륙과 남동 해안에 대규모 산업 단지가 조성되면서 중화학 공업을 중심으로 공업 발달

③ 공업의 특징 : 항만 발달에 유리, 수도권과 함께 우리나라 산업화를 주도
　　　　　　　　조차가 작고 수심이 깊은 해안을 끼고 있어
　　　　　　　　대형 선박의 입·출항이 편리하다.

✊ 질문 있어요

호남 지방은 첨단 산업 발달을 위해 어떤 노력을 하고 있나요?

새만금·군산·광양만권을 경제 자유 구역으로 지정하여 미래형 신산업 및 관광 레저 허브, 국제 물류 생산 거점으로 개발하고 있고, 전주 혁신 도시는 농·생명 클러스터 구축, 나주 혁신 도시는 녹색 건강 식품 개발·연구 등을 하고 있습니다.

🄱 호남 지방의 관광 자원

(전라남·북도청, 2016)

호남 지방은 청정한 자연환경과 고유한 문화유산을 기반으로 관광 산업이 발달하였다. 수려한 산과 바다가 국립공원으로 지정되어 있고, 고인돌 유적지와 판소리가 세계 문화유산으로 등재되어 있다.

🄲 전주 한옥 마을

전주 한옥 마을은 일제 강점기 때 일본인들이 전주성의 성곽을 헐고 성 안으로 들어오자, 이에 반발하여 우리나라 사람들이 풍남문 동쪽에 한옥촌을 형성하면서 생겨났다. 전주는 1999년부터 한옥 마을을 정비하여 전통 문화관, 한옥 생활 체험관 등의 문화 시설을 유치하였고, 국제 영화제, 한지 문화 축제, 소리 축제 등을 개최하여 지역 문화 활성화에 노력하고 있다.

✷ 용어사전

＊**광(光) 산업** 　빛이 가지고 있는 성질을 활용하여 각종 첨단 제품을 생산하는 산업

＊**대사습놀이** 　판소리, 농악, 무용, 기악, 시조, 활쏘기 등의 국악과 민속놀이의 경연 대회

자료로 보는 · 영남 지방의 제조업 발달

- 사업체 수 68,640(개): 48.7(%), 31.8, 11.2, 6.7, 1.6
- 종사자 수 2,904,914(명): 39.9(%), 35.3, 15.2, 8.3, 1.3
- 출하액 1,487(조 원): 38.8(%), 29.4, 18.0, 12.9, 0.9
- *제조업 비중: 30.3(%), 24.9, 21.6, 15.7, 2.9, 2.0, 1.5, 1.1

• 제조업 생산액 1,489조 원(2014년) 기준임 ■수도권 ■영남권 ■충청권 □호남권 □기타 (통계청, 2016)

자료 분석 영남 지방은 수도권보다 사업체 수와 종사자 수는 적지만, 출하액은 수도권보다 많다. 이는 영남 지방에 중화학 공업이 발달하였고 대기업의 비중이 높아 사업체 수 대비 출하액이 많기 때문이다. 그리고 기계, 자동차, 석유 화학 등의 제조업 비중이 높다.

❓ 영남 지방 제조업 중 가장 비중이 높은 것은? 🅰 기계·금속 공업

④ 주요 공업 지역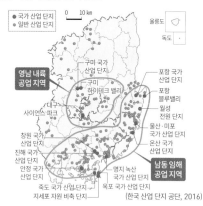

영남 내륙 공업 지역	• 풍부한 노동력, 편리한 육상 교통 조건을 바탕으로 경공업 발달 • 대구(섬유), 구미(전자) ─ 원료의 수입과 제품의 수출에 유리하다.
남동 임해 공업 지역	• 정부의 정책적 지원 및 편리한 해상 교통을 바탕으로 중화학 공업 발달 • 포항(제철), 울산(조선·자동차·석유 화학), 거제(조선), 창원(기계)

3 영남 지방 주요 도시의 특징

① 주요 대도시   대구 테크노폴리스에 첨단 산업을 위한 기반이 조성되고 있다.
부산 국제 영화제 개최

• 부산 : 우리나라 제2의 도시, 영상 산업·국제 물류·금융 산업 중심

• 대구 : 섬유 산업의 첨단화 추진, 금속·기계 공업의 비중이 높아짐

• 울산 : 자동차, 조선, 석유 화학 공업 등의 중화학 공업 발달

• 창원 : 기계 공업 단지, 진해·마산과의 통합에 따른 성장 효과 추구 ─ 경상남도청이 창원으로 이전하였다.

② 역사 문화 도시 : 안동(하회 마을), 경주(석굴암과 불국사, 양동 마을)

자료로 보는 · 영남 지방의 인구 분포

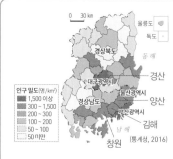

자료 분석 영남 지방은 1990년대 이후에 인구와 기능이 주변 지역으로 분산되는 교외화 현상이 나타나 부산 근교의 김해와 양산, 대구 근교의 경산 등이 위성 도시로 성장하였다. 기계 공업과 경상남도청 이전을 바탕으로 성장한 창원시는 2010년 마산, 진해와 통합되어 인구 105만 명 이상의 대도시로 성장하였다.

C 세계적 관광지인 제주도에 관해 알아보자

1 제주도의 자연환경
전체적으로 경사가 완만한 방패형 화산이지만, 산 정상부는 경사가 급한 종 모양의 화산을 이룬다.

① 다양한 화산 지형 : 신생대 화산 활동으로 형성된 화산섬 → 한라산과 백록담, 오름(기생 화산), 용암동굴, 주상 절리 등
화구호
소규모의 화산 폭발로 형성되는데, 제주도에는 약 400여 개의 오름이 분포한다.

---

1 영남 지방의 공업 단지 분포

국가 산업 단지는 국가 기간 산업 및 첨단 과학 기술 산업 등을 육성하기 위해 정부가 지정하고 관리·지원하는 곳이다. 영남 지방의 국가 산업 단지는 일반 산업 단지에 비해 개수는 적지만, 한 개 단지에 규모가 큰 공장이 다수 분포하여 지역 경제에 미치는 영향력은 매우 크다.

2 영남 지방 주요 도시의 특화 산업과 지역 축제

영남 지방은 도시마다 특화 산업과 지역 축제가 다양하게 나타난다. 그중 독특한 전통문화를 유지하고 있는 안동과 경주는 문화 관광 도시로 발전하고 있다. 안동은 조선 시대 고택과 서원을 잘 보존하였으며, 경상북도청이 이전하여 행정 기능이 강화되었다. 경주는 세계 문화유산으로 지정된 고분과 사찰, 불탑 등과 보문 관광 단지를 중심으로 관광 산업이 발달하였다.

✱ 용어사전

* **물류**(物 물건, 流 흐르다) 필요한 양의 물품을 가장 적은 경비를 들여 신속하고 효율적으로 원하는 장소에 때맞춰 보낼 수 있도록 함으로써 가치를 창출하는 경제 활동

* **양동 마을** 우리나라 전통 민속 마을 중 가장 규모가 크고 문화재가 많은 곳으로, 유네스코 세계 문화유산에 등재되어 있음

ⓐ 성산 일출봉

ⓐ 만장굴

ⓐ 정방 폭포

자료 분석 성산 일출봉은 바닷속에서 폭발하여 만들어진 화산체이며, 만장굴은 용암이 흐르면서 겉은 식어서 굳고, 내부는 용암이 계속 흘러서 형성된 용암동굴이다. 정방 폭포는 해안으로 직접 떨어지는 폭포로, 이 일대에서는 주상 절리를 볼 수 있다. 주상 절리는 지표로 분출한 현무암질 용암이 육각형 모양으로 쪼개지며 굳어서 형성된다.

Ⓠ 현무암질 용암이 지표를 따라 흘러내릴 때 표면과 내부의 냉각 속도 차이로 형성되는 지형은?
리융미융롬 Ⓥ

② **기후와 식생** : 우리나라의 남쪽에 위치함, 연중 난류의 영향을 받음 → 기온의 연교차가 작고 온화한 해양성 기후가 나타남, 해안 저지대에는 난대성 식물이 자람, 식생의 수직적 분포가 나타남
ⓔ 동백나무, 비자나무, 감귤나무 등

┌ 제주도는 섬이라는 특성상 육지와는 다른 방언을 사용하며, 다양한
└ 설화와 민간 신앙, 세시 풍속 등의 고유한 문화를 형성해 왔다.

2 제주도의 독특한 문화

① **하천 발달 미약** : 절리가 많아 투수성이 높은 현무암이 기반암 → 전통 취락은 지하수가 용천하는 해안가를 중심으로 형성, 밭농사 중심의 농업 발달

② **연중 강한 바람** : 현무암을 이용한 돌담, 나지막한 유선형의 지붕
└ 지하수가 자연 상태에서 지표로 분출하는 것

ⓐ 지붕과 돌담

ⓐ 돌하르방

ⓐ 해녀

자료 분석 제주도는 기반암인 현무암을 이용하여 돌담을 쌓고, 지붕을 새(띠)로 엮어 강풍에 대비하였다. 또한 다공질인 현무암의 특성으로 논농사가 불리하여 경지는 대부분 밭으로 이용된다. 제주도의 해녀는 생계 유지를 위해 적응한 제주도 여성들의 강한 생활력을 보여주며, 유네스코 인류 무형 문화유산에 등재되었다.

Ⓠ 제주도의 기반암으로 절리가 많아 투수성이 높은 암석은?
암무현 Ⓥ

3 세계로 뻗어 나가는 제주도 ③ ④

① **관광 산업의 발달** : 유네스코 생물권 보전 지역(2002)·세계 자연 유산(2007)·세계 지질 공원(2010)으로 지정, 올레길*(2018년 기준 26개 코스) 탐방 등의 생태 관광 상품

② **발전을 위한 노력** : 국제 자유 도시로 지정(2002), 제주특별자치도로 승격(2006), 의료·교육 서비스를 연계한 융·복합 관광 산업, 마이스(MICE)* 산업 등의 고부가 가치 관광 산업을 확충할 계획 **질문**
┌ 제주도는 인센티브 관광과 특수 목적 관광 등으로 관광객이
└ 급증하면서 마이스 산업이 활성화될 것으로 전망된다.

---

③ 제주도의 산업 구조와 관광 산업

2차 산업 3.3
1차 산업 12.6
총 부가 가치 12,909,928 (백만 원)
3차 산업 84.1(%)
(제주 통계 연보, 2015)

ⓐ 산업별 총 부가 가치 비중

■ 내국인 □ 외국인
(만 명)
1,500
1,200
900
600
300
2000 '05 '10 '11 '12 '13 '14 '15(년)
(제주특별자치도 관광 협회, 2016)

ⓐ 방문 관광객 수

제주도는 2차 산업의 발달은 미약하지만, 감귤·원예 농업 등의 1차 산업과 관광 산업 등의 3차 산업이 발달하였다. 또한 유네스코 세계 자연 유산 지정 등에 따른 인지도 상승과 항공 및 선박 교통편의 확충, 한류(韓流)의 영향 등으로 제주도를 찾는 외국인 관광객이 많이 늘어나고 있다.

④ 제주도 도시 공간 구조 계획(안)

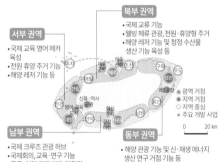

서부 권역
• 국제 교육 영어 메카 육성
• 전원 휴양 주거 기능
• 해양 레저 기능 등

북부 권역
• 국제 교류 기능
• 웰빙 체류 관광, 전원·휴양형 주거
• 해산 레저 기능 및 청정 수산물 생산 기능 육성 등

남부 권역
• 국제 크루즈 관광 허브
• 국제회의, 교육·연구 기능
• 물류·어업 전진 기지, 친환경 농업 클러스터 구축 등

동부 권역
• 해양 관광 기능 및 신·재생 에너지 생산 연구 거점 기능 등

● 광역 거점
● 지역 거점
○ 지역 중심
★ 주요 개발 사업
0   20 km
(제주특별자치도, 2016)

제주도는 4대 권역을 개발축으로 육성하는 계획을 발표하였다. 북부 권역은 제주 공항과 신항만을 중심으로 국제 교류 기능 강화, 남부 권역은 국제회의 및 크루즈 관광 기능 육성, 서부 권역은 영어 교육 중심, 동부 권역은 신·재생 에너지의 생산 연구 거점으로 개발할 예정이다.

질문 있어요

제주도가 국제 자유 도시로 지정되었는데, 이는 어떤 의미가 있나요?

국제 자유 도시는 사람, 상품, 자본의 국제적 이동과 기업 활동 편의가 최대한 보장되도록 규제를 완화하고 국제적 기준이 적용되는 지역입니다. 제주도는 국제 자유 도시로 지정된 이후 세계 대부분 국가에서 비자없이 입국할 수 있게 되었고, 국내·외 기업에 조세 혜택 등을 제공하고 있습니다.

용어사전

* **올레** '집 대문에서 마을 길까지 이어주는 좁은 골목'을 뜻하는 제주 방언

* **마이스(MICE) 산업** Meeting(기업 회의), Incentives(기업의 표창 및 연수 목적의 여행), Conventions(국제단체, 학회, 협회가 주최하는 총회 및 회의), Exhibitions(전시회, 박람회, 스포츠 이벤트 등)을 의미하는 용어로, 전시회, 기관 단체 관광, 각종 국제 회의를 망라하는 종합 관광 산업

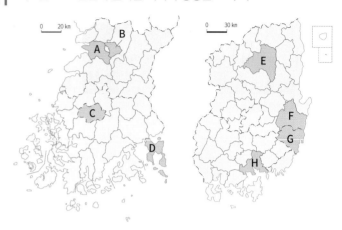

올리드 포인트

A 다양한 산업이 발달하는 호남 지방

1 농지 개간과 간척 사업

농지 개간	• 우리나라 최대의 곡창 지대(호남평야, 나주평야) • 보, 제방, 저수지, 다목적 댐 등의 수리 시설 확충
간척 사업	• 농지 확보 : 김제 광활면, 부안 계화도 등 • 새만금 간척지 : 국내 최대 규모의 간척 사업

2 산업 구조 : 1차 산업의 종사자 비중이 높음

공업	• 여수(석유 화학), 광양(제철) 등의 중화학 공업 • 군산 국가 산업 단지, 대불 국가 산업 단지 조성 • 광주의 광(光) 산업, 전주·완주·나주의 혁신 도시
관광 산업	김제 지평선 축제, 순천만 갈대 축제, 슬로시티 등

B 산업과 도시가 발달한 영남 지방

1 공업 발달

영남 내륙 공업 지역	풍부한 노동력, 편리한 육상 교통 조건을 바탕으로 경공업 발달 → 대구(섬유), 구미(전자)
남동 임해 공업 지역	정부의 정책적 지원과 편리한 해상 교통을 바탕으로 중화학 공업 발달 → 포항(제철), 울산(조선·자동차·석유 화학), 거제(조선), 창원(기계)

2 도시 성장

대도시	부산(우리나라 제2의 도시), 대구(섬유 산업 첨단화), 울산(중화학 공업), 창원(진해·마산과 통합)
위성 도시	교외화로 성장 → 양산·김해(부산), 경산(대구)
역사 문화 도시	경주(불국사와 석굴암, 양동 마을 등), 안동(하회 마을)

C 세계적인 관광지로 발전하는 제주도

1 자연환경

지형	• 신생대 화산 활동으로 형성된 화산섬 • 오름(기생 화산), 용암동굴(용암 표면과 내부의 냉각 속도 차), 주상 절리(현무암질 용암이 냉각·수축 차이) 등의 다양한 화산 지형 발달
기후	기온의 연교차가 작고 온화한 해양성 기후

2 독특한 문화

하천 발달 미약	• 전통 취락은 지하수가 용천하는 해안가에 형성 • 밭농사 중심의 농업 발달
강한 바람	현무암을 이용한 돌담, 새(띠)로 엮은 지붕

3 관광 산업 발달 : 유네스코 생물권 보전 지역, 세계 자연 유산, 세계 지질 공원으로 지정

01 지도를 보고 빈칸에 들어갈 지역의 명칭을 쓰시오.

(1) 넓은 호남평야에 위치하며, 삼한 시대의 저수지인 벽골제에서 지평선 축제가 열리는 A는 (　　　)이다.

(2) 전라북도의 도청 소재지가 위치하며, 슬로시티로 지정된 한옥 마을이 위치한 B는 (　　　)이다.

(3) 자동차 공업이 발달하였고, 광(光) 산업을 전략적으로 육성하고 있는 C는 (　　　)이다.

(4) 1970년대 석유 화학 산업 단지가 조성되면서 성장하여 석유 화학 및 정유 공업이 발달한 D는 (　　　)이다.

(5) 국제 탈춤 페스티벌이 개최되고, 하회 마을이 세계 문화유산으로 지정된 E는 (　　　)이다.

(6) 불교와 관련된 유적지가 많으며, 불국사와 석굴암 등이 세계 문화유산으로 지정된 F는 (　　　)이다.

(7) 자동차, 석유 화학, 조선 공업 등의 중화학 공업이 발달한 G는 (　　　)이다.

(8) 기계 공업이 발달하였으며, 진해·마산과 통합되어 대도시로 성장하게 된 H는 (　　　)이다.

02 다음 설명이 맞으면 ○표, 틀리면 ×표를 하시오.

(1) 한라산의 정상부에는 화구가 함몰하여 형성된 칼데라호가 있다. (　　　)

(2) 제주도는 연중 강수량이 풍부하고 토지가 비옥하여 벼농사가 발달하였다. (　　　)

(3) 제주도의 전통 가옥에서는 강한 바람에 의한 피해를 막기 위해 줄로 엮어 놓은 지붕을 볼 수 있다. (　　　)

(4) 제주도는 생물권 보전 지역, 세계 자연 유산, 세계 지질 공원으로 지정되었다. (　　　)

01 ㉠~㉤에 관한 설명으로 옳지 <u>않은</u> 것은?

> 호남 지방은 북쪽으로는 ㉠ 하천을 경계로 충청 지방
> 과 접하고, ㉡ 동쪽으로는 소백산맥이 경계를 이룬다.
> 행정 구역상 광주광역시와 ㉢ 전라북도, 전라남도를
> 포함하고 있다. 우리나라 최대의 곡창 지대이며, ㉣ 넓
> 은 평야가 발달했을 뿐만 아니라 간척 사업을 통해 농
> 경지를 확장해 왔다. 또한 호남 지방에서는 ㉤ 군산,
> 영암, 여수와 광양 등 간척지에 산업 단지를 조성하
> 여 지역 경제를 발전시켰다.

① ㉠의 하천은 금강이다.
② ㉡과 경계를 이루는 지역은 영남 지방이다.
③ ㉢은 전주와 나주의 앞 글자에서 유래한 명칭이다.
④ ㉣은 호남평야와 나주평야가 대표적이다.
⑤ ㉤으로 총 생산액 중 1차 산업이 차지하는 비중은
　증가하였다.

02 ⭐⭐⭐ 중요 지도에 표시된 지역의 공통점으로 옳은 것은?

① 수도권의 공공 기관이 이전된 혁신 도시이다.
② 국가 산업 단지 조성으로 제조업이 발달한 지역이다.
③ 대규모 간척 사업이 진행되었거나 진행 중인 지역
　이다.
④ 아름다운 섬이 많아 다도해 해상 국립 공원으로 지
　정된 해역이다.
⑤ 잘 보존된 자연환경과 전통문화를 바탕으로 지역
　축제가 개최되는 지역이다.

03 그래프는 호남 지방의 산업별 생산액 비중 변화를 나타낸
것이다. 이에 관한 옳은 설명을 〈보기〉에서 고른 것은?

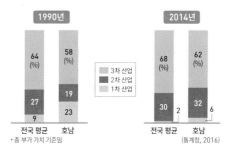

> 보기

> ㄱ. 호남 지방은 전국 평균에 비해 3차 산업 생산액
> 　비중이 높다.
> ㄴ. 호남 지방은 1990년에 비해 2014년에 산업 구조
> 　가 고도화되었다.
> ㄷ. 호남 지방에서 1990~2014년 생산액 비중이 가
> 　장 크게 감소한 산업은 1차 산업이다.
> ㄹ. 호남 지방은 1990~2014년 2차 산업 생산액 비
> 　중의 증가율이 전국 평균 증가율보다 낮다.

① ㄱ, ㄴ　　　② ㄱ, ㄷ　　　③ ㄴ, ㄷ
④ ㄴ, ㄹ　　　⑤ ㄷ, ㄹ

04 ⭐⭐ 중요 그래프는 호남 지방 세 도시의 제조업 업종별 출하액 비중
을 나타낸 것이다. A~C 공업에 관한 설명으로 옳지 <u>않은</u>
것은? (단, A~C는 자동차, 석유 화학, 1차 금속 공업 중 하
나임)

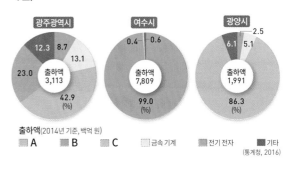

① A는 많은 부품을 조립하여 완제품을 생산한다.
② B는 원료의 대부분을 수입에 의존한다.
③ C는 1960년대 우리나라 수출을 주도했던 공업이다.
④ A는 B보다 고용 창출 효과가 크다.
⑤ C의 최종 생산물은 A의 재료로 이용된다.

05 지도에 표시된 지역에서 추진하고 있는 관광 산업에 관한 설명으로 옳지 <u>않은</u> 것은?

① 자연 친화적이고 지속 가능한 관광을 추구한다.
② 지역 고유의 전통문화를 관광 자원으로 활용하였다.
③ 느림의 미학을 실천할 수 있는 관광 전략을 갖고 있다.
④ 대규모 관광객 유치를 위한 리조트 건설에 힘을 쏟고 있다.
⑤ 도시 생활에 지친 현대인들에게 마음의 치유를 제공하고자 한다.

★★
중요
06 (가), (나) 축제가 개최되는 지역을 지도의 A~C에서 고른 것은?

(가)	(나)

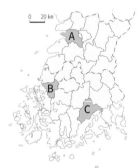

	(가)	(나)
①	A	B
②	A	C
③	B	A
④	B	C
⑤	C	B

07 그래프는 권역별 제조업 현황을 나타낸 것이다. 이에 관한 설명으로 옳은 것은? (단, A, B는 수도권, 영남권 중 하나임)

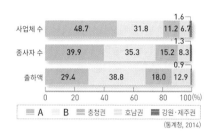

① A는 영남권, B는 수도권이다.
② A는 B보다 종사자 수 비중이 낮다.
③ A는 B보다 사업체당 종사자 수가 많다.
④ B는 A보다 사업체당 출하액 비중이 높다.
⑤ A는 모든 권역 중 종사자당 출하액이 가장 많다.

08 지도의 A, B 공업 지역에 관한 옳은 설명을 〈보기〉에서 고른 것은?

┌ 보기 ┐
ㄱ. A의 주요 입지 요인은 원료 수입과 제품 수출에 유리하다는 것이다.
ㄴ. A는 B보다 섬유 및 전자 공업의 종사자 수 비중이 높다.
ㄷ. B는 A보다 제조업의 총 생산액이 많다.
ㄹ. A와 B는 모두 2000년대 이후 본격적으로 공업이 발달하기 시작하였다.

① ㄱ, ㄴ   ② ㄱ, ㄷ   ③ ㄴ, ㄷ
④ ㄴ, ㄹ   ⑤ ㄷ, ㄹ

09 그래프는 영남 지방의 제조업 출하액 상위 3개 지역의 업종별 출하액을 나타낸 것이다. A~C에 해당하는 제조업을 고른 것은?

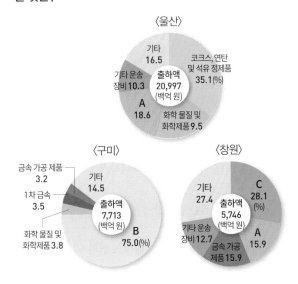

	A	B	C
①	기타 기계 및 장비	자동차 및 트레일러	전자 부품, 컴퓨터 영상, 음향 및 통신 장비
②	기타 기계 및 장비	전자 부품, 컴퓨터 영상, 음향 및 통신 장비	자동차 및 트레일러
③	자동차 및 트레일러	기타 기계 및 장비	전자 부품, 컴퓨터 영상, 음향 및 통신 장비
④	자동차 및 트레일러	전자 부품, 컴퓨터 영상, 음향 및 통신 장비	기타 기계 및 장비
⑤	전자 부품, 컴퓨터 영상, 음향 및 통신 장비	자동차 및 트레일러	기타 기계 및 장비

10 자료에서 설명하는 지역을 지도의 A~E에서 고른 것은?

저는 이 지역의 마스코트 '양반'입니다.
제가 사는 지역은 세계 문화유산으로 등재된 전통 마을이 있으며, 탈춤을 주제로 한 국제 페스티벌이 개최되는 곳입니다.

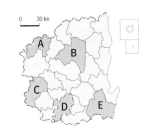

① A ② B ③ C ④ D ⑤ E

11 그래프는 영남 지방 주요 도시의 인구 변화를 나타낸 것이다. 이에 관한 옳은 설명을 〈보기〉에서 고른 것은?

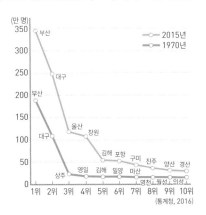

(통계청, 2016)

보기

ㄱ. 김해와 양산은 부산의 위성 도시로 성장하였다.
ㄴ. 울산과 포항은 중화학 공업 발달을 배경으로 성장하였다.
ㄷ. 대구의 교외화 현상으로 영천은 경산보다 크게 성장하였다.
ㄹ. 구미의 성장에는 원료 수입과 제품 수출에 유리한 항구 발달이 큰 영향을 주었다.

① ㄱ, ㄴ   ② ㄱ, ㄷ   ③ ㄴ, ㄷ
④ ㄴ, ㄹ   ⑤ ㄷ, ㄹ

12 지도의 A~E 지역 특성을 고려한 탐구 주제로 적절하지 않은 것은?

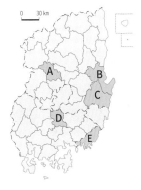

① A : 조선 공업의 성쇠가 지역 발전에 미친 영향
② B : 대규모 제철소 건설이 지역 경제에 미친 영향
③ C : 세계 문화유산 등재에 따른 관광객 수 변화
④ D : 람사르 협약에 등록된 습지의 생태적 가치
⑤ E : 하굿둑 건설이 주변 생태계에 미친 영향

13 (가)에 들어갈 용어로 옳은 것은?

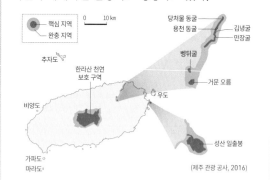

제주도는 신생대 화산 활동으로 형성되었으며, 독특하고 아름다운 자연환경 덕분에 ___(가)___(으)로 등재되면서 세계적인 관광지로 성장하고 있다.

(제주 관광 공사, 2016)

① 세계 역사 지구
② 세계 자연 유산
③ 세계 지질 공원
④ 제주 첨단 과학 기술 단지
⑤ 유네스코 생물권 보전 지역

★★ 중요

14 자료의 A~D 지형에 관한 옳은 설명을 〈보기〉에서 고른 것은?

보기
ㄱ. A : 산정부가 순상 화산의 형태를 띤다.
ㄴ. B : 석회암의 용식 작용에 의해 형성된 동굴이다.
ㄷ. C : 용암의 냉각과 수축으로 인해 형성된 절리이다.
ㄹ. D : 용암이나 화산 쇄설물의 소규모 분출로 형성된 오름 중 하나이다.

① ㄱ, ㄴ ② ㄱ, ㄷ ③ ㄴ, ㄷ ④ ㄴ, ㄹ ⑤ ㄷ, ㄹ

★★ 중요

15 사진은 제주도의 전통 가옥에서 볼 수 있는 모습이다. 이와 같은 특징이 나타나는 요인에 관한 옳은 설명을 〈보기〉에서 고른 것은?

⊙ 제주 전통 가옥　　⊙ 물허벅　　⊙ 외벽의 아궁이

보기
ㄱ. 여름철의 무더위 때문에 아궁이를 가옥 외벽에 두었다.
ㄴ. 연중 강한 바람에 대비하기 위해 가옥마다 돌담을 쌓는다.
ㄷ. 물허벅은 강수량이 적은 소우지이기 때문에 사용하는 것이다.
ㄹ. 줄로 엮은 지붕은 대설로 인한 지붕의 붕괴를 막기 위해서이다.

① ㄱ, ㄴ ② ㄱ, ㄷ ③ ㄴ, ㄷ
④ ㄴ, ㄹ ⑤ ㄷ, ㄹ

16 그래프는 제주도의 산업 특징에 관한 것이다. 이를 보고 알 수 있는 산업 구조 특징의 원인으로 옳지 **않은** 것은?

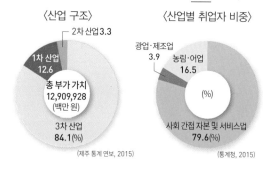

〈산업 구조〉 (제주 통계 연보, 2015)
〈산업별 취업자 비중〉 (통계청, 2015)

① 독특한 섬 문화
② 항공 교통편의 확충
③ 아름다운 자연환경과 온화한 기후
④ 균형 발전을 위한 정부 지원을 바탕으로 청년 산업 투자
⑤ 국제 자유 도시 지정으로 사람, 상품, 자본의 자유로운 이동

17 그래프는 제주도의 방문 관광객에 관한 것이다. 이에 관한 설명으로 옳지 <u>않은</u> 것은?

〈방문 관광객 수 변화〉

(만 명)
1,500
1,200
900
600
300
■ 내국인 ■ 외국인
•제주도의 인구수 : 653,838명
(행정자치부, 2017)

2000 '05 '10 '11 '12 '13 '14 '15(년)
(제주특별자치도 관광 협회, 2016)

〈방문 국가별 관광객 수 변화〉

38만 명
중국30.3(%)
일본39.3
미국5.0
타이완10.6
기타14.8

2005년

262만 명
중국85.2(%)
일본2.2
미국2.9
타이완0.7
기타9.0

2015년

(관광 1번지 제주도를 읽다, 2016)

① 2000년 이후 총 관광객 수는 지속적으로 증가하고 있다.

② 2005년의 외국인 관광객은 일본이 중국보다 많다.

③ 2005년에 비해 2015년의 미국 관광객 수는 감소하였다.

④ 2005년 이후 외국인 관광객 증가에 가장 큰 영향을 미친 국가는 중국이다.

⑤ 2015년 외국인 관광객 수는 제주도 전체 인구보다 많다.

★★ 중요

18 지도는 제주 국제 자유 도시 조성 프로젝트를 나타낸 것이다. 이를 통해 알 수 있는 제주도의 개발 방향으로 옳은 것을 〈보기〉에서 고른 것은?

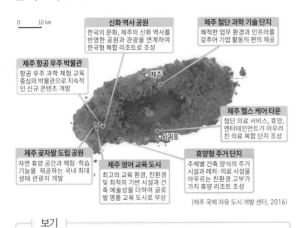

신화 역사 공원
한국의 문화, 제주의 신화 역사를 반영한 공원과 관광을 연계하여 한국형 복합 리조트로 조성

제주 첨단 과학 기술 단지
쾌적한 업무 환경과 인프라를 갖추어 기업 활동의 편의 제공

제주 항공 우주 박물관
항공 우주 과학 체험 교육 중심의 박물관으로 지속적인 신규 콘텐츠 개발

제주 헬스 케어 타운
첨단 의료 서비스, 휴양, 엔터테인먼트가 어우러진 의료 복합 단지 조성

제주 곶자왈 도립 공원
자연 휴양 공간과 체험·학습 기능을 제공하는 국내 최대 생태 관광지 개발

제주 영어 교육 도시
최고의 교육 환경, 친환경 및 최적의 기반 시설과 건축 예술성을 더하여 글로벌 명품 교육 도시로 부상

휴양형 주거 단지
주제별 건축 양식의 주거 시설과 레저·의료 시설을 아우르는 친환경 고부가 가치 휴양 리조트 조성

(제주 국제 자유 도시 개발 센터, 2016)

┌ 보기 ┐
ㄱ. 제조업 중심의 국가 산업 단지 조성
ㄴ. 환경·교육·건강이 어우러진 지역 개발
ㄷ. 고부가 가치형 산업 육성을 통한 지역 개발
ㄹ. 과도한 인구와 기능 집중을 억제하는 균형 개발

① ㄱ, ㄴ ② ㄱ, ㄷ ③ ㄴ, ㄷ ④ ㄴ, ㄹ ⑤ ㄷ, ㄹ

19 다음 글을 바탕으로 혁신 도시의 건설이 해당 지역에 미치는 영향 <u>두 가지</u>를 서술하시오.

광주·전남 혁신 도시는 광주광역시와 전라남도가 공동으로 유치한 신도시로, 빛가람 혁신 도시라고 불린다. 이는 수도권에 있는 한국 전력 공사와 한국 농어촌 공사, 한국 문화 예술 위원회 등 에너지와 농업, 문화 예술 분야 등 17개 공공 기관이 이주하여 건설되었다. 2014년 3월 593명이던 인구는 2년 만에 15,589명으로 증가하였고, 이와 함께 편의 시설과 의료 시설, 도서관 등이 늘어났다. 또한 대중교통 수단인 버스와 고속철도의 운행 횟수가 이전보다 두 배 이상 늘었다.

20 자료는 영남 지방의 인구에 관한 것이다. ㉠과 ㉡ 시기에 3개 도시의 인구 증가율이 높은 이유를 각각 서술하시오.

〈인구 밀도〉

0 30 km

경상북도
대구광역시
울산광역시
경상남도
부산광역시
남 해
울릉도 · 독도
동 해

인구 밀도(명/km²)
■ 1,500 이상
■ 300 ~ 1,500
■ 200 ~ 300
■ 100 ~ 200
□ 50 ~ 100
□ 50 미만

(통계청, 2016)

〈인구 증가율 상위 도시〉

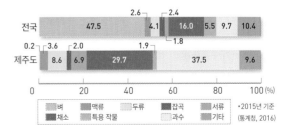

㉠	㉡
1975~1990년	1990~2010년
울산(113)	김해(167)
구미(103)	양산(145)
창원(78)	경산(83)

1위
2위

(단위 : %)

•2010년 행정 구역을 기준으로 인구 수를 계산함
•창원은 마산과 진해를 포함함   (통계청, 2010)

21 그래프를 통해 알 수 있는 제주도의 벼, 과수 재배의 특징을 전국 평균과 비교하여 설명하고, 이와 같은 차이가 나타나는 이유를 자연환경과 관련지어 서술하시오.

전국
47.5 2.6 2.4 4.1 16.0 5.5 9.7 10.4
1.8

제주도
0.2 3.6 2.0 1.9
8.6 6.9 29.7 37.5 9.6

0   20   40   60   80   100 (%)

■ 벼 ■ 맥류 □ 두류 ■ 잡곡 □ 서류
■ 채소 ■ 특용 작물 □ 과수 ■ 기타

•2015년 기준
(통계청, 2016)

등급을 올리는 고난도 문제

01 지도에 표시된 A~E 지역의 여행 홍보 문구로 적절하지 <u>않은</u> 것은?

① A : 새만금 간척지와 맞닿아 있는 넓은 평야, 하늘과 땅이 만나는 지평선 보기
② B : 나비를 주제로 한 축제에서 전시물을 관람하고 꽃밭에서 나비 관찰하기
③ C : 세계 문화유산으로 등재된 고인돌 유적지와 드넓은 청보리밭 거닐기
④ D : 아름다운 광한루를 감상하며 춘향제를 통해 전통문화 체험하기
⑤ E : 아름다운 차밭을 구경하고 다도를 체험하며 전통 녹차 음미하기

⑧ 문제 접근 방법
호남 지방은 청정한 자연환경과 고유한 문화유산을 바탕으로 관광 산업이 발달해 있다. 지역 축제를 중심으로 관광 산업이 발달한 도시를 생각해 본다.

⑦ 적용 개념
호남 지방의 농업
호남 지방의 관광 산업

02 지도의 (가)~(다) 지역에 해당하는 제조업의 출하액 비중 그래프를 〈보기〉에서 고른 것은? (단, A~C는 1차 금속, 자동차 및 트레일러, 화학 물질 및 화학 제품 제조업 중 하나임)

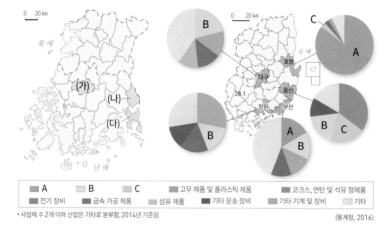

* 사업체 수 2개 이하 산업은 기타로 분류함, 2014년 기준임 (통계청, 2016)

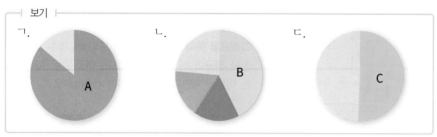

	(가)	(나)	(다)			(가)	(나)	(다)
①	ㄱ	ㄴ	ㄷ		②	ㄱ	ㄷ	ㄴ
③	ㄴ	ㄱ	ㄷ		④	ㄴ	ㄷ	ㄱ
⑤	ㄷ	ㄴ	ㄱ					

⑧ 문제 접근 방법
영남 지방의 공업 도시와 각 도시의 제조업 출하액 비중을 파악하여 A, B, C 공업이 무엇인지 먼저 파악한다. 이를 호남 지방의 공업 도시와 연결한다.

⑦ 적용 개념
영남 지방의 공업
호남 지방의 공업

03 사진은 조선 시대의 산수화에 표현된 경관의 일부를 나타낸 사진이다. ㉠~㉣에 관한 옳은 설명을 〈보기〉에서 고른 것은?

문제 접근 방법

한라산 백록담의 형성 원인과 과정, 현무암의 특징, 오름과 주상 절리의 지형 형성 원인을 생각해 본다.

적용 개념

제주도의 자연환경
제주도의 화산 지형

⒜ 한라산 정상부의 ㉠ 백록담

⒜ 산사면에 분포하는 ㉢ 오름

⒜ 돌담의 재료인 ㉡ 현무암

⒜ 해안 폭포와 ㉣ 주상 절리

⒜ 탐라십경도

┤ 보기 ├

ㄱ. ㉠은 화구가 함몰되어 형성된 칼데라호이다.
ㄴ. ㉡은 중생대에 관입한 마그마가 식어서 형성되었다.
ㄷ. ㉢은 용암이나 화산 쇄설물의 소규모 분출에 의해 형성되었다.
ㄹ. ㉣은 철원 용암 대지의 하천 주변에서도 볼 수 있다.

① ㄱ, ㄴ
② ㄱ, ㄷ
③ ㄴ, ㄷ
④ ㄴ, ㄹ
⑤ ㄷ, ㄹ

04 지도에 표시된 A~E 지역과 A′~E′ 지역의 공통점으로 옳지 <u>않은</u> 것은?

문제 접근 방법

호남 지방과 영남 지방 주요 도시의 위치를 파악한 후 도시의 특징을 생각해 본다.

적용 개념

호남 지방의 도시와 특징
영남 지방의 도시와 특징

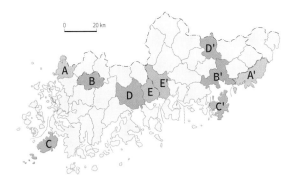

① A와 A′에는 원자력 발전소가 입지해 있다.
② B와 B′는 각각 전라남도와 경상남도의 도청 소재지이다.
③ C와 C′에는 각각 육지와 연결된 대교가 있다.
④ D와 D′에는 람사르 협약에 의해 보호받는 습지가 있다.
⑤ E와 E′ 사이로 섬진강이 흐른다.

지도와 사진으로 보는 지역의 다양한 모습

북한 지역

◎ **평양식 냉면** 북한 지역은 밭작물을 이용한 면 요리가 발달하였는데, 메밀로 만든 냉면이 대표적이다.

◎ **서해 갑문** 대동강 하구에 위치한 북한 최대의 갑문이다.

◎ **백두산** 화산 폭발 이후 형성된 화구가 함몰되어 형성된 칼데라에 물이 고여 형성된 호수(천지)를 볼 수 있다.

◎ **금강산** 금강산(봄), 봉래산(여름), 풍악산(가을), 개골산(겨울)으로 불린다.

수도권과 강원 지방

◎ **일산 신도시(고양)** 서울의 주거 기능을 분담하는 아파트 단지가 조성되어 있다.

◎ **소양강 댐(춘천)** 용수 공급 및 홍수 조절, 전력 생산 등의 역할을 하는 다목적 댐이다.

◎ **인천 국제공항(인천)** 영종도와 용유도 사이의 바다를 메워 만든 공항이다.

◎ **화진포(고성)** 사주의 성장으로 형성된 석호이며, 석호는 동해안에 주로 분포한다.

◎ **명동(서울)** 서울의 도심으로, 중추 관리 기능이 발달하였으며 주간 인구 지수가 높다.

◎ **대관령(평창)** 고위 평탄면에서 고랭지 농업과 목축업이 주로 행해진다.

◎ **수원 화성** 유네스코 세계 문화유산으로 지정된 곳이다.

◎ **석탄 박물관(태백)** 광업이 쇠퇴한 폐광 지역에 석탄 박물관을 건설하였다.

충청 지방

⚙ 대산 석유 화학 단지(서산) 석유 화학 공업이 발달한 도시로, 산업 단지 건설로 많은 인구가 유입되었다.

⚙ 내포 신도시 지역 격차 해소를 위해 지방 행정 기능을 담당하는 충청남도청을 이전하였다.

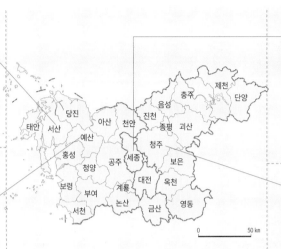

⚙ 세종특별자치시 수도권에 집중된 행정 기능을 분담하고 국토의 균형 발전을 위해 조성된 행정 중심 복합 도시이다.

⚙ 오송역(청주) 경부 고속 철도와 호남 고속 철도의 분기점에 해당한다.

호남 지방, 영남 지방, 제주도

⚙ 지평선 축제(김제) 호남평야는 우리나라 최대의 곡창 지대로, 국내에서 유일하게 지평선을 볼 수 있다.

⚙ 한옥 마을(전주) 1999년부터 한옥 마을을 정비하여 문화 시설을 유치하였고, 국제 슬로시티로 인증받았다.

⚙ 다향제(보성) 녹차 생산지로 유명한 보성에서 녹차 밭을 관광 자원으로 활용한 축제이다.

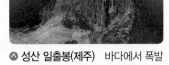

⚙ 성산 일출봉(제주) 바다에서 폭발하여 만들어진 화산체로 오름의 일종이며, 세계 자연 유산에 등재되어 있다.

⚙ 하회 마을(안동) 전통 마을의 원형을 그대로 간직하여 세계 문화유산에 등재되었다.

⚙ 울산 우리나라 제1의 중화학 공업 도시로, 자동차·조선·석유 화학 공업 등이 발달하였다.

⚙ 국제 영화제(부산) 아시아 영화 산업의 중심지 역할을 하고, 문화 예술 도시로 관광객을 유치하고 있다.

유형 1 남한과 북한의 발전 현황 비교

표는 남한과 북한의 발전 현황을 나타낸 것이다. 이에 대한 설명으로 옳은 것은? (단, A와 B는 남한과 북한 중 하나이며, (가)~(다)는 수력, 원자력, 화력 중 하나임)

(단위 : %)

구분	A		B	
	발전 설비 용량 비중	발전량 비중	발전 설비 용량 비중	발전량 비중
(가)	7.3	1.5	59.2	60.2
(나)	23.3	30.9	0.0	0.0
(다)	69.4	67.6	40.8	39.8
합계	100.0	100.0	100.0	100.0

* 신·재생 에너지 및 기타를 제외한 값을 100으로 환산하여 산출한 것임   (통계청, 2014)

① A는 북한에, B는 남한에 해당한다.
② (나) 발전소는 주로 내륙에 입지한다.
③ (다)의 연료는 북한이 남한보다 해외 의존도가 높다.
④ (가)의 발전량은 (나)보다 기후 조건의 영향을 많이 받는다.
⑤ (가)는 (다)보다 발전 시 대기 오염 물질의 배출량이 많다.

>> **유형 분석** 북한의 농업, 에너지 자원 등의 인문 환경을 남한과 비교하여 묻는 문항의 출제 빈도가 높다. 남한의 발전 현황 특징을 이해한 상태에서 북한과의 차이점을 비교하여 학습할 필요가 있다.

☑ **공략법**

❶ 발전 설비나 발전량 비중 중에서 두드러지게 높거나 낮은 수치가 나타나는 것을 찾는다.
❷ ❶에서 찾은 발전 설비가 제시된 세 개 중에서 무엇에 해당하는지 고른다.
❸ 선택지에서 각 발전 현황과 발전량 비중에 관해 바르게 설명한 것을 찾는다.

유형 2 영남 지방 제조업의 특징 이해

다음 자료의 (가)~(다)에 해당하는 업종으로 옳은 것은? (단, A~C는 영남 지방의 세 광역시 중 하나임)

〈지역 내 제조업 부문별 종사자 수 비중〉

(단위 : %)

순위	A		B		C	
	부문	비중	부문	비중	부문	비중
1	(가)	17.0	(가)	29.2	기타 기계 및 장비	14.9
2	(나)	16.4	기타 운송 장비	28.0	(나)	13.0
3	(다)	15.3	화학 물질 및 화학 제품	9.4	(가)	8.7
4	기타 기계 및 장비	13.3	기타 기계 및 장비	5.8	1차 금속	7.9
5	고무 및 플라스틱 제품	8.1	(나)	5.6	고무 및 플라스틱 제품	7.6

* 10인 이상 제조업체만 포함되며 상위 5순위까지만 표시함
** 섬유 제품(의복 제외), 금속 가공 제품(기계 및 가구 제외), 화학 물질 및 화학 제품(의약품 제외)   (통계청, 2014)

	(가)	(나)	(다)
①	금속 가공 제품	섬유 제품	자동차 및 트레일러
②	금속 가공 제품	자동차 및 트레일러	섬유 제품
③	섬유 제품	자동차 및 트레일러	금속 가공 제품
④	자동차 및 트레일러	섬유 제품	금속 가공 제품
⑤	자동차 및 트레일러	금속 가공 제품	섬유 제품

>> **유형 분석** 영남 지방은 제조업이 발달하여 영남 지방의 지역별 제조업 특징을 묻는 문항이 자주 출제된다. 따라서 영남 지방의 주요 도시에서 발달한 주요 공업의 형태를 입지 요인과 함께 학습할 필요가 있다.

☑ **공략법**

❶ 영남 지방에 속하는 세 광역시가 어디인지 파악한 후, 지역 내 총생산액과 1인당 지역 내 총 생산액을 비교하여 A~C에 해당하는 도시를 찾는다.
❷ 지역 내 제조업 부문별 종사자 수 비중을 통해 A~C 도시에서 발달한 (가)~(다) 제조업이 각각 어떤 제조업인지 찾는다.
❸ (다)의 경우 B와 C에는 없고 A에만 있으므로 (다)가 무엇인지 알면 (가)와 (나)를 쉽게 판단할 수 있다.

유형 3

충청 지방의 지역별 특징 이해

다음 글의 (가), (나) 지역을 지도의 A~D에서 고른 것은?

○ (가)는 과거 석탄 산업이 발달했던 지역이었으나, 최근에는 관광 산업 중심지로 바뀌었다. 매년 여름에 많은 관광객이 찾는 머드 축제 개최지로 잘 알려져 있다.

○ (나)는 풍부한 석회암을 바탕으로 시멘트 공업이 발달한 지역이다. 카르스트 지형을 이용한 관광지가 조성되어 있고, 특산물인 마늘을 소재로 한 지역 축제가 열린다.

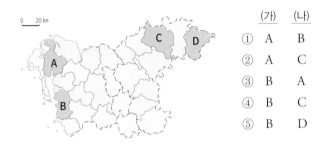

	(가)	(나)
①	A	B
②	A	C
③	B	A
④	B	C
⑤	B	D

 유형 분석 최근 글 자료를 제시하고 해당 지역의 위치를 찾는 문제의 출제 빈도가 높다. 자주 출제되는 지역을 중심으로 시·군의 위치를 익혀 두어야 한다.

☑ **공략법**

❶ 주어진 글을 통해 (가), (나)의 지명을 추론한다.

❷ 지도를 보고 (가), (나)에 해당하는 지역이 어디에 위치하는지를 고른다.

유형 4

호남 지방과 영남 지방의 비교

다음 자료는 온라인 학습 장면의 일부이다. 답글 ㉠~㉣ 중에서 옳은 내용만을 있는 대로 고른 것은?

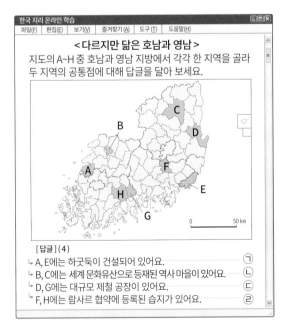

한국 지리 온라인 학습

파일(F) 편집(E) 보기(V) 즐겨찾기(A) 도구(T) 도움말(H)

< 다르지만 닮은 호남과 영남 >

지도의 A~H 중 호남과 영남 지방에서 각각 한 지역을 골라 두 지역의 공통점에 대해 답글을 달아 보세요.

[답글] (4)

↳ A, E에는 하굿둑이 건설되어 있어요. ─────── ㉠

↳ B, C에는 세계 문화유산으로 등재된 역사 마을이 있어요. ─── ㉡

↳ D, G에는 대규모 제철 공장이 있어요. ─────── ㉢

↳ F, H에는 람사르 협약에 등록된 습지가 있어요. ─── ㉣

① ㉠, ㉡　　　② ㉢, ㉣　　　③ ㉠, ㉡, ㉢

④ ㉠, ㉢, ㉣　　　⑤ ㉡, ㉢, ㉣

 유형 분석 각 지방의 시·군 경계를 나타내는 문제가 심화되어 여러 지방의 지도를 통합하여 묻는 문제의 출제 빈도가 늘어나고 있다. 여러 지역의 공통점과 차이점을 함께 학습하면 문제를 해결하는 데 큰 도움이 된다.

☑ **공략법**

❶ 각 시·군의 위치를 통해 A~H의 지명을 찾는다.

❷ 각 지역의 공통점과 차이점을 찾는다.

❸ 선지에서 공통점을 옳게 연결한 지역들을 찾는다.

01 지역의 의미, 북한 지역과 통일 국토의 미래

• 지역과 지역성

지역	지리적 특성이 다른 곳과 구분되는 지표상의 공간 범위
지역성	그 지역의 자연환경과 인문 환경이 복합적으로 작용하여 형성된 고유한 지역 특성 → 지역 이미지는 지역성을 바탕으로 함

• 지역 구분의 유형

동질 지역	기능 지역	점이 지대
• 의미 : 특정한 지리적 현상이 동일하게 나타나는 범위 • 사례 : 기후 지역, 문화권, 농업 지역 등	• 의미 : 중심지와 배후지가 기능적으로 결합되어 있는 공간 범위 • 사례 : 통근권, 상권, 도시 세력권 등	동질 지역과 기능 지역의 특성이 혼재되어 나타나는 지역 → 지역 간의 경계부에 나타남

• 우리나라의 지역 구분

△ 전통적 지역 구분

관서 지방	평안북도, 평안남도
관북 지방	함경북도, 함경남도
해서 지방	황해도
경기 지방	서울특별시, 인천광역시, 경기도
관동 지방	강원도
호서 지방	대전광역시, 세종특별자치시, 충청북도, 충청남도
호남 지방	광주광역시, 전라북도, 전라남도, 제주특별자치도
영남 지방	부산광역시, 대구광역시, 울산광역시, 경상북도, 경상남도

△ 우리나라의 행정 구역

• 북한의 자연환경

지형	• 산지 : 북동부 지역을 중심으로 해발 고도 2,000m 이상의 높은 산지와 고원(개마고원) 지대 분포 • 하천 : 황해로 유입하는 대하천 주변에 평야 발달
기후	• 기온 : 춥고 기온의 연교차가 큰 대륙성 기후 • 다우지 : 원산 일대, 청천강 중·상류 • 소우지 : 개마고원 일대, 대동강 하류, 관북 지방

• 북한의 인문 환경

농업	밭농사 중심의 농업 발달, 토지 생산성이 낮음
공업	군수 산업 중심의 중화학 공업 발달 → 경공업 발달 미약
에너지	석탄 중심의 에너지 구조, 수력 발전(압록강, 장진강, 부전강) 비중이 높음, 화력 발전(평양과 그 주변)
교통	철도 중심의 수송 체계

• 북한의 주요 개방 지역

신의주 특별 행정구	중국의 홍콩이 모델, 대중국 교역의 중심지
개성 공업 지구	남한의 자본과 기술+북한의 저렴한 노동력 → 남북 경제 협력 지구
나선 경제특구	북한 최초의 개방 지역, 중국·러시아와 인접
금강산 관광 지구	관광객 유치를 위해 조성된 관광특구

• 남북 교류

경제적 상호 보완	남한의 자본과 기술, 북한의 자원과 노동력 결합
교류 현황	경제 교역 및 경제 개발(개성 공단 조성, 금강산 관광 개발), 이산가족 상봉, 학술·문화·스포츠 교류 등

02 수도권, 강원 지방, 충청 지방

• 인구와 산업이 집중된 수도권

인구와 기능의 집중	전체 인구의 절반이 수도권에 거주 → 정치·경제·문화·교육 등의 중심지 역할 수행
수도권의 공간 구조 변화	• 1960년대 서울 중심으로 제조업 발달 → 1970년대 서울 외곽 지역으로 제조업 분산 → 1980년대 인천과 경기의 산업 성장 가속화 → 1990년대 이후 탈공업화 → 2000년대 이후 지식 기반 산업 성장 • 서울은 지식 기반 서비스업, 경기·인천은 지식 기반 제조업 발달
지역 문제와 해결 노력	인구 및 기능의 집중으로 환경 오염, 지가 상승, 교통 혼잡 등의 문제 발생 → 과밀 부담금 제도, 공장 총량제 등 시행

• 자연이 빛나는 강원 지방

영동 지방	
지형	급경사의 산지, 좁은 해안 평야
기후	영서 지방보다 겨울 기온이 높고, 기온의 연교차가 작음
생활	해산물을 이용한 음식 발달

영서 지방	
지형	대체로 완만한 경사, 고위 평탄면과 침식 분지 발달
기후	내륙에 위치하여 기온의 연교차가 큼, 대륙성 기후
생활	주로 밭농사, 고위 평탄면에서 고랭지 농업

산업	• 광업 : 석탄 산업 합리화 정책, 폐광 지역을 관광 자원으로 활용 • 지식 기반 산업 육성 : 원주(의료), 춘천(바이오) 등

• 빠르게 성장하는 충청 지방

지역 특색	• 위치 : 수도권과 영·호남을 연결하는 교통의 요충지 • 교통 발달 : 과거 하천 교통의 중심지, 수도권 전철 연장 및 고속 철도 개통 → 교통·물류의 중심지 역할 수행 • 수도권과 인접 : 수도권의 다양한 기능 이전 및 분담
산업	• 제조업 발달 : 서산(석유 화학), 당진(1차 금속), 아산(전자) 등 • 첨단 산업 발달 : 대덕 연구 단지, 오송 생명 과학 단지, 오창 과학 산업 단지 등
도시 발달	• 세종 : 국가의 주요 행정 기능을 담당하는 복합 도시 • 내포 신도시 : 충청남도청 이전 • 혁신 도시 : 진천·음성 • 기업 도시 : 태안, 충주

03 호남 지방, 영남 지방, 제주도

• 다양한 산업이 발달하는 호남 지방

농업	• 농업 발달 : 넓은 평야 발달, 간척 사업을 통한 농경지 개척, 1차 산업 비중이 전국 평균에 비해 높음, 우리나라 최대의 곡창 지대(호남평야, 나주평야) • 간척 사업 : 김제시 광활면, 부안군 계화도, 새만금 일대(우리나라 최대의 간척 사업)
공업 발달	• 광양(제철), 여수(석유 화학), 광주(자동차) • 광주의 광(光) 산업, 혁신 도시(전주, 완주, 나주)
관광 산업 발달	전주 한옥 마을, 순천만 갈대 축제, 남원 춘향제, 함평 나비 축제, 보성 다향제 등

• 산업과 도시가 발달한 영남 지방

위치	해상 교역에 유리한 입지 조건

공업 발달	
남동 임해 공업 지역	울산(자동차·석유 화학), 포항(제철), 거제(조선), 창원(기계)
영남 내륙 공업 지역	대구(섬유), 구미(전자)

주요 도시	
부산	국제 물류·금융 산업 중심
대구	섬유 공업의 첨단화
울산	중화학 공업 발달
창원	진해·마산과의 통합
안동, 경주	역사 문화 도시

• 세계적인 관광지로 발전하는 제주도

자연환경	
기후	기온의 연교차가 작고 온화한 해양성 기후
화산 지형	• 오름 : 소규모 화산 폭발로 형성 • 주상 절리 : 현무암질 용암이 육각형 모양으로 쪼개져 굳음 • 용암동굴 : 용암이 흐를 때 표면과 내부의 냉각 속도 차이로 형성

독특한 문화	줄로 엮은 지붕, 현무암 돌담, 밭농사 중심, 지하수가 용천하는 해안가에 주로 취락 입지
발전 노력	국제 자유 도시, 제주특별자치도로 승격, 생물권 보전 지역, 세계 자연 유산, 세계 지질 공원 지정

01 ⊙~⊎에 관한 설명으로 옳지 <u>않은</u> 것은?

우리나라의 전통적인 지역 구분은 ⊙자연 지리적 요소를 기준으로 이루어지며, 관서, 관북, 해서, ⓒ경기, 관동, 호서, ⓒ호남, 영남 지방으로 지역을 구분하였다. 우리나라는 이밖에도 다양한 기준에 따라 여러 지역으로 구분할 수 있다. 행정적 기준에 따라 ⓔ특별시, 광역시, 도, 특별자치시, 특별자치도로 구분하기도 한다. 그리고 ⓜ농업의 특성에 따라 논농사 지역, 밭농사 지역 등으로 구분할 수 있다. 또한 ⓑ도시의 영향력이 미치는 범위, 재화의 유통 범위 등을 바탕으로 지역을 구분할 수 있다.

① ⊙은 하천이나 고개, 산줄기 등을 말한다.
② ⓒ의 세 지역을 합해서 중부 지방이라 부른다.
③ ⓒ은 태백산맥을 경계로 구분된다.
④ ⓔ에서 남한은 1특별시, 6광역시, 8도, 1특별자치시, 1특별자치도로 구분된다.
⑤ ⓜ은 동질 지역, ⓑ은 기능 지역에 해당한다.

개념 피드백 258쪽

02 (가), (나) 지도에 나타난 지역의 유형에 관한 옳은 설명을 〈보기〉에서 고른 것은?

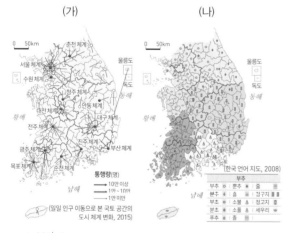

(가)   (나)

(한국 언어 지도, 2008)

통행량(명)
━━ 10만 이상
━ 1만~10만
─ 1만 미만

(일일 인구 이동으로 본 국토 공간의
도시 체계 변화, 2015)

─┤ 보기 ├─
ㄱ. (가)와 같은 지역 유형의 사례로는 기후 지역, 문화권 등이 있다.
ㄴ. (나)는 중심지와 그 배후지의 범위를 나타낸 것이다.
ㄷ. (가)는 (나)에 비해 지역 간 계층성이 뚜렷하게 나타난다.
ㄹ. (가)와 (나)에서는 모두 점이 지대가 나타날 수 있다.

① ㄱ, ㄴ ② ㄱ, ㄷ ③ ㄴ, ㄷ ④ ㄴ, ㄹ ⑤ ㄷ, ㄹ

개념 피드백 259쪽

03 지도는 북한의 지형을 나타낸 것이다. 이에 관한 설명으로 옳은 것은?

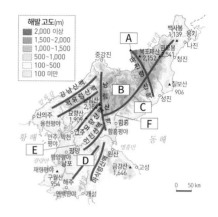

해발 고도(m)
■ 2,000 이상
■ 1,500~2,000
■ 1,000~1,500
■ 500~1,000
□ 100~500
□ 100 미만

① A는 변성암이 기반암을 이루는 흙산이다.
② B에서는 용암의 열하 분출로 형성된 용암 대지가 나타난다.
③ C는 중생대 대보 조산 운동에 의해 형성된 산맥이다.
④ D는 고도가 높고 연속성이 강한 1차 산맥이다.
⑤ E는 F보다 하천의 평균 경사도가 크다.

04 표는 남한과 북한의 통계 자료를 비교한 것이다. 북한과 비교한 남한의 상대적인 특징으로 옳은 것은?

구분	북한	남한
면적	123,138km²	100,295km²
인구	24,779천 명	51,015천 명
식량 작물 생산량	4,512천 톤	4,846천 톤
철광석 생산량	4,906천 톤	455천 톤
자동차 생산량	3.5천 대	4,556천 대

(통계청, 2016)

① 인구 밀도가 낮다.
② 지하자원 매장량이 많다.
③ 대외 경제 의존도가 높다.
④ 농업의 토지 생산성이 낮다.
⑤ 1차 산업 종사자 비율이 높다.

05 A 지역에 관한 옳은 설명을 〈보기〉에서 고른 것은?

（행정 자치부, 2011）

┌ 보기 ┐

ㄱ. 사람들의 출입이 제한되어 생태계가 잘 보전되어 있다.

ㄴ. 남한과 북한의 군사 충돌을 방지하기 위한 완충 지대이다.

ㄷ. 도시의 무분별한 확장을 막기 위해 설정된 개발 제한 구역이다.

ㄹ. 유네스코 세계 자연 유산 및 생물권 보전 지역으로 등재되어 있다.

① ㄱ, ㄴ   ② ㄱ, ㄷ   ③ ㄴ, ㄷ

④ ㄴ, ㄹ   ⑤ ㄷ, ㄹ

---

07 (가)의 ㄱ∼ㄷ에 해당하는 지역을 (나)의 A∼C에서 옳게 고른 것은?

> 개념 피드백 270쪽

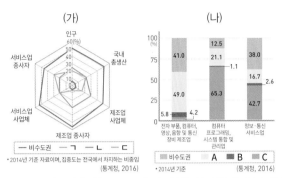

 ⊛ 수도권의 집중도   ⊛ 정보 통신 기술 산업의 종사자 비중

	ㄱ	ㄴ	ㄷ		ㄱ	ㄴ	ㄷ
①	A	B	C	②	A	C	B
③	B	A	C	④	B	C	A
⑤	C	B	A				

---

06 표는 A∼E 지역의 특성에 관한 모둠별 탐구 주제를 정리한 것이다. 각 조사 지역에 관한 탐구 주제의 선정이 적절하지 않은 것은?

> 개념 피드백 261쪽

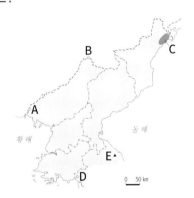

모둠	조사 지역	탐구 주제
(가)	A	홍콩식 경제 개발과 중국과의 교역 현황
(나)	B	화산 지형의 관광 자원 활용
(다)	C	나선 경제특구의 입지 선정 과정
(라)	D	남북 경제 협력을 위한 공단 운영 실태
(마)	E	남한과의 관광 사업 중단 이후 지역 변화

① (가)   ② (나)   ③ (다)   ④ (라)   ⑤ (마)

---

08 ㉠ 지역을 지도의 A∼E에서 고른 것은?

┌─㉠─┐ 지역의 축구팀은 엠블림에 이 지역의 상징을 그대로 담았다. 엠블림에 등장하는 건축물은 세계 문화유산으로 등재된 문화재의 일부인 장안문과 팔달문을 모티브로 한 것이다. 또한 마스코트로 4대문의 명칭을 딴 장안 장군, 팔달장군, 창룡장군, 화서장군을 만들어 지역성을 살리고자 노력하고 있다.

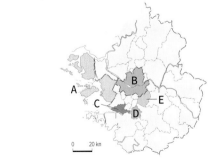

① A   ② B   ③ C   ④ D   ⑤ E

개념 피드백 272쪽

09 지도의 (가) 지역과 비교한 (나) 지역 기후의 상대적 특징을 그래프의 A~E에서 고른 것은?

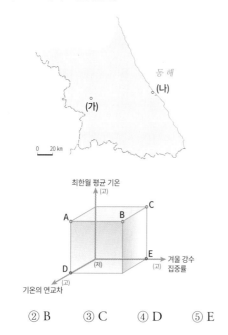

① A ② B ③ C ④ D ⑤ E

10 A~E 지역에 관한 설명으로 옳지 <u>않은</u> 것은?

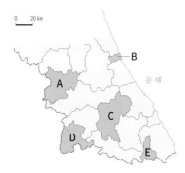

① A : 수도권과 전철로 연결된 이후 관광객이 증가하였다.

② B : 해안의 석호와 사빈이 관광 자원으로 활용된다.

③ C : 동계 올림픽의 개최지이며, 고위 평탄면이 나타난다.

④ D : 강원도청이 위치하며, '호반의 도시'로 불린다.

⑤ E : 광업의 쇠퇴로 인구가 감소하였으나, 지역 경제를 활성화하려는 노력을 하고 있다.

11 자료는 충청 지방에 관해 정리한 노트의 일부이다. ㉠~㉤에 관한 옳은 설명을 〈보기〉에서 고른 것은?

〈충청 지방의 지역 구조와 특성〉

1. 행정 구역 : 대전광역시, ㉠세종특별자치시, 충청북도, 충청남도

2. 공간 범위 : 전통적인 지역 구분에서 ㉡호서 지방에 해당

3. 위치 특색 : ㉢수도권과 영·호남을 이어주는 교통의 요지

4. 도시의 성장 : ㉣기업 도시(태안, 충주), ㉤혁신 도시(진천·음성)

보기

ㄱ. ㉠은 충청남도청이 이전하여 순유입 인구가 많은 도시이다.

ㄴ. ㉡은 금강 상류 혹은 제천 의림지를 기준으로 서쪽을 의미한다.

ㄷ. ㉢은 수도권의 전철이 연장되어 대전의 지하철과 연결되었기 때문이다.

ㄹ. ㉣과 ㉤은 수도권에 집중된 기능의 분산과 지역 간 균형 발전을 위해 지정되었다.

① ㄱ, ㄴ ② ㄱ, ㄷ ③ ㄴ, ㄷ
④ ㄴ, ㄹ ⑤ ㄷ, ㄹ

개념 피드백 273쪽

12 지도는 충청 지방의 지자체별 통계 자료를 나타낸 것이다. 이에 해당하는 통계 자료로 옳은 것은?

(통계청, 2016)

① 인구 수

② 제조업 출하액

③ 서비스업 생산액

④ 1차 산업 종사자 비중

⑤ 수도권으로의 통근·통학 인구 수

개념 피드백 283쪽

13 그래프는 세 지역의 제조업 업종별 출하액 비중을 나타낸 것이다. (가)~(다)에 해당하는 지역을 지도의 A~C에서 고른 것은?

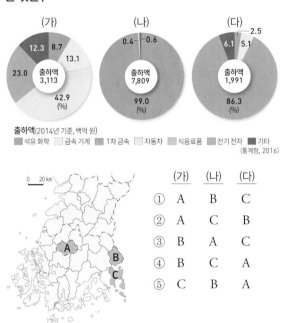

출하액(2014년 기준, 백억 원)
■ 석유 화학 ■ 금속 기계 ■ 1차 금속 ■ 자동차 ■ 식음료품 ■ 전기 전자 ■ 기타
(통계청, 2016)

	(가)	(나)	(다)
①	A	B	C
②	A	C	B
③	B	A	C
④	B	C	A
⑤	C	B	A

개념 피드백 284쪽

15 그래프는 영남 지방의 시·도별 제조업 사업체 수와 출하액을 나타낸 것이다. (가)~(다)에 해당하는 지역은?

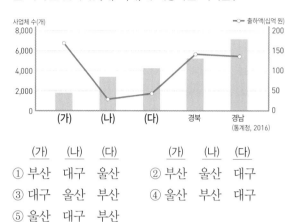

(통계청, 2016)

	(가)	(나)	(다)		(가)	(나)	(다)
①	부산	대구	울산	②	부산	울산	대구
③	대구	울산	부산	④	울산	부산	대구
⑤	울산	대구	부산				

16 다음은 유란이가 작성한 답사 보고서의 일부이다. 유란이가 답사한 경로로 옳은 것은?

1. 일정 : 2019년 ○월 ○일~ □일(2박 3일)
2. 답사 주제 : 영남 지방의 세계 문화유산
3. 답사 기록
 • 1일차 : 세계 문화유산으로 등재된 마을에서 우리나라 전통 마을의 배치를 살펴보았다. 국제 탈춤 페스티벌에도 참여하여 다양한 공연을 즐길 수 있었다.
 • 2일차 : 팔만대장경이 보관된 해인사로 가기 위해 산행을 나섰다. 숲길을 걷다가 계곡에 잠시 발을 담그기도 했다. 해인사에서 본 가야산의 모습도 아름다웠다.
 • 3일차 : 통일 신라 시대의 불교 문화를 볼 수 있는 불국사와 석굴암을 둘러보았다. 저녁을 먹은 이후에는 월성 궁궐터의 아름다운 야경을 감상할 수 있었다.

14 자료는 2018 동계 올림픽 성화 봉송 코스의 일부를 나타낸 것이다. 자료에서 설명하는 코스를 지도의 A~E에서 고른 것은?

 • 18일차 : 세계 유일의 철 봉수대에서 시작하여 시청에서의 축하 공연
 • 19일차 : 해상 케이블카를 통해 성화 봉송이 이루어졌으며, 엑스포 공원에서의 축하 공연
 • 20일차 : 낙안읍성을 지나는 코스로 국가 정원에서의 축하 공연

① A ② B ③ C ④ D ⑤ E

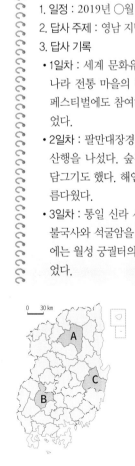

① A → B → C
② A → C → B
③ B → A → C
④ B → C → A
⑤ C → B → A

17 다음은 우리나라 어느 도(道)에 관한 스무 고개의 일부이다. (가)에 들어갈 옳은 내용을 〈보기〉에서 고른 것은?

> 한 고개 : 논보다 밭, 과수원의 비중이 높습니까? ························ 예
>
> 두 고개 : 중부 지방에 위치합니까? ··············· 아니오
>
> 세 고개 : 기반암 때문에 지표수가 부족하고 건천이 발달하였습니까? ···································· 예
>
> 네 고개 : (가) ··············· 예

> ┤ 보기 ├
> ㄱ. 중화학 공업이 대규모로 발달하였습니까?
> ㄴ. 국제 자유 도시와 특별자치도로 지정되었습니까?
> ㄷ. 신생대 화산 활동으로 형성된 지형이 나타납니까?
> ㄹ. 원자력 발전으로 생산되는 전력 생산량이 많습니까?

① ㄱ, ㄴ　　② ㄱ, ㄷ　　③ ㄴ, ㄷ
④ ㄴ, ㄹ　　⑤ ㄷ, ㄹ

○→ 개념 피드백 285쪽

18 다음 글과 같은 특징이 나타나는 곳에서 촬영한 사진을 〈보기〉에서 고른 것은?

> 우리나라에서 연평균 기온이 가장 높으며, 해발 고도가 높아질수록 기온이 낮아져 식생의 수직적 분포가 잘 나타난다.

> ┤ 보기 ├
> ㄱ.　　ㄴ.
> ㄷ.　　ㄹ.

① ㄱ, ㄴ　　② ㄱ, ㄷ　　③ ㄴ, ㄷ
④ ㄴ, ㄹ　　⑤ ㄷ, ㄹ

19 지도는 우리나라의 전통 지역 구분을 나타낸 것이다. 이와 같이 전통 지역 구분에서 고개, 산줄기, 대하천 등을 기준으로 하는 이유를 서술하시오.

20 그래프는 태백시의 산업별 종사자 비율 변화를 나타낸 것이다. A 산업이 무엇인지 쓰고, 변화 원인을 서술하시오.

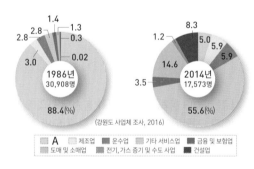

(강원도 사업체 조사, 2016)

A　제조업　운수업　기타 서비스업　금융 및 보험업
도매 및 소매업　전기, 가스 증기 및 수도 사업　건설업

21 사진은 제주도의 전통 가옥을 나타낸 것이다. 제주도 전통 가옥의 지붕이 A와 같은 형태로 나타나는 요인을 기후와 관련지어 서술하시오.

고등 도서안내

개념서

비주얼 개념서

룩 LOOK

이미지 연상으로 필수 개념을 쉽게 익히는
비주얼 개념서

국어   문법
영어   분석독해

내신 필수 개념서

개념 학습과 유형 학습으로
내신 잡는 필수 개념서

사회   통합사회, 한국사, 한국지리, 사회·문화,
          생활과 윤리, 윤리와 사상
과학   통합과학, 물리학Ⅰ, 화학Ⅰ,
          생명과학Ⅰ, 지구과학Ⅰ

기본서

문학

손쉬운

작품 이해에서 문제 해결까지
손쉬운 비법을 담은 문학 입문서

현대 문학, 고전 문학

수학

수학중심

개념과 유형을 한 번에 잡는 강력한
개념 기본서

고등 수학(상), 고등 수학(하),
수학Ⅰ, 수학Ⅱ, 확률과 통계, 미적분, 기하

유형중심

체계적인 유형별 학습으로 실전에서 더욱 강력한
문제 기본서

고등 수학(상), 고등 수학(하),
수학Ⅰ, 수학Ⅱ, 확률과 통계, 미적분

NEW 올리드

바른답 • 알찬풀이

STUDY POINT

1 바로잡기
자세한 오답풀이로 문제를 쉽게 이해할 수 있습니다.

2 자료 분석 노트
어려운 자료에 대한 분석 노하우를 터득할 수 있습니다.

3 만점 공략 노트
핵심 개념을 다시 한 번 이해하며 정리할 수 있습니다.

바른답·알찬풀이

한국지리

Ⅰ 국토 인식과 지리 정보

01 국토의 위치와 국토 인식의 변화

기초를 다지는 확인 문제 _____ 12쪽

01 (1) × (2) ○ (3) × (4) ○ (5) ○ (6) × **02** (1) 통상
(2) 풍수지리 (3) 지리 (4) ㉠ 대동여지도, ㉡ 분첩 절첩식
03 (1) ㉢ (2) ㉡ (3) ㉠

실력을 키우는 실전 문제 _____ 13~15쪽

01 ③ **02** ③ **03** ⑤ **04** ⑤ **05** ④ **06** ③
07 ③ **08** ⑤ **09** ③ **10** ⑤
11 (1) 풍수지리 (2) **예시답안** 풍수지리 사상은 산의 모양과 기복, 바람과 물의 흐름 등으로 땅의 성격을 파악하여 명당을 찾고자 하는 사상으로, 집터·마을·도읍지·묘지 등의 선정에 영향을 주었다.
12 (1) 대동여지도 (2) **예시답안** (가) – 목판본으로 제작되어 지도의 대량 생산이 가능하였다. (나) – 지도표를 활용하여 각종 지리적 현상을 좁은 지면에 효과적으로 표현하였다.
13 (1) 『택리지』 (2) **예시답안** (가)는 지리(地理), (나)는 생리(生利)이다. 이는 사람이 살만한 곳인 가거지를 설명하기 위한 요소에 해당한다.

01 지도를 보면 우리나라의 수리적·지리적 위치를 알 수 있다. ③ 우리나라는 국토의 삼면이 바다로 둘러싸인 반도 국가로, 대륙과 해양 양방향으로의 진출과 교류에 유리하다.
바로잡기 ① 계절풍 기후는 지리적 위치, 즉 유라시아 대륙 동안에 위치해 있어 나타나는 특징이다. ② 우리나라는 대륙 동안에 위치해 있어 대륙 서안보다 기온의 연교차가 크다. ④ 우리나라는 동경 135°를 표준 경선으로 사용하므로, 날짜 변경선보다 세 시간이 느리다. ⑤ 지구 위의 한 지점에 대하여 지구의 반대쪽에 있는 지점을 대척점이라고 하는데, 대척점에 해당하는 두 지점은 주야(晝夜)와 계절이 반대이다. 즉 A 지점(38°N, 127° 30′E)의 대척점은 38°S, 52° 30′W이다.

02 우리나라가 대륙 동안에 위치하는 것은 대륙, 해양, 반도, 섬 등 지형지물로 파악하는 지리적 위치와 관계된 특성이다. 우리나라는 대륙 동안에 위치해 비슷한 위도의 대륙 서안보다 기온의 연교차가 큰 대륙성 기후가 나타난다.
바로잡기 ① 경도와 관련된 수리적 위치이다. ② 주변 국가와의 관계, 주변 정세에 따라 달라지는 관계적 위치와 관련 있다. ④ 위도와 관련된 수리적 위치이다. ⑤ 북반구에 위치한 우리나라와 남반구에 위치한 뉴질랜드가 계절이 반대로 나타나는 것은 수리적 위치와 관련 있다.

03 (가)~(라)는 우리나라의 4극을 표시한 것으로, (가)는 극서, (나)는 극북, (다)는 극남, (라)는 극동에 해당한다. ⑤ 마라도와 독도는 모두 신생대 화산 활동으로 형성되었다.
바로잡기 ① 마라도에는 종합 해양 과학 기지가 건설되어 있지 않다. 종합 해양 과학 기지는 이어도, 가거초 등에 건설되어 있다. ② (라)는

(가)보다 동쪽에 위치하므로 일출 시각이 이르다. ③ (나)는 (다)보다 고위도에 위치하므로 최한월 평균 기온이 낮다. ④ 우리나라의 표준 경선은 동경 135°로, (라)가 (다)보다 가깝다.

04

자료 분석 노트

영토와 영해의 수직 상공인 영공으로, 당사국의 허가 없이 다른 나라의 비행기가 통과할 수 없으나 국가 간 상호 협의로 영공을 평화적으로 이용할 수 있다.

영토로, 영해와 영공을 설정하는 기준이 된다.

간조 시의 해안으로부터 12해리가 적용되는 구간이므로 통상 기선이 적용되는 영해이다.

영해 기선으로부터 200해리까지의 수역 중 영해를 제외한 수역이므로 배타적 경제 수역이다.

간척 사업은 직선 기선 안의 내수에서 이루어지기 때문에 영토는 확대되지만, 영해의 범위는 변화가 없다.
바로잡기 ① 영공의 수직 상공 범위는 대체로 대기권까지 인정된다. ② 배타적 경제 수역은 해수면에서 해저까지 연안국의 경제적 권리가 인정되는데, 외국 선박이나 항공기 운항 등의 자유는 보장된다. ③ 서·남해안, 동해안 일부 등에서는 직선 기선이 적용된다. ④ 우리나라의 영토는 헌법에 따라 '한반도와 그 부속 도서'로 규정되어 있다.

05 ㉣은 해안선이 복잡하거나 섬이 많은 경우에 적용되는 직선 기선에 대한 것이다. 직선 기선은 영해 기점(주로 최외곽 도서)을 이은 직선으로, 서·남해안과 동해안 일부(영일만, 울산만)에 적용된다.
바로잡기 ① ㉠는 영해로, 배타적 경제 수역에는 영해가 제외된다. ② 독도는 통상 기선에서 12해리가 적용된다. ③ ㉢은 통상 기선으로 대부분의 동해안에 적용된다. ⑤ 내수에서는 외국 선박이 자유롭게 어로 활동을 할 수 없다.

06 우리나라는 중국 및 일본과 가까워 동해와 남해에서는 일본, 황해에서는 중국과 배타적 경제 수역의 범위가 중첩된다. 따라서 어업 분야에 있어 공동 보존·관리 수역을 설정하였는데, A는 한·중 잠정 조치 수역, C와 E는 한·일 중간 수역에 해당한다. B는 우리나라의 영해로 수직 상공은 우리나라의 영공이다. D는 우리나라의 배타적 경제 수역으로 우리나라 어선만 어업 활동을 할 수 있다.
바로잡기 ③ 한·일 중간 수역에서는 우리나라와 일본의 어선만이 어로 활동을 할 수 있으며, 중국 어선의 어업 활동은 불가능하다.

07 A는 울릉도에서 동남쪽으로 87.4km 떨어진 섬이므로 독도이다. 독도는 신생대 제3기 해저 화산 활동으로 형성되었으며, 섬 전체가 천연 보호 구역(천연기념물 제336호)으로 지정되어 있다.
바로잡기 ㄱ. 독도는 행정 구역상 경상북도에 속한다. ㄹ. 극동에 있는 독도는 우리나라에서 일출과 일몰 시각이 가장 이르다.

우리 영토의 극동인 독도는 영역적 가치 등과 관련해 출제 비중이 높은 편이다. 따라서 독도의 위치적 특성(131° 52′E)을 비롯하여 자연환경과 다양한 가치를 함께 알아 두어야 한다.

위치	우리나라 영토의 동쪽 끝 → 일출과 일몰이 가장 빠름
자연환경	신생대 해저 화산 활동으로 형성, 천연 보호 구역
가치	조경 수역으로 어족 자원 풍부, 메탄하이드레이트 매장, 배타적 경제 수역 설정의 기준, 해상 전진 기지 역할 등

08 (가)는 우리나라에서 가장 오래된 세계 지도인 혼일강리역대국도지도, (나)는 조선 중기 이후 민간에서 제작된 관념적 세계 지도인 천하도이다. ⑤ (가), (나) 모두 지도의 중심부에 중국이 표현되어 있으므로 중화사상이 반영되어 있음을 알 수 있다.

바로잡기 ① (나)에 관한 설명이다. ② 최초로 축척을 사용하여 제작한 지도는 정상기의 동국지도이다. ③ (가)는 조선 전기, (나)는 조선 중기에 제작되었으므로 (가)의 제작 시기가 이르다. ④ (가)는 국가 주도로, (나)는 민간에서 제작하였다.

09　　자료 분석 노트

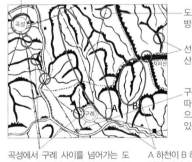

곡성은 북쪽으로 산줄기가 표현되어 있으므로, 겨울철 차가운 북서풍을 막기 유리한 곳에 입지해 있다.

도로는 직선으로, 10리마다 방점을 찍었다.

선의 굵기를 다르게 하여 산의 높낮이를 표현하였다.

구례에서 곡성으로 도로를 따라 30리 이동하면 쌍선으로 표현된 배가 다닐 수 있는 하천이 있다.

곡성에서 구례 사이를 넘어가는 도로에는 산줄기가 세 개 있으므로, 고개를 두 개 이상 넘어야 한다.

A 하천이 B 하천보다 산줄기로 둘러싸인 면적이 넓으므로 하천 유역이 넓다.

대동여지도는 하천과 산줄기를 통해 하천 유역을 파악할 수 있으며, 배가 다닐 수 있는 하천은 쌍선으로 표시하였다.

바로잡기 ③ 대동여지도는 지도의 위쪽이 북쪽이므로, 구례에서 가장 가까운 육상 교통 시설(역참)은 남서쪽에 위치한다.

대동여지도는 일부 지역을 제시하고, 이를 해석하는 문제가 자주 출제되므로 지도에 나타난 내용을 분석하는 연습을 해야 한다.

축척 개념 도입	10리마다 방점을 찍어 실제 거리를 나타냄
지도표 사용	많은 양의 지리 정보를 효과적으로 수록함
산줄기 표현	산지를 이어진 산줄기 형태로 표현함(→ 분수계 파악에 용이), 산의 크기를 선의 굵기로 표현함
하천 표현	배가 다닐 수 있는 하천(쌍선)과 배가 다닐 수 없는 하천(단선)을 구분해서 표현함

10 (가)는 설명식으로 기술되어 있으므로 조선 후기의 『택리지』, (나)는 항목별로 백과사전식으로 기술되어 있으므로 조선 전기의 『신증동국여지승람』이다. ⑤ 『택리지』는 개인(이중환)이 제작한 사찬 지리지, 『신증동국여지승람』은 국가가 제작한 관찬 지리지이다.

바로잡기 ① 백과사전식으로 기술된 것은 관찬 지리지인 (나)이다. ② 사람이 살만한 가거지(可居地)의 조건을 제시한 것은 (가)의 『택리지』이다. ③ 조선 전기에 제작된 『신증동국여지승람』이 조선 후기에 제작된 『택리지』보다 제작 시기가 이르다. ④ 조선 후기 실학자 이중환이 제작한 『택리지』가 국가 통치에 필요한 자료를 수집하기 위해 국가 주도로 제작한 『신증동국여지승람』보다 저자의 해석이 많다.

11 이렇게 쓰면 **만점** (2) 풍수지리 사상의 특징과 관련해 명당을 찾고자 하는 사상과 관련 있음을 언급하고, 집터·마을·도읍지 등의 입지에 영향을 주었다고 서술하면 만점이다.

12 이렇게 쓰면 **감점** (2) (가), (나)의 구분 없이 대동여지도의 일반적인 특징만을 서술하면 감점이다.

13 이렇게 쓰면 **만점** (2) (가)가 지리, (나)가 생리와 관련 있음을 언급하고, 두 요소 모두 사람이 살만한 가거지를 설명하기 위한 것이라는 내용을 포함해 서술하면 만점이다.

등급을 올리는 **고난도 문제**　　16~17쪽

01 ④	02 ⑤	03 ⑤	04 ②

01 주요 지역의 위치적 특징 이해　　자료 분석 노트

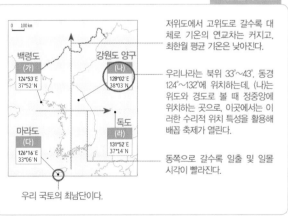

저위도에서 고위도로 갈수록 대체로 기온의 연교차는 커지고, 최한월 평균 기온은 낮아진다.

우리나라는 북위 33°~43°, 동경 124°~132°에 위치하는데, (나)는 위도와 경도로 볼 때 정중앙에 위치하는 곳으로, 이곳에서는 이러한 수리적 위치 특성을 활용해 배꼽 축제가 열린다.

동쪽으로 갈수록 일출 및 일몰 시각이 빨라진다.

우리 국토의 최남단이다.

(라) 독도는 (가) 백령도보다 동쪽에 위치하므로 일출 및 일몰 시각이 이르다.

바로잡기 ① 우리나라 영토의 최서단(극서)은 평안북도 용천군 마안도(비단섬) 서안이다. ② 강원도 양구군은 위도와 경도로 볼 때 우리 국토의 정중앙에 해당하며, 이는 수리적 위치 특성과 관련 있다. ③ 마라도는 영해 설정 시 통상 기선이 적용된다. ⑤ 독도의 주변 해역은 조경 수역이 형성되어 있지만, 마라도 주변 해역은 연중 난류가 흐르는 곳이다.

02 고지도에 나타난 국토관 파악 자료 분석 노트

조선 전기에 제작된 지도로 북쪽으로 만주 지역까지 표현하였는데, 북부 지방에 대한 지리 정보가 부족해 간략히 표현되어 있다.

북부 지방의 지형을 실제에 가깝게 그렸다.

(가) 조선방역지도 (나) 동국대지도 (다) 대동여지도

(나), (다) 모두 백두산에서 지리산까지의 산줄기인 백두대간이 표현되어 있다.

(가)는 조선 전기, (나)는 조선 후기에 제작되었으므로 (가)가 (나)보다 제작 시기가 이르다. 조선 전기에 제작된 (가)는 북부 지방이 간략히 표현되어 있고, 조선 후기에 제작된 (다)는 북부 지방이 상세히 표현되어 있다.

바로잡기 (가)는 축척이 사용되지 않았으므로, 두 지점 간의 거리를 파악할 수 없다. 한편, 우리나라 최초로 축척을 사용한 지도는 조선 후기 정상기가 제작한 동국지도이다.

03 고문헌에 나타난 국토관 이해 자료 분석 노트

(가) 간전(墾田)이 3천 9백 77결이요, 논이 31결이다. …(중략)…

토공이 대모·표고·<u>감귤</u>·유자 …(중략)… <u>좋은 말</u>이다.

── 논밭 현황과 토공 등이 백과사전식으로 기술되어 있으므로 『세종실록지리지』이다.

── 제주도

…(중략)… 이상한 일은 고려 목종 5년 임오 6월에 <u>탐라산</u>에 구멍 네 개가 뚫려서 시뻘건 물이 치솟아 올랐고, 10년 정미에는 바다 가운데 산 하나가 솟아 나왔다.

(나) 충청도는 금강 하나가 발원지가 멀다. 그러나 ㉠공주부터 동쪽은 물이 얕고 여울이 많아서 배가 다니지 못하고, 부여

── ㉠은 수심이 얕아 배가 다니지 못하는 것으로 보아 하천 상류이다.

와 은진에서 비로소 바다 조수와 통하여 ㉡백마강 이하 진강 일대는 모두 배가 다닌다. ㉡은 배가 다닐 수 있고 바다와 조수가 통하는 것으로 상대적으로 하류이다.

── (나)는 지역의 주요 특징을 설명식으로 기술하였으므로 조선 후기에 제작된 『택리지』이다.

(다) 【건치 연혁】 본래 백제의 웅천으로 문주왕이 북한산성에서 이 지금의 공주이다.

곳으로 옮겨 도읍하였다가 성왕에 이르러 남부여로 옮겼다.

【관원】 목사·판관·교수 각 1인

【토산】 수철(水鐵)·동철(銅鐵) : 모두 마현에서 생산된다. 잣[海松子]·눌치[訥魚]·게[蟹]

── 항목별로 주요 내용이 기술되어 있으므로 국가 통치에 필요한 자료를 수집하여 제작한 『신증동국여지승람』이다.

(가) 『세종실록지리지』와 (다) 『신증동국여지승람』은 모두 국가 주도로 제작한 관찬 지리지로, 통치 목적에 부합하도록 각 지역의 연혁, 토지, 산물 등을 백과사전식으로 서술하였다.

바로잡기 ① ㉠은 ㉡보다 상류에 위치하므로 하구로부터의 거리가 멀다. ② (나)는 생리편에 수록된 내용으로, 물자 교류의 편리성과 관련된 하천 교통에 대해 언급되어 있다. ③ (가)의 제주도는 (나)의 웅천(공주)보다 저위도에 위치한다. ④ 관찬 지리지인 (가)는 국가 주도로 제작되었으므로 개인의 주관적 관점이 반영되어 있지 않다.

04 대동여지도와 『신증동국여지승람』의 분석 자료 분석 노트

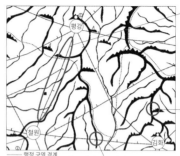

대동여지도는 고을과 고을을 잇는 도로에 10리마다 방점을 찍어 대략적인 거리를 파악할 수 있다. 평강과 철원에는 방점이 4개 표시되어 있으므로 40리 이상 떨어져 있다.

산줄기를 굵은 선으로 표현하였는데, 이를 통해 전통적인 산줄기 인식 체계를 파악할 수 있다.

대동여지도는 배가 다닐 수 있는 하천은 쌍선으로, 배가 다닐 수 없는 하천은 단선으로 표현하였다.

조선 후기에 제작된 (가) 대동여지도는 조선 전기에 국가 주도로 제작된 (나) 『신증동국여지승람』보다 제작 시기가 늦다. (가)에서 철원과 평강 사이에는 방점이 4개 표시되어 있으므로, 두 지역은 약 40리 떨어져 있다. (나)에서 설명하는 지역은 지역 위치(동쪽으로 김화현 경계까지 36리)와 궁예, 고석정 등의 내용을 통해 (가)의 철원임을 알 수 있다.

바로잡기 ② 철원과 김화 사이의 하천은 모두 단선으로 표현되어 있으므로 선박의 운항이 불가능하다.

02 지리 정보와 지역 조사

기초를 다지는 확인 문제 22쪽

01 (1) × (2) ○ (3) × (4) ○ (5) ×   02 (1) 속성 정보

(2) 원격 탐사 (3) 등치선도 (4) 지리 정보 체계(GIS)   03 (1) ㉢

(2) ㉠ (3) ㉡

실력을 키우는 실전 문제 23~25쪽

01 ②   02 ④   03 ②   04 ⑤   05 ④   06 ①

07 ④   08 ④   09 ④   10 ④

11 (1) (가) 공간 정보, (나) 속성 정보, (다) 관계 정보 (2) **예시답안** (가)는 지역의 위치에 관한 정보이고, (나)는 지역의 특성에 관한 정보이며, (다)는 다른 지역과의 관계를 나타내는 정보이다.

12 (1) (가) 등치선도, (나) 단계 구분도 (2) **예시답안** (가)는 통계 수치가 같은 지점을 선으로 연결한 것이고, (나)는 통계 값을 몇 단계로 구분한 후 색이나 명암을 달리하여 표현한 것이다.

13 (1) 지리 정보 체계(GIS) (2) **예시답안** 복잡한 지리 정보를 빠르고 정확하게 처리할 수 있고, 지리 정보의 수정과 분석이 쉬워 신속하고 합리적인 의사 결정이 가능하다.

01 ⊙은 양구군의 위치와 관련된 정보이므로 공간 정보에 해당하고, ⓒ은 양구군의 인문적 특성을 나타내므로 속성 정보에 해당한다. ⓒ은 양구군과 다른 지역 간의 관계를 나타내므로 관계 정보에 해당한다.

02 ⊙은 원격 탐사로, 원격 탐사 기술을 이용하면 접근이 어려운 지역의 정보를 수집할 수 있으며, 넓은 지역의 다양한 지리 정보를 주기적으로 얻을 수 있다. 그러나 이러한 원격 탐사 기술을 이용한 정보 수집 능력은 선진국과 개발 도상국 간의 차이가 크다.

바로잡기 ㄷ. 특정 지역의 제조업 출하액 변화와 같은 통계 자료는 통계청 혹은 문헌 정보 등을 통해 얻을 수 있다.

03 (가)는 지형도, (나)는 위성 사진이다. (나)의 위성 사진에는 지명이 나오지 않고, (가)의 지형도에는 지명이 제시되어 있다. 따라서 (가)가 (나)보다 지명 파악에 유리하다.

바로잡기 ① (나)가 (가)보다 표현된 정보에 대한 정보 추가 및 수정이 쉽다. ③ (나)의 위성 사진에는 행정 구역 경계가 표현되어 있지 않다. ④ (가)는 기호를 사용해 지표 상태를 표현하고 (나)는 지표의 실제 모습을 보여 주므로, (나)가 (가)보다 산림의 범위를 쉽게 파악할 수 있다. ⑤ (나)가 (가)를 제작하기 위한 기초 자료로 많이 이용된다.

04 (가)는 동일한 값을 가진 지점을 선으로 연결하여 표현한 등치선도, (나)는 통계 값을 다양한 도형으로 표현한 도형 표현도이다. ㄷ. 등치선도는 도형 표현도보다 연속적인 통계 값을 표현하기에 유리하다. ㄹ. 등치선도는 통계 값이 같은 지점을 선으로 연결한 것이므로 표현할 수 있는 정보가 한정되어 있지만, 도형 표현도는 항목별로 다양한 통계 값을 도형을 사용해 표현할 수 있으므로 표현 가능한 지리 정보의 양이 많다.

바로잡기 ㄱ. (나)의 도형 표현도와 관련된 설명이다. ㄴ. 물자나 인구의 이동을 나타내기에 적합한 통계 지도는 유선도이다.

05 A는 유선도, B는 단계 구분도, C는 도형 표현도이다. ⓓ는 지역 간 이동을 표현하는 A의 유선도로 나타내는 것이 가장 적절하고, ⓕ는 지역별로 나타내고자 하는 통계 자료가 여러 개이므로 C의 도형 표현도로 표현하는 것이 가장 적절하다.

바로잡기 ⓐ 시·군별 인구 밀도는 B의 단계 구분도, ⓔ 시·도별 쌀, 과실, 채소 생산량은 C의 도형 표현도로 표현하는 것이 적절하다.

06 제시된 정보 중에서 고도와 인구 정보를 통해 해발 고도별 인구 현황을 분석할 수 있으며, 경사도와 토지 이용 정보를 통해 경사별 토지 이용 현황을 분석할 수 있다.

바로잡기 ㄷ. 제시된 지리 정보에서는 연령 및 지역별 정보가 제시되어 있지 않다. ㄹ. 제시된 지리 정보에는 토지 소유 인구가 제시되어 있지 않다.

07 ⊙은 다양한 지리 정보를 디지털 데이터로 컴퓨터에 입력·저장하고 사용 목적에 따라 이를 가공·분석·처리·활용할 수 있는 것이므로 지리 정보 체계(GIS)이다. 지리 정보 체계(GIS)

를 활용하면 다양한 지역의 상권 분석, 도시 계획 및 관리 등을 효율적으로 할 수 있다.

바로잡기 지역의 산업 구조는 해당 지역 기관을 방문하거나 통계 자료 등을 통해 파악할 수 있다.

08 지리 정보 체계의 중첩 원리를 이용하여 최적 입지 지역을 찾는 문제이다. 제시된 조건을 통해 A~E 입지 후보 지역의 항목별 적합 여부를 표현하면 다음과 같다.

구분	인구	월평균 소득	간선 도로로 부터 거리	기존 편의점 입지
A	○	○	○	×
B	○	×	×	○
C	○	○	○	○
D	○	○	○	○
E	×	○	○	○

주어진 조건을 모두 만족하는 곳은 C와 D인데, 〈조건 5〉를 통해서 C보다 주민의 월평균 소득이 높은 D가 최적 입지 장소가 된다.

09 ⊙은 조사 지역 선정 단계로, 조사 주제를 잘 설명할 수 있는 지역을 선정하게 된다. ⓒ은 지리 정보의 분석 단계로, 수집된 지리 정보를 항목별로 정리하거나 도표, 그래프, 지도 등으로 표현한다. ⓔ은 조사 보고서 작성 단계로, 정리한 자료를 참고하여 조사 주제에 대한 결론을 도출하고 보고서를 작성하게 된다.

바로잡기 ㄴ. ⓒ은 실내 조사 단계로 지도, 문헌, 통계 자료 등을 통해 지리 정보를 수집하게 된다. 조사 지역에 가서 다양한 정보를 수집하는 것은 야외 조사에 해당한다.

10 제시된 조사 과정에서 (가)는 지리 정보의 분석, (나)는 조사 지역 선정, (다)는 야외 조사, (라)는 실내 조사 단계에 해당한다. 일반적으로 실내 조사가 야외 조사보다 먼저 이루어진다. 따라서 지리 조사 과정에 따라 (가)~(라)를 배열하면, (나) → (라) → (다) → (가)가 된다.

11 **이렇게 쓰면 만점** (2) 공간 정보는 '위치', 속성 정보는 '특성', 관계 정보는 '다른 지역과의 관계'라는 내용을 포함하여 서술하면 만점이다.

이렇게 쓰면 감점 (2) 단순히 '(가)~(다) 모두 지리 정보의 한 유형'이라고만 서술하면 감점이다.

12 **이렇게 쓰면 만점** (2) 등치선도는 같은 통계 값을 선으로 연결했다는 내용을 포함해야 하며, 단계 구분도는 면 기호를 사용했다는 내용을 포함하여 서술하면 만점이다.

13 **이렇게 쓰면 만점** (2) 자료를 쉽게 가공하고 처리할 수 있다고 언급하거나, 복잡하고 다양한 지리 정보를 지도상에 신속하고 정확하게 표현할 수 있다는 내용 등을 서술하면 만점이다.

등급을 올리는 고난도 문제 _____ 26~27쪽

01 ③   **02** ③   **03** ①   **04** ⑤

01 지역 조사의 절차 및 방법 이해   자료 분석 노트

> 지역 조사는 지역의 다양한 지리 정보를 수집, 분석, 종합하여 지역성을 파악하는 활동으로, 조사 지역의 특성과 문제점을 파악할 수 있어 합리적인 의사 결정에 도움이 된다.
>
> - 조사 목적 : ○○ 지역의 ㉠ 관광 산업과 지역 변화
>   ○○ 지역의 인문적 특성
> - 조사 항목 및 조사 방법
>   - ○○의 ㉡ 위성 사진 및 항공 사진을 통해 주요 경관의 변화 모습을 조사한다.
>   - ㉢ 관광객이 어느 지역에서 얼마나 이동해 왔는지 조사한다.
>   통계 정보는 실내 조사를 통해 주로 얻을 수 있다.
>   - ㉣ 지역 주민을 대상으로 관광 산업 발달로 인한 생활 변화에 대해 면담 조사를 실시한다.
>   조사 지역에서 조사 활동이 주로 이루어지므로 야외 조사에 해당한다.
> - ㉤ : 수집한 지리 정보를 조사 목적에 따라 분석하고, 그래프와 통계 지도 등으로 작성하여 정리한다.

관광 산업은 해당 지역의 인문적 특성을 나타내는 정보에 해당하므로 지리 정보 유형 중 속성 정보이다. ㉡은 관측해야 할 대상과 직접적인 접촉 없이 원거리에서 대상의 정보를 얻어내는 원격 탐사를 통해 수집된 자료이다. 수집한 지리 정보를 항목별로 정리하거나 분석하는 ㉤은 '지리 정보 분석 및 정리' 단계에 해당한다.

바로잡기 ③ 관광객의 이동량과 이동 방향 등을 나타내는 통계 지도이므로 유선도로 표현하는 것이 적절하다.

02 통계 지도의 유형 및 특징 이해   자료 분석 노트

> 통계 값을 여러 단계의 다른 농도로 표현하였으므로 단계 구분도이다. 이는 지역별 인구 밀도, 경지율 등의 통계 값을 표현할 때 주로 이용한다.

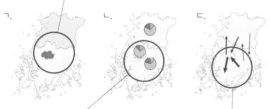

> 지역별 통계 값을 원 그래프를 이용해 표현하였으므로 도형 표현도이다. 이는 에너지원별 소비량 등 지역별 통계 항목이 여러 개일 때 주로 이용한다.

> 지리적 현상의 이동 방향과 이동량을 화살표의 방향과 굵기로 표현하였으므로 유선도이다. 이는 지역 간 인구 이동 등을 나타낼 때 주로 이용한다.

(가)는 지역별 통계 값이 여러 개이므로 통계 값을 막대, 원 등 다양한 도형을 이용하여 표현하는 ㄴ의 도형 표현도로 나타내는 것이 가장 적절하다. (나)는 통계 값을 몇 단계로 구분하고 음영, 패턴 등을 달리하여 표현하는 ㄱ의 단계 구분도로 나타내는 것이 가장 적절하다.

03 통계 지도를 통한 지리 정보 분석   자료 분석 노트

> 서울은 다른 시·도 지역보다 상대적으로 생산자 서비스업의 종사자 비중이 높으며, 전체 서비스업 종사자 수도 가장 많다.

(가) 서비스업 분포	(나) 지역 내 총생산
	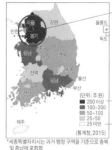

> 음영이 진할수록 지역 내 총생산이 많은데, 특히 경기와 서울의 지역 내 총생산이 많음을 알 수 있다.

> 원의 크기는 지역별 서비스업 총종사자 수를 나타낸 것으로, 이를 통해 지역별 서비스업 종사자 수를 비교할 수 있다.

(나)를 보면 음영이 진할수록 지역 내 총생산이 많은데, 제주의 경우 지역 내 총생산이 적으며, 인구와 각종 기능이 집중된 서울과 경기는 지역 내 총생산이 많다. 단계 구분도의 경우 등급 범위를 조정할 경우, 음영 분포가 달라질 수 있다. 한편 (가)는 시·도별 서비스업 현황, (나)는 시·도별 지역 내 총생산 통계 값이 필요하며, 행정 구역별 인구 정보는 불필요하다.

바로잡기 ① (가) 지도의 원형 그래프는 원의 면적을 기준으로 통계 값을 표현한 것으로, 반지름에 비례하지 않는다.

04 지리 정보 체계를 이용한 최적 입지 선정

제시된 조건을 통해 입지 후보 지역의 항목별 점수를 나타내면 다음과 같다.

구분	지역 내 유치원 원아 수(명)	1인당 지역 내 총생산(백만 원)	지역 내 유치원 수(개)	점수 합계
대구	3	1	1	5
울산	3	3	2	8
포항	2	2	2	6
거제	2	3	3	8
안동	1	1	3	5

주어진 조건을 고려해 지역별 평가 항목 점수를 구하면 울산과 거제가 8점으로 같으므로, 〈조건 2〉에 의해 1인당 지역 내 총생산이 많은 거제가 최적 입지 지점이 된다. 한편 지도에서 A는 안동, B는 포항, C는 대구, D는 울산, E는 거제이다.

수능 특강 _____ 28~29쪽

유형 1 ⑤   **유형 2** ①   **유형 3** ①   **유형 4** ③

유형 1 영해 및 배타적 경제 수역의 특성 이해

A, B는 우리나라 영해 밖의 배타적 경제 수역에 위치해 있으며, C는 우리나라의 영해 안에 있다.

① A : 우리나라 자원 탐사선이 탐사 활동을 함

→ 우리나라의 배타적 경제 수역이므로, 우리나라는 이곳의 천연자원 탐사 및 개발, 어업 활동 등에 대한 주권적 권리를 갖는다.

② B : 외국 화물선이 항해함

→ 배타적 경제 수역에서 외국 선박의 항해는 허용된다.

③ C : 우리나라 해군 함정이 항해함

→ 우리나라 영해이므로, 우리나라 해군 함정이 항해할 수 있다.

④ A, C : 우리나라 어선이 고기잡이를 함

→ 우리나라의 영해(C)와 배타적 경제 수역(A)이므로 어업 활동을 할 수 있다.

⑤ B, C : 외국이 인공 섬을 설치함

→ C는 우리나라의 영해이므로 외국이 인공 섬을 설치할 수 없다.

유형 2 조선 전기와 조선 후기의 지리지 비교

(가)는 항목별로 백과사전식으로 지역의 특성이 기술되어 있으므로 조선 전기에 제작된 『신증동국여지승람』이다. (나)는 각 지역의 특성을 자연과 인간의 상호 작용을 토대로 서술식으로 기술하였으므로 『택리지』이다.

선택지 분석

ㄱ (가)는 백과사전식으로 서술되었다.

→ 각 지역의 특성을 건치 연혁, 군명, 형승 등 여러 분야로 나누어 백과사전식으로 기술하고 있다.

ㄴ (가)는 국가 통치 목적으로 편찬되었다.

→ 『신증동국여지승람』은 국가 통치에 필요한 자료를 수집하여 국가 주도로 제작한 관찬 지리지이다.

ㄷ (나)는 조선 전기에 저술되었다.

→ 『택리지』는 조선 후기의 실학자인 이중환이 제작하였다.

ㄹ (나)의 ㉠은 가거지의 조건 중 생리(生利)에 해당한다.

→ 이중환은 가거지의 조건으로 지리, 생리, 인심, 산수를 제시하였는데, 이 중 생리는 땅의 비옥도와 물자 교류의 편리성과 관련 있다. 따라서 ㉠은 생리에 해당하지 않는다.

유형 3 대동여지도의 분석과 이해

자료 분석

배가 다닐 수 있는 하천은 물줄기를 쌍선으로 표현하였고, 배가 다닐 수 없는 하천은 물줄기를 단선으로 표현하였다.

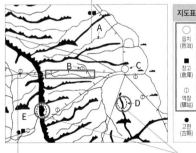

지도표 : 각종 지리적 현상을 좁은 지면에 효과적으로 표현하기 위해 지도표를 사용하였다.

읍치
(邑治)

창고
(倉庫)

역참
(驛站)

고현
(古縣)

읍치는 관아가 있는 행정 중심지, 창고는 곡식이나 무기를 저장하는 곳, 역참은 공문서를 전달하는 교통·통신 기관에 해당한다.

고을과 고을을 잇는 도로에는 10리마다 방점을 찍어 대략적인 거리를 알 수 있게 하였다.

산줄기는 굵은 선으로 표현하였는데, 상대적으로 선의 굵기가 굵으면 규모가 큰 산지를 의미한다.

선택지 분석

① A는 수운 교통로로 이용되는 하천이다.

→ A는 물줄기가 단선으로 표현되어 있으므로 수운 교통로로 이용할 수 없는 하천이다.

② C는 관아가 있는 행정의 중심지이다.

→ 읍치는 지역의 행정 업무를 담당하던 관아가 있던 곳이다.

③ C에서 B까지의 거리는 10리 이상이다.

④ E는 하천 유역을 나누는 분수계의 일부이다.

→ E는 백두대간의 일부를 이루는 산지로, 하천 유역을 나누는 분수계가 된다.

⑤ E는 D보다 규모가 큰 산지이다.

→ E는 D보다 굵은 선으로 산줄기가 표현되어 있으므로, E가 D보다 규모가 큰 산지이다.

유형 4 지리 정보 체계의 중첩 분석 적용

지리 정보 체계의 중첩 원리를 적용해 주어진 조건을 모두 만족하는 지점을 A~E에서 고르면 된다. 다만 〈조건 2〉를 먼저 고려하면 점수를 산정해야 하는 지역을 줄일 수 있다. 이웃한 8개 면의 고도가 후보지보다 모두 높은 A와 D 지역에는 ○○ 시설이 입지할 수 없다. 주어진 정보를 토대로 점수를 산정하면 표와 같으며, 평가 항목의 점수 합이 가장 큰 지점은 C이다.

평가 항목 \ 후보지	A	B	C	D	E
고도 정보	제외	2	3	제외	3
생태 등급 정보		2	2		1
점수 합계	–	4	5	–	4

단원 문제 마무리 32~35쪽

01 ⑤　02 ④　03 ⑤　04 ⑤　05 ④　06 ④

07 ④　08 ⑤　09 ②　10 ④　11 ②　12 ⑤

13 ②　14 ④

15 예시답안 동해를 일본해로 표기하지 않고, 동해 또는 한국해로 표기하였다.

16 (1) ㉠ 영토, ㉡ 영해, ㉢ 영공, ㉣ 배타적 경제 수역

(2) 예시답안 서·남해안은 해안선이 복잡하고 섬이 많아 직선 기선을 적용하고 있으며, 해안선이 단조로운 대부분의 동해안은 통상 기선에서 12해리를 적용하고 있다.

17 (1) 『택리지』 (2) 예시답안 복거총론에서는 사람이 살만한 곳(가거지)의 조건을 지리, 생리, 인심, 산수와 관련해 서술하였다.

01 관계적 위치는 주변 국가와의 관계, 주변 정세에 따라 달라지는 상대적·가변적 위치이다.

바로잡기 ① ㉠은 위도와 관련된 수리적 위치로, 이로 인해 우리나라는 계절의 변화가 뚜렷한 냉·온대 기후가 나타난다. ② 우리나라의 표준시는 영국보다 9시간이 빠르다. ③ 우리나라는 유라시아 대륙 동안에 위치해 기온의 연교차가 큰 대륙성 기후가 나타난다. ④ 우리나라는 반도국으로 대륙과 해양 양방향으로의 진출에 유리하다.

02 제시된 자료의 A와 B는 영해인데, A는 직선 기선, B는 통상 기선이 적용된 사례이다. C는 영해 기선으로부터 200해리에 이르는 수역 중 영해를 제외한 188해리가 적용되는 수역이므로 배타적 경제 수역이다. 대한 해협은 직선 기선을 기준으로 영해를 3해리까지 적용하고 있다.

바로잡기 ① 동해의 영일만과 울산만에서는 (가)의 직선 기선이 적용된다. ② 영해 기선은 최저 조위선을 기준으로 한다. ③ 간척 사업은

내해 안에서 이루어지므로 영해 범위의 변화가 없다. ⑤ A는 우리나라의 주권이 미치는 영해이므로, 외국 군함이 자유롭게 통행할 수 없다.

03 (가)는 한·일 중간 수역, (나)는 우리나라의 영역, (다)는 우리나라의 배타적 경제 수역에 대한 설명이다. 지도의 A는 한·중 잠정 조치 수역, B는 우리나라 영해, C는 한·일 중간 수역, D는 우리나라 배타적 경제 수역이다. 따라서 (가)는 C, (나)는 B, (다)는 D에 해당한다.

04 사진의 경관과 위도와 경도 정보를 통해 (가)는 종합 해양 과학 기지가 건설되어 있는 이어도, (나)는 극남인 마라도, (다)는 극동인 독도임을 알 수 있다. ⑤ 마라도와 독도는 영해 설정 시 모두 통상 기선이 적용된다.

[바로잡기] ① 국토 최남단 표지석은 (나)의 마라도에 있다. ② 마라도는 세계 자연 유산으로 등재되어 있지 않다. ③ 독도는 국토 최동단에 위치해 있어 우리나라에서 일출 시각이 가장 이르다. ④ 마라도는 독도보다 인접한 유인도와의 직선 거리가 가깝다.

05 경복궁은 북악산, 인왕산, 낙산, 남산의 네 개의 산으로 둘러싸인 곳에 터를 잡았는데, 인왕산은 우백호이고, 낙산은 좌청룡에 해당한다.

[바로잡기] ㉠ 청계천은 명당수에 해당하고, 한강은 대강수(외수)에 해당한다. ㉢ 북악산은 주산, 관악산은 조산에 해당한다.

06 (가)는 『택리지』, (나)는 『신증동국여지승람』이다. 조선 후기 실학자 이중환이 제작한 (가)가 조선 전기 국가 주도로 제작한 (나)보다 지역에 대한 저자의 해석이 많이 반영되어 있다.

[바로잡기] (가)는 조선 후기, (나)는 조선 전기에 제작되었다. 따라서 (나)가 (가)를 요약하여 편찬하였다고 볼 수 없다.

07 『택리지』에는 가거지의 조건이 제시되어 있다. (가)의 지리는 풍수지리의 명당과 관련 있으므로 B, (나)의 생리는 경제적으로 유리한 곳과 관련 있으므로 C, (다)의 산수는 산과 물의 경치가 좋은 곳과 관련 있으므로 A에 해당한다.

08 (가)는 대동여지도, (나)는 천하도이다. 천하도는 지도의 중심에 중국이 표현된 것을 볼 때 중화사상이 반영되어 있다. 반면, 조선 후기 실학자 김정호가 제작한 대동여지도는 주체적인 국토 인식이 돋보인다.

[바로잡기] ① (가)는 조선 후기 실학자인 김정호가 제작하였다. ② 우리나라 최초로 축척 개념이 적용된 지도는 정상기의 동국지도이다. ③ 현존하는 우리나라에서 가장 오래된 세계 지도는 혼일강리역대국도지도이다. ④ (가)의 대동여지도와 관련된 설명이다.

09 (가)는 조선 후기 최한기가 제작한 지구전후도로, 실학사상이 영향을 주었다. (나)는 조선 전기 국가 주도로 제작한 혼일강리역대국도지도이다.

[바로잡기] ㄴ. (가)의 지구후도에 아메리카 대륙이 표현되어 있고, (나)에는 표현되어 있지 않다. ㄹ. (가)는 실학자 개인이, (나)는 국가가 주도하여 제작하였다.

10 지도는 대동여지도의 일부이다. ① 강릉에서 북쪽으로 도로를 따라 이동하다 보면 방점이 두 개 있고 굵은 선으로 산줄기가 표현되어 있으므로, 약 20리보다 더 가서 고개를 넘어야 한다. ② A 산줄기는 백두대간으로, 이는 영동 지방과 영서 지방을 구분하는 기준이 된다. ③ B는 역참으로 당시의 교통·통신 시설이었다. ⑤ 지도의 지역에는 쌍선으로 표현된 물줄기가 없으므로 선박의 운항이 가능한 하천이 없다.

[바로잡기] ④ C 하천의 하구는 서해안, D 하천의 하구는 동해안이므로, C 하천의 하구가 D 하천의 하구보다 조차가 크다.

11 조선 전기에는 세계의 중심이 중국이라는 중화사상이 있었으나, 조선 후기에는 실학 등의 영향으로 주체적인 국토관이 확립되었다. ㉢은 산업화 시대의 국토관으로, 이 시기에는 국토를 적극적으로 개발하려는 국토관이 강조되었다.

[바로잡기] ㄴ. 근역강산맹호기상도는 한반도를 호랑이의 모습으로 그린 것으로, 우리 민족의 기상을 표현하였다. ㄹ. 수도권 문제 발생은 국토를 경제적인 관점에서 바라보던 국토관과 관련 있다.

12 (가)는 조사 주제 및 지역 선정, (나)는 지리 정보의 분석과 보고서 작성, (다)는 지리 정보의 수집 중 실내 조사, (라)는 지리 정보의 수집 중 야외 조사에 해당한다. 따라서 지역 조사는 (가) → (다) → (라) → (나)의 순서로 진행된다.

[바로잡기] ① ㉠은 행정 구역별 1인 가구 수 변화를 나타내야 하므로 도형 표현도로 나타내는 것이 가장 적절하다. ② ㉡은 지역의 특성과 관련된 속성 정보이다. ③ ㉢은 야외 조사에 해당한다. ④ 관찰, 측정 등은 (라)의 야외 조사 단계에서 주로 이루어진다.

13 (가)는 지역 간 인구 이동 자료이므로 ㄱ의 유선도로 표현하는 것이 적절하며, (나)는 지역별로 세 개의 통계 값을 표현해야 하므로 ㄷ의 도형 표현도로 표현하는 것이 가장 적절하다.

14 주어진 조건을 고려해 평가 점수를 구하면 표와 같다.

평가 점수 후보지	A	B	C	D	E
교통 접근성 지수	4	8	8	6	6
지가 평가 점수	4	5	6	5	6
유동 인구 평가 점수	8	8	10	12	12
합계	16	21	24	23	24

C와 E가 평가 점수 24점으로 같은데, 〈조건 2〉에 의해 교통 접근성 지수가 높은 C가 1위 후보지이고 E가 2위 후보지이다.

15 [이렇게 쓰면 만점] 동해를 일본해로 표기하지 않았다는 내용을 서술하면 만점이다.

16 [이렇게 쓰면 감점] (2) 서·남해안과 동해안의 특성에 대한 비교 없이, 서·남해안은 직선 기선, 동해안은 통상 기선을 적용한다는 내용만을 서술하면 감점이다.

17 [이렇게 쓰면 만점] (2) 가거지의 요소인 지리, 생리, 인심, 산수를 모두 포함해 서술하면 만점이다.

지형 환경과 인간 생활

01 한반도의 형성과 산지의 모습

기초를 다지는 확인 문제   42쪽

01 (1) × (2) ○ (3) × (4) ○ (5) ○   **02** (1) 평안 누층군
(2) 대보 조산 운동 (3) ㉠ 빙기, ㉡ 물리적(기계적) (4) 1 (5) 저
산성 산지 **03** (1) ㉢ (2) ㉠ (3) ㉡

실력을 키우는 실전 문제   43~47쪽

01 ②	**02** ⑤	**03** ③	**04** ④	**05** ③	**06** ②
07 ④	**08** ⑤	**09** ④	**10** ②	**11** ②	**12** ②
13 ②	**14** ③	**15** ①	**16** ②	**17** ③	**18** ②
19 ②					

20 예시답안 (가)는 돌산이고, (나)는 흙산이다. 흙산인 (나)의 기반
암은 주로 시·원생대에 형성된 변성암으로 오랜 기간 풍화와 침식
을 받아 돌산에 비해 토양층의 두께가 두꺼운 것이 특징이다. 토양
층이 두껍기 때문에 식생이 정착하기에 유리하여 식생의 밀도가
상대적으로 높다.

21 (1) 고위 평탄면 (2) **예시답안** A 지역은 평지에 비해 여름철의
평균 기온이 낮기 때문에 서늘한 기후에서 잘 자라는 냉량성 작물
을 노지 재배의 형태로 생산한다.

22 예시답안 (가) 중생대 지각 변동 이후 오랜 기간 동안 침식되어
한반도가 다소 평탄해졌다. (나) 신생대 제3기 경동성 요곡 운동으
로 동해안에 치우친 1차 산맥의 골격이 형성되었고, 이후 지질 구
조선을 따라 황해 쪽으로 하곡이 발달하기 시작하였다. (다) 하곡
을 따라 차별 침식이 일어나 하곡 주변의 산지는 2차 산맥을 이루
었다.

01 지질 시대 중 가장 오래된 시·원생대에 형성된 암석은 형성
이후 오랜 기간에 걸쳐 변성 작용을 받아 변성암으로 변하였
다. 고생대 초에는 얕은 바다에서 해성층인 조선 누층군이 형
성되었으며, 석회암이 주로 분포한다. 중생대에는 호소 퇴적
층인 경상 누층군이 형성되었는데, 공룡과 관련된 화석이 많
이 발견된다.

02   자료 분석 노트

중생대의 심성암인 화
강암이 약 30%이다.

A 30.0 / B 12.7 / 신생대 1.5 / 중생대 / D 22.6 / 고생대 8.4 / 퇴적암 / 화성암 34.8 / 신생대 / C 4.8 / E 42.6 / 원생대 2.2 / 시생대 40.4(%)

(한국지리지, 2008)

변성암으로 한반도에서 발견되는 암석 가운데 가장 넓은 면적을 차지한다.

지질 시대 중 A는 화성암 중에서 높은 비중을 차지하는 지질
시대로 중생대이다. 화강암은 중생대에 있었던 여러 지각 변
동 당시에 형성된 지질 구조선을 따라 주로 관입하였다. 같은
화성암인 C는 신생대이다. D는 퇴적암이고, E는 변성암이
다. 변성암은 우리나라에서 분포 비중이 가장 크고, 퇴적암은
화성암과 변성암보다 우리나라에서 차지하는 비중이 작다. B
는 퇴적암 중에서 가장 비중이 높은 것으로 중생대이다. 중생
대의 지층에도 무연탄이 포함되어 있다. 고생대 말에서 중생
대 초에 형성된 지층과 중생대 쥐라기에 형성된 대동 누층군
에 무연탄층이 있다.

바로잡기 ⑤ C는 신생대로 이 시기 중 제3기 말에서 제4기 초에 걸쳐
진행된 화산 활동으로 현무암, 안산암 등의 화산암이 분출하였다.

03 제시된 글은 고생대의 지체 구조에 관한 것이다. 지도에서 고
생대의 지체 구조는 평남 분지와 옥천 습곡대(C)이다.

바로잡기 ① A는 두만 지괴와 길주·명천 지괴로, 신생대의 퇴적층이
다. ② B는 평북·개마 지괴, 경기 지괴, 영남 지괴로, 시·원생대의 안
정 육괴이다. ④ D는 경상 분지로, 중생대 말기에 형성된 호소 퇴적층
이다. ⑤ E는 제주도로, 신생대 제3기 말~제4기 초에 걸쳐 화산 활동
이 활발하게 일어났던 지역이다.

한반도 지체 구조의 특성   만점 공략 노트

한반도의 지체 구조에서는 화강암·편마암의 특징, 육성층인 경
상 분지, 고생대 해성층인 석회암 등이 자주 출제되므로 이에
대한 특성을 시대별로 정리해 두어야 한다.

시·원생대	• 평북·개마 지괴, 경기 지괴, 영남 지괴 • 지표에 노출된 편마암이 주로 분포
고생대	• 평남 분지, 옥천 습곡대 • 초기 : 조선 누층군(해성층) → 석회암 • 말기 : 평안 누층군(육성층) → 무연탄
중생대	• 경상 분지 • 중기~말기 : 경상 누층군 → 퇴적암
신생대	• 두만 지괴, 길주·명천 지괴 → 갈탄 • 제3기 말~제4기 초 : 화산, 용암 대지 형성

04   자료 분석 노트

백두산 일대, 한반
도 중앙부의 용암
대지, 제주도 등을
포함하고 있는 것으
로 보아 신생대의
화산암이다.

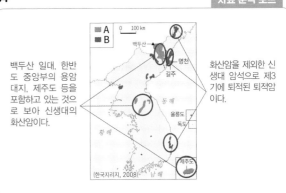

화산암을 제외한 신
생대 암석으로 제3
기에 퇴적된 퇴적암
이다.

(한국지리지, 2008)

백두산과 제주도 등지에 분포하는 A, 관북 지역에 일부 분포하는 B 등에 비추어 볼 때 제시된 지도는 신생대의 암석 분포를 나타낸 것이다.

바로잡기 ④ A는 신생대 제3기 말에서 제4기 초에 걸쳐 분출한 화산암이므로 신생대 제3기에 형성된 B에 비해 뒤늦게 형성된 암석이 분포한다.

05

(가)   (나)

A
B
분출암   관입암
0 100 km   C   0 100 km

분출암을 제외한 A는 화강암으로, 화강암은 전국적인 분포를 보인다.

울릉도
독도

B는 경상 분지 지역을 넓게 덮고 있으므로 경상 누층군이다. 이는 중생대의 지체 구조라는 것을 의미한다.

C는 평남 분지와 옥천 습곡대에 주로 분포하므로 고생대의 퇴적암이다. 조선 누층군과 평안 누층군으로 이루어져 있으며, 두 지층 사이에는 결층이 있다.

(가)는 중생대의 지체 구조를 나타내고 있다. 전국적으로 관입한 화강암인 A와 경상 분지를 중심으로 퇴적되어 형성된 퇴적암층인 B가 가장 대표적인 암석이다. (나)는 고생대의 지체 구조이다. 평남 분지와 옥천 습곡대를 중심으로 형성된 고생대 퇴적암층이 C이고, 일부 관입암층이 있다. 고생대 초기부에 조선 누층군이 형성된 이후 오랜 기간 융기 운동이 일어나 결층이 나타나며, 그 뒤에 다시 평안 누층군이 형성되었다. A는 화강암으로 중생대에 관입하였는데, 주로 지각 변동 시기에 지질 구조선을 중심으로 관입하여 형성되었다.

바로잡기 ㄱ. B와 C는 모두 퇴적암이다. ㄹ. (가)는 중생대, (나)는 고생대의 지체 구조이므로, (나)가 이르다.

06 제시된 지도는 지질 구조선을 나타낸 것이다. 지질 구조선 중 랴오둥 방향의 구조선이나 중국 방향의 구조선은 2차 산맥의 형성 과정에 영향을 주었다. 지질 구조선은 지각에서 약한 부분에 해당하므로 이 선을 따라 마그마가 관입하기 쉽다. 따라서 중생대에는 이 구조선을 따라 마그마가 관입하여 전국적으로 화강암이 형성되었다.

바로잡기 ㄴ. 지질 구조선은 주로 중생대의 지각 변동, 즉 송림 변동, 대보 조산 운동, 불국사 변동 등에 의해 형성되었다. ㄹ. 동해안에 치우쳐 발달한 한국 방향의 구조선은 신생대 제3기 이후에 일어난 경동성 요곡 운동에 의해 형성된 것이다.

07 (가)는 경상남도 고성군에 분포하는 퇴적암으로 중생대 말기에 형성된 육성 퇴적층이다. 퇴적암의 대표적인 특징인 지층의 형태가 잘 나타난다. (나)는 제주도에서 가장 널리 볼 수 있는

화성암인 현무암이다. 현무암은 유동성이 큰 마그마가 분출하여 공기와 만나 굳게 되면서 형성된 것이다.

바로잡기 ④ 생물에서 기원한 유기질의 탄산 칼슘이 다량 포함되어 있는 암석은 석회암이다. 석회암은 고생대의 조선 누층군에 있다.

08 그림은 동해 지각이 확장하는 과정에서 우리나라와 일본에 횡압력이 작용하는 모습을 보여 준다. 이와 같은 지각 변동은 신생대 제3기 이후에 나타났다.

바로잡기 ① 고생대 초기 이후에는 지각의 융기 운동이 있었는데, 이것이 동해 지각의 확장 과정과 연관이 있는지는 알려지지 않았다. ② 중생대 트라이아스기에는 송림 변동이 있었다. 이때에는 랴오둥 방향의 구조선이 형성되었고, 일부 지역에 마그마가 관입하여 화강암이 형성되었다. ③ 중생대 쥐라기 말에는 대보 조산 운동이 있었다. 이때에는 중국 방향의 구조선이 형성되었고, 전국적으로 넓은 범위에 걸쳐 마그마가 관입하여 화강암이 형성되었다. ④ 중생대 백악기에는 불국사 변동으로 소규모로 마그마가 관입하여 화강암이 형성되었다.

09 신생대 제3기의 경동성 요곡 운동에 의해 1차 산맥이 형성되었고, 융기 운동으로 인해 각종 단구 지형과 고위 평탄면 등이 형성되었다.

바로잡기 ㄱ. 울릉도, 독도, 한라산 등의 화산은 신생대 제3기 말에서 제4기 초에 걸쳐 화산 활동으로 형성되었다. ㄷ. 범람원은 하천의 범람에 의해 형성되는 충적 지형이다.

10 A는 융기 운동인 조륙 운동, B는 송림 변동, C는 대보 조산 운동, D는 불국사 변동, E는 경동성 요곡 운동이다. A는 융기 운동으로 지반이 노출되어 퇴적 환경이 형성되지 못하였고, 이로 인해 결층이 나타나게 되었다. 대보 조산 운동(C)과 불국사 변동(D)은 화강암을 관입시키는 지각 변동이었다.

바로잡기 ㄴ. 대보 조산 운동(C)은 송림 변동(B)보다 넓은 범위에 걸쳐 영향을 끼친 지각 변동이었다. ㄹ. 경동성 요곡 운동(E)은 주로 한국 방향의 구조선 형성에 영향을 주었다.

중생대의 지각 운동　　　　　　　　**만점 공략 노트**

중생대에 있었던 송림 변동, 대보 조산 운동, 불국사 변동이 한반도의 지형 형성에 끼친 영향을 구분하여 잘 알아 두어야 한다.

지각 운동	시기	한반도에 끼친 영향
송림 변동	중생대 초기	• 북부 지방 중심의 지각 운동 • 랴오둥 방향의 지질 구조선 형성
대보 조산 운동	중생대 중기	• 가장 격렬했던 지각 운동, 중·남부 지방 중심의 지각 운동 • 중국 방향의 지질 구조선 형성 • 넓은 범위에 걸쳐 대보 화강암 관입
불국사 변동	중생대 말기	• 영남 지방 중심의 지각 운동 • 불국사 화강암 관입

11 빙기에는 암석의 물리적 풍화 작용이 활발해지고 하천의 유량 감소로 운반 능력이 줄어들면서 하천 상류에서는 퇴적 작

용이 우세하게 나타난다. 해수면은 빙기에는 낮아지고 간빙기에는 다시 높아지기를 반복하였다.

바로잡기 ㄴ. 간빙기에 하천의 하류에서는 해수면이 상승하면서 하천의 퇴적 작용이 활발하게 일어나 범람원, 삼각주와 같은 퇴적 지형이 발달한다. ㄹ. 조산 운동과 조륙 운동은 내인적 작용에 의해 일어나는 것으로, 기후 변화에 따른 지형 변화와는 관련성이 적다.

12 빙기에는 기온이 낮아 절리 속에 스며든 물이 자주 얼었다 녹았다를 반복하면서 암석이 깨지는 물리적(기계적) 풍화 작용이 활발하게 일어난다. 화학적 풍화 작용은 온난한 후빙기에 더 활발하게 일어난다.

13 우리나라는 전체 국토의 약 70%가 산지로 이루어져 있지만, 대부분 해발 고도가 낮은 저산성 산지를 이루고 있다.

바로잡기 ② 서남부 지역에는 일부 구릉성 산지를 제외하고는 높은 산지가 거의 없다. 구릉성 산지는 풍화와 침식에 견디고 남은 산지로, 대부분 화강암으로 이루어진 돌산의 형태를 띠고 있다.

14 A는 묘향산맥, B는 함경산맥, C는 노령산맥, D는 태백산맥이다. 이들 산맥은 다양한 기준에 따라 구분할 수 있는데, A와 B는 랴오둥 방향의 산맥이라는 공통점이 있다. A와 C는 2차 산맥이고, B와 D는 1차 산맥이다. 따라서 평균 해발 고도는 1차 산맥인 함경산맥이 더 높다.

바로잡기 ① B는 1차 산맥이기는 하지만, 랴오둥 방향의 산맥이다. ② 1차 산맥인 B가 먼저 형성되고, 차별적인 침식을 받아 2차 산맥인 A가 형성된 것이다. ④ 1차 산맥은 B와 D이고, 2차 산맥은 A와 C이다. ⑤ 조산 운동의 영향으로 형성된 산맥은 1차 산맥인 B, D이다.

15

자료 분석 노트

주변 지역에 비해 등고선의 간격이 약간 넓다. 등고선의 간격이 넓다는 것은 경사가 완만하다는 의미이다.

A에 비해 주변의 산지는 등고선의 간격이 좁아 경사가 급하다.

등고선의 높이를 읽어 보면 남서쪽이 높고 북동쪽으로 고도가 낮아지면서 완만한 경사의 고위 평탄면이 펼쳐져 있다.

주변에 비해 등고선의 간격이 넓은 A 지역은 고위 평탄면이다. 고위 평탄면은 과거의 침식 평탄면이 융기하여 형성된 지형이다. 고위 평탄면은 융기 운동 이전에 평탄했던 지형이며, 신생대 제3기 이후 경동성 요곡 운동 때 융기 작용을 받았다.

바로잡기 ㄷ. 지형이 대체로 평탄하지만 기온이 낮아 논농사는 이루어지지 않고, 배추, 무와 같은 채소를 주로 생산하는 밭농사가 이루어진다. ㄹ. 고위 평탄면은 융기 운동을 받아 형성된 지형이므로 1차 산맥에서 주로 찾아볼 수 있다.

16

자료 분석 노트

약한 부분이 떨어져 나간 부분은 골짜기처럼 깊어지고, 풍화와 침식에 견디고 남은 부분은 봉우리가 된다.

동일한 암석이지만, A 부분은 B 부분에 비해 절리가 많이 발달해 있다. 이러한 절리는 풍화와 침식에 약하다.

절리를 따라 풍화와 침식이 일어나서 약한 부분이 떨어져 나가기 쉽다.

그림은 돌산이 형성되는 과정을 보여 주는 것이다. 전체적으로 동일한 암석으로 이루어져 있지만, A 부분은 절리 밀도가 높은 곳이고, B 부분은 절리 밀도가 낮은 곳이다. 절리 밀도가 높은 곳은 풍화와 침식에 약하기 때문에 오랜 기간 풍화와 침식을 받아 제거되거나 고도가 낮아지게 된다. 반면 절리 밀도가 낮았던 부분은 돌산의 봉우리로 남게 된다.

바로잡기 ㄴ. 지리산, 오대산 등은 변성암이 기반암을 이루고 있는 흙산이다. ㄹ. 돌산은 주로 화강암 산지에서 잘 나타나는데, 화강암은 주로 중생대에 마그마가 관입하여 형성된 것이다.

돌산과 흙산　　　　만점 공략 노트

돌산과 흙산의 특징을 비교하고, 이에 해당하는 대표적인 산지와 지도상의 위치까지 파악해 두어야 한다.

돌산	• 중생대에 관입한 화강암이 오랜 기간 침식 작용을 받아 지표면에 노출되어 형성된 산지 • 뾰족한 봉우리로 이루어진 산지 • 금강산, 설악산, 북한산, 월악산 등
흙산	• 시·원생대에 형성된 지층이 오랜 시간에 걸쳐 풍화와 침식을 받으면서 두꺼운 토양으로 덮인 산지 • 토양 피복이 두꺼워 식생이 발달하기에 유리함 • 태백산, 소백산, 덕유산, 지리산 등

17 지도에 표시된 A는 고위 평탄면이다. 고위 평탄면에서는 배추, 무와 같은 냉량성 작물을 주로 재배한다. 고위 평탄면은 해발 고도가 높기 때문에 서리와 눈이 일찍 시작되므로 시설 농업에는 불리하여 채소의 노지 재배가 이루어진다.

18 제시된 내용은 산간 계곡에서 실시되는 자연 휴식년제를 안내하는 것이다. 산이나 계곡에서 자연 휴식년제를 실시하는 이유는 오랜 기간 사람들이 드나들면서 자연환경이 훼손되고 오염이 심화되었기 때문이다. 자연 휴식년제를 통해 일정 기간 사람의 출입을 막게 되면 생태계를 복원하고, 계곡의 수질을 보전할 수 있을 것으로 기대된다.

바로잡기 ㄴ. 관광지를 폐쇄하는 것이 아니라 일정 기간 출입을 억제하는 것이다. ㄹ. 유해 조수를 포획하는 것은 자연 휴식년제와 관련이 적다.

19 산지는 평지에 비해 해발 고도가 높기 때문에 평균 기온이 낮고 강수량은 많은 편이다.

20 **이렇게 쓰면 만점** 흙산의 기반암을 제시하고 형성 시기를 정확하게 밝히고, 토양층의 두께가 돌산보다 두껍고, 식생의 밀도가 돌산보다 높다고 서술하면 만점이다.

21 **이렇게 쓰면 감점** (2) 구체적인 기후 특징을 서술하지 않고 단순히 고랭지 농업이 이루어진다고만 서술하면 감점이다.

22 **이렇게 쓰면 만점** (가)~(다) 단계별로 이루어진 산지의 형성 과정을 순서에 맞게 서술하면 만점이다.

등급을 올리는 고난도 문제 _____ 48~49 쪽

01 ③　　02 ③　　03 ①　　04 ③

01 동해 지각 확장에 따른 지각 변동 이해 [자료 분석 노트]

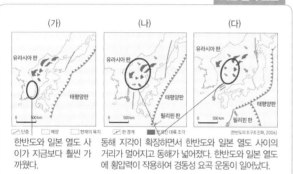

(가)　(나)　(다)

한반도와 일본 열도 사이가 지금보다 훨씬 가까웠다.

동해 지각이 확장하면서 한반도와 일본 열도 사이의 거리가 멀어지고 동해가 넓어졌다. 한반도와 일본 열도에 횡압력이 작용하여 경동성 요곡 운동이 일어났다.

신생대 제3기 이후 동해 지각이 확장하면서 우리나라와 일본은 횡압력을 받게 되어 경동성 요곡 운동이 나타났다.

바로잡기 ㄱ. 동해 지각의 확장 정도를 고려해 보면 (가)→(나)→(다) 순으로 이루어졌음을 알 수 있다. ㄹ. 경동성 요곡 운동으로 인해 주로 한국 방향의 구조선이 형성되었다. 랴오둥 방향의 구조선은 중생대 초기의 송림 변동, 중국 방향의 구조선은 중생대 중기의 대보 조산 운동에 의해 형성된 것이다.

02 기후 변화에 따른 지형 변화 [자료 분석 노트]

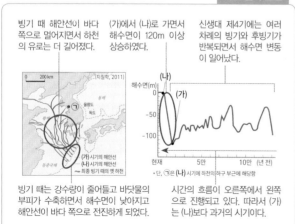

빙기 때 해안선이 바다 쪽으로 멀어지면서 하천의 유로는 더 길어졌다.

(가)에서 (나)로 가면서 해수면이 120m 이상 상승하였다.

신생대 제4기에는 여러 차례의 빙기와 후빙기가 반복되면서 해수면 변동이 일어났다.

빙기 때는 강수량이 줄어들고 바닷물의 부피가 수축하면서 해수면이 낮아지고 해안선이 바다 쪽으로 전진하게 되었다.

시간의 흐름이 오른쪽에서 왼쪽으로 진행되고 있다. 따라서 (가)는 (나)보다 과거의 시기이다.

신생대 제4기에는 여러 차례의 빙기와 후빙기가 반복되는 기후 변화가 있었다. (가) 시기는 해수면이 낮았던 것으로 보아 빙기이고, (나) 시기는 후빙기이다. ⓒ은 현재 하천의 하류 지점으로 빙기에는 침식 기준면이 낮아지면서 하천의 하방 침식력이 확대되어 깊은 골짜기가 형성되었을 것이다. 하지만 후빙기에는 침식 기준면이 높아지면서 하천의 범람이 잦아져 범람원, 삼각주와 같은 충적 지형이 발달하였을 것이다. 또한 하천의 하구에서는 조류의 퇴적 작용으로 갯벌도 발달하게 된다. 따라서 (가) 시기에는 ㄴ, (나) 시기에는 ㄷ, ㄹ을 연결할 수 있다.

바로잡기 ㄱ. 기후 변화에 따른 해수면 변화와 지형의 변화만을 설명하고 있으며, 지반의 융기에 대해서는 제시된 자료만으로는 파악할 수 없다.

03 돌산과 흙산의 특징 비교

(가)는 금강산으로 돌산에 해당하고, (나)는 지리산으로 흙산에 해당한다. 돌산은 중생대에 관입한 화강암으로 이루어져 있고, 흙산의 기반암은 시·원생대의 변성암이다. 백두대간은 우리나라의 등줄기를 이루는 가장 큰 산줄기로 백두산에서 시작하여 지리산에 이른다.

바로잡기 ㄷ. (나) 산지의 기반암은 변성암이므로 용암 분출과는 관련이 적다. ㄹ. 지리산은 우리나라에서 가장 먼저 국립 공원으로 지정되었지만, 금강산은 우리나라의 국립 공원이 아니다.

04 우리나라 산지 분포의 이해 [자료 분석 노트]

함경·낭림산맥 등의 1차 산맥이 넓게 분포하여 높은 산지가 많고, 동해안 지방에서는 급경사가 나타난다.

(가) 북부 지방
(나) 남부 지방
소백산맥의 중앙부에 남북으로 뻗어 있어 중앙부가 높다.
(다) 중부 지방
태백산맥이 동쪽에 치우쳐 전형적인 동고서저의 지형이 나타난다.

(가)~(다)의 고도 분포를 통해 보면, (가)는 A, (나)는 C, (다)는 B의 단면을 나타낸 것임을 알 수 있다. ⓒ은 소백산맥의 일부에 해당하므로 영남과 호남의 경계를 이룬다. ⓒ은 태백산맥의 동쪽에 해당하므로 영동 지방이다.

바로잡기 ㄱ. ㉠은 낭림산맥의 일부에 해당하므로 1차 산맥이다. ㄹ. (가)는 A, (다)는 B의 단면도이다.

02 하천 지형과 해안 지형

━━ 기초를 다지는 확인 문제 ━━   54쪽

01 (1) ○ (2) × (3) ○ (4) × (5) ○   **02** (1) 하상계수
(2) 하안 단구 (3) 해안 사구 (4) 연안류   **03** (1) ㄹ (2) ㄴ
(3) ㄷ (4) ㄱ

━━ 실력을 키우는 실전 문제 ━━   55~59쪽

01 ④	**02** ①	**03** ③	**04** ④	**05** ⑤	**06** ⑤
07 ①	**08** ④	**09** ②	**10** ③	**11** ④	**12** ④
13 ⑤	**14** ⑤	**15** ③	**16** ⑤	**17** ④	**18** ④
19 ②					

20 예시답안 서해안은 산맥이 해안을 향해 뻗어 있고, 후빙기에 해수면이 상승하여 침수되었기 때문에 해안선이 복잡한 리아스 해안을 이루고 있다. 이는 산맥과 해안선이 교차하는 형태로 만나 높은 산지 부분은 곶이나 반도, 섬 등으로 남았고, 산지 사이의 골짜기 부분은 침수되어 만으로 발달하였기 때문이다. 반면, 동해안은 해안선과 가까이 평행하게 뻗은 함경산맥과 태백산맥의 영향으로 해안선이 단조롭고 섬이 적다.

21 예시답안 (가)는 석호이다. 석호는 후빙기에 해수면이 상승하면서 해안선이 후퇴한 후 하천의 하구 부근이 침수되면서 만이 형성되고, 이후 사주가 성장하면서 만의 입구를 막아 호수와 바다가 분리되어 형성된다.

22 예시답안 도시화 과정에서 아스팔트와 콘크리트 피복이 늘어나게 되었다. 이로 인해 강수 시에 땅속으로 스며드는 물의 양이 줄어들고 빗물이 빠른 시간 내에 하천으로 유입되면서 하천의 수위가 빠른 속도로 높아지는 현상이 나타나게 되었기 때문이다.

01 제시된 그래프를 보면 여름철에 강수가 집중하고 있으며, 여름을 제외한 다른 계절은 강수량 비중이 낮기 때문에 강수량의 계절별 차이가 매우 크게 나타나고 있음을 알 수 있다. 이 때문에 우리나라는 하천을 이용한 수운 발달이 매우 어렵다.

바로잡기 ① 강수량이 적은 계절에는 수력 발전이 어렵다. ② 하상계수는 갈수기의 최소 유량 대비 홍수기의 최대 유량을 의미하는 것이므로 강수량의 계절적 차이가 크면 하상계수도 크다. ③ 대부분의 하천이 황해로 유입되는 것은 지형적 특색과 관련된다. ⑤ 감조 구간은 조차와 관계가 깊다.

02 제시된 그래프에서와 같이 세계 주요 하천에 비해 우리나라의 하천은 하상계수가 큰 편이다. 이는 강수량의 계절적 차이가 크기 때문에 나타나는 현상이다. 또한 하천의 유역 면적이 좁기 때문에 강수 시에 하천의 수위가 급격하게 높아지는 것도 하상계수에 영향을 주었다.

바로잡기 ㄷ. 하천 주변의 식생이 하상계수에 영향을 줄 정도로 발달하지 않았다고 보기 어렵다. ㄹ. 하천의 유로 방향과 하상계수의 상관관계는 적은 편이다.

03 하천의 하구에서 조류의 영향을 받는 감조 구간이 긴 하천을 감조 하천이라고 한다.

바로잡기 ① 구하도는 과거 하천이 흐르던 흔적만 남아 있는 지형이다. ② 지류 하천은 본류 하천으로 유입되는 작은 하천을 의미한다. ④ 지반 융기나 해수면 하강으로 하천의 하방 침식력이 증가하면서 깊은 골짜기를 이루는 하천을 감입 곡류 하천이라고 한다. ⑤ 하천의 하류 부근에서 측방 침식에 의해 유로 변경이 자유로운 하천을 자유 곡류 하천이라고 한다.

04 지도는 한강의 유역(流域)을 나타낸 것이다. ㉠은 한강의 상류부에 해당하고, ㉡는 하류부에 해당한다. 하천의 하류는 상류에 비해 하상(河床)의 평균 경사가 완만하고, 퇴적물의 평균 입자 크기가 작으며, 하천 운반 물질의 둥근 정도인 원마도는 더 높다.

하천 상·하류의 특징 비교   **만점 공략 노트**

하천 상류와 하류의 상대적 특징 등은 주로 출제되는 개념이므로 이에 대한 주요 내용을 잘 파악해 두어야 한다.

구분	상류	하류
유역 면적	좁음	넓음
유량	적음	많음
하천 경사	급함	완만함
하천 폭	좁음	넓음
퇴적물의 크기	큼	작음
원마도	작음	큼

05   **자료 분석 노트**

(가)는 한강의 하류에 위치한 지점이다. 한강은 북한강과 남한강으로 이루어져 있으며, 유역 면적이 매우 넓다.

(가), (나) 하천 사이에 분수계가 있으므로 서로 다른 하천이다.

(나)는 동해로 유입되는 작은 하천의 하류에 해당한다. 유로는 짧고, 유역 면적은 좁다.

(가)와 (나)는 서로 다른 하천의 하류를 나타낸 것이다. 황해로 유입되는 하천의 하류부인 (가) 지점에서는 조차의 영향을 받아 하천 수위의 일 변동 폭이 크게 나타난다. 동해의 조차는 작기 때문에 (나)에서는 하천 수위의 변동 폭은 작다.

바로잡기 ① 하천의 폭은 대하천의 하류인 (가) 지점이 더 넓다. ② 하천의 유량은 대하천의 하류인 (가) 지점에서 더 많다. ③ 두 하천은 서로 다른 하천이다. ④ 퇴적 물질의 입자 크기는 유로가 짧고 평균 경사가 급한 하천의 하류인 (나) 지점에서 더 크다.

06 지도에서 (가)는 자유 곡류 하천의 구하도에 형성된 우각호이고, (나)는 감입 곡류 하천의 구하도에 해당한다. (가), (나) 모두 과거 하천이 흐르던 유로에 해당한다. (가)에는 아직 물이 고여 있으므로 우각호에 해당한다. (나)는 과거의 하상이므로 하안 단구에 해당하며, 둥근 자갈과 같은 하상의 흔적을 발견할 수 있다. (나)의 구하도는 현재의 하도에 비해 고도가 높다는 특징이 나타난다.

바로잡기 ⑤ 하천의 자유 곡류 하천은 일반적으로 감입 곡류 하천에 비해 하류에서 나타난다.

감입 곡류 하천과 자유 곡류 하천　　만점 공략 노트

하천 지형 중에서도 감입 곡류 하천과 자유 곡류 하천은 출제 빈도가 높은 주제이다. 대체로 지형도와 함께 제시되어 특징을 묻는 형태로 출제된다.

감입 곡류 하천	• 주로 하천 중·상류 → 지형도에서 등고선 간격이 상대적으로 좁은 편임 • 지반 융기로 하방 침식이 강화되어 산지 사이를 깊게 파면서 곡류하는 하천 • 주변에 하안 단구 발달
자유 곡류 하천	• 주로 하천 중·하류 → 지형도에서 등고선 간격이 상대적으로 넓은 편임 • 하방 침식보다 측방 침식이 우세하여 유로 변동이 활발한 하천 • 주변에 범람원, 하중도, 우각호 발달

07 그림에 나타난 하천의 단면을 통해 평수위와 홍수위의 변화, 범람원과 하안 단구, 충적층의 분포 등을 알 수 있다. 자연 제방과 배후 습지는 하천의 범람원으로, 하천의 범람 시에 침수되는 지역이다. 자연 제방은 배후 습지에 비해 하천에서 가까운 위치에 있다. 배후 습지는 자연 제방에 비해 평균 고도가 낮기 때문에 침수의 가능성이 더 크다. 그림에서 하안 단구가 존재하는 것으로 보아 지반의 융기 운동이 있었고, 하천의 하방 침식이 증가하였음을 알 수 있다. 하안 단구는 고도가 높기 때문에 하천의 홍수에 따른 범람의 빈도가 자연 제방보다 매우 낮다.

바로잡기 ① 평수위에는 자연 제방 안쪽에서 하천이 흐르고 있으므로 침수되지 않는다.

08 (가)~(다) 모두 분지 지형을 설명하고 있다. (가)에서는 '두 가닥 물이 합류하는 그 안쪽', (나)에서는 '들판이 아주 넓고 사방의 산', (다)에서는 '산이 사방을 높게 둘러싸~' 등의 서술을 통해 이들 지형이 공통적으로 분지임을 알 수 있다. 침식 분지는 암석의 종류가 다른 지역의 경우 암석의 경연 차에 따라 차별적인 침식을 받아 형성된다.

바로잡기 ① 카르스트 지형의 형성 작용이다. ② 고위 평탄면의 형성 작용이다. ③ 용암 대지의 형성 작용이다. ⑤ 감입 곡류 하천이나 하안 단구의 형성 작용이다.

09 (가) 지형은 하천의 하구 부근에서 형성되는 퇴적 지형인 삼각주를 의미한다. 삼각주는 조차가 작고, 하천의 퇴적 물질이 많은 경우에 잘 발달한다.

바로잡기 ① 조차가 큰 지역은 삼각주가 발달하기 어렵다. ③ 삼각주는 하천 하구에 퇴적 작용으로 형성되는 지형이다. ④ 조차가 큰 해안의 하구에서 나타나는 현상이므로 삼각주의 발달과는 거리가 있다. ⑤ 최종 빙기에는 현재보다 해수면이 낮아 현재 위치에 삼각주가 발달하기 어려웠다.

10 (가)는 감입 곡류 하천과 하안 단구, (나)는 하천이 합류하는 지역에서 주로 발달하는 침식 분지이다. (가)는 지반의 융기에 따라 하천의 하방 침식력이 증가하는 과정에서 발달한 지형이다. (나)는 암석의 경연 차에 따른 차별적 침식 작용으로 형성된 것이다.

바로잡기 ㄷ. 삼각주의 형성과 관련된 내용이다. ㄹ. 자유 곡류 하천에 관한 설명이다.

11 사진에는 감입 곡류 하천과 하안 단구 등이 나타나 있다. 이러한 지형들은 지반이 융기함에 따라 하천이 하방 침식을 활발히 하여 발달하는 지형들이다. 감입 곡류 하천 주변에서 농경지나 주택의 대지 등으로 이용되는 지역이 대부분 하안 단구에 해당한다. 사진의 오른쪽 뒷부분에 나타난 지형이 구하도이다. 구하도는 측방 침식에 의해 유로가 절단되면서 발생한다.

바로잡기 ④ 주로 하천의 중·상류 지역에서 나타나는 것이므로 조류의 영향과는 거리가 멀다. 조류는 하천의 하구 부근에서 영향을 미친다.

12 한 고개에서 하천의 퇴적 작용으로 형성된 지형이라고 하였으므로 선상지, 범람원, 삼각주 등의 지형을 생각해 볼 수 있다. 이들 지형 중에서 보편적으로 널리 분포하지 않으면서 복류하는 하천을 관찰할 수 있는 지형은 선상지이다. 세 고개에서 (가) 질문에 대하여 '예'라고 대답하였으므로 (가)에는 선상지의 특징을 묻는 문항이 들어가야 한다. 선상지는 경사 급변점이 나타나는 골짜기 입구에서 잘 발달한다.

바로잡기 ①, ⑤ 범람원과 관련된 질문이다. ② 하안 단구와 관련된 질문이다. ③ 감조 하천과 관련된 질문이다.

13 하안 단구는 과거의 하상이나 범람원이 현재의 하상보다 고도가 높은 상태로 남아 있는 지형이다. 따라서 토양층 속에는 둥근 자갈이나 모래와 같은 물질이 남아 있는 경우가 많다. 하안 단구는 농경지나 취락의 입지로 이용되는데, 이는 범람원에 비해 고도가 높기 때문에 침수의 위험성이 낮다는 점이 반영된 것이다.

바로잡기 ㄱ. 하안 단구는 융기량이 많았던 대하천의 중·상류 구간에서 주로 나타나므로, 감입 곡류 하천 주변에서 볼 수 있다. ㄴ. 하천의 측방 침식보다 하방 침식이 강하게 발생하는 지역에서 볼 수 있는 지형이다.

14

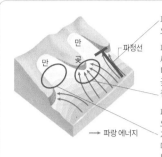

파랑 에너지는 파정선의 직각 방향으로 작용한다.

파정선

파정선이 곶을 만나게 되면 곶을 감싸듯이 휘어지게 되므로 파정선에 대해 직각 방향으로 작용하던 힘이 곶으로 집중된다. 이 때문에 곶에서 침식 작용이 일어난다.

만   곶   만

파정선이 만을 만나게 되면 바깥쪽으로 휘어지게 되므로 파랑의 에너지도 바깥쪽으로 휘어지면서 분산된다. 따라서 만에서는 침식 작용 대신 퇴적 작용이 일어나게 된다.

→ 파랑 에너지

파랑 에너지는 바다로 돌출한 곶에 집중되어 침식 지형을 형성하고, 육지쪽으로 들어간 만에서는 파랑 에너지가 분산되면서 사빈과 같은 퇴적 지형이 형성된다.

[바로잡기] ㄴ. 제시된 그림에서는 파랑의 에너지가 집중되고 분산되는 원리에 따라 침식 지형과 퇴적 지형이 발달하는 모습을 볼 수 있다.

15 제시된 글은 해안 침식 지형에 관한 것이다. 파랑에 의한 침식 작용은 만보다는 곶에서 잘 나타나며, 해안 절벽인 해식애가 파랑의 침식을 받아 뒤로 후퇴하면 그 전면에 발달한 파식대가 넓어지게 된다.

[바로잡기] ㄱ. 침식 지형 중 해식애는 파랑의 침식 작용으로 형성되는 해안 절벽이다. ㄹ. 해식동굴이나 시 아치와 같은 지형은 암석의 종류가 달라서 나타나는 차별 침식이 아니라, 절리 밀도의 차이에 의해서 나타나는 차별 침식으로 형성된다. 절리 밀도가 높은 곳은 쉽게 침식이 되고, 절리 밀도가 낮은 곳은 쉽게 침식되지 않기 때문에 차별적인 침식이 일어나는 것이다.

16 제시된 글은 석호의 형성 과정과 특징에 관한 것이다. 석호는 후빙기에 해수면이 상승하면서 만들어진 것인데, 상당수의 석호가 하천의 퇴적 작용에 의해 매립되면서 지금은 많이 사라졌다. 따라서 최근 들어 그 수가 늘어나고 있다는 진술은 옳지 않다.

17 A는 사빈 뒤에 발달한 해안 사구이다. 사구는 사빈의 모래가 바람에 날려 와 퇴적되어 형성되는데, 사구 전면에 발달한 사빈 자체가 곶보다는 만에 잘 발달한다. 따라서 사구도 만에서 잘 발달한다. 사구는 모래로 이루어져 있으므로 빗물이 쉽게 스며들고 육지 쪽에서 흘러오는 지하수가 모여 사구 아래에는 많은 양의 물이 저장되어 있다. 사구 뒤에 입지한 마을과 농경지를 보호하기 위해 사구 위에 나무를 심어 방풍(防風)과 방사(防沙)의 역할을 하기도 한다.

[바로잡기] ④ 사구는 바람에 의한 퇴적 작용으로 형성되는데, 동해안보다 겨울철에 강한 북서 계절풍이 부는 서해안 지역에 더 크고 많은 사구가 발달하였다.

18 (가)는 조류의 영향을 받는 하천에 관한 내용이므로 황해로 유입하는 하천인 B의 특징을 보여 주는 것이다. (나)는 낙동강의

범람원에 위치하여 생태계의 보고 역할을 하는 습지로 창녕의 우포늪(C)을 설명하고 있다.

19 해안의 보존을 위해서는 무질서한 개발을 억제하고 개발 이전의 상태로 복원하거나 해안 지형이 훼손되는 것을 적극적으로 방지하려는 등의 노력이 필요하다. 해안을 따라 그로인이나 모래 포집기를 설치하면 해안 지형의 훼손을 막는 데 도움이 될 수 있다.

[바로잡기] ㄴ. 사구 위의 식생을 제거하게 되면 사구가 파괴될 가능성이 높아진다. ㄹ. 하천 하구의 위치를 변경하게 되면 하천에 의해 유입되는 퇴적 물질의 양이 달라지기 때문에 주변 지형에 큰 변화가 나타날 수 있다.

20 이렇게 쓰면 **감점** 산지의 방향과 해안선의 관계를 서술하지 않으면 감점이다.

21 이렇게 쓰면 **감점** 후빙기 해수면 상승에 관한 내용을 서술하지 않으면 감점이다.

22 이렇게 쓰면 **만점** 도시화에 따른 인공 피복의 증가와 하천 유량과의 관계를 정확하게 서술하면 만점이다.

등급을 올리는 **고난도 문제**   60~61쪽

01 ⑤   02 ④   03 ④   04 ①

01 감조 하천의 특징 이해   **자료 분석 노트**

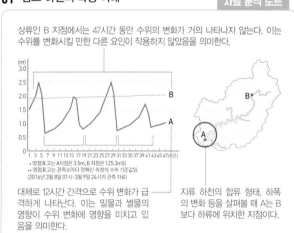

상류인 B 지점에서는 47시간 동안 수위의 변화가 거의 나타나지 않는다. 이는 수위를 변화시킬 만한 다른 요인이 작용하지 않았음을 의미한다.

(m)
3.0
2.5   B
2.0
1.5
1.0   A
0.5
0 1 3 5 7 9 11 13 15 17 19 21 23 25 27 29 31 33 35 37 39 41 43 45 47(시간)
• 영점표고는 A지점은 3.5m, B지점은 125.3m임
•• 영점표고는 관측소마다 정해진 측정의 수위 기준값임
(2016년 3월 8일 01시~3월 9일 24시의 관측 자료)

대체로 12시간 간격으로 수위 변화가 급격하게 나타난다. 이는 밀물과 썰물의 영향이 수위 변화에 영향을 미치고 있음을 의미한다.

지류 하천의 합류 형태, 하폭의 변화 등을 살펴볼 때 A는 B보다 하류에 위치한 지점이다.

상류에 위치한 B 지점에서는 수위 변화가 거의 없고, 하류에 위치한 A 지점에서는 주기적으로 수위가 변화하는 것으로 보아 A 지점은 조류의 영향을 받는 감조 구간에 위치해 있음을 의미한다. 퇴적 물질의 입자 크기는 상류인 B 지점이 더 크며, 침식 기준면인 해수면으로부터의 고도 차이 역시 상류인 B 지점이 더 크다.

[바로잡기] ㄱ. 평균 유량은 하류에 위치한 A 지점이 B 지점보다 더 많다. ㄴ. A 지점은 조류의 영향을 받고 있지만, B 지점은 조류의 영향을 받고 있지 않다.

02 하천의 충적 지형 파악

제시된 글은 하천의 충적 작용으로 형성되는 지형에 관한 것이다. 경사 급변점에 발달하는 ㉠은 선상지이고, 자연 제방과 배후 습지로 이루어진 ㉡은 범람원이다. 하천 하구에 발달한 ㉢은 삼각주이다. ① 범람원과 삼각주는 후빙기 해수면 상승의 영향을 크게 받았다. 해수면이 상승하면서 하천의 범람이 잦아지게 되었고, 그 결과 범람원과 삼각주가 발달하게 된 것이다. ② 삼각주는 압록강과 낙동강 하구 등에서 발달하였다. ③ 삼각주도 하천의 범람이 잦은 지형이며, 그 단면은 범람원과 유사하다. ⑤ 퇴적 물질의 입자 크기는 세 지형 중 가장 상류 쪽에 위치하는 선상지에서 가장 크다. 선상지는 골짜기 입구에 발달하는 지형으로 퇴적 물질의 입자 크기가 매우 다양한 것이 특징이다. 범람원과 삼각주는 하천에 뜬 채로 운반되는 물질이 퇴적되어 형성되므로 주로 모래와 점토 등으로 이루어져 있다.

바로잡기 ④ 세 지형 중 우리나라에서 가장 널리 발달한 지형은 범람원이다.

03 해안 퇴적 지형의 특성 이해

한 고개에서 곶이 아닌 만에서 주로 형성되는 지형이므로 해안 퇴적 지형과 관련된다. 해안 퇴적 지형 중 바람에 의해 모래가 이동 및 퇴적되어 형성되는 것은 해안 사구이다. 해안 사구는 태풍이나 해일의 충격으로부터 완충 작용을 할 수 있다. 해안 사구의 아래에는 많은 양의 지하수가 고여 있는 것이 특징이다.

바로잡기 ㄱ은 갯벌, ㄷ은 해안 단구와 관련된 질문이 될 수 있다.

04 해안 퇴적 지형의 비교

자료 분석 노트

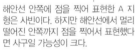

해안선 안쪽에 점을 찍어 표현한 A 지형은 사빈이다. 하지만 해안선에서 멀리 떨어진 안쪽까지 점을 찍어 표현했다면 사구일 가능성이 크다.

해안 절벽이다.

해안선 바깥쪽에 점을 찍어 표현한 B는 갯벌에 해당한다.

A의 사빈은 파랑에 의해 침식된 물질이나 하천에 의해 공급된 모래가 해안을 따라 퇴적된 지형으로, 주로 해수욕장으로 이용된다. B의 갯벌은 밀물 때는 잠기고 썰물 때는 드러나는 지형으로, 하천에 의해 운반된 물질이 조류에 의해 퇴적되어 형성된다. 따라서 사빈은 갯벌에 비해 퇴적 물질의 평균 입자 크기가 크다.

바로잡기 ㄷ. A, B 모두 후빙기에 해수면 상승 이후에 형성된 지형이다. ㄹ. 사빈은 동해안뿐만 아니라 서·남해안에서도 나타난다.

---

03 화산 지형과 카르스트 지형

기초를 다지는 확인 문제 66쪽

01 (1) ○ (2) × (3) ○ (4) × (5) ○   **02** (1) 용암 대지 (2) 나리 분지 (3) 주상 절리 (4) 용식 작용 (5) 돌리네   **03** (1) ㉢ (2) ㉡ (3) ㉠ (4) ㉣

실력을 키우는 실전 문제 67~71쪽

01 ④	**02** ②	**03** ⑤	**04** ⑤	**05** ⑤	**06** ③
07 ②	**08** ②	**09** ④	**10** ⑤	**11** ①	**12** ①
13 ⑤	**14** ②	**15** ①	**16** ③	**17** ④	**18** ⑤

19 예시답안 화구 부근이 함몰하여 칼데라가 형성된 이후 그 안에서 분출한 화산으로 이중 화산체이다.

20 (1) **예시답안** 석회동굴은 빗물과 지하수에 의해 석회암이 용식된 후 지하수위가 낮아지면서 용식되었던 빈 공간이 드러나면서 형성된 것이다.

(2) **예시답안** 석회동굴 안에는 동굴로 스며드는 빗물과 지하수 등에 녹아 있던 탄산 칼슘 성분이 다시 환원되면서 종유석, 석순, 석주 등과 같은 다양한 미지형들이 형성된다.

21 예시답안 석회암 지대에서는 빗물이 지하로 스며드는 배수구 주변이 용식되면서 함몰되어 움푹 파인 와지인 돌리네가 형성된다.

01 제시된 그림은 화산의 분화 이후 화구 부근의 냉각과 수축, 함몰로 인한 칼데라의 형성 과정을 보여 주고 있다. 우리나라에서 칼데라가 나타나는 지역은 백두산의 천지와 울릉도의 나리 분지가 대표적이다.

바로잡기 ㄱ. 오름은 소규모 화산으로 주로 화산 쇄설물이 떨어져 쌓이면서 형성되었다. ㄷ. 용암 대지는 현무암질 용암의 열하 분출로 형성된 것이므로 칼데라의 형성과는 거리가 멀다.

02 ㈎는 칼데라호, 2,000m 이상의 봉우리 등으로 미루어 볼 때 백두산을 설명하고 있다. ㈏는 화구의 호수, 산록부의 소규모 화산 등으로 미루어 볼 때 제주도의 한라산을 설명하고 있다. 지도의 A는 백두산, B는 철원–평강의 용암 대지, C는 한라산의 위치이다.

03 백두산의 정상부는 종을 엎어 놓은 것과 같이 경사가 급한 모습을 하고 있고, 산록부는 방패 모양과 같이 경사가 완만하다. 백두산 정상 부근에는 화산 폭발 이후 분화구의 함몰로 인해서 형성된 칼데라가 있으며, 칼데라 분지 안에 물이 고여 있어 칼데라호를 이루고 있다.

바로잡기 ㉤ 칼데라 내부에서 용암이 분출하여 형성된 중앙 화구구인 알봉이 있는 곳은 울릉도(나리 분지)이다.

04 동굴의 위치와 사진으로 볼 때 ○○동굴은 용암동굴에 해당한다. 용암동굴은 유동성이 큰 용암이 분출한 이후 표면과 그 아래쪽의 온기 차이에 따라 형성된 동굴이다. 우리나라에서 용암동굴은 주로 제주도에 분포하며, 제주도의 토양은 주로

화산회토로 이루어져 있으며 흑갈색을 띤다. 제주도에는 약 360여 개에 달하는 오름이 있으며, 주상 절리가 발달해 있다. 제주도에서는 절리가 많은 기반암(현무암)의 특성상 물이 잘 빠지기 때문에 하천도 평상시에는 건천을 이루는 경우가 많다. 또한 제주도에는 현무암이 흔해 이를 이용하여 담을 쌓는 것이 일반적인 경관이다.

바로잡기 ⑤ 기반암이 용식되면서 남은 물질이 붉은색 토양을 이루는 것은 석회암 분포 지역이다.

05 제시된 글은 철원에 관한 것으로, 철원에는 북한에 있는 평강과 연결된 용암 대지가 분포한다. 용암 대지는 현무암질 용암의 열하 분출로 형성된 것이다. 유동성이 큰 현무암질 용암이 기존의 골짜기와 하곡을 메워 평탄한 대지를 형성하였고, 그 위에 한탄강이 흐르면서 퇴적 물질이 쌓여 넓은 충적 평야가 형성되었다.

바로잡기 ① 해발 고도가 높은 곳에 비교적 평탄한 지형이 나타나는 고위 평탄면을 나타낸 것이다. ② 하천 합류 지점에 발달한 침식 분지를 나타낸 것이다. ③ 울릉도의 이중 화산체(나리 분지와 알봉)를 나타낸 것이다. ④ 등고선이 동심원 형태로 나타나 있는 것으로 보아 제주도의 기생 화산(오름)을 나타낸 것이다.

06 제시된 지도는 울릉도의 나리 분지와 주변의 화산 지형을 나타내고 있다. 울릉도의 경우 화산 폭발 이후 화구가 함몰하면서 칼데라 분지가 형성되었고, 칼데라 안에서 다시 화산이 폭발하여 이중 화산의 형태를 띠고 있다. 칼데라 안에서 폭발한 화산은 알봉으로 중앙 화구구이다.

바로잡기 ③ 용암 대지는 유동성이 큰 현무암질 용암이 열하 분출하여 형성된 넓은 대지로, 울릉도의 칼데라 분지 부근에서는 찾아볼 수 없다.

07 (가)는 백두산의 칼데라호인 천지와 그 주변 지역, (나)는 한라산의 화구호인 백록담과 그 주변 지역을 나타낸 것이다.

바로잡기 ① 백두산의 높이는 2,744m로 1,950m인 한라산보다 높다. ③ (가)의 천지는 호수 북쪽의 한 곳이 터져서 물이 흘러나가는데, 이 물이 쑹화강으로 유입된다. 반면에 (나)의 백록담은 호수의 물이 밖으로 흘러나오지 않으며, 제주도에는 대하천이 존재하지 않는다. ④ 두 산 모두 산정 부근은 유동성이 작고 점성이 큰 용암이 분출하여 경사가 급하다. ⑤ 용암과 화산 쇄설물의 분출로 생긴 작은 화산은 기생 화산으로, 한라산의 산록부에 많다.

칼데라와 화구 ⟨만점 공략 노트⟩

화산 지형 중 백두산의 천지는 칼데라로 이루어진 칼데라호이며, 한라산의 백록담은 화구로 이루어진 화구호이다. 이와 같이 두 지역의 화산 지형에 대한 내용을 비교·정리해 두어야 한다.

칼데라	화산 지역에서 볼 수 있는 대규모의 와지로, 화구보다 규모가 크며 보통 지름 1km 이상임
화구	지하의 마그마가 용암이나 화산 가스로 지표에 분출하는 출구를 말하며, 분화구라고도 함

08 제주도에는 약 360여 개에 달하는 오름이 분포하는데, 대부분은 한라산이 분화한 이후 1회성 분화로 형성된 원추형의 화산체이다. 오름의 구성 물질은 기반암인 현무암과 다르므로 이를 살펴보는 것은 오름의 특징을 이해하는 데 도움이 된다. 또한 한라산의 분화와 오름의 분화 시기를 비교해 보면 오름의 형성 과정과 특징을 이해할 수 있다.

바로잡기 ㄴ. 오름은 규모가 작은 화산체이기 때문에 화구도 매우 작다. 작은 화구가 함몰한다고 해서 대규모의 칼데라가 형성되지는 않는다. ㄹ. 오름의 형성 과정에 하천의 차별 침식이 영향을 미치지는 않았다.

제주도의 화산 지형 ⟨만점 공략 노트⟩

제주도는 화산 지형 중에서 출제 비중이 가장 높다. 지도를 보고 제주도의 화산 지형을 파악할 수 있어야 하며, 주요 화산 지형의 형성 원인을 파악해 두어야 한다.

지형 특징	• 한라산은 유동성이 큰 현무암질 용암이 분출하여 경사가 완만한 편임. 다만 정상부는 경사가 급함 • 화산 쇄설물이 쌓여 형성된 오름이 약 360개 분포함 • 지형도에서 전체적으로 등고선의 간격은 넓지만, 오름은 여러 겹의 동심원이 나타남
토지 이용	• 절리가 발달한 현무암의 영향으로 지표수가 부족하여 밭농사 발달 • 취락은 용천이 있는 해안 지역에 분포

09 ⟨자료 분석 노트⟩

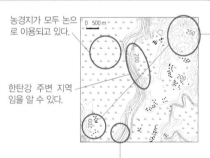

농경지가 모두 논으로 이용되고 있다.

주변의 산지는 퇴적암이나 변성암으로 이루어져 있다.

한탄강 주변 지역임을 알 수 있다.

논으로 이용되는 곳은 경사가 거의 없으므로 등고선이 없다. 하지만 하곡을 잘 살펴보면 여러 개의 등고선이 좁은 간격으로 겹쳐져 있음을 알 수 있다. 등고선이 겹쳐져 있다는 것은 수직에 가까운 절벽이라는 의미이다.

(가)는 제주도, (나)는 한탄강 주변의 철원 일대이다. 두 지역 모두 기반암이 현무암으로 이루어져 있어 하천 주변에서는 현무암을 볼 수 있다. 기반암은 동일하지만 제주도는 배수가 잘 되어 주로 밭농사가 이루어지고, 철원의 경우는 현무암 위에 충적층이 있어 벼농사가 이루어진다. (가)는 제주도, (나)는 철원이므로 (가)는 (나)에 비해 위도가 낮고 연평균 기온이 높다. 따라서 '정'이 옳은 것에 모두 정확하게 답을 하였다.

바로잡기 B. (가)의 오름은 화산 쇄설물로 이루어져 있으며, (나) 한탄강 주변 산지는 변성암으로 이루어져 있다.

10

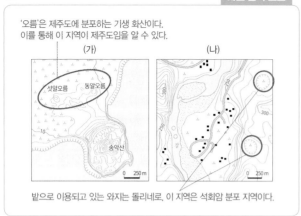

'오름'은 제주도에 분포하는 기생 화산이다. 이를 통해 이 지역이 제주도임을 알 수 있다.

(가)

성알오름　동알오름

송악산

0　250 m

(나)

300

0　250 m

밭으로 이용되고 있는 와지는 돌리네로, 이 지역은 석회암 분포 지역이다.

(가)는 제주도의 일부 지역이고, (나)는 돌리네와 같은 카르스트 지형이 나타나는 곳이다. 제주도에서 가장 넓은 면적을 차지하는 기반암은 현무암이고, 카르스트 지형이 나타나는 지역의 기반암은 석회암이다.

바로잡기 ②, ④, ⑤ 화강암은 주로 중생대에 땅속 깊은 곳에서 분출한 용암이 식고 굳어지면서 형성된 관입암이다. ⑤ 편마암은 시·원생대의 암석이 오랜 기간 동안 변성 작용을 받아 형성된 변성암이다.

11

석회암 지대에서는 지표면에서 함몰에 의한 돌리네가 형성된다. 돌리네에는 물이 빠져나가는 배수구가 있으며, 이로 인해 주로 밭으로 이용된다. 돌리네는 일반적으로 여러 개가 집단적으로 발달한다.

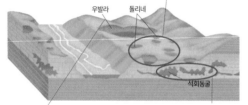

우발라　돌리네

석회동굴

돌리네가 규모가 커지면서 합쳐지면 우발라가 된다.

인근에 위치한 하천의 수위가 낮아지면서 지하수위도 낮아지게 되고, 이로 인해 빈 공간이 드러나게 된다. 이와 같이 형성되는 것이 석회동굴이다.

제시된 그림은 석회암이 빗물과 지하수에 의해 용식되는 과정을 보여 주는 것이다. 이와 같은 과정을 통해 다양한 카르스트 지형이 형성된다.

바로잡기 ② 칼데라의 형성과 관련된 설명이다. ③ 경동 지형의 형성과 관련된 설명이다. ④ 침식 분지의 형성과 관련된 설명이다. ⑤ 범람원의 형성과 관련된 설명이다.

12 제시된 글은 '발구덕 마을'이라는 지역에 관한 것이다. 커다란 구덩이가 8개가 있다는 이 마을은 땅이 꺼지는 현상이 자주 일어나는 곳이라고 되어 있다. 이를 통해 이 지역의 구덩이는 돌리네이며, 카르스트 지형이 나타나는 지역임을 알 수 있다. 석회암이 용식되고 난 후 잔존 물질 중에는 철과 같은 금속 성분이 많은데, 이것이 산화되면 붉은색을 띠게 된다. 따라서 석회암 분포 지역의 토양은 대체로 붉은색이다. 돌리네에는 배수구가 있어 물이 잘 빠지기 때문에 대부분 밭농사가 이루어진다.

바로잡기 병. 침식 분지의 형성과 관련된 내용을 설명하고 있다. 정. 범람원의 형성과 관련된 내용을 설명하고 있다.

13

×459

×537

×525

월평

0　250 m

저하 등고선이 있는 것으로 보아 움푹 파인 와지인 돌리네이다. 즉 지도의 지역은 석회암 지대이다.

토양이 배수가 잘 되어 밭농사가 이루어진다.

제시된 지도는 카르스트 지형이 나타나는 지역을 나타낸 것이다. 카르스트 지형은 석회암 분포 지역에서 나타나는데, 기반암인 석회암은 회백색을 띠며 용식 작용을 받은 석회암 풍화토는 붉은색을 띤다. 이 지역은 지하에도 용식에 의해 형성된 빈 공간들이 많이 있기 때문에 배수가 잘 된다. 따라서 돌리네를 비롯한 대부분의 경지는 밭으로 이용된다. 또한 같은 이유로 인해 하천은 건천을 이루는 경우가 많다.

바로잡기 ⑤ 용암의 냉각 속도 차이로 인해 형성되는 천연 동굴은 용암동굴이다.

14 자료의 석회동굴은 지하수에 의한 석회암의 용식 작용으로 형성된 것이다. 지하로 침투한 지하수와 빗물에 석회암이 용식되고 지하수가 빠져나가게 되면 빈 공간이 드러나게 된다. 이후 동굴 천정이나 벽면으로 스며드는 빗물과 지하수에 의해 종유석, 석순, 석주와 같은 동굴 내의 미지형들이 발달하게 된다. 석회동굴은 과거에는 주거지나 피난처로 이용되기도 하였으나, 오늘날에는 관광 자원으로 활용되고 있다.

바로잡기 ㄴ 용암동굴의 경우 내부가 비교적 단조로우나, 석회동굴은 매우 복잡하다. 수직적으로도 깊이가 매우 깊은 동굴이 있는가 하면, 동굴 내부에 굉장히 넓은 광장을 갖고 있는 경우도 있다. 이 모든 것이 지하수에 의해 오랜 기간 용식 작용을 받았기 때문이다.

15 제시된 보고서는 자료는 석회암 분포 지역을 답사하고 정리한 것이다. 석회암은 용식 작용을 받기 때문에 이 지역에서는 돌리네가 발달하고, 주로 밭농사가 이루어진다. 이곳은 지하에 빈 공간이 많이 발생하는 특성 때문에 배수가 매우 잘 된다. 한편 석회암은 시멘트를 만드는 원료가 되어 석회암 분포 지역에는 시멘트 공장이 입지하는 경우가 많다.

16 A 지형은 남한강변에 위치한 하안 단구 위에 집단적으로 나타나고 있으며, 직경이 100m 남짓한 웅덩이인 것으로 미루어 볼 때 돌리네이다. 하안 단구면 아래에는 지하수의 용식 작용을 받았으나, 지금은 지하수가 빠져나간 빈 공간들이 있을 것으로 예상되며, 이러한 공간 위로 지표면이 함몰하면서 돌리네가 형성된 것이다. 용식과 함몰이 계속해서 진행되다

보면 돌리네의 규모가 점점 커지게 되고 인접한 돌리네들이 합쳐져 우발라가 되기도 한다.

바로잡기 ① 제주도의 오름과 관련된 설명이다. ② 침식 분지에 대한 설명이다. ④ 습지에 관한 설명이다. ⑤ 용암 대지에 관한 설명이다.

17 (가)에서 '넓은 평야와 누렇게 익어가는 벼', '수직에 가까운 절벽', '벌레 먹은 것처럼 구멍이 뚫린 검은 돌' 등의 내용을 통해 철원의 용암 대지임을 알 수 있다. (나)에서 '움푹 파인 지형', '웅덩이', '붉은색 토양' 등의 내용을 통해 카르스트 지형이 나타나는 곳임을 알 수 있다. (다)에서 '다각형 기둥 모양의 절리', '파랑의 침식' 등의 내용을 통해 제주도의 주상 절리를 설명하고 있음을 알 수 있다. 이와 같은 지형 경관을 살펴보기 위해서는 철원-영월-서귀포를 잇는 D 코스로 여행해야 한다.

18 (가)는 주로 고생대 조선 누층군에 분포하는 석회동굴이다. (나)는 제주도에 분포하는 용암동굴이다. 석회동굴은 용식 작용으로 형성되었으며, 기반암이 석회암이므로 현무암이 기반암인 (나)의 동굴들에 비해 기반암의 형성 시기가 이르다. 용암동굴은 화산 활동 당시 마그마의 분출로 인해 형성되었으며, '거문오름 용암동굴계'에 속하는 동굴들은 세계 자연유산으로 등재되었다.

바로잡기 ⑤ (가)의 기반암은 고생대 초기의 조선 누층군에 속하고, (나)의 기반암은 신생대 제3기 말~제4기 초에 분출한 현무암이다. 따라서 기반암의 형성 시기는 (가)가 빠르다.

석회동굴과 용암동굴 〔만점 공략 노트〕

카르스트 지형과 화산 지형은 함께 출제되는 경우가 많다. 따라서 두 지형의 공통점과 차이점, 특히 석회동굴과 용암동굴의 차이점에 대해 잘 파악해 두어야 한다.

구분	석회동굴	용암동굴
기반암	석회암	현무암
주요 작용	용식 작용	화산 활동
동굴 내부	매우 복잡함	단조로움

19 **이렇게 쓰면 감점** 칼데라의 형성 과정을 먼저 서술하지 않으면 감점이다.

20 **이렇게 쓰면 만점** (1) 용식 작용과 지하수에 관한 내용을 모두 정확하게 서술하면 만점이다.
이렇게 쓰면 감점 (2) 탄산 칼슘의 환원과 관련된 내용을 서술하지 않고, 단순히 종유석, 석순, 석주 등이 형성된다고 서술하면 감점이다.

21 **이렇게 쓰면 만점** 돌리네 아래의 지하에 빈 공간이 형성된 이후 함몰 작용으로 형성되었음을 서술하면 만점이다.

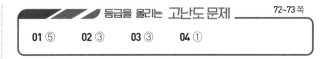

72~73쪽

등급을 올리는 **고난도 문제**

01 ⑤ 02 ③ 03 ③ 04 ①

01 화산 지형의 이해 〔자료 분석 노트〕

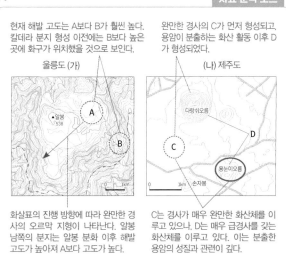

현재 해발 고도는 A보다 B가 훨씬 높다. 칼데라 분지 형성 이전에는 B보다 높은 곳에 화구가 위치했을 것으로 보인다.

울릉도 (가)
▲알봉 538

완만한 경사의 C가 먼저 형성되고, 용암이 분출하는 화산 활동 이후 D가 형성되었다.

(나) 제주도
다랑쉬오름
용눈이오름
손자봉

화살표의 진행 방향에 따라 완만한 경사의 오르막 지형이 나타난다. 알봉 남쪽의 분지는 알봉 분화 이후 해발 고도가 높아져 A보다 고도가 높다.

C는 경사가 매우 완만한 화산체를 이루고 있으나, D는 매우 급경사를 갖는 화산체를 이루고 있다. 이는 분출한 용암의 성질과 관련이 깊다.

(가)에는 칼데라 분지인 나리 분지와 중앙 화구구인 알봉, 칼데라 주변의 외륜산 등이 나타나 있다. (나)에는 몇 개의 오름들이 나타나 있다. (가), (나) 모두 화산 활동으로 형성된 섬이다.

바로잡기 ① A는 칼데라 분지이지만, 호수는 아니다. ② B는 칼데라 분지를 둘러싸고 있는 외륜산으로, 각각의 화구를 갖고 있는 것이 아니라 화구가 함몰할 당시에 함몰되지 않고 남은 화산체의 일부이다. ③ D는 오름의 분화구로, 칼데라가 아니다. ④ B는 급경사의 외륜산으로 점성이 큰 용암이 분출하여 형성된 것이다. C의 기반암은 현무암이다.

02 화산 지형과 카르스트 지형 비교 〔자료 분석 노트〕

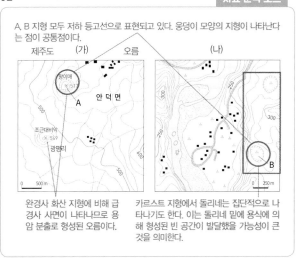

A, B 지형 모두 저하 등고선으로 표현되고 있다. 웅덩이 모양의 지형이 나타난다는 점이 공통점이다.

제주도 (가)
왕이매 ×517
A
안덕면
조근대비악 ×549
광평리

오름

(나)

완경사 화산 지형에 비해 급경사 사면이 나타나므로 용암 분출로 형성된 오름이다.

카르스트 지형에서 돌리네는 집단적으로 나타나기도 한다. 이는 돌리네 밑에 용식에 의해 형성된 빈 공간이 발달했을 가능성이 큰 것을 의미한다.

(가)의 기반암은 현무암이고, (나)의 기반암은 석회암이므로 (나)가 먼저 형성되었다.

바로잡기 ㄱ. A는 화구이며, 칼데라가 아니다. 칼데라는 화구의 함몰로 형성되는 것으로 규모가 매우 크다. ㄹ. (가), (나) 모두 배수가 잘 되는 지역이기 때문에 주로 밭농사가 이루어진다.

03 화산 지형과 카르스트 지형의 비교

자료 분석 노트

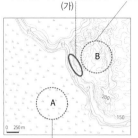
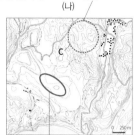

한탄강 주변에 등고선 간격이 좁은 곳은 주상 절리가 발달하여 절벽을 이루고 있는 곳이다.
(가)

산지의 암석은 현무암 분출 이전부터 있었던 화강암과 편마암이다.

여러 개의 돌리네가 나타나고 있다.
(나)

논농사가 이루어지고 있는 A는 현무암이 당시의 하곡이나 분지를 메워 형성된 용암 대지이다.

시멘트 생산을 위해 석회암을 채굴했던 곳으로, 이로 인해 지형의 훼손이 심하다. 기존의 지표 기복이 많이 사라지고 평탄한 면이 남게 되었다.

(가)는 철원의 용암 대지, (나)는 석회암 분포 지역의 카르스트 지형이 나타나는 곳이다. (가)의 용암 대지 주변의 산지에는 주로 변성암(B)이 분포하는데, 이는 시·원생대의 암석으로 용암 대지를 이루고 있는 현무암(A)에 비해 훨씬 이전에 형성된 것이다.

바로잡기 ① A의 기반암인 현무암은 제주도에서도 볼 수 있다. ② A의 평탄면은 유동성이 큰 용암에 의해 형성된 것이다. ④ 한탄강 강변의 주상 절리는 현무암(A)이다. ⑤ C의 와지는 돌리네로, 배수가 양호하기 때문에 주로 밭농사에 이용된다.

04 카르스트 지형의 이해

카르스트 지형은 고생대 조선 누층군에 속하는 석회암의 용식 작용으로 형성되며, 돌리네, 우발라, 석회동굴 등이 대표적인 지형이다. 석회암 분포 지역에는 붉은색을 띠는 석회암 풍화토가 분포하며 배수가 잘 되기 때문에 주로 밭농사가 이루어진다.

바로잡기 ㉡ 고생대 초기의 조선 누층군에 속하며, 조선 누층군은 해성층이다. ㉣ 농경지는 주로 밭으로 이용된다.

 **수능** 특강 76~77쪽

| 유형 1 ③ | 유형 2 ⑤ | 유형 3 ⑤ | 유형 4 ① |

유형 1 중생대 주요 지각 변동의 특징 이해

선택지 분석

①㉠의 영향으로 남북 방향의 1차 산맥이 형성되었다.
→ 1차 산맥은 신생대 제3기의 경동성 요곡 운동에 의해 형성되었다.

②㉡이 산 정상부를 이루는 경우 주로 흙산으로 나타난다.
→ 돌산

③㉢의 결과로 침식 분지가 형성되었다.
→ 화강암과 주변 암석의 경연 차에 따른 차별 침식으로 침식 분지가 형성되었다.

④㉣은 동고서저 지형 형성의 주요 원인이다.
→ 경동 지형은 신생대 제3기의 경동성 요곡 운동에 의해 형성되었다.

⑤㉤에는 갈탄이 광범위하게 매장되어 있다.
→ 갈탄은 신생대 제3기에 퇴적된 지층에 매장되어 있다.

유형 2 주요 하천 지형의 비교 분석

자료 분석

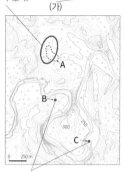

A는 과거에 하천의 유로였는데, 지금은 구하도로 남아 있다.

발문에서 동일한 하계망에 속한다고 했으므로 감입 곡류 구간이 나타나는 (가)가 (나)보다 상류 지역이다.

(가) **(나)**

B와 하천 사이에는 등고선이 두 개 그려져 있고, C와 하천 사이에는 등고선이 없으므로 B가 C보다 고도가 높다.

D는 자연 제방으로, 배후 습지인 E보다 퇴적 물질의 입자 크기가 크고, 배수가 양호하다.

선택지 분석

①하천의 하방 침식은 (나)보다 (가)에서 활발하다.
→ 하방 침식은 침식 기준면인 해수면으로부터 멀리 떨어진 상류에서 더 활발하다.

②A는 과거에 하천의 유로였다.
→ U자 모양이나 말발굽 모양의 등고선이 있으므로 과거 하천이 흐르던 곳이다.

③B는 C보다 인근 하상과의 고도 차가 크다.
→ 각 지점과 하상 사이의 등고선 분포를 보고 파악할 수 있다.

④C는 E보다 퇴적물의 평균 입자 크기가 크다.
→ C가 E보다 상류에 위치하므로 퇴적물의 평균 입자 크기가 크다.

⑤E의 토양은 D의 토양보다 배수가 양호하다.
→ E는 배후 습지로 점토의 비중이 높고, D는 자연 제방으로 모래의 비중이 높다. 따라서 자연 제방인 D의 배수가 더 양호하다.

유형 3 다양한 해안 지형의 비교

자료 분석

A의 해안 단구는 등고선의 간격이 넓은 경사가 완만한 지형이다.

해안선 안쪽에 퇴적된 D는 사빈이고, E는 해안 사구이다. D의 모래가 날려 E에 퇴적된 것이므로 퇴적 물질의 입자 크기는 D가 더 크다.

B 지형은 모두 바깥쪽으로 돌출해 있다는 것이 공통점이다. 이는 파랑의 에너지가 집중되면서 침식 지형이 나타난다.

해안선의 바깥쪽에 퇴적된 C의 갯벌은 조류의 퇴적 작용으로 형성된다. 따라서 모래가 퇴적된 지형에 비해 퇴적 물질의 입자 크기가 작다.

선택지 분석

①A는 과거의 파식대가 융기된 지형이다.
→ 동쪽 해안선 부근에 여러 개의 등고선이 밀집되어 있어 융기를 통해 현재의 해수면으로부터 멀리 떨어진 지형으로 해안 단구임을 알 수 있다.

②B는 해식애가 후퇴하면서 육지에서 분리된 지형이다.
파랑의 침식 작용 결과 돌기둥 모양의 지형 → 시 스택

③C는 주로 조류에 의해 퇴적되는 지형이다.
→ 밀물 때 주로 퇴적이 일어나고, 썰물 때는 퇴적 물질이 쓸려나가는 갯벌이다.

④D는 주로 파랑과 연안류의 퇴적 작용으로 만들어진 지형이다.
→ 사빈의 형성 작용이다.

✗ E는 D보다 퇴적물의 평균 입자 크기가 크다.
→ D(사빈)의 퇴적 물질이 바람에 날려 터(해안 사구)에 퇴적된 것이므로 입자 크기가 비교적 작은 것부터 날려가서 퇴적되었을 것이므로 D의 평균 입자 크기가 더 크다.

유형 4 화산 지형과 카르스트 지형의 비교

자료 분석

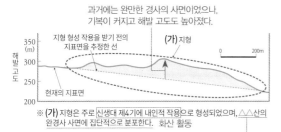

※ (가) 지형은 주로 신생대 제4기에 내인적 작용으로 형성되었으며, △△산의 완경사 사면에 집단적으로 분포한다. 화산 활동
한라산 산록에 분포하는 기생 화산인 오름으로 추정해 볼 수 있다.

※ (나) 지형은 주로 빗물과 지하수가 암석에 화학 작용을 일으켜 형성되며, 서로 연결되어 규모가 커지기도 한다. 용식 작용
움푹 파인 지형으로 돌리네와 우발라로 추정해 볼 수 있다.

선택지 분석

① 기반암의 특성으로 인해 건천이 나타난다.
→ (가)는 현무암, (나)는 석회암으로 기반암의 종류는 서로 다르지만 평상시에는 물이 잘 흐르지 않는 건천이 나타난다.

✗ 기반암이 용식되어 형성된 동굴이 나타난다.
→ 석회동굴로 (나) 지형 주변에서만 나타난다.

✗ 분화구에 물이 고여 형성된 호수가 나타난다.
→ 화구호로 (가) 지형 주변에서만 나타난다.

✗ 기반암이 풍화되어 주로 검은색의 토양이 나타난다.
→ 현무암 풍화토에 해당한다. (가) 지형 주변에서만 나타난다.

✗ (가), (나) 지형의 형성은 해발 고도를 높이는 작용을 한다.
→ (가) 지형 주변에서만 나타난다. (나)는 해발 고도가 낮아진다.

실전 대비 ‖ 단원 문제 마무리
80~83 쪽

01 ④   02 ②   03 ①   04 ②   05 ①   06 ③
07 ⑤   08 ⑤   09 ⑤   10 ①   11 ①   12 ①
13 ①   14 ②

15 예시답안 해수면 상승으로 인해 하천의 범람이 활발해지면서 범람원, 삼각주와 같은 퇴적 지형이 형성되었다.

16 예시답안 하안 단구, 과거에 하상이었거나 범람원이었던 지역의 지반이 융기하여 하천의 하방 침식력이 증가함에 따라 현재의 하상보다 고도가 높은 곳에 위치하게 된 것이다.

17 예시답안 태안반도의 신두리 해안은 북서쪽으로 개방된 사빈을 갖고 있어 강한 북서풍에 의해 사빈의 모래가 날려 사구가 형성되기에 유리하다.

01 지도에서 A는 불국사 화강암, B는 전국적으로 널리 분포하는 대보 화강암, C는 고생대 평안 누층군의 퇴적암, D는 신생대의 화산암, E는 신생대 제3기의 퇴적암 분포 지역이다. A와 B는 화강암이므로 관입암에 속한다. 신생대 제3기의 퇴적층 일부 지역에는 갈탄이 매장되어 있다.

바로잡기 ④ D는 화산암이며, 우리나라에서 가장 넓은 분포 면적을 차지하는 것은 아니다. 화산암은 신생대 제3기 말~제4기 초에 걸쳐 화산 활동이 있었던 백두산, 울릉도, 제주도, 신계 - 곡산, 철원 - 평강 등에 분포한다.

02 (가)는 중생대, (나)는 신생대, (다)는 시·원생대, (라)는 고생대의 지체 구조이다. 석탄층은 무연탄의 경우 고생대 평안 누층군이 중생대 트라이아스기까지 연결되고, 대동 누층군에도 매장되어 있다. 신생대 제3기층에도 갈탄이 일부 매장되어 있으므로 고생대, 중생대, 신생대의 지체 구조에 석탄이 매장되어 있다. 한편 중생대에는 여러 차례의 지각 변동 시기에 화강암이 관입하였는데, 특히 대보 조산 운동 시기에 대보 화강암의 비중이 가장 크다.

바로잡기 ㄴ. (다)는 시·원생대, (라)는 고생대이므로 (다)가 (라)보다 이른 시기에 형성된 것이다. ㄹ. (나)는 신생대로 크게 화산 활동으로 분출한 화산암과 신생대 제3기의 퇴적암으로 구분할 수 있다. 그 중 퇴적암인 신생대 제3기층의 경우 육성 퇴적층이며, 일부 갈탄이 매장되어 있다.

03 제시된 지도에서 (가)는 추가령 구조곡, (나)는 태백산맥, (다)는 차령산맥, (라)는 소백산맥, (마)는 지리산이다. 멸악산맥 이남에는 중국 방향의 구조선이 일반적이며, (가) 역시 중국 방향의 구조선을 따르므로 하천의 방향도 중국 방향을 따른다. 태백산맥은 1차 산맥이고, 차령산맥은 2차 산맥이다.

바로잡기 ㄷ. 소백산맥은 한강과 낙동강의 분수계 역할을 한다. ㄹ. 지리산은 변성암이 기반암을 이루는 대표적인 흙산이다.

04 사진을 보면 (가)는 바위가 드러난 돌산이고, (나)는 거의 빈틈없이 식생으로 덮여 있는 흙산이다. 돌산의 기반암은 중생대의 화강암이 대부분이고, 흙산의 기반암은 시·원생대의 변성암이므로 형성 시기가 더 이르다. 토양층은 오랜 기간 풍화와 침식을 받은 흙산이 돌산보다 더 두껍다. 또한 식생의 밀도도 토양층이 두꺼운 흙산이 돌산보다 더 높다.

05 낭림산이 있는 ㉠은 낭림산맥의 일부이다. A는 풍화와 침식을 견디고 남은 돌산들이다. ㉡은 태백산맥의 일부이다. ㉢은 소백산맥의 일부이다. ㉠이 위도가 가장 높은 북부 지방이고, ㉢이 위도가 가장 낮은 남부 지방이다. 낭림산맥과 태백산맥은 1차 산맥이다.

바로잡기 ㄷ. A는 중생대에 관입한 화강암 산지이다. ㄹ. 한국 방향의 구조선을 따르는 것은 1차 산맥이다.

06 (가)는 해발 고도가 높으며, 주변 지역에 비해 등고선의 간격이

넓은 것으로 보아 사면의 경사가 상대적으로 완만한 고위 평탄면임을 알 수 있다. 고위 평탄면에서는 배추와 같은 냉량성 작물을 노지 재배한다.

바로잡기 ① 고위 평탄면에서는 자연환경이 불리하기 때문에 벼농사가 불가능하다. ② 하천의 배후 습지는 자유 곡류 구간에서 넓게 나타난다. ④ 비닐하우스는 대도시에 인접한 지역이나 교통이 편리한 농촌 지역에서 쉽게 볼 수 있다. 고랭지 농업은 노지 재배 방식이다. ⑤ 차나무는 난대림에 속하므로 남부 지방에서 재배가 가능하다.

07 그림의 A는 선상지의 선앙, B는 선단, C는 자유 곡류 하천, D는 우각호, E는 삼각주이다. 삼각주는 하천에 의한 운반 물질이 풍부하고 조차가 작은 하천의 하구에서 잘 발달한다. 따라서 우리나라의 경우 조차가 작은 낙동강 하구에 삼각주가 발달해 있다.

바로잡기 ① 퇴적된 물질의 입자 크기가 매우 다양하며, 배수가 잘되어 하천은 복류하게 된다. ② 용천을 따라 취락이 입지하는데, 이는 물을 구할 수 있는 입지에 해당한다. ③ 자유 곡류 하천에서 곡류가 절단되면 구하도와 우각호가 생기기도 하는데, 이는 하천의 측방 침식력과 관련된다. ④ 우각호는 시간이 지날수록 퇴적물이 쌓여 점점 규모가 축소된다.

08 그림은 침식 분지의 단면이다. 주변의 산지는 변성암으로 이루어져 있고, 가운데에는 화강암이 관입한 형국이다. 하천에 의해 차별적인 침식이 이루어지면서 가운데에 분지가 형성되는데, 이러한 지형은 하천의 합류 지점에서 잘 발달한다. 침식 분지는 주변이 산지로 둘러싸여 있고, 가운데에는 하천과 충적 지형이 있어 사람이 터를 잡고 살아가기에 유리한 지형이다. 이 때문에 분지는 예로부터 취락의 입지로 활용되어 왔다. 우리나라는 구조선이 복잡하고 화강암이 전국적으로 널리 관입하였기 때문에 침식 분지가 곳곳에 발달하였다.

바로잡기 ⑤ 우리나라는 노년기 산지가 많기 때문에 선상지의 발달이 어렵다.

09 A와 B는 하천의 자유 곡류 구간에 있는 범람원의 일부로, A는 배후 습지, B는 자연 제방이다. C~E는 하천의 감입 곡류 구간에 있는 지형으로, C는 하천의 공격 사면, D는 퇴적 사면, E는 하안 단구에 해당한다. 범람원에서 배후 습지는 자연 제방에 비해 퇴적 물질의 평균 입자 크기가 작다. 범람원과 같은 퇴적 지형은 후빙기에 해수면이 상승할 때 하천의 범람이 활발해지면서 발달하게 된다. 하안 단구는 과거의 하상이었던 지역으로, 둥근 자갈과 같은 흔적을 발견할 수 있다.

바로잡기 ⑤ 하안 단구는 하천의 퇴적 사면보다 고도가 높기 때문에 하천의 홍수 시에 침수될 가능성이 작다.

10 제시된 지도에서 A는 사빈이고, B는 갯벌이다. 사빈은 파랑과 연안류의 퇴적 작용으로 형성되고, 갯벌은 조류의 퇴적 작용으로 형성된다. 퇴적 물질의 평균 입자 크기는 사빈이 갯벌보다 더 크다.

바로잡기 ㄷ. 두 지형 모두 후빙기에 해수면이 상승한 이후 발달하였다. ㄹ. 갯벌은 서·남해안에서 볼 수 있지만, 사빈은 동·서·남해안 모든 지역에서 볼 수 있다.

11 제시된 사진의 우측에 보이는 절벽은 해식애에 해당하고, 그 앞에 펼쳐진 넓은 대지는 파식대이다. 이와 같은 침식 지형은 파랑의 에너지가 집중되는 곳에서 주로 발달한다.

바로잡기 ㄷ. 과거 빙기 때는 지금보다 해수면이 낮았기 때문에 그때의 흔적을 지금 찾을 수는 없다. ㄹ. 파랑에 의한 침식 작용이 활발하게 나타나 있는 지형이다.

12 지도에 ⬯로 표시된 와지는 지표의 함몰로 형성된 돌리네이다. 이 지형은 석회암이 분포하는 지역에서 잘 발달하는데, 석회암이 풍화되어 형성된 토양은 붉은색을 띤다.

바로잡기 ㄷ. 배수가 잘 되는 기반암의 특성상 이러한 지역에서는 밭농사가 주로 이루어진다. ㄹ. 석회암은 고생대의 조선 누층군에 주로 분포한다.

13 ㈎는 제주도이고, A는 한라산의 산록에 해당한다. ㈏는 울릉도이고, B는 칼데라 분지이다. 두 지역 모두 신생대 제3기 말에서 제4기 초에 걸친 화산 활동으로 형성된 것이다. 제주도의 오름은 1회성 분화를 통해 형성된 작은 규모의 화산이다. 울릉도에서 칼데라 분지인 나리 분지를 둘러싸고 있는 산들은 외륜산으로, 화구 함몰 당시에 함몰되지 않고 남은 화산체의 일부에 해당한다. 따라서 외륜산의 정상에는 화구가 없다. 나리 분지에서는 분지 형성 이후 알봉이 분화하여 이중 화산의 형태가 나타난다.

바로잡기 ① A의 기반암은 유동성이 큰 현무암이지만, B의 기반암은 유동성이 작고 점성이 큰 조면암으로 이루어져 있다.

14 철원의 용암 대지는 유동성이 큰 현무암질 용암이 분출하여 골짜기와 하곡 등이 메워진 후 그 위로 한탄강이 흘렀고, 한탄강에 의해 용암 대지 위에 충적층이 형성되었다. 이후 하천의 침식을 받아 한탄강은 현무암의 수직 절벽 아래로 흐르게 되었고, 사람들은 물을 끌어다 농사를 지을 수 있었다.

바로잡기 ㉡ 용암 대지 위에서 농사를 지을 수 있는 것은 과거 한탄강의 충적층이 존재하기 때문이다. 현무암의 풍화토는 분포하지 않는다. ㉣ 절리가 없어서 물이 잘 빠지지 않는 것이 아니라, 용암 대지 위에 있는 충적층이 물을 잘 머금고 내려 보내지 않는 특징이 있기 때문이다.

15 **이렇게 쓰면 감점** 해수면 상승에 따른 하천 범람이라는 내용 없이 충적 지형의 발달만 서술하면 감점이다.

16 **이렇게 쓰면 만점** 지반의 융기 또는 해수면의 하강과 같은 하천의 하방 침식력이 증가할 수 있었던 요인을 함께 서술하면 만점이다.

17 **이렇게 쓰면 감점** 단순하게 서해안에 있는 사빈이기 때문이라고 서술하면 감점이다.

Ⅲ 기후 환경과 인간 생활

01 우리나라의 기후 특성

기초를 다지는 확인 문제 _____ 90쪽

01 (1) 기후 요소 (2) 대륙성 (3) 해발 고도 (4) 높새바람 (5) 꽃샘
추위 **02** (1) ○ (2) ○ (3) × (4) × (5) ○ **03** (1) ⓒ
(2) ⓖ (3) ⓒ (4) ⓔ

실력을 키우는 실전 문제 _____ 91~95쪽

01 ③	**02** ③	**03** ①	**04** ①	**05** ②	**06** ①
07 ④	**08** ①	**09** ②	**10** ①	**11** ④	**12** ②
13 ②	**14** ①	**15** ③	**16** ⑤	**17** ③	**18** ⑤
19 ⑤	**20** ②				

21 〔예시답안〕 A는 여름철 남서풍의 바람받이 사면으로 지형성 강수가 발생하여 강수량이 많은 곳이다. B는 주변이 산지로 둘러싸인 분지로 바람그늘 사면에 해당하여 강수량이 적다.

22 〔예시답안〕 •A : 우리나라에 북동 기류가 유입되면 태백산맥의 바람받이 사면인 영동 지방과 대관령 일대에 많은 눈이 내린다.
•B : 차가운 북서풍이 상대적으로 따뜻한 황해 상을 건너오면서 열과 수증기를 공급받아 눈구름이 만들어져 호남 지방에 많은 눈이 내린다.

23 〔예시답안〕 동해안에 위치한 B는 태백산맥이 차가운 북서 계절풍을 막아 주고, 황해보다 수심이 깊고 난류가 흐르는 동해의 영향으로 A보다 1~3월 기온이 높다.

01 기후 요인은 지역에 따른 기후 요소의 차이에 영향을 주는 위도, 수륙 분포, 지형, 해발 고도, 해류 등을 말한다. 이러한 기후 요인의 영향을 받은 기온, 강수, 바람 등에 의해 기후 현상이 나타난다.

〔바로잡기〕 을 : 대륙 동안에 위치하여 대륙의 영향을 많이 받는 것은 수륙 분포의 영향이다. 병 : 태백산맥은 주변 지역보다 해발 고도가 높아 여름철이 서늘하다.

기후 요인에 따른 우리나라 기후 〔만점 공략 노트〕

기후 요인에 따른 우리나라의 기후 특성은 사례를 중심으로 자주 출제되므로 기본적 특성을 알아 둘 필요가 있다.

기후 요인	기후 특성
위도	남부 지방은 북부 지방보다 위도가 낮아 기온이 높음
수륙 분포	우리나라는 대륙 동안에 위치하여 대륙성 기후가 나타나 기온의 연교차가 큼
해발 고도	대관령은 해발 고도가 높아 주변 지역보다 여름철 기온이 낮음
지형	바람받이 사면은 강수량이 많고 바람그늘 사면은 강수량이 적음

02 대륙의 서쪽에 위치한 리스본은 편서풍이 불어와 해양의 영향을 많이 받고, 대륙의 동쪽에 위치한 서울은 편서풍의 영향이 약하여 대륙의 영향을 많이 받는다. 따라서 우리나라는 대륙성 기후가 나타나 기온의 연교차가 크며, 계절에 따른 강수량 차이도 커서 홍수와 가뭄이 자주 발생한다.

〔바로잡기〕 ③ 위도가 비슷하기 때문에 받는 태양 복사 에너지의 양은 비슷하다.

03 (가) 부산과 강릉은 모두 해안에 위치한 도시이기 때문에 수륙 분포에 의한 기온 차이는 나타나지 않으며, 부산이 강릉보다 남쪽에 위치하여 위도에 따른 기온 차이가 나타난다. (나) 대관령은 서울과 비슷한 위도에 위치하지만, 해발 고도가 높기 때문에 최한월 평균 기온이 낮다.

04

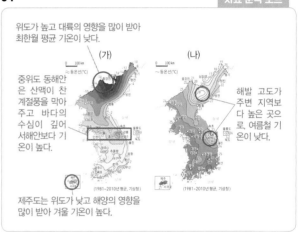

〔자료 분석 노트〕

위도가 높고 대륙의 영향을 많이 받아 최한월 평균 기온이 낮다.

중위도 동해안은 산맥이 찬 계절풍을 막아 주고 바다의 수심이 깊어 서해안보다 기온이 높다.

제주도는 위도가 낮고 해양의 영향을 많이 받아 겨울 기온이 높다.

해발 고도가 주변 지역보다 높은 곳으로, 여름철 기온이 낮다.

(가)는 제주에서 6℃, 중강진에서 −16℃ 정도인 것으로 보아 1월 평균 기온을 나타낸 것이다. (나)는 제주에서 27℃, 삼지연 일대에서 17℃ 정도인 것으로 보아 8월 평균 기온을 나타낸 것이다. (가)는 기온의 지역 차가 약 22℃이고, (나)는 기온의 지역 차가 약 10℃ 정도로, (나)보다 (가) 시기에 기온의 지역 차가 더 크다.

〔바로잡기〕 ㄷ. 제주는 기온의 연교차가 약 21℃(27℃−6℃), 중강진은 약 37℃(21℃−(−16℃)) 정도로 북쪽으로 갈수록 커진다. ㄹ. 비슷한 위도에서는 산맥이 차가운 북서 계절풍을 막아 주고 바다의 수심이 깊은 동해안이 서해안보다 겨울철 기온이 높다.

05 우리나라 기온의 남북 차는 위도에 의해 나타난다. 위도가 높은 중강진의 최한월 평균 기온은 낮고, 위도가 낮은 제주의 최한월 평균 기온은 높다. 기온의 동서 차는 비슷한 위도의 경우 지역마다 받는 태양 에너지의 양도 비슷하여 수륙 분포와 바다의 수심, 해발 고도 등 다양한 기후 요인에 의해 발생한다. 우리나라는 국토가 남북으로 길어 기온의 남북 차가 동서 차보다 크게 나타난다.

〔바로잡기〕 ② 바다의 영향을 많이 받는 해안은 여름에는 시원하고 겨울에는 따뜻하기 때문에 내륙보다 기온의 연교차가 작다.

06 우리나라의 다우지와 소우지를 구분하는 데 큰 영향을 주는 강수 유형은 지형성 강수이다. 바람받이 사면은 강수량이 많아 다우지, 저평한 지역이나 바람그늘 사면은 강수량이 적어 소우지가 된다.

바로잡기 ㄷ. 시베리아 기단은 겨울철 우리나라에 영향을 주는 한랭 건조한 기단으로 한파와 강설 현상을 발생시킨다. ㄹ. 해양 수심이 깊으면 바다의 영향을 크게 받아 기온의 연교차가 작아지게 된다.

07 제시된 지도에서 A는 대동강 하류, B는 개마고원 일대, C는 영남 내륙 분지, D는 섬진강 하류이다. 이 중 A, B, C는 주변 지역보다 강수량이 적은 소우지, D는 주변 지역보다 강수량이 많은 다우지이다. A의 대동강 하류는 저평한 지역으로 습윤한 바람이 상승할 수 있는 지형이 없어 소우지가 된다. C의 영남 내륙 분지는 태백산맥과 소백산맥으로 둘러싸여 습윤한 바람을 차단하고 바람그늘 지역이기 때문에 소우지이다. D의 섬진강 하류는 높은 지리산의 바람받이 사면으로 남서 기류의 영향을 받아 연 강수량이 많은 다우지이다.

바로잡기 ㄴ. B는 낭림산맥과 함경산맥으로 둘러싸인 곳으로 습윤한 바람의 영향을 받지 못하여 강수량이 적은 소우지이다.

08 제시된 그래프를 보면 강수량의 연 변동이 크게 나타나는 것을 알 수 있다. 우리나라는 장마 전선이 정체하는 기간, 태풍의 영향 횟수 등에 의해 연도별 강수량 격차가 커 홍수와 가뭄이 자주 반복된다. 따라서 물 자원 이용률이 낮아 하천 교통이 발달하기 어려우며, 예로부터 저수지 등 수리 시설을 축조하였다.

바로잡기 ① 수력 발전은 큰 낙차를 이용할 수 있는 지형과 풍부한 유량이 있어야 발전이 유리하다. 하지만 우리나라는 강수량의 연도별 격차가 커서 수력 발전이 불리하다.

09 (가)는 북서풍이 탁월한 1월, (나)는 남동·남서풍이 탁월한 7월이다. 겨울 계절풍은 북서쪽 대륙에서 불어오기 때문에 한랭 건조한 성질이 나타나며, 여름에는 북태평양 기단이 우리나라에 넓게 정체하기 때문에 고온 다습한 무더위가 지속된다.

바로잡기 ㄴ. 우리나라 연 강수량의 절반 이상이 여름에 집중된다. ㄹ. 눈이 내리는 시기는 겨울로 (가) 시기이며, 영동 지방에는 북동풍이 불 때 많은 눈이 내린다.

10 (가)는 등치선도의 날짜가 10월 중순에서 1월 초까지 나타나므로 서리 첫날, (나)는 등치선도의 날짜가 2월 초부터 4월 중순까지 나타나므로 서리 마지막 날이다. 서리 첫날은 고위도의 내륙 지역, 해발 고도가 높은 지역에서 빠르게 나타난다. 반면 서리 마지막 날은 저위도의 해안 지역, 해발 고도가 낮은 곳에서 빠르게 나타난다.

바로잡기 ㄷ. (가)에서 (나)까지의 기간은 서리 일수로 서리가 내리는 기간은 내륙이 해안보다 길다. ㄹ. (나)에서 (가)까지의 기간은 서리가 없는 무상 기간이다. 시베리아 기단의 영향을 받으면 서리가 내린다.

무상 기간과 서리 일수는 서로 상대적인 기간으로, 이를 활용한 문제가 자주 출제되므로 비교해서 기억해 둔다.

무상 기간	• 서리가 내리지 않는 기간으로, 마지막 서리일로부터 첫 서리일까지의 기간을 말함 • 농작물의 생육 기간과 대체로 일치함 • 저위도에서 고위도로, 해안에서 내륙으로 갈수록 짧아짐
서리 일수	• 서리가 내리는 기간으로, 첫 서리일로부터 마지막 서리일까지의 기간을 말함 • 저위도에서 고위도로, 해안에서 내륙으로 갈수록 길어짐

11

최한월 평균 기온이 0℃ 이상으로 네 지역 중 가장 따뜻한 곳이다. 강릉은 동해와 산맥의 영향으로 최한월 기온이 높다.

한류의 영향을 받아 제시된 지역 중 연 강수량이 가장 적은 청진이다.

제시된 지역 중 최한월 평균 기온이 두 번째로 높은 곳으로 인천이다.

신의주와 청진은 인천이나 강릉보다 위도가 높기 때문에 최한월 평균 기온이 상대적으로 낮다. (다)는 청진보다 위도가 낮지만 겨울 계절풍의 영향을 많이 받아 최한월 평균 기온은 더 낮은 신의주이다.

동해안에 위치한 강릉은 인천보다 최한월 평균 기온이 높기 때문에 (가), 인천이 (나)가 된다. 그리고 나머지 북부 지방의 두 곳 중 강수량이 더 적은 (라)는 청진, (다)는 신의주이다.

바로잡기 ㄷ. (다)는 신의주, (라)는 청진으로 위도는 (다)가 (라)보다 낮지만, 최한월 평균 기온은 (다)가 (라)보다 낮다. 이는 청진은 동해의 영향을 받고 산맥이 차가운 북서 계절풍을 차단하기 때문이다.

기후 단원에서는 여러 유형의 그래프를 통해 지역별 기온과 강수 분포를 보고 지도에서 관련 지역을 연결하는 문항의 출제 빈도가 매우 높다. 특히 위도가 비슷한 지역의 기후를 비교하거나, 위도가 다른 지역의 기후를 비교하는 유형으로 출제되므로, 특징적인 여러 지역의 기온과 강수 분포 특징을 기억해 두어야 한다.

기온 분포	• 남북 차 : 북쪽으로 갈수록 최한월 평균 기온이 낮아져 연교차가 커짐 • 동서 차 : 동위도 상에서 겨울철 기온은 울릉도>동해안>서해안>내륙 순으로 높음 • 청진은 비교적 고위도에 위치하지만 동해안에 위치해 있어 평양보다 최한월 기온이 높음
강수 분포	• 북쪽으로 갈수록 대체로 강수량이 적음 • 청진은 한류의 영향으로 소우지, 제주도는 해양의 영향으로 다우지를 이룸

12 지도의 A는 중강진, B는 울릉도, C는 대구, D는 서귀포이다. 가장 위도가 높고 내륙에 위치한 중강진은 최한월 평균 기온이 가장 낮고, 기온의 연교차가 가장 크다. 울릉도는 바다의 영향을 많이 받아 기온의 연교차가 작고 겨울 강수량이 많다. 대구는 남부 지역의 내륙에 위치하여 여름 기온이 높고 분지 형태로 강수량이 적다. 서귀포는 가장 남쪽에 위치하여 연평균 기온이 가장 높다.

바로잡기 ㄴ. A의 중강진은 고위도 내륙 지방으로 상대적으로 저위도 해안에 위치한 D의 서귀포보다 겨울 기온이 낮다. ㄹ. C의 대구는 소우지로 D의 서귀포보다 연평균 강수량이 적다.

13

자료 분석 노트

서고동저의 기압 배치가 나타나며, 등압선의 간격이 좁아 풍속이 강한 겨울철 일기도이다.

(가)   (나)

남고북저의 기압 배치가 나타나며, 남쪽에서 고온 다습한 바람이 부는 여름철 일기도이다.

(가) 시기는 대륙에서 북서 계절풍이 불기 때문에 바다에서 계절풍이 불어오는 (나) 시기보다 강수량이 적다. 태풍의 영향은 겨울보다 여름에 더 많이 받는다.

바로잡기 ㄴ. (나)는 여름철 무더위가 나타나는 시기로, (가) 시기보다 기온이 높아 냉방기기에 대한 수요가 증가한다. ㄹ. 바람은 고기압에서 저기압으로 분다. 따라서 (가) 시기에는 육지에서 해양으로, (나) 시기에는 해양에서 육지로 바람이 분다.

14 지도의 A는 중강진, B는 남포, C는 원산이다. 중강진은 고위도의 내륙에 위치하여 대륙의 영향을 많이 받아 기온의 연교차가 크고 연 강수량이 적다. 남포는 대동강 하류에 위치하여 저평한 지형의 영향을 받아 연 강수량이 적다. 반면 원산은 북동 기류의 영향을 받아 북한에서 연 강수량이 많은 다우지이다. 남포와 원산은 비슷한 위도에 위치하지만 동해의 깊은 수심과 산맥이 북서 계절풍을 차단하여 원산이 남포보다 기온의 연교차가 작다.

15 제시된 기상 자료는 5월로 늦봄에서 초여름 사이의 것이다. 영동 지방인 강릉은 기온이 낮고 강수 현상이 나타났으며 영서 지방인 춘천은 기온이 높고 건조했다. 이는 높새바람의 영향을 받았음을 보여 준다. 높새바람은 북동풍이 탁월하게 불 때 나타나며 푄 현상에 의해 바람이 산맥을 넘으면서 고온 건조한 성질로 바뀐다.

바로잡기 ㄱ. 북동풍인 높새바람이 불어 강릉에는 저온 습윤한 날씨가, 춘천에는 고온 건조한 날씨가 나타났다. ㄹ. 최고 기온의 차이는 푄 현상에 의해 나타난 것이다.

16 (가)는 눈이 쌓여 있는 겨울, (나)는 무더위를 피해 한강으로 나온 시민이 있는 여름의 모습이다. 우리나라에는 여름부터 초가을까지 적도 기단의 영향으로 태풍에 의한 풍수해가 자주 발생한다.

바로잡기 ① 우리나라는 연 강수량의 절반 이상이 여름철에 집중된다. ② 우리나라는 겨울에는 북서 계절풍, 여름에는 남동·남서 계절풍이 탁월하다. ③ 우리나라 기온 분포의 지역 차이는 여름보다 겨울에 크게 나타난다. ④ 겨울에는 대륙성 기단인 시베리아 기단의 영향을 주로 받는다.

17 제시된 여행기의 여행 기간을 보면 3월 말 꽃이 피는 시기로 계절상 봄이다. 기온이 22℃로 비교적 높았는데 2일 후 새벽에는 −1.3℃까지 갑자기 기온이 낮아진 것으로 보아, 이는 시베리아 기단의 일시적 확산에 의해 나타난 꽃샘추위에 대한 것임을 알 수 있다.

바로잡기 ① 북태평양 기단이 한반도에 넓게 분포하면 한여름 무더위가 나타난다. ② 이동성 고기압과 저기압이 교대로 통과하면 날씨 변화가 심하여 맑은 날과 흐린 날이 반복된다. ④ 대륙에서 이동성 고기압이 이동해 오면 맑은 날씨가 지속된다. ⑤ 고위도에서 남하한 찬 공기와 북태평양 기단이 만나 정체하면 집중 호우가 발생한다.

18 제시된 자료는 지형성 강수에 대한 것이다. 여름철 남동·남서풍의 바람받이에 해당하는 제주도 남동부는 여름철 강수량이 많은 다우지이다. 영남 내륙 분지는 주변이 산으로 둘러싸여 바람그늘에 해당하여 상대적으로 여름철 강수량이 적어 소우지에 해당한다. 강원도 영동 산간 지역은 북동 기류가 태백산맥에 부딪칠 때 많은 눈이 내린다.

바로잡기 ㄱ. 대동강 하류 지역은 저평한 지형의 영향으로 상승 기류가 발생하기 어려워 지형성 강수가 나타나지 않는 소우지이다.

19 (가)는 북풍이 탁월한 1월, (나)는 남서·남동의 남풍이 탁월한 7월이다. 1월인 (가)의 해안 지역은 북서 계절풍의 영향을 바로 받아 바람이 강하다. 반면 내륙으로 갈수록 산이나 빌딩 등 방해 요소가 많아지기 때문에 바람은 약해진다.

바로잡기 ⑤ 우리나라는 여름에 집중 호우가 자주 발생한다.

20 A는 시베리아 기단, B는 오호츠크해 기단, C는 적도 기단, D는 북태평양 기단이다. 시베리아 기단이 강하게 발달하면 한파가 발생하고 서고동저형 기압 배치가 나타난다. 북태평양 기단이 한반도에 넓게 영향을 미치면 무더위가 지속된다.

바로잡기 을 : 서고동저형 기압 배치가 나타나는 계절은 겨울로 시베리아 기단의 영향이 강할 때 뚜렷하게 나타난다. 병 : 적도 기단의 영향이 강해지면 우리나라에 태풍이 영향을 미친다. 높새바람은 오호츠크해 기단이 발달하여 불어오는 북동풍이다.

21 **이렇게 쓰면 감점** 강수량의 차이를 통해 A는 다우지, B는 소우

지로 구분하였으나, 그 원인으로 지형성 강수와 바람의 방향을 서술하지 않으면 감점이다.

22 이렇게 쓰면 **만점** A는 북동 기류와 바람받이 사면의 역할을 하는 산맥의 영향, B는 차가운 북서풍이 바다를 지나오면서 형성된 눈구름의 영향으로 구분하여 서술하면 만점이다.

23 이렇게 쓰면 **만점** B 지역이 A 지역보다 기온이 높은 이유를 태백산맥과 바다의 수심 및 난류의 영향을 모두 포함하여 서술하면 만점이다.

등급을 올리는 **고난도 문제** 96~97쪽

01 ⑤ **02** ② **03** ② **04** ①

---

01 위도가 비슷한 지역의 강수 특징 비교 — 자료 분석 노트

서고동저형의 기압 배치가 나타나는 겨울철 일기도이다.

울릉도는 동해에 위치한 섬으로, 겨울철 해양에서 수증기의 공급이 많아 눈이 매우 많이 내린다.

남고북저형의 기압 배치가 나타나는 여름철 일기도이다.

서해안은 겨울철 강수량이 적다.

대관령은 남서 기류가 불 때 지형성 강수가 발생하여 강수량이 많다.

(가)는 대륙에 고기압, 해양에 저기압이 발달한 겨울, (나)는 해양에 고기압, 대륙에 저기압이 발달한 여름의 일기도이다. 지도에서 A는 서해안인 인천, B는 해발 고도가 높은 대관령, C는 동해의 섬인 울릉도이다. 겨울 강수량은 울릉도에서 가장 많고 인천에서 가장 적다. 여름 강수량은 대관령이 가장 많고, 울릉도가 가장 적다.

02 여러 지역의 기후 비교 — 자료 분석 노트

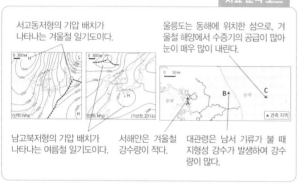

중강진은 위도가 높고 내륙에 위치하고 있어 대륙의 영향을 크게 받는다. 따라서 기온의 연교차가 크고 강수량이 적다.

청진은 한류의 영향을 받아 강수량이 매우 적다.

대동강 하류는 저평한 지역으로 지형성 강수가 발생하지 않아 강수량이 적다.

소백산맥 일대는 해발 고도가 높아 주변 지역보다 여름철 기온이 낮다.

우리나라는 지형과 풍향에 따라 지역별 강수량 차이가 크다. 지형성 강수의 바람받이 사면은 다우지, 바람그늘 사면은 소우지가 된다. 또한 해발 고도가 높으면 주변 지역에 비해 기온이 낮게 나타난다.

---

03 강수 유형의 구분 — 자료 분석 노트

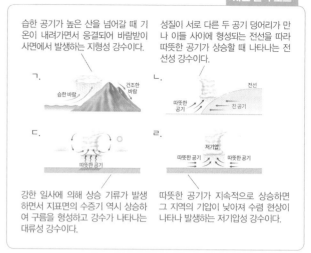

습한 공기가 높은 산을 넘어갈 때 기온이 내려가면서 응결되어 바람받이 사면에서 발생하는 지형성 강수이다.

성질이 서로 다른 두 공기 덩어리가 만나 이들 사이에 형성되는 전선을 따라 따뜻한 공기가 상승할 때 나타나는 전선성 강수이다.

강한 일사에 의해 상승 기류가 발생하면서 지표면의 수증기 역시 상승하여 구름을 형성하고 강수가 나타나는 대류성 강수이다.

따뜻한 공기가 지속적으로 상승하면 그 지역의 기압이 낮아져 수렴 현상이 나타나 발생하는 저기압성 강수이다.

강수의 유형에는 전선성 강수, 지형성 강수, 대류성 강수, 저기압성 강수의 4가지 유형이 있다. 제시된 글에서 (가)는 고위도의 찬 공기와 저위도의 따뜻한 공기가 만나 정체 전선을 형성하는 전선성 강수, (나)는 습한 바람이 산지를 올라가며 발생하는 지형성 강수에 관련된 것이다. 이 중 우리나라 강수량의 지역적 차이는 지형성 강수의 영향이 크다.

04 강수량과 기온 차를 통한 지역 구분 — 자료 분석 노트

A는 제시된 지역 중 가장 기온이 낮으며 강수량이 많은 곳이다. 제시된 지역 중 위도가 높고 해발 고도가 높은 곳인 대관령이다.

D와 연평균 기온이 비슷하지만 강수량이 더 많은 대전이다.

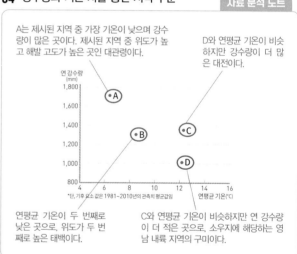

연평균 기온이 두 번째로 낮은 곳으로, 위도가 두 번째로 높은 태백이다.

C와 연평균 기온이 비슷하지만 연 강수량이 더 적은 곳으로, 소우지에 해당하는 영남 내륙 지역의 구미이다.

그래프의 A~D를 주어진 지역인 대전, 태백, 구미, 대관령의 기후 특색과 비교하면 A는 대관령, B는 태백, C는 대전, D는 구미임을 알 수 있다. D는 구미로 영남 내륙 분지에 해당하여 소우지이다. 대관령인 A는 C의 대전보다 해발 고도가 높다. C의 대전은 위도가 더 높은 B의 태백보다 농작물의 생육 기간이 길다. C와 D는 비슷한 위도 상에 위치하여 연평균 기온이 비슷하다.

바로잡기 ① 대관령은 연 강수량이 1,898.1mm인 다우지로, 8월 평균 강수량이 연 강수량의 40% 이상을 차지한다. 그러나 태풍으로 인한 강수는 약 100mm 정도로, 연 강수량이 많은 원인이 태풍이라고 하기는 어렵다.

기초를 다지는 확인 문제
104쪽

01 (1) ○ (2) ○ (3) ○ (4) × (5) ○ **02** (1) 여름 (2) 겹집
(3) 우데기 (4) 높새바람 (5) 도시 열섬 **03** (1) ㉠ (2) ㉢
(3) ㉡ (4) ㉣

실력을 키우는 실전 문제
105~109쪽

01 ③ **02** ③ **03** ⑤ **04** ④ **05** ② **06** ④
07 ④ **08** ① **09** ② **10** ③ **11** ⑤ **12** ③
13 ④ **14** ② **15** ③ **16** ⑤ **17** ③ **18** ③
19 예시답안 울릉도는 겨울철 강수량이 많아 눈이 많이 오는 다설지이다. 따라서 눈이 많이 내리면 실외 활동이 어렵기 때문에 가옥 내에서 이동과 활동이 이루어질 수 있는 생활 공간을 확보하기 위해 우데기를 설치하였다.
20 (1) 터돋움집 (2) 예시답안 비가 많이 내리는 지역으로 여름철에는 집중 호우로 홍수가 자주 발생하여 홍수에 대비하였다.
21 예시답안 우리나라는 연도별, 계절별 강수량의 차가 커서 홍수와 가뭄이 자주 발생하고 있으며 강수량에 비해 물 자원 이용률이 낮다. 따라서 빗물 저장 시설 등을 확보하여 홍수와 가뭄에 대비하고 물 자원을 효율적으로 이용하기 위해 노력하고 있다.

01 제시된 가옥은 '田'자 형의 겹집 구조로 실내의 열을 밖으로 쉽게 빼앗기지 않기 위한 폐쇄적인 구조로 되어 있다. 또한 추운 겨울 실내 생활 공간으로 이용되었던 정주간이 있는 것으로 보아, 이는 우리나라에서 겨울이 매우 춥고 긴 관북 지역의 전통 가옥임을 알 수 있다.

바로잡기 ㄹ. 바람이 잘 통하고 지면의 열을 차단하기 위한 구조는 남부 지방에서 볼 수 있는 대청마루이다.

지역별 전통 가옥 구조
만점 공략 노트

우리나라는 지역의 기후 특성을 반영한 독특한 전통 가옥 구조가 나타난다. 따라서 특징이 뚜렷하여 자주 출제되는 가옥 형태의 특징과 분포 지역을 알아 두어야 한다.

함경도를 중심으로 한 북동부 산간 지역은 겨울 추위에 대비한 겹집 형태의 폐쇄적인 가옥 구조가 나타난다. 추위를 극복하기 위한 실내 생활 공간인 정주간이 있다.

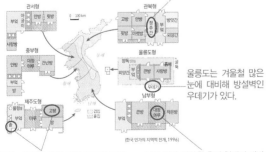

울릉도는 겨울철 많은 눈에 대비해 방설벽인 우데기가 있다.

제주도는 여름철 음식 저장 창고인 고팡이라는 시설이 있다. 겨울이 온화하여 온돌 같은 난방 시설이 발달하지 않았으며, 부엌의 아궁이는 바깥쪽으로 나와 있다.

남부 평야 지역은 홑집 형태의 개방적인 가옥 구조가 나타나며, 넓은 대청마루가 있어 여름 더위에 대비하였다.

02 제시된 사진의 (가)는 대청마루, (나)는 온돌이다. 대청마루는 무더운 여름을 견디기 위한 공간으로 지면과 떨어져 지면의 습기와 열을 방지하고 바람이 잘 통하게 하였다. 온돌은 추운 겨울을 이겨 내기 위한 난방 시설로 바닥의 열을 이용하여 방 안에 온기를 공급하였다. 따라서 (가)는 여름, (나)는 겨울과 관계 깊다.

바로잡기 ㄱ. 단풍 구경은 가을에 볼 수 있는 생활 모습이다. ㄹ. 꽃이 개화하는 시기는 봄이다.

03 우리 조상들은 봄에는 진달래꽃 등을 넣은 화전을 부쳐 먹고, 여름에는 보양을 위해 삼계탕을 먹었다. 가을에는 햅쌀로 만든 송편을 만들어 먹고, 겨울에는 만둣국이나 떡국을 먹었다. 따라서 (가)는 여름, (나)는 겨울에 주로 먹는 음식이다. 겨울철 눈이 많은 지역에서는 설피와 발구를 사용하였고, 겨울 추위를 극복하기 위해 가죽이나 솜으로 만든 옷을 입었다. 부채와 죽부인, 삼베나 모시옷은 여름철 무더위를 극복하기 위한 것이다.

04 김장은 식물이 자라기 어려운 겨울철 기후 환경을 극복하기 위해 발달하였다. 김장은 겨울이 오기 직전에 하므로 기온이 빨리 내려가는 북쪽 내륙 지방이 빠르고 남쪽 해안 지역으로 갈수록 늦다.

바로잡기 ㄱ. 지도를 보면 내륙인 대구가 전주보다 김장을 빨리 한다. ㄷ. 기온이 높은 남부 지방에서는 김치가 빨리 시어지기 때문에 염도를 높게 한다.

05 우리나라는 여름철 고온 다습한 기후가 나타나 벼농사에 유리하다. 또한 여름철 무더위를 극복하기 위해 개방적이며 바람이 잘 통하는 전통 가옥 구조가 발달하였다. 따라서 자료는 여름철 기후와 관련된 생활 모습이다.

06 (가)는 관북 지역의 정주간이다. 관북 지역은 겨울철 기온이 매우 낮아 야외에서 작업을 할 수 없다. 따라서 실내에 난방을 하는 작업 공간과 생활 공간인 정주간이 나타난다. (나)는 제주도의 아궁이 모습이다. 제주는 위도가 낮아 겨울에도 온화해 아궁이를 방 쪽으로 하여 난방에 이용할 필요가 없다. (가)의 고위도 지역은 (나)의 저위도 지역보다 기온의 연교차가 크다. 또한 태풍은 저위도 해상에서 발생하여 우리나라로 이동하기 때문에 남쪽이 북쪽보다 영향을 더 많이 받는다.

바로잡기 ㄱ. 무상 일수는 서리가 내리지 않는 기간으로, 연평균 기온이 낮은 북쪽보다는 연평균 기온이 높은 남쪽이 더 길다. 따라서 (가)는 (나)보다 무상 일수가 짧다. ㄷ. 저위도인 (나)는 고위도인 (가)보다 최난월 평균 기온이 높다.

07 (가)는 울릉도, (나)는 제주도의 전통 가옥이다. 울릉도는 눈이 많이 오는 지역으로 다설과 관련된 가옥 시설인 우데기(사진의 확대 부분)가 있다. 제주도는 강풍이 많이 부는 곳으로 이에 대비한 그물 지붕 형태가 나타난다. 울릉도는 저위도에 위

치한 제주도에 비해 기온의 연교차는 크고, 겨울 강수 집중률이 높으며, 최난월 평균 기온이 낮다.

08 천일제염업은 일조량을 이용하여 바닷물에서 소금을 생산하기 때문에 일조량이 풍부한 지역에서 발달한다. 태양광 발전 역시 태양광을 이용하여 발전하기 때문에 강수 일수와 강수량이 적어야 유리하다.

바로잡기 ② 많은 강설량을 활용한 스키장은 다설지에 주로 위치한다. ③ 기온 역전 현상이 발생하여 농작물의 냉해 피해가 발생하는 곳은 분지 지역이나 저수지 부근이다. ④ 천일제염은 강한 일사를 이용하는 것으로 강수량이 많은 곳에서는 발달하기 어렵다. ⑤ 천일제염업은 일사량이 풍부한 곳에서 발달하는 것으로, 기온이 급격히 내려가는 현상인 한파 발생과는 거리가 멀다.

09 (가)의 천일제염업과 과수 재배에는 일조량이 중요하다. (나)는 여름철 기온이 높고 습하여 음식이 쉽게 변질되는 것을 방지하기 위한 것이다. 따라서 (가)에 영향을 준 요인은 일조량, (나)에 영향을 준 요인은 여름철 평균 기온이다.

바로잡기 북서 계절풍은 겨울철 우리나라에 영향을 주는 바람으로, 온돌이나 방한복 등 추위와 관련된 생활 모습과 관계된다. 여름철 강수 집중률은 집중 호우와 홍수 유발 등과 관계있다.

10 제주도는 강풍에 의한 피해가 많이 발생하기 때문에 바람의 저항을 줄이기 위해 처마를 낮게 하고, 지붕을 그물처럼 줄로 엮는다.

11 제시된 사진의 (가)는 강화의 또아리집, (나)는 전라북도의 까대기이다. 황해의 섬 지역에서는 차가운 겨울바람을 극복하기 위해 'ㄷ'자 형태로 집을 짓고 마당에 지붕을 덮어 겨울철의 찬 바람으로부터 집안을 온화하게 유지할 수 있도록 하였다. 호남 지방에서는 까대기를 설치하였는데, 건물이나 담에 임시로 덧붙여서 만든 건조물로 북서풍이 강하게 부는 전라도 해안이나 바닷가 주변 어촌에서 볼 수 있다. 따라서 또아리집, 까대기 두 시설은 바람을 극복하기 위한 것이다.

바로잡기 ① 무더위를 극복하기 위한 시설로는 대청마루 등이 있다. ② 일조 시수의 활용과 관련된 것으로는 천일제염업이나 과수 재배가 있다. ③ 홍수 피해를 막기 위해서는 터돋움집의 형태가 나타난다. ④ 석설로 지붕이 붕괴되는 것을 막기 위해서는 지붕의 경사를 급하게 만들고 지지대를 설치해야 한다.

12 지도의 A는 주변 지역보다 지표면의 온도가 높은 지역이다. 반면 B는 주변 지역보다 지표면의 온도가 낮은 지역이다. 따라서 A는 도시 열섬 현상이 나타나는 지역으로, 녹지가 적고 도로포장 면적이 넓다.

바로잡기 ①, ② 녹지 면적이 좁아 상대 습도가 낮다. ④ 기온이 높아 상승 기류가 발생하여 구름 양이 많으며 강수량도 많다. ⑤ 도시화된 지역으로 건물, 자동차 등으로부터 발생하는 인공 열이 많다.

13 제시된 그림은 기온 역전 현상을 나타낸 것이다. 늦가을이나

초봄 사이의 밤에 지표의 기온이 급격히 내려가면 산지에서 형성된 냉기류가 산지 사면을 따라 분지 바닥이나 골짜기에 모이게 된다. 이 때문에 분지의 내부에는 상층부로 갈수록 기온이 높아지는 안정층이 형성되는데 이를 기온 역전 현상이라고 한다. 기온 역전 현상이 나타나면 안개가 자주 발생하여 농작물이 냉해를 입을 수 있다.

바로잡기 ㄱ. 분지 내부의 상층으로 올라갈수록 기온이 높아져 안정층이 형성된다. ㄷ. 대기가 안정되어 공기가 상층으로 확산되지 않아 대기 오염 물질은 정체된다.

14 기온 역전 현상이 발생하면 농작물이 냉해를 입기 때문에 피해를 방지하기 위해 ㉠과 같은 공기 순환 장치를 설치하기도 한다.

바로잡기 ① 장마철 폭우는 홍수를 일으킨다. ③ 겨울철 북동 기류에 의해서는 영동 지방에 강설 현상이 나타난다. ④ 차가운 북서 계절풍에 의해서는 한파가 발생한다. ⑤ 푄 현상이 일어날 경우 농작물이 말라 죽는 피해가 발생하기도 한다.

15 (가)는 겨울, (나)는 여름과 관계된 모습이다. 기모 바지는 보온 기능이 탁월한 옷으로 주로 추운 겨울에 많이 판매되며, 이러한 겨울철 추위는 시베리아 기단의 영향을 받은 것이다. 장마 전선은 오호츠크해 기단과 북태평양 기단에 의해 형성되는 전선성 강수이다. 장마 전선이 북쪽으로 올라가면서 우리나라는 북태평양 기단이 한반도에 넓게 영향을 주며 무더위가 시작된다.

바로잡기 ③ 장마 전선은 북쪽의 오호츠크해 기단과 남쪽의 북태평양 기단에 의해 형성된다. 따라서 장마 전선이 남부 지역에 머물 때 중·북부 지역은 오호츠크해 기단의 영향권에 있어 맑은 날이 지속된다.

16 우리나라는 여름철 고온 다습한 기후 환경을 이용해 벼농사가 발달하였다. 하지만 해발 고도가 높은 곳은 여름에도 서늘한 기후가 나타나기 때문에 대관령과 같은 고원에서는 이러한 서늘한 기후를 이용하여 고랭지 농업이나 목축업이 이루어진다. 고랭지 농업은 주로 서늘한 기후에서 잘 자라는 작물인 배추나 무를 재배하며, 목초는 서늘한 기후에서 잘 자라기 때문에 고원은 목장에도 유리하다.

17 제시된 사진에서 (가)의 스키장은 겨울철 적설량이 많은 지역에서 발달에 유리하고, (나)의 사과 재배는 일조량이 풍부한 곳에서 유리하다. 따라서 (가)는 겨울철 강수량, (나)는 일조 시수가 각각의 경제활동에 영향을 주었다.

18 (가)는 서쪽 대륙에 고기압, 동쪽 해양에 저기압이 형성되어 있으며 등압선의 간격이 좁아 강한 계절풍이 부는 겨울이다. 겨울에는 시베리아 기단의 영향으로 기온이 낮아 난방용품과 따뜻한 음식의 판매량이 늘어난다. (나)는 남쪽 해양에 고기압, 북쪽 대륙에 저기압이 형성되는 여름이다. 여름은 북태평양

기단의 영향으로 기온이 높은 무더위가 계속되기 때문에 냉방용품과 차가운 음료 등의 판매량이 늘어난다.

바로잡기 ㄱ. 장화, 우산, 비옷은 많은 강수에 대비하는 용품으로 주로 장마철에 판매량이 늘어난다. ㄷ. 황사 마스크와 공기 청정기는 황사가 자주 발생하는 봄에 판매량이 증가한다.

19 **이렇게 쓰면 만점** 표에서 울릉도의 겨울 강수량이 많은 것을 파악하고, 다설지인 울릉도의 가옥에서 눈이 많이 내릴 때 최소한의 생활 공간 확보를 위해 우데기를 설치했음을 서술하면 만점이다.

이렇게 쓰면 감점 겨울 강수 특성과 우데기를 연결지어 서술하지 않으면 감점이다.

20 **이렇게 쓰면 만점** '터돋움집'이라는 명칭을 정확히 언급하고 강수량이 많은 지역에서 홍수 피해를 줄이기 위해 집의 터를 높여 지은 것에 관해 서술하면 만점이다.

21 **이렇게 쓰면 만점** 우리나라의 연도별, 계절별 강수량의 차이가 크다는 강수 특성을 언급하고 그에 따라 물 자원 이용률이 낮기 때문에 이를 극복하기 위한 시설이라는 내용을 서술하면 만점이다.

등급을 올리는 고난도 문제 110~111쪽

01 ① **02** ② **03** ⑤ **04** ①

---

01 전통 가옥 구조를 통한 기후 특성 파악 〔자료 분석 노트〕

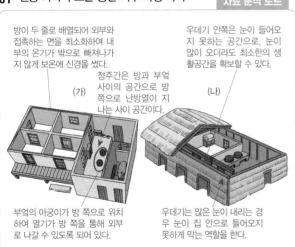

방이 두 줄로 배열되어 외부와 접촉하는 면을 최소화하여 내부의 온기가 밖으로 빠져나가지 않게 보온에 신경을 썼다.

우데기 안쪽은 눈이 들어오지 못하는 공간으로, 눈이 많이 오더라도 최소한의 생활공간을 확보할 수 있다.

정주간은 방과 부엌 사이의 공간으로 방 쪽으로 난방열이 지나는 사이 공간이다.

(가)

(나)

부엌의 아궁이가 방 쪽으로 위치하여 열기가 방 쪽을 통해 외부로 나갈 수 있도록 되어 있다.

우데기는 많은 눈이 내리는 경우 눈이 집 안으로 들어오지 못하게 막는 역할을 한다.

(가)는 관북 지역에서 볼 수 있는 겹집 형태로 정주간이 나타나 있다. 이는 부엌 아궁이가 방 쪽으로 향하여 온기를 전달하며, 그 사이에 정주간이 위치하여 정주간도 난방이 가능한 구조이다. (나)는 건물 외부에 방설벽인 우데기가 설치된 울릉도의 전통 가옥이다.

바로잡기 ① 온돌이 발달하지 않아 아궁이가 방 쪽을 향하지 않는 곳은 최한월 평균 기온이 높아 겨울이 온화한 제주도이다.

---

02 국지 기후의 이해 〔자료 분석 노트〕

인공 열에 의해 주변 지역보다 기온이 높아지는 현상이다.

외부의 맑고 차가운 공기를 차단하여 오염 물질이 축적된다.

구분	의미	문제점	대책
열섬 현상	(가)	대기 오염의 심화	(나)
높새바람	(다)	영서 지방에 가뭄 유발	수리 시설의 확대
기온 역전 현상	상층부로 갈수록 기온이 높아지는 현상	농작물의 피해, 스모그 발생	(라)

상층부보다 하층부의 기온이 낮아 안정층이 형성되어 공기가 정체한다.

도시의 매연을 비롯하여 대기 속의 오염 물질이 안개와 결합하여 발생한다.

인공 열과 포장 면적 증가 등에 의해 주변 지역보다 기온이 높은 지역을 열섬이라고 한다. 높새바람은 푄 현상에 의해 영서 지방에 가뭄을 유발하는 바람이다. 기온 역전 현상은 분지 지형에서 잘 나타나며, 이를 완화하기 위해서는 상층부 공기와 하층부 공기가 순환될 수 있게 해야 한다.

바로잡기 ㄴ. 도로포장 면적의 확대는 열섬 현상의 주요 원인 중 하나이다. ㄹ. 인공 열 배출 억제는 열섬 현상의 대책이다.

---

03 계절별 기후 특성과 경제활동의 이해

(가)는 여름, (나)는 겨울과 관계된 생활 모습이다. 우리나라는 여름철에 해양성인 북태평양 기단의 영향을 크게 받아 고온 다습하고, 겨울철에는 대륙성인 시베리아 기단의 영향을 크게 받아 한랭 건조하다.

바로잡기 ① 스키 용품은 겨울에 판매량이 증가한다. ② 대관령은 고위 평탄면으로 여름철 서늘한 기후를 이용하여 고랭지 채소를 재배한다. 겨울에는 기온이 너무 낮아 채소 재배가 불가능하다. ③ 집중 호우에 의해 홍수가 자주 발생하는 계절은 여름이다. ④ 우리나라는 여름보다 겨울에 남북 간 기온 차가 크게 나타난다.

---

04 기온 역전 현상의 이해 〔자료 분석 노트〕

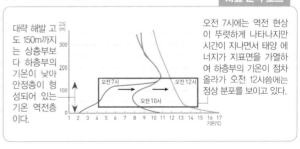

대략 해발 고도 150m까지는 상층부보다 하층부의 기온이 낮아 안정층이 형성되어 있는 기온 역전층이다.

오전 7시에는 역전 현상이 뚜렷하게 나타나지만 시간이 지나면서 태양 에너지가 지표면을 가열하여 하층부의 기온이 점차 올라 오전 12시쯤에는 정상 분포를 보이고 있다.

지표 부근의 기온이 하강하여 산지에서 형성된 찬 공기가 더 무겁게 되어 사면을 따라 아래로 흘러내리면 분지 내부는 상층으로 올라갈수록 기온이 높아져 기온 역전 현상이 나타난다. 이로 인해 농작물의 냉해, 대기 오염 물질 정체 등의 피해가 발생한다.

바로잡기 ① 안과 질환 유발과 관련 있는 현상으로는 황사가 있다.

03 자연재해와 기후 변화

기초를 다지는 확인 문제 _____ 116쪽

01 (1) ㄴ (2) ㄷ (3) ㅁ (4) ㄱ (5) ㄹ **02** (1) ○ (2) ×
(3) ○ (4) ○ (5) × **03** (1) 집중 호우 (2) 지진
(3) 지구 온난화 (4) 온실가스 (5) 갈색 삼림토

실력을 키우는 실전 문제 _____ 117~121쪽

01 ③ **02** ② **03** ③ **04** ③ **05** ④ **06** ②
07 ⑤ **08** ④ **09** ③ **10** ① **11** ④ **12** ④
13 ③ **14** ⑤ **15** ② **16** ③ **17** ④ **18** ⑤
19 ① **20** ⑤

21 [예시답안] 사과는 비교적 서늘한 곳에서 재배되는 작물이다. 그러나 지구 온난화로 인해 기온이 상승하게 되면 사과 재배를 위해 좀 더 기온이 낮은 지역을 찾아 이동하게 되어 재배 적지와 재배 가능 지역이 축소된다.

22 [예시답안] 제주도는 저위도에 위치하여 평균 기온이 높아 저지대에서는 기온이 높다. 또한 한라산은 해발 고도가 높아 고도에 따른 기온 차가 나타난다. 이러한 이유로 제주도에서는 식생의 수직적 분포가 뚜렷하게 나타난다.

23 [예시답안] 위험 반원은 태풍 진행 방향의 오른쪽 반원으로 태풍의 중심을 향해 불어 들어오는 바람과 편서풍의 방향이 일치하여 바람이 강하게 분다. 가항 반원은 태풍 진행 방향의 왼쪽 반원으로 태풍 중심을 향해 불어 들어오는 바람과 편서풍이 반대로 만나기 때문에 바람이 약화된다.

01 (개)는 저수지의 바닥이 말라 갈라진 것으로 보아 가뭄, (내)는 많은 눈이 내려 제설 작업 중인 것으로 보아 폭설의 피해 모습이다. 가뭄은 장마 전선이 늦게 북상하거나 충분한 강수 현상이 나타나지 않는 여름에도 발생한다.

[바로잡기] ㄱ. 중국과 몽골 내륙의 사막 등지에서 발생한 모래 먼지가 우리나라로 불어오는 현상은 황사이다. ㄹ. 다른 자연재해에 비해 진행 속도는 느리지만 피해 범위가 넓은 것은 가뭄이다.

자연재해 [만점 공략 노트]

우리나라에 피해를 주는 자연재해는 실제 사례를 통해 출제되므로 각 자연재해의 특징과 영향을 알아 둔다.

폭설	겨울~봄, 시설물 붕괴, 서해안에서 피해가 큼
황사	봄, 호흡기 질환, 정밀 산업 피해, 최근 가을·겨울에도 발생
가뭄	봄, 산불 유발, 진행 속도가 느린 반면 피해 면적이 넓음, 농작물 성장 방해, 하천 유량 감소
홍수	농경지·가옥·도로 등 침수, 장마 전선의 정체, 태풍의 영향, 집중 호우로 하천 범람
태풍	한여름~가을, 풍수해 유발, 위험 반원인 경상도·강원도에서 피해가 큼

02 [자료 분석 노트]

장마 전선이 한반도에 머물러 있는 장마철 일기도이다.

등압선 간격이 매우 좁아 풍속이 강한 바람이 불며, 그 형태가 동심원 모양으로 나타나는 태풍이다.

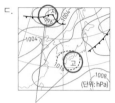

ㄷ.

(단위: hPa)

대륙에 저기압, 해양에 고기압 배치가 나타나며, 남쪽에서 고온 다습한 바람이 부는 여름철 일기도이다.

대륙에 고기압, 해양에 저기압 배치가 나타나며, 등압선의 간격이 조밀한 것으로 보아 강한 바람이 부는 겨울철 일기도이다.

(개)는 8~9월에 집중적으로 발생하고 있다. 늦여름에서 초가을까지 주로 발생하는 자연재해는 태풍이다. (내)는 7월에 집중적으로 발생하고 있는 호우이다. (대)는 12~3월까지 겨울에 집중적으로 발생하는 대설이다.

03 자연재해는 기후적 요인과 지형적 요인에 의해 발생하는 현상으로 구분할 수 있다. 태풍, 폭설, 홍수, 가뭄, 폭염 등은 기후적 요인에 의해 발생하고, 화산 폭발, 지진 등은 지형적 요인에 의해 발생한다.

04 그래프의 자연재해는 6~10월에 영향을 주고 있으며 특히 7~9월 사이에 집중적으로 발생하고 있는 태풍이다. 태풍의 영향을 받은 지역에서는 강풍으로 시설물이 파손되기도 하며, 산사태, 축대 붕괴, 범람 등의 피해가 발생하기도 한다.

[바로잡기] ① 일조량이 증가하는 자연재해는 가뭄이다. ② 태풍은 열대 저기압으로 고온 다습한 성질이 있다. ④ 북서 계절풍은 주로 겨울에 불어온다. ⑤ 태풍은 해상에서 에너지를 받기 때문에 내륙으로 갈수록 그 세력은 약해진다.

05 중국과 몽골 내륙의 사막 등지에서 발생한 모래 먼지가 편서풍을 타고 우리나라로 날아오는 현상은 황사이다.

[바로잡기] ① 제습기 판매량은 장마철 습도가 높은 경우 증가한다. ② 저지대의 농경지나 가옥 등이 침수되는 것은 홍수의 피해이다. ③ 산지에서 마을이 고립되는 것은 폭설의 피해이다. ⑤ 기온 역전 현상이 나타나면 대기가 안정되어 밤 동안 쌓인 대기 오염 물질이 정체하고 있기 때문에 아침에 운동을 하는 것은 건강에 해롭다.

06 북쪽의 찬 공기와 남쪽의 더운 공기가 만나면 대기가 불안정해져 집중 호우가 발생한다. 집중 호우가 지속되면 홍수가 발생하여 저지대의 농경지나 가옥, 도로, 산업 시설 등이 침수되어 인명과 재산 피해가 발생한다.

07 제시된 그래프에서 A는 제주도와 전남 등 남해안 일대에서 피해가 심한 자연재해로, 태풍이 이에 해당한다. B는 경기도, 강원도에서 높은 비율을 차지하는 호우이며, C는 전북과 전남, 강원도에 큰 피해를 주는 대설이다. ① 태풍은 적도 근처 해상에서 발달하여 북서쪽으로 이동하다 편서풍의 영향으로 우리나라 쪽으로 방향을 바꿔 이동한다. ② 집중 호우는 여름철 장마 전선의 영향을 받거나 태풍이 통과할 때 주로 발생한다. ③ 우리나라의 연 강수량은 겨울보다 여름에 발생하는 강수 현상의 영향을 더 많이 받는다. ④ 태풍은 여름에서 가을, 대설은 겨울에 주로 발생한다.

08 제시된 행동 요령은 지진 발생에 대비한 것이다. 지진은 지형적인 요인에 의한 자연재해로, 판과 판이 만나는 경계면에서 지각판이 충돌하거나 분리되면서 발생하는 현상이다. 특히 환태평양 조산대에서 빈번하게 발생한다.

09 제시된 그림은 온실 효과를 나타낸 것이다. 대기 중 온실 기체의 양이 증가하면 대기 밖으로 방출되는 지구 복사 에너지가 감소하여 지구의 기온이 상승한다. 삼림 및 자원 개발, 농경지 확보 등을 위해 열대림이 빠르게 파괴되면서 기후 변화는 더욱 가속화되고 있다.

10 제시된 지도를 보면 대부분의 과일 재배 지역이 북상하고 있다는 것을 알 수 있다. 이는 지구 온난화의 영향으로 한반도의 기온이 상승하면서 과일 재배 가능 지역이 확대되고 있기 때문이다.

11 자료에서 여름 기간이 늘어나고 겨울 기간은 점점 짧아지는 것을 알 수 있다. 이는 지구 온난화에 의해 한반도의 기온이 상승하고 있기 때문이다. 이러한 현상이 지속되면 냉방비는 증가하고, 난방비는 감소할 것이다. 그리고 기온 상승으로 인해 말라리아와 같은 열대 질병 발병률이 증가할 것이다.

되는 계절은 겨울이다. ㄷ. 겨울이 짧아지기 때문에 겨울과 관련된 관광 상품이 더 발달하기 힘들다.

12 우리나라의 연평균 기온 변화는 연도별로 차이가 크기는 하지만 전체적으로 보면 지속적으로 상승하고 있다. 이는 지구 온난화로 인한 현상으로 바다의 온도도 상승하기 때문에 오징어와 멸치 등 난류성 어종의 어획량이 증가할 것이다.

13 배출권 거래제는 의무 감축량을 초과 달성한 나라가 그 초과분을 의무 감축량을 채우지 못한 나라에 팔 수 있도록 한 제도이다. 자료에서 A 기업은 배출 허용량보다 실제 배출량이 적어 잉여 배출량을 판매할 수 있다. B 기업은 배출 허용량보다 실제 배출량이 많아 초과 배출량의 권리를 구입해야 한다.

14 우리나라 평균 기온은 변화의 폭은 크지만 전체적으로 상승하고 있다. 기온이 상승하면 봄꽃 개화 시기는 빨라지고, 겨울에도 따뜻하기 때문에 철새가 더 이상 이동하지 않고 우리나라에 서식하게 된다.

15

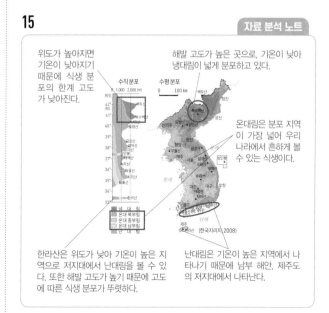

자료 분석 노트

위도가 높아지면 기온이 낮아지기 때문에 식생 분포의 한계 고도가 낮아진다.

해발 고도가 높은 곳으로, 기온이 낮아 냉대림이 넓게 분포하고 있다.

온대림은 분포 지역이 가장 넓어 우리나라에서 흔하게 볼 수 있는 식생이다.

한라산은 위도가 낮아 기온이 높은 지역으로 저지대에서 난대림을 볼 수 있다. 또한 해발 고도가 높기 때문에 고도에 따른 식생 분포가 뚜렷하다.

난대림은 기온이 높은 지역에서 나타나기 때문에 남부 해안, 제주도의 저지대에서 나타난다.

식생 분포는 위도에 따라 나타나는 수평적 분포, 해발 고도 차에 의해 나타나는 수직적 분포가 있다. 우리나라는 개마고원과 남해안, 제주도와 울릉도의 저지대를 제외하면, 대부분 지역에 온대림이 분포한다. 냉대림(침엽수림)은 기온이 낮은 지역에 주로 분포하고, 난대림(상록 활엽수림)은 기온이 높은 지역에 분포한다.

바로잡기 ② 한라산은 저위도에 위치하지만 해발 고도가 높아 식생의 수직적 분포가 뚜렷하게 나타난다.

16 A는 북부 지역으로 기온이 낮아 냉대림에 분포하는 회백색토, B는 중부 지역으로 온대림에 가장 넓게 분포하는 갈색 삼림토, C는 남부 해안 지역으로 난대림에 나타나는 적색토, D는 제주도로 모암의 성질을 반영한 현무암 풍화토가 나타난다.

바로잡기 ㄷ. 기반암의 특성이 반영된 붉은색 토양은 석회암 풍화토이다. 지도의 C 지역에 분포하는 붉은색 토양은 기후와 식생의 영향을 받은 성대 토양인 적색토이다.

17 그래프를 보면 산림 면적은 감소하고, 임목 축적량은 증가하고 있다. 우리나라는 산업화 이후 도시 지역의 확대, 도로와 주택 건설, 경작지 확대 등으로 식생이 많이 파괴되어 산림 면적은 감소하였으나, 조림 사업을 통해 많은 나무를 심어 임목 축적량은 증가하였다.

바로잡기 ㄴ. 산림 면적 감소로 산림의 토사 유출 및 산사태 방지 기능은 약화되고, 홍수 발생 가능성은 증가하였다.

18 식생은 위도와 해발 고도에 따른 기온의 영향을 받아 지역마다 다르게 나타난다. 성숙 토양은 생성 기간이 길어 토층이 뚜렷하며, 미성숙 토양은 생성 기간이 짧거나 운반 및 퇴적 작용에 의해 현재도 생성되고 있기 때문에 토층이 뚜렷하지 않다.

바로잡기 ⑤ 간대토양은 모암의 성질을 반영하여 형성된 토양이다. 기후와 식생의 영향을 받아 형성된 토양은 성대 토양이다.

19 등고선식 경작은 경사면에 수평 방향으로 고랑을 만들어 비가 오면 각 이랑 사이에 빗물이 모여 땅으로 침투하도록 유도한다. 이를 통해 토양의 표면으로 흘러내리는 물을 감소시켜 토양 유실을 줄일 수 있다.

20 도시화에 의해 인공 포장 면적이 늘어나면, 지하로 흡수되는 빗물의 양이 감소한다. 이로 인해 유출되는 빗물의 양이 증가하면서 하천으로 유입하는 시간이 빨라져 하천이 최고 수위에 도달하는 시간 역시 빨라진다.

바로잡기 ① 빗물이 스며들 수 있는 토양 면적이 감소해 수분을 저장할 수 있는 공간이 줄어들어 상대 습도는 낮아진다. ② 지하로 스며드는 물의 양이 줄기 때문에 지하수 저장 능력은 낮아진다. ③ 지표 유출량이 증가하여 빠른 시간에 하천으로 유입하기 때문에 하천의 수위 변동 폭은 커진다. ④ 지표의 포장 면적이 증가하여 하천으로 유입되는 퇴적물은 감소한다.

21 **이렇게 쓰면** **만점** 사과가 냉량성 작물임을 이해하고, 한반도 기온 상승으로 재배 적지가 감소하고 있다는 내용을 포함하여 서술하면 만점이다.

22 **이렇게 쓰면** **만점** 제주도가 저위도에 위치하여 기온이 높아 저지대에서 난대림이 분포할 수 있으며, 한라산이라는 높은 산이 있어 해발 고도에 따른 식생 분포가 뚜렷하다는 내용을 포함하여 서술하면 만점이다.

23 **이렇게 쓰면** **만점** 태풍의 진행 방향과 편서풍의 방향이 일치하면 위험 반원, 반대 방향이면 가항 반원임을 서술하면 만점이다.

등급을 올리는 **고난도 문제** 122~123쪽

01 ② **02** ② **03** ④ **04** ⑤

01 지역별 자연재해 비교 분석 **자료 분석 노트**

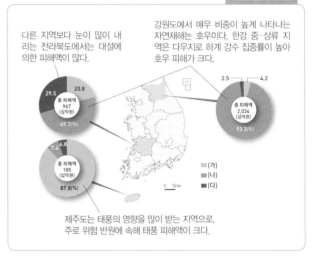

다른 지역보다 눈이 많이 내리는 전라북도에서는 대설에 의한 피해액이 많다.

강원도에서 매우 비중이 높게 나타나는 자연재해는 호우이다. 한강 중·상류 지역은 다우지로 하계 강수 집중률이 높아 호우 피해가 크다.

29.5 20.8 총 피해액 967 (십억 원) 49.7(%)

2.5 4.2 총 피해액 2,034 (십억 원) 93.3(%)

7.4 4.8 총 피해액 185 (십억 원) 87.8(%)

■ (가) ■ (나) ■ (다)

0 50 km

제주도는 태풍의 영향을 많이 받는 지역으로, 주로 위험 반원에 속해 태풍 피해액이 크다.

(가)는 제주도에 가장 큰 피해를 주는 태풍, (나)는 강원도와 전북 지역에 많은 피해를 주고 있는 호우, (다)는 전북 지역에 많은 피해를 주고 있는 대설이다.

바로잡기 ① (가)는 태풍으로 적도 기단의 영향으로 발생한다. ③ (다)는 대설로 시설물 붕괴, 산지 가옥 고립, 교통 장애 등의 문제를 일으킨다. 농작물 성장 저하, 각종 용수 부족은 가뭄에 의해 나타나는 피해 현상이다. ④ (가)와 (나) 모두 여름과 가을 사이에 주로 발생한다. ⑤ 중국의 사막화 현상과 관련 있는 자연재해는 황사이다.

02 기후 변화의 원인과 영향 이해 **자료 분석 노트**

온실가스 배출량은 지속적으로 증가하고 있다. 이에 따라 한반도의 온실 효과가 심화되어 기온이 상승한다.

(백만 톤 CO₂eq)

■ 폐기물 ■ 농업 ■ 산업 공정 ■ 에너지

배출량 중 가장 큰 비중을 차지하고 있는 것은 에너지이다. 따라서 화석 연료의 사용량을 줄이고, 신·재생 에너지의 사용을 늘려야 한다.

1995 2000 2005 2010 2013(년) (온실가스 종합 정보 센터, 2016)

우리나라는 온실가스 배출량이 지속적으로 증가하면서 온실 효과가 심화되었으며, 전 지구적인 기온 상승보다 더 큰 폭으로 기온이 상승하였다. 이에 따라 고산 식물의 분포 고도는 높아지고, 봄꽃의 개화 시기는 빨라지며, 감귤 재배의 북한계 선은 북상할 것이다.

03 식생의 수직적·수평적 분포 분석 **자료 분석 노트**

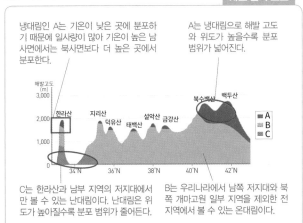

냉대림인 A는 기온이 낮은 곳에 분포하기 때문에 일사량이 많아 기온이 높은 남사면에서는 북사면보다 더 높은 곳에서 분포한다.

A는 냉대림으로 해발 고도와 위도가 높을수록 분포 범위가 넓어진다.

C는 한라산과 남부 지역의 저지대에서만 볼 수 있는 난대림이다. 난대림은 위도가 높아질수록 분포 범위가 줄어든다.

B는 우리나라에서 남쪽 저지대와 북쪽 개마고원 일부 지역을 제외한 전 지역에서 볼 수 있는 온대림이다.

제시된 자료에서 세로축은 해발 고도가 표시되어 수직적 식생 분포를 파악할 수 있고, 가로축은 위도가 표시되어 수평적 식생 분포를 파악할 수 있다. 위도와 해발 고도가 높아질수록 기온이 낮아져 냉대림의 분포 지역이 넓어지게 된다. 남향 사면은 일사량이 풍부하기 때문에 북사면보다 난대림이나 온대림 분포의 한계 고도가 높다. 한편 온대림은 우리나라에서 가장 넓게 분포하며, 침엽수와 활엽수를 모두 볼 수 있다.

바로잡기 ㄷ. C는 난대림으로 고위도 지역으로 갈수록 분포 범위는 줄어든다.

04 토양의 분포 지역과 특성 파악 **자료 분석 노트**

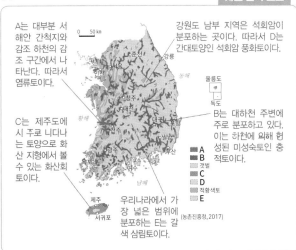

A는 대부분 서해안 간척지와 감조 하천의 감조 구간에서 나타난다. 따라서 염류토이다.

강원도 남부 지역은 석회암이 분포하는 곳이다. 따라서 D는 간대토양인 석회암 풍화토이다.

C는 제주도에 시 주로 니다나는 토양으로 화산 지형에서 볼 수 있는 화산회토이다.

B는 대하천 주변에 주로 분포하고 있다. 이는 하천에 의해 형성된 미성숙토인 충적토이다.

우리나라에서 가장 넓은 범위에 분포하는 E는 갈색 삼림토이다.

지도에서 A는 염류토, B는 충적토, C는 화산회토, D는 석회암 풍화토, E는 갈색 삼림토 및 암설토이다.

바로잡기 ⑤ 우리나라에서 가장 흔하게 볼 수 있는 토양은 온대림에 분포하는 갈색 삼림토이다.

수능 특강 124~125쪽

유형 1 ⑤   유형 2 ④   유형 3 ④   유형 4 ①

유형 1 여러 지역의 기후 특성 이해

자료 분석

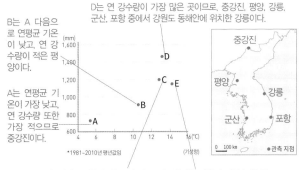

D는 연 강수량이 가장 많은 곳이므로, 중강진, 평양, 강릉, 군산, 포항 중에서 강원도 동해안에 위치한 강릉이다.

B는 A 다음으로 연평균 기온이 낮고, 연 강수량이 적은 평양이다.

A는 연평균 기온이 가장 낮고, 연 강수량 또한 가장 적으므로 중강진이다.

C는 E보다 연평균 기온이 낮고, 연 강수량이 다소 많으므로 서해안에 위치한 군산이다.

E는 연평균 기온이 가장 높은 곳으로, 저위도의 동해안에 위치한 포항이다.

*1981~2010년 평년값임 (기상청)

선택지 분석

✗ A는 B보다 무상 기간이 길다.
→ 중강진(A)은 평양(B)보다 무상 기간이 짧다. 중강진은 평양보다 위도가 높기 때문에 기온이 낮아 서리가 내리는 기간이 길다.

✗ B는 D보다 하계 강수 집중률이 낮다.
→ 평양(B)은 강릉(D)보다 하계 강수 집중률이 높다. 강릉은 다설지로 눈이 많이 내리는 지역이다. 따라서 다른 지역에 비해 겨울 강수량이 많아 상대적으로 하계 강수 집중률이 낮다.

ⓒ C는 E보다 최한월 평균 기온이 낮다.
→ 군산(C)은 포항(E)보다 최한월 평균 기온이 낮다. 동해안에 위치한 포항은 지형과 동해, 난류 등의 영향으로 군산보다 최한월 평균 기온이 높다.

ⓔ D는 A보다 연교차가 작다.
→ 중강진(A)은 강릉(D)보다 고위도 내륙에 위치하므로 기온의 연교차가 크다. 기온의 연교차는 저위도에서 고위도로, 해안에서 내륙으로 갈수록 대체로 커진다.

유형 2 비슷한 위도의 지역별 기온 특징 비교

자료 분석

B는 내륙에 위치하여 A와 C보다 겨울 기온이 낮으며 기온의 연교차가 가장 크다.

C는 동해안에 위치하여 태백산맥에 의해 차가운 북서 계절풍이 차단되고 수심이 깊은 동해의 영향으로 겨울 기온이 A와 B보다 더 높다.

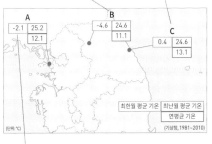

A		
-2.1	25.2	
12.1		

B		
-4.6	24.6	
11.1		

C		
0.4	24.6	
13.1		

최한월 평균 기온 | 최난월 평균 기온
연평균 기온

(단위:℃)   (기상청, 1981~2010)

A는 서해안에 위치하여 겨울철 북서 계절풍의 영향을 직접적으로 받아 C보다 겨울 기온이 낮다. 하지만 해양의 영향으로 B보다는 겨울 기온이 높다.

선택지 분석

✗ A는 B보다 연교차가 더 크다.
→ A는 해양의 영향을 많이 받고 B는 대륙의 영향을 많이 받는다. 따라서 대륙의 영향을 많이 받는 B가 A보다 연교차가 더 크다.

ㄴ B는 C보다 최한월 평균 기온이 더 낮다.
→ B는 C보다 대륙의 영향을 많이 받아 최한월 평균 기온이 낮다. 실제로 B는 -4.6℃, C는 0.4℃이다.

✗ 연평균 기온이 가장 높은 곳은 연교차도 가장 크다.
→ 연평균 기온이 가장 높은 지역은 C이고, 연교차가 가장 큰 곳은 B이다.

ㄹ 기온의 지역 차는 여름보다 겨울에 더 크게 나타난다.
→ 여름 기온의 지역 차는 0.6℃, 겨울 기온의 지역 차는 5℃이다. 따라서 여름보다 겨울 기온의 지역 차가 더 크다.

유형 3 권역별로 주로 피해를 주는 자연재해 파악

자료 분석

(가)는 호남권과 영남권 등 남부 지방에서 상대적으로 피해가 큰 태풍이다.

(나)는 강원권과 수도권인 중부 지방에서 피해액이 많으므로 호우이다.

*수치는 피해액 누적치(2006~2016년)가 가장 높은 값을 100으로 했을 때의 상댓값임 (국민안전처)

(다)는 강원권, 충청권, 호남권, 영남권 등 여러 지역에서 피해액이 비교적 고르게 나타나는 대설이다.

선택지 분석

ㄱ (가)는 강풍과 많은 비를 동반하여 풍수해를 유발한다.
→ 태풍은 강한 바람과 많은 비를 동반한다.

ㄴ (나)는 장마 전선이 정체되었을 때 주로 발생한다.
→ 호우는 장마 전선이 정체되거나 다습한 남서 기류가 유입될 때 발생한다.

ㄷ (다)는 겨울철 찬 공기가 바다를 지나면서 형성된 눈구름에 의해 발생하는 경우가 많다.
→ 차가운 북서 계절풍이 비교적 따뜻한 바다를 통과하면서 많은 수증기를 공급받아 형성된 눈구름에 의해 충남과 호남의 해안 지역에서는 많은 눈이 내린다.

✗ 우리나라 연 강수량에서 차지하는 비중은 (다)가 (나)보다 높다.
→ 우리나라는 여름 강수량이 전체 강수량의 절반 이상을 차지하며, 여름에 주로 발생하는 집중 호우에 의한 비중이 높다.

유형 4 기후 변화에 따른 생태계 변화 이해

제시된 자료를 보면 모든 지역의 연평균 기온은 1961~1990년 평년값보다 1981~2010년 평년값이 높게 나타나고 있다. 이를 통해 한반도의 온난화가 진행되었음을 알 수 있다.

선택지 분석

① 단풍 시작 시기가 늦어질 것이다.
→ 한반도의 기온이 상승하면 겨울 기간이 짧아지고 여름 기간이 길어져 단풍이 시작하는 시기는 늦어질 것이다.

✗ 열대야 발생 일수가 줄어들 것이다.
→ 한반도의 기온이 상승하고 여름 기간이 길어지기 때문에 열대야 발생 일수는 증가할 것이다.

✗ 냉대림의 분포 면적이 확대될 것이다.
→ 기온 상승으로 냉대림의 분포 지역은 고위도, 해발 고도가 높은 지역으로 축소될 것이다.

✗ 한류성 어류인 명태의 연근해 어획량이 증가할 것이다.
→ 기온 상승으로 수온도 상승하여 한류성 어족의 어획량은 감소하고 난류성 어족의 어획량은 증가할 것이다.

✗ 한라산의 고산 식물 분포 고도의 하한선이 낮아질 것이다.
→ 고산 식물은 서늘한 기후에서 잘 자라 한반도의 기온이 올라가면 더 높은 곳으로 올라가야 식생의 성장에 알맞은 서늘한 기온이 나타날 것이다.

128~131 쪽

실전 대비 ▌▌▌ 단원 문제 마무리

01 ① 02 ④ 03 ④ 04 ⑤ 05 ④ 06 ①
07 ④ 08 ④ 09 ② 10 ③ 11 ② 12 ⑤
13 ⑤ 14 ⑤

15 예시답안 도시의 생태계 복원과 미적 경관 개선에 도움이 된다. 특히 건물 옥상과 외벽에 심어진 식물들은 건물의 냉난방비 경감 등 에너지 절감 효과도 있다.

16 예시답안 호흡기 질환의 발생이 증가한다. 정밀 기계 생산에 영향을 준다. 가시거리를 짧아지게 하여 항공기 운항에 차질을 준다 등

17 예시답안 A에는 침엽수림이 많으며 산성을 띠는 회백색토가 많이 분포한다. B의 해안 저지대에는 상록 활엽수림이 많으며 고온 다습한 기후에서 형성되는 적색토가 분포한다.

01 그림은 위도에 따라 기온이 달라짐을 보여 준다. 태양과 지표면이 이루는 각은 저위도에서 고위도로 갈수록 작아지기 때문에 고위도 지역으로 갈수록 햇빛이 넓은 면적으로 분산되어 단위 면적에 도달하는 태양 에너지의 양이 줄어들고 기온이 낮아진다. 우리나라의 부산과 속초는 모두 동해안에 위치하지만, 저위도에 위치한 부산이 속초보다 연평균 기온이 높다.

바로잡기 ② 인천이 강릉보다 최한월 평균 기온이 낮은 이유는 지형과 해양의 영향이다. ③ 대관령의 최난월 기온이 낮은 이유는 해발 고도가 높기 때문이다. ④ 늦봄에서 초여름 영서 지방에 가뭄을 유발하는 높새바람은 푄 현상에 의한 것이다. ⑤ 난류는 위도가 아닌 해양의 영향이다.

02 제시된 그림은 푄 현상으로 지형성 강수가 나타나는 것을 보여 준다. 바람받이 사면에서는 습윤한 바람이 상승하면서 기온이 낮아지고 강수가 나타난다. 반면 바람의지(그늘) 사면에서는 건조한 바람이 하강하면서 기온이 상승한다.

바로잡기 ㄱ. 대동강 하류는 저평한 지형으로 지형성 강수 현상이 나타나지 않는 소우지이다. ㄷ. 대도시 도심의 열섬 현상은 인공 열에 의해 나타나는 현상이다.

03 우리나라는 겨울에 시베리아 기단, 여름에 북태평양 기단의 영향을 받는다. 바다에서 형성된 기단은 습윤하고 대륙에서 형성된 기단은 건조하나.

바로잡기 ④ 장마 전선은 북태평양 기단과 오호츠크해 기단이 만나 형성된다. 대류성 강수의 유형으로는 소나기가 대표적이다.

04 (가)는 해양에 고기압, 대륙에 저기압이 형성되어 있는 여름으로 우리나라에 무더위가 나타난다. (나)는 대륙에 고기압, 바다에 저기압이 형성되어 있으며 등압선 간격이 좁은 겨울이다. 우리나라는 여름철이 고온 다습하여 음식이 쉽게 변질되기 때문에 염장 식품이 발달하였으며 남쪽으로 갈수록 염도가 높아진다. 겨울에는 시베리아 기단의 주기적인 확장과 축소에 의해 추위가 심한 날과 덜한 날이 교대로 나타나는 삼한 사온이 나타난다.

바로잡기 ㄴ. 맑은 날씨가 지속되어 농작물 결실과 수확에 도움이 되는 계절은 가을이다. ㄹ. 중국 내륙의 건조 지역에서 발생한 흙먼지가 우리나라로 불어오는 것은 황사 현상으로 주로 봄에 나타난다.

05 ㈎ – 높새바람에 의해 영동 지방에 강수, 영서 지방에 가뭄이 나타난다. ㈏ – 대관령은 해발 고도가 높아 주변 지역보다 최난월 평균 기온이 낮다. ㈐ – 호남 지방의 해안 지역은 겨울철 차가운 바람이 비교적 따뜻한 바다 위를 지나면서 많은 눈이 내린다. ㈑ – 영남 내륙 지역은 태백산맥과 소백산맥으로 둘러싸여 강수량이 적은 소우지로, 가뭄 피해가 잦아 저수지와 댐 등을 건설하고 피해를 줄이기 위해 노력하였다.

바로잡기 ㄱ. 높새바람이 불면 영동 지방에는 강수, 영서 지방에는 가뭄이 나타난다. ㄷ. 겨울철 시베리아 기단의 영향으로 많은 눈이 내린다.

06 대도시의 도심은 차량 이동이 많고 각종 상업 시설과 업무 시설 등이 밀집해 있어 주거 지역에 비해 인공 열이 많이 발생한다. 이로 인해 외곽의 주거 지역보다 상업 지역의 기온이 더 높게 나타나는 현상을 열섬 현상이라 한다. 열섬 현상의 주요 원인은 인공 시설물의 증가, 콘크리트 피복의 증가, 인공 열의 배출 증가 등이다. 따라서 이러한 현상을 완화하기 위해서는 대중교통 이용, 신·재생 에너지 이용 등을 통해 화석 연료의 사용을 줄이고, 도시 하천 복원, 옥상 정원 조성 등을 통해 도심의 녹지 공간은 확충해야 한다.

바로잡기 ① 기온 역전층이 형성되어 공기 순환을 위한 장치가 필요한 것은 기온 역전 현상에 대한 것이다.

07 ㈎는 여름, ㈏는 겨울과 관련된 주민 생활 모습이다. 부산 바다 축제는 여름, 화천 산천어 축제는 겨울 축제이다.

바로잡기 ㄱ. 진해 군항제는 봄의 벚꽃을 활용한 축제이다. ㄷ. 김제 지평선 축제는 가을에 개최되는 축제이다.

08 우리나라는 연도별, 계절별 강수 차이가 커 물 자원 이용률이 낮다. 따라서 빗물 저장 시설 등을 만들어 물 자원 이용률을 높이기 위해 노력하고 있다.

09 ㈎는 다설지인 울릉도에서 많은 눈을 대비하기 위한 시설인 우데기가 있는 가옥이다. ㈏는 홍수 피해를 줄이기 위해 돌 등을 이용하여 터를 높여 집을 지은 터돋움집이다.

바로잡기 ㄴ. ㈏는 집중 호우에 의해 홍수의 위험성이 높은 지역에서 볼 수 있는 가옥 형태이다. 우리나라는 여름에 강수가 집중되어 홍수 가능성 역시 여름에 더 높다. ㄷ. ㈎는 다설지에서 나타나는 가옥 형태로 겨울 강수 집중률이 높은 지역에 나타난다.

10 ㈎는 여름철 무더위에 의해 나타나는 폭염, ㈏는 겨울철 기온이 갑자기 내려가면서 추워지는 한파를 나타낸 것이다. 폭염이 발생하면 기온이 높아져 혈압이 상승하며 심혈관 질환자의 건강이 악화될 수 있다. 따라서 냉방기 사용이 증가하며 전기 사용량 급증에 따른 전력 수급 문제가 발생하기도 한다.

한파가 오면 기온이 급격히 낮아져 수도관 동파, 도로 결빙에 따른 교통사고 등의 문제가 나타난다.

바로잡기 ㄹ. ㈎는 북태평양 기단, ㈏는 시베리아 기단의 영향으로 나타난다.

11 지도는 적도 해상에서 발생하여 우리나라로 이동하는 태풍을 나타낸 것이다. 태풍은 북서쪽으로 이동하다 중위도에서 편서풍의 영향을 받으면 북동쪽으로 이동 방향을 변경하는데, 진행 방향의 오른쪽은 위험 반원, 왼쪽은 가항 반원이다.

바로잡기 ㄴ. 가뭄에 의해 나타나는 현상이다. ㄷ. 높새바람에 의해 나타나는 현상이다.

12 제시된 자료를 보면 명태와 같은 한류성 어종은 거의 잡히지 않고 있으며, 과거에 비해 난류성 어종인 오징어, 멸치 등의 어획량이 증가하였다. 이는 지구 온난화의 영향으로 한반도와 주변 바다의 수온도 상승하였기 때문이다. 이러한 기온 상승으로 극지방 등의 빙하가 녹으면 해수면이 상승하여 저지대 침수 위험이 높아진다.

바로잡기 ① 하천 결빙 일수는 감소한다. ② 침엽수림의 분포 면적은 감소하고 난대림의 분포 면적은 증가한다. ③ 서늘한 기후를 이용하는 고랭지 농업 지역은 축소된다. ④ 난류성 어족의 어획량은 증가하고 한류성 어족의 어획량은 감소한다.

13 지구 온난화의 심화로 우리나라도 기온이 상승할 것으로 예상한다. 현재부터 2090년까지 지속적으로 기온이 상승할 것으로 예상하기 때문에 냉대림 분포 지역은 지속적으로 감소하고, 난대림 분포 지역은 지속적으로 확대될 것으로 예상한다. 또한 현재는 쉽게 볼 수 없는 아열대 식생 지역이 남부 지역에서 나타날 것으로 예상한다.

바로잡기 ⑤ 현재 가장 넓게 분포하는 식생은 온대림이지만, 기온 상승으로 2090년 한반도에 가장 넓게 분포할 것으로 예상하는 식생은 난대림이다.

14 제시된 그림의 제로 에너지 빌딩은 단열 성능을 높이고, 신·재생 에너지를 활용하여 에너지 사용량을 최소화하는 건축물이다. 이는 온실가스 배출량 감축을 위한 노력이 반영된 것이다.

바로잡기 ⑤ 유류세를 낮추면 화석 연료가 저렴해져 오히려 사용량이 증가하고 온실가스 배출량도 증가한다.

15 **이렇게 쓰면 만점** 도시 생태계 복원, 냉난방비 경감을 통한 에너지 절감 효과를 모두 포함하여 서술하면 만점이다.

이렇게 쓰면 감점 공익적 가치를 서술해야 하기 때문에 단순히 농산물 생산 등 개인적인 가치를 서술하면 감점이다.

16 **이렇게 쓰면 만점** 황사 현상임을 파악하고, 그로 인한 영향을 서술하면 만점이다.

17 **이렇게 쓰면 만점** A와 B의 주요 식생을 구분하고, 기온이 낮은 지역의 회백색토와 기온이 높은 지역의 적색토를 구분하여 서술하면 만점이다.

Ⅳ 거주 공간의 변화와 지역 개발

01 촌락의 변화와 도시의 발달

기초를 다지는 확인 문제
138쪽

01 (1) ○ (2) × (3) ○ (4) ○ (5) × **02** (1) 자연 제방
(2) ㉠ 집촌, ㉡ 산촌 (3) 중심지 (4) 도시 체계 (5) ㉠ 서울,
㉡ 종주 도시화 **03** (1) ㉢ (2) ㉡ (3) ㉠

실력을 키우는 실전 문제
139~143쪽

01 ①	**02** ③	**03** ④	**04** ③	**05** ④	**06** ①
07 ③	**08** ①	**09** ①	**10** ②	**11** ①	**12** ④
13 ④	**14** ④	**15** ④	**16** ⑤	**17** ⑤	**18** ①

19 예시답안 (가)는 한강변에 위치한 마포로, 나루터 기능을 가진 곳이다. (나)는 이태원으로, 역원에 위치하여 숙식을 제공하는 기능을 가진 곳이다. (다)는 한강진으로, 나루터 기능을 가진 곳이다.

20 예시답안 1960년대 이후 산업화 과정을 거치면서 청장년층 인구를 중심으로 이촌 향도 현상이 두드러지게 나타났다. 이 과정에서 유소년층 인구도 청장년층 인구와 함께 도시로 이주하면서 취학 아동이 줄어들게 되고, 이에 따라 많은 학교가 학생 수 부족으로 폐교되었다.

21 예시답안 서울은 주변의 홍콩과 오사카 등과 함께 하위 세계 도시에 속한다. 주요 및 최상위 세계 도시로 도약하기 위해서는 다른 도시와 구별되는 특화 기능을 갖춰 국제 경쟁력을 강화해야 한다.

01 (가)는 전형적인 농촌 지역으로, 노인 인구 비율이 높고 벼농사의 비중이 높은 곳이다. (나)는 대도시 인근에 위치한 근교 농촌 지역으로, 도시의 영향을 강하게 받는 곳이다. 이러한 지역은 청장년층 인구의 비중이 높고, 토지 이용의 집약도가 높다. 또한 농촌이지만 인근 도시로부터 이주해 오는 사람들이 많은데, 이들은 농업이 아닌 2·3차 산업에 주로 종사한다. 또한 이들의 대부분은 청장년층 인구이기 때문에 전형적인 농촌 지역에 비해 초등학교의 학급당 학생 수도 많다.

바로잡기 ① 노년 부양비는 노인 인구 비중이 높은 (가)와 같은 전형적인 농촌에서 높게 나타난다.

02 산록 완사면과 범람원의 자연 제방은 배수가 양호하여 홍수 예방(피수)을 위해, 배산임수 지역은 겨울철 북서풍 차단과 생활·농업용수 확보에 유리하여 촌락이 입지한다. 나루터는 수상 교통과 육상 교통의 결절점에 해당하며 사람과 물자의 교류가 이루어지는 곳으로, 취락의 입지로 적절하다. 군사가 주둔하고 있는 지역에는 병영촌이 입지한다.

바로잡기 ㉢ 제주도 해안가의 용천대에 취락이 입지하는 이유는 용수 획득(득수)을 위해서이다.

03

마을 북쪽에는 산이 있고, 마을은 산 아래쪽에 입지하였다. 전형적인 배산형 입지이다.

벽지리

촌락을 형태상으로 살펴볼 때 별다른 규칙성 없이 가옥들이 모여 있는 집촌에 해당한다.

마을 앞으로 하천이 있고 하천 주변에는 넓은 들이 펼쳐져 있다. 이러한 취락이 임수형 입지에 해당한다.

제시된 지도는 배산임수형 입지의 촌락이며, 형태상 특징은 집촌이다. 집촌은 동성동본의 동족 촌락인 경우가 많고, 주민들의 공동체 의식은 강한 편이다. 벼농사 지역은 밭농사 지역에 비해 협동 노동의 필요성이 더 큰 편이다.

바로잡기 ④ 산촌(散村)에 관한 내용이다.

04 제시된 조건은 나루터 취락의 입지와 관련된 것이다. 과거에 나루터 취락에는 나루터를 의미하는 도(渡), 진(津), 포(浦) 등의 지명이 사용되었다.

바로잡기 ① 고개를 의미하는 령(嶺)이 사용되었다. ② 군사가 주둔하던 지역의 취락이다. ④ 온천과 관련된 취락이다. ⑤ 역원 취락이다.

05 촌락은 밀집도를 기준으로 집촌과 산촌으로 구분할 수 있다. 공동체 의식은 집촌이 더 높은데, 그 이유는 동족 촌락을 이루고 있는 경우가 많으며, 벼농사 지역의 경우 수리 시설을 공동으로 관리하기 때문이다.

바로잡기 ㉠ 가옥의 밀집도가 높은 취락이 집촌이고, 낮은 취락이 산촌이다. ㉡, ㉢ 집촌은 협동 노동의 필요성이 높은 벼농사가 중심을 이룬다. 반면, 산촌은 협동 노동의 필요성이 낮은 밭농사가 중심을 이룬다. ㉤ 가옥과 경지와의 결합도는 산촌이 높은 편이다.

집촌과 산촌

집촌과 산촌의 지도를 제시하여 각 특징을 묻는 문제가 주로 출제된다. 그러므로 이 둘을 별도로 학습해서는 안 되고, 특징을 비교해서 알아 두어야 한다.

구분	집촌	산촌
가옥 밀집도	높음	낮음
경지와의 거리	멂 → 경지의 효율적 관리가 어려움	가까움 → 경지의 효율적 관리가 용이함
분포	평야 지역, 동족 촌락 등	산지나 구릉지 등
협동 노동의 필요성	큼 → 강한 공동체 의식	작음 → 약한 공동체 의식

06 대화 내용을 볼 때 ㉠~㉢은 촌락을 입지 조건의 기준으로 나눈 것이고, ㉣은 가옥의 밀집도로 나눈 것이다.

바로잡기 ① 역원 취락과 나루터 취락은 현재 그 기능을 상실하였고, 지명에만 그 의미가 남아 있다.

07 지도의 A 도시는 도농 통합시이다. 도농 통합시는 1995년에 처음으로 지정하기 시작하여 최근까지도 지정하고 있다. 지정 목적은 도시와 농촌의 균형 발전, 농촌의 생활 환경 개선, 지방 도시와 배후 농촌의 경쟁력 강화, 주민의 실제 생활권과 경제권, 행정 구역 등의 일치 등이다.

[바로잡기] ③ 도농 통합시는 1995년부터 지정되기 시작하였다.

08 〈인구 규모〉를 보면 대구광역시가 가장 크고, 구미시, 상주시 순으로 나타난다. 〈서비스업의 사업체 수〉 역시 대구광역시, 구미시, 상주시 순으로 나타난다. 이를 종합해 볼 때 대구광역시가 세 도시 중 가장 높은 계층의 고차 중심지이며, 구미시, 상주시 순으로 중심지 계층이 낮아짐을 알 수 있다.

[바로잡기] ㄷ. 각 도시가 보유하고 있는 중심 기능의 수도 인구와 서비스업의 사업체 수와 비례 관계이다. ㄹ. 세 도시 모두 서비스업의 사업체 중 교육 서비스업의 비중이 가장 높다.

09

자료 분석 노트

1996년 / (만 명) / 2010년
80세 이상 / 75~79 / 70~74 / 65~69 / 60~64 / 55~59 / 50~54 / 45~49 / 40~44 / 35~39 / 30~34 / 25~29 / 20~24 / 15~19 / 10~14 / 5~9 / 0~4
4 3 2 1 0 (천 명) 1 2 3 4
(통계청)

- 전체 인구가 감소하였지만 노년 인구는 증가하였으므로, 노년 인구 비중이 높아졌다.
- 청장년층 인구는 전체 인구 중 비중이 감소하였다.
- 유소년층 인구는 전체 인구 중 비중이 감소하였다.

자료는 전라북도 순창군으로, 전통적인 촌락에 해당한다. 이곳은 전체적으로 인구가 감소하였는데, 청장년층 인구 비중의 감소가 두드러진 반면, 노년 인구 비중은 증가하였다. 따라서 전체 인구 중 가운데에 위치한 사람의 연령을 의미하는 중위 연령도 상승하였을 것이다.

[바로잡기] ② 유소년층 인구 비중은 줄고 노년층 인구 비중은 늘었으므로 노령화 지수는 상승한다. ③ 세대 수의 감소 폭보다 인구 수의 감소 폭이 더 크므로 세대 당 인구 수도 감소하였다. ④ 노년층 인구 비중은 증가하였다. ⑤ 유소년층 인구 비중은 감소하였다.

10 ⓐ 마을은 전형적인 농촌 마을로 변화의 속도가 더딘 편이고, ⓑ 마을은 변화를 받아들여 최근 빠르게 변모하고 있는 농촌이다. ⓑ 마을은 새로운 사업이 추진되고 축제가 개최되면서 고용을 창출하는 효과를 기대할 수 있으며, 외지인과의 교류 가능성도 높을 것이다.

[바로잡기] ② 농업 외 소득 비중은 축제가 열리는 ⓑ 마을이 더 높다.

11 제시된 자료를 통해 도시 간 상호 작용의 크기와 방향 등을 파악할 수 있다. 도시 간 상호 작용이 큰 도시는 다른 도시에 비해 상위 계층 도시, 상호 작용이 작은 도시는 하위 계층 도시라고 볼 수 있다.

12 제시된 자료는 시외·고속버스 운행 횟수와 노선 등을 종합하여 우리나라의 도시 간 계층 구조를 파악한 것이다. 서울이 가장 높은 계층의 도시이고, 부산, 인천, 수원, 대전, 광주, 대구 등이 A 계층에 해당하고, 그 아래에 B, C 계층의 도시가 분포한다. 상위 계층으로 갈수록 도시 수가 줄어들기 때문에 도시 간 평균 거리는 멀어지게 된다.

[바로잡기] ① 하위 계층인 B의 도시 수가 더 많다. ②, ③ 평균 인구와 배후지 규모는 상위 계층인 A의 도시가 더 많고 크다. ⑤ 도시가 보유한 중심 기능 수는 상위 계층인 A의 도시가 더 많다.

도시 계층 간 비교 만점 공략 노트

도시 간 상호 작용과 관련된 자료를 제시하고 고차 중심지와 저차 중심지의 특징을 비교하는 문항이 자주 출제되므로 각각의 대표적인 특징을 비교해서 알아 두는 것이 좋다.

구분	중심지 수	배후지 규모	중심지 기능	중심지 간 거리	사례
고차 중심지	적다	넓다	많다	멀다	대도시
저차 중심지	많다	좁다	적다	가깝다	소도시

13 ⑺는 면 단위 지역이고, ⑻는 시 단위 지역이다. 상주인구는 시가 더 많고, 상점 간의 평균 거리는 인구가 많은 도시에서 더 가깝게 나타난다. 동일 규모 동종 소매업의 최소 요구치 범위는 인구가 많은 도시에서 좁게 나타나고, 인구가 적은 면 지역에서 더 넓게 나타난다.

14 ⑺는 군, ⑻는 시 지역이다. 시는 군보다 상위 계층의 중심지로, 중심지 수는 더 적고, 중심지의 기능은 더 많이 보유하고 있다. 상주인구 밀도는 군보다 시 단위 지역에서 높게 나타난다. 동일 규모 동종 소매업의 최소 요구치 범위는 상주인구 밀도가 낮은 군 단위 지역에서 넓게 나타난다.

[바로잡기] ④ 상점 간의 평균 거리는 인구 밀도가 낮은 군 단위 지역에서 더 멀게 나타난다.

15 제시된 그림은 정주 체계 속에 나타나는 중심지의 계층 구조이다. 최상위 계층의 중심지는 A이고, B, C 계층 순으로 계층이 낮으며, 촌락은 정주 체계에서 가장 낮은 단계에 해당한다. 중심지 간의 거리는 계층이 높아질수록 멀어진다. 교통이나 인구 등의 조건이 변화하면 배후지의 면적은 변화할 수 있다.

[바로잡기] ④ 중심 기능은 모든 중심지에 입지할 수 있다.

16 제시된 글은 우리나라 도시의 계층 구조에 관한 내용이다. 다양한 상호 작용의 방향과 크기 등을 종합하여 도시들의 계층을 구분할 수 있는데, 계층에 따라 그 도시의 영향권이나 세력권의 규모도 달라진다.

[바로잡기] ⑤ 중심성이 큰 대도시는 중소 도시에 비해 더 많은 중심 기능을 보유하고 있으며, 더 넓은 배후 지역을 갖는다.

17 1970년에 비해 2015년에는 도시의 수가 크게 증가하였으며, 기존의 도시 대부분은 인구가 증가하였다. 수도권 지역에 많은 도시가 몰려 있고, 서울에서 부산을 잇는 경부축을 따라 도시 발달이 두드러진다.

바로잡기 ㄱ. 원의 크기를 비교해 볼 때 서울의 인구가 여전히 부산의 인구보다 두 배 이상 많다. ㄴ. 강원 지역의 도시 발달은 다른 지역보다 상대적으로 미약하지만, 도시의 수는 증가하였다.

18 ② 2000년에 3위와 4위였던 대구와 인천은 2015년에 순위가 바뀌었다. ③ 2015년 기준 6대 광역시인 부산, 인천, 대구, 대전, 광주, 울산의 인구는 모두 100만 명을 넘는다. ④ 2015년 기준 10대 도시 중 대전과 광주를 제외하고는 모두 수도권과 영남권에 집중되어 있다. ⑤ 1960년 10대 도시 중 수도권에 속한 도시는 서울, 인천, 수원으로 3개 도시였는데, 2015년에는 고양이 포함되면서 도시 수가 증가하였다.

바로잡기 ① 2000년에 비해 2015년의 부산의 인구는 감소하였다.

19 **이렇게 쓰면 감점** 각각에 대한 구체적인 기능의 서술 없이 교통 기능이 발달한 촌락이라고만 서술하면 감점이다.

20 **이렇게 쓰면 감점** 유소년층 인구 감소의 원인에 관한 언급 없이 단순히 인구가 감소했기 때문이라고 서술하면 감점이다.

21 **이렇게 쓰면 만점** 서울이 속한 계층과 상위 계층으로 가기 위해 국제 경쟁력 강화를 언급하여 서술하면 만점이다.

━━━ 등급을 올리는 고난도 문제 144~145쪽

01 ③   **02** ⑤   **03** ⑤   **04** ②

---

01 집촌과 산촌의 특징 비교   자료 분석 노트

가옥이 밀집되어 있으므로 집촌에 해당한다. 집촌은 주민들의 공동체 의식이 강하다.

가옥과 가옥 사이의 거리가 떨어져 있으므로 산촌에 해당한다.

농경지는 대부분 논으로 이루어져 있다. 벼농사는 밭농사보다 공동 작업의 필요성이 크다.

대부분의 농경지가 밭으로 이용되므로 밭농사의 비중이 높다.

가옥의 밀집도를 살펴볼 때 ㈎는 집촌, ㈏는 산촌이다. 산촌은 개간과 개척의 과정에서 형성된 경우가 많으므로 농경지와 가옥이 바로 옆에 붙어 있는 사례가 많으므로 집촌에 비해 가옥과 경지의 결합도가 높다. 집촌의 경우 농경지와 떨어진 곳에 취락이 형성되어 있으므로 일부 주민은 농경지가 가깝지만, 대부분의 주민은 농경지까지의 거리가 멀다. 따라서 가옥과 농경지 사이의 평균적인 거리는 산촌이 더 가깝다. 집촌의 경우 주로 벼농사가 이루어지기 때문에 마을 주민들의 공동 노동이 필요한 경우가 많아 마을 사람들이 갖는 공동체 의식이 강한 편이다. 반면, 산촌의 경우 밭농사가 주를 이루기 때문에 공동체 의식은 집촌에 비해 약하다.

02 농촌 지역의 변화 모습 파악   자료 분석 노트

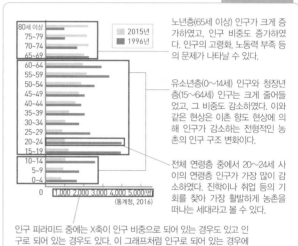

노년층(65세 이상) 인구가 크게 증가하였고, 인구 비중도 증가하였다. 인구의 고령화, 노동력 부족 등의 문제가 나타날 수 있다.

유소년층(0~14세) 인구와 청장년층(15~64세) 인구는 크게 줄어들었고, 그 비중도 감소하였다. 이와 같은 현상은 이촌 향도 현상에 의해 인구가 감소하는 전통적인 농촌의 인구 구조 변화이다.

전체 연령층 중에서 20~24세 사이의 연령층 인구가 가장 많이 감소하였다. 진학이나 취업 등의 기회를 찾아 가장 활발하게 농촌을 떠나는 세대라고 볼 수 있다.

인구 피라미드 중에는 X축이 인구 비중으로 되어 있는 경우도 있고 인구로 되어 있는 경우도 있다. 이 그래프처럼 인구로 되어 있는 경우에는 인구 규모의 변화에 대한 분석도 직관적으로 가능하다.

제시된 ○○군은 20년 사이에 인구가 감소하였지만 노인 인구의 비중은 증가하는 변화를 겪었다. 청장년층 인구의 감소가 두드러지는데, 특히 15~24세의 인구 감소 폭이 가장 크다. 노년층의 경우 인구가 증가하였는데, 75세 이상의 경우에는 그 규모가 두 배 정도이다. 유소년층 인구는 감소하고 노년층 인구는 증가하였으므로 인구 부양비 중 유소년 인구 부양비는 감소하고 노년 부양비는 증가하였다.

바로잡기 질문 1, 3. 유소년층과 청장년층 인구가 감소하였으나, 노년층 인구가 증가하였으므로 전체 인구가 절반 이하로 감소하지 않았다.

03 중심지의 계층 구조 특징 이해   자료 분석 노트

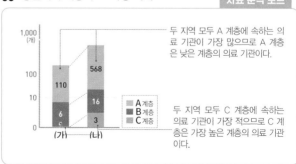

두 지역 모두 A 계층에 속하는 의료 기관이 가장 많으므로 A 계층은 낮은 계층의 의료 기관이다.

두 지역 모두 C 계층에 속하는 의료 기관이 가장 적으므로 C 계층은 가장 높은 계층의 의료 기관이다.

(가), (나) 두 지역 모두 A 계층에 속하는 의료 기관이 가장 많고, C 계층에 속하는 의료 기관이 가장 적다. 따라서 A 계층이 최하위 의료 기관이고, C 계층이 최상위 의료 기관이다. 그러므로 그래프에서 ㄱ에는 하위 의료 기관일수록 높게 나타나는 지표가 들어가야 하고, ㄴ에는 상위 의료 기관일수록 높게 나타나는 지표가 들어가야 한다. ㄱ에는 환자별 내원 빈도가 들어갈 수 있다. 환자는 상위 의료 기관보다 하위 의료 기관을 방문하는 빈도가 더 높기 때문이다. ㄴ에는 서비스의 도달 범위, 최소 요구치, 평균 병상 수가 들어갈 수 있다. 고차 중심지일수록 배후지가 넓게 나타나고, 이를 유지하기 위해 최소 요구치는 크게 나타나므로 서비스의 도달 범위는 넓게 나타난다. 고차 중심지는 규모가 크므로 병원의 평균 병상 수도 더 많을 것이다.

04 도시화율의 변화 파악

자료 분석 노트

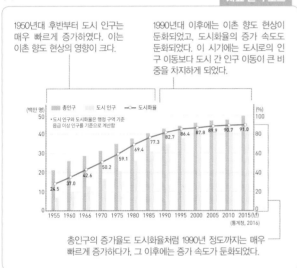

1950년대 후반부터 도시 인구는 매우 빠르게 증가하였다. 이는 이촌 향도 현상의 영향이 크다.

1990년대 이후에는 이촌 향도 현상이 둔화되었고, 도시화율의 증가 속도도 둔화되었다. 이 시기에는 도시로의 인구 이동보다 도시 간 인구 이동이 큰 비중을 차지하게 되었다.

총인구의 증가율도 도시화율처럼 1990년 정도까지는 매우 빠르게 증가하다가, 그 이후에는 증가 속도가 둔화되었다.

우리나라는 1960년대 들어와서 본격적으로 산업화가 시작되었고, 그 과정에서 이촌 향도 현상이 두드러졌다. 주로 청장년층과 유소년층 인구의 이동인 이촌 향도 현상으로 인해 도시 인구는 매우 빠른 속도로 증가하게 되었고, 도시화율도 급증하였다. 1990년대를 지나가면서 도시화율이 80%를 넘게 되어 도시화의 종착 단계에 도달하게 되었고, 이촌 향도 현상도 둔화되었다. ㄱ. 현재는 전체 인구의 90% 이상이 도시에 거주하며, 앞으로 도시화율의 증가 속도는 둔화될 것으로 예상된다. ㄷ. 1970년의 도시화율이 50.2%로 전체 인구의 절반 이상이 도시에 거주하게 되었다.

바로잡기 ㄴ. 1970년대보다 1990년대의 도시화율 증가 속도가 더 느리다. ㄹ. 전체 인구가 증가하고 도시화율이 지속적으로 높아지는 것으로 보아 도시 인구가 감소한다고 볼 수 없다.

02 도시 내부 구조와 도시 재개발

19 예시답안 소도시였을 때에는 도심의 발달이 미약하고 공간적 상호 작용도 불규칙하게 나타난다. 중도시가 되면서 도심의 위치가 명확해지고 외곽에서 도심으로 향하는 상호 작용의 방향성에도 규칙성이 생겨난다. 대도시가 되면 도시의 규모가 확대되고 도심의 기능을 일부 분담하는 부도심이 나타난다.

20 (1) 인구 공동화 (2) **예시답안** 직장과 주거지가 분리되면서 도심의 야간 인구는 감소하고 주간 활동 인구는 늘어났기 때문이다.

21 예시답안 서울의 인구를 분산하고, 수도권의 주택 공급 증대를 위해 신도시를 조성하였다.

01 도시 내부의 지역 분화를 유발하는 요인은 지가와 지대, 접근성의 차이이다. 지가가 높은 곳은 지대도 높으며, 접근성이 높을수록 지가와 지대가 높다.

바로잡기 ⑤ 접근성과 지대에, 지가는 모두 비례한다.

02   **자료 분석 노트**

그래프의 기울기가 가장 큰 상업·업무 기능이다. 따라서 거리에 따른 지대의 변화가 가장 크다고 볼 수 있다.

공업 기능이다.

주거 기능은 거리에 따른 지대 변화가 가장 작다. 상업·업무 기능과 공업 기능에 비해 지대 지불 능력이 낮기 때문에 도시 외곽에 자리잡게 된다.

도심으로부터 외곽으로 가면서 상업·업무 지역, 공업 지역, 주거 지역 순의 동심원 구조가 나타나게 된다.

그래프는 도시 내 여러 기능의 지대 변화를 나타낸 것이다. (가)는 상업·업무 기능, (나)는 공업 기능, (다)는 주거 기능이다. 각 기능은 지대 지불 능력과 거리에 따른 지대의 변화 정도가 다르다. 도심은 지대가 가장 높기 때문에 가장 집약적인 형태의 토지 이용이 이루어진다. 그래프와 같은 토지 이용이 이루어진다면 도시 내부 구조는 동심원 모양이 된다.

바로잡기 ㄱ. (가)는 상업·업무 기능이고, (나)는 공업 기능이다. ㄴ. 상업·업무 기능은 주거 기능보다 도심에서 높은 지대 지불 능력을 갖는다.

도시 내부 구조는 도시 내용 중 가장 많이 출제되는 내용 요소로, 특히 도심과 주변 지역을 비교하는 내용이 대부분 출제된다.

도심에서 높은 수치	주변 지역에서 높은 수치
• 대기업 본사의 수 • 금융 기관의 수 • 평균 지가와 지대	• 상주인구 수 • 학교, 대형 마트의 수 • 거주자의 평균 통근 거리

03 제시된 지도는 서울 도심에 있던 학교들이 1970~1980년대에 한강 이남으로 이전하는 상황을 보여 준다. 도심은 전체 인구와 학생 수가 감소하였고, 서울시는 강남 지역을 개발하면서 인구 유입을 촉진할 수 있는 방안이 필요했기 때문에 도심의 학교가 강남 지역으로 이전하게 된 것이다.

바로잡기 ㄹ. 강남 지역은 서울의 도심보다 나중에 개발된 곳이다.

04 지도에서 A는 지가가 매우 높은 곳이고, B는 지가가 낮은 곳이다. 도시 내에서 지가가 상대적으로 낮은 곳은 접근성도 낮으므로 낮은 지대를 지불할 수 있는 기능이 입지한다. 일반적으로 도시 외곽 지역은 주거 기능이 발달하게 되므로 B 지역은 A 지역보다 주거용 건축물의 비중이 높게 나타난다.

바로잡기 ①, ②, ④, ⑤ 지가와 접근성이 높은 A 지역에서 높게 나타나는 지표들이다.

05 지도는 서울시의 구(區)별 특정 지표를 나타낸 것이다. 도심에 해당하는 중구 및 종로구와 부도심에 해당하는 강남구, 서초구, 영등포구 등에서 지표가 높게 나타난다. 서울의 외곽 지역에 해당하는 구(區)들은 지표가 낮게 나타나고 있다. 따라서 이는 주간 인구 지수에 해당한다. 주간 인구 지수는 상업·업무 기능이 발달한 도심과 부도심에서 높게 나타난다.

바로잡기 ①, ③, ④, ⑤ 주거 기능이 발달한 외곽 지역에서 높게 나타나는 지표들이다.

06 (가)는 서울의 도심, (나)는 주거 지역, (다)는 주거·공업 기능이 혼재된 지역, (라)는 부도심에 해당한다. 서울에서 가장 먼저 개발된 곳은 도심이다. 도심과 부도심은 상업·업무 기능의 비중이 다른 지역에 비해 높기 때문에 주간 인구 시수가 높다. 부도심의 주거 기능은 주거 지역보다는 낮지만, 도심보다는 높다.

바로잡기 ⑤ 주거·공업 기능은 상업·업무 기능에 비해 지대 지불 능력이 낮을 뿐만 아니라 여러 여건 상 도심에 입지하기는 어렵다.

07 대도시권은 대도시를 중심으로 대체로 동심원의 형태로 나타나는데, 대도시의 일일 생활권은 출퇴근이 가능한 통근 가능권(A)까지이다. 통근 가능권은 중심 도시 밖에 위치하며, 교외 지역과 대도시 영향권, 배후 농촌 지역 등을 모두 포함한다.

바로잡기 ① 대도시의 경계 부근에 대체로 띠의 모양으로 설정된다. ③ 초등학생들은 대체로 집에서 가까운 학교에 배정 받기 때문에 대도시권과는 거리가 멀다. ④ 시외버스는 멀리 있는 도시까지도 운행하

므로 A의 범위를 벗어날 수 있다. ⑤ 시외 전화 지역 번호의 경우 광역 자치 단체별로 다르게 나타나므로 A와는 거리가 멀다.

08 대도시 주변의 통근·통학률을 보면 대체로 대도시와 인접한 지역에서 높게 나타난다. 특히 수도권에서는 통근·통학 가능 범위가 다른 대도시권보다 넓게 나타난다.

바로잡기 병. 대도시 내의 통근·통학률도 높게 나타나고 있다. 정. 교통 조건이 개선되면 통근·통학이 가능한 공간적 범위는 더욱 넓어질 수 있으며 통근·통학률도 높아질 수 있다.

09 수도권의 주간 인구 지수를 보면 서울에 인접한 지역에서 비교적 주간 인구 지수가 낮게 나타나고 있음을 알 수 있다. A는 B에 비해 서울에서 가까운 곳에 위치한 지역이며, 주간 인구 지수가 낮은 것으로 보아 서울로 출퇴근하는 통근자 수가 더 많다고 볼 수 있다.

바로잡기 ㄷ. 과천의 경우 서울과 인접해 있지만, 주간 인구 지수가 높게 나타난다. ㄹ. 교통의 발달은 통근권의 확대를 가져왔다. 따라서 교외 지역의 주간 인구 지수가 낮아지는 데 영향을 주었다.

10 대도시에 인접한 농촌은 대도시의 영향을 받아 빠르게 변화하는 특징이 나타난다. 인구가 늘어나는 것은 인근 대도시로부터 유입되는 인구가 많기 때문이다. 이와 같은 지역에서는 대도시에 공급할 수 있는 상품 작물을 집약적으로 재배하는 농업이 주로 발달하게 된다. 이러한 농업은 노동 집약적인 특징을 갖기 때문에 벼농사와 같은 전통적인 농업에 비해 비교적 젊은 농업인들에 의해 경영되는 것이 일반적이다.

바로잡기 ⑤ 쌈 채소와 같은 작물을 생산하는 경우 일일이 손으로 해야 하는 작업이 많기 때문에 많은 노동력을 필요로 한다. 반면, 벼농사는 파종과 이앙, 수확에 이르기까지 기계화의 정도가 높은 편이다.

11 ○○시는 1995에서 2015년 사이에 인구가 크게 증가하였고, 도농 통합시로 승격되기도 하였다. 이 과정에서 농촌 경관이 도시적 경관으로 크게 바뀌었을 것이며, 아파트와 같은 공동 주택이 크게 늘어났을 것이다. 농경지의 면적은 감소하였을 것이고, 식량 생산 기능도 과거에 비해 감소하였을 것이다.

바로잡기 ② 제시된 그래프를 보면 인구가 크게 증가하였는데, 그중에서도 청장년층 인구가 가장 많이 증가하였다.

12 (가)는 '지역성과 경관을 보전하는'이라는 내용 등을 살펴볼 때 수복 재개발의 사례이다. (나)는 '노후화된 주택들이 고층 아파트 단지로 변화하였다'는 내용에 비추어 볼 때 철거 재개발의 사례를 보여주고 있다. 철거 재개발은 수복 재개발에 비해 많은 자본이 투입되는데, 이 과정에서 자원의 낭비 가능성도 높게 나타난다. 재개발 이후 주거 비용이 상승하기 때문에 원거주민이 재정착하기 어렵다는 점이 문제점으로 지적되며, 이에 따라 지역 공동체는 해체될 가능성이 높다.

바로잡기 ④ 재개발 이후 주택 가격이 크게 상승하게 되므로 주거 비용이 증가한다고 볼 수 있다.

도시 재개발

만점 공략 노트

최근에 이루어지고 있는 도시 재개발 사례를 제시하고, 재개발 방식의 특징을 묻거나 해당 재개발로 인해 나타나는 현상을 파악하는 문제가 출제되고 있다. 따라서 도시 재개발의 유형을 알아 두는 것이 좋다.

철거 재개발	• 기존 시설물을 완전히 철거하고 새로운 시설물로 대체 • 원거주민의 재정착률이 낮음
수복 재개발	• 기존 건물과 환경을 최대한 살리면서 부분적으로 보수 • 도시 구조 변형을 최소화하여 원거주민의 생활 안정 도모
보존 재개발	• 역사·문화적으로 보존할 가치가 있는 지역에서 실시 • 환경 악화를 예방하는 차원에서 일부 시설을 개선함

13

자료 분석 노트

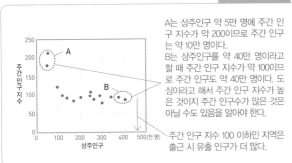

A는 상주인구 약 5만 명에 주간 인구 지수가 약 2000이므로 주간 인구는 약 10만 명이다.
B는 상주인구를 약 40만 명이라고 할 때 주간 인구 지수가 약 100이므로 주간 인구도 약 40만 명이다. 도심이라고 해서 주간 인구 지수가 높은 것이지 주간 인구수가 많은 것은 아닐 수도 있음을 알아야 한다.

주간 인구 지수 100 이하인 지역은 출근 시 유출 인구가 더 많다.

제시된 그래프에서 A는 상주인구가 적은 반면에, 주간 인구 지수는 매우 높은 구(區)이다. B는 상주인구는 많지만, 주간 인구 지수는 낮은 구이다. 따라서 A는 중심 업무 기능이 입지한 도심이고, B는 주거 기능이 탁월한 지역임을 알 수 있다. 그러므로 A는 B에 비해 접근성이 높고 지가와 지대도 높을 것이며, 주거 기능이 발달한 B에서는 아침 출근 시간에 유입 인구보다 유출 인구가 더 많을 것이다.

바로잡기 ㄷ. 주거용 토지의 비율은 주거 기능이 발달한 B에서 높게 나타난다. ㄹ. 주민들의 평균 통근 거리는 도심인 A가 더 짧다. 도심은 일반적으로 주거 환경은 열악한 경우가 많은데, 그럼에도 불구하고 도심에 있는 직장에 출퇴근하는 사람들이 거주하는 경우가 있다. 따라서 도심에 거주하는 사람들의 평균 통근 거리가 더 짧다.

14 상주인구는 B가 가장 많고, C가 가장 적다. 하지만 주간 인구 지수를 보면 A와 C가 높고, B는 100 미만이다. 이를 종합해 보면 B는 주거 지역으로서 통근 인구가 많은 지역임을 알 수 있다. A는 외곽 지역이지만 제조업 사업체 수와 종사자 수를 살펴보았을 때 공업 기능이 발달한 지역이므로 주간 인구 지수가 매우 높게 나타난다. C는 상주인구가 적고 주간 인구 지수가 높으며, 제조업이 크게 발달하지 않은 지역으로 도심에 해당한다. ① 지도에서 B보다 A의 면적이 넓은데, 인구는 B가 많으므로 인구 밀도는 B가 더 높다. ② 주간 인구는 상주인구에 주간 인구 지수의 비율을 곱하여 계산할 수 있는데, B

가 가장 많고 C가 가장 적다. ③ 상업 지역의 평균 지가는 도심에 해당하는 C가 가장 높다.

바로잡기 ④ A가 C보다 주간 인구 지수가 높기는 하지만, 외곽에 위치하여 접근성이 떨어지고 제조업이 발달한 지역이므로 도심이라고 보기는 어렵다.

15 지도를 통해 (가), (나) 지역의 특징을 파악해 보면 (가)는 대구광역시청을 비롯하여 여러 은행과 백화점, 영화관 등이 입지한 곳임을 알 수 있다. 이에 비해 (나)는 아파트 단지가 차지하는 비중이 가장 크고, 초등학교와 마트 등이 입지한 것으로 보아 주거 기능이 탁월한 지역임을 알 수 있다. 상업·업무 기능에 비해 주거 기능이 탁월한 지역은 대체로 상업 지역의 평균 지가가 낮고, 초등학교 학급 수가 많으며, 주간 인구 지수가 낮다.

16 열악한 환경을 극복하기 위해 주민들이 나서서 주거 환경을 개선하는 도시 재개발 사업으로, 수복 재개발에 해당한다. 이와 같은 재개발 사업은 원거주민에 의해 진행되는 것이므로 재정착률이 매우 높고, 주거 환경이 어느 정도 개선되면서 주민들의 삶의 질이 높아질 수 있다.

바로잡기 ㄱ. 전체 건물을 철거하고 새로운 건물을 신축하는 재개발 방식이 아니므로 투입되는 자본의 규모가 크지 않다. ㄷ. 여전히 가장 보편적인 재개발 사업은 철거 재개발이다.

17 수복 재개발은 주민들의 삶의 질을 높일 수 있는 수준에서 재개발을 실시하여 원주민들의 주거 상승 비용 부담을 줄이고 재정착률을 높일 수 있는 재개발 방식이다. 반면, 철거 재개발은 건물을 신축하는 방식이므로 이 과정에서 많은 자본이 투입되며 자원 낭비 문제가 불거질 수 있다.

바로잡기 ㄹ 역사·문화적으로 보전 가치가 있는 지역에서는 주로 보전 재개발이 추진된다.

18 ○○시는 1980년 이후 인구가 10배 가까이 증가한 곳으로, 경지 면적이 줄어든 것으로 보아 도시화가 빠르게 진행된 지역임을 알 수 있다. 경지 면적이 줄어들고 그 지역에 아파트와 같은 주거용 공동 주택이 자리잡게 되었다.

바로잡기 ㄴ, ㄹ. 2000년 이후의 ○○시는 1990년대보다는 인구 증가 속도가 늦다. 또한 대도시에 인접하여 인구가 빠르게 늘어난 도시로, 인구가 늘어날수록 인근 대도시와의 상호 작용은 더욱 증가한다.

19 **이렇게 쓰면 감점** 도시 내부 구조의 분화와 특징에 대한 서술 없이 도시가 성장했다고만 서술하면 감점이다.

20 **이렇게 쓰면 만점** (2) 직장과 주거지의 분리로 인해 인구 공동화가 나타났다고 서술하면 만점이다.

21 **이렇게 쓰면 감점** 서울의 인구 분산이라는 서술 없이 주거지 확보에 관한 내용만을 서술하면 감점이다.

01 도시 내부 구조의 분화 과정 이해

자료 분석 노트

> 도시 규모가 작을 때는 도시 내에 여러 기능이 혼재하여 입지
> <small>직장과 주거지가 분리되지 않은 상태를 의미한다.</small>
> 하지만, 도시가 성장하여 규모가 커지면 같은 종류의 기능끼
> 리 모여 ⊙ 상업·업무 지역, 공업 지역, 주거 지역 등으로 분리
> <small>접근성과 지가, 지대가 가장 높은 곳에 입지한다.</small>
> 된다. 이처럼 ⓒ 도시 내부가 분리되어 각기 다른 지역이 형성
> <small>집심 현상과 이심 현상이 나타난다.</small>
> 되는 것을 (　ⓒ　)(이)라고 한다. 일반적으로 접근성이 높은
> <small>도시 내부의 지역 분화</small>
> 지역에는 ⓔ 지대 지불 능력이 큰 기능들이 모이고, 지대 지불 능
> <small>각각의 기능별로 서로 다르게 나타난다.</small>
> 력이 낮은 기능들은 도심에서 벗어나 ⓜ 외곽 지역에 입지한다.
> <small>접근성, 지가, 지대가 낮은 곳</small>

　제시된 글은 도시 성장 과정에서 나타나는 도시 내부 구조의 분화를 설명하고 있다. 도시 규모가 작을 때는 도시 내에 다양한 기능이 규칙성 없이 혼재하지만, 도시 규모가 커지면서 도시 내부 구조가 분화하게 된다. 도시 내의 각 지역은 접근성과 지가, 지대가 다르며, 도시 내에 입지하는 각각의 기능들도 각각 지대 지불 능력이 다르다. 따라서 각각의 기능들이 이심 현상과 집심 현상 등 다양한 이동을 통해 도시 내부 구조가 분화하게 된다.

　바로잡기 ① 상업·업무 기능은 집심 현상을 일으키는 대표적인 기능이다. 이러한 기능은 도심에 입지하여 도심에 중심 업무 지구를 형성하게 된다. ② 각기 다른 도시가 되는 것이 아니라 도시 내부에 각각의 기능들이 자리 잡아 기능적으로 분화되는 것을 의미한다. ④ 지대 지불 능력은 도시 내에 입지하는 다양한 기능들이 모두 다르게 나타난다. ⑤ 외곽 지역에는 주로 지대 지불 능력이 낮은 기능들이 입지하게 되는데, 주거 기능과 같은 것이 대표적인 사례이다.

02 대도시 통근·통학권의 분포

자료 분석 노트

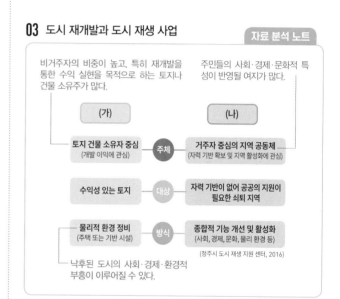

대도시에 인접한 지역일수록 통근·통학자 수가 많다.

대전과 대구 사이에는 소백산맥이라는 지형적인 장애도 있지만, 두 도시 간의 거리가 멀기 때문에 통근·통학권이 중첩되지 않는다.

대도시의 통근·통학권의 범위는 대도시의 인구 규모에 비례한다. 서울, 부산, 대구의 통근·통학권이 넓다.

통근·통학자 수(2010년)
(명, 1일 기준)
■ 10,000 이상
■ 5,000~10,000
■ 1,000~5,000
□ 500~1,000
□ 500 미만
→ 통근·통학방향
(통계청, 2016)

　지도는 각 대도시의 통근·통학권을 보여주고 있다. 수도권의 범위가 가장 넓고, 각각의 대도시들은 그 주변에 통근·통학

권을 갖고 있다. 통근·통학권은 일일 생활권에 속하며, 실질적인 대도시권을 의미한다. 광주 주변의 통근·통학자 수를 살펴보면 부산에 비해 그 수가 적음을 알 수 있다. 인천은 서울에 인접해 있고, 울산은 부산에 인접해 있다. 두 도시 모두 인구 규모가 큰 도시이지만, 대도시 옆에 인접해 있다 보니 다른 광역시들과 달리 독자적인 통근·통학권의 범위가 뚜렷하게 나타나지 않고 있다.

　바로잡기 ② 대전과 대구 사이에는 소백산맥이라는 지형적인 경계가 있으며, 지도를 보더라도 대전권과 대구권은 서로 중첩되지 않는다.

03 도시 재개발과 도시 재생 사업

자료 분석 노트

비거주자의 비중이 높고, 특히 재개발을 통한 수익 실현을 목적으로 하는 토지나 건물 소유주가 많다.

주민들의 사회·경제·문화적 특성이 반영될 여지가 많다.

(가)	주체	(나)
토지 건물 소유자 중심 (개발 이익에 관심)		거주자 중심의 지역 공동체 (자력 기반 확보 및 지역 활성화에 관심)
수익성 있는 토지	대상	자력 기반이 없어 공공의 지원이 필요한 쇠퇴 지역
물리적 환경 정비 (주택 또는 기반 시설)	방식	종합적 기능 개선 및 활성화 (사회, 경제, 문화, 물리 환경 등)

(청주시 도시 재생 지원 센터, 2016)

낙후된 도시의 사회·경제·환경적 부흥이 이루어질 수 있다.

　(가)는 도시 재개발, (나)는 도시 재생 사업을 나타낸 것이다. 도시 재개발은 주민들의 사회·경제·문화적 특성을 고려하기보다는 개발 이익에 관심을 두는 경우가 많다. 따라서 수익성을 추구하는 것이 일반적이며, 물리적 환경을 정비하는 데 초점을 맞춘다. 반면, 도시 재생 사업은 주민들의 사회·경제·문화적 특징을 고려하고, 지역의 역사·문화적 자산을 충분히 활용하는 것이 특징이다. 하지만 도시 재개발에 비해 낙후된 도시의 사회·경제·환경적 부흥 정도는 낮다.

04 도시 재개발을 둘러싼 다양한 입장

　제시된 자료를 보면 개발업자는 철거 재개발을 통해 이윤을 극대화하고자 하고, 도시 계획 담당자는 도시 미관, 건물의 노후화 문제, 주택난 해소 등의 해결 방안으로 재개발의 시급성을 언급하고 있다. 원주민은 재개발 이후 주거 비용의 상승 문제를 언급하고 있고, 신규 입주 예정자는 신축 건물과 부동산 가격 상승에 대한 기대감을 나타내고 있다. 이를 종합하면 원주민을 제외하고 다른 주체들은 모두 재개발에 찬성하는 입장이다.

　바로잡기 ㄷ. 철거 재개발을 염두에 두고 있다. ㄹ. 원주민은 주거 비용 상승에 따른 재정착의 어려움을 이야기하고 있다.

03 지역 개발과 공간 불평등

기초를 다지는 확인 문제 _____ 162 쪽

01 (1) ○ (2) × (3) × (4) × (5) ○ **02** (1) 지역 이기주의 (2) ㉠ 파급, ㉡ 역류 (3) 3 (4) 환경 불평등 (5) 지속 가능한 **03** (1) ㉡, ㉢ (2) ㉠, ㉣

실력을 키우는 실전 문제 _____ 163~165 쪽

01 ① **02** ④ **03** ④ **04** ② **05** ③ **06** ⑤
07 ③ **08** ④ **09** ⑤ **10** ④

11 예시답안 (가)는 님비 현상이고, (나)는 핌피 현상이다. 님비 현상은 혐오 시설의 입지를 반대하는 현상이고 핌피 현상은 선호 시설의 입지를 주장하는 현상이라는 면에서 차이점이 있지만, (가), (나) 모두 지역 이기주의 현상이라는 점에서 공통점이 있다.

12 (1) 도시와 농촌의 소득 격차 심화 (2) 예시답안 각 지역에 맞는 특화된 개발 전략을 수립하고, 농촌 지역에 투자를 확대하여 생활 기반 개선과 지역 경쟁력 확보를 지원하는 노력이 필요하다.

13 예시답안 법률 서비스의 경우 서울의 집중도가 매우 높게 나타나고 있다. 녹지 분포는 도(道) 지역에서 높게 나타나며, 도시 공원의 경우 세종, 전라남도, 울산 등에서 높게 나타난다.

01

자료 분석 노트

성장 거점 개발 방식은 파급 효과를 기대하며, 실제로 파급 효과가 나타나기도 한다. 하지만 역류 효과가 커지면서 균형 개발 방식으로 변경하는 것이 일반적이다.

개발의 순서는 중소 도시 생활권 → 대도시 생활권 → 전국 생활권 순이다. 아래에서 위로 올라가는 방식의 지역 개발 방식으로, 균형 개발 방식이다.

㈎는 성장 거점을 개발하여 파급 효과를 기대한 성장 거점 개발 방식이다. ㈏는 중소 도시 생활권부터 대도시 생활권, 전국 생활권으로 개발이 이루어지는 균형 개발 방식이다. 균형 개발 방식은 지역 간 격차를 해소하는 데 큰 의미를 둔다.

바로잡기 ②, ③, ④, ⑤ 성장 거점 개발 방식의 특징이다.

02

자료 분석 노트

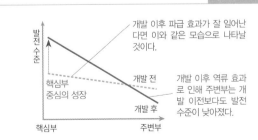

㈎는 성장 거점을 개발하여 파급 효과를 기대한 성장 거점 개

개발 전에 비해 핵심부는 큰 발전을 이루었으나, 주변부는 개발 전에 비해 오히려 발전 수준이 낙후되었다. 이는 개발의 효과가 핵심부에만 집중되고, 주변부에는 파급되지 않았기 때문이다. 이러한 결과는 주로 효율성을 추구하는 성장 거점 개발 방식에서 나타나는데, 분배보다는 성장 위주의 개발이 추진되는 과정에서 잘 나타난다.

바로잡기 ㄱ. 환경 관련 내용은 그래프에 나타나 있지 않다. ㄷ. 주로 국가 주도로 이루어지는 하향식 개발 방식에서 잘 나타난다.

03 제시된 자료는 제1차 국토 종합 개발 계획과 제3차 국토 종합 개발 계획을 비교한 것이다. 제1차 국토 종합 개발 계획은 성장 거점에 대한 집중 투자 방식으로 이루어졌으며, 이를 통해 공업 기반을 구축하고 사회 간접 자본을 확충하는 등의 큰 성과를 거두었다. 그러나 지역 간의 격차가 심화되고 환경 문제가 대두되는 등의 문제점을 안게 되었다. 제3차 국토 종합 개발 계획은 균형 개발 방식으로 추진되었다. 지역 간의 불균형 해소를 위해 낙후 지역에 대한 투자가 집중적으로 이루어졌는데, 신산업 지대 조성, 도농 통합시 출범 등이 대표 사례이다.

바로잡기 ㉣ 광역 개발은 제2차 국토 종합 개발 계획에서 추진된 방식이다.

04 1990년대에 진행된 제3차 국토 종합 개발 계획에 관한 내용이다. 이 시기에는 균형 개발 방식을 도입하여 지역 간 격차를 해소하고, 국가 및 지방의 경쟁력을 강화하고자 하였다.

바로잡기 을. 개발 제한 구역 정책은 1971년부터 시행되었으며, 수도권에서만 추진된 정책은 아니다.

05 제시된 글은 우리나라에서 시행된 제1, 2, 3차 국토 종합 개발 계획과 제4차 국토 종합 계획에 관한 내용이다. 제1차 국토 종합 개발 계획은 성장 거점 개발 방식을 채택하였으나, 개발의 격차가 커지게 되는 문제가 발생하였다. 제2차 국토 종합 개발 계획에서는 인구 및 산업의 분산을 유도하는 광역 개발 방식이 이루어졌다. 제3차 국토 종합 개발 계획에서는 지역 간 격차를 해소하는 균형 개발 방식이 추진되었다. 제4차 국토 종합 계획에서는 균형 성장 정책이 추진되었다.

바로잡기 ㉢ 인구 및 산업의 분산을 유도하는 정책은 옳지만, 이를 위해 성장 거점 개발 방식을 처음으로 도입하여 추진하였다는 내용은 옳지 않다. 성장 거점 개발 방식은 제1차 국토 종합 개발 계획에서 처음으로 채택된 것이다.

06 제시된 글은 인간 중심적인 개발에 대한 반성과 앞으로는 자연과의 조화와 균형을 이룰 수 있는 개발이 이루어져야 한다는 내용이다. 이는 지속 가능한 개발과 관련된 내용이다.

바로잡기 ① 지역 간 격차를 해소하는 데 초점을 맞춘 개발이다. ② 위에서 아래로 신속하고 효율적으로 개발을 하는 데 초점을 맞춘 개발이다. ③ 균형 개발 방식의 구체적인 방법에 해당한다. ④ 성장의 거점을 정하고 우선적으로 개발하는 방식이다.

07 자료는 제4차 국토 종합 계획에서 추진하고 있는 혁신 도시 정책이다. 혁신 도시는 수도권에 집중되어 있는 공공 기관들을 지방으로 이전하여 수도권의 과밀을 해소하고, 지방의 발전을 도모하기 위해 조성되는 것이다.

바로잡기 ① 기업 도시는 민간 기업이 토지 수용권 등을 가지고 주도적으로 개발한 특정 산업 중심의 자급자족형 복합 기능 도시이다. ② 위성 도시는 대도시 주변에 위치하며, 일반적으로 대도시의 주거 기능을 분담한다. ④ 도농 통합시는 도시와 인근의 농촌 지역을 하나의 행정 구역으로 묶는 형태의 도시이다. ⑤ 행정 중심 복합 도시는 서울에 있던 중앙 행정 기능을 이전하기 위해 만든 신도시이다.

혁신 도시와 기업 도시　　　　　　　　　**만점 공략 노트**

혁신 도시와 기업 도시의 특징은 자주 출제되는 주제이므로 정확히 확인해 둘 필요가 있다. 혁신 도시와 기업 도시는 모두 제4차 국토 종합 계획에서 추진된 정책으로, 균형 발전 전략에 속한다는 것을 알아 두어야 한다.

혁신 도시	• 공공 기관의 지방 이전을 계기로 성장 거점 지역에 조성되는 도시 • 이전된 공공 기관과 지역의 단체가 협력하여 새로운 성장 동력을 창출할 것으로 기대되는 도시
기업 도시	• 산업 입지와 경제 활동을 위하여 민간 기업이 주도하여 개발하는 도시 • 산업·연구·관광·레저·업무 등의 주된 기능과 주거·교육 등의 자족적 복합 기능을 고루 갖추도록 개발하는 도시

---

08 제시된 자료는 지속 가능한 발전에 관한 내용이다. 따라서 (가)에는 지속 가능한 발전 방안이 제시되어야 한다. 지속 가능한 발전을 이루기 위해서는 사회적 형평성을 고려해야 하고, 생산과 소비의 과정에서 자원 순환형 체제를 구축해야 한다. 또한 청정 에너지의 사용을 늘리고, 에너지의 재활용 체계를 구축해야 한다. 한편, 모든 개발은 생태계의 수용 능력 범위 내에서 이루어져야 한다.

바로잡기 ④ 환경과 경제를 따로 떼어 생각할 것이 아니라 함께 고려해야 한다.

09 제시된 두 자료 모두 전국적으로 고른 수준을 보이는 것이 아니라 지역에 따라 그 격차가 크게 나타나고 있다. 인터넷 이용률의 차이를 통해 지역 간의 정보 격차를 파악할 수 있는데, 인터넷 이용률은 수도권과 영남권에서 높게 나타나고 있다.

바로잡기 ㄱ. (가)에서 상위 3개 도(道)는 충청남도, 경상북도, 전라남도인데, 이 도(道)의 인터넷 이용률을 보면 충청남도와 전라남도는 낮은 수준으로 나타나 있다. ㄴ. 울산을 제외한 대부분의 광역시는 인근 도(道) 지역에 비해 낮은 수치를 보이고 있다.

10 제시된 글 중 첫 번째 내용은 삼척에서 세계 동굴 엑스포와 동굴 관광 축제를 개최한다는 내용이다. 두 번째 내용은 안동에서 국제 탈춤 페스티벌을 개최한다는 것이다. 이 두 가지

사례를 통해 파악할 수 있는 것은 그 지역이 가지고 있는 독특한 특성과 잠재력을 활용하여 지역 개발을 추진하고 있다는 것이다. 즉, 삼척에는 환선굴을 비롯하여 여러 석회동굴이 있다는 것이 지역 개발의 발판이 되었으며, 안동은 하회 별신굿 탈놀이라는 문화적 자산이 있다는 것이 축제를 개최하는 배경이 되었다.

11 **이렇게 쓰면 만점** 두 현상의 명칭을 정확하게 언급하고, 차이점과 공통점을 서술하면 만점이다.

12 **이렇게 쓰면 감점** (2) 농촌의 소득을 증대시켜야 한다고만 서술하면 감점이다.

13 **이렇게 쓰면 감점** 두 가지 지표의 분포를 정확하게 서술하지 않고, 지역 간 격차가 나타난다고만 서술하면 감점이다.

등급을 올리는 **고난도 문제** 166~167쪽

01 ④　　**02** ⑤　　**03** ③　　**04** ②

---

01 파급 효과와 역류 효과의 비교　　　**자료 분석 노트**

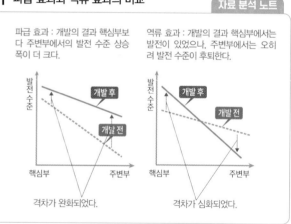

(가)는 개발에 따른 효과가 주변부까지 파급되어 발전 수준의 격차가 줄어든 파급 효과를 보여 준다. (나)는 역류 효과가 나타나 개발 이후 핵심부와 주변부 사이의 발전 수준 격차가 더욱 확대된 모습이다. (나)의 경우 역류 효과가 나타난 주변부에서 핵심부 쪽으로 인구 및 자본 등의 유출 현상이 나타나게 된다. 성장 거점 개발 방식에서 성장의 거점으로 선정될 수 있는 지역, 즉 핵심부는 유리한 자연 조건을 갖고 있거나 성장의 잠재력이 다른 지역에 비해 큰 지역이다. 특히, 성장 가능성이 높은 산업이 입지한 지역 등이 대표적인 예이다.

바로잡기 ㄱ. (가)는 개발의 효과가 주변부까지 파급되어 주변부도 성장하였으므로 파급 효과가 나타났다고 볼 수 있다. ㄷ. 선진국에서는 주로 균형 개발 방식을 추진한다. (가), (나) 모두 성장 거점 개발 방식과 관련되는 내용이다.

02 혁신 도시의 특징 파악

자료 분석 노트

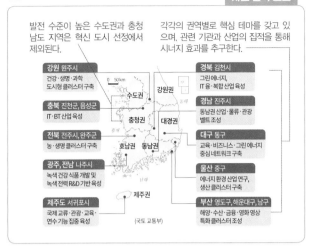

발전 수준이 높은 수도권과 충청남도 지역은 혁신 도시 선정에서 제외된다.

각각의 권역별로 핵심 테마를 갖고 있으며, 관련 기관과 산업의 집적을 통해 시너지 효과를 추구한다.

강원 원주시
건강·생명·과학 도시형 클러스터구축

경북 김천시
그린에너지, IT 융·복합산업 육성

충북 진천군, 음성군
IT·BT 산업 육성

경남 진주시
동남권산업·물류·관광 벨트조성

전북 전주시, 완주군
농·생명 클러스터 구축

대구 동구
교육·비즈니스·그린 에너지 중심네트워크 구축

광주, 전남 나주시
녹색건강식품 개발 및 녹색전력R&D 기반 육성

울산 중구
에너지 환경 산업연구, 생산클러스터 구축

제주도 서귀포시
국제 교류·관광·교육· 연수 기능집중 육성

부산 영도구, 해운대구, 남구
해양·수산·금융·영화영상 특화클러스터조성

(국토 교통부)

제시된 지도는 혁신 도시에 관한 내용이다. 이러한 정책을 통해 수도권의 과밀화를 해소하고, 지방의 발전을 도모함으로써 수도권과 비수도권의 격차 해소에 도움이 될 것으로 기대한다.

바로잡기 ㄱ은 기업 도시, ㄴ은 산업 단지에 대한 설명이다.

03 국토 종합 (개발) 계획의 변화 이해

자료 분석 노트

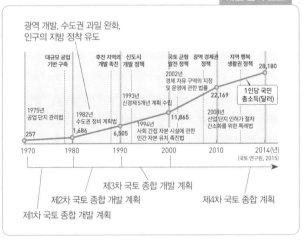

제시된 그래프를 통해 우리나라에서 진행된 국토 종합 개발 계획은 거점 개발 방식을 시작으로 균형 개발 방식, 광역 개발 방식, 균형 발전 방식으로 변화했음을 알 수 있다.

바로잡기 갑. 국토의 균형 발전 정책은 2000년대에 들어와서 추진되었다. 1990년대의 제3차 국토 종합 개발 계획에서는 국토의 균형 개발 방식이 추진되었다. 정. 신도시 개발 정책은 1인당 국민 총소득이 1만 달러에 미치지 못하던 1990년대 초반에 이미 시작되었다.

04 각 시기별 국토 개발 과정

제시된 (가)는 제2차 국토 종합 개발 계획, (나)는 제1차 국토 종합 개발 계획, (다)는 제3차 국토 종합 개발 계획이다. (가)~(다) 중 경제적 형평성이라는 측면이 가장 강조되었던 것은 (다)이다.

바로잡기 ㄴ. (가)는 광역 개발 방식, (나)는 성장 거점 개발 방식으로 추진되었다. ㄹ. 산업 기반의 조성이라는 목표는 (나) 시기에 가장 강조되었다.

| 유형1 | ④ | 유형2 | ① | 유형3 | ② | 유형4 | ③ |

유형1 도시 내부 지역의 기능 분석과 이해

자료 분석

(가)는 주간 인구 지수가 양의 값이지만, (나)는 음의 값을 갖는다.

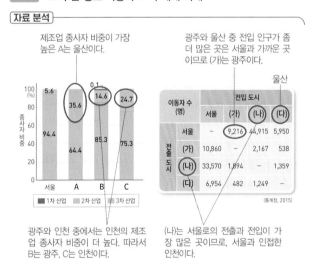

· 통근·통학 순 유입 인구 = 통근·통학 유입 인구 - 통근·통학 유출 인구
(통계청)

상주인구는 적지만 통근·통학 순 유입 인구는 다른 구에 비해 많은 것으로 보아 도심이다.

상주인구가 많지만 통근·통학 인구는 순 유출 상태를 보이고 있으므로 주거 기능이 탁월한 지역이다. 주거 지역은 도심에 비해 주간 인구 지수는 낮고, 구내 상업 용지의 면적 비율도 낮다.

▶ 2015년 기준 상주인구는 (나)가 (가)보다 4배 이상 많다.

▶ 1995년에서 2015년 사이 인구 변화를 보면 (가)는 인구가 감소하였지만, (나)는 증가하였다. → 이와 같은 내용을 충족하는 것은 D이다.

유형2 도시 간 상호 작용과 도시 체계 이해

자료 분석

제조업 종사자 비중이 가장 높은 A는 울산이다.

광주와 울산 중 전입 인구가 좀 더 많은 곳은 서울과 가까운 곳이므로 (가)는 광주이다.

이동자 수 (명)		전입 도시			
		서울	(가)	(나)	(다)
전출 도시	서울	–	9,216	44,915	5,950
	(가)	10,860	–	2,167	538
	(나)	33,570	1,894	–	1,359
	(다)	6,954	482	1,249	–

(통계청, 2015)

광주와 인천 중에서는 인천의 제조업 종사자 비중이 더 높다. 따라서 B는 광주, C는 인천이다.

(나)는 서울로의 전출과 전입이 가장 많은 곳이므로, 서울과 인접한 인천이다.

선택지 분석

ㄱ A는 (다), B는 (가)에 해당한다.
→ A는 울산으로 (다), B는 광주로 (가)에 해당한다.

ㄴ 인천으로 전입한 인구는 광주가 울산보다 많다.
→ 인천으로 전입한 인구는 광주에서 2,167명, 울산에서 1,249명이므로 광주에서 전입한 인구가 더 많다.

✗ (가)~(다) 중 서울과 지리적으로 가장 인접한 도시는 (가)이다.
인천   (나)

✗ (가)~(다) 중 인구 규모가 가장 큰 도시는 3차 산업의 비중도 가장 높다.
인천   광주

선택지 분석

(갑) 건물의 고층화로 토지 이용의 효율성이 높아져요.

→ 건물의 고층화로 토지 이용이 집약적으로 이루어진다.

(을) 역사·문화적으로 보존이 필요한 지역에서 주로 행해져요.

→ 보존 재개발에 관한 내용이다.

(병) 보존 재개발 방식보다 기존 건물의 활용도가 낮아요.

→ 철거 재개발은 기존 건물의 철거를 전제로 하기 때문에 보존 재개발 방식보다 기존 건물의 활용도가 현저히 낮아진다.

(정) 수복 재개발 방식보다 원거주민들의 재정착률이 높게 나타나요.

→ 주거 비용이 높아지기 때문에 원거주민들의 재정착률은 매우 낮아진다.

유형 4 국토 종합 (개발) 계획의 과정 이해

자료 분석

(가)는 제3차와 제4차 국토 종합 (개발) 계획에서 추진된 개발 방식으로, 각각 균형 개발 방식과 균형 발전 정책이 이에 해당한다.

구분	제1차 국토 종합 개발 계획 (1972~1981)	제2차 국토 종합 개발 계획 (1982~1991)	제3차 국토 종합 개발 계획 (1992~1999)	제4차 국토 종합 계획 (2000~2020)
개발 방식	거점 개발	광역 개발	(가)	
기본 목표	사회 간접 자본 확충	인구의 지방 정착 유도	지방 분산형 국토 골격 형성	균형, 녹색, 개방, 통일 국토
개발 전략	(나)	(다)	(라)	개방형 통합 국토축 형성

제1차 국토 종합 개발 계획에서는 공업의 기반을 조성하는 데 초점이 맞추어져 있어 사회 간접 자본 확충에 노력하였다.

제2차 국토 종합 개발 계획에서는 지방의 주요 도시를 포함한 지역 생활권을 설정하고, 인구의 지방 분산을 유도하였다.

선택지 분석

(가)- 투자 효과가 큰 지역을 선정하여 집중 투자하는 방식이다.

→ 균형 개발 방식 또는 균형 발전 정책은 낙후된 지역에 대한 투자를 우선한다. 제시된 선지는 성장 거점 개발 방식에 대한 설명이다.

(ㄴ)(나)- 고속 국도, 항만, 다목적 댐 등을 건설하여 산업 기반을 조성하였다.

→ 제1차 국토 종합 개발 계획에서 추진되었던 내용이다.

(ㄷ)(다)- 지방의 주요 도시와 배후 지역을 포함한 지역 생활권을 설정하였다.

→ 제2차 국토 종합 개발 계획에서 추진되었던 내용이다.

(라)- 혁신 도시와 기업 도시를 지정 및 육성하였다.

→ 제4차 국토 종합 계획에서 추진되고 있는 내용이다.

실전 대비 IV단원 문제 마무리   172·175쪽

01 ①   02 ①   03 ②   04 ④   05 ④   06 ③

07 ⑤   08 ⑤   09 ⑤   10 ④   11 ③   12 ①

13 ①   14 ④

15 **예시답안** 도시의 과밀 문제와 농촌의 과소 문제를 해결할 수 있다. 지방 도시와 배후 농촌의 경쟁력을 함께 강화할 수 있다.

16 **예시답안** 농업 지역과 산림 지역이 줄어들고 시가지가 늘어난 것으로 보아, 인구가 증가하고 도시화가 진행되었음을 알 수 있다.

17 (1) **예시답안** 수도권과 비수도권의 격차가 크다.

(2) **예시답안** 수도권에 집중되어 있는 기능을 비수도권으로 이전하고, 비수도권의 발전을 위한 다양한 대책을 마련하여 실천한다.

01 그래프는 농가 인구 및 연령별 구조의 변화를 나타낸 것으로, 2000년에 비해 2015년에는 농가 인구가 150만 명 가량 감소하였다. 또한 65세 이상 노인 인구의 비율이 크게 증가하였으며, 청장년층과 유소년층의 인구 비율은 큰 폭으로 감소하였다. 이와 같은 현상으로 노동력이 부족해지고, 노동 인구의 고령화 현상이 심화되었다.

바로잡기 ㄷ. 청장년층 인구의 비중은 감소하였으므로 인구 부양비는 증가한다. ㄹ. 이촌 향도 현상은 1960년대 이후 지속되어 온 현상이다.

02 제시된 자료는 인구가 지속적으로 감소하고 있는 전형적인 농촌 지역에서 청장년층 인구의 유입을 늘릴 수 있는 방안을 묻는 것이다.

바로잡기 ⓒ 전통도 매우 중요하지만, 시대의 흐름에 맞게 변화할 수 있는 기회를 제공하는 것이 중요하다. ⓔ 농촌에 귀농하는 청장년층에게 농업에서 일자리를 얻고 소득을 얻을 수 있도록 안내해야 한다.

03 제시된 글에서 농업의 생산성 향상, 전자 상거래 도입, 촌락 체험 행사 실시 등은 공통적으로 농촌의 소득을 향상시키기 위한 방안이다. 이는 도시와 농촌 간의 소득 격차가 벌어지면서 농촌의 소득 증진 방안이 필요하게 되었기 때문이다.

바로잡기 ①, ③ 성비 불균형과 다문화 가정 등에 관한 언급은 없다. ④ 도시적 경관으로의 변화는 대도시에 인접한 농촌에서 두드러지게 나타나는 현상이다. ⑤ 고령화 현상이 심화되고 있는 것은 사실이나, 제시된 글에서는 이와 관련된 언급이 없다.

04 제시된 글은 중심지의 계층 구조에 관한 내용이다. 중심지는 주변 지역에 재화나 용역을 공급하는 기능을 갖는 지역이다. 이들은 보유하고 있는 중심 기능의 수, 재화나 용역의 도달 범위 등에 따라 여러 계층으로 나뉜다. ㄱ. 면사무소 소재지는 군청 소재지에 비해 낮은 계층의 중심지이다. ㄷ. 작은 도시들의 배후 지역은 큰 도시들의 배후 지역에 일부 또는 전부가 중복되어 나타날 수 있다. ㄹ. 재화나 용역이 도달되는 범위는 교통의 발달 등과 같은 요인으로 달라질 수 있다.

바로잡기 ㄴ. 도청 소재지는 광역 중심지나 국가 중심지보다 낮은 계층의 중심지이므로 최소 요구치를 만족하는 범위도 좁다.

05 제시된 지도는 도시별 시외버스 운행 횟수와 노선별 시외버스 운행 횟수를 나타낸 것이다. 인구 규모가 큰 대도시일수록 운행 횟수가 많고, 많은 인구가 거주하는 지역을 통과하는 노선일수록 운행 횟수가 많다. 이를 통해 도시 간 계층 구조를 파악할 수 있는데, 서울 다음에 대구, 대전, 부산 등의 도시가 차하위 계층의 도시임을 알 수 있다. 서울이 우리나라에서 한쪽에 치우쳐 있는 위치임에도 불구하고 여전히 많은 노선이 서울에서부터 뻗어나가고 있으며, 서울의 시외버스 운행 횟수도 많은 것을 알 수 있다. ① 우리나라는 서울에서부터 부산을 잇는 경부축과 광주를 잇는 호남축이 교통의 기본축이므로 횡축(가로)보다는 종축(세로)의 시외버스 운행 횟수가 더

많다. ③ 영남권에서 도시별 시외버스 운행 횟수는 부산보다 대구가 더 많다. 이는 대구가 영남권의 중심에 위치한 반면, 부산은 한쪽에 치우쳐 있는 지리적 위치와 관련이 깊다. ⑤ 경부축이나 호남축과 같은 주요 교통축으로부터 벗어난 위치에 있는 도시들의 경우 시외버스 운행 횟수가 현저히 적다.

바로잡기 ④ 서울-대구 간의 시외버스 운행 횟수가 대구-부산 간의 시외버스 운행 횟수보다 많다.

06 제시된 글은 도시 내부 구조의 분화 요인과 분화 과정에 관한 내용이다. ① 접근성은 지역에 따라 차이가 나며 일반적으로 도심에서 높게 나타난다. ② 지대는 토지와 건물 이용을 통해 얻을 수 있는 대가 또는 수익을 의미한다. ④ 상업·업무 기능이 도심으로 집중되는 현상은 집심 현상, 주거 기능 등이 도시 외곽으로 분산되는 현상은 이심 현상이다.

바로잡기 ③ 상업·업무 기능은 주거 기능이나 공업 기능에 비해 지대 지불 능력이 높기 때문에 도심 지역에 입지하려는 경향을 보인다.

07 제시된 그림은 대도시권의 구조에 관한 것이다. 대도시의 일일 생활권은 대도시를 포함하여 통근 가능권까지의 범위이다. 중심 도시로부터 멀어질수록 통근 가능성이 줄어들며, 통근 가능권을 넘어서면 주말 생활권이 위치한다. 대도시 영향권은 배후 농촌 지역에 비해 도시적 경관이 뚜렷하다. 배후 농촌 지역도 통근 가능권의 범위에 있으므로 통근이 가능하다.

바로잡기 A. B. 대도시 일일 생활권에는 중심 도시와 통근 가능권이 포함되며, 중심 도시에서 가장 먼 주말 생활권은 배제된다.

08 지도는 수도권 지하철 노선의 변화를 나타낸 것이다. 수도권 전철은 각 노선별로 처음에 계획된 것에 비해 노선의 길이가 더욱 연장되었다. 이는 교통 수요의 증가에 따른 것이며, 전철 노선의 연장을 통해 서울의 대도시권도 더욱 확대되는 효과를 가져왔다. 지하철 노선의 연장은 인천·경기권 주민들의 통근·통학에 큰 영향을 미쳤으며, 서울에 거주하던 사람들이 인천이나 경기로 이주하는 데에도 큰 영향을 미쳤다.

바로잡기 ⑤ 서울에서 인천이나 경기로 이주하는 사람들이 늘어나면서 서울의 인구가 다소 감소하였으나, 수도권에서 서울이 갖는 영향력이 줄어들었다고 판단하기는 어렵다.

09 서울 인근에 위치한 A는 성남이고, 수도권에서 가장 외곽에 위치한 B는 안성이다. 면적은 안성이 넓지만, 인구는 성남이 더 많다. 서울로 통근하는 사람들의 수나 비중 모두 성남이 더 많거나 크다. 안성의 경우 많은 사람들이 안성 안에서 출퇴근을 하게 되므로 직장과 주거지의 평균 근접성은 안성이 더 높다. 특히, 1차 산업 종사자 비율도 안성이 높은데, 1차 산업 종사자의 경우 직주 근접성이 매우 높다.

바로잡기 갑. 농업 종사자 비중은 안성이 높다. 을. 인구는 성남이 많다.

10 제시된 글은 ○○ 지역에서 진행된 철거 재개발에 관한 내용이다. 철거 재개발은 빠르고 효율적으로 지역을 재구조화하여

이용할 수 있으며, 재개발 과정에서 도로 및 교통 체계 등의 개선이 가능하여 공공 시설의 배치와 기능성 등이 향상된다.

바로잡기 ㄱ. 보존 재개발의 특징이다. ㄷ. 수복 재개발의 특징이다.

도시 재개발의 유형(시행 방법에 따른 구분)　만점 공략 노트

도시 재개발은 명칭 자체보다 투입 자본 규모나 기존 건물 활용도, 원거주민 정착률 등의 항목을 묻는 문제가 주로 출제된다.

철거 재개발	노후화된 기존의 시설을 완전히 철거하고 새로운 시설물로 대체하는 방식
보존 재개발	역사·문화적으로 보존할 가치가 있는 지역의 환경 악화를 예방하고 건축물을 보수하는 방식
수복 재개발	기존의 건물과 환경을 최대한 보존하는 수준에서 필요한 부분만 수리·개조하는 방식

11 글은 부산의 감천동이 지역 주민들과 여러 사람들의 노력으로 도시 재생의 모범적인 사례가 되었다는 내용이다.

바로잡기 ① 인구 감소에 관한 내용은 언급되지 않았다. ②, ④, ⑤ 철거 재개발과 관련된 내용들이다.

12 지역 주민이나 지방 자치 단체가 주도하는 개발은 아래에서 위로 올라가는 상향식 개발 방식이다. 성장 속도가 느리고 효율성은 낮을 수도 있지만, 지역 간 균형 성장을 추구하고 지역 주민의 이해와 요구를 반영할 수 있다는 점에서 큰 의미가 있다.

바로잡기 ㄷ, ㄹ. 성장 거점 개발 방식과 관련된 내용이다.

13 (가)~(라)는 제1차부터 제4차까지의 국토 종합 (개발) 계획의 차수별 주요 내용을 정리한 것이다. (가)는 제1차 국토 종합 개발 계획이므로 성장 거점 개발 방식이 이루어졌고, (나) 제2차 국토 종합 개발 계획에서는 인구의 지방 분산을 추구하면서 광역 개발 방식을 도입하였고, (다)는 제3차 국토 종합 개발 계획이므로 균형 개발 방식이 이루어졌다.

바로잡기 ㄷ. 제4차 국토 종합 계획(수정 계획)에서 제시된 것이다. ㄹ. 제3차 국토 종합 개발 계획에서 추진되었다.

14 제시된 사례들은 모두 농어촌 지역에서 발생하고 있는 어려움을 해결하려는 노력들을 보여주는 것이다. 이러한 사업을 통해 농어촌 주민들의 삶의 질을 높일 수 있다.

15 **이렇게 쓰면 감점** 도시와 농촌 중 한쪽의 내용만 서술하면 감점이다.

16 **이렇게 쓰면 감점** 인구 증가와 도시화 진행이라는 표현을 사용하지 않고 서술하면 감점이다.

17 **이렇게 쓰면 만점** (1) 수도권과 비수도권 두 지역을 비교하여 서술하면 만점이다.

이렇게 쓰면 감점 (2) 구체적 방안 없이 격차를 줄여야 한다고만 서술하면 감점이다.

생산과 소비의 공간

01 자원의 의미와 자원 문제

기초를 다지는 확인 문제 _____ 182쪽

01 (1) × (2) ○ (3) × (4) ○ (5) × (6) ○ **02** (1) 가변성
(2) 석탄 산업 합리화 (3) 화력 (4) 태양광 **03** (1) ㄴ (2) ㄷ
(3) ㄱ

실력을 키우는 실전 문제 _____ 183~187쪽

01 ④ **02** ③ **03** ① **04** ① **05** ① **06** ⑤
07 ② **08** ⑤ **09** ④ **10** ④ **11** ⑤ **12** ⑤
13 ③ **14** ④ **15** ④ **16** ⑤ **17** ② **18** ④
19 ⑤

20 (1) (가) 석유-C, (나) 천연가스-A, (다) 석탄-B (2) **예시답안**
B(석탄)는 A(천연가스)보다 상용화된 시기가 이르며, 연소 시 대기
오염 물질의 배출량이 많다.

21 (1) (가)-화력, (나)-원자력, (다)-수력 (2) **예시답안** (가) 화
력 발전은 자연적 입지 제약이 다른 발전 양식보다 작아 연료 수
입에 유리하고 대소비지와 가까운 지역에 주로 입지한다. (나) 원
자력 발전은 지반이 견고하고 다량의 냉각수를 확보할 수 있는 해
안에 주로 입지한다. (다) 수력 발전은 유량이 풍부하고 낙차가 큰
곳에 주로 입지한다.

01 (가)는 고갈 가능성이 큰 화석 연료, (나)는 사용량과 투자 정도
에 따라 재생 수준이 달라지는 금속 광물, (다)는 태양광, 풍력
등과 같이 무한대로 재생이 가능한 재생 에너지에 해당한다.
금속 광물에는 철광석과 텅스텐 등이 있다. 우리나라는 화석
연료와 금속 광물의 매장량은 적지만 사용량은 많아 사용량
의 대부분을 수입에 의존한다.
바로잡기 ㄱ은 (다), ㄷ은 (가)에 관한 설명이다.

02 (가)의 화석 연료는 (다)의 재생 에너지보다 우리나라의 연간 소
비량이 많고 자원 이용 시 온실가스 배출량이 많다. 반면, (다)
의 재생 에너지는 (가)의 화석 연료보다 재생 가능성이 높고
2000년대 이후 소비량 증가율이 많다.

03 자원의 특성 중 (가)는 자원을 이용하는 기술·경제·문화적 조
건 등에 따라 자원의 가치가 날라지므로 가변성, (나)는 자원이
고갈되는 특성과 관련 있으므로 유한성, (다)는 자원이 편중되
어 분포하는 것과 관련 있으므로 편재성이다.

04 (가)는 비재생 자원인 석유가 자연에서 경제적 의미의 자원으
로 변화한 사례이므로 그림의 A에 해당한다. (나)는 사용량과
투자에 따라 재생 수준이 달라지는 금속 광물인 철광석이 경
제적 의미의 자원에서 기술적 의미의 자원으로 변화한 사례
이므로 그림의 C에 해당한다.

05 강원도 홍천과 양양 등에 분포하는 (가)는 철광석, 영남 지방에
주로 분포하는 (나)는 고령토, 강원도 남부와 충북 북동부에 주
로 분포하는 (다)는 석회석이다. (가) 철광석은 가채 연수가 가
장 짧으므로 A, (나) 고령토는 (다) 석회석보다 가채 연수가 짧
으므로 B, (다) 석회석은 C이다.

06 총 생산량이 가장 많고 강원권과 충청권에서 생산 비중이 높
은 (가)는 석회석, 영남권에서 상대적으로 생산 비중이 높은
(나)는 고령토, 총 생산량이 가장 적고 강원권에서 대부분 생산
되는 (다)는 철광석이다. ⑤ 강원권의 생산 비중은 철광석이 석
회석보다 높지만, 석회석은 철광석보다 총 생산량이 월등히
많으므로, 강원권에서의 총 생산량은 석회석이 철광석보다
많다.
바로잡기 ①은 (다), ②와 ③은 (가)에 관한 설명이다. ④ 자원의 해외
의존도는 금속 광물인 철광석이 비금속 광물인 고령토보다 높다.

07 월별 소비량에서 가장 많이 소비되는 B는 석유, 그다음으로
소비량이 많은 A는 석탄, 겨울에 소비량이 상대적으로 많은
C는 천연가스, D는 원자력이다.
바로잡기 ① 석유와 천연가스에 관한 설명이다. ③ 가정용 난방 연료
로 많이 사용하는 천연가스는 여름철보다 겨울철에 소비량이 많다. ④
석탄은 석유보다 상업적으로 이용하기 시작한 시기가 이르다. ⑤ 전력
생산 시 사용하는 원자력은 가정용으로 주로 사용하는 천연가스보다
계절별 에너지 소비량의 차이가 작다.

주요 화석 연료의 특징 **만점 공략 노트**

화석 연료의 특징을 묻는 문제는 주로 사례를 제시하여 이를 파
악하는 형태로 출제된다. 그러므로 각 자원의 특징을 파악하고
있는 것이 중요하다.

석탄	• 무연탄 : 주로 고생대 평안 누층군에 분포, 가정용 연료의 소비 구조의 변화와 석탄 산업 합리화 정책으로 소비량이 급감함 • 역청탄 : 주로 제철용과 발전용으로 이용, 전량 수입에 의존함
석유	• 주로 화학 공업의 원료 및 수송용 연료로 이용 • 수입 의존도가 매우 높음
천연가스	• 주로 가정용으로 이용 • 냉동 액화 기술 발달로 수송이 용이해져 소비량 급증

08 (가)는 에너지 소비량이 가장 많으므로 석유, 석유 다음으로 소
비량이 많은 (나)는 석탄, (다)는 천연가스이다. 석탄은 석유보
다 발전용 연료로 많이 사용되고, 천연가스는 화석 연료 중
연소 시 대기 오염 물질의 배출량이 가장 적다.
바로잡기 ㄱ은 (다), ㄴ은 (가)에 관한 설명이다.

09 2016년 기준 1차 에너지원별 발전량은 석탄>원자력>천연가
스>석유 순으로 나타난다. 따라서 (가)는 석탄, (나)는 원자력,
(다)는 천연가스, (라)는 석유이다.

10 화력 발전소가 많이 위치한 충남과 경남에서 상대적으로 공급량이 많은 ㈎는 석탄, 정유 및 석유 화학 공업이 발달한 전남(여수)에서 공급량이 많은 ㈏는 석유, 인구가 많은 경기에서 공급량이 상대적으로 많은 ㈐는 천연가스이다. ㈑는 전남(영광)과 경북(울진·경주)에서만 공급되고 있으므로 원자력에 해당한다.

바로잡기 ① 석탄은 1980년대 후반 이후 가정용 연료로의 소비가 급감하였다. ② ㈎ 석탄에 관한 설명이다. ③ 천연가스는 대부분을 수입에 의존하고 있다. ⑤ 천연가스 소비량이 원자력보다 많다.

11 ㈎는 강원과 전남에서 생산되고 있으므로 석탄, ㈏는 울산에서 100%로 생산되고 있으므로 천연가스, ㈐는 하천 중·상류를 끼고 있는 경기·강원·경북·경남·충북 등에서 생산 비중이 높으므로 수력, ㈑는 부산·경북·전남에서만 생산되고 있으므로 원자력이다. ㈎ 석탄은 고갈 자원이고 고생대 평안 누층군에 주로 매장되어 있으므로 D, ㈏ 천연가스는 신생대 제3기층에 주로 매장되어 있으므로 C, ㈐ 수력은 재생 가능한 자원이므로 B, ㈑ 원자력은 수도권에서는 공급되지 않으므로 A이다.

12 서남아시아에 위치한 국가에서 수입량이 많고 1차 에너지 공급량이 가장 많은 ㈎는 석유, 오스트레일리아로부터의 수입량이 많은 ㈏는 석탄, 전력 생산에 석탄 다음으로 많이 사용하는 ㈐는 원자력이다. A는 최종 에너지 소비가 가장 많으므로 산업용, B는 산업용과 가정·상업용 다음으로 최종 에너지 소비가 많으므로 수송용이다.

바로잡기 ① 공급되는 에너지 중 손실 비중은 24.6%이다. ② 전력 생산에 석탄은 39.4%, 석유는 5.2%가 이용되므로, 석탄이 석유보다 전력 생산에 많이 사용된다. ③ 우리나라는 원자력의 원료인 농축 우라늄을 100% 수입하여 사용하고 있다. ④ 원자력 발전소는 지반이 견고하고 다량의 냉각수를 확보할 수 있는 해안에 주로 위치한다.

13 D는 영남권과 ㈏에서만 공급되고 있으므로 원자력이며, 따라서 ㈏는 호남권이고, 호남권에서 공급 비중이 높은 B는 석유이다. ㈎는 충청권으로, 충청권에서 공급 비중이 높은 A는 석탄이다. 따라서 수도권에서 상대적으로 공급 비중이 높은 C는 천연가스이다.

바로잡기 ㄱ. 영남권이 수도권보다 석탄의 공급량이 많다. ㄹ. 석유가 원자력보다 우리나라 1차 에너지 소비에서 차지하는 비중이 높다.

14 호남권(전남 영광)과 영남권(경북, 울진·경주, 부산 등)에서 발전 설비 비중이 높은 ㈎는 원자력, 강원권에서 상대적으로 발전 설비 비중이 높은 ㈏는 수력, 수도권·제주권·충청권에서 발전 설비 비중이 높은 ㈐는 화력이다.

15 한강·금강·낙동강 등 대하천의 중·상류에 주로 분포하는 ㈎는 수력, 수도권·충남·남동 임해 지역에 주로 분포하는 ㈏는 화력, 경북·전남·부산에 집중 분포하는 ㈐는 원자력이다.

바로잡기 ㄱ. ㈐에 관한 설명이다. ㄷ. 수력은 재생 가능 자원인 물을 이용하므로 연료비가 거의 들지 않아 화력보다 연료비가 적게 든다.

16 화석 에너지 중 ㈎는 에너지 수입량이 가장 많으므로 석유, 그다음으로 많은 ㈏는 석탄, ㈐는 천연가스로, ㈎~㈐는 모두 비재생 자원이다.

바로잡기 ⑤ 에너지 자원의 해외 의존도는 석유＞천연가스＞석탄 순으로 ㈎＞㈐＞㈏ 순이다.

17 강원도와 제주도에 많은 ㈎는 풍력, 호남 지방에 많은 ㈏는 태양광, 경기의 시화호에만 입지해 있는 ㈐는 조력이다. ㄹ. 풍력이 태양광보다 발전 시 소음 발생량이 많다.

바로잡기 ㄴ. 조차를 이용하여 에너지를 생산하는 것은 ㈐ 조력이다.

18 2010년 이후 발전량이 급증한 A는 태양광이고, 발전량이 감소한 B는 수력, C는 풍력이다. 2012년부터 일정하게 발전이 이루어지고 있는 D는 조력이다.

19

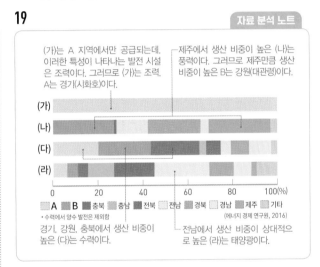

㈎는 조력, ㈏는 풍력, ㈐는 수력, ㈑는 태양광이다. ⑤ 조력과 수력은 모두 물을 막기 위한 시설이 있다.

바로잡기 ① 전남은 제주보다 풍력의 생산 비중이 낮고 생산량이 적다. ② 충북은 경남보다 수력의 생산 비중이 높고 생산량이 많다. ③ 전북은 전남보다 태양광의 생산 비중이 낮고 생산량이 적다. ④ 수력은 기온이 낮아 하천이 결빙할 수 있는 겨울에는 생산량이 적으므로 계절에 따른 에너지 생산량의 차이가 크다.

20 (1) 에너지 소비량이 가장 많고 산업용과 수송용으로 주로 사용되는 ㈎는 석유이고, 가정·상업·공공용으로 많이 소비되는 ㈏는 천연가스이다. 산업용으로 주로 소비되는 ㈐는 석탄이다. 2016년 에너지 소비량이 가장 많은 C는 석유, 그 다음으로 많은 B는 석탄, 1986년에는 소비되지 않았으나 2016년 소비량이 급증한 A는 천연가스이다.

이렇게 쓰면 만점 (2) 제시된 〈조건〉을 모두 사용하여 석탄의 특징을 서술하면 만점이다.

21 이렇게 쓰면 감점 (2) 화력, 원자력, 수력 발전소의 입지 특성이 아닌 다른 일반적인 특징을 서술하면 감점이다.

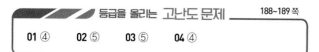

01 주요 광물 자원의 생산 현황 및 특징 파악 [자료 분석 노트]

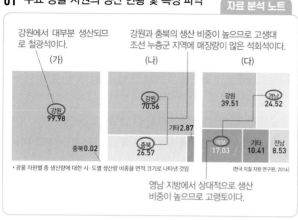

강원에서 대부분 생산되므로 철광석이다.

강원과 충북의 생산 비중이 높으므로 고생대 조선 누층군 지역에 매장량이 많은 석회석이다.

영남 지방에서 상대적으로 생산 비중이 높으므로 고령토이다.

(가)
강원 99.98
충북 0.02

(나)
강원 70.56
기타 2.87
충북 26.57

(다)
강원 39.51
경남 24.52
경북 17.03
기타 10.41
전남 8.53

* 광물 자원별 총 생산량에 대한 시·도별 생산량 비중을 면적 크기로 나타낸 것임
(한국 지질 자원 연구원, 2016)

(가) 철광석은 금속 광물이고, (나) 석회석과 (다) 고령토는 비금속 광물이다. 제철 및 제강 공업의 원료로 쓰이는 철광석은 강원도 홍천과 양양 등지에 매장되어 있지만 그 양이 매우 적으며, 한반도 매장량의 대부분은 북한 지역에 있다. 따라서 사용량의 대부분은 오스트레일리아나 브라질에서 수입하고 있다.

[바로잡기] ①은 (나) 석회석, ②는 (다) 고령토, ③은 (가) 철광석에 관한 설명이다. ⑤ 고령토는 철광석보다 가채 연수가 길다.

02 지역별 1차 에너지 공급 현황 파악 [자료 분석 노트]

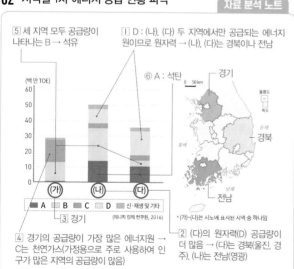

⑤ 세 지역 모두 공급량이 나타나는 B → 석유

① D → (나), (다) 두 지역에서만 공급되는 에너지원이므로 원자력 → (나), (다)는 경북이나 전남

⑥ A : 석탄

④ 경기의 공급량이 가장 많은 에너지원 → C는 천연가스(가정용으로 주로 사용하여 인구가 많은 지역의 공급량이 많음)

③ 경기

② (다)의 원자력(D) 공급량이 더 많음 → (다)는 경북(울진, 경주), (나)는 전남(영광)

(백만 TOE)

* (가)~(다)는 시·노에 표시된 시·역 중 하나임
(에너지 경제 연구원, 2016)

A~D 중 두 지역에만 공급되는 D는 원자력이고, 공급량이 더 많은 (다)는 경북이므로 (나)는 전남이다. 따라서 (가)는 경기이다. 그래프의 A는 석탄, B는 석유, C는 천연가스이다.

[바로잡기] ① 전남은 경북보다 석탄 공급량이 많다. ② 경북은 경기보다 석유 공급량이 적다. ③ 석탄은 천연가스보다 우리나라 1차 에너지 소비에서 차지하는 비중이 높다. ④ 원자력 발전은 석유를 이용하는 화력 발전보다 연소 시 온실가스 배출량이 적다.

03 지역별 발전 설비 현황 비교 [자료 분석 노트]

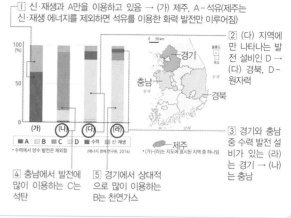

① 신·재생과 A만을 이용하고 있음 → (가) 제주, A – 석유(제주는 신·재생 에너지를 제외하면 석유를 이용한 화력 발전만 이루어짐)

② (다) 지역에만 나타나는 발전 설비인 D → (다) 경북, D – 원자력

③ 경기와 충남 중 수력 발전 설비가 있는 (라)는 경기 → (나)는 충남

④ 충남에서 발전에 많이 이용하는 C는 석탄

⑤ 경기에서 상대적으로 많이 이용하는 B는 천연가스

(%)

* 수력에서 양수 발전은 제외함
(에너지 경제 연구원, 2016)

* (가)~(라)는 지도에 표시된 지역 중 하나임

각 지역별 발전 설비의 특징을 보면 경기는 수력 발전이 있고, 충남은 화력 발전 중 특히 석탄을 사용하는 비중이 높고, 경북은 원자력 발전 설비가 있으며, 제주는 신·재생 에너지와 석유를 이용한 발전 설비만 있다.

[바로잡기] ① 충남이 제주보다 각종 산업 시설이 많으므로 총 발전 설비 용량도 크다. ② 경기가 경북보다 천연가스를 이용하는 발전 설비 비중이 높다. ③ 석탄을 이용하는 전력 생산량이 석유를 이용하는 전력 생산량보다 많다. ④ 원자력 발전은 천연가스를 이용하는 화력 발전보다 발전소 건설비가 비싸다.

04 도(道)별 신·재생 에너지 발전 현황 파악 [자료 분석 노트]

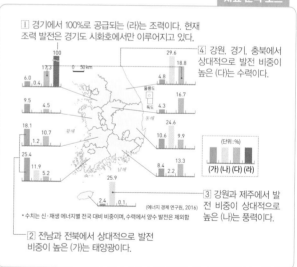

① 경기에서 100%로 공급되는 (라)는 조력이다. 현재 조력 발전은 경기도 시화호에서만 이루어지고 있다.

④ 강원, 경기, 충북에서 상대적으로 발전 비중이 높은 (다)는 수력이다.

③ 강원과 제주에서 발전 비중이 상대적으로 높은 (나)는 풍력이다.

② 전남과 전북에서 상대적으로 발전 비중이 높은 (가)는 태양광이다.

[단위 : %]
(가) (나) (다) (라)

* 수치는 신·재생 에너지별 전국 대비 비중이며, 수력에서 양수 발전은 제외함
(에너지 경제 연구원, 2016)

신·재생 에너지 발전은 자연환경의 영향을 많이 받는다. (가) 태양광은 일조량이 많아야 하므로 북쪽 지방보다는 남쪽 지방이 유리하다. (나) 풍력은 고지대나 해안가와 같이 바람이 일정하게 많이 부는 곳, (다) 수력은 낙차가 충분한 하천의 중·상류 지역에서 가능하다. (라) 조력은 조차를 이용하므로 서해안과 같이 밀물과 썰물이 크게 나타나는 지역에서만 가능하다.

[바로잡기] ①은 (라), ②는 (가), ③은 (나)에 관한 설명이다. ⑤ (라) 조력은 발전 설비가 시화호에만 있으므로 (다) 수력보다 총 발전량이 적다.

02 농업과 공업의 발달에 따른 지역 변화

기초를 다지는 확인 문제 _____ 194쪽

01 (1) ✕ (2) ○ (3) ○ (4) ✕ (5) ○ (6) ✕ **02** (1) 다각화
(2) 지리적 표시제 (3) 공업 구조의 고도화 (4) ㉠ 수도권 ㉡ 편재
03 (1) ㉢ (2) ㉠ (3) ㉡

실력을 키우는 실전 문제 _____ 195~199쪽

01 ④	**02** ⑤	**03** ④	**04** ②	**05** ⑤	**06** ②
07 ②	**08** ③	**09** ①	**10** ⑤	**11** ⑤	**12** ①
13 ①	**14** ①	**15** ④	**16** ②	**17** ②	**18** ④

19 예시답안 대도시 근교 지역에 위치한 (가)는 전통 농업 지역인 (나)보다 지가가 높아 농가당 경지 면적이 좁고, 겸업농가 비중이 높으며, 토지 이용의 집약도가 높다.
20 (1) (가) 섬유 공업, (나) 기계·조립 금속 공업 (2) 예시답안 노동 집약적 경공업 종사자 비중은 감소한 반면, 기술 집약적 공업의 종사자 비중은 증가한 것으로 보아, 공업 구조가 고도화되었다.
21 (1) 1차 금속(제철) 공업 (2) 예시답안 1차 금속 공업은 다량의 원료를 해외에 의존하기 때문에 원료를 수입하고 제품을 수출하기에 유리한 해안(적환지)에 주로 입지한다.

01 경지 면적의 감소율보다 농가 수의 감소율이 더 크므로 농가당 경지 면적은 증가하였다. 농가에서 전업농가가 차지하는 비중은 감소하였으므로, 겸업농가 비중은 증가하였다.
바로잡기 ㄱ. 경지 이용률이 감소하면 그루갈이도 감소한다. ㄷ. 농가 수보다 농가 인구의 감소가 더 크므로 농가당 가구원 수는 감소한다.

02 농촌은 이촌 향도에 따른 청장년층의 유출로, 65세 이상의 노년층 인구가 차지하는 비중이 지속적으로 높아져 농촌 인구의 고령화가 진행되었다. 또한 농가 소득은 증가하였지만, 도시 근로자 소득 대비 농가 소득 비율은 낮아졌다.
바로잡기 ㅁ 농가의 전체 소득은 증가하였으나, 농업 소득은 비슷한 수준을 유지하고 있으므로 농업 이외 소득의 비중은 높아졌다.

03 작물별 재배 면적 비중에서 가장 높은 비중을 차지하는 (가)는 벼이고, 재배 면적 비중이 크게 감소한 (나)는 맥류이다. (다)는 재배 면적 비중이 높아졌으므로 채소·과수이다.
바로잡기 ① 벼는 논에서 재배된다. ② 맥류는 주로 노지 재배 방식으로 재배된다. ③ 채소·과수는 소득 증대와 교통 발달로 수요가 높아져 최근 1인당 소비량이 증가하고 있다. ⑤ 벼가 채소·과수보다 영농의 기계화에 유리하다.

04 (가)는 1인당 소비량이 크게 감소하였으므로 쌀, (다)는 1인당 소비량이 크게 증가한 과실, (나)는 맥류이다. 작물 생산량이 가장 많은 A는 쌀, 생산량이 증가한 B는 과실, C는 맥류이다.

05 (가)는 식량 작물의 재배 면적이 가장 좁으므로 제주(C), (나)는 식량 작물의 재배 면적이 가장 넓으므로 전북(B), (다)는 상대적으로 채소의 재배 면적이 넓으므로 강원(A)이다.

06 (가)는 제주를 제외한 지역에서 재배 면적 비중이 높으므로 벼, (나)는 전남·전북·경남에서 재배 면적 비중이 높으므로 맥류, (다)는 제주·경북에서 재배 면적 비중이 높으므로 과수이다.
바로잡기 ㄴ. 과수의 지역 내 재배 면적 비중이 가장 높은 곳은 제주이다. ㄹ. 벼가 과수보다 총 재배 면적이 넓다.

07 2014년 기준 자급률이 가장 높은 (가)는 쌀, 1984년보다 2014년에 자급률이 크게 떨어진 (나)는 보리, 자급률이 매우 낮아 소비량의 대부분을 수입에 의존하는 (다)는 밀이다.

08

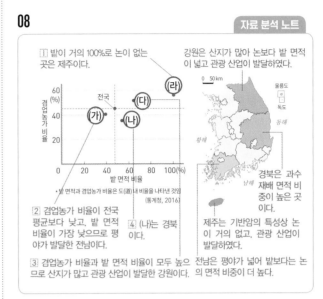

자료 분석 노트

① 밭이 거의 100%로 논이 없는 곳은 제주이다.
강원은 산지가 많아 논보다 밭 면적이 넓고 관광 산업이 발달하였다.
② 겸업농가 비율이 전국 평균보다 낮고, 밭 면적 비율이 가장 낮으므로 평야가 발달한 전남이다.
④ (나)는 경북이다.
③ 겸업농가 비율과 밭 면적 비율이 모두 높으므로 산지가 많고 관광 산업이 발달한 강원이다.
경북은 과수 재배 면적 비중이 높은 곳이다.
제주는 기반암의 특성상 논이 거의 없고, 관광 산업이 발달하였다.
전남은 평야가 넓어 밭보다는 논의 면적 비중이 더 높다.

* 밭 면적과 겸업농가 비율은 도(道) 내 비율을 나타낸 것임 (통계청, 2016)

(가) 전남은 (라) 제주보다 밭 면적 비율이 낮고 전체 면적이 넓으므로 논 면적이 넓다. (다) 강원은 (가) 전남보다 밭 면적 비율이 높으므로 경지의 평균 경사도가 크다. 일반적으로 밭은 논보다 경지의 평균 경사도가 크다.
바로잡기 ㄱ. 경북은 겸업농가 비율이 40% 미만이므로, 겸업농가 수보다 전업농가 수가 많다. ㄹ. (가)는 전남, (나)는 경북이다.

09 (가) 복잡한 유통 구조와 불안정한 가격 문제를 극복하기 위해서는 농산물 유통 구조 정비, 전자 상거래 등을 통한 직거래 확대, 도농 협력 방안 강화 등의 노력이 필요하다. (나) 지역 농업 클러스터를 통한 농업 혁신과 농촌 소득을 높일 수 있는 농업 경영의 다각화 전략이 필요하다. (다) 농산물의 경쟁력 강화를 위해서는 농산물의 브랜드화, 지리적 표시제 시행, 친환경 농업 장려와 로컬푸드 운동 확대 등이 필요하다.
바로잡기 ① (다)에 들어갈 내용이다.

10 1960년대에는 대도시를 중심으로 노동 집약적 경공업이 발달하였다. 1970~1980년대에는 자본·기술 집약적인 중화학 공업이 남동 임해 지역을 중심으로 발달하였다. 첨단 산업은 정보와 자본, 고급 인력 등이 풍부한 수도권을 중심으로 발달하였다. 이와 같이 성장 잠재력이 큰 지역에 집중 투자하면서 국토의 불균형 성장이 초래되었다.

⑤ 공업의 이중 구조는 대기업과 중소기업 간의 격차가 심화되는 것과 관련 있다.

11 (가)는 제조업의 사업체 수와 출하액 비중 모두 가장 낮으므로 충청권, (나)는 제조업의 출하액 비중이 가장 높으므로 영남권, 제조업의 사업체 수 비중이 가장 높은 (다)는 수도권이다.

12 울산·광주·마산이 표시된 (가)는 자동차 및 트레일러 제조업이다. 대구·구미·서울이 표시된 (나)는 섬유 제품(의복 제외) 제조업이다. (가)는 (나)보다 최종 제품의 부피가 크고, 노동 집약적 성격이 약하며, 우리나라 수출을 주도한 시기가 늦다.

13 (가)는 사업체 수가 많으므로 소기업, (나)는 사업체 수가 적으므로 대기업이다. 그래프를 통해 대기업이 사업체 수 비중은 매우 낮으나, 종사자 수 비중과 출하액 비중은 훨씬 높은 공업의 이중 구조를 알 수 있다.

병. 기업의 공간적 분업은 주어진 자료를 통해서는 알 수 없다. 정. 대기업은 소기업보다 사업체 수 비중은 낮고 출하액 비중은 매우 높으므로, 사업체당 출하액은 대기업이 소기업보다 많다.

14 전남(광양), 경북(포항), 충남(당진)에서 에너지 사용량이 많은 (가)는 1차 금속, 대구에서 특징적으로 에너지 사용량이 많은 (나)는 섬유 제품(의복 제외), 울산에서 특징적으로 에너지 사용량이 많은 (다)는 자동차 및 트레일러 제조업이다.

② (나)에 관한 설명이다. ③ 1차 금속 제조업은 섬유 제품(의복 제외) 제조업보다 최종 제품의 무게가 무겁고 부피가 크다. ④ 중화학 공업인 (가)가 경공업인 (나)보다 사업체당 에너지 사용량이 많다. ⑤ (가)의 최종 제품이 (다)의 원료로 이용된다.

15 서울, 인천, 경기의 제조업 사업체 수 비중을 더한 값이 48.6%이므로 수도권이 비수도권보다 제조업 사업체 수가 적다. 울산은 종사자 수 비중이 5.7%, 출하액 비중이 14.1%로 광역시 중 종사자 수 대비 출하액 비중이 가장 높다.

ㄱ. 영남권이 수도권보다 제조업 출하액이 많다. ㄷ. 충남이 충북보다 제조업 사업체 수 대비 출하액이 많다.

16 (가)는 충청 공업 지역, (나)는 영남 내륙 공업 지역에 해당한다. 지도의 A는 충청 공업 지역, B는 호남 공업 지역, C는 태백산 공업 지역, D는 영남 내륙 공업 지역이다.

17 (가)는 (나)보다 A의 집중도가 매우 높고, (나)는 중화학 공업 도시인 울산에서 출하액이 많다. 따라서 (가)는 전자 부품·컴퓨터·영상·음향 및 통신 장비 제조업이고, (나)는 자동차 및 트레일러 제조업이다. (가), (나) 모두 출하액이 많은 A는 경기이다. (나)의 경우 울산은 충남보다 종사자 수 비중은 다소 높지만 출하액이 월등히 많으므로, 종사자당 출하액이 많다.

ㄴ. (가)는 운송비에 비해 부가 가치가 큰 입지 자유형 공업이다. ㄹ. (가)는 경기와 인천의 사업체 수 비중의 합계가 60% 이상이므로, 수도권의 사업체 수 집중도는 (가)가 (나)보다 높다.

18 석회석 산지로 시멘트 공장이 입지하여 비금속 광물 제품이 발달한 곳은 삼척(D)이다. 1차 금속 제조업이 발달한 곳은 광양(B), 화학 물질 및 화학 제품 (의약품 제외) 제조업이 발달한 곳은 서산(A)이다. 전자 부품·컴퓨터·영상·음향 및 통신 장비 제조업이 발달한 곳은 구미(C)이다.

19 제시된 용어를 모두 사용하여 전통 농업 지역과 비교한 대도시 근교 농업 지역의 특징을 서술하면 만점이다.

20 (2) 공업 구조의 고도화와 관련된 내용을 언급하여 서술하면 만점이다.

21 (2) 1차 금속 공업의 입지 특색을 적환지 지향형과 관련하여 서술하면 만점이다.

등급을 올리는 고난도 문제 200~201쪽

01 ① 　　**02** ④ 　　**03** ⑤ 　　**04** ③

01 도(道)별 농업 특성 비교 　　자료 분석 노트

제주는 절리가 많은 기반암의 영향으로 논이 거의 없어 과실의 생산량(A)이 전체 농업 생산량의 대부분을 차지한다.

B는 전북이 가장 높고 강원이 가장 낮은 지표이므로 농가당 경지 면적이다.

C는 강원이 가장 높고 제주가 가장 낮은 지표이므로 소 사육 농가 비중이다.

A는 제주에서 가장 높으므로 과실 생산량, B는 전북에서 가장 높으므로 농가당 경지 면적, C는 강원에서 가장 높으므로 소 사육 농가 비중이다.

02 지역별 작물 재배 현황 비교 　　자료 분석 노트

《(가)~(다) 작물의 재배 면적 비중》

《(가)~(다) 작물의 총 재배 면적》

① A는 총 재배 면적이 가장 넓으므로 평야가 발달한 호남권이다.

② B는 C보다 총 재배 면적이 넓으므로 B는 영남권이고, C는 제주권이다.

③ (다)는 호남권(A)의 비중이 매우 높으므로 벼이다.

④ (나)는 제주권(C)과 영남권(B)에서 재배 면적 비중이 높으므로 과수이다.

⑤ (가)는 강원권에서 재배 면적 비중이 상대적으로 높으므로 채소이다.

호남권(A)은 제주권(C)보다 (가) 채소 재배 면적 비중이 낮지만, 총 재배 면적이 월등히 넓으므로 채소 재배 면적이 넓다.

바로잡기 ① 지역 내 과수 재배 면적 비중은 제주권이 영남권보다 높다. ② 채소는 주로 밭에서 재배되며, 논에서 재배되는 작물은 벼이다. ③ 과수는 최근 1인당 소비량이 증가하고 있다. ⑤ 영남권은 과수보다 벼의 재배 면적 비중이 높으므로 면적 또한 넓다.

03 지역별 제조업 현황 분석

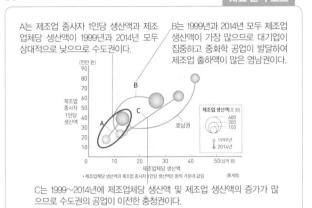

A는 제조업 종사자 1인당 생산액과 제조업체당 생산액이 1999년과 2014년 모두 상대적으로 낮으므로 수도권이다.

B는 1999년과 2014년 모두 제조업 생산액이 가장 많으므로 대기업이 집중하고 중화학 공업이 발달하여 제조업 출하액이 많은 영남권이다.

C는 1999~2014년에 제조업체당 생산액 및 제조업 생산액의 증가가 많으므로 수도권의 공업이 이전한 충청권이다.

2014년에 영남권(B)은 수도권(A)보다 제조업체당 생산액이 많다. 최근 수도권(A)은 집적 불이익이 발생하면서 충청권(C)으로의 공업 분산이 활발하다. 1999~2014년 제조업체당 생산액의 증가는 충청권(C)이 영남권(B)보다 많다.

바로잡기 ㄱ. 1999년에 수도권(A)은 충청권(C)보다 제조업 종사자 1인당 생산액이 적으므로 제조업의 노동 생산성이 낮다.

04 공업별 특색 파악

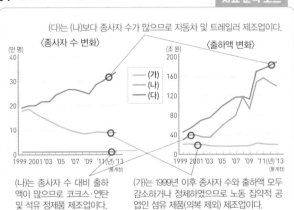

(다)는 (나)보다 종사자 수가 많으므로 자동차 및 트레일러 제조업이다.

(나)는 종사자 수 대비 출하액이 많으므로 코크스·연탄 및 석유 정제품 제조업이다.

(가)는 1999년 이후 종사자 수와 출하액 모두 감소하거나 정체하였으므로 노동 집약적 공업인 섬유 제품(의복 제외) 제조업이다.

코크스·연탄 및 석유 정제품 제조업은 원료를 대부분 수입에 의존하기 때문에 적환지에 입지하려는 경향이 강하고, 섬유 제품(의복 제외) 제조업은 저렴한 노동력이 풍부한 대도시에 주로 입지한다. 자동차 및 트레일러 제조업은 코크스·연탄 및 석유 정제품 제조업보다 제조업 종사자 수 대비 제조업 출하액이 적으므로, 제조업 종사자당 출하액이 적다.

바로잡기 ③ 섬유 제품(의복 제외) 제조업은 코크스·연탄 및 석유 정제품 제조업보다 우리나라 공업화를 주도한 시기가 이르다.

03 교통·통신의 발달과 서비스업의 변화

기초를 다지는 확인 문제 _____ 208쪽

01 (1) × (2) × (3) × (4) ○ (5) ○ (6) × 02 (1) 택배 산업 (2) 백화점 (3) ㉠ 주행 ㉡ 기종점 (4) 도로 03 (1) ㉢ (2) ㉠ (3) ㉤ (4) ㉣

실력을 키우는 실전 문제 _____ 209~213쪽

01 ③	02 ⑤	03 ④	04 ④	05 ②	06 ⑤
07 ④	08 ④	09 ④	10 ⑤	11 ①	12 ③
13 ④	14 ④	15 ②	16 ③	17 ③	18 ③

19 (1) A-백화점, B-대형 마트, C-편의점 (2) 예시답안 편의점(C)은 백화점(A)보다 최소 요구치가 작고, 재화의 도달 범위가 좁으며, 판매하는 상품의 종류가 적다. 또한 일상 생활용품을 판매하는 편의점은 소비자의 이용 빈도가 높고, 평균 영업시간이 길다.
20 (1) A-철도, B-지하철, C-도로, D-해운, E-항공 (2) 예시답안 철도(A)는 정시성과 안전성이 우수하며, 도로(C)는 기동성과 문전 연결성이 뛰어나다. (3) 예시답안 해운(D)은 장거리 대량 화물 수송에 유리해 국제 화물 수송의 대부분을 담당하고 있으며, 항공(E)은 신속한 수송에 유리해 고부가 가치 화물 수송에 주로 이용된다.

01 2000~2016년 판매액 지수에서 가장 크게 증가한 A는 편의점, B는 C에 비해 증가 폭이 상대적으로 적으므로 백화점, C는 대형 마트이다.

02 최소 요구치는 상점의 기능 유지를 위한 최소한의 수요이고, 재화의 도달 범위는 상점의 기능이 영향을 미치는 최대한의 공간 범위를 말한다. 상점의 유지를 위해서는 재화의 도달 범위가 최소 요구치의 범위와 같거나 넓어야 한다.

바로잡기 ⑤ 일정한 주기로 열리는 정기 시장은 최소 요구치가 재화의 도달 범위보다 클 때 형성되므로 (나)의 상황에서 운영된다.

03 (가)는 (나)보다 동일 지역에서 그 수가 적으므로 최소 요구치와 재화의 도달 범위가 넓은 백화점, 그 수가 많은 (나)는 편의점이다.

04 지역 내에서 그 수가 가장 적은 A는 고차 중심지이며 서비스의 도달 범위가 넓은 종합 병원이다. 그 수가 가장 많은 C는 저차 중심지이며 최소 요구치가 작은 의원, B는 병원이다.

바로잡기 ㄱ. (가)는 (나)보다 면적은 넓지만, 의료 기관 수가 적으므로 인구가 적고 인구 밀도도 낮을 것이다. ㄷ. 병원이 의원보다 고차 중심지이므로 의료 기관당 1일 평균 환자 방문 수가 많을 것이다.

05 (가)는 소비자가 직접 소매상을 찾아가므로 소비자와의 대면 접촉 빈도가 높은 전통적 상거래이다. (나)의 전자 상거래는 소비자에게 상품을 전달하는 과정에서 택배 산업이 성장하였다.

바로잡기 ㄴ. (나)는 온라인을 통해 시간 제약 없이 상거래가 가능하다. ㄹ. (가)가 (나)보다 우리나라에 도입된 시기가 이르다.

06 1인당 구매 단가가 가장 높은 C는 백화점, 가장 낮은 A는 편의점, B는 대형 마트이다. 백화점은 일상 생활용품을 주로 판매하는 편의점보다 월별 1인당 구매 단가의 차이가 크다.

바로잡기 ① 편의점(A)에 관한 설명이다. ②, ③ 대형 마트(B)가 편의점(A)보다 최소 요구치가 크며, 상품 전시에 많은 공간이 필요하다. ④ 백화점(C)이 대형 마트(B)보다 대도시 도심에 입지하는 경향이 강하다.

07 1986년 이후 2차 산업 취업자 비중은 낮아지고 3차 산업 취업자 비중은 높아졌으므로 탈공업화 현상이 나타났다. 1966년에는 1차 산업 취업자 비중이 가장 높았으므로, 1차 산업 취업자 수가 가장 많았다. 2000년대는 탈공업화가 진행되었으므로, 서비스업이 다변화되고 전문화되었다.

바로잡기 ㄹ. 2차 산업 취업자 비중은 1986년이 2016년보다 다소 높지만, 총 취업자 수는 2016년이 1986년보다 월등히 많으므로, 2차 산업 취업자 수는 2016년이 1986년보다 많다.

08 (가)는 총 종사자 수가 적고 2차 산업 종사자 비중이 낮으므로 제조업의 발달이 미약한 제주, (나)는 3차 산업 종사자 비중이 높으며 총 종사자 수가 많으므로 서울, (라)는 2차 산업 종사자 비중이 가장 높으므로 제조업이 발달한 울산, (다)는 전남이다.

09 서비스 산업은 수요자 유형에 따라 (가) 소비자 서비스업과 (나) 생산자 서비스업으로 구분할 수 있다.

바로잡기 ㄱ. (나) 생산자 서비스업에 해당한다. ㄷ. (나) 생산자 서비스업은 관련 정보를 획득하기 용이한 수도권에 집중 분포한다.

10 ㉠은 ㉡보다 전국에서 차지하는 총 종사자 수의 비율이 높으므로 소비자 서비스업인 도매 및 소매업이고, ㉡은 2005년보다 2015년의 비율이 늘어났으므로 산업 구조가 고도화될수록 성장률이 높은 생산자 서비스업인 사업 서비스업이다.

바로잡기 ① ㉠은 소비자 서비스업이다. ②, ③, ④ ㉡ 사업 서비스업이 ㉠ 도매 및 소매업보다 기업과의 거래 비중이 높고, 전국의 사업체 수와 총 종사자 수가 적다.

11 전국의 종사자 수가 많은 (가)는 소비자 서비스업이고, 상대적으로 수도권에 종사자 수가 집중해 있는 (나)는 생산자 서비스업이다. (나)의 생산자 서비스업은 (가)의 소비자 서비스업보다 기업과의 거래 비중이 높고, 종사자 수가 적으며, 산업 구조의 고도화에 따른 성장률이 높다.

12 통신 서비스 가입자 수 증가와 국내 택배 업계의 물동량 증가 자료는 모두 전자 상거래의 성장과 관련이 있다.

바로잡기 ① 생산자 서비스업의 성장과 관련 있다. ② 서비스 업종과 규모의 다양화, 기능의 전문화로 나타나는 현상이다. ④ 5일장이 없어지는 등의 현상과 관련 있다. ⑤ 무점포 소매업의 증가나 교외 지역에 대형 쇼핑몰이 입지하는 현상과 관련 있다.

13 기종점 비용이 가장 저렴한 (가)는 도로, 가장 높은 (다)는 해운, (나)는 철도이다. 도로는 단위 거리당 운송비 체감률과 기종점

비용이 가장 낮으므로 D, 해운은 단위 거리당 운송비 체감률과 기종점 비용이 가장 높으므로 B, 철도는 C이다.

14 문전 연결성이 가장 좋은 교통수단은 도로이다. 따라서 (가)에는 도로 교통과 관련된 질문이 들어가야 한다.

바로잡기 ①, ③은 철도, ②는 항공, ⑤는 해운과 항공과 관련된다.

15 국내 여객 및 화물 수송 분담률이 가장 높은 A는 도로, 화물 수송 분담률이 A 다음으로 높은 B는 해운, 도로 다음으로 여객 수송 분담률이 높은 E는 지하철이다. 국내 화물 및 여객 수송 분담률이 가장 낮은 C는 항공이며, D는 철도이다.

교통수단별 여객 및 화물 수송 분담률 · **만점 공략 노트**

교통수단별 특징을 묻는 문제는 교통수단별 분담률을 그래프나 표로 제시하여 무엇인지 파악한 후 그 특징을 보기나 선지에서 고르는 유형으로 자주 출제된다. 그러므로 상황별 분담률을 알고 있어야 한다.

국내 수송	여객	도로>지하철>철도>항공>해운
	화물	도로>해운>철도>항공
국제 수송	여객	항공>해운
	화물	해운>항공

*여객은 인, 화물은 톤 기준임   (2015년)

16 · **자료 분석 노트**

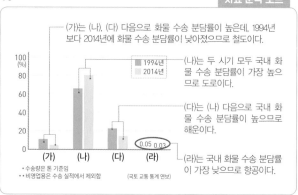

(가)는 (나), (다) 다음으로 화물 수송 분담률이 높은데, 1994년보다 2014년에 화물 수송 분담률이 낮아졌으므로 철도이다.

(나)는 두 시기 모두 국내 화물 수송 분담률이 가장 높으므로 도로이다.

(다)는 (나) 다음으로 국내 화물 수송 분담률이 높으므로 해운이다.

(라)는 국내 화물 수송 분담률이 가장 낮으므로 항공이다.

해운은 도로보다 운행 1회당 수송할 수 있는 화물량이 많다.

바로잡기 ① 항공이 철도보다 운행 시 기상 조건의 영향을 크게 받는다. ② 해운이 도로보다 국제 화물 수송 분담률이 높다. ④ 항공이 해운보다 고부가 가치 제품의 신속한 수송에 유리하다. ⑤ 항공이 도로보다 평균 운송 속도가 빠르다.

17 자료를 보면 고속 철도의 개통으로 도시 간 시간 거리가 크게 줄어들어 접근성이 향상되었음을 알 수 있다. 이에 따라 지역 간 접근성이 향상되고 고속 철도가 정차하는 도시의 경우 새로운 지역 거점으로 성장할 수 있는 기회가 생겼다. 그러나 서울로의 접근성이 향상되면서 지역 도시의 각종 수요가 오히려 서울로 집중할 수 있다는 우려도 나타나고 있다.

바로잡기 ③ 수도권으로의 접근성이 향상되면서 천안에서 서울로의 통근자 비율이 증가하였다.

18 교통·통신 기술이 발달하게 되면서 재택근무, 화상 회의 등이 확대되었다. 또한 사용자 환경에 구애받지 않고 장소에 상관없이 자유롭게 네트워크에 접속할 수 있는 유비쿼터스 시대에 진입하였다.

바로잡기 ㉠ 교통·통신이 발달하면 지역 간 인적·물적 교류와 재화·서비스의 제공 범위가 확대된다. ㉢ 교통·통신의 발달로 지역 및 계층 간 정보 격차, 사생활 침해 등의 문제가 확대되는 부정적인 영향이 발생하고 있다.

19 사업체 수가 가장 많은 C는 최소 요구치와 재화의 도달 범위가 가장 작은 편의점이고, 매출액이 가장 많은 B는 대형 마트이며, 사업체 수와 종사자 수가 가장 적은 A는 백화점이다.

이렇게 쓰면 만점 (2) 제시된 용어를 모두 사용하여 백화점(A)과 비교한 편의점(C)의 특징을 서술하면 만점이다.

20 국내 여객 및 화물 수송 분담률이 가장 높은 C는 도로, 도로 다음으로 여객 수송 분담률이 높은 B는 지하철, D는 A보다 화물 수송 분담률이 높으므로 해운, A는 철도, 국내 여객 및 화물 수송 분담률이 가장 낮은 E는 항공이다.

이렇게 쓰면 감점 (2) 철도와 도로 각각의 특징을 서술하면 감점이다.

이렇게 쓰면 만점 (3) 해운은 대량 화물 수송에 유리함을, 항공은 고부가 가치 화물 수송에 이용함을 서술하면 만점이다.

등급을 올리는 고난도 문제 __214~215쪽__

01 ③ **02** ④ **03** ⑤ **04** ④

---

01 소매 업태별 특성 비교   자료 분석 노트

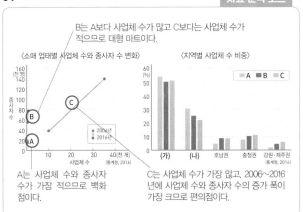

B는 A보다 사업체 수가 많고 C보다는 사업체 수가 적으므로 대형 마트이다.

〈소매 업태별 사업체 수와 종사자 수 변화〉 〈지역별 사업체 수 비중〉

A는 사업체 수와 종사자 수가 가장 적으므로 백화점이다.

C는 사업체 수가 가장 많고, 2006~2016년에 사업체 수와 종사자 수의 증가 폭이 가장 크므로 편의점이다.

편의점은 대형 마트보다 사업체 수 대비 종사자 수가 적으므로 사업체당 종사자 수가 적다.

바로잡기 ① 백화점은 수도권의 사업체 수 집중도가 50% 이상이므로, 수도권의 사업체 수가 비수도권의 사업체 수보다 많다. ② 백화점은 편의점보다 고가 제품의 판매 비중이 높다. ④ 세 소매 업태 중 백화점이 가장 먼저 등장하였다. ⑤ 세 소매 업태 중 사업체 수 비중이 가장 높은 (가)는 수도권이고, 그 다음으로 높은 (나)는 영남권이다.

---

02 생산자·소비자 서비스업의 분포 분석   자료 분석 노트

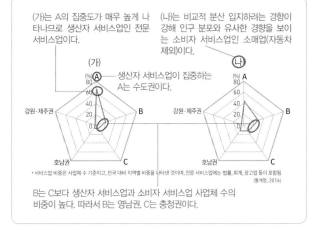

(가)는 A의 집중도가 매우 높게 나타나므로 생산자 서비스업인 전문 서비스업이다.

(나)는 비교적 분산 입지하려는 경향이 강해 인구 분포와 유사한 경향을 보이는 소비자 서비스업인 소매업(자동차 제외)이다.

생산자 서비스업이 집중하는 A는 수도권이다.

* 서비스업 비중은 사업체 수 기준이고, 전국 대비 지역별 비중을 나타낸 것이며, 전문 서비스업에는 법률, 회계, 광고업 등이 포함됨 (통계청, 2016)

B는 C보다 생산자 서비스업과 소비자 서비스업 사업체 수의 비중이 높다. 따라서 B는 영남권, C는 충청권이다.

생산자 서비스업은 기업의 생산 활동을 지원하는 서비스업으로, 전문 서비스업은 주로 생산자인 기업에게 서비스를 제공한다. 소비자 서비스업은 개인 소비자가 이용하는 서비스업으로, 소매업(자동차 제외)은 주로 소비자 개인에게 서비스를 제공한다.

바로잡기 ① 소매업(자동차 제외)이 전문 서비스업보다 전국의 사업체 수가 많다. ② 생산자 서비스업인 전문 서비스업이 소비자 서비스업인 소매업(자동차 제외)보다 산업 구조의 고도화에 따른 성장률이 높다. ③ 전문 서비스업이 소매업(자동차 제외)보다 정보 획득이 유리한 곳에 입지하려는 경향이 강하여 수도권(A)에 집중한다. ⑤ A는 수도권, B는 영남권, C는 충청권이다.

---

03 지역별 산업 구조 특징 분석   자료 분석 노트

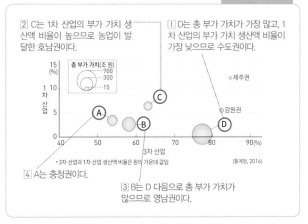

② C는 1차 산업의 부가 가치 생산액 비율이 높으므로 농업이 발달한 호남권이다.

① D는 총 부가 가치가 가장 많고, 1차 산업의 부가 가치 생산액 비율이 가장 낮으므로 수도권이다.

* 3차 산업과 1차 산업 생산액 비율은 원의 가운데 값임 (통계청, 2016)

④ A는 충청권이다.

③ B는 D 다음으로 총 부가 가치가 많으므로 영남권이다.

호남권(C)은 충청권(A)보다 총 부가 가치 생산액이 적다. 수도권(D)은 강원권보다 3차 산업의 부가 가치 생산액 비율은 낮지만 총 부가 가치가 월등히 많으므로, 3차 산업의 부가 가치 생산액이 많다. 영남권(B)은 호남권(C)보다 1차 산업과 3차 산업의 부가 가치 생산액 비율이 모두 낮으므로, 2차 산업의 부가 가치 생산액 비율은 높다.

바로잡기 ㄱ. 제주권은 1차 산업의 부가 가치 생산액 비율이 가장 높지만, 총 부가 가치가 가장 적어 1차 산업의 부가 가치 생산액이 많지 않다.

04 교통수단별 특색 파악

자료 분석 노트

국제 여객 수송 분담률이 가장 높은 A는 항공이다.

항공 다음으로 국제 여객 수송 분담률이 높은 B는 해운이다.

| 국제 | | | | | |
| 국내 | | | | | |

0   20   40   60   80   100(%)

■■ A ■■ B □□ C ■■ D ■■ E

• 국제는 인, 국내는 인·km 기준임   (통계청, 2015)

국내 여객 수송 분담률이 가장 높은 C는 도로이다.

E는 D보다 '인·km' 기준 국내 여객 수송 분담률이 높으므로 도시 간 이동에 주로 이용하는 철도이다. D는 대도시권 내에서 주로 이용하는 지하철이다.

국제 여객 수송 분담률이 가장 높은 A는 항공이고, B는 해운이다. C는 국내 여객 수송 분담률이 가장 높으므로 도로이고, E는 D보다 '인·km' 기준 여객 수송 분담률이 높으므로 철도, D는 지하철이다. 대도시권 내에서 주로 이용되는 지하철은 도시 간 이동에 주로 이용하는 철도보다 이용객의 평균 이동 거리가 짧아 '인·km' 기준으로 보면 여객 수송 분담률이 낮게 나타난다. ④ 지하철(D)은 철도(E)보다 이용객의 평균 이동 거리가 짧다.

바로잡기 ① 도로가 항공보다 문전 연결성이 우수하다. ② 해운은 도로보다 기종점 비용이 비싸다. ③ 도로는 항공보다 국내 화물 수송 분담률이 높다. ⑤ 일정한 궤도 위를 운항하는 철도는 해운보다 운행 시 기상 조건의 영향을 적게 받는다.

수능 특강   216~217 쪽

| 유형 1 ① | 유형 2 ③ | 유형 3 ⑤ | 유형 4 ① |

유형 1   지역별 1차 에너지원별 공급 현황

자료 분석

(다)는 세 지역 중 1차 에너지 공급량이 가장 많으므로 충남이다.

충남에서 공급량이 가장 많은 A는 석탄이고, 석탄 다음으로 공급량이 많은 B는 석유이다.

충남은 에너지 소비량이 많은 화력 발전과 제철 공업 등이 입지해 있어 1차 에너지 공급량이 많다.

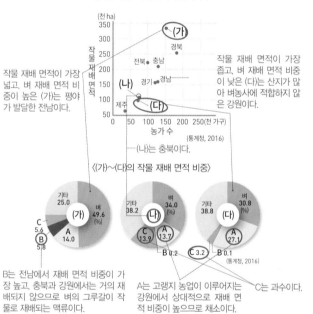

경남이다.

석유(B)의 공급량이 많은 (나)는 울산이다.

울산은 정유 및 석유 화학 공업의 발달로 석유의 공급량이 많다.

세 지역에서 상대적으로 공급량이 적은 C는 천연가스이다.

• 신·재생 에너지는 수력을 포함함   (에너지 경제 연구원, 2015)

선택지 분석

경남은 충남보다 1차 에너지원별 공급량에서 석탄이 차지하는 지역 내 비중이 작다.

→ (가) 경남은 (다) 충남보다 석탄 공급량은 적지만, 1차 에너지원별 공급량에서 석탄이 차지하는 지역 내 비중은 크다.

② A는 제철 공업의 주요 연료로 이용된다.

→ 석탄(A) 중 역청탄은 수입에 의존하며, 제철 공업 및 화력 발전의 주요 연료로 이용된다.

③ B는 울산의 1차 에너지원별 공급량에서 가장 큰 비중을 차지한다.

→ 석유(B)는 정유 및 석유 화학 공업이 발달한 (나) 울산의 1차 에너지원별 공급량에서 가장 큰 비중을 차지한다.

④ C는 B보다 가정용으로 이용되는 비중이 크다.

→ 천연가스(C)는 석유(B)보다 가정용으로 이용되는 비중이 크다.

⑤ 발전에 이용되는 1차 에너지의 비중은 A>C>B 순이다.

→ 발전에 이용되는 1차 에너지의 비중은 석탄이 가장 크므로 석탄(A)>천연가스(C)>석유(B) 순으로 크다.

유형 2   도(道)별 농업 특성 비교

자료 분석

〈도별 작물 재배 면적과 농가 수〉

작물 재배 면적이 가장 넓고, 벼 재배 면적 비중이 높은 (가)는 평야가 발달한 전남이다.

작물 재배 면적이 가장 좁고, 벼 재배 면적 비중이 낮은 (다)는 산지가 많아 벼농사에 적합하지 않은 강원이다.

(통계청, 2016)

(나)는 충북이다.

〈(가)~(다)의 작물 재배 면적 비중〉

(가): 기타 25.0 / 벼 49.6(%) / A 14.0 / B 5.8 / C 5.6

(나): 기타 38.2 / 벼 34.0 / A 13.7 / B 0.2 / C 13.9

(다): 기타 38.8 / 벼 30.8(%) / A 27.1 / B 0.1 / C 3.2

(통계청, 2016)

B는 전남에서 재배 면적 비중이 가장 높고, 충북과 강원에서는 거의 재배되지 않으므로 벼의 그루갈이 작물로 재배되는 맥류이다.

A는 고랭지 농업이 이루어지는 강원에서 상대적으로 재배 면적 비중이 높으므로 채소이다.

C는 과수이다.

선택지 분석

(가)는 전남, (나)는 강원이다.

→ (가)는 전남, (나)는 충북이다. 벼 재배 면적 비중이 상대적으로 낮고, 채소 재배 면적 비중이 상대적으로 높은 (다)는 강원이다.

농가당 작물 재배 면적은 (다)가 (가)보다 넓다.

→ 농가당 작물 재배 면적은 재배 면적을 농가 수로 나눈 값이므로 (가) 전남이 (다) 강원보다 넓다.

③ (가)~(다) 중 채소 재배 면적은 전남이 가장 넓다.

→ 세 도(道) 중 채소 재배 면적 비중은 (가) 전남이 14.0%, (다) 강원이 27.1%이지만, 전체 작물 재배 면적은 전남이 강원보다 세 배 이상 넓으므로, 채소 재배 면적이 가장 넓은 곳은 전남이다.

도내 과수 재배 면적 비중은 강원이 충북보다 높다.

→ 도내 과수(C) 재배 면적 비중은 13.9%의 (나) 충북이 3.2%의 (다) 강원보다 높다.

도내 맥류 재배 면적 비중은 충북이 전남보다 높다.

→ 도내 맥류(B) 재배 면적 비중은 5.8%의 (가) 전남이 0.2%의 (나) 충북보다 높다.

유형 3 지역별 소득 수준과 제조업 현황 파악

자료 분석

〈시·도별 지역 내 총생산과 1인당 지역 내 총생산〉

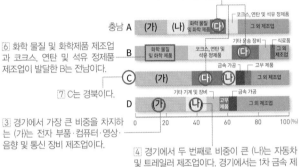

• A~D는 경기, 경북, 전남, 충남 중 하나임

• 세종은 충북과 충남에 포함되었음 (통계청, 2015)

① 1인당 지역 내 총생산이 네 지역 중 가장 많으므로 첨단 산업과 중화학 공업이 크게 성장하면서 인구 대비 지역 내 총생산이 많은 충남이다.

② 지역 내 총생산이 전국에서 가장 많으므로 인구가 가장 많은 경기이다.

〈A~D의 제조업별 출하액 비중〉

⑤ (다)는 1차 금속 제조업으로, 경북(포항), 충남(당진)과 함께 전남(광양)에서 높게 나타난다.

⑥ 화학 물질 및 화학제품 제조업과 코크스, 연탄 및 석유 정제품 제조업이 발달한 B는 전남이다.

⑦ C는 경북이다.

③ 경기에서 가장 큰 비중을 차지하는 (가)는 전자 부품·컴퓨터·영상·음향 및 통신 장비 제조업이다.

④ 경기에서 두 번째로 비중이 큰 (나)는 자동차 및 트레일러 제조업이다. 경기에서는 1차 금속 제조업이 이루어지지 않기 때문이다.

선택지 분석

✗ (가)는 계열화된 공정이 필요한 집적 지향형 제조업이다.
→ (가)는 첨단 산업으로, 입지 자유형 공업에 해당한다.

✗ (나)는 1970년대 우리나라의 수출 주력 제조업이었다.
→ (나)는 자동차 및 트레일러 제조업으로, 1980년대 이후 우리나라의 수출을 주도하였다.

✗ (다)는 운송비에 비해 부가 가치가 크며 입지가 자유로운 제조업이다.
→ (다)는 1차 금속 제조업으로, 중량의 원료를 해외에 의존하기 때문에 적환지 지향형 공업에 해당한다.

✗ (가)는 (나)보다 최종 제품의 무게가 무겁고 부피가 크다.
→ (가)는 전자 부품·컴퓨터·영상·음향 및 통신 장비 제조업으로, (나) 자동차 및 트레일러 제조업보다 최종 제품의 무게가 가볍고 부피가 작다.

⑤ (다)에서 생산된 최종 제품은 (나)의 주요 재료로 이용된다.
→ (다) 1차 금속 제조업에서 생산된 철강 제품은 (나) 자동차 및 트레일러 제조업의 주요 재료로 이용된다.

유형 4 소매 업태별 특성 비교

자료 분석

(가)는 세 소매 업태 중 종사자 수와 사업체 수가 가장 적으므로 최소 요구치가 가장 큰 백화점이다.

세 소매 업태 중 2008~2014년의 매출액 증가 폭이 가장 큰 (다)는 교통·통신의 발달로 성장하고 있는 무점포 소매업체이다.

(통계청, 2014)

사업체 수가 가장 많지만 종사자 수는 적은 (나)는 최소 요구치가 작아 세 업태 중 가장 많은 편의점이다.

선택지 분석

① (가)는 (나)보다 사업체 간 평균 거리가 멀다.
→ 백화점이 편의점보다 사업체 수가 적으므로 사업체 간 평균 거리가 멀다.

✗ (가)는 (다)보다 2008년부터 2014년까지 매출액 증가율이 높다.
→ 2008년에 (가) 백화점과 (다) 무점포 소매업체의 매출액은 비슷한 수준이었으나, 2014년에 (다)의 매출액이 (가)의 매출액보다 월등히 많아졌으므로 무점포 (다)가 백화점 (가)보다 2008부터 2014까지 매출액 증가율이 높다.

✗ (나)는 (가)보다 고가 제품의 판매 비중이 높다.
→ 백화점이 편의점보다 고가 제품의 판매 비중이 높다.

✗ (나) 사업체는 (가) 사업체보다 2014년에 전국 대비 특별·광역시에 분포하는 비중이 높다.
→ 백화점은 대도시의 도심이나 부도심에 입지하는 경향이 강하므로 전국 대비 특별·광역시에 사업체가 분포하는 비중은 백화점이 편의점보다 높다.

✗ (가)~(다) 중 2014년에 종사자당 매출액은 (다)가 가장 많다.
→ 세 유형의 소매 업태 중 2014년에 종사자당 매출액은 (가) 백화점이 가장 많은데, 종사자당 매출액은 매출액을 종사자 수로 나눈 값으로 파악할 수 있다.

실전 대비 Ⅴ 단원 문제 마무리

220~223 쪽

01 ③	02 ②	03 ④	04 ⑤	05 ⑤	06 ⑤
07 ⑤	08 ②	09 ⑤	10 ⑤	11 ②	12 ②
13 ②	14 ③

15 (1) (가) 석회석, (나) 고령토, (다) 철광석 (2) **예시답안** (가)는 주로 시멘트 공업의 원료나 제철 공업의 첨가물로 이용한다. (나)는 도자기 및 내화 벽돌, 종이, 화장품의 원료로 이용한다. (다)는 주로 제철 공업의 원료로 이용한다.

16 (1) 1차 금속 공업 (2) **예시답안** 중량의 원료를 수입에 의존하기 때문에 원료 수입과 제품 수출에 유리한 항만(적환지)에 주로 입지한다.

01 ㄷ은 가변성, ㄹ은 유한성, ㅁ은 편재성이다.

바로잡기 ㄱ. 좁은 의미의 자원은 천연 자원을 의미하며, 넓은 의미의 자원은 인적·문화적 자원까지를 포함한다. ㄹ. 유한성은 비재생 자원의 특성과 관련 있으며, ㄹ, ㅁ으로 인해 자원 확보를 둘러싼 자원 민족주의가 대두되어 국제적인 갈등이 발생하기도 한다.

02 화석 에너지원별 발전량이 가장 많은 (가)는 석탄, 그 다음으로 많은 (다)는 천연가스, (나)는 석유이다. 에너지 수입량이 가장 많은 A는 석유, 그다음으로 많은 B는 석탄, C는 천연가스이다.

바로잡기 ① 석탄은 석유보다 에너지 수입량이 적다. ③ 천연가스는 석탄보다 연소 시 대기 오염 물질의 배출량이 적다. ④ 석유는 석탄보다 발전용 연료로 적게 소비된다. ⑤ 천연가스는 석탄보다 상용화된 시기가 늦다.

03 1차 에너지 총 공급량이 가장 적은 (가)는 제주이고, 제주에서 공급량이 많은 B는 석유이다. 경북(울진·경주)과 전남(영광)에서만 공급되는 D는 원자력이고, 원자력의 공급량이 상대적으로 많은 (라)는 경북, (다)는 전남이다. 따라서 (나)는 충남이다. 충남에서 공급량이 많은 A는 석탄, C는 천연가스이다.

바로잡기 ① 전남은 충남보다 석탄 공급량이 적다. ② 지역 내 원자력 공급 비중은 전남이 경북보다 낮다. ③ 전남은 충남보다 1차 에너지 총 공급량이 적다. ⑤ 천연가스는 원자력보다 발전용으로 적게 소비된다.

04 호남권과 ㈎에만 있는 C는 원자력이고, ㈎는 영남권이다. 대부분의 지역에서 발전 설비 용량 비중이 높은 B는 화력이고, A는 수력이다. 수력의 발전 설비 비중이 상대적으로 높은 ㈏는 강원권이고, ㈐는 수도권이다.

바로잡기 ① C에 관한 설명이다. ② 화력은 수력보다 소비지와 가까운 곳에 입지할 수 있어 송전 비용이 저렴하다. ③ 원자력은 화력보다 발전 시 온실가스 배출량이 적다. ④ 지역 내 화력 발전 설비 용량 비중은 ㈎ 영남권이 ㈐ 수도권보다 낮다.

05 지도에 표시된 경기, 전남, 제주 중 경기에서만 조력이 이용되고 있으므로 D가 조력이다. 제주는 기반암의 영향으로 수력이 거의 이루어지지 않고 있으므로 ㈐는 제주이고 C는 수력이며, 상대적으로 생산 비중이 높은 B는 풍력, A는 태양광이다. 태양광의 생산 비중이 높은 ㈏는 전남이다.

바로잡기 ① 지역 내 풍력 생산 비중은 제주가 경기보다 높다. ② 전력 생산 시 소음 발생량이 많은 것은 풍력이다. ③ 풍력은 조력보다 전력 생산 시 기상 조건(바람)의 영향을 크게 받는다. ④ 조력은 수력보다 계절에 따른 에너지 생산량의 차이가 작다.

06 경지 면적의 감소보다 농가 수의 감소가 더 컸으므로 농가당 경지 면적은 증가하였다. 농가 수의 감소보다 전업농가 수의 감소가 더 컸으므로 겸업농가 비중이 증가하고, 이를 통해 농가 소득원의 다양성이 증가하였음을 유추할 수 있다.

바로잡기 ㄱ. 농촌은 이촌 향도에 따른 인구의 사회적 감소가 나타났다. ㄴ. 농가 수의 감소보다 농가 인구의 감소가 더 컸으므로 농가당 구성원 수는 감소하였다.

07 ㈎는 전국 평균보다 경기에서 높게 나타나므로 겸업농가 비율이고, ㈏는 평야가 발달한 충남이 전국 평균보다 높게 나타나므로 논이다. 논의 비율이 매우 낮은 A는 제주, 그다음으로 논의 비율이 낮은 B는 강원, 겸업농가 비율이 낮은 C는 경북, 논의 비율이 높은 D는 평야가 발달한 전남이다.

바로잡기 ① 제주(A)는 경북(C)보다 겸업농가 비율이 높으므로 전업농가 비율이 낮다. ② 강원(B)은 전남(D)보다 논 비율이 낮고 경지 면적 또한 좁으므로, 쌀 재배 면적이 좁다. ③ 전남(D)은 제주(A)보다 경지 면적이 넓다. ④ A는 제주, B는 강원, C는 경북, D는 전남이다.

08 ㈎는 제주권에서는 재배 면적이 거의 없고 호남권이 상대적으로 높으므로 벼, ㈐는 영남권의 재배 면적 비중이 상대적으로 높으므로 과수, ㈏는 강원권에서 상대적으로 재배 면적 비중이 높으므로 채소이다.

09 전국 대비 사업체 수 비중이 가장 높은 ㈎는 수도권, 그다음으로 높은 ㈏는 영남권이다. ㈐는 ㈑보다 2000~2016년 사업체 수의 증가율이 높으므로 충청권, ㈑는 호남권이다.

바로잡기 ㄱ. 2000년 수도권은 충청권보다 제조업 사업체 수 대비 출하액 비중이 낮으므로, 제조업 사업체당 출하액은 충청권이 많다. ㄴ. 2016년 수도권은 영남권보다 사업체 수 비중은 높지만, 출하액 비중은 낮다. 따라서 사업체 수는 수도권, 출하액은 영남권이 많다.

10 ㈎는 섬유 제품(의복 제외), ㈏는 경북(포항), 전남(광양), 충남(당진)에서 출하액 비중이 높으므로 1차 금속, ㈐는 경기와 울산에서 출하액 비중이 높으므로 자동차 및 트레일러이다.

바로잡기 ①은 ㈐, ②와 ③은 ㈎에 관한 설명이다. ④ 중화학 공업인 1차 금속 제조업이 경공업인 섬유 제품(의복 제외) 제조업보다 사업체당 에너지 사용량이 많다.

11 소매 업태 수가 가장 적은 ㈎는 백화점, 가장 많은 ㈐는 편의점, ㈏는 대형 마트이다. 대형 마트는 편의점보다 최소 요구치가 크므로 상점당 1일 이용자 수가 많다.

바로잡기 ① 백화점은 편의점보다 그 수가 적으므로 상점 간 평균 거리가 멀다. ③ 편의점은 대체로 24시간 운영되므로 백화점보다 구매 활동의 시간적 제약이 작다. ④ 대형 마트가 편의점보다 상품 전시에 넓은 공간을 필요로 한다. ⑤ 사업체 수 대비 매출액 규모는 백화점이 가장 크고, 편의점이 가장 적다.

12 수도권의 사업체 수 비중이 높은 ㈎는 전문 서비스업, 인구 규모에 대체로 비례해 분포하는 ㈏는 소매업(자동차 제외)이다.

바로잡기 ㄴ. 소매업(자동차 제외)이 전문 서비스업보다 전국의 사업체 수가 많다. ㄹ. 전문 서비스업이 소매업(자동차 제외)보다 사업체 수 대비 출하액이 많다.

13 지역 내 1차 산업 취업자 비중이 가장 낮고 3차 산업 취업자 비중이 가장 높은 ㈎는 서울, 제조업의 발달이 미약해 2차 산업 취업자 비중이 가장 낮은 ㈏는 제주, 지역 내 1차 산업 취업자 비중이 가장 높은 ㈐는 농업이 발달한 전남, 2차 산업 취업자 비중이 가장 높은 ㈑는 제조업이 발달한 울산이다.

14 여객의 경우 국제 여객 인원은 국내 여객 인원에 비해 매우 적은 반면, 화물은 수송량이 많은 편이다. 따라서 B, C 교통수단에서 수송 분담률이 높게 나타나는 ㈎는 화물이고, ㈏는 여객이다. 화물 및 여객 수송 분담률이 모두 높게 나타나는 C는 도로이고, 화물 수송 분담률이 높은 B는 해운, 여객 수송 분담률이 상대적으로 높게 나타나는 D는 철도이다. 여객 및 화물 수송 분담률이 모두 낮게 나타나는 A는 항공이다.

바로잡기 ① 철도가 항공보다 기종점 비용이 저렴하다. ② 해운은 도로보다 운행 1회당 평균 화물 수송량이 많다. ④ 도로가 철도보다 기동성과 문전 연결성이 우수하다. ⑤ 국제 화물 수송 분담률은 해운이 가장 높다.

15 ㈎는 가채 연수가 가장 길고, 고생대 조선 누층군이 분포하는 강원과 충북에서 생산 비중이 높으므로 석회석이다. ㈏는 ㈐보다 가채 연수가 길고, 경남에서 특징적으로 생산 비중이 높으므로 고령토이고, 가채 연수가 가장 짧은 ㈐는 철광석이다.

이렇게 쓰면 만점 (2) 석회석은 시멘트 산업, 고령토는 도자기 공업, 철광석은 제철 공업과 관련해 내용을 서술하면 만점이다.

16 **이렇게 쓰면 만점** (2) 1차 금속 공업의 입지 특성을 적환지 지향과 관련해 서술하면 만점이다.

Ⅵ 인구 변화와 다문화 공간

01 인구 변화와 공간 변화

───── 기초를 다지는 **확인 문제** ───── 230 쪽

01 (1) × (2) ○ (3) × (4) ○ (5) × **02** (1) 출산 붐(baby boom) (2) 남초 (3) 종형 (4) 저출산 (5) ㉠ 유소년 ㉡ 노년 (6) ㉠ 고령화 ㉡ 초고령 **03** (1) ㉠ (2) ㉢ (3) ㉣ (4) ㉢ (5) ㉡

───── 실력을 키우는 **실전 문제** ───── 231~235 쪽

01 ⑤	**02** ⑤	**03** ④	**04** ①	**05** ④	**06** ②
07 ③	**08** ④	**09** ①	**10** ③	**11** ⑤	**12** ⑤
13 ②	**14** ②	**15** ⑤	**16** ⑤	**17** ②	**18** ⑤
19 ②					

20 예시답안 우리나라의 인구 중심점은 광복 이후 꾸준히 북서쪽으로 이동하고 있다. 이는 전체 인구 분포에서 수도권의 인구 비중이 높아졌기 때문이다.

21 예시답안 우리나라의 주요 인구 밀집 지역은 대도시와 그 주변의 위성 도시, 공업이 발달한 지역, 기후가 온화한 남서부 평야 지대이다. 반면 인구 희박 지역은 태백산맥과 소백산맥 일대의 산간 지역과 산업이 발달하지 못한 농어촌 지역, 북동부 산간 지대에 주로 분포한다.

22 예시답안 전체 인구 중 유소년층의 비중이 줄어들어 저출산 현상이 나타나고 있다. 이를 극복하기 위해서는 출산 지원금 지급, 다자녀 가구 우대 정책 등이 필요하다. 반면 전체 인구 중 노년층의 비중은 증가하여 고령화 현상이 나타나고 있다. 이에 대비하기 위해서는 정년 연장, 노인 복지 시설 확충 등이 필요하다.

01 제시된 내용은 우리나라 인구 변화 중 출생률이 높았던 시기이므로 6·25 전쟁 이후 출산 붐 현상으로 인구가 급증했던 때를 설명한 것이다.

바로잡기 ① 역도시화 현상은 출생률과는 상관없다. ② 밀레니엄 베이비는 2000년대에 나타난 일시적인 출산율 상승 현상이다. ③ 다산 다사의 시기는 조선 시대에 나타났었다. ④ 1980년대 후반에 나타난 현상이다.

02 제시된 그래프를 보면 행정 중심 복합 도시인 세종의 합계 출산율이 다른 시·도에 비해 높은데, 이는 공공 기관 이전으로 세종시로 청장년층의 유입이 증가했기 때문이다. 인구 규모를 보면 경기와 서울에 인구가 매우 편중되어 다른 지역과의 인구 격차가 크다. ⑤ 합계 출산율이 전국 평균인 1.17명보다 낮은 지역은 인천, 부산, 서울로 세 지역 모두 인구 규모 5위 안에 드는 행정 구역이다.

바로잡기 ①, ② 합계 출산율은 여성 1인이 가임 기간에 낳을 것으로 예상되는 평균 출생아 수를 말한다. 이것만 가지고는 총신생아 수는

알 수 없다. ③ 인구 규모가 가장 큰 지역은 경기이지만, 합계 출산율이 가장 낮은 지역은 서울이다. ④ 수도권은 서울특별시, 인천광역시, 경기도를 포함하는 지역이다. 서울특별시와 인천광역시는 합계 출산율이 전국 평균인 1.17명보다 낮으나, 경기도는 1.19로 더 높게 나타나고 있다.

03

자료 분석 노트

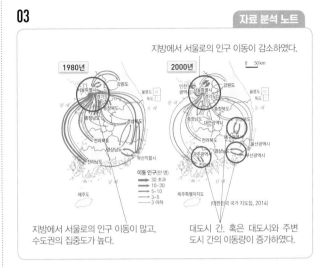

지방에서 서울로의 인구 이동이 감소하였다.

지방에서 서울로의 인구 이동이 많고, 수도권의 집중도가 높다.

대도시 간, 혹은 대도시와 주변 도시 간의 이동량이 증가하였다.

우리나라는 근대화 이후 교통의 발달로 인구 이동이 활발해졌다. 1960년대 이후 산업화가 진행되면서 이촌 향도 현상이 활발하게 나타났다. 1990년대 후반 이후에는 수도권과 대도시로 인구가 집중하면서 주거 환경이 악화되자 교외화 현상이 나타났다.

바로잡기 ㄱ, ㄷ. 1980년에는 서울로의 인구 이동이 많아 서울의 인구가 증가하였다. 그러나 2000년은 1980년보다 서울로의 인구 이동이 감소하여 서울 인구의 증가 폭이 정체하거나 감소하였다.

04

자료 분석 노트

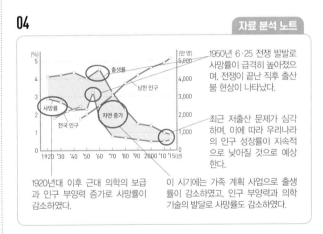

1950년 6·25 전쟁 발발로 사망률이 급격히 높아졌으며, 전쟁이 끝난 직후 출산 붐 현상이 나타났다.

최근 저출산 문제가 심각하며, 이에 따라 우리나라의 인구 성장률이 지속적으로 낮아질 것으로 예상한다.

1920년대 이후 근대 의학의 보급과 인구 부양력 증가로 사망률이 감소하였다.

이 시기에는 가족 계획 사업으로 출생률이 감소하였고, 인구 부양력과 의학 기술의 발달로 사망률도 감소하였다.

우리나라의 인구는 경제 발전과 인구 정책 등의 영향으로 짧은 기간 동안 급속하게 성장하였다. 6·25 전쟁 시기에는 사망률이 급증하였지만, 전쟁 이후에는 출산 붐이 나타나 인구가 빠르게 증가하였다. 그러나 1960년대 이후 정부는 산아 제한과 같은 가족계획 사업을 실시하여 출생률이 급감하였고, 현재는 출산 장려 정책을 시행하고 있다.

바로잡기 ① 남한의 인구 증가율은 감소하고 있지만, 인구 규모는 꾸준히 증가하고 있다.

05 (가)는 산아 제한을, (나)는 성비 불균형을 표현하고 있다. 1990년대 우리나라는 남아 선호 사상으로 출생 시 성비 불균형이 심하게 나타났다.

06 (가)는 경기도·강원도 북쪽의 접경 지역, 경상남도 거제 등이 높게 나타나고 있다. 접경 지역은 군사 시설이 집중 분포하므로 남성의 비율이 높다. 또한 거제는 조선 공업이 발달한 지역으로 전체 인구 중 남성의 비율이 높다. 따라서 (가)는 성비를 나타낸 것이다. (나)는 촌락 지역이 높고 공업이 발달한 지역이 낮게 나타난다. 촌락은 이촌 향도로 청장년층의 유출이 많아 중위 연령이 높게 나타나고, 공업이 발달한 지역은 청장년층의 유입이 많아 중위 연령이 낮게 나타난다.

바로잡기 ㄴ. 유소년 인구 비중은 대도시나 공업 지역에서 높게 나타난다. ㄷ. 노년 인구 부양비는 촌락 지역에서 높게 나타난다.

07 순이동률은 해당 지역의 주민 등록 인구 100명당 이동자 수를 말한다. 세종과 제주로 인구가 많이 유입되고 있으며, 서울과 대전은 인구가 많이 유출되고 있다. 이는 2000년대 이후 교외화와 역도시화 현상이 지역적으로 나타난 결과이다.

바로잡기 ㄱ. 광역시 중 인천은 인구가 유입되었다. ㄹ. 중부 지역은 서울과 대전을 제외한 대부분 지역이 인구가 유입되었다. 남부 지역은 전북, 경북, 대구, 울산, 부산, 광주에서 유출 인구가 더 많다. 따라서 인구 감소 지역은 중부 지역보다 남부 지역이 더 많다.

08 (가) 아산시는 중화학 공업이 발달한 지역으로 1970년에는 유소년층의 인구 비중이 높았으나 2015년에는 유소년층 인구 비중은 낮아지고 청장년층 인구 비중이 증가하였다. (나) 의성군도 1970년에 유소년층 인구 비중이 높았지만, 이촌 향도로 유소년층과 청장년층 인구가 크게 감소하고 노년층 인구 비중이 매우 높아졌다. 따라서 아산시는 유소년 인구 비중이 의성군보다 높아 유소년 인구 부양비가 높게 나타난다.

바로잡기 ①, ②, ③, ⑤ 전체 인구 중 노년층 인구 비중이 높은 (나) 의성군에서 높게 나타나는 지표이다.

인구와 관련된 용어 　　　　　　　　　　 만점 공략 노트

인구 관련 문제에서는 다양한 수치를 비교하므로, 각 지표가 어떤 것인지 알아 두어야 한다.

중위 연령	지역이나 국가의 전체 인구를 연령 순서로 세웠을 때 정중앙에 있는 사람의 연령 → 높을수록 고령화 진행이 많이 된 지역
인구 부양비	생산 연령 인구인 청장년층에 대한 비생산 연령 인구인 유소년층과 노년층의 비율 총인구 부양비= $\dfrac{0 \sim 14세\ 인구+65세\ 이상\ 인구}{15 \sim 64세\ 인구} \times 100$
노령화 지수	유소년층(0~14세) 인구에 대한 노령(65세 이상) 인구의 비율

09 　　　　　　　　　　　　　　 자료 분석 노트

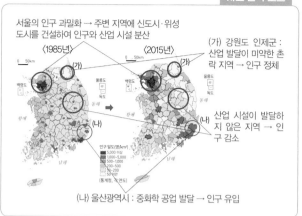

산업 발달이 미약하고 기반 시설이 부족한 (가)의 강원도 인제군은 인구가 정체하였고, (나)의 울산광역시는 중화학 공업의 발달로 인구가 유입하여 인구 밀도가 높아졌다. 따라서 우리나라는 지역 간 인구 격차가 더욱 커졌다.

바로잡기 ② 두 시기 모두 (나)의 인구 밀도가 더 높다. ③, ④ (가) 지역은 인구 정체가 나타나지만, (나)는 2차 산업의 발달로 청장년층 인구의 유입이 증가하면서 인구 밀도가 높아졌다. ⑤ 인구 분포의 지역 격차는 커졌다.

10 우리나라의 연령별 인구 구조는 1960년대까지 출생률과 사망률이 모두 높은 피라미드형이었지만, 경제 발전과 산업화가 진행된 이후인 1990년대 후반부터는 출생률과 사망률이 모두 낮은 종형으로 변화하였다. 앞으로도 저출산 현상이 지속되고 기대 수명이 증가하면 노년층의 비중이 더욱 높아져 역피라미드형 인구 구조가 나타날 것으로 예상된다. 노년층이 증가하면 중위 연령도 높아진다.

바로잡기 ㄱ, ㄹ. 저출산으로 출생률과 초등학교 취학 아동 수는 감소할 것이다.

11 　　　　　　　　　　　　　　 자료 분석 노트

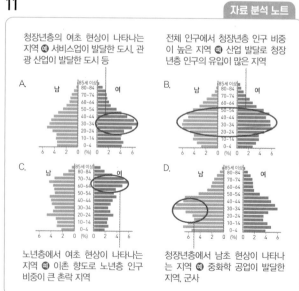

(가)는 경상남도 거제시에 관한 설명으로, 조선소가 입지하면서 청장년층의 남성 인구 유입이 크게 증가하였다. (나)는 촌락에 관한 설명으로, 촌락은 청장년층 인구가 도시로 이주하면서 전체 인구 중 유소년층과 청장년층 인구 비중은 감소하고 노년층 인구 비중은 증가하였다.

12 (가)는 대부분 도시에서 높게 나타나고, (나)는 대부분 촌락에서 높게 나타나고 있다. 따라서 (가)는 유소년 인구 비율, (나)는 노년 인구 비율이다.

바로잡기 ①, ②, ④ 성비는 여성 인구 100명당 남성 인구의 수로, 100 이상이면 남초, 100 이하면 여초 지역이다. 군부대가 많은 북한 접경 지역인 강원도 및 경기도 북부 지역은 남초 현상이, 노령의 여성 노인이 많은 촌락 지역은 여초 현상이 나타난다.

13 정부는 우리 사회의 인구 절벽 위기를 극복하기 위한 인구 정책인 제3차 저출산·고령 사회 기본 계획(2016~2020)을 발표하였다. '브릿지 플랜 2020'이라고도 불리는 이 정책은 2020년까지 합계 출산율 1.5명을 달성하여 인구 대체 수준인 2.1명에 도달하기 위한 교두보를 마련하고 고령 사회에 대응한다는 내용을 담고 있다. 제시된 추진 전략의 '난임', '돌봄 확대', '주거' 등을 통해 저출산을 극복하기 위한 것임을 알 수 있다.

바로잡기 ㄱ. 우리나라의 고령 인구는 계속 증가하고 있다. ㄷ. 외국인 노동자 유입은 계속 증가하고 있다.

14 우리나라의 고령화 속도는 우리나라보다 고령화 사회에 먼저 진입한 선진국보다 매우 빠르다. 고령 인구 비중이 증가하면 노년 부양비와 중위 연령이 높아지며, 이에 대응하기 위해 노년층의 경제 활동 및 복지 관련 정책의 보완이 필요하다.

바로잡기 ② 출산율이 증가하면 유소년층 인구 비율이 높아지면서 노년 인구 비율이 상대적으로 낮아지므로 고령화 속도는 느려지게 된다.

15 그래프를 통해 우리나라의 합계 출산율과 출생아 수가 감소한 것을 알 수 있다. 이러한 저출산의 원인으로는 초혼 연령의 상승, 여성의 사회 진출 확대, 양육비 증가에 따른 부담, 결혼과 자녀에 대한 가치관 변화, 고용 불안 등을 꼽을 수 있다.

바로잡기 ⑤ 저출산 완화를 위한 대책에 해당한다.

16 합계 출산율이 낮아지고 신생아 수가 감소하면 전체 인구 중 유소년층의 인구 비중이 낮아진다. 그리고 이는 전체 인구 중 청장년층 인구 비중 감소로 이어져 생산 가능 인구(15~64세)의 노년 부양 부담이 커질 수밖에 없다. 또한 전체 인구 중 노년층 인구의 비중이 커지면 중위 연령과 노년 인구 부양비가 높아진다.

바로잡기 ⑤ 피라미드형 인구 구조는 출생률과 사망률이 모두 높을 때 나타나며, 우리나라는 1960년대 이전에 해당한다. 합계 출산율이 낮은 시기에는 대체로 유소년층 인구 비중은 작고 노년층 인구 비중이 큰 종형 인구 구조가 나타난다.

17 우리나라의 2010년 합계 출산율은 1.23명으로, 저출산 현상이 심각하다. 이를 해결하기 위해서는 청장년층의 주거 마련 및 양육 비용 부담을 해소하기 위한 정부의 다양한 정책이 필요하며, 개인 및 사회적 인식 변화 또한 필요하다.

바로잡기 ㄴ. 도시와 농촌의 지역 격차를 줄이기 위한 대책이다. ㄹ. 고령화 현상에 대비하기 위한 대책이다.

18

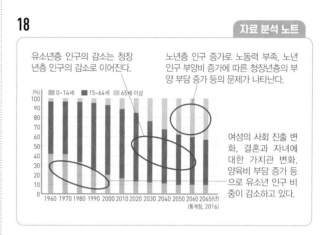

제시된 연령층별 인구 구성비 변화를 보면, 유소년층 인구 비중은 지속적으로 감소하고 청장년층 인구 비중은 증가하다가 2020년부터 감소할 것으로 예상된다. 노년층 인구 비중은 2000년부터 빠르게 증가하여 2060년에는 40%를 넘길 것으로 예측한다. 이에 따라 저출산 문제를 해결하고 고령화 사회에 대한 대비책을 마련해야 한다.

바로잡기 ⑤ 연령층별 인구 구성비 변화에서는 성비를 파악할 수 없다.

19 제시된 그래프를 보면 기대 수명은 지속적으로 증가하고 합계 출산율은 감소하고 있다. 우리나라는 1960년대 이후 추진된 산아 제한 정책의 영향으로 합계 출산율이 꾸준히 감소하였으며, 2001년부터는 합계 출산율이 1.3명 미만인 초저출산 현상이 나타나고 있다. 오늘날에는 의학 기술의 발달과 경제 수준의 향상으로 기대 수명이 늘어 노년 인구 비중이 증가하면서 중위 연령이 높아지고 있다.

바로잡기 ② 인구 부양력은 전체 인구 중 경제 활동 인구가 많아야 증가한다. 저출산이 지속되면 장기적으로 청장년층 인구의 감소로 이어져 인구 부양력은 감소할 수 있다.

20 이렇게 쓰면 **만점** 인구 중심점의 이동 방향을 정확히 제시하고 그 이유를 수도권 인구 비중과 관련하여 서술하면 만점이다.

21 이렇게 쓰면 **만점** 자연환경으로는 지형에 따른 차이를 바탕으로 인구 밀집 지역과 희박 지역을 구분하고, 인문·사회적 환경으로는 산업이 발달한 지역과 발달하지 못한 지역을 정확히 구분하여 서술하면 만점이다.

22 이렇게 쓰면 **감점** 저출산 문제와 고령화 문제 중 한 가지만 파악하여 대책을 서술하면 감점이다.

01 인구 부양비 변화 분석 [자료 분석 노트]

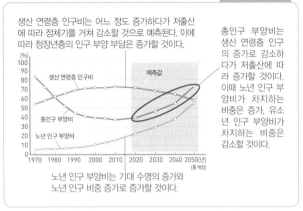

생산 연령층 인구비는 어느 정도 증가하다가 저출산에 따라 정체기를 거쳐 감소할 것으로 예측된다. 이에 따라 청장년층의 인구 부양 부담은 증가할 것이다.

총인구 부양비는 생산 연령층 인구의 증가로 감소하다가 저출산에 따라 증가할 것이다. 이때 노년 인구 부양비가 차지하는 비중은 증가, 유소년 인구 부양비가 차지하는 비중은 감소할 것이다.

노년 인구 부양비는 기대 수명의 증가와 노년 인구 비중 증가로 증가할 것이다.

총인구 부양비는 유소년 인구 부양비와 노년 인구 부양비의 합이다. 따라서 총인구 부양비에서 노년 인구 부양비를 빼면 유소년 인구 부양비를 구할 수 있다. 의료 기술 발달 등으로 기대 수명이 늘어나면 노년 인구 부양비가 증가하며, 저출산에 따른 유소년 인구 감소는 생산 연령층 인구의 감소로 이어질 것이다.

[바로잡기] ㄱ. 1970~2000년 사이 총인구 부양비는 감소하고 노년 인구 부양비는 증가하였다. 따라서 유소년 인구 부양비는 감소하였다.

02 연령별, 성별 인구 구조의 비교 분석 [자료 분석 노트]

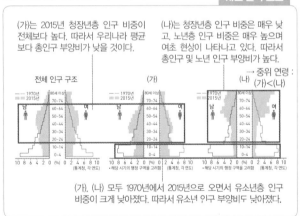

(가)는 2015년 청장년층 인구 비중이 전체보다 높다. 따라서 우리나라 평균보다 총인구 부양비가 낮을 것이다.

(나)는 청장년층 인구 비중은 매우 낮고, 노년층 인구 비중은 매우 높으며 여초 현상이 나타나고 있다. 따라서 총인구 및 노년 인구 부양비가 높다.

→ 중위 연령 : (가)<(나)

(가), (나) 모두 1970년에서 2015년으로 오면서 유소년층 인구 비중이 크게 낮아졌다. 따라서 유소년 인구 부양비도 낮아졌다.

우리나라는 저출산의 영향으로 1970년 대비 2015년에 유소년층 인구 비중이 크게 감소하였고, 노년층 인구 비중이 증가하였다. (가)는 공업의 발달로 청장년층 인구 비중이 증가한 아산시이다. (나)는 청장년층 인구의 유출로 유소년층 인구가 감소하고 노년층 인구 비중이 증가한 의성군이다.

[바로잡기] ② 총부양비는 '(유소년층 인구+노년층 인구)/청장년층 인구×100'이다. 따라서 총 부양비는 청장년층 인구와 반비례 관계에 있다. 2015년 기준으로 (가) 지역은 우리나라의 전체 인구 구조보다 청장년층의 인구 비중이 높고 노년층 인구 비중이 낮으므로 총인구 부양비가 더 낮게 나타날 것이다.

03 지역별 인구 부양비 파악 [자료 분석 노트]

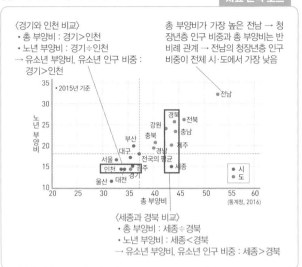

〈경기와 인천 비교〉
• 총 부양비 : 경기>인천
• 노년 부양비 : 경기≒인천
→ 유소년 부양비, 유소년 인구 비중 : 경기>인천

총 부양비가 가장 높은 전남 → 청장년층 인구 비중과 총 부양비는 반비례 관계 → 전남의 청장년층 인구 비중이 전체 시·도에서 가장 낮음

〈세종과 경북 비교〉
• 총 부양비 : 세종≒경북
• 노년 부양비 : 세종<경북
→ 유소년 부양비, 유소년 인구 비중 : 세종>경북

2·3차 산업이 발달한 지역은 생산 가능 인구의 유입이 많아 청장년층과 유소년층 인구의 비중이 높으며 총부양비와 노년 부양비가 낮게 나타난다. 반면 농·림 어업을 주로 하는 지역은 청장년층 인구의 유출로 노년층 인구 비중이 높아 총 부양비와 노년 부양비가 높게 나타난다.

[바로잡기] ㄹ. 시(市)에 해당하는 세종, 부산, 광주는 도(道)에 해당하는 경기보다 총 부양비가 높다.

04 지역별 인구 증감 비교 분석 [자료 분석 노트]

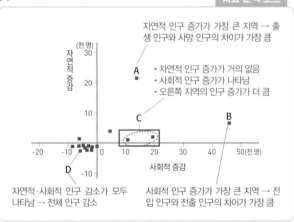

자연적 인구 증가가 가장 큰 지역 → 출생 인구와 사망 인구의 차이가 가장 큼

• 자연적 인구 증가가 거의 없음
• 사회적 인구 증가가 나타남
• 오른쪽 지역의 인구 증가가 더 큼

사회적 인구 증가가 가장 큰 지역 → 전입 인구와 전출 인구의 차이가 가장 큼

자연적·사회적 인구 감소가 모두 나타남 → 전체 인구 감소

인구 성장은 사망과 출생에 따른 자연적 증감과 전입과 전출에 따른 사회적 증감으로 나타난다. 따라서 사회적 증감이 양(+)의 값인 A, B, C 지역은 전입 인구가 전출 인구보다 많은 지역이다. ㄷ. D 지역은 자연적 증감의 수치가 (−)이므로 사망 인구가 출생 인구보다 많다. ㄹ. 사회적 요인으로 인구가 증가한 A, B, C는 모두 자연적 증감도 (+)이므로 인구가 증가하였다.

[바로잡기] ㄱ. 사회적 인구 증감은 A 지역보다 B 지역이 더 많다. 따라서 전입 인구가 전출 인구보다 더 큰 지역은 B이다. ㄴ. C의 두 지역은 자연적 인구 증가가 거의 없고, 사회적 인구 증가가 나타나므로 사회적 요인의 영향을 더 많이 받았다.

02 외국인 이주와 다문화 공간

01 (1) 수도권 (2) 중국 (3) 다문화 공간 **02** (1) ○ (2) ×
(3) ○ (4) × (5) ○ **03** (1) ㉠ (2) ㉡ (3) ㉢

01 ④ **02** ④ **03** ④ **04** ⑤ **05** ① **06** ③
07 ④ **08** ② **09** ⑤ **10** ②

11 예시답안 외국인 근로자는 주로 제조업이 발달하여 일자리가 많은 서울, 경기도, 경상남도 일대에 많이 분포한다. 이들은 대부분 3D 업종에 종사하기 때문에 해당 지역에서는 남초 현상이 나타난다.

12 예시답안 외국인 중 결혼 이민자 비중이 높은 지역은 전체 인구 중 청장년층 인구 비중이 낮으며 노년층 인구 비중이 높은 촌락이다. 촌락은 결혼 적령기 인구의 성비 불균형으로 남초 현상이 나타나 국제결혼 이주자가 많다.

13 예시답안 우리나라는 다문화 수용성이 낮게 나타나 외국인에 대한 거부감이 다른 국가보다 높다. 이를 해결하기 위해서는 다문화주의와 문화 상대주의 관점에서 문화적 다양성을 존중하며, 배려와 이해를 통해 그들을 우리 사회의 구성원으로 수용하려는 의식의 변화가 필요하다.

01 제시된 그래프를 보면 체류 외국인 비율과 수는 모두 증가하고 있다. 우리나라는 세계화로 노동 시장이 개방되면서 외국인 근로자가 유입되고 있으며, 국제결혼이 증가하여 외국인 여성의 국내 유입이 증가하였다. 최근에는 다국적 기업의 국내 진출이 늘어나면서 고임금의 전문 인력 유입도 증가하고 있다.

바로잡기 ㄴ. 교통·통신의 발달로 자본과 노동력이 국경을 넘나드는 것이 쉬워져 노동 시장이 개방되었다.

02 제시된 지도에서 외국인의 시·도별 분포를 보면 경기, 경남, 인천, 충남 등에 인구가 많으며, 수도권에 가장 많이 집중해 있다. 수도권 서남부는 공업이 발달하여 외국인 근로자 비중이 높고, 농어촌 지역에는 결혼 이민자가 많이 분포한다.

바로잡기 ㄱ. 태백산맥과 소백산맥 일대는 외국인 비율이 낮게 나타난다. ㄷ. 영남권에는 공업이 발달한 지역이 많아 호남권보다 외국인 비율이 높다.

03 우리나라는 1990년대 후반부터 내국인 노동자들이 3D 업종을 기피하면서 생산직의 노동력 부족 현상이 심화되었다. 이에 따라 중국을 비롯한 아시아 지역에서 저임금 노동력이 유입하여 제조업이 발달한 공업 지역에 외국인 인구가 밀집해 있다.

바로잡기 ②, ⑤ 농·림 어업이 발달한 촌락 지역은 결혼 적령기의 성비 불균형으로 남초 현상이 나타나 외국인 거주자 중 국제결혼에 따른 여성 이주자의 비율이 높다. 그러나 외국인 인구 수는 촌락보다 도시가 더 많다.

04 세계화에 따른 노동 시장의 개방과 한류 열풍 등으로 우리나라에 체류하는 외국인 수는 증가하고 있다.

바로잡기 ⑤ 다국적 기업의 국내 진출이 활발해지면서 고임금 전문 근로자가 많이 유입되고 있다.

외국인 근로자의 유입 만점 공략 노트

최근 외국인 근로자의 유입이 늘어나고 있으므로 관련된 내용을 기억해 두면 좋다.

유입 배경	국내 생산직 근로자의 임금 상승, 3D 업종 기피 현상 등
고용 현황	중소기업의 제조업과 단순 서비스업에 종사
분포	일자리 수요가 많은 수도권과 도시 지역, 공업이 발달한 수도권 서남부와 충청·영남 지방

05 제시된 지도를 보면 수도권 서남부와 충청 및 영남 지방의 수치가 높다. 이 지역은 공업이 발달하여 일자리가 풍부하여 외국인 근로자 비중이 높다.

바로잡기 ②는 교육 기관이 집중하는 대도시, ③과 ④는 촌락, ⑤는 도시에서 인구 비중이 높다.

06 우리나라는 1990년대부터 농촌을 중심으로 외국인 여성과의 국제결혼이 활발해지기 시작하였다. 최근에는 도시 지역의 국제결혼이 증가하고 있으며, 전체 건수는 감소 추세이다. 수도권인 서울, 인천, 경기는 다른 지역보다 외국인 남편과 결혼한 비율이 매우 높다.

바로잡기 ③ 부산은 외국인 아내와 결혼한 건수가 외국인 남편과 결혼한 건수의 2.5배 정도이다. 반면, 강원은 외국인 아내와 결혼한 건수가 외국인 남편과 결혼한 건수의 6배 정도 된다. 따라서 부산은 강원보다 외국인 여성과의 혼인 비율이 낮다.

07 제조업이 발달한 안산시는 노동력이 많이 필요하여 국내 근로자보다 인건비가 저렴한 중국과 필리핀, 베트남 등지 출신의 외국인 근로자 유입이 많다. 외국인의 밀집으로 다양한 문화가 공존하는 경관이 나타나고 있으며, 지역 경제에 외국인 근로자들이 미치는 영향력이 커졌다.

바로잡기 ㄴ. 외국인 근로자 유입은 노동력 부족 문제 해결에 도움을 줄 수 있으므로 장애 요인은 아니다.

08 오산시는 외국인 거주자 비율이 6%를 넘어, 이들을 위한 정책이 필요한 곳이다. 따라서 주요 관공서에 화상 통역 기기를 비치하여 외국인 거주자의 불편함을 해소하고자 하고 있다.

09 설문 조사 결과를 보면 언어 문제와 외로움, 경제적 어려움이 가장 높은 비중을 차지하고 있다. 이를 해결하기 위해서는 한국어 학습 프로그램과 동일 국가 사람들의 공동체 형성을 지원하는 제도 마련, 취업을 도와 스스로 자립할 수 있는 환경 조성 등의 노력이 필요하다.

바로잡기 ㄱ. 저출산 해결을 위한 대책 중 하나이다.

10 국내 체류 외국인과 다문화 가정의 증가로 곳곳에 출신 국가별 이주민 공동체가 형성되어 다문화 공간이 증가하고 있다. 이슬람 중앙 성원은 이태원(B), 중국인 밀집 지역은 대림동(C)이다.

바로잡기 A. 혜화동 성당에서 필리핀들을 위한 미사를 시작하면서 매주 일요일 필리핀들이 장터를 열고 교류를 시작하였다. 필리핀 수도의 이름을 따서 '리틀 마닐라'라고 부르기도 한다. D. 일본과의 수교 정상화 이후 일본 대사관이 있는 도심과 일본인 학교가 있는 개포동 사이에 위치한 이촌동에 일본인들이 모여 살기 시작하여 '리틀 도쿄'라고도 부른다.

11 **이렇게 쓰면 만점** 산업 구조에서는 제조업 비중이 높고, 성비에서는 남초 현상이 나타나는 지역이라는 내용을 포함해 서술하면 만점이다.

12 **이렇게 쓰면 만점** 결혼 적령기 인구의 성비 불균형 문제로 남초 현상이 나타나는 촌락에 대해 서술하면 만점이다.

13 **이렇게 쓰면 만점** 다문화주의 및 문화 상대주의를 통한 배려와 이해를 포함하여 서술하면 만점이다.

이렇게 쓰면 감점 우리 사회의 문제점과 적절한 시민 의식 중 한 가지만 서술하면 감점이다.

등급을 올리는 고난도 문제　246~247쪽

01 ③ **02** ⑤ **03** ⑤ **04** ②

01 지역별 외국인 인구 분포의 비교 분석　자료 분석 노트

우리나라의 지역별 외국인 인구 비율은 제조업이 발달한 지역과 대도시에서 높게 나타난다. 특히 제조업이 발달한 지역은 외국인 남성 비율이 높아 성비가 높다. ㄴ. 충남은 부산보다 외국인 근로자 수가 많고 성비가 높아 남성 외국인 근로자 수가 더 많다고 볼 수 있다. ㄷ. 수도권에 해당하는 서울, 경기, 인천은 지역별 외국인 인구 비율이 전국 평균보다 모두 높게 나타나고 있다.

바로잡기 ㄱ. 부산은 경남보다 외국인 수가 적으며 성비가 낮은 것으로 보아 외국인 남성 인구수가 적다. ㄹ. 지역별 외국인 성비에서 100 미만으로 여초가 나타나는 지역은 서울이 유일하다. 외국인 인구수가 가장 많은 지역은 경기이다.

02 외국인 근로자 현황 파악　자료 분석 노트

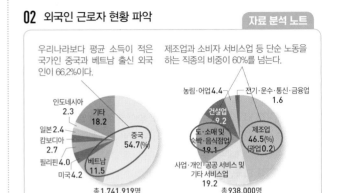

국내 체류 외국인의 국적은 중국이 절반 이상으로 가장 높은 비중을 차지한다. 우리나라는 1990년대 이후 국내 근로자의 임금 상승과 3D업종 기피 현상이 심화되면서 중국과 동남아시아 등지로부터 제조업 근로자가 유입하였다. 최근에는 연구 개발과 국제 금융 등 다양한 분야에서 고임금·전문직 외국인 근로자의 유입도 증가하고 있다.

바로잡기 ㄱ. 외국인 근로자는 2차 산업인 제조업의 종사자 비중이 가장 높다. ㄴ. 외국인 근로자 유입은 국내 생산직 임금 상승과 3D 업종 기피 현상 등으로 외국인 근로자에 대한 수요가 증가하면서 저렴한 단순 노동력 문제를 완화시킬 수 있다.

03 국제결혼 현황 파악　자료 분석 노트

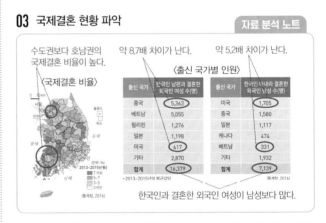

우리나라는 이촌 향도 현상으로 촌락의 젊은 여성이 도시로 이주하여 촌락에서는 결혼 적령기 성비 불균형이 나타나 촌락 남성의 결혼 문제가 발생하였다. 그 결과 1990년대부터 농촌을 중심으로 외국인 여성과의 국제결혼이 활발해지기 시작하였다. 지도를 보면 수도권보다 호남권의 국제결혼 비율이 높고, 도시 지역보다 촌락 지역의 국제결혼 비율이 높음을 알 수 있다. 표를 보면 국제결혼 이주자는 중국인이 가장 많고, 국제결혼한 외국인 여성 수가 남성 수보다 많다.

바로잡기 ⑤ 한국인과 결혼한 외국인 여성 수는 중국이 미국보다 약

8.7배, 외국인 남성 수는 미국이 베트남보다 약 5.2배 차이나므로 외국인의 국가별 비중 편차는 여성이 남성보다 크다.

04 우리나라 거주 외국인의 유형 이해

자료 분석 노트

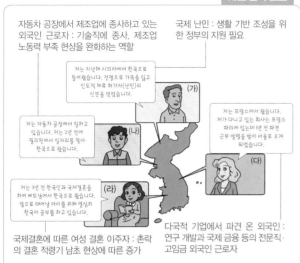

자동차 공장에서 제조업에 종사하고 있는 외국인 근로자 : 기술직에 종사, 제조업 노동력 부족 현상을 완화하는 역할

국제 난민 : 생활 기반 조성을 위한 정부의 지원 필요

저는 지난해 시리아에서 한국으로 들어왔습니다. 전쟁으로 가족을 잃고 인도적 체류 허가자(난민)의 신분을 얻었습니다. **(가)**

저는 자동차 공장에서 일하고 있습니다. 저는 3년 전에 필리핀에서 일자리를 찾아 한국으로 왔습니다. **(나)**

저는 프랑스에서 왔습니다. 제가 다니고 있는 회사는 프랑스 파리에 있는데요 1년 전 파견 근무 발령을 받아 서울로 오게 되었습니다. **(다)**

저는 3년 전 한국인과 국제결혼을 하여 베트남에서 한국으로 왔습니다. 앞으로 태어날 아이를 위해 열심히 한국어 공부를 하고 있습니다. **(라)**

국제결혼에 따른 여성 결혼 이주자 : 촌락의 결혼 적령기 남초 현상에 따른 증가

다국적 기업에서 파견 온 외국인 : 연구 개발과 국제 금융 등의 전문직 : 고임금 외국인 근로자

오늘날 우리나라에 체류하는 외국인은 다양한 이유로 유입되었다. 과거에는 제조업의 노동력 부족과 촌락의 남초 현상을 해결하기 위한 유입이 많았으나, 최근에는 다국적 기업의 활발한 국내 진출과 한류 열풍에 따른 외국 유학생 등 다양한 유형의 외국인 거주자가 증가하고 있다.

바로잡기 ② 자동차 공장에서 제조업에 종사하고 있는 외국인 근로자는 단순 기술직 노동자로, 연구 개발 분야에 종사하는 지식 집약적 노동력의 수요를 충족할 수 없다.

수능 특강 248~249 쪽

유형 1 ① **유형 2** ③ **유형 3** ③ **유형 4** ④

유형 1 지역별 인구 구조 비교 분석

자료 분석

(가) 울산 : 제조업이 발달한 도시로, 도시 성장 과정에서 청장년층 인구의 유입이 활발하였다. 2015년에 우리나라 시·도 중에서 청장년층 인구 비중이 가장 높다.

(라) 경기 : 인구 유입이 활발한 지역으로, 청장년층과 유소년층의 인구 비중이 비교적 높다.

〈유소년층 인구 비중〉 〈청장년층 인구 비중〉

* 수치는 가장 높은 지역의 값을 1로 했을 때의 상댓값이다 (통계청, 2015)

(나) 충북 : 유소년층과 청장년층의 인구 비중이 경기와 울산에 비해 상대적으로 낮다.

(다) 전남 : 촌락이 넓게 분포하는 곳으로, 산업화 및 도시화 과정에서 청장년층 중심의 인구 유출이 이루어졌다. 2015년에 우리나라 시·도 중에서 청장년층 인구 비중이 가장 낮고, 노년층 인구 비중은 가장 높은 지역이다.

선택지 분석

ㄱ **(가)는 울산, (나)는 충북이다.**
→ (가)는 네 지역 중에서 청장년층 인구 비중이 가장 높은 울산이다. (나)는 유소년층과 청장년층 인구 비중이 (다) 다음으로 낮은 충북이다.

ㄴ **총부양비는 (다)가 가장 높다.**
→ 총부양비는 '(유소년층 인구+노년층 인구)/청장년층 인구×100'이다. 이는 청장년층 인구 비중이 낮을수록 총 부양비는 높게 나타남을 의미한다. 따라서 네 지역 중 청장년층 인구 비중이 가장 낮은 전남이 총부양비가 가장 높다.

✗ **(가)는 (라)보다 유소년 부양비가 높다.**
→ 유소년 부양비는 '유소년층/청장년층×100'으로 계산한다. (가)는 (라)보다 유소년층 인구 비중이 낮고 청장년층 인구 비중이 높으므로, 유소년 부양비가 낮다.

✗ **(다)는 (라)보다 노령화 지수가 낮다.**
→ 노령화 지수는 '노년층/유소년층×100'으로 계산한다. 따라서 네 지역 중 유소년층과 청장년층 비중이 가장 낮은 전남이 노령화 지수가 가장 높다.

유형 2 저출산·고령화에 따른 공간 변화 이해

자료 분석

A : 생산 가능 인구 비율이 가장 낮은 지역
→ 총부양비가 가장 높은 ©

C : 생산 가능 인구 비율이 두 번째로 낮은 지역 → 총부양비가 두 번째로 높은 ©

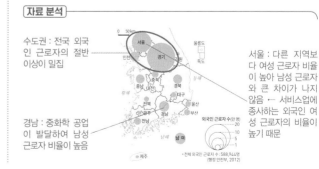

(통계청, 2014)

◆특별시·광역시 ■도(道) ■전국 평균

B : 생산 가능 인구 비율이 D보다 낮은 지역 → 총부양비가 ㉠보다 높은 ㉣

D : 생산 가능 인구 비율이 B보다 높은 지역 → ㉠

선택지 분석

ㄱ **A와 ©은 동일한 지역이다.**
→ A는 중위 연령이 가장 높고 생산 가능 인구 비율이 가장 낮다. ©은 총부양비가 가장 높다. 따라서 두 지역은 동일한 지역을 나타낸 것이다.

ㄴ **B는 D보다 노년층 인구 비율이 높다.**
→ B(㉣)는 총부양비가 약 36, 유소년 부양비가 약 16이므로, 노년 부양비는 약 20이다. D(㉠)는 총부양비가 약 31, 유소년 부양비가 약 21이므로, 노년 부양비는 약 10이다. 따라서 B는 D보다 노년 부양비가 크고, 중위 연령도 D보다 높다. 그러므로 노년층 인구 비율은 B가 D보다 높다.

✗ **D의 노령화 지수는 80 이상이다.**
→ 노령화 지수는 유소년층 인구에 대한 노년층 인구의 비중으로, 노년 부양비를 유소년 부양비로 나눈 값에 100을 곱하면 된다. D의 노령화 지수는 (10÷21)×100 이므로 약 48 정도이다.

ㄹ **노년 부양비는 ©이 ㉠보다 높다.**
→ ©의 경우 총부양비 약 44, 유소년 부양비 약 24이므로, 노년 부양비는 약 20이다. 따라서 노년 부양비가 10인 ㉠보다 높다.

유형 3 외국인 근로자의 분포 현황 이해

자료 분석

수도권 : 전국 외국인 근로자의 절반 이상이 밀집

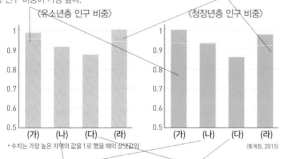

외국인 근로자 수(만 명)

* 전체 외국인 근로자 수 : 588,944명 (행정안전부, 2012)

경남 : 중화학 공업이 발달하여 남성 근로자 비율이 높음

서울 : 다른 지역보다 여성 근로자 비율이 높아 남성 근로자와 큰 차이가 나지 않음 ← 서비스업에 종사하는 외국인 여성 근로자의 비율이 높기 때문

✗ 충남은 경남보다 남성 외국인 근로자 수가 많다.

→ 경남은 충남보다 외국인 근로자 수도 많으며, 남성 근로자 비율도 높다. 따라서 경남이 충남보다 남성 외국인 근로자 수가 많다.

ㄴ 수도권의 외국인 근로자 수는 전국의 절반 이상을 차지한다.

→ 전체 외국인 근로자 수는 588,944명인데 경기와 서울의 외국인 근로자 수는 대략 30만 명 이상이다. 따라서 수도권의 외국인 근로자 수는 전국의 절반 이상을 차지한다.

ㄷ 외국인 근로자의 성별 비율 차이가 가장 작은 지역은 서울이다.

→ 서울은 다른 지역에 비해 여성 근로자 비율이 높아 남성 근로자 비율과 차이가 작다.

✗ 광역시의 경우 항구 도시들보다 내륙 도시들의 외국인 근로자 수가 많다.

→ 항구 도시인 광역시는 울산, 부산, 인천이고 내륙 도시인 광역시는 대구, 대전, 광주이다. 지도를 보면 내륙에 위치한 광역시보다 해안에 위치한 광역시의 외국인 근로자 수가 더 많다.

유형 4   국내 체류 외국인의 분포 이해

자료 분석

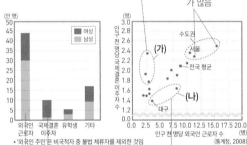

(가) : 인구 천 명당 외국인 근로자 수는 전국 평균보다 낮음, 국제결혼 이주자 수는 많음 → 촌락

인천 혹은 경기 → 서울보다 외국인 근로자 수가 많음

· 외국인 근로자 수가 가장 많음
· 남성과 여성의 비율은 약 2.5:1

· 국제결혼 이주자 비율 : 남성과 여성 중 여성의 비율이 월등히 높음

(나) : (가)보다 국제결혼 이주자 수가 적고, 외국인 근로자 수가 많음. 전국 평균보다 국제결혼 이주자와 외국인 근로자 비율 모두 낮음

① 외국인 근로자의 수는 경기가 서울보다 많다.

→ 경기는 서울보다 인구수가 많은 곳이다. 또 그래프에서 인구 천 명당 외국인 근로자 수도 경기가 서울보다 많으므로 지역 내 외국인 근로자의 수는 경기가 서울보다 더 많다.

② 전체 외국인 근로자의 절반 이상이 수도권에 거주하고 있다.

→ 수도권은 우리나라 전체 인구의 절반 정도가 밀집해 있다. 인구 천 명당 외국인 근로자 수도 전국 평균보다 더 많다. 따라서 전체 외국인 근로자의 절반 이상이 수도권에 거주한다고 할 수 있다.

③ 외국인 근로자의 성비는 국제결혼 이주자의 성비의 2배 이상이다.

→ 성비는 여성 100명에 대한 남성 인구를 의미하므로 외국인 근로자의 성비는 대략 $(30 \div 15) \times 100 = 200$ 정도이고, 국제결혼 이주자의 성비는 대략 $(2 \div 8) \times 100 = 25$ 정도이다. 그러므로 외국인 근로자의 성비가 국제결혼 이주자의 성비보다 8배 정도 더 높다.

✗ 국제결혼 이주자 대비 외국인 근로자의 비율이 대구가 가장 높다.

→ 국제결혼 이주자 대비 외국인 근로자 비율은 대구의 경우 대략 $3.5 \div 1.4 = 2.5$ 정도이지만 서울의 경우 대략 $10.5 \div 2.4 = 4.4$ 정도이다. 즉 대구는 서울보다 국제결혼 이주자 대비 외국인 근로자 비율이 낮다. 따라서 국제결혼 이주자 대비 외국인 근로자의 비율은 대구가 가장 높다고 할 수 없다.

⑤ (나)는 (가)에 비해 해당 지역 인구 대비 외국인 근로자의 비율이 높다.

→ 인구 천 명당 외국인 근로자 수를 통해 해당 지역 인구 대비 외국인 근로자 비율을 알 수 있는 것이므로 (가)보다 (나)가 더 높음을 알 수 있다.

---

01 ②	02 ③	03 ②	04 ②	05 ②	06 ⑤
07 ①	08 ①	09 ①	10 ②	11 ⑤	12 ⑤
13 ③	14 ⑤	15 ⑤			

16 예시답안 (가) 시기에는 인구 부양력에 비해 인구가 많아 산아 제한 정책을 실시하였다. 반면 (나) 시기에는 저출산에 따른 문제가 발생하여 출산 장려 정책을 실시하고 있다.

17 (1) (가)-촌락, (나)-도시   (2) **예시답안** (가)는 (나)보다 청장년층 인구 비중은 낮고, 중위 연령과 노년층 인구 비중이 높아 노년 부양비가 높게 나타난다.

18 예시답안 합계 출산율의 감소로 저출산 문제가 나타나므로 출산 휴가 및 육아 휴직 제도 개선, 임신 및 출산에 대한 지원, 양육비 지원, 보육 시설 확대 등의 출산 장려 정책을 시행해야 한다. 기대 수명의 증가로 고령화 문제가 나타나므로 공적 연금 강화, 정년 연장, 노인 복지 정책 및 편의 시설 확대 등의 정책을 시행해야 한다.

19 예시답안 저렴한 노동력의 유입에 따른 경제 성장과 저출산·고령화에 대한 대안, 다양한 문화적 자산 공유 등의 긍정적 영향이 나타난다. 반면, 외국인 근로자와 국내 근로자의 일자리 경쟁, 사회적 편견과 차별, 다문화 가정 자녀의 정체성 혼란 등의 부정적 영향이 나타난다.

---

01 순이동률은 해당 지역의 주민 등록 인구 100명당 이동자 수를 나타낸 것으로, 순이동률이 0보다 크면 인구 유입이 인구 유출보다 많은 지역이다.

바로잡기 ① 제주, 경기, 충남, 충북, 강원, 경남의 인구가 증가했다. ③ 경기와 인천은 인구가 증가했으나 서울의 인구는 감소했다. ④ 울산은 중화학 공업이 발달한 광역시이나 순이동률이 0보다 낮아 인구가 감소하였다. ⑤ 인천광역시만 유입 인구가 유출 인구보다 많다.

02 2000년대에는 과거보다 이촌 향도 현상이 완화되어 서울로의 집중이 감소하고, 권역 내 광역시와 주변 지역과의 이동이 증가하였다. 지도에서 보면 서울과 경기도 간의 이동이 가장 많은데, 이는 서울의 과밀화로 경기도에 위성 도시 및 신도시가 건설되었기 때문이다.

바로잡기 ① 광역시를 축으로 근거리 이동이 많아진 것은 광역시의 인구 과밀화로 주변 지역에 위성 도시가 성장했기 때문이다. ② 충청권과 수도권 간의 인구 이동은 수도권의 제조업 기능이 이전했기 때문이다. ④ 수도권의 생산 시설은 주로 충청 지방으로 이전하였다. ⑤ 고속 철도는 원거리 이동 수단으로 근거리 이동과는 거리가 멀다.

03 아산시는 석유 화학 공업 등 중화학 공업이 발달하면서 청장년층 남성의 비중이 증가하였다. 이에 따라 상대적으로 유소년층과 노년층의 비중은 감소하여 총인구 부양비는 낮아졌다. 따라서 성비는 증가하고 총인구 부양비는 감소하는 ㄴ이 답이 된다.

04 우리나라는 유소년층과 청장년층 인구 비중은 감소하고 노년층 인구 비중은 증가할 것으로 예상된다. 이는 기대 수명의

증가와 저출산에 따른 유소년층 감소의 영향 때문이다. 따라서 청장년층의 노인 인구 부양 부담이 늘어나고 노인 복지 시설의 증가, 실버산업 발달 등의 현상이 나타날 것이다.

바로잡기 ② 유소년 부양비가 감소하는 것은 저출산 때문이다.

05 그래프를 보면 유소년층과 청장년층 인구 비중은 감소, 노년층 인구 비중은 증가하였다. 청장년층 인구 비중이 감소했기 때문에 총부양비는 증가하였다. 또한 노년층 인구 비중이 크게 증가하여 중위 연령은 높아졌고, 고령화 지수도 증가하였다. 따라서 그래프에서 B가 답이 된다.

06 그래프를 보면 65세 이상의 노년층 인구 비중과 15~64세의 청장년층은 증가하고 있으며, 유소년층 인구 비중은 감소하고 있다. 그러나 유소년층 인구 비중이 낮아지고 있기 때문에 시간이 지나면 청장년층 인구 비중 감소로 이어질 것이다.

바로잡기 ⑤ 노년 부양비 비중은 증가하고, 유소년 부양비 비중은 감소하고 있다. 따라서 청장년층 부양 부담이 감소한다고 보기는 어렵다.

07 제시된 그림은 육아 과정에서 필요한 경제적 능력, 출산에 대한 사회적 인식 변화, 일과 육아의 병행에 대한 어려움을 표현하고 있다. 이는 모두 저출산의 원인이다.

08 우리나라는 고령화율이 지속적으로 상승하여 노인 인구 비중이 늘어났고, 이에 따라 경제 활동 인구와 국내 총생산의 감소가 우려된다.

바로잡기 ㄷ. 고령화율이 지속적으로 상승하면 노인 인구 비중과 노년 부양비도 지속적으로 증가할 것이다. ㄹ. 경제 활동 인구의 비중은 노인 인구 비중이 증가하면서 상대적으로 감소할 것이다.

09 ㈎는 저출산 문제를 해결하기 위한 것, ㈏는 다문화 가정 증가의 영향을 받은 것이다.

바로잡기 ②, ④ 성비 불균형의 심화 문제는 사회적 인식 개선과 남녀가 평등한 대우를 받을 수 있는 다양한 정책을 통해 해결할 수 있다. ③, ⑤ 인구의 과도한 감소는 출산율을 높여 해결할 수 있다. 일자리 부족 문제를 해결하기 위해서는 일자리 창출을 위한 정부의 정책, 구직자의 구직 활동을 돕기 위한 노력이 필요하다.

10 우리나라의 외국인 거주 비율을 보면 수도권에 집중하며, 충청남도와 경상남도 등과 같이 제조업이 발달한 지역의 비중도 높다. 특히 서울과 경기도의 외국인 거주자 수를 보면 다른 지역보다 매우 많다. 이는 수도권에 일자리와 교육 기회가 많기 때문이다.

바로잡기 ㄴ. 광역시는 인접 도(道)보다 외국인 거주자 수가 적다. ㄹ. 경상남도는 중화학 공업이 발달한 지역으로 공업 종사자 비율이 높다.

11 우리나라는 2000년대부터 국제결혼이 증가하였다. 이는 이촌 향도 현상으로 촌락 지역의 젊은 여성 인구가 도시로 이주했기 때문이다.

바로잡기 ① 국내 생산직 근로자의 임금 상승으로 외국인 근로자가 유입되었으며, 이들은 대부분 제조업 발달 지역에 밀집한다. ② 유아 사망률 감소와 평균 수명 증가는 인구 증가와 관련 있다. ③ 대도시의 교외화에 따른 거주지 이전은 대도시 주변에서 나타난다. ④ 금융 전문직에 종사하는 외국인 근로자는 대부분 대도시에 거주한다.

12 ㄷ. 외국인 아내의 국적별 촌락 유입 건수를 보면 2000년대 초반에는 중국의 비중이 높고, 중반 이후에는 베트남의 비중이 높은 편임을 알 수 있다. ㄹ. 왼쪽 그래프에서 2012년 총 외국인 아내 결혼 건수는 약 20천 건이고, 오른쪽 그래프에서 외국인 아내의 촌락 유입 건수는 약 5.8천 건이므로 도시는 약 14.2천 건이다. 따라서 도시가 촌락보다 두 배 이상 더 많다.

바로잡기 ㄱ. 우리나라 남성과 외국 여성의 결혼 건수는 2005년 이후 감소하고 있다. ㄴ. 우리나라 남성과 외국 여성의 결혼 건수가 우리나라 여성과 외국 남성의 결혼 건수보다 많다. 따라서 국제결혼 건수의 변화는 우리나라 남성과 외국 여성 결혼의 영향을 더 크게 받는다.

13 그래프를 보면 안산시의 외국인 주민 수가 증가하고 있으며, 안산시 다문화 특구 내 외국인 업소 수도 많다. 안산시는 수도권에서 공업이 발달한 지역으로 주변 지역보다 외국인 근로자가 집중 분포한다.

바로잡기 ㄷ. 다문화 특구에서는 외국인 음식점의 전문 요리사 초청 기준 완화, 다문화 음식 거리 조성, 다문화 축제 개최 등 음식·문화·관광이 어우러진 다문화 공간으로 발전해 나가기 위해 노력하고 있다.

14 자료를 통해 우리나라가 다른 나라보다 다문화 수용성이 낮다는 것을 알 수 있다. 이에 따라 외국인에 대한 편견과 차별, 다른 문화와의 갈등 문제가 발생할 수 있다.

바로잡기 ⑤ 인력 수급 균형 및 경제 규모 확대는 외국인 유입에 대한 긍정적 측면이다.

15 외국인 이주자가 증가하면서 국내 생활에 쉽게 적응할 수 있는 정책이 필요해졌다. 쓰레기 무단 투기는 다양한 언어로 제작된 종량제 봉투를 보급·홍보하여 해결할 수 있다. 또한 다문화 가정에서 자란 아이가 우리 사회에 적응할 수 있도록 다양한 교육 프로그램의 지원이 필요하다.

16 이렇게 쓰면 만점 인구 표어가 사용된 시기의 인구 문제를 산아 제한 정책과 출산 장려 정책으로 서술하면 만점이다.

17 이렇게 쓰면 만점 (2) 제시된 용어를 모두 사용하여 ㈎의 특징을 정확하게 서술하면 만점이다.

18 이렇게 쓰면 만점 합계 출산율의 감소에 따른 저출산 문제, 기대 수명 증가에 따른 고령화 문제 발생과 각 문제에 대한 적절한 대책을 서술하면 만점이다.

19 이렇게 쓰면 만점 우리나라가 다문화 사회로 변화하고 있다는 것을 인지하고, 그에 따른 긍정적 영향과 부정적 영향을 서술하면 만점이다.

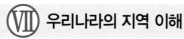

Ⅶ 우리나라의 지역 이해

01 지역의 의미, 북한 지역과 통일 국토의 미래

━━━ 기초를 다지는 확인 문제 ━━━ 262쪽

01 (1) ○ (2) × (3) ○ (4) × (5) ○　**02** (1) 동질 지역
(2) 점이 지대 (3) ㉠ 백두산, ㉡ 개마고원 (4) 밭농사 (5) 금강산
03 (1) ㉢ (2) ㉠ (3) ㉡ (4) ㉣

━━━ 실력을 키우는 실전 문제 ━━━ 263~267쪽

01 ⑤	**02** ⑤	**03** ④	**04** ①	**05** ②	**06** ②
07 ⑤	**08** ②	**09** ②	**10** ⑤	**11** ④	**12** ⑤
13 ④	**14** ⑤	**15** ①	**16** ⑤	**17** ⑤	**18** ③

19 (1) (가) 동질 지역, (나) 기능 지역 (2) **예시답안** (가)의 사례로는 농업 지역, 문화권, 기후 지역 등이 있으며, (나)의 사례로는 상권, 통근권, 통학권, 도시 세력권 등이 있다.
20 (1) **예시답안** 대동강 하류에 해당하는 A 지역은 해발 고도가 낮고 지형이 평탄하여 바람받이 사면의 역할을 하는 높은 산지가 발달해 있지 않기 때문에 강수량이 적다.
(2) **예시답안** 원산만 일대에 해당하는 B 지역은 남동 기류와 북동 기류의 바람받이 사면으로 북한의 최다우지를 이룬다.
21 **예시답안** 중국, 러시아, 유럽 등과의 물류 비용을 절감할 수 있어 물류 거점으로 성장할 수 있을 뿐만 아니라 남북 간의 인적·물적 교류도 활발해질 것이다.

01

자료 분석 노트

교통망이 확충되어 있으며, 대규모 아파트 단지가 밀집해 있다.

한강변에 모래톱이 넓게 펼쳐져 있고, 농경지와 과수원이 분포한다.

항공 사진은 서울 압구정동 일대의 변화를 나타낸 것이다. 1972년 항공 사진을 보면 한강변에 모래톱이 넓게 펼쳐져 있고, 농경지와 과수원이 분포한다. 2014년의 최근 항공 사진을 보면 교량과 교통망이 확충된 가운데 대규모 아파트 단지가 밀집하고, 쇼핑 시설이 즐비한 지역으로 변화하였음을 알 수 있다. 따라서 이 지역은 녹지 면적이 감소하고 다른 지역과의 접근성이 높아졌으며, 인구 밀도가 높아지고 상업 시설의 개수가 많아졌음을 알 수 있다.
바로잡기 ⑤ 1차 산업 종사자 비율이 감소하였다.

02 (가)는 기능 지역에 따라 지역을 구분한 것이고, (나)는 동질 지

역에 따라 지역을 구분한 것이다. 기능 지역은 중심지와 그 기능이 미치는 배후 지역이 나타나는 공간 범위를 말하며, 중심지와 주변 지역의 공간 관계를 파악하기에 유리하다. 동질 지역은 특정한 지리 현상이 동일하게 나타나는 공간 범위를 말한다. 그리고 기능 지역이 동질 지역에 비해 상대적으로 교통과 통신 발달이 지역 범위 변화에 미치는 영향이 크다.
바로잡기 ⑤ (가)의 사례로 상권, 통학권, 도시 세력권, (나)의 사례로 기후 지역, 농업 지역, 문화권을 들 수 있다.

동질 지역과 기능 지역 **만점 공략 노트**

동질 지역과 기능 지역을 비교하는 문항은 지도 자료와 함께 출제되므로, 두 지역의 특징과 사례를 비교해서 알아 두어야 한다.

동질 지역	특정한 지리적 현상이 동일하게 분포하는 공간 범위 **예** 기후 지역, 농업 지역, 문화권 등
기능 지역	중심지와 그 중심지의 영향을 받는 배후 지역이 기능적으로 결합되어 있는 공간 범위 **예** 통근권, 통학권, 상권, 도시 세력권 등

03 우리나라의 전통적인 지역 구분은 산줄기, 고개, 하천 등의 지형지물을 기준으로 이루어졌다. 관북 지방과 관서 지방, 관동 지방의 경계가 된 고개는 철령(A)이다. 관동 지방을 영서 지방과 영동 지방으로 나눈 경계는 대관령(B), 경상도 일대를 가리키는 영남 지방은 조령(문경새재)(C)의 남쪽이라는 뜻이다.

04 자료의 노래는 방탄소년단의 노래 '팔도강산'의 일부이다. 강원(㉠)은 전통적 지역 구분으로 관동 지방에 해당하며, 관동 지방은 태백산맥(대관령)을 기준으로 영동 지방과 영서 지방으로 구분된다.
바로잡기 ② ㉡은 충주와 청주의 앞 글자를 딴 지역 명칭이다. ③ ㉢은 금강의 남쪽 혹은 김제 벽골제의 남쪽을 일컫는다. ④ ㉣의 고향인 대구는 영남 지방에 속한다. ⑤ ㉤은 호남 지방에서 주로 사용되는 사투리 표현이다.

05 (가)는 강원도의 기후 지역을 구분한 지도이다. 이는 동질 지역에 따른 지역 구분이며, 기후라는 자연환경 요소를 기준으로 지역을 구분한 것이다. (나)는 강원도의 도시 체계를 나타낸 지도이다. 이는 기능 지역에 따른 지역 구분이며, 인문 환경을 기준으로 지역을 구분한 것이다. 기능 지역에 해당하는 (나)가 동질 지역에 해당하는 (가)보다 지역 간의 계층 구조를 파악하기에 유리하다.
바로잡기 ① (가)의 경계는 현재의 행정 구역 경계와 일치하지 않는다. ③ (가)는 동질 지역, (나)는 기능 지역에 해당한다. ④ (가)는 자연환경, (나)는 인문 환경 요소를 기준으로 지역을 구분한 것이다. ⑤ (가), (나)의 지역 구분 모두 점이 지대가 나타날 수 있다.

06 (가)는 하천 유역에 의한 구분, (나)는 전통 가옥 형태에 따른 구분, (다)는 방언에 따른 구분이다. (가), (다) 지도를 통해 한강 유역권에서는 주로 중부 방언을 사용함을 알 수 있다. (가)는 자

연환경, (다)는 인문 환경 요소에 의한 지역 구분이다.

바로잡기 ㄴ. 남부형 가옥 구조가 나타나는 지역과 동남 방언을 쓰는 지역 범위는 일치하지 않는다. ㄹ. (가)~(다) 모두 동질 지역의 대표적 사례이다.

07 지도의 A는 백두산, B는 낭림산맥, C는 개마고원, D는 금강산이다. 지도를 보면 압록강, 청천강, 대동강, 예성강 등 대부분의 큰 하천은 서해안으로 흐르는 것을 알 수 있다. 또한 서해안에는 용천평야, 안주·박천평야, 평양평야, 재령평야 등의 평야가 동해안보다 넓게 발달하였다. 백두산(A)은 우리나라에서 해발 고도가 가장 높은 산으로 금강산(D)보다 해발고도가 높다. 또한 관서 지방과 관북 지방을 구분하는 것은 낭림산맥(B)이다.

바로잡기 ⑤ 개마고원은 산지로 둘러싸인 지역으로 소우지를 이룬다.

08

삼지연은 고위도에 위치하고 해발 고도가 높아 연평균 기온이 낮다.

평양은 높은 산지가 적고 평평한 지역으로 바람받이 사면이 발달하지 않아 소우지를 이룬다.

원산은 동해의 영향으로 기온의 연교차가 작고, 비슷한 위도에 위치한 평양보다 겨울 평균 기온이 높다.

지도의 A는 삼지연, B는 평양, C는 원산이다. 삼지연(A)은 고위도에 위치하고 해발 고도가 높아 연평균 기온이 낮다. 또한 내륙에 위치하여 기온의 일교차가 크고 연 강수량이 적으므로 이에 해당하는 기후 그래프는 ㄱ이다. 평양(B)은 바람받이 사면의 역할을 하는 높은 산지가 발달하지 않아 소우지를 이루며, 원산보다 기온의 연교차가 크게 나타나므로 이에 해당하는 기후 그래프는 ㄷ이다. 원산(C)은 동해안에 위치하여 평양에 비해 기온의 연교차가 작다. 또한 남동풍과 북동풍의 바람받이 사면에 위치하여 다우지를 이루므로 이에 해당하는 기후 그래프는 ㄴ이다.

09 그래프는 남북한의 논·밭 비율과 남북한의 식량 작물 생산량을 나타낸 것이다. A는 남한보다 북한에서 생산량이 많은 옥수수, B는 북한보다 남한에서 생산량이 많은 쌀이다. 북한은 남한보다 옥수수의 총 생산량이 많다.

바로잡기 ㄴ. 북한은 남한보다 총 경지 면적이 넓다. ㄹ. 남한은 북한보다 경지 면적은 좁지만 식량 작물 생산량은 많으므로 남한은 북한보다 농지 면적당 식량 작물 생산량이 많다.

10 북한은 북동부보다 남서부 지역의 도시 발달이 두드러진다. 이는 북동부보다 남서부에 큰 하천이 흐르고 넓은 평야가 발달하였기 때문이다. 평양 주변의 개천, 평성, 덕천, 순천 등의

도시는 대부분 1945년 이후 승격된 도시들이다.

바로잡기 ㄱ. 함흥은 신의주보다 인구가 많다. ㄴ. 해주는 1945년 이전에 도시로 승격된 곳이므로, 이 시기에는 강계보다 인구가 많았을 것이다.

11

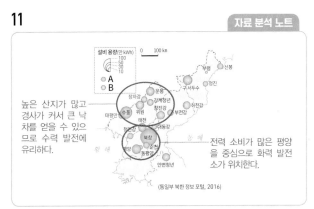

높은 산지가 많고 경사가 커서 큰 낙차를 얻을 수 있으므로 수력 발전에 유리하다.

전력 소비가 많은 평양을 중심으로 화력 발전소가 위치한다.

(통일부 북한 정보 포털, 2016)

지도에서 A는 에너지 소비가 많은 평양 주변에 주로 분포하므로 화력 발전소이다. 화력 발전소는 발전소의 입지 제약이 적어 주로 소비지 근처에 입지한다. B는 압록강 주변과 함경산맥의 산지에 주로 분포하는 수력 발전소이다. ④ 남한의 전력 생산에서 차지하는 비중이 가장 큰 것은 화력 발전이다.

바로잡기 ① 수력은 사용량과는 무관하게 재생 가능하다. ② 수력은 하천의 물 자원을 이용한 발전 형태로, 연료를 전량 해외로부터 수입하지 않는다. ③ 수력은 화력보다 발전소의 입지 제약이 크다. ⑤ 화력은 수력보다 발전 과정에서 배출되는 대기 오염 물질의 양이 많다.

12 자료의 A는 남한에서 생산되지 않지만, 북한에 매장량이 많은 희귀 광물인 마그네사이트이다. B는 남한보다 북한에서의 생산량이 많은 석탄, C는 우리나라에서 매장량이 가장 많은 자원이며, 북한의 평안도 주변에 주로 매장되어 있는 석회석이다. 석회석(C)은 시멘트 공업의 주원료로 이용되며, 석탄(B)은 주로 발전용으로 이용된다.

바로잡기 ㄱ은 석회석(C), ㄴ은 마그네사이트(A)에 관한 설명이다.

13

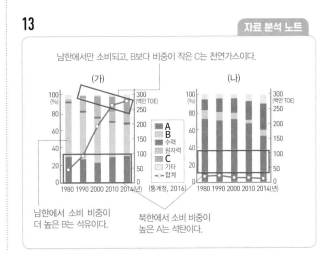

남한에서만 소비되고, B보다 비중이 작은 C는 천연가스이다.

(가)   (나)

(통계청, 2016)

남한에서 소비 비중이 더 높은 B는 석유이다.

북한에서 소비 비중이 높은 A는 석탄이다.

(가)는 에너지 소비 구조에서 원자력이 네 번째로 높은 비중을 차지하는 남한이며, (나)는 에너지 소비 구조에서 수력이 두 번째로 높은 비중을 차지하는 북한이다. 북한에서 소비 비중이 가장 높은 A는 석탄, 우리나라에서 소비 비중이 가장 높은 B는 석유이며, 우리나라에서 소비 비중이 세 번째로 높고 북한에서는 거의 소비하지 않는 C는 천연가스이다. ④ 석유는 세계에서 소비되는 비중이 가장 높은 에너지 자원이다.

바로잡기 ① (가)는 남한, (나)는 북한에 해당한다. ② 남한은 북한보다 석탄의 총 소비량이 많다. ③ 전 세계적으로 석유는 석탄보다 수송용으로 이용되는 비중이 높다. ⑤ 석탄은 천연가스보다 우리나라에서 본격적으로 상용화된 시기가 이르다.

14 북한은 최근 서비스업 및 사회 간접 자본 중심의 3차 산업 비중이 증가하고 있다. 따라서 2000년 이후 가장 큰 비중을 차지하는 A는 3차 산업이다. 중화학 공업 우선 정책으로 경제가 성장하였으나, 1990년대 경제 위기를 겪으며 제조업 기반이 약해지게 되었다. 따라서 1990년대 이후 그 비중이 크게 감소하고 있는 B는 2차 산업이다. 2010년 이후 산업 비중이 가장 작은 C는 1차 산업이다.

15 (가)는 북한 최대의 공업 지구로 기계 공업의 비중이 큰 평양·남포 공업 지구(A)이다. (나)는 내륙에 위치한 공업 지역으로 북한의 기계 및 군수 공업의 중심지인 강계 공업 지구(B)이다. C는 원산·함흥 공업 지구이다.

16 지도의 A는 신의주 특별 행정구, B는 나선 경제특구, C는 개성 공업 지구, D는 금강산 관광 지구이다. 개성 공업 지구(C)는 남한의 자본·기술과 북한의 노동력이 결합된 형태의 공업 지구이다. 이곳은 수도권과 지리적으로 인접하여 남한의 기업을 유치할 목적으로 조성되었다. 금강산 관광 지구(D)는 금강산의 아름다운 자연 경관을 이용하여 남한과 일본 등의 관광객을 유치할 목적으로 조성되었다. 그러나 두 지구 모두 현재(2018년 7월 기준)는 중단 상태이다.

바로잡기 ㄱ은 나선 경제특구(B), ㄴ은 신의주 특별 행정구(A)에 관한 설명이다.

북한의 개방 지역 　　　　　　　　　　　**만점 공략 노트**

북한의 개방 지역을 묻는 문항은 지도와 함께 출제되므로, 해당 지역의 위치와 특징을 함께 알아 두어야 한다.

나선 경제특구	외자 유치를 위한 북한 최초의 개방 지역. 두만강 하류의 중국·러시아와 인접한 지역
신의주 특별 행정구	중국과의 접경 지역 → 대중국 교역의 중심. 최근 황금평 개발로 다시 주목받고 있으나 미흡
금강산 관광 지구	관광객 유치를 목적으로 조성된 관광특구. 이산가족 상봉 등 남북 교류의 장으로 활용
개성 공업 지구	남북 경제 협력 지구(남한의 자본과 기술+북한의 값싼 노동력)

17　　　　　　　　　　　　　　　　**자료 분석 노트**

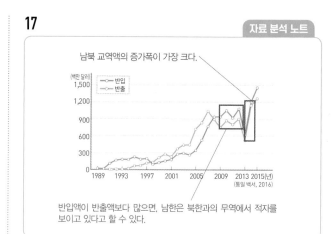

ㄷ. 그래프의 남북 교역액 변화를 보면 2013~2014년 남북 교역액이 약 1,100백만 달러에서 약 2,300백만 달러로 증가하여, 남북 교역 총액의 증가폭이 2013~2014년에 가장 크다. ㄹ. 2000년은 반입액과 반출액이 모두 300백만 달러 이하이고, 2015년은 반입액과 반출액이 모두 1,200백만 달러 이상이다. 따라서 2015년은 2000년에 비해 남북 교역 총액이 네 배 이상 증가하였다.

바로잡기 ㄱ. 2009년은 2005년에 비해 남북 교역 총액이 많다. ㄴ. 2010년 이후 반입량이 반출량보다 많으므로 남한은 북한과의 무역에서 적자를 기록하고 있다.

18 글에서 ㉠은 인구 300만 명이 넘는 북한 최대의 도시인 평양, ㉡은 일제 강점기에 공업화가 활발하게 이루어진 함흥이다. 두 도시는 모두 냉면으로 유명한데, 평양냉면은 메밀가루로 만든 국수를 찬 국물에 넣어 먹으며, 함흥냉면은 녹말가루를 주재료로 한 질긴 국수에 생선회를 얹어 비벼 먹는다. ㉠에 해당하는 지역은 지도의 B, ㉡에 해당하는 지역은 지도의 C이다. A는 신의주, D는 원산이다.

19 **이렇게 쓰면 만점** (2) 동질 지역과 기능 지역의 사례 지역을 바르게 서술하면 만점이다.

20 **이렇게 쓰면 만점** (1), (2) 두 지역의 강수량 특징을 지형과 연관지어 옳게 서술하면 만점이다.

21 **이렇게 쓰면 만점** 물류 거점 지역뿐만 아니라 남북 간의 인적·물적 교류가 활발해질 수 있다는 점을 서술하면 만점이다.

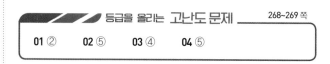

등급을 올리는 **고난도 문제** 　　268~269 쪽

01 ②　　02 ⑤　　03 ④　　04 ⑤

01 동질 지역과 기능 지역의 특성 비교

(가)는 서울시 송파구 일대의 토지 이용 현황을 나타낸 지도로, 동질 지역에 따라 지역을 구분한 것이다. (나)는 햄버거 가게의

상권을 나타낸 지도로, 기능 지역에 따라 지역을 구분한 것이다. 동질 지역은 특정 지리 현상이 동일하게 나타나는 공간 범위를 표현한 것이다. 기능 지역은 중심지와 그 기능이 미치는 배후 지역의 범위를 표현한 것으로, 동질 지역에 비해 지역 간 계층 구조를 설명하는 데 적합하다.

바로잡기 ㄴ. 기능 지역과 같은 지역 구분 유형의 사례로는 통근권, 통학권, 상권, 도시 세력권 등이 있다. ㄹ. 동질 지역과 기능 지역은 모두 점이 지대가 나타난다.

02 북한의 기후 특성 이해   자료 분석 노트

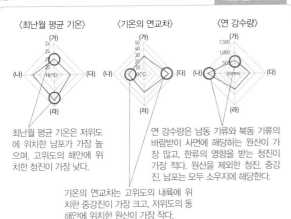

최난월 평균 기온은 저위도에 위치한 남포가 가장 높으며, 고위도의 해안에 위치한 청진이 가장 낮다.

연 강수량은 남동 기류와 북동 기류의 바람받이 사면에 해당하는 원산이 가장 많고, 한류의 영향을 받는 청진이 가장 적다. 원산을 제외한 청진, 중강진, 남포는 모두 소우지에 해당한다.

기온의 연교차는 고위도의 내륙에 위치한 중강진이 가장 크고, 저위도의 동해안에 위치한 원산이 가장 작다.

지도에 표시된 A는 중강진, B는 청진, C는 남포, D는 원산이다. 주어진 그래프에서 (가)는 기온의 연교차가 두 번째로 작고, 연 강수량이 가장 적다. 이는 바다의 영향으로 연교차가 작고, 한류의 영향으로 소우지를 이루는 청진(B)이다. (나)는 기온의 연교차가 가장 작고, 연 강수량이 가장 많다. 이는 동해의 영향으로 기온의 연교차가 작고, 남동 기류와 북동 기류의 바람받이 사면으로 다우지를 이루는 원산(D)이다. (다)는 최난월 평균 기온이 낮으며, 기온의 연교차가 가장 크다. 이는 고위도의 내륙 지방에 위치하여 연평균 기온이 낮고 기온의 연교차가 큰 중강진(A)이다. (라)는 최난월 평균 기온이 가장 높은 것으로 보아 네 지역 중 가장 저위도에 위치하며, 서해안에 인접한 남포(C)이다.

03 남한과 북한의 인구 비교   자료 분석 노트

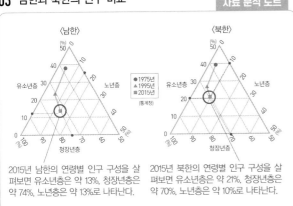

2015년 남한의 연령별 인구 구성을 살펴보면 유소년층은 약 13%, 청장년층은 약 74%, 노년층은 약 13%로 나타난다.

2015년 북한의 연령별 인구 구성을 살펴보면 유소년층은 약 21%, 청장년층은 약 70%, 노년층은 약 10%로 나타난다.

ㄱ. 총 부양비는 {(유소년층 인구+노년층 인구)/청장년층 인구}이다. 따라서 총 부양비는 분모인 청장년층 인구에 반비례한다. 2015년 북한의 청장년층 인구 비율은 약 70%이며, 남한의 청장년층 인구 비율은 약 74%이다. 따라서 2015년 북한은 남한보다 청장년층 인구 비율은 낮고, 총 부양비는 높음을 알 수 있다. ㄴ. 노령화 지수는 (노년층 인구/유소년층 인구 ×100)이다. 2015년 남한의 유소년층 인구 비율과 노년층 인구 비율은 모두 약 13%이다. 반면 2015년 북한의 유소년 인구 비율은 약 21%, 노년 인구 비율은 약 10%이다. 따라서 2015년 남한은 북한보다 노령화 지수가 높음을 알 수 있다. ㄷ. 1975~2015년 남한은 청장년층 인구 비율이 약 58%에서 약 74%로 지속적으로 증가하였다. 북한 역시 청장년층 인구 비율이 약 57%에서 약 70%로 증가하였다. 총 부양비는 청장년층 인구와 반비례한다. 따라서 1975~2015년 남한과 북한은 모두 총 부양비가 지속적으로 감소하였음을 알 수 있다.

바로잡기 ㄹ. 1975~2015년 북한은 남한보다 유소년층 인구 비율의 감소 폭이 작다. 북한은 유소년층이 약 40%에서 약 20%로 감소한 반면, 남한은 유소년층이 약 38%에서 약 13%로 감소하였다. 따라서 북한보다 남한의 유소년층 인구 비율의 감소 폭이 더 크다.

04 남북한의 농업 비교   자료 분석 노트

남한은 북한보다 경지 면적이 좁다.

북한은 옥수수(B)와 서류의 재배 비중이 높다.

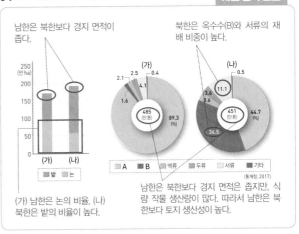

(가) 남한은 논의 비율, (나) 북한은 밭의 비율이 높다.

남한은 북한보다 경지 면적은 좁지만, 식량 작물 생산량이 많다. 따라서 남한은 북한보다 토지 생산성이 높다.

왼쪽 그래프에서 (가)는 논의 면적 비중이 높은 남한, (나)는 밭의 면적 비중이 높은 북한이다. 남한과 북한에서 생산량이 가장 많은 A는 쌀이며, 북한의 생산량 비중이 상대적으로 높은 B는 옥수수이다. 북한은 남한보다 맥류 생산 비중이 높고, 생산량 또한 많다. 남한은 485만 톤의 2.1%이면 약 10만 톤이고, 북한은 451만 톤의 3.6%이면 약 16만 톤이다. 그리고 남한은 북한에 비해 경지 면적은 좁은 반면, 식량 작물의 생산량은 많다. 남한은 485만 톤이고, 북한은 451만 톤이므로 남한은 북한보다 경지의 식량 작물 생산성이 높다.

바로잡기 ⑤ 서류는 감자나 고구마 등의 작물을 말한다. 북한은 서류의 비율이 11.1%, 남한은 서류의 비율이 4.1%이다. 따라서 식량 작물 중에서 서류가 차지하는 비율이 높은 곳은 북한이다.

기초를 다지는 확인 문제 _____ 274 쪽

01 (1) × (2) × (3) ○ (4) ○　　**02** (1) 인천 (2) 수원
(3) 춘천 (4) 평창 (5) 태백　　**03** (1) ⓒ (2) ⓙ (3) ⓔ

실력을 키우는 실전 문제 _____ 275~279 쪽

01 ①	**02** ③	**03** ①	**04** ⑤	**05** ④	**06** ②
07 ②	**08** ③	**09** ②	**10** ④	**11** ④	**12** ③
13 ①	**14** ⑤	**15** ④	**16** ①	**17** ③	**18** ③

19 예시답안 면적 대비 인구, 경제, 연구, 문화 시설 등의 수도권 집중도가 높다. 이로 인해 수도권의 과밀화가 발생하였으며, 교통 혼잡, 지가 상승, 주택 부족 등의 문제가 나타난다.
20 예시답안 비슷한 위도의 경우 영동 지방이 영서 지방보다 겨울철 기온이 더 높다. 그 이유는 영동 지방은 태백산맥이 차가운 북서풍을 막아 주고, 수심이 깊은 동해의 영향을 받기 때문이다.
21 예시답안 수도권과 지리적으로 가깝고, 교통이 발달하면서 수도권과의 접근성이 높아져 수도권의 산업 기능이 이전하였기 때문이다.

---

01 그래프는 수도권의 기능 집중도를 나타낸 것이다. ㄱ. 취업자 비중은 서울이 약 19%이며, 수도권이 약 50%이다. 따라서 경기·인천의 취업자 비중은 수도권에서 서울의 비중을 뺀 약 31%이다. 따라서 서울은 경기·인천보다 취업자 비중이 낮다. ㄴ. 서울은 우리나라에서 차지하는 인구 비중이 약 20%이며, 지역 총생산의 비중은 약 25%이다. 따라서 서울은 1인당 지역 총생산의 비중이 높다고 볼 수 있다.

바로잡기 ㄷ. 그래프를 보면 수도권은 인구 대비 제조업 종사자 비중이 낮다. ㄹ. 수도권은 전국에서 차지하는 서비스업 종사자 비율이 제조업 종사자 비율보다 높다.

02 지도에는 서울의 비율이 낮게 표현되어 있다. 따라서 인구 밀도, 아파트 거주 인구 비율은 해당하지 않는다. 또한 가평과 양평의 비율이 낮게 표현되어 있으므로 녹지 면적 비율에 해당하지 않는다. 서울의 위성 도시에 해당하는 성남, 고양, 과천, 안양 등의 비율도 낮게 표현되어 있으므로 서울로의 통근·통학 인구 비율도 해당하지 않는다. 지도에서 시흥, 안산, 화성, 평택 등의 비율이 높은 것으로 보아 이는 제조업 종사자 비율임을 알 수 있다.

03 (가)는 2004년에 비해 2014년 제조업 사업체 수가 감소하였다. 따라서 (가)는 탈공업화가 이루어지고 있는 서울이다. (다)는 2004년에 비해 2014년 제조업 사업체 수가 30% 이상 증가하였고, 수도권에서 제조업 사업체 수가 가장 많다. 따라서 (다)는 수도권에서 제조업이 발달한 경기, (나)는 인천이다.

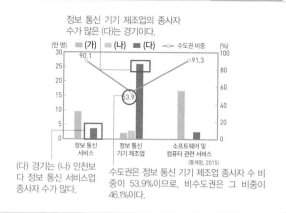

정보 통신 기기 제조업의 종사자 수가 많은 (다)는 경기이다.

(다) 경기는 (나) 인천보다 정보 통신 서비스업 종사자 수가 많다.

수도권은 정보 통신 기기 제조업 종사자 수 비중이 53.9%이므로, 비수도권은 그 비중이 46.1%이다.

정보 통신 서비스업, 소프트웨어 및 컴퓨터 관련 서비스업은 (가) 서울의 비중이 높으며, 정보 통신 기기 제조업은 (다) 경기의 비중이 높다. 소프트웨어 및 컴퓨터 관련 서비스업은 수도권 중에서 서울의 종사자 수가 15만 명 이상으로 가장 많다. 따라서 서울은 전국에서 소프트웨어 및 컴퓨터 관련 서비스업 종사자 수가 가장 많다.

바로잡기 ① 경기는 인천보다 정보 통신 서비스업 종사자 수가 많다. ② 경기는 서울보다 정보 통신 기기 제조업의 종사자 수가 많다. ③ 수도권이 53.9%이므로 비수도권보다 정보 통신 기기 제조업 종사자 수가 많다. ④ IT 산업 종사자 수의 수도권 집중도는 소프트웨어 및 컴퓨터 관련 서비스가 91.3%로 가장 높다.

05 지도는 제3차 수도권 정비 계획을 나타낸 것이다. 제3차 수도권 정비 계획은 수도권을 다핵 연계형 공간 구조로 개편하여 수도권 내의 불균형 문제를 해소하기 위한 것이다. 또한 수도권 내 도시들의 자족성을 증대시키고, 수도권 내 지역 간 상호 보완적 연계 체제를 구축하고자 한다.

바로잡기 ④ 제3차 수도권 정비 계획은 서울에 집중된 다양한 기능 분산을 통해 다핵 연계형 공간 구조를 구축하고자 하였다.

06 (가)는 판문점, 통일 전망대, 평화 누리 공원이 위치하며, 헤이리 예술 마을, 파주 출판 단지가 위치한 파주(A)이다. (나)는 서울의 공업 시설과 인구 분산을 위해 개발된 위성 도시이며, 외국인 근로자의 유입으로 '국경 없는 마을'이 형성된 안산(C)이다. B는 포천, D는 여주이다.

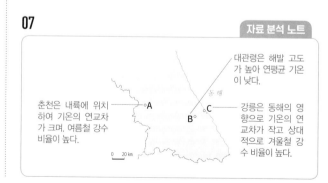

대관령은 해발 고도가 높아 연평균 기온이 낮다.

춘천은 내륙에 위치하여 기온의 연교차가 크며, 여름철 강수 비율이 높다.

강릉은 동해의 영향으로 기온의 연교차가 작고 상대적으로 겨울철 강수 비율이 높다.

지도의 A는 춘천, B는 대관령, C는 강릉이다. 춘천(A)은 내륙에 위치하여 기온의 연교차가 크며, 여름철 강수 비율이 높다. 대관령(B)은 해발 고도가 높아 연평균 기온이 낮으며, 바람받이 사면으로 연 강수량이 많다. 강릉(C)은 태백산맥과 동해의 영향으로 겨울 기온이 높은 편이며, 겨울철 북동 기류의 영향으로 겨울철 강수 비율이 높다. 따라서 A의 기후 그래프는 ㄱ, B의 기후 그래프는 ㄷ, C의 기후 그래프는 ㄴ이다.

08 그래프에 나타난 태백, 영월, 정선, 삼척은 모두 과거 광업이 발달하며 성장한 도시이다. 그러나 1989년 석탄 산업 합리화 정책, 석탄 수요 감소 등으로 인해 인구가 감소하였던 지역이다. 따라서 이 그래프를 통해 학습할 주제로 가장 적절한 것은 석탄 산업 합리화 정책과 광업의 쇠퇴이다.

09 그래프는 강원 지방의 산업별 특화도를 나타낸 것이다. A는 특화도가 10에 가까울 정도로 강원 지방에서 발달한 산업이므로 이에 해당하는 것은 광업이다. B는 특화도가 약 1.6으로 다른 지역에 비해 강원 지방에서 상대적으로 발달한 산업이다. 이에 해당하는 것은 숙박 및 음식점업으로, 강원 지방은 관광 산업이 발달하여 숙박 및 음식점업이 다른 지역에 비해 발달하였다. C는 특화도가 약 0.4로 다른 지역에 비해 상대적으로 발달하지 못한 제조업이다.

강원 지방의 주요 산업 | 만점 공략 노트

강원 지방의 광공업 쇠퇴, 농업과 관광 산업의 특징을 묻는 문항이 자주 출제되므로, 강원 지방의 산업 특징을 자연환경과 연관지어 이해해야 한다.

농업	• 영서 지방은 감자, 옥수수 등의 밭농사 활발 • 고위 평탄면에서 고랭지 농업, 목축업 발달
광업	석회석과 무연탄 등 풍부한 지하자원을 바탕으로 발달 → 석탄 수요 감소와 채광 여건 악화로 쇠퇴
관광 산업	아름다운 자연환경을 토대로 관광 산업 발달, 폐광 지역을 관광 자원으로 활용

10 태백시의 광업 종사자 비율은 1986년 88.4%에서 2014년 5.0%로 크게 감소하였다. 반면에 도매 및 소매업, 금융 및 보험업, 기타 서비스업 등의 종사자 비율이 크게 증가하였다. 이를 통해 태백시에서는 상업 목적의 토지 이용이 증가하였음을 알 수 있다.

바로잡기 ㄱ. 원 그래프를 보면 전체 인구는 감소하였다. ㄷ. 금융 및 보험업 종사는 수가 증가하였다.

11 강원 지방은 춘천의 바이오 산업, 원주의 의료 산업 클러스터, 강릉의 해양 신소재 산업 등 지식을 기반으로 한 첨단 산업 중심의 산업 구조 고도화를 추진하고 있다. 또한 강원 지방은 풍부한 관광 자원을 활용하여 관광 산업을 특화하기 위해 노력하고 있다.

12 1일차에서 동계 올림픽 개막식이 열린 스타디움이 있는 곳은 평창이다. 2일차에서 '호반의 도시'로 불리며, 소양강 댐이 위치한 곳은 춘천이다. 3일차에서 산천어 축제가 개최되는 곳은 화천이다. 이에 해당하는 여행 경로는 C이다.

바로잡기 ① 인제-양구-철원으로 이어지는 경로이다. ② 인제-고성-속초로 이어지는 경로이다. ④ 평창-영월-태백으로 이어지는 경로이다. ⑤ 강릉-삼척-정선으로 이어지는 경로이다.

13 충청 지방은 조선 시대부터 교통의 요충지 역할을 하였고, 각종 물자의 교류가 활발하였다. 특히 금강 유역의 강경, 부여, 공주 등은 전통적인 하천 교통의 중심지였다. 1900년대 초 철도역이 들어서면서 성장이 두드러진 도시는 대전이고, 2010년 중앙 행정 기능을 분담하기 위해 만들어진 행정 중심 복합 도시는 세종이다.

14 충청 지방의 고속 철도 이용 구간별 통근 비율을 보면, 충청권과 서울, 광명 등의 수도권을 연결하는 비중이 약 56%를 차지하고 있다. 또한 인구 순이동에서 순유입이 많으며, 특히 수도권에서의 유입 비중이 가장 큰 비중을 차지하고 있다. 따라서 이를 통해 학습할 수 있는 주제로 가장 적절한 것은 수도권의 주거, 행정, 산업 기능 등의 이전에 따른 충청 지방의 발달이다.

15 지도에서 ㈎는 서산, 당진, 아산, 천안, 진천, 음성, 세종, 계룡이 포함된다. 이들 지역은 모두 수도권과의 접근성이 높아 인구가 증가하고 있는 지역이다. ㈎는 인구 증가로 인해 지역이 발달하고 있으며, 이에 따라 상업 지역의 평균 지가가 높을 것이다. ㈏에 해당하는 지역은 서천, 부여, 공주, 단양으로, 인구가 감소하고 있는 지역이다.

바로잡기 ㄱ. 중위 연령은 (나) 지역이 더 높다. ㄷ. 1차 산업 종사자 비율이 낮다.

16 그래프는 충청 지방의 산업별 생산액 비중 변화를 나타낸 것이다. 대전은 2000년에는 13.2조 원의 19.1%가 광업·제조업 생산액이며, 2014년에는 30.6조 원의 17.7%가 광업·제조업 생산액이다. 즉, 대전의 광업·제조업 생산액 비중은 소폭 감소하였으나, 지역 총생산이 2배 이상 증가하였으므로 대전은 2000년보다 2014년의 광업·제조업 생산액이 많다. 충남은 지역 총생산이 2000년 28.6조 원에서 2014년 93.9조 원으로 3배 이상 증가하였다. 따라서 충남은 대전, 충북보다 지역 총생산이 가장 큰 비중으로 증가하였다.

바로잡기 ㄷ. 충남은 충북보다 2000년 대비 2014년의 광업·제조업 생산액이 크게 증가하였다. ㄹ. 충남의 경우 2014년에 사회 간접 자본 및 서비스업 생산액이 광업·제조업 생산액보다 적다.

17 서산은 석유 화학 공업, 당진은 제철 공업, 아산은 IT 업종과 자동차 공업이 발달하였다. 이를 토대로 그래프를 보면 서산은 화학 물질 및 화학 제품 제조업이 가장 발달하였고, 당진은 1

차 금속 제조업이 가장 발달하였다. 아산은 전자 부품, 컴퓨터, 영상, 음향 및 통신 장비 제조업이 발달하였다.

18 지도의 A는 태안, B는 보령, C는 세종, D는 충주, E는 단양이다. 태안(A)에는 겨울철 강한 북서풍에 의해 형성된 신두리 해안 사구가 있다. 보령(B)에서 개최되는 보령 머드 축제는 많은 내·외국인이 찾는 성공적인 축제로 자리 잡았다. 충주(D)는 국토의 균형 발전을 위해 기업 도시로 선정되었으며, 단양(E)에는 석회동굴과 같은 카르스트 지형이 발달하였다.

바로잡기 ③ 내포 신도시에 관한 설명이다.

19 **이렇게 쓰면 만점** 수도권으로 다양한 기능이 집중되었음을 서술하고, 과밀화에 따른 문제를 옳게 서술하면 만점이다.

20 **이렇게 쓰면 만점** 두 지역의 1월 평균 기온을 옳게 비교하여 서술하고, 이와 같은 차이가 나타나는 이유를 지형과 수륙 분포 등의 기후 요소와 연관 지어 옳게 서술하면 만점이다.

21 **이렇게 쓰면 만점** 수도권과의 접근성이 높아져 각종 기능이 이전하였음을 서술하면 만점이다.

등급을 올리는 **고난도 문제** 280~281 쪽

01 ③   **02** ⑤   **03** ②   **04** ①

01 수도권의 인구 순이동과 첨단 산업 파악   **자료 분석 노트**

(가)

1990년 수도권 내 인구 순유입이 두 번째로 많은 인천이다.   수도권 이외 지역으로부터 인구 순유입이 가장 많고, 두 시기 모두 수도권 내 두 지역으로 인구 순유출이 나타나고 있으므로 서울이다.   2017년 수도권 내 두 지역과 수도권 이외 지역에서 인구 순유입이 크게 나타나고 있으므로 경기이다.

(가)에서 ㄱ은 1990년 인구 순유입이 활발한 지역이었으며, 2017년 인구 순유출이 나타나는 인천이다. ㄴ은 1990년에 수도권 이외 지역으로부터 인구 순유입이 가장 많고, 1990년과 2017년 두 시기 모두 수도권 내에서 다른 두 지역으로 인구 순유출이 나타나고 있는 서울이다. ㄷ은 1990년과 2017년 모두 인구 순유입이 가장 많은 경기이다. (나) 그래프에서 정보 통신 서비스, 소프트웨어 및 컴퓨터 관련 서비스 비중이 높은 A는 서울이다. 정보 통신 기기 제조업 비중이 높은 C는

경기이고, B는 인천이다. 따라서 인천(ㄱ)은 B, 서울(ㄴ)은 A, 경기(ㄷ)는 C이다.

02 강원 지방의 지역별 특징 이해   **자료 분석 노트**

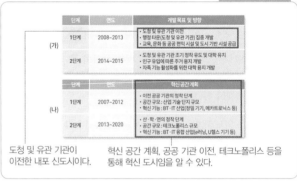

1986년 광업의 비중이 88.4%였으나, 2014년 광업의 비중이 5.0%로 크게 감소하였다.

그래프에 나타난 지역은 1986년 광업의 비중이 88.4%로 가장 높은 비중을 차지하였으나, 2014년 광업의 비중이 5.0%로 크게 감소하였다. 이는 석탄의 수요 감소와 채광 여건 악화 등에 따른 석탄 산업 합리화 정책으로 인해 광업이 크게 쇠퇴한 태백(E)에 해당한다. 지도에 표시된 A는 양구, B는 속초, C는 원주, D는 평창, E는 태백이다.

03 충청 지방의 신도시 개발 파악   **자료 분석 노트**

단계	연도	개발 목표 및 방향
(가)	1단계 2008~2013	• 도청 및 유관 기관 이전 • 행정 타운(도청 및 유관 기관) 집중 개발 • 교육, 문화 등 공공 편익 시설 및 도시 기반 시설 공급
	2단계 2014~2015	• 도청 및 유관 기관 조기 정착 유도 및 대학 유치 • 인구 유입에 따른 주거 용지 개발 • 자족 기능 활성화를 위한 대학 용지 개발

단계	연도	혁신공간 계획
(나)	1단계 2007~2012	• 이전 공공 기관의 정착 단계 • 공간 규모 : 산업기술 단지 규모 • 혁신 기능 : BT·IT 산업(정밀 기기, 메카트로닉스 등)
	2단계 2013~2020	• 산·학·연의 정착 단계 • 공간 규모 : 테크노폴리스 규모 • 혁신 기능 : BT·IT 융합 산업(e러닝, U헬스 기기 등)

도청 및 유관 기관이 이전한 내포 신도시이다.   혁신 공간 계획, 공공 기관 이전, 테크노폴리스 등을 통해 혁신 도시임을 알 수 있다.

(가)는 도청 및 유관 기관이 이전하였으며, 인구 유입에 따른 주거 용지 개발이 이루어지고 있는 내포 신도시(A)이다. 내포 신도시는 그동안 동쪽에 치우쳐서 발전해 온 충남의 불균형을 해소하기 위해 충남도청의 이전과 더불어 조성 중이다. (나)는 공공 기관이 이전하고 혁신 기능의 발전을 통해 국가 차원의 균형 발전을 추구하는 혁신 도시이다. 충청 지방의 혁신 도시가 위치한 곳은 진천·음성(C)이다.

바로잡기 B. 세종특별자치시는 국가의 행정 기능을 분담하기 위해 조성된 행정 중심 복합 도시이다. D. 충주는 기업 도시로, 지식 기반형 산업과 함께 신도시 개발이 진행 중이다.

04 중부 지방의 주요 축제 파악

(가)는 화성 문화제가 개최되는 수원(A), (나)는 대관령 눈꽃 축제가 개최되는 평창(B), (다)는 머드 축제가 개최되는 보령(C)이다. 지도의 D는 녹차를 이용한 축제인 다향제가 개최되는 보성, E는 제주특별자치도이다.

03 호남 지방, 영남 지방, 제주도

286 쪽

기초를 다지는 확인 문제

01 (1) 김제 (2) 전주 (3) 광주 (4) 여수 (5) 안동 (6) 경주
(7) 울산 (8) 창원 **02** (1) × (2) × (3) ○ (4) ○

실력을 키우는 실전 문제

287~291 쪽

01 ⑤	**02** ③	**03** ③	**04** ③	**05** ④	**06** ②
07 ④	**08** ③	**09** ④	**10** ②	**11** ①	**12** ①
13 ②	**14** ⑤	**15** ①	**16** ④	**17** ③	**18** ③

19 [예시답안] 인구 증가에 따라 문화, 의료, 편의 시설 등이 증가한다. 지역의 자립적 성장 발전을 위한 거점 구축으로 국토의 고른 성장을 도모한다.

20 [예시답안] ㉠ 시기에 울산, 구미, 창원의 인구 증가율이 높은 이유는 공업의 발달 때문이다. ㉡ 시기에 김해, 양산, 경산의 인구 증가율이 높은 이유는 부산과 대구의 교외화 현상 때문이다.

21 [예시답안] 제주도의 벼 재배 비중은 전국 평균에 비해 매우 낮고, 과수 재배 비중은 매우 높다. 이는 배수가 잘되는 현무암이 기반암을 이루어 하천 발달이 미약하고, 논농사에 불리하기 때문이다.

01 호남 지방은 금강의 남쪽 혹은 김제 벽골제의 남쪽을 의미한다. 호남 지방은 소백산맥을 경계로 서쪽에 위치하며, 소백산맥의 동쪽을 영남 지방이라고 한다. 호남 지방은 광주광역시, 전라북도, 전라남도를 포함하며, 전라도의 명칭은 전주와 나주의 앞 글자에서 유래하였다. 호남 지방에는 호남평야나 나주평야를 비롯한 넓은 평야가 발달하였으며, 새만금 간척지와 같은 간척지 조성이 활발하게 이루어지고 있다.

[바로잡기] ⑤ 호남 지방은 간척지에 산업 단지를 조성하면서 총 생산액 중 1차 산업이 차지하는 비중이 감소하였다.

02 새만금 지구, 계화도 지구, 영산강 2지구, 영산강 3지구, 해남 지구, 고흥 지구는 모두 호남 지방의 주요 간척지이다.

[바로잡기] ① 혁신 도시는 전주, 완주, 나주에 조성되었다. ② 국가 산업 단지는 대불 국가 산업 단지와 군산 국가 산업 단지가 있다. ④ 다도해 해상 국립 공원은 신안군 앞바다, 진도 앞바다, 완도 앞바다 등에 위치한다. ⑤ 잘 보존된 자연환경과 전통문화를 바탕으로 한 지역 축제로는 김제 지평선 축제, 남원 춘향제, 보성 다향제, 전주 세계 소리 축제, 순창 장류 축제 등이 있다.

03 호남 지방의 산업 구조를 보면 1차 산업은 1990년 23%에서 2014년 6%로 감소한 반면, 2차 산업은 19%에서 32%, 3차 산업은 58%에서 62%로 증가하였다. 따라서 호남 지방은 1990년에 비해 2014년에 산업 구조가 고도화되었으며, 1990~2014년에 생산액 비중이 감소한 산업은 1차 산업이다.

[바로잡기] ㄱ. 호남 지방은 두 시기 모두 전국 평균에 비해 3차 산업 생산액 비중이 낮다. ㄹ. 1990~2014년 호남 지방의 2차 산업 생산액 비중의 증가율(32−19=13%)이 전국 평균(30−27=3%)보다 높다.

04

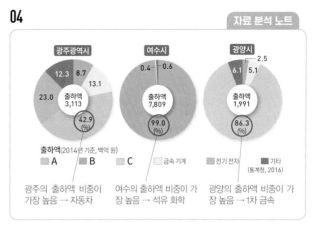

출하액(2014년 기준, 백억 원)
■ A ■ B ■ C ■ 금속 기계 ■ 전기 전자 ■ 기타
(통계청, 2016)

광주의 출하액 비중이 가장 높음 → 자동차

여수의 출하액 비중이 가장 높음 → 석유 화학

광양의 출하액 비중이 가장 높음 → 1차 금속

광주에서 출하액 비중이 가장 높은 A는 자동차 공업, 여수에서 출하액 비중이 가장 높은 B는 석유 화학 공업, 광양에서 출하액 비중이 가장 높은 C는 1차 금속 공업이다. 자동차 공업(A)은 많은 부품을 조립하여 완제품을 생산하는 공업으로 석유 화학 공업(B)에 비해 고용 창출 효과가 크다. 석유 화학 공업(B)의 주요 원료인 원유는 대부분 수입에 의존한다. 그리고 1차 금속 공업(C)의 최종 생산물은 자동차 공업(A)의 주재료로 이용된다.

[바로잡기] ③ 1960년대 우리나라 수출을 주도했던 공업은 섬유 공업이다.

05 전주의 한옥 마을, 담양의 창평, 신안의 증도, 완도의 청산도는 모두 슬로시티로 지정된 곳이다. 슬로시티는 자연 친화적이고 지속 가능한 관광을 추구하며, 느림의 미학을 실천할 수 있는 관광 전략을 갖고 있다. 지역 고유의 전통문화를 관광 자원으로 활용하여 도시 생활에 지친 현대인들에게 마음의 치유를 제공한다.

[바로잡기] ④ 슬로시티는 대규모 관광객 유치를 위한 리조트 건설보다는 자연 친화적이고 지속 가능한 관광을 추구한다.

06 (가)는 지평선 축제가 개최되는 전북 김제, (나)는 녹차를 활용한 축제인 다향제가 개최되는 전남 보성이다. 지도의 A는 김제, B는 함평, C는 보성이다.

[바로잡기] B. 함평은 나비 축제로 유명하다.

07

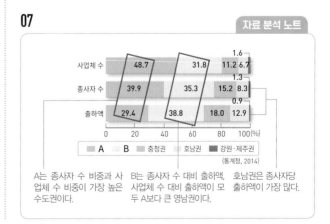

A는 종사자 수 비중과 사업체 수 비중이 가장 높은 수도권이다.

B는 종사자 수 대비 출하액, 사업체 수 대비 출하액이 모두 A보다 큰 영남권이다.

호남권은 종사자당 출하액이 가장 많다.

그래프의 B는 사업체 수(31.8%) 대비 출하액(38.8%)과 종사자 수(35.3%) 대비 출하액(38.8%)이 A보다 높다. 따라서 B는 중화학 공업이 발달한 영남권, A는 수도권이다. 두 지역의 출하액 비중을 비교해 보면 B는 38.8%, A는 29.4%로 영남권(B)이 수도권(A)보다 높다.

바로잡기 ① A는 수도권, B는 영남권이다. ② 수도권은 영남권보다 종사자 수 비중이 높다. ③ 영남권은 수도권보다 사업체당 종사자 수가 많다. ⑤ 모든 권역 중 종사자(8.3%)당 출하액(12.9%)이 가장 많은 권역은 호남권이다.

08 지도의 A는 영남 내륙 공업 지역, B는 남동 임해 공업 지역이다. 영남 내륙 공업 지역(A)은 풍부한 노동력을 바탕으로 섬유 및 전자 공업이 발달하였으며, 남동 임해 공업 지역(B)에 비해 섬유 및 전자 공업 종사자 수 비중이 높다. 중화학 공업이 발달한 남동 임해 공업 지역(B)은 영남 내륙 공업 지역(A)에 비해 제조업의 총 생산액이 많다.

바로잡기 ㄱ. 남동 임해 공업 지역의 주요 입지 요인은 원료 수입과 제품 수출에 유리하다는 것이다. ㄹ. 영남 내륙 공업 지역과 남동 임해 공업 지역은 모두 1970년대 이후 본격적으로 공업이 발달하기 시작하였다.

영남 지방의 제조업 만점 공략 노트

영남 지방은 제조업이 발달한 지역으로 제조업의 특징을 묻는 문항이 자주 출제되므로, 영남 지방의 지역별 제조업의 특징을 입지 요인과 함께 이해해야 한다.

영남 내륙 공업 지역	풍부한 노동력, 편리한 육상 교통 조건을 바탕으로 경공업 발달 → 대구(섬유 공업), 구미(전자 공업)
남동 임해 공업 지역	정부의 정책적 지원과 편리한 해상 교통을 바탕으로 중화학 공업 발달 → 포항(제철 공업), 울산(조선·자동차·석유 화학 공업), 거제(조선 공업), 창원 (기계 공업)

09 울산은 석유 화학 및 정유, 자동차, 조선 공업이 발달하였다. 따라서 A는 자동차 및 트레일러 제조업이다. 울산은 자동차·조선·석유 화학 공업을 기반으로 첨단 융합 부품 소재와 신·재생 에너지 관련 첨단 산업 단지를 조성하였다. 구미는 전자 공업이 발달하였으므로 B는 전자 부품, 컴퓨터, 영상, 음향 및 통신 장비 제조업이다. 구미는 반도체, 전자 통신 기기 등을 육성하고 있다. 창원은 기계 공업이 발달하였으므로 C는 기타 기계 및 장비 제조업이다. 창원은 첨단 기계 산업 육성, 국제 해양 도시 건설 등을 추진하고 있다.

10 '양반'이라는 마스코트가 있으며, 세계 문화유산으로 등재된 전통 마을인 하회 마을이 위치하는 곳은 안동이다. 안동은 탈춤을 주제로 한 국제 페스티벌이 개최되는 곳이기도 하다. 제시된 지도의 A는 문경, B는 안동, C는 김천, D는 대구, E는 경주이다.

11 자료 분석 노트

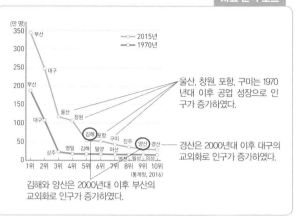

울산, 창원, 포항, 구미는 1970년대 이후 공업 성장으로 인구가 증가하였다.

경산은 2000년대 이후 대구의 교외화로 인구가 증가하였다.

김해와 양산은 2000년대 이후 부산의 교외화로 인구가 증가하였다.

영남 지방의 주요 도시 변화를 보면 1970년 대비 2015년 김해와 양산의 인구가 크게 증가하였다. 이는 부산의 교외화로 인해 김해와 양산으로 인구가 유입되었기 때문이다. 울산과 포항은 1970년까지는 인구 10위권 안에 포함되지 않았으나, 2015년 울산은 3위, 포항은 6위로 성장하였다. 이는 1970년대 이후 울산과 포항이 중화학 공업의 발달을 배경으로 성장하면서 인구가 유입되었기 때문이다.

바로잡기 ㄷ. 대구의 교외화 현상으로 경산은 영천보다 크게 성장하였다. ㄹ. 원료 수입과 제품 수출에 유리한 항구 발달이 인구 성장에 큰 영향을 준 대표적인 도시는 울산과 포항이다.

12 A는 전자 공업이 발달한 구미, B는 제철 공업이 발달한 포항이다. C는 불국사와 석굴암, 경주 역사 유적 지구, 경주 양동 마을이 세계 문화유산으로 등재된 경주이다. D는 람사르 협약에 등록된 우포늪이 위치한 창녕이다. E는 낙동강 하구둑이 위치한 부산이다.

바로잡기 ① 거제에 관한 설명이다.

13 제주도는 신생대 화산 활동으로 형성되어 독특하고 아름다운 자연환경이 나타나 세계적인 관광지로 성장하고 있다. 제주도의 한라산, 거문 오름계 용암동굴, 성산 일출봉은 유네스코 지정 세계 자연 유산으로 등재되었다.

14 A는 한라산 정상부인 백록담, B는 만장굴, C는 중문 대포 해안 주상 질리내, D는 성산 일출봉이다. 주상 절리(C)는 용암의 냉각과 수축으로 인해 형성된 절리이다. 성산 일출봉(D)은 용암이나 화산 쇄설물의 소규모 분출로 형성된 오름 중 하나이다.

바로잡기 ㄱ. 백록담이 있는 한라산의 산정부는 종상 화산 형태이다. ㄴ. 만장굴은 용암의 냉각 속도 차이로 형성된 용암동굴이다.

15 제주도의 전통 가옥에서 아궁이가 외벽 쪽에 설치된 이유는 여름철의 무더위 때문이다. 또한 현무암으로 된 돌담을 쌓은 이유는 연중 강한 바람에 대비하기 위해서이다.

바로잡기 ㄷ. 물허벅은 기반암의 배수성이 높아 발생하는 부족한 식수 문제를 해결하기 위해 사용한 것이다. ㄹ. 줄로 엮은 지붕은 강한 바람으로 인한 피해를 막기 위해서이다.

16 제주도는 관광 산업이 발달하여 3차 산업의 부가 가치 비중과 취업자 비중이 높은데, 이는 항공 교통의 발달, 아름다운 자연환경 및 온화한 기후, 독특한 섬 문화, 국제 자유 도시 지정, 한류의 영향 등으로 관광객 수가 증가하였기 때문이다.

바로잡기 ④ 호남 지방과 관련된 내용이다.

17 제주도는 2000년 이후 총 관광객 수가 지속적으로 증가하고 있다. 2005년에는 일본 관광객이 중국 관광객보다 많았으나, 2015년에는 중국 관광객의 비중이 크게 증가하여 중국 관광객이 전체의 85.2%를 차지하고 있다. 2015년 외국인 관광객 수는 262만 명으로, 제주도 전체 인구인 약 65만 명보다 많다.

바로잡기 ③ 2005년에 비해 2015년에 미국 관광객 수 비중은 감소하였으나, 미국 관광객 수 자체는 증가하였다.

18 제주 국제 자유 도시 조성 프로젝트는 환경·교육·건강이 어우러진 지역 개발, 고부가 가치 산업 육성을 통한 지역 개발을 목표로 하고 있다.

바로잡기 ㄱ. 제주도는 산업 구조에서 제조업 비중이 가장 낮다. ㄹ. 수도권 지역에 해당되는 내용이다.

19 **이렇게 쓰면 감점** 혁신 도시가 아닌 수도권에 미친 영향을 서술하면 감점이다.

20 **이렇게 쓰면 만점** 두 시기의 도시 성장이 공업 발달과 도시의 교외화로 인해 각각 이루어졌음을 옳게 서술하면 만점이다.

21 **이렇게 쓰면 만점** 제주도의 농업 특징을 지형과 연관지어 옳게 서술하면 만점이다.

등급을 올리는 고난도 문제 292~293 쪽

01 ② 　　02 ③ 　　03 ⑤ 　　04 ②

01 호남 지방의 주요 관광 산업 파악 〔자료 분석 노트〕

지도의 A는 김제, B는 무주, C는 고창, D는 남원, E는 보성이다. 김제(A)는 새만금 간척지와 맞닿아 있는 호남평야가 발달하였고, 지평선 축제가 개최된다. 무주(B)는 진안고원 일대

에 위치하며, 반딧불 축제가 개최되고 덕유산 국립공원이 위치한다. 고창(C)은 세계 문화유산으로 등재된 고인돌 유적지가 있으며, 청보리밭 축제가 개최된다. 남원(D)에는 광한루가 있으며, 춘향제가 개최된다. 보성(E)은 넓은 차밭을 배경으로 다향제가 개최된다.

바로잡기 ② 함평에 관한 설명이다.

02 호남 지방의 공업 특성 비교 〔자료 분석 노트〕

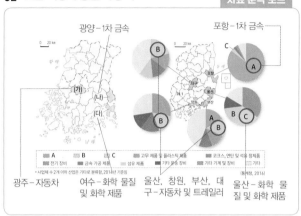

| 광주-자동차 | 여수-화학 물질 및 화학 제품 | 울산, 창원, 부산, 대구-자동차 및 트레일러 | 울산-화학 물질 및 화학 제품 |

지도에서 포항의 출하액 비중이 높은 A는 1차 금속 제조업이다. 울산, 창원, 대구, 부산 등에서 출하액 비중이 높은 B는 자동차 및 트레일러 제조업이다. 울산에서 출하액 비중이 높은 편인 C는 화학 물질 및 화학 제품 제조업이다. 행정 구역 지도에서 (가)는 광주, (나)는 광양, (다)는 여수이다. 각 지역에 맞는 원그래프를 찾으면 광주는 자동차 및 트레일러 제조업이 발달하였으므로 ㄴ, 광양은 1차 금속 제조업이 발달하였으므로 ㄱ, 여수는 화학 물질 및 화학 제품 제조업이 발달하였으므로 ㄷ이다.

03 제주도의 다양한 지형 파악 〔자료 분석 노트〕

오름은 용암이나 화산 쇄설물의 소규모 분출에 의해 형성된 지형으로, 제주도에 약 400개가 분포한다. 주상 절리는 용암이 냉각·수축되면서 형성되었는데, 철원 용암 대지에서도 찾아볼 수 있다.

바로잡기 ㄱ. 백록담은 화구에 물이 고여 형성된 화구호이다. ㄴ. 중생대에 관입한 마그마가 식어서 형성된 암석은 화강암이다. 현무암은 신생대 화산 활동으로 형성되었으며, 제주도에서 흔히 볼 수 있다.

04 호남 지방과 영남 지방의 지역성 비교

자료 분석 노트

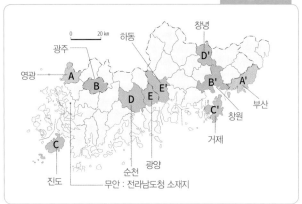

지도의 A는 영광, A′는 부산이다. 영광과 부산에는 원자력 발전소가 입지해 있다. B는 광주, B′는 창원이다. 경상남도청은 창원에 위치해 있지만, 전라남도청은 무안에 위치한다. C는 진도, C′는 거제이다. 두 지역은 모두 섬이지만, 각각 육지와 연결된 대교가 있다. D는 순천, D′는 창녕이다. 순천의 갯벌과 창녕의 우포늪은 모두 람사르 협약에 의해 보호받는 습지이다. E는 광양, E′는 하동으로 섬진강을 사이에 두고 위치한다.

바로잡기 ② 무안은 전라남도의 도청 소재지, 창원은 경상남도의 도청 소재지이다.

수능 특강 296~297 쪽

유형 1 ④   유형 2 ⑤   유형 3 ⑤   유형 4 ②

유형 1 남한과 북한의 발전 현황 비교

자료 분석

남한(A)의 발전량 비중은 작고, 북한의 발전량 비중이 크므로 수력이다.

남한에만 있으므로 (나)는 원자력이며, A는 남한, B는 북한이다.

(단위: %)

구분	A		B	
	발전 설비 용량 비중	발전량 비중	발전 설비 용량 비중	발전량 비중
(가)	7.3	1.5	59.2	60.2
(나)	23.3	30.9	0.0	0.0
(다)	69.4	67.6	40.8	39.8
합계	100.0	100.0	100.0	100.0

* 신·재생 에너지 및 기타를 제외한 값을 100으로 환산하여 산출한 것임 (통계청, 2014)

남한(A)의 발전량 비중이 가장 크므로 화력이다.

북한에서는 원자력 발전이 이루어지고 있지 않다.

선택지 분석

✗ A는 북한에, B는 남한에 해당한다.
→ 원자력 발전이 이루어지며, 화력 발전량 비중이 가장 큰 A는 남한, 수력 발전량 비중이 가장 큰 B는 북한에 해당한다.

✗ (나) 발전소는 주로 내륙에 입지한다.
→ 원자력 발전소는 주로 해안에 입지한다.

✗ (다)의 연료는 북한이 남한보다 해외 의존도가 높다.
→ 화력의 연료는 석유, 석탄, 천연가스이며, 북한은 석탄(무연탄)의 생산량이 많아 북한이 남한보다 해외 의존도가 낮다.

④ (가)의 발전량은 (나)보다 기후 조건의 영향을 많이 받는다.
→ 수력 발전은 유량이 풍부하고 낙차가 큰 지역이 유리하므로 원자력 발전보다 기후 조건의 영향을 많이 받는다.

✗ (가)는 (다)보다 발전 시 대기 오염 물질의 배출량이 많다.
→ 화력 발전은 원자력과 수력 발전에 비해 발전 시 대기 오염 물질의 배출량이 많다.

유형 2 영남 지방 제조업의 특징 이해

자료 분석

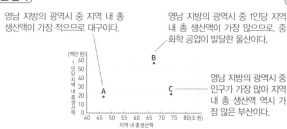

영남 지방의 광역시 중 지역 내 총 생산액이 가장 적으므로 대구이다.

영남 지방의 광역시 중 1인당 지역 내 총 생산액이 가장 많으므로, 중화학 공업이 발달한 울산이다.

영남 지방의 광역시 중 인구가 가장 많아 지역 내 총 생산액 역시 가장 많은 부산이다.

〈지역 내 제조업 부문별 종사자 수 비중〉 (단위: %)

순위	A		B		C	
	부문	비중	부문	비중	부문	비중
1	(가)	17.0	(가)	29.2	기타 기계 및 장비	14.9
2	(나)	16.4	기타 운송 장비	28.0	(나)	13.0
3	(다)	15.3	화학 물질 및 화학 제품	9.4	(가)	8.7
4	기타 기계 및 장비	13.3	기타 기계 및 장비	5.8	1차 금속	7.9
5	고무 및 플라스틱 제품	8.1	(나)	5.6	고무 및 플라스틱 제품	7.6

* 10인 이상 제조업체만 포함되며 상위 5순위까지만 표시함
** 섬유 제품(의복 제외), 금속 가공 제품(기계 및 가구 제외), 화학 물질 및 화학 제품(의약품 제외)
(통계청, 2014)

• (가): 울산, 대구 내에서 종사자 수가 가장 많으므로 자동차 및 트레일러 공업이다.
• (나): 부산, 대구, 울산 내에서 모두 종사자 수가 고루 분포하고 있으므로 금속 가공 제품 공업이다.
• (다): 대구 내에서만 종사자 수 비중이 높으므로 섬유 공업이다

유형 3 충청 지방의 지역별 특징 이해

자료 분석

○ (가)는 과거 석탄 산업이 발달했던 지역이었으나, 최근에는 관광 산업 중심지로 바뀌었다. 매년 여름에 많은 관광객이 찾는 머드 축제 개최지로 잘 알려져 있다. → 보령

○ (나)는 풍부한 석회암을 바탕으로 시멘트 공업이 발달한 지역이다. 카르스트 지형을 이용한 관광지가 조성되어 있고, 특산물인 마늘을 소재로 한 지역 축제가 열린다. → 단양

충주 → 기업 도시, 충청 지방의 유래

단양 → 카르스트 지형, 시멘트 공업, 특산물(육쪽 마늘)

서산 → 기업 도시, 석유 화학 공업 발달

보령 → 석탄 박물관, 화력 발전소, 머드 축제

유형 4 호남 지방과 영남 지방의 비교

자료 분석

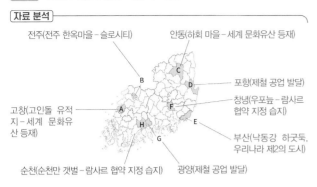

전주(전주 한옥마을 - 슬로시티)
안동(하회 마을 - 세계 문화유산 등재)
포항(제철 공업 발달)
창녕(우포늪 - 람사르 협약 지정 습지)
고창(고인돌 유적지 - 세계 문화유산 등재)
부산(낙동강 하굿둑, 우리나라 제2의 도시)
순천(순천만 갯벌 - 람사르 협약 지정 습지)
광양(제철 공업 발달)

선택지 분석

✗ A. E에는 하굿둑이 건설되어 있어요
→ 부산(E)에는 하굿둑이 있지만 고창(A)에는 없다. 호남권에서 하굿둑이 있는 곳은 군산(금강 하굿둑), 목포와 영암(영산강 하굿둑)이다.

✗ B, C에는 세계 문화유산으로 등재된 역사 마을이 있어요.
→ 안동(C)의 하회 마을은 세계 문화유산으로 등재되었다. 전주(B)에는 세계 문화유산으로 등재된 마을이 없으며, 한옥 마을은 슬로시티로 지정되어 있다.

ⓒ D, G에는 대규모 제철 공장이 있어요.
→ 포항(D)과 광양(G)에는 대규모 제철 공장이 있다.

ⓔ F, H에는 람사르 협약에 등록된 습지가 있어요.
→ 창녕(F)의 우포늪과 순천(H)의 순천만·보성 갯벌은 람사르 협약에 등록된 습지이다.

실전 대비 Ⅶ 단원 문제 마무리   300~304 쪽

01 ③	02 ⑤	03 ②	04 ③	05 ①	06 ②
07 ①	08 ④	09 ③	10 ④	11 ④	12 ②
13 ②	14 ①	15 ⑤	16 ①	17 ③	18 ②

19 예시답안 과거에는 고개, 산줄기, 대하천 등이 교류의 장애가 되어 생활권을 구분하는 경계가 되었기 때문이다.

20 예시답안 A는 광업이다. 광업은 가정용 연료 사용의 변화로 석탄 수요가 감소하고, 석탄 산업 합리화 정책으로 폐광이 늘어나 산업별 종사자 비율이 급감하였다.

21 예시답안 제주도 전통 가옥의 지붕은 '새'라는 줄로 엮어져 있는데, 이는 강풍에 따른 피해를 줄이기 위해서이다.

01 우리나라의 전통적인 지역 구분은 하천이나 고개, 산줄기 등의 자연적 요소를 기준으로 이루어졌다. 관서, 관북, 해서 지방은 북부 지방에 해당하며, 경기, 관동, 호서 세 지역은 중부 지방에 해당한다. 호남과 영남은 남부 지방에 속한다. 남한은 행정 구역상 1특별시(서울), 6광역시(부산, 대구, 인천, 광주, 대전, 울산), 8도(경기, 강원, 충북, 충남, 전북, 전남, 경북, 경남), 1특별자치시(세종), 1특별자치도(제주)로 구분된다. 농업 지역이나 문화권 등은 동질 지역, 도시권이나 재화의 유통 범위 등은 기능 지역에 따른 지역 구분이다.

바로잡기 ③ 호남 지방과 영남 지방은 소백산맥을 경계로 구분된다.

02 (가)는 기능 지역에 따른 지역 구분, (나)는 동질 지역에 따른 지역 구분이다. 기능 지역은 동질 지역에 비해 지역 간 계층성이 뚜렷하게 나타난다. 또한 기능 지역과 동질 지역에서는 두 지역의 특성이 함께 섞여 나타나는 점이 지대가 나타날 수 있다.

바로잡기 ㄱ. 기능 지역의 사례로는 통근권, 상권 등이 있다. ㄴ. 중심지와 그 배후지의 범위를 나타낸 것은 기능 지역이다.

03 지도에 표시된 B 지역은 개마고원이다. 개마고원은 용암의 열하 분출로 형성된 용암 대지이다. A는 백두산, C는 함경산맥, D는 멸악산맥, E는 대동강, F는 성천강이다.

바로잡기 ① A는 신생대 화산 활동에 의해 형성된 화산이다. ③ C는 신생대 경동성 요곡 운동에 의해 형성된 산맥이다. ④ D는 상대적으로 고도가 낮고 연속성이 약한 2차 산맥이다. ⑤ 황해로 유입하는 E는 동해로 유입하는 F보다 하천의 평균 경사도가 작다.

04 자료는 남한과 북한의 면적, 인구, 식량 작물 생산량, 철광석 생산량, 자동차 생산량 등을 비교한 것이다. 남한은 북한보다 인구가 2배 이상 많음에도 불구하고 식량 작물 생산량은 큰 차이가 없다. 즉, 식량 작물의 수입 의존도가 높을 것이라는 것을 유추할 수 있다. 또한 철광석 생산량은 적으며, 자동차 생산량은 많다. 이는 자원이 부족하지만, 많은 자동차를 생산하므로 많은 원료 자원을 수입에 의존한다는 것을 알 수 있다. 생산된 자동차는 해외로 수출되며, 지역 총생산 중 수출에 의한 제품 생산의 비중이 높다. 즉, 북한보다 남한이 대외 경제 의존도가 높다.

바로잡기 ① 인구 밀도가 높다. ② 지하자원 매장량이 적다. ④ 농업의 토지 생산성이 높다. ⑤ 1차 산업 종사자 비율이 낮다.

05 지도에 표시된 A 지역은 비무장 지대이다. 비무장 지대는 남한과 북한의 군사 충돌을 방지하기 위하여 만들어진 완충 지역이다. 사람들의 출입이 제한되어 있기 때문에 생태계가 잘 보존되어 있다.

바로잡기 ㄷ. 도시의 무분별한 확장을 막기 위해 설정된 개발 제한 구역은 대도시 주변에 주로 나타난다. ㄹ. 유네스코 세계 자연 유산 및 생물권 보전 지역으로 등재된 곳은 제주도이다.

06 A는 신의주, B는 중강진, C는 나선, D는 개성, E는 금강산이다. 신의주(A)는 홍콩식 경제 개발을 추진하는 특별 행정구가 위치하며, 철도 교통이 발달한 중국과의 교역 중심지이다. 나선(C)은 북한 최초로 경제특구가 지정된 지역이다. 개성(D)에는 남한의 자본과 기술, 북한의 노동력이 결합된 형태의 남북 경제 협력을 위해 운영되었던 개성 공업 지구가 위치한다. 금강산(E)은 남한의 관광객을 유치하기 위해 개방되었던 지역이었으나, 2018년 현재는 중단된 상태이다.

바로잡기 ② 화산 지형을 관광 자원으로 활용할 수 있는 지역은 백두산과 개마고원 일대이다.

07 (가)의 수도권 집중도 그래프에서 인구, 제조업 사업체, 제조업 종사자 비중이 가장 높은 ㄱ은 경기이며, 서비스업 종사자 비

중이 가장 높은 ㄷ은 서울, ㄴ은 인천이다. (나)의 정보 통신 기술 산업의 종사자 비중 그래프에서 전자 부품, 컴퓨터, 영상, 음향 및 통신 장비 제조업 종사자 비중이 가장 높은 A는 경기이며, 컴퓨터 프로그래밍, 시스템 통합 및 관리업과 정보·통신 서비스업의 종사자 비중이 높은 C는 서울이다. 따라서 ㄱ은 경기(A), ㄴ은 인천(B), ㄷ은 서울(C)이다.

08 ⊙ 지역의 엠블럼과 마스코트에서 등장하는 문화재는 수원 화성이다. 수원 화성은 장안문, 팔달문, 창룡문, 화서문의 4대문이 있으며, 세계 문화유산에 등재되어 있다. 따라서 수원 화성이 위치하는 지역은 수원(D)이다. A는 인천, B는 서울, C는 안산, E는 성남이다.

09 (가)는 홍천, (나)는 강릉이다. 비슷한 위도대에 위치하지만, 해안에 위치하여 바다의 영향을 크게 받는 강릉은 기온의 연교차가 작고, 최한월 평균 기온이 높다. 또한 북동 기류의 바람받이 사면에 위치하여 겨울 강수 집중률이 홍천보다 높다. 따라서 그래프에서 C가 된다.

10 A는 춘천, B는 속초, C는 평창, D는 원주, E는 태백이다. 춘천(A)은 강원도의 도청 소재지이며, 수도권과 전철이 연결된 후 관광객이 증가하였다. 속초(B)는 동해안에 위치하여 석호와 사빈 등의 해안 지형이 발달하였고, 이를 활용한 관광 산업이 발달하였다. 평창(C)은 동계 올림픽의 개최지이며, 고위 평탄면이 나타난다. 태백(E)은 석탄 생산량의 감소로 인구가 감소하였으나, 경제 성장을 위해 노력하고 있다.
〖바로잡기〗 ④ 강원도청이 위치하고, '호반의 도시'로 불리는 곳은 춘천(A)이다.

11 충청 지방은 대전광역시, 세종특별자치시, 충청북도, 충청남도를 포함한 지역으로 전통적인 지역 구분에서 금강 상류의 서쪽 혹은 제천 의림지의 서쪽을 의미하는 호서 지방에 해당한다. 태안, 충주의 기업 도시와 진천·음성의 혁신 도시는 수도권에 집중된 기능의 분산과 지역 간 균형 발전을 위해 지정되었다.
〖바로잡기〗 ㄱ. 충청남도청이 이전하면서 개발된 도시는 내포 신도시이다. ㄷ. 수도권의 전철은 아산(신창)까지 연결되며, 대전의 지하철과는 연결되지 않았다.

12 지도를 보면 석유 화학 공업이 발달한 서산, 전자 공업과 자동차 공업이 발달한 아산 등에서 수치가 높게 나타난다. 따라서 이는 충청 지방의 시·군별 제조업 출하액을 나타낸 것이다.
〖바로잡기〗 ① 인구수는 광역시에 해당하는 대전이 가장 많다. ③ 서비스업 생산액은 인구가 많고 서비스업이 발달한 대전이 가장 많다. ④ 1차 산업 종사자 비중은 시 지역보다 군 지역이 대체로 높다. ⑤ 수도권으로의 통근·통학 인구 수는 천안, 아산 등이 가장 많다.

13 지도의 A는 광주, B는 광양, C는 여수이다. 그래프의 (가)는 자동차 공업을 비롯한 각종 공업이 고루 발달한 광주이며, (나)

는 석유 화학 공업이 발달한 여수이다. (다)는 1차 금속 공업이 발달한 광양이다.

14 2018 평창 동계 올림픽 성화 봉송 코스에서 18일 차에는 세계 유일의 철 봉수대에서 성화 봉송이 시작되었다. 이는 제철 공업이 발달한 광양에 관한 설명이다. 19일 차에는 해상 케이블카와 엑스포 공원이 위치한 여수, 20일 차에는 낙안읍성과 순천만 국가 정원이 위치한 순천에 관한 설명이다. 이에 해당하는 것은 지도의 A 코스(광양 – 여수 – 순천)이다.

15 그래프는 영남 지방의 시·도별 제조업 사업체 수와 출하액을 나타낸 것이다. 부산은 영남에서 가장 인구가 많은 도시로 광역시 중 제조업 사업체 수가 가장 많다. 따라서 (다)는 부산이다. 울산은 석유 화학 공업, 자동차 공업, 조선 공업 등의 중화학 공업이 발달하여 사업체 수 대비 출하액이 많다. 따라서 (가)는 울산이다. 사업체 수가 두 번째로 많고, 출하액이 가장 적은 (나)는 대구이다.

16 1일차에서 세계 문화유산으로 등재된 전통 마을이 위치하며, 국제 탈춤 페스티벌이 개최되는 곳은 안동(A)이다. 2일차에서 팔만대장경이 보관된 해인사와 가야산이 위치한 곳은 합천(B)이다. 합천 해인사의 팔만대장경판전은 세계 문화유산에 등재되어 있다. 3일차에서 불국사와 석굴암, 월성 궁궐터를 볼 수 있는 곳은 경주(C)이다.

17 스무 고개에 등장하는 도(道)는 논보다 밭과 과수원의 비중이 높고, 중부 지방에 위치하지 않으며, 기반암 때문에 지표수가 부족하고 건천이 발달한 곳이다. 이러한 특성에 해당하는 도는 제주특별자치도이다. 제주도는 국제 자유 도시와 특별자치도로 지정되었으며, 신생대 화산 활동으로 형성된 지형이 나타난다.
〖바로잡기〗 ㄱ. 제주도는 중화학 공업이 발달하지 않았다. ㄹ. 제주도에는 원자력 발전소가 분포하지 않는다.

18 연평균 기온이 높아 온화한 해양성 기후가 나타나는 제주도는 신생대 화산 활동에 의해 형성된 섬으로 주상 절리(ㄱ), 오름, 용암동굴 등의 화산 지형을 볼 수 있다. 또한 제주도의 전통 가옥에서는 정낭(ㄷ)과 현무암으로 된 돌담, 새로 엮은 지붕 등을 볼 수 있다.
〖바로잡기〗 ㄴ. 우데기는 울릉도의 전통 가옥에서 볼 수 있는 방설벽이다. ㄹ. 석회동굴은 고생대 조선 누층군에서 나타난다.

19 〖이렇게 쓰면 만점〗 고개, 산줄기, 대하천 등이 교류의 장애가 되어 지역을 구분하는 기준이 되었다고 서술하면 만점이다.

20 〖이렇게 쓰면 감점〗 산업별 종사자 비율이 감소하였다고만 서술하면 감점이다.

21 〖이렇게 쓰면 만점〗 강한 바람 때문에 지붕이 날아가는 것을 막기 위해서라는 내용을 포함하여 서술하면 만점이다.

NEW

내신 잡는 필수 개념서

올리드

Allead

학습하다가 이해되지 않는 부분이나
정오표 등의 궁금한 사항이 있나요?
미래엔 홈페이지에서 해결해 드립니다.

www.mirae-n.com

교재 내용 문의
나의 문의내역 | 수학 과외쌤
자주하는 질문 | 기타 문의

교재 정답 및 정오표
정답과 해설 | 정오표

교재 학습 자료
문제 자료 | MP3 | 실험컷 | 도표

실전서

기출 분석 문제집

1등급 만들기

완벽한 기출 문제 분석으로 시험에
대비하는 1등급 문제집

국어	문학, 독서
수학	고등 수학(상), 고등 수학(하),
	수학Ⅰ, 수학Ⅱ,
	확률과 통계, 미적분, 기하
사회	통합사회, 한국사,
	한국지리, 세계지리, 생활과 윤리,
	윤리와 사상, 사회·문화, 정치와 법,
	경제, 세계사, 동아시아사
과학	통합과학, 물리학Ⅰ, 화학Ⅰ,
	생명과학Ⅰ, 지구과학Ⅰ,
	물리학Ⅱ, 화학Ⅱ, 생명과학Ⅱ,
	지구과학Ⅱ

실력 상승 실전서

파사쥬

대표 유형과 실전 문제로
내신과 수능을 동시에 대비하는
실력 상승 실전서

국어	국어, 문학, 독서
영어	기본영어, 유형구문, 유형독해,
	25회 듣기 기본 모의고사,
	20회 듣기 모의고사
수학	고등 수학(상), 고등 수학(하),
	수학Ⅰ, 수학Ⅱ,
	확률과 통계, 미적분

수능 완성 실전서

수능 주도권

핵심 전략으로 수능의 기선을
제압하는 수능 완성 실전서

국어영역	문학, 독서,
	화법과 작문, 언어와 매체
영어영역	독해편, 듣기편
수학영역	수학Ⅰ, 수학Ⅱ,
	확률과 통계, 미적분

수능 기출서

수능 기출 문제집

N기출

수능N 기출이 답이다!

국어영역	공통과목_문학,
	공통과목_독서,
	공통과목_화법과 작문,
	공통과목_언어와 매체
영어영역	고난도 독해 LEVEL 1,
	고난도 독해 LEVEL 2,
	고난도 독해 LEVEL 3
수학영역	공통과목_수학Ⅰ+수학Ⅱ 3점 집중,
	공통과목_수학Ⅰ+수학Ⅱ 4점 집중,
	선택과목_확률과 통계 3점/4점 집중,
	선택과목_미적분 3점/4점 집중,
	선택과목_기하 3점/4점 집중

N기출 모의고사

수능의 답을 찾는 우수 문항 기출 모의고사

수학영역	공통과목_수학Ⅰ+수학Ⅱ,
	선택과목_확률과 통계,
	선택과목_미적분

미래엔 교과서 연계

자습서

미래엔 교과서 자습서

교과서 예습 복습과 학교 시험 대비까지
한 권으로 완성하는 자율 학습서

국어	고등 국어(상), 고등 국어(하), 문학, 독서,
	언어와 매체, 화법과 작문, 실용 국어
수학	고등 수학, 수학Ⅰ, 수학Ⅱ, 확률과 통계,
	미적분, 기하
사회	통합사회, 한국사
과학	통합과학(과학탐구실험)
일본어Ⅰ, 중국어Ⅰ, 한문Ⅰ	

평가 문제집

미래엔 교과서 평가 문제집

학교 시험에서 자신 있게
1등급의 문을 여는 실전 유형서

국어	고등 국어(상), 고등 국어(하),
	문학, 독서, 언어와 매체
사회	통합사회, 한국사
과학	통합과학

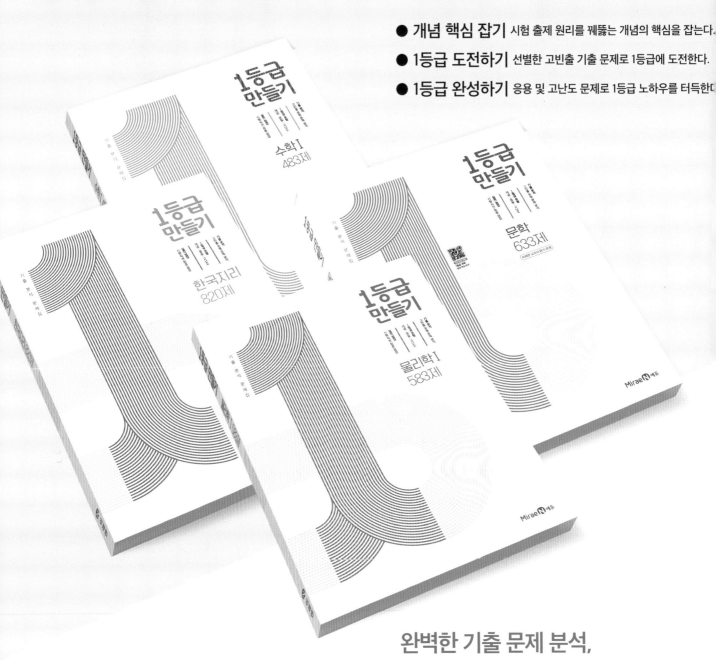